马克思主义经典著作选编与导读

Makesi Zhuyi Jingdian Zhuzuo Xuanbian yu Daodu

主编◎谭培文　陈新夏　吕世荣

人民出版社

前　言

全球化和高等教育的开放性，要求我国高等教育培养的应是“厚基础，宽口径”的具有创新能力的专门人才。该教材根据当前高等教育马克思主义理论教育专业和其他有关专业人才培养的目标，精心选编了马克思主义经典著作。所谓经典，主要是指以马克思列宁主义、毛泽东思想、邓小平理论和“三个代表”重要思想为标志性的创新成果。本书着眼于教学和研究性学习的需要，对所选编著作都撰写了导读。导读的撰写，强调对文本的第一手资料的分析，力求实事求是地解读马克思主义文本的本真含义。为此，导读阐明了所选著作的时代背景和著作者的思想发展轨迹，简单地介绍了该文本的当代研究现状，并把经典著作的解读和研究同时代的发展结合起来，试图揭示其当代的意义和学术价值，以利于学生研究性地学习。通过对经典著作的解读、研究和自学领悟，旨在培养学生基本的理论素质，初步夯实原著功底，从而提高学生的文本解读能力和理论创新水平。

本书选编中关于马克思、恩格斯的著作选自《马克思恩格斯选集》(1—4卷)1995年版与《马克思恩格斯全集》第3卷2002年和第44卷2001年版，列宁的著作选自《列宁选集》(1—4卷)1995年版，毛泽东的著作选自《毛泽东选集》(1—4卷)1991年版，《毛泽东文集》第七卷1999年版，邓小平的著作选自《邓小平文选》1994年版(第二卷)、1993年版(第三卷)，江泽民的著作选自《在庆祝中国共产党成立八十周年大会上的讲话》单行本2001年版。经典著作均为人民出版社出版；选编的体例为原文(含注释)、导读(含思考题)两大部分。必须说明的是，考虑到本书都是经典文本，因此在体例保持原貌，不求统一。

谭培文教授、博士生导师主持和负责了本书的总体策划、设计及原著的编选。“导读”分别由来自全国参与本书编写的专家和学者完成(具体章节和姓名均见文后)。“导读”从统稿到最后审定,前后经历了将近一年时间,大致可分为三个阶段:谭培文负责了全书统稿和最后的定稿,期间,陈新夏教授、博士生导师和吕世荣教授、博士生导师审阅和修改了第二稿。经典著作的复印整理是由广西师范大学汤志华博士以及研究生孙丽君、王晶等人完成的。在本书编写过程中,首先要感谢广西师范大学和梁宏校长、王杰副校长的大力支持!感谢首都师范大学和河南大学的大力支持!感谢人民出版社方国根先生对本书编写和出版的大力支持!

编者对本书的编写尽管殚精竭虑,但难免仍有疏漏之处。敬请各位专家、学者予以指正。

目　录

马 克 思

1844年经济学哲学手稿*（节选）

序 言

[XXXIX]我在《德法年鉴》上曾预告要以**黑格尔**法哲学批判的形式对法学和国家学进行批判。[1]在加工整理准备付印的时候发现，把仅仅针对思辨的批判同针对不同材料本身的批判混在一起，十分不妥，这样会妨碍阐述，增加理解的困难。此外，由于需要探讨的题目丰富多样，只有采用完全是格言式的叙述，才能把全部材料压缩在**一本**著作中，而这种格言式的叙述又会造成任意制造体系的**外观**。因此，我打算用不同的、独立的小册子来相继批判法、道德、政治等等，最后再以一本专门的著作来说明整体的联系、各部分的关系以及对这一切材料的思辨加工进行批判。[2]由于这个原因，在本著作中

---

* 《1844年经济学哲学手稿》是马克思第一次试图对资本主义经济制度和资产阶级政治经济学进行批判性考察，并初步阐述自己的新的经济学、哲学观点和共产主义思想的一部早期文稿。

……

《1844年经济学哲学手稿》大约写于1844年5月底6月初至8月，在马克思生前没有发表。1927年，苏联出版的《马克思恩格斯文库》第3卷附录将这部手稿中的《第三手稿》(即笔记本III)的大部分以俄译文发表，但误认为它是《〈神圣家族〉的准备材料》。1932年，苏联出版的《马克思恩格斯全集》历史考证版第1部分第3卷以德文原文发表了全部手稿，并冠以标题《1844年经济学哲学手稿》。1982年新出版的《马克思恩格斯全集》历史考证版在发表《手稿》时采用了两种方式编排。第一种按《手稿》的写作时间、阶段的顺序编排。第二种按《手稿》的逻辑结构和思想内容编排，并由编者加了标题。这里发表的《手稿》中文版是根据以逻辑结构编排的《手稿》校订的。

《手稿》中方括号内的罗马数字是作者编的手稿页码。在《手稿》中，作者以红棕色铅笔划了线的文句或段落，中文版均以双斜线标示起讫。

谈到的国民经济学[3]同国家、法、道德、市民生活等等的联系，只限于国民经济学本身专门涉及的这些题目的范围。

我用不着向熟悉国民经济学的读者保证，我的结论是通过完全经验的、以对国民经济学进行认真的批判研究为基础的分析得出的。[4]不消说，除了法国和英国的社会主义者的著作以外，我也利用了德国社会主义者的著作。[5]但是，德国人在这门科学方面所写的内容丰富而**有独创性的**著作，除去魏特林的著作，就要算《二十一印张》文集中**赫斯**的几篇论文和《德法年鉴》上**恩格斯的《国民经济学批判大纲》**。[6]在《德法年鉴》上，我也十分概括地提到过本著作的要点。[7]

此外，对国民经济学的批判，以及整个实证的批判，全靠**费尔巴哈**的发现给它打下真正的基础。[8]从费尔巴哈起才开始了**实证的**人道主义的和自然主义的批判[9]。**费尔巴哈的**著作越不被宣扬，这些著作的影响就越扎实、深刻、广泛和持久；费尔巴哈著作是继黑格尔的《现象学》和《逻辑学》[10]之后包含着真正理论革命的惟一著作。

我认为，本著作的最后一章，即对**黑格尔的辩证法**和整个哲学的剖析，是完全必要的，因为当代**批判的神学家**[XL]不仅没有完成这样的工作，甚至没有认识到它的必要性——这是一种必然的**不彻底性**，因为即使是**批判的**神学家，毕竟还是**神学家**，就是说，他或者不得不从作为权威的哲学的一定前提出发，或者当他在批判的过程中以及由于别人的发现而对这些哲学前提产生怀疑的时候，就怯懦地和不适当地抛弃、**撇开**这些前提，仅仅以一种消极的、无意识的、诡辩的方式来表明他对这些前提的屈从和对这种屈从的恼恨。[11]仔细考察起来，**神学的批判**——尽管在运动之初曾是一个真正的进步因素——归根结底不外是旧**哲学的**、特别是**黑格尔的超验性**的已被歪曲为**神学漫画**的顶点和结果。历史现在仍然指派神学这个历来的哲学的溃烂区本身来显示哲学的消极解体，即哲学的腐烂过程。关于这个饶有兴味的历史的判决，这个历史的涅墨西斯，我将在另一个场合[12]加以详细的介绍。[13]

[异化劳动和私有财产]

[XXII]我们是从国民经济学的各个前提出发的。我们采用了它的语言

和它的规律。我们把私有财产，把劳动、资本、土地的互相分离，工资、资本利润、地租的互相分离以及分工、竞争、交换价值概念等等当作前提。我们从国民经济学本身出发，用它自己的话指出，工人降低为商品，而且降低为最贱的商品；工人的贫困同他的产品的力量和数量成反比；竞争的必然结果是资本在少数人手中积累起来，也就是垄断的更惊人的恢复；最后，资本家和地租所得者之间、农民和工人之间的区别消失了，而整个社会必然分化为两个阶级，即**有产者**阶级和没有财产的**工人**阶级。

国民经济学从私有财产的事实出发。它没有给我们说明这个事实[14]。它把私有财产在现实中所经历的**物质**过程，放进一般的、抽象的公式，然后把这些公式当作**规律**。它不**理解**这些规律，就是说，它没有指明这些规律是怎样从私有财产的本质中产生出来的。国民经济学没有向我们说明劳动和资本分离以及资本和土地分离的原因。例如，当它确定工资和资本利润之间的关系时，它把资本家的利益当作最终原因；就是说，它把应当加以阐明的东西当作前提。同样，竞争到处出现，对此则用外部情况来说明。至于这种似乎偶然的外部情况在多大程度上仅仅是一种必然的发展过程的表现，国民经济学根本没有向我们讲明。我们已经看到，交换本身在它看来是偶然的事实。**贪欲**以及**贪欲者之间的战争即竞争**，是国民经济学家所推动的仅有的车轮。[15]

正因为国民经济学不理解运动的联系，所以才把例如竞争的学说同垄断的学说，行业自由的学说同同业公会的学说，地产分割的学说同大地产的学说重新对立起来。因为竞争、行业自由、地产分割仅仅被阐述和理解为垄断、同业公会和封建所有制的偶然的、蓄意的、强制的结果，而不是必然的、不可避免的、自然的结果。

因此，我们现在必须弄清楚私有制，贪欲和劳动、资本、地产三者的分离之间，交换和竞争之间，人的价值和人的贬值之间，垄断和竞争等等之间，这全部异化和**货币**制度之间的本质联系。

不要像国民经济学家那样，当他想说明什么的时候，总是置身于一种虚构的原始状态。这样的原始状态什么问题也说明不了。[16]国民经济学家只是使问题堕入五里雾中。他把应当加以推论的东西即两个事物之间的例如分工和交换之间的必然关系，假定为事实、事件。神学家也是这样用原罪来说明恶的起源，就是说，他把他应当加以说明的东西假定为一种具有历史形式的事实。

我们且从**当前的**经济事实出发。

工人生产的财富越多，他的产品的力量和数量越大，他就越贫穷。[17]工人创造的商品越多，他就越变成廉价的商品。物的世界的**增值**同人的世界的**贬值**成正比。劳动生产的不仅是商品，它生产作为**商品**的劳动自身和工人，而且是按它一般生产商品的比例生产的。

这一事实无非是表明：劳动所生产的对象，即劳动的产品，作为一种**异己的存在物**，作为**不依赖于**生产者的**力量**，同劳动相对立。劳动的产品是固定在某个对象中的、物化的劳动，这就是劳动的**对象化**。劳动的现实化就是劳动的对象化。在国民经济学假定的状况中，劳动的这种现实化表现为工人的**非现实化**[18]，对象化表现为**对象的丧失**和**被对象奴役**，占有表现为**异化**、**外化**[19]。

劳动的现实化竟如此表现为非现实化，以致工人非现实化到饿死的地步。对象化竟如此表现为对象的丧失，以致工人被剥夺了最必要的对象——不仅是生活的必要对象，而且是劳动的必要对象。甚至连劳动本身也成为工人只有通过最大的努力和极不规则的中断才能加以占有的对象。对对象的占有竟如此表现为异化，以致工人生产的对象越多，他能够占有的对象就越少，而且越受自己的产品即资本的统治。

这一切后果包含在这样一个规定中：工人对**自己的劳动的产品**的关系就是对一个**异己的**对象的关系。因为根据这个前提，很明显，工人在劳动中耗费的力量越多，他亲手创造出来反对自身的、异己的对象世界的力量就越强大，他自身、他的内部世界就越贫乏，归他所有的东西就越少。宗教方面的情况也是如此。人奉献给上帝的越多，他留给自身的就越少。[20]工人把自己的生命投入对象；但现在这个生命已不再属于他而属于对象了。因此，这种活动越多，工人就越丧失对象。凡是成为他的劳动的产品的东西，就不再是他自身的东西。因此，这个产品越多，他自身的东西就越少。工人在他的产品中的**外化**，不仅意味着他的劳动成为对象，成为**外部的**存在，而且意味着他的劳动作为一种与他相异的东西不依赖于他而**在他之外**存在，并成为同他对立的独立力量；意味着他给予对象的生命是作为敌对的和相异的东西同他相对立。

[XXIII]现在让我们来更详细地考察一下**对象化**,工人的生产,并且考察对象即工人产品在对象化中的**异化**、**丧失**。

没有**自然界**,没有**感性的外部世界**,工人什么也不能创造。它是工人的劳动得以实现、工人的劳动在其中活动、工人的劳动从中生产出和借以生产出自己的产品的材料。

但是,自然界一方面在这样的意义上给劳动提供**生活资料**,即没有劳动加工的对象,劳动就不能**存在**,另一方面,也在更狭隘的意义上提供**生活资料**,即维持**工人**本身的肉体生存的手段。

因此,工人越是通过自己的劳动**占有**外部世界、感性自然界,他就越是在两个方面失去**生活资料**:第一,感性的外部世界越来越不成为属于他的劳动的对象,不成为他的劳动的**生活资料**;第二,感性的外部世界越来越不给他提供直接意义的**生活资料**,即维持工人的肉体生存的手段。

因此,工人在这两方面成为自己的对象的奴隶:首先,他得到**劳动的对象**,也就是得到**工作**;其次,他得到**生存资料**。因此,他首先是作为**工人**,其次是作为**肉体的主体**,才能够生存。这种奴隶状态的顶点就是:他只有作为**工人**才能维持自己作为**肉体的主体**,并且只有作为**肉体的主体**才[**能**]是工人。

(按照国民经济学的规律,工人在他的对象中的异化表现在:工人生产得越多,他能够消费的越少;他创造价值越多,他自己越没有价值、越低贱;工人的产品越完美,工人自己越畸形;工人创造的对象越文明,工人自己越野蛮;劳动越有力量,工人越无力;劳动越机巧,工人越愚笨,越成为自然界的奴隶。)

国民经济学由于不考察工人(劳动)同产品的直接关系而掩盖劳动本质的异化。当然,劳动为富人生产了奇迹般的东西,但是为工人生产了赤贫。劳动生产了宫殿,但是给工人生产了棚舍。劳动生产了美,但是使工人变成畸形。劳动用机器代替了手工劳动,但是使一部分工人回到野蛮的劳动,并使另一部分工人变成机器。劳动生产了智慧,但是给工人生产了愚钝和痴呆。

劳动对它的产品的直接关系,是工人对他的生产的对象的关系。有产者对生产对象和生产本身的关系,不过是这前一种关系的**结果**,而且证实了这一点。对问题的这另一个方面我们将在后面加以考察。因此,当我们问劳动的本质关系是什么的时候,我们问的是**工人**对生产的关系。

以上我们只是从一个方面，就是从工人**对他的劳动产品的关系**这个方面，考察了工人的异化、外化。但是，异化不仅表现在结果上，而且表现在**生产行为**中，表现在**生产活动**本身中。如果工人不是在生产行为本身中使自身异化，那么工人活动的产品怎么会作为相异的东西同工人对立呢？产品不过是活动、生产的总结。因此，如果劳动的产品是外化，那么生产本身必然是能动的外化，活动的外化，外化的活动。在劳动对象的异化中不过总结了劳动活动本身的异化、外化。

那么，劳动的外化表现在什么地方呢？

首先，劳动对工人来说是**外在的东西**，也就是说，不属于他的本质；因此，他在自己的劳动中不是肯定自己，而是否定自己，不是感到幸福，而是感到不幸，不是自由地发挥自己的体力和智力，而是使自己的肉体受折磨、精神遭摧残。因此，工人只有在劳动之外才感到自在，而在劳动中则感到不自在，他在不劳动时觉得舒畅，而在劳动时就觉得不舒畅。因此，他的劳动不是自愿的劳动，而是被迫的**强制劳动**。因此，这种劳动不是满足一种需要，而只是满足劳动以外的那些需要的一种**手段**。劳动的异己性完全表现在：只要肉体的强制或其他强制一停止，人们会像逃避瘟疫那样逃避劳动。外在的劳动，人在其中使自己外化的劳动，是一种自我牺牲、自我折磨的劳动。最后，对工人来说，劳动的外在性表现在：这种劳动不是他自己的，而是别人的；劳动不属于他；他在劳动中也不属于他自己，而是属于别人。在宗教中，人的幻想、人的头脑和人的心灵的自主活动对个人发生作用不取决于他个人，就是说，是作为某种异己的活动，神灵的或魔鬼的活动发生作用，同样，工人的活动也不是他的自主活动。[21]他的活动属于别人，这种活动是他自身的丧失。

因此，结果是，人（工人）只有在运用自己的动物机能——吃、喝、生殖，至多还有居住、修饰等等——的时候，才觉得自己在自由活动，而在运用人的机能时，觉得自己只不过是动物。动物的东西成为人的东西，而人的东西成为动物的东西。

吃、喝、生殖等等，固然也是真正的人的机能。但是，如果加以抽象，使这些机能脱离人的其他活动领域并成为最后的和惟一的终极目的，那它们就是动物的机能。

我们从两个方面考察了实践的人的活动即劳动的异化行为。第一，工人对**劳动产品**这个异己的、统治着他的对象的关系。这种关系同时也是工人对感性的外部世界、对自然对象——异己的与他敌对的世界——的关系。第二,在**劳动**过程中劳动对**生产行为**的关系。这种关系是工人对他自己的活动——一种异己的、不属于他的活动——的关系。在这里,活动是受动;力量是无力;生殖是去势;工人**自己的**体力和智力,他个人的生命——因为,生命如果不是活动,又是什么呢?——是不依赖于他、不属于他、转过来反对他自身的活动。这是**自我异化**,而上面所谈的是**物**的异化。

[XXIV]我们现在还要根据在此以前考察的**异化劳动**的两个规定推出它的第三个规定。

人是类存在物,不仅因为人在实践上和理论上都把类——他自身的类以及其他物的类——当作自己的对象;而且因为——这只是同一种事物的另一种说法——人把自身当作现有的、有生命的类来对待,因为人把自身当作**普遍的**因而也是自由的存在物来对待。[22]

无论是在人那里还是在动物那里,类生活从肉体方面来说就在于人(和动物一样)靠无机界生活,而人和动物相比越有普遍性,人赖以生活的无机界的范围就越广阔。从理论领域来说,植物、动物、石头、空气、光等等,一方面作为自然科学的对象,一方面作为艺术的对象,都是人的意识的一部分,是人的精神的无机界,是人必须事先进行加工以便享用和消化的精神食粮;同样,从实践领域来说,这些东西也是人的生活和人的活动的一部分。人在肉体上只有靠这些自然产品才能生活,不管这些产品是以食物、燃料、衣着的形式还是以住房等等的形式表现出来。在实践上,人的普遍性正是表现为这样的普遍性,它把整个自然界——首先作为人的直接的生活资料,其次作为人的生命活动的对象(材料)[23]和工具——变成人的**无机的**身体。自然界,就它自身不是人的身体而言,是人的**无机的身体**。人靠自然界**生活**。这就是说,自然界是人为了不致死亡而必须与之处于持续不断的交互作用过程的、人的**身体**。所谓人的肉体生活和精神生活同自然界相联系,不外是说自然界同自身相联系,因为人是自然界的一部分。

异化劳动,由于(1)使自然界,(2)使人本身,使他自己的活动机能,使他的生命活动同人相异化,也就使**类**同人相异化;对人来说,它把**类生活**变成维持个人生活的手段。第一,它使类生活和个人生活异化;第二,把抽象形式的个人生活变成同样是抽象形式和异化形式的类生活的目的。[24]

因为,首先,劳动这种**生命活动**、这种**生产生活**本身对人来说不过是满足一种需要即维持肉体生存的需要的一种**手段**。而生产生活就是类生活。这是产生生命的生活。一个种的整体特性、种的类特性就在于生命活动的性质,而自由的有意识的活动恰恰就是人的类特性。生活本身仅仅表现为**生活的手段**。

动物和自己的生命活动是直接同一的。动物不把自己同自己的生命活动区别开来。它就是**自己的生命活动**。人则使自己的生命活动本身变成自己意志的和自己意识的对象。他具有有意识的生命活动。这不是人与之直接融为一体的那种规定性。有意识的生命活动把人同动物的生命活动直接区别开来。正是由于这一点,人才是类存在物。或者说,正因为人是类存在物,他才是有意识的存在物,就是说,他自己的生活对他来说是对象。仅仅由于这一点,他的活动才是自由的活动。异化劳动把这种关系颠倒过来,以致人正因为是有意识的存在物,才把自己的生命活动,自己的**本质**变成仅仅维持自己**生存**的手段。

通过实践创造**对象世界**,**改造**无机界,人证明自己是有意识的类存在物,就是说是这样一种存在物,它把类看作自己的本质,或者说把自身看作类存在物。诚然,动物也生产。它为自己营造巢穴或住所,如蜜蜂、海狸、蚂蚁等。但是,动物只生产它自己或它的幼仔所直接需要的东西;动物的生产是片面的,而人的生产是全面的;动物只是在直接的肉体需要的支配下生产,而人甚至不受肉体需要的影响也进行生产,并且只有不受这种需要的影响才进行真正的生产;动物只生产自身,而人再生产整个自然界;动物的产品直接属于它的肉体,而人则自由地面对自己的产品。动物只是按照它所属的那个种的尺度和需要来构造,而人懂得按照任何一个种的尺度来进行生产,并且懂得处处都把内在的尺度运用于对象;因此,人也按照美的规律来构造。

因此,正是在改造对象世界中,人才真正地证明自己是**类存在物**。这种生产是人的能动的类生活。通过这种生产,自然界才表现为**他的**作品和他的现实。因此,劳动的对象是**人的类生活的对象化**:人不仅像在意识中那样在精神上使自己二重化,而且能动地、现实地使自己二重化,从而在他所创造的世界中直观自身。因此,异化劳动从人那里夺去了他的生产的对象,也就从人那里夺去了他的**类生活**，即他的现实的类对象性，把人对动物所具有的优点变成缺点，因为从人那里夺走了他的无机的身体即自然界。

同样，异化劳动把自主活动、自由活动贬低为手段，也就把人的类生活变成维持人的肉体生存的手段。

因此，人具有的关于自己的类的意识，由于异化而改变，以致类生活对他来说竟成了手段。

这样一来，异化劳动导致：

(3)**人的类本质**——无论是自然界，还是人的精神的类能力——变成对人来说是**异己的**本质，变成维持他的**个人生存的手段**。异化劳动使人自己的身体，同样使在他之外的自然界，使他的精神本质，他的**人的**本质同人相异化。

(4)人同自己的劳动产品、自己的生命活动、自己的类本质相异化的直接结果就是**人同人相异化**。当人同自身相对立的时候，他也同**他**人相对立。凡是适用于人对自己的劳动、对自己的劳动产品和对自身的关系的东西，也都适用于人对他人、对他人的劳动和劳动对象的关系。

总之，人的类本质同人相异化这一命题，说的是一个人同他人相异化，以及他们中的每个人都同人的本质相异化。

人的异化，一般地说，人对自身的任何关系，只有通过人对他人的关系才得到实现和表现。

因此，在异化劳动的条件下，每个人都按照他自己作为工人所具有的那种尺度和关系来观察他人。

[XXV]我们的出发点是经济事实即工人及其产品的异化。我们表述了这一事实的概念：**异化的**、**外化的**劳动。我们分析了这一概念，因而我们只是分析了一个经济事实。

现在让我们看一看，应该怎样在现实中去说明和表述异化的、外化的劳动这一概念。

如果劳动产品对我来说是异己的，是作为异己的力量面对着我，那么它到底属于谁呢？

如果我自己的活动不属于我，而是一种异己的活动、一种被迫的活动，那么它到底属于谁呢？

属于**另一个**有别于我的存在物。

这个存在物是谁呢?

是**神**吗?确实,起初主要的生产活动,如埃及、印度、墨西哥的神殿建造等等,是为了供奉神的,而产品本身也是属于神的。但是,神从来不单独是劳动的主人。**自然界**也不是。而且,下面这种情况多么矛盾:人越是通过自己的劳动使自然界受自己支配,神的奇迹越是由于工业的奇迹而变成多余,人就越是会为了讨好这些力量而放弃生产的乐趣和对产品的享受。

劳动和劳动产品所归属的那个**异己的**存在物,劳动为之服务和劳动产品供其享受的那个存在物,只能是**人**自身。

如果劳动产品不属于工人,并作为一种异己的力量同工人相对立,那么这只能是由于产品属于**工人之外的他人**。如果工人的活动对他本身来说是一种痛苦,那么这种活动就必然给他人带来**享受**和生活乐趣。不是神也不是自然界,只有人自身才能成为统治人的异己力量。

还必须注意上面提到的这个命题:人对自身的关系只有通过他对他人的关系,才成为对他来说是**对象性的、现实的**关系。因此,如果人对自己的劳动产品即对象化劳动的关系,就是对一个**异己的**、敌对的、强有力的、不依赖于他的对象的关系,那么他对这一对象所以发生这种关系就在于有另一个异己的、敌对的、强有力的、不依赖于他的人是这一对象的主人。如果人把他自己的活动看作一种不自由的活动,那么他是把这种活动看作替他人服务的、受他人支配的、处于他人的强迫和压制之下的活动。

人同自身和自然界的任何自我异化,都表现在他使自身和自然界跟另一些与他不同的人所发生的关系上。因此,宗教的自我异化也必然表现在世俗人对僧侣或者世俗人对耶稣基督——因为这里涉及精神世界——等等的关系上。在实践的、现实的世界中,自我异化只有通过对他人的实践的、现实的关系才能表现出来。异化借以实现的手段本身就是**实践的**。因此,通过异化劳动,人不仅生产出他对作为异己的、敌对的力量[25]的生产对象和生产行为的关系,而且还生产出他人对他的生产和他的产品的关系,以及他对这些他人的关系。正像他把他自己的生产变成自己的非现实化,变成对自己的惩罚一样,正像他丧失掉自己的产品并使它变成不属于他的产品一样,他也生产出不生产的人对生产和产品的支配。正像他使他自己的活动同自身相异化一样,他也使与他相异的人占有非自身的活动。

到目前为止,我们只是从工人方面考察了这一关系;下面我们还要从非工人方面来加以考察。

总之,通过**异化的**、**外化的劳动**,工人生产出一个对劳动生疏的、站在劳动之外的人对这个劳动的关系。工人对劳动的关系,生产出资本家——或者不管人们给劳动的主人起个什么别的名字——对这个劳动的关系。

因此,**私有财产**是**外化劳动**即工人对自然界和对自身的外在关系的产物、结果和必然后果。

因此,我们通过分析,从**外化劳动**这一概念,即从**外化的人**、异化劳动、异化的生命、**异化的**人这一概念得出**私有财产**这一概念。

诚然,我们从国民经济学得到作为**私有财产运动**之结果的**外化劳动**(**外化的生命**)这一概念。但是,对这一概念的分析表明,尽管私有财产表现为外化劳动的根据和原因,但确切地说,它是外化劳动的后果,正像神**原先**不是人类理智迷误的原因,而是人类理智迷误的结果一样。后来,这种关系就变成相互作用的关系。

私有财产只有发展到最后的、最高的阶段,它的这个秘密才重新暴露出来,就是说,私有财产一方面是外化劳动的**产物**,另一方面又是劳动借以外化的**手段**,是**这一外化的实现**。

这些论述使至今没有解决的各种矛盾立刻得到阐明。

(1)国民经济学虽然从劳动是生产的真正灵魂这一点出发,但是它没有给劳动提供任何东西,而是给私有财产提供了一切。蒲鲁东从这个矛盾得出了有利于劳动而不利于私有财产的结论。[26]然而,我们看到,这个表面的矛盾是**异化劳动**同自身的矛盾,而国民经济学只不过表述了异化劳动的规律罢了。

因此,我们也看到,**工资**和**私有财产**是同一的,因为用劳动产品、劳动对象来偿付劳动本身的工资,不过是劳动异化的必然后果,因为在工资中,劳动并不表现为目的本身,而表现为工资的奴仆。下面我们要详细说明这个问题,现在还只是作出几点[XXVI]结论。[27]

强制**提高工资**(且不谈其他一切困难,不谈强制提高工资这种反常情况也只有靠强制才能维持),无非是**给奴隶以**较多**工资**,而且既不会使工人也不会使劳动获得人的身份和尊严。[28]

甚至蒲鲁东所要求的**工资平等**，也只能使今天的工人对自己的劳动的关系变成一切人对劳动的关系。这时社会就被理解为抽象的资本家。[29]

工资是异化劳动的直接结果，而异化劳动是私有财产的直接原因。因此，随着一方衰亡，另一方也必然衰亡。

(2)从异化劳动对私有财产的关系可以进一步得出这样的结论：社会从私有财产等等解放出来、从奴役制解放出来，是通过**工人解放**这种**政治**形式来表现的，这并不是因为这里涉及的仅仅是工人的解放，而是因为工人的解放还包含普遍的人的解放；其所以如此，是因为整个的人类奴役制就包含在工人对生产的关系中，而一切奴役关系只不过是这种关系的变形和后果罢了。

正如我们通过**分析**从**异化的、外化的劳动**的概念得出**私有财产**的概念一样，我们也可以借助这两个因素来阐明国民经济学的一切**范畴**，而且我们将重新发现，每一个范畴，例如买卖、竞争、资本、货币，不过是这两个基本因素的**特定的、展开了的表现**而已。

但是，在考察这些范畴的形成以前，我们还打算解决两个任务：

(1)从**私有财产**对**真正人的**和**社会的财产**的关系来规定作为异化劳动的结果的**私有财产**的普遍**本质**。

(2)我们已经承认**劳动的异化**、劳动的**外化**这个事实，并对这一事实进行了分析。现在要问，**人**怎么使他的**劳动外化**、异化？这种异化又怎么以人的发展的本质为根据？我们把**私有财产的起源**问题**变为外化劳动**对人类发展进程的关系问题，就已经为解决这一任务得到了许多东西。因为人们谈到**私有财产**时，认为他们谈的是人之外的东西。而人们谈到劳动时，则认为是直接谈到人本身。问题的这种新的提法本身就已包含问题的解决。

补入(1)　私有财产的普遍本质以及私有财产对真正人的财产的关系。

在这里外化劳动分解为两个组成部分，它们互相制约，或者说，它们只是同一种关系的不同表现，**占有**表现为**异化**、**外化**，而**外化**表现为**占有**，**异化**表现为真正**得到公民权**。

我们已经考察了一个方面，考察了**外化**劳动对**工人本身**的关系，也就是说，考察了**外化劳动对自身的关系**。我们发现，这一关系的产物或必然结果是**非工人对工人和劳动的财产关系**。**私有财产**作为外化劳动的物质的、概括的表现，包含着这两种关系：**工人对劳动、对自己的劳动产品**和对**非工人的关**

系,以及**非工人对工人和工人的劳动产品**的关系。

我们已经看到,对于通过劳动而**占有**自然界的工人来说,占有表现为异化,自主活动表现为替他人活动和表现为他人的活动,生命的活跃表现为生命的牺牲,对象的生产表现为对象的丧失,转归异己力量、**异己的**人所有。现在我们就来考察一下这个同劳动和工人**生疏的**人对工人、劳动和劳动对象的关系。

首先必须指出,凡是在工人那里表现为**外化的**、**异化的活动**的东西,在非工人那里都表现为**外化的**、**异化的状态**。

其次,工人在生产中的**现实的**、实践的**态度**,以及他对产品的态度(作为一种内心状态),在同他相对立的非工人那里表现为**理论的态度**。

[XXVII]**第三**,凡是工人做的对自身不利的事,非工人都对工人做了,但是,非工人做的对工人不利的事,他对自身却不做。

我们来进一步考察这三种关系。

[对笔记本 II 第 XXXIX 页的补充]

[私有财产和共产主义]

×**补入第** XXXIX **页**。但是,**无产**和**有产**的对立,只要还没有把它理解为**劳动**和**资本**的对立,它还是一种无关紧要的对立,一种没有从它的**能动关系**上、它的**内在**关系上来理解的对立,还没有作为**矛盾**来理解的对立[30]。这种对立即使没有私有财产的前进运动也能以**最初的**形式表现出来,如在古罗马、土耳其等。因此,它还不**表现为**由私有财产本身设定的对立。但是,作为财产之排除的劳动,即私有财产的主体本质,和作为劳动之排除的资本,即客体化的劳动,——这就是作为上述对立发展到矛盾关系的、因而促使矛盾得到解决的能动关系的**私有财产**。

××**补入同一页**。自我异化的扬弃同自我异化走的是一条道路。最初,对**私有财产**只是从它的客体方面来考察,——但是劳动仍然被看成它的本质。因此，它的存在形式就是“本身”应被消灭的**资本**。（蒲鲁东。）或者，劳动的**特殊方式**，即划一的、分散的因而是不自由的劳动，被理解为私有财产的**有害性**的和它同人相异化的存在的根源——**傅立叶**，他和重农学派一样，也把**农业劳动**看成至少是**最好的**劳动，[31]而**圣西门**则相反，他把**工业劳动**本身说成本质，因此他渴望工业家**独占**统治，渴望改善工人状况。[32]最后，**共产主义**是扬弃了的私有财产的**积极**表现；起先它是作为**普遍的**私有财产出现的。共产主义是从私有财产的**普遍性**来看私有财产关系，因而共产主义

(1)在它的最初的形式中不过是这种关系的**普遍化**和**完成**。[33]这样的共产主义以双重的形式表现出来：首先，**物质的**财产对它的统治力量如此之大，以致它想把不能被所有人作为**私有财产**占有的**一切**都消灭；它想用**强制的**方法把才能等等抛弃。在它看来，物质的直接的**占有**是生活和存在的惟一目的；**工人**这个规定并没有被取消，而是被推广到一切人身上；私有财产关系仍然是共同体同实物世界的关系；最后，用普遍的私有财产来反对私有财产这个运动是以一种动物的形式表现出来的：用**公妻制**——也就是把妇女变为**公有的**和**共有的**财产——来反对**婚姻**（它确实是一种**排他性的私有财产的形式**）。人们可以说，**公妻制**这种思想是这个仍然十分粗陋的和无思想的共产主义的**昭然若揭的秘密**。[34]正像妇女从婚姻转向普遍卖淫一样，财富——人的对象性的本质——的整个世界，也从它同私有者的排他性的婚姻的关系转向它同共同体的普遍卖淫关系。这种共产主义——由于到处否定人的**个性**——只不过是私有财产的彻底表现，私有财产就是这种否定。普遍的和作为权力而形成的**忌妒心**，是**贪财欲**所采取的并且只是用**另一种**方式使自己得到满足的隐蔽形式。任何私有财产，就它本身而言，**至少**对**较富裕的**私有财产怀有忌妒心和平均主义欲望，这种忌妒心和平均主义欲望甚至构成竞争的本质。粗陋的共产主义[35]不过是这种忌妒心和这种从**想像的**最低限度出发的平均主义的完成。它具有一个**特定的**、**有限制的**尺度。对整个文化和文明的世界的抽象否定，向**贫穷的**、需求不高的人——他不仅没有超越私有财产的水平，甚至从来没有达到私有财产的水平——的**非自然的**[IV]简单状态的倒退，恰恰证明私有财产的这种扬弃决不是真正的占有。[36]

共同性只是**劳动**的共同性以及由共同的资本——作为普遍的资本家的**共同体**——所支付的**工资**的平等的共同性。关系的两个方面被提高到**想像**

的普遍性:**劳动**是为每个人设定的天职,而**资本**是共同体的公认的普遍性和力量。

把**妇女**当作共同淫欲的**掳获物**和婢女来对待,这表现了人在对待自身方面的无限的退化,因为这种关系的秘密在**男人**对**妇女**的关系上,以及在对**直接的**、**自然的**类关系的理解方式上,都**毫不含糊地**、确凿无疑地、**明显地**、露骨地表现出来。人对人的直接的、自然的、必然的关系是**男人**对**妇女的关系**。在这种**自然的**类关系中,人对自然的关系直接就是人对人的关系,正像人对人的关系直接就是人对自然的关系,就是他自己的**自然的**规定。因此,这种关系通过**感性的**形式,作为一种显而易见的**事实**,**表现出**人的本质在何种程度上对人来说成为自然,或者自然在何种程度上成为人具有的人的本质。因此,从这种关系就可以判断人的整个文化教养程度。从这种关系的性质就可以看出,**人**在何种程度上对自己来说成为并把自身理解为**类存在物**、**人**。男人对妇女的关系是人对人**最自然的**关系。因此,这种关系表明人的**自然的**行为在何种程度上成为**人的**行为,或者,**人的**本质在何种程度上对人来说成为**自然的**本质,他的**人的本性**在何种程度上对他来说成为**自然**。这种关系还表明,人具有的**需要**在何种程度上成为**人的**需要,就是说,**别**人作为人在何种程度上对他来说成为需要,他作为个人的存在在何种程度上同时又是社会存在物。

由此可见,对私有财产的最初的积极的扬弃,即**粗陋的**共产主义,不过是想把自己设定为**积极的共同体**的私有财产的卑鄙性的一种**表现形式**。

(2)共产主义(α)还具有政治性质,是民主的或专制的;(β)是废除国家的,但同时是还未完成的,总还是处于私有财产即人的异化的影响下。这两种形式的共产主义都已经认识到自己是人向自身的还原或复归,是人的自我异化的扬弃;但是,因为它还没有理解私有财产的积极的本质,也还不了解需要所具有的**人的**本性,所以它还受私有财产的束缚和感染。它虽然已经理解私有财产这一概念,但是还不理解它的本质。

(3)**共产主义**是**私有财产**即**人的自我异化**的**积极的**扬弃,因而是通过人并且为了人而对**人的**本质的真正**占有**;因此,它是人向自身、向**社会的**即合乎人性的人的复归,这种复归是完全的,自觉的和在以往发展的全部财富的范围内生成的。这种共产主义,作为完成了的自然主义=人道主义,而作为完成了的人道主义=自然主义,它是人和自然界之间、人和人之间的矛盾的**真正**解决,是存在和本质、对象化和自我确证、自由和必然、个体和类之间的斗争的真正解决。它是历史之谜的解答,而且知道自己就是这种解答。[37]

[V]因此,历史的全部运动,既是它的**现实的**产生活动——它的经验存在的诞生活动,——同时,对它的思维着的意识来说,又是它的**被理解**和**被认识到的生成**运动。而上述尚未完成的共产主义从各个与私有财产相对立的历史形式中为自己寻找**历史的**证明——在持续存在中的证明,同时它从运动中抽出个别环节(卡贝、维尔加德尔等人尤其喜欢卖弄这一套),把它们作为自己是历史的纯种的证明固定下来;但是,它这样做恰好说明:历史运动的绝大部分是同它的论断不一致的,如果它曾经存在过,那么它的这种**过去的**存在恰恰反驳了对**本质**的奢求。

不难看到,整个革命运动必然在**私有财产**的运动中,即在经济的运动中,为自己既找到经验的基础,也找到理论的基础。

这种**物质的**、直接**感性的**私有财产,是**异化了的人的**生命的物质的、感性的表现。私有财产的运动——生产和消费——是迄今为止全部生产的运动的**感性**展现,就是说,是人的实现或人的现实。宗教、家庭、国家、法、道德、科学、艺术等等,都不过是生产的一些**特殊的**方式,并且受生产的普遍规律的支配。因此,对**私有财产**的积极的扬弃,作为对**人的**生命的占有,是对一切异化的积极的扬弃,从而是人从宗教、家庭、国家等等向自己的**人的**存在即**社会的**存在的复归。宗教的异化本身只是发生在**意识**领域、人的内心领域中,而经济的异化是**现实生活**的异化,——因此对异化的扬弃包括两个方面。不言而喻,在不同的民族那里,运动从哪个领域**开始**,这要看一个民族的真正的、**公认的**生活主要是在意识领域中还是在外部世界中进行,这种生活更多地是观念的生活还是现实的生活。共产主义是径直从无神论开始的(**欧文**)[38],而**无神论**最初还根本不是**共产主义**;那种无神论主要还是一个抽象。——因此,无神论的博爱最初还只是**哲学的**、抽象的博爱,而共产主义的博爱则径直是**现实的**和直接追求**实效的**。——

我们已经看到,在被积极扬弃的私有财产的前提下,人如何生产人——他自己和别人;直接体现他的个性的对象如何是他自己为别人的存在,同时是这个别人的存在,而且也是这个别人为他的存在。但是,同样,无论是劳动的材料还是作为主体的人,都既是运动的结果,又是运动的出发点(并且二者必须是这个**出发点**,私有财产的历史**必然性**就在于此)。因此,**社会**性质是整个运动的普遍性质;**正像**社会本身生产作为**人**的**人**一样,社会也是由人**生产**的。活动和享受,无论就其内容或就其**存在方式**来说,都是**社会的**活动和**社会的**享受。自然界的**人的**本质只有对**社会的**人来说才是存在的;因为只有在社会中,自然界对人来说才是人与**人联系的纽带**,才是他为别人的存在和别人为他的存在,只有在社会中,自然界才是人自己的**人的**存在的**基础**,才是人的现实的生活要素。只有在社会中,人的**自然的**存在对他来说才是自己的**人的**存在,并且自然界对他来说才成为人。因此,**社会**是人同自然界的完成了的本质的统一,是自然界的真正复活,是人的实现了的自然主义和自然界的实现了的人道主义。[39]

[VI]社会的活动和社会的享受决不**仅仅**存在于**直接**共同的活动和直接**共同的**享受这种形式中,虽然**共同的**活动和**共同的**享受,即直接通过同别人的**实际交往**表现出来和得到确证的那种活动和享受,在社会性的上述**直接**表现以这种活动的内容的本质为根据并且符合其本性的地方都会出现。

甚至当我从事**科学**之类的活动,即从事一种我只在很少情况下才能同别人进行直接联系的活动的时候,我也是**社会的**,因为我是作为**人**活动的。不仅我的活动所需的材料——甚至思想家用来进行活动的语言——是作为社会的产品给予我的,而且我**本身的**存在**是**社会的活动;因此,我从自身所做出的东西,是我从自身为社会做出的,并且意识到我自己是社会存在物。

我的**普遍**意识不过是以**现实**共同体、社会存在物为**生动**形式的那个东西的**理论**形式,而在今天,**普遍**意识是现实生活的抽象,并且作为这样的抽象是与现实生活相敌对的。因此,我的普遍意识的**活动**——作为一种活动——也是我作为社会存在物的**理论**存在。

首先应当避免重新把"社会"当作抽象的东西同个体对立起来。个体**是社会存在物**。因此,他的生命表现,即使不采取**共同的**、同他人一起完成的生命表现这种直接形式,也**是社会生活**的表现和确证。人的个体生活和类生活不是**各不相同的**,尽管个体生活的存在方式是——必然是——类生活的较为**特殊的**或者较为**普遍的**方式,而类生活是较为**特殊的**或者较为**普遍的**个体生活。

作为**类意识**，人确证自己的现实的**社会生活**，并且只是在思维中复现自己的现实存在；反之，类存在则在类意识中确证自己，并且在自己的普遍性中作为思维着的存在物自为地存在着。

因此，人是一个**特殊的**个体，并且正是他的特殊性使他成为一个个体，成为一个现实的、**单个的**社会存在物，同样，他也是**总体**，观念的总体，被思考和被感知的社会的自为的主体存在，正如他在现实中既作为对社会存在的直观和现实享受而存在，又作为人的生命表现的总体而存在一样。

可见，思维和存在虽有**区别**，但同时彼此又处于**统一**中。

死似乎是类对**特定的**个体的冷酷的胜利，并且似乎是同它们的统一相矛盾的；但是，特定的个体不过是一个**特定的类存在物**，而作为这样的存在物是迟早要死的。

//(4)**私有财产**不过是下述情况的感性表现：人变成对自己来说是**对象性的**，同时，确切地说，变成异己的和非人的对象；他的生命表现就是他的生命的外化，他的现实化就是他的非现实化，就是**异己的**现实。同样，对私有财产的积极的扬弃，就是说，为了人并且通过人对人的本质和人的生命、对象性的人和人的**作品**的**感性的**占有，不应当仅仅被理解为**直接的**、片面的**享受**，不应当仅仅被理解为**占有**、**拥有**。人以一种全面的方式，就是说，作为一个总体的人，占有自己的全面的本质。人对世界的任何一种**人的**关系——视觉、听觉、嗅觉、味觉、触觉、思维、直观、情感、愿望、活动、爱，——总之，他的个体的一切器官，正像在形式上直接是社会的器官的那些器官一样，[VII]是通过自己的**对象性**关系，即通过自己**同对象的关系**而对对象的占有，对**人的**现实的占有；这些器官同对象的关系，是**人的现实的实现**(因此，正像人的**本质规定**和**活动**是多种多样的一样，人的现实也是多种多样的)，是人的**能动**和人的**受动**，因为按人的方式来理解的受动，是人的一种自我享受。//

//私有制使我们变得如此愚蠢而片面，以致一个对象，只有当它为我们拥有的时候，就是说，当它对我们来说作为资本而存在，或者它被我们直接占有，被我们吃、喝、穿、住等等的时候，简言之，在它被我们**使用**的时候，才是**我们的**。尽管私有制本身又把占有的这一切直接实现仅仅看作**生活手段**，而它们作为手段为之服务的那种生活，是**私有制的生活**——劳动和资本化。//

//因此，**一切**肉体的和精神的感觉都被这**一切**感觉的单纯异化即**拥有**的感觉所代替。人这个存在物必须被归结为这种绝对的贫困,这样他才能够从自身产生出他的内在丰富性。(关于**拥有**这个范畴,见《二十一印张》文集中**赫斯**的论文。[40])//

//因此,对私有财产的扬弃,是人的一切感觉和特性的彻底**解放**;但这种扬弃之所以是这种解放,正是因为这些感觉和特性无论在主体上还是在客体上都成为**人的**。眼睛成为**人的**眼睛,正像眼睛的**对象**成为社会的、**人的**、由人并为了人创造出来的对象一样。因此,**感觉**在自己的实践中直接成为**理论家**。感觉为了物而同**物**发生关系,但物本身是对自身和对人的一种**对象性的**、**人的**关系,反过来也是这样。//　//当物按人的方式同人发生关系时,我才能在实践上按人的方式同物发生关系。因此,需要和享受失去了自己的**利己主义**性质,而自然界失去了自己的纯粹的**有用性**,因为效用成了**人的**效用。

同样,别人的感觉和精神也成为我**自己的**占有。因此,除了这些直接的器官以外,还以社会的**形式**形成**社会的**器官。例如,同他人直接交往的活动等等,成为我的**生命表现**的器官和对**人的**生命的一种占有方式。

不言而喻,**人的**眼睛与野性的、非人的眼睛得到的享受不同,人的**耳朵**与野性的耳朵得到的享受不同,如此等等。

我们知道,只有当对象对人来说成为**人的**对象或者说成为对象性的人的时候,人才不致在自己的对象中丧失自身。只有当对象对人来说成为**社会的**对象,人本身对自己来说成为社会的存在物,而社会在这个对象中对人来说成为本质的时候,这种情况才是可能的。//

//因此,一方面,随着对象性的现实在社会中对人来说到处成为人的本质力量的现实,成为人的现实,因而成为人**自己的**本质力量的现实,一切**对象**对他来说也就成为他自身的**对象化**,成为确证和实现他的个性的对象,成为**他的**对象,这就是说,对象成为**他自身**。对象**如何**对他来说成为他的对象,这取决于**对象的性质**以及与之相适应的**本质力量**的性质;因为正是这种关系的**规定性**形成一种特殊的、**现实的**肯定方式。**眼睛**对对象的感觉不同于**耳朵**,眼睛的对象**是**不同于**耳朵**的对象的。每一种本质力量的独特性,恰好就是这种本质力量的**独特的本质**,因而也是它的对象化的独特方式,它的**对象性的**、**现实的**、活生生的**存在**的独特方式。因此,人不仅通过思维,[VIII]而且以**全部**感觉在对象世界中肯定自己。

另一方面，即从主体方面来看：只有音乐才激起人的音乐感；对于没有音乐感的耳朵来说，最美的音乐**毫无**意义，**不是**对象，因为我的对象只能是我的一种本质力量的确证，就是说，它只能像我的本质力量作为一种主体能力自为地存在着那样才对我而存在，因为任何一个对象对我的意义（它只是对那个与它相适应的感觉来说才有意义）恰好都以**我的**感觉所及的程度为限。因此，社会的人的**感觉不同于**非社会的人的感觉。只是由于人的本质客观地展开的丰富性，主体的、**人的**感性的丰富性，如有音乐感的耳朵、能感受形式美的眼睛，总之，那些能成为人的享受的感觉，即确证自己是**人的**本质力量的**感觉**，才一部分发展起来，一部分产生出来。因为，不仅五官感觉，而且连所谓精神感觉、实践感觉（意志、爱等等），一句话，**人的**感觉、感觉的人性，都是由于**它的**对象的存在，由于**人化的**自然界，才产生出来的。

五官感觉的**形成**是迄今为止全部世界历史的产物。囿于粗陋的实际需要的**感觉**，也只具有**有限的**意义。// 对于一个挨饿的人来说并不存在人的食物形式，而只有作为食物的抽象存在；食物同样也可能具有最粗糙的形式，而且不能说，这种进食活动与**动物的**进食活动有什么不同。忧心忡忡的、贫穷的人对最美丽的景色都没有什么**感觉**；经营矿物的商人只看到矿物的商业价值，而看不到矿物的美和独特性；他没有矿物学的感觉。因此，一方面为了使人的**感觉**成为**人的**，另一方面为了创造同人的本质和自然界的本质的全部丰富性相适应的**人的感觉**，无论从理论方面还是从实践方面来说，人的本质的对象化都是必要的。

通过**私有财产**及其富有和贫困——或物质的和精神的富有和贫困——的运动，正在生成的社会发现这种**形成**所需的全部材料；//**同样，已经生成的**社会，创造着具有人的本质的这种全部丰富性的人，创造着**具有丰富的、全面而深刻的感觉**的人作为这个社会的恒久的现实。——//

我们看到，主观主义和客观主义，唯灵主义和唯物主义，活动和受动，只是在社会状态中才失去它们彼此间的对立，从而失去它们作为这样的对立面的存在；//我们看到，**理论的**对立本身的解决，**只有**通过**实践**方式，只有借助于人的实践力量，才是可能的；因此，这种对立的解决绝对不只是认识的任务，而是**现实**生活的任务，而**哲学**未能解决这个任务，正是因为哲学把这**仅仅**看作理论的任务。——//

//我们看到，**工业**的历史和工业的已经生成的**对象性的**存在，是一本**打开了的关于人的本质力量**的书，是感性地摆在我们面前的人的**心理学**；对这种心理学人们至今还没有从它同人的**本质**的联系，而总是仅仅从外在的有用性这种关系来理解，因为在异化范围内活动的人们仅仅把人的普遍存在，宗教，或者具有抽象普遍本质的历史，如政治、艺术和文学等等，[IX]理解为人的本质力量的现实性和**人的类活动**。在**通常的**、**物质的工业**中(人们可以把这种工业理解为上述普遍运动的一部分，正像可以把这个运动本身理解为工业的一个**特殊**部分一样，因为全部人的活动迄今为止都是劳动，也就是工业，就是同自身相异化的活动)，人的**对象化的本质力量**以**感性的**、**异己的**、**有用的对象**的形式，以异化的形式呈现在我们面前。如果**心理学**还没有打开这本书即历史的这个恰恰最容易感知的、最容易理解的部分，那么这种心理学就不能成为内容确实丰富的和**真正的**科学。//如果科学从人的活动的如此广泛的丰富性中只知道那种可以用"**需要**"、"**一般需要!**"的话来表达的东西，那么人们对于这种**高傲地**撇开人的劳动的这一巨大部分而不感觉自身不足的科学究竟应该怎样想呢?——

自然科学展开了大规模的活动并且占有了不断增多的材料。而哲学对自然科学始终是疏远的，正像自然科学对哲学也始终是疏远的一样。过去把它们暂时结合起来，不过是**离奇的幻想**。存在着结合的意志，但缺少结合的能力。甚至历史学也只是顺便地考虑到自然科学，仅仅把它看作是启蒙、有用性和某些伟大发现的因素。然而，自然科学却通过工业日益**在实践上**进入人的生活，改造人的生活，并为人的解放作准备，尽管它不得不直接地使非人化充分发展。**工业**是自然界对人，因而也是自然科学对人的**现实的**历史关系。因此，如果把工业看成人的**本质力量**的**公开的**展示，那么自然界的**人的**本质，或者人的**自然的**本质，也就可以理解了；因此，自然科学将失去它的抽象物质的方向或者不如说是唯心主义的方向，并且将成为**人的**科学的基础，正像它现在已经——尽管以异化的形式——成了真正人的生活的基础一样；说生活还有**别的**什么基础，**科学**还有别的什么基础——这根本就是谎言。//在人类历史中即在人类社会的形成过程中生成的自然界，是人的**现实的**自然界；因此，通过工业——尽管以**异化**的形式——形成的自然界，是真正的、**人本学的**自然界。——//

感性(见费尔巴哈)必须是一切科学的基础。科学只有从**感性**意识和**感性**需要这两种形式的感性出发,因而,科学只有从自然界出发,才是**现实的**科学[41]。可见,全部历史是为了使"**人**"成为**感性**意识的对象和使"人作为人"的需要成为需要而作准备的历史(发展的历史)[42]。历史本身是**自然史**的即自然界生成为人这一过程的一个**现实**部分。自然科学往后将包括关于人的科学,正像关于人的科学包括自然科学一样:这将是**一门**科学。[X]**人**是自然科学的直接对象;因为直接的**感性自然界**,对人来说直接是**人**的感性(这是同一个说法),直接是**另一个**对他来说感性地存在着的人;因为他自己的感性,只有通过**别人**,才对他本身来说是人的感性。但是,**自然界**是**关于人的科学**的直接对象。人的第一个对象——人——就是自然界、感性;而那些特殊的、人的、感性的本质力量,正如它们只有在**自然**对象中才能得到客观的实现一样,只有在关于一般自然界的科学中才能获得它们的自我认识。思维本身的要素,思想的生命表现的要素,即**语言**,是感性的自然界。自然界的**社会的**现实和**人的**自然科学或**关于人的自然科学**,是同一个说法。——

//我们看到,**富有的人**和富有的**人的**需要代替了国民经济学上的**富有**和**贫困**。**富有的**人同时就是**需要**有总体的人的生命表现的人,在这样的人的身上,他自己的实现作为内在的必然性、作为**需要**而存在。不仅人的**富有**,而且人的**贫困**,——在社会主义的前提下——同样具有**人的**因而是社会的意义。贫困是被动的纽带,它使人感觉到需要最大的财富即**别**人。因此,对象性的本质在我身上的统治,我的本质活动的感性爆发,是**激情**,从而激情在这里就成了我的本质的**活动**。——//

(5)任何一个**存在物**只有当它用自己的双脚站立的时候,才认为自己是独立的,而且只有当它依靠自己而**存在**的时候,它才是用自己的双脚站立的。靠别人恩典为生的人,把自己看成一个从属的存在物。但是,如果我不仅靠别人维持我的生活,而且别人还**创造了**我的**生活**,别人还是我的生活的**泉源**,那么我就完全靠别人的恩典为生;如果我的生活不是我自己的创造,那么我的生活就必定在自身之外有这样一个根源。因此,**创造**[*Schöpfung*]是一个很难从人民意识中排除的观念。自然界的和人的通过自身的存在,对人民意识来说是**不能理解的**,因为这种存在是同实际生活的一切**明显的事实**相矛盾的。

大地创造说,受到了**地球构造学**[43]即说明地球的形成、生成是一个过程、一种自我产生的科学的致命打击。自然发生说[44]是对创世说[Schöpfungstheorie]的惟一实际的驳斥。

现在对单个人讲讲亚里士多德已经说过的下面这句话,当然是容易的:你是你父亲和你母亲所生;这就是说,在你身上,两个人的交媾即人的类行为生产了人[45]。这样,你看到,人的肉体的存在也要归功于人。因此,你应该不是仅仅注意**一个**方面即**无限的**过程,由于这个过程你会进一步发问:谁生出了我的父亲?谁生出了他的祖父?等等。你还应该紧紧盯住这个无限过程中的那个可以通过感觉直观的**循环运动**,由于这个运动,人通过生儿育女使自身重复出现,因而**人**始终是主体。

但是,你会回答说:我向你承认这个循环运动,那么你也要向我承认那个无限的过程,这过程驱使我不断追问,直到我提出问题:谁生出了第一个人和整个自然界?

我只能对你作如下的回答:你的问题本身就是抽象的产物。请你问一下自己,你是怎样想到这个问题的;请你问一下自己,你的问题是不是来自一个因为荒谬而使我无法回答的观点。请你问一下自己,那个无限的过程本身对理性的思维来说是否存在。既然你提出自然界和人的创造问题,你也就把人和自然界抽象掉了。你设定它们是**不存在的**,你却希望我向你证明它们是**存在的**。那我就对你说:放弃你的抽象,你也就会放弃你的问题,或者,你想坚持自己的抽象,你就要贯彻到底,如果你设想人和自然界是**不存在的**,[XI]那么你就要设想你自己也是不存在的,因为你自己也是自然界和人。不要那样想,也不要那样向我提问,因为一旦你那样想,那样提问,你把自然界的和人的存在**抽象掉**,这就没有任何意义了。也许你是个设定一切都不存在,而自己却想存在的利己主义者吧?

你可能反驳我:我并不想设定自然界等等不存在;我是问你自然界的**形成过程**,正像我问解剖学家骨骼如何形成等等一样。

但是,因为对社会主义的人来说,**整个所谓世界历史**不外是人通过人的劳动而诞生的过程,是自然界对人来说的生成过程,所以关于他通过自身而**诞生**、关于他的**形成过程**,他有直观的、无可辩驳的证明。因为人和自然界的**实在性**,即人对人来说作为自然界的存在以及自然界对人来说作为人的存在，已经成为实际的、可以通过感觉直观的，所以关于某种**异己的**存在物、关于凌驾于自然界和人之上的存在物的问题，即包含着对自然界的和人的非实在性的承认的问题，实际上已经成为不可能的了。**无神论**，作为对这种非实在性的否定，已不再有任何意义，因为无神论是**对神的否定**，并且通过这种否定而设定**人的存在**；但是，社会主义作为社会主义已经不再需要这样的中介；它是从把人和自然界看作**本质**这种**理论上和实践上的感性意识**开始的。社会主义是人的不再以宗教的扬弃为中介的**积极的自我意识**，正像**现实生活**是人的不再以私有财产的扬弃即**共产主义**为中介的积极的现实一样。共产主义是作为否定的否定的肯定，因此，它是人的解放和复原的一个**现实的**、对下一段历史发展来说是必然的环节。**共产主义**是最近将来的必然的形式和有效的原则。但是，共产主义本身并不是人的发展的目标，并不是人的社会的形式。——

卡·马克思大约写于1844年5月底6月初—8月

第一次发表于《马克思恩格斯全集》1932年历史考证版第1部分第3卷

原文是德文

中文根据《马克思恩格斯全集》1982年历史考证版第1部分第2卷翻译

选自《马克思恩格斯全集》第3卷，人民出版社2002年版，第219—222、第266—280、第294—311页。

注　释：

[1] 马克思这里说的“随导言之后将要作的探讨”，指《黑格尔法哲学批判》这部著作。他本来计划在《德法年鉴》上发表这篇《导言》之后，接着完成在1843年已经着手写的《黑格尔法哲学批判》并把它付印。《德法年鉴》停刊后，马克思逐渐放弃了这一计划。他在《1844年经济学哲学手稿》的序言中曾说明原因（见本卷第219页）。

此外,1844年5—6月以后,马克思已经忙于其他工作,把经济学研究提到了首位。从1844年9月起,由于需要对青年黑格尔派进行反击,马克思改变了自己的想法,开始把阐述新的革命的唯物主义世界观同批判青年黑格尔派以及德国资产阶级和小资产阶级其他代表的唯心主义世界观结合起来。马克思和恩格斯合著的《神圣家族》和《德意志意识形态》完成了这项任务。——200、219。

[2] 这个计划没有实现。马克思没有写这些小册子,可能因为他后来认为,在还没有对各种社会(其中包括资产阶级社会)的基础——生产关系——作出科学的分析以前,要对法、道德、政治和上层建筑的其他范畴的问题进行独立的科学的考察是不可能的。——219。

[3] 国民经济学是当时德国人对英国人和法国人称作政治经济学的资产阶级政治经济学采用的概念。德国人认为政治经济学是一门系统地研究国家应该采取哪些措施和手段来管理、影响、限制和安排工业、商业和手工业,从而使人民获得最大福利的科学。因此,政治经济学也被等同于国家学(Staatswissenschaft)。英国经济学家亚·斯密认为,政治经济学是关于物质财富的生产、分配和消费的规律的科学。随着斯密主要著作的问世及其德译本的出版,在德国开始了一个改变思想的过程。有人认为可以把斯密提出的原理纳入并从属于德国人界定为国家学的政治经济学。另一派人则竭力主张把两者分开。路·亨·冯·雅科布和尤·冯索登在1805年曾作了两种不同的尝试,但都试图以一门独立的学科形式来表述一般的经济学原理,并都称其为"国民经济学"。——204、219、230、243、266、339、432、442、527、619。

[4] 手稿中删去下面一句话:"与此相反,不学无术的评论家则企图用'**乌托邦的词句**',或者还用'完全纯粹的、完全决定性的、完全批判的批判'、'不单单是法的,而且是社会的、完全社会的社会'、'密集的大批群众'、'代大批群众发言的发言人'等等一类空话,来非难实证的批判者,以掩饰自己的极端无知和思想贫乏。这个评论家还应当首先提供证据,证明他除了神学的家务以外还有权过问**世俗的**事务。"

(不学无术的评论家和当代批判的神学家均指布·鲍威尔,他在《文学总汇报》第1期(1843年12月)和第4期(1844年3月)发表两篇文章评论有关犹太人问题的图书、论文和小册子。马克思在这里引用的词句大部分摘自鲍威尔这两篇文章。"乌托邦的词句"和"密集的群众"这些用语见《文学总汇报》第8期(1844年7月)布·鲍威尔的论文《什么是现在批判的对象?》。马克思和恩格斯后来在《神圣家族,或对批判的批判所做的批判》中分析批判了鲍威尔及其伙伴。——219。)

[5] 这时,马克思已经掌握了法文,对法国的文献十分熟悉。他读了孔西得朗、勒鲁、蒲

鲁东、卡贝、德萨米、邦纳罗蒂、傅立叶、劳蒂埃尔、维尔加德尔和其他作者的著作,而且还经常作摘要。但他还没有掌握英文,因此只能通过德译本或法译本来利用英国社会主义者的著作。例如,欧文的作品,他就是通过法译本和论述欧文观点的法国作家的著作来了解的。《1844年经济学哲学手稿》正文和其他文献资料还没有表明,马克思这时已具有了他后来例如在《哲学的贫困》(写于1847年)中所显示出来的对英国社会主义者著作的渊博知识。——220。

[6] 除了魏特林的主要著作《和谐与自由的保证》(1842年)以外,马克思大概还指魏特林在他本人于1841—1843年出版的杂志《年轻一代》上所发表的文章,以及他为正义者同盟写的纲领性著作《现实的人类和理想的人类》(1838年)。

在格·海尔维格出版的《来自瑞士的二十一印张》文集中,发表了赫斯的三篇匿名文章:《社会主义和共产主义》、《行动的哲学》和《惟一和完全的自由》。

恩格斯的《国民经济学批判大纲》见本卷第442—473页。——220。

[7] 见本卷第163—214页。——编者注

[8] 手稿中删去下面一句话:"一些人出于狭隘的忌妒,另一些人则出于真正的愤怒,对费尔巴哈的《**未来哲学**》和《轶文集》中的《哲学改革纲要》(路·费尔巴哈《未来哲学原理》1843年苏黎世—温特图尔版。

费尔巴哈的《关于哲学改革的临时纲要》一文刊载于《德国现代哲学和政论界轶文集》第2卷。这个两卷本的文集,除了其他作者的著作以外,还收入了马克思的《评普鲁士最近的书报检查令》一文(《马克思恩格斯全集》中文第2版第1卷第107—135页)。在这个文集上发表的《路德是施特劳斯和费尔巴哈的仲裁人》一文,过去一直认为是马克思写的,实际上是路·费尔巴哈写的。——220。)

——尽管这两部著作被悄悄地利用着——可以说策划了一个旨在**埋没**这两部著作的真正阴谋。"——编者注

[9] 指费尔巴哈的整个唯物主义观点。费尔巴哈自己把这种观点称为"自然主义"和"人道主义"或"人本学"。它发挥了这样一个思想:新哲学即费尔巴哈的哲学,使人这一自然界的不可分离的部分,成为自己的惟一的和最高的对象。费尔巴哈认为,这样的哲学即人本学包含着生理学,并将成为全面的科学;他断言,新时代的本质是把现实的、物质地存在着的东西神化;新哲学的本质则在于否定神学,确立唯物主义、经验主义、现实主义、人道主义。——220。

[10] 黑格尔的《精神现象学》第1版于1807年出版。《逻辑学》共三册,分别于1812、1813和1816年出版。1817年,《哲学全书》出版,1821年,《法哲学原理》出版。——220、318。

[11] 手稿中删去下面的文句:"他是这样消极而无意识地表现出来的:一方面,他不断反复保证他自己的批判的**纯粹性**,另一方面,为了使观察者和他自己不去注意**批判**和它的诞生地——黑格尔的**辩证法**和整个德国哲学——之间**必要的**辩论,不去注意现代批判必须克服它自身的局限性和自发性,他反而企图制造假象,似乎批判只同它之外的某种狭隘的批判形式——比如说,18世纪的批判形式——并同**群众**的局限性有关系。最后,当有人对他自己的哲学前提的本质有所发现——如**费尔巴哈的**发现——,批判的神学家一方面制造一种假象,似乎这些发现是**他**完成的,确切地说,他是这样制造这种假象的:他由于不能阐发这些发现的成果,就把这些成果以口号的形式抛给那些还受哲学束缚的作家;另一方面,他善于通过下述方式使自己确信,他自己的水平甚至超过这些发现:他发觉在费尔巴哈对黑格尔辩证法的批判中还缺少黑格尔**辩证法**的某些要素,这些要素还没有以经过批判的形式供他使用,这时,他自己并不试图或者也没有能力把这些要素引入正确的关系,反而以隐晦的、阴险的、怀疑的方式,搬用这些要素来反对费尔巴哈对黑格尔辩证法的批判。就是说,从自身开始的实证真理这一范畴刚刚以其**特有的**形态得到确立并显现出来,他就以一种神秘的方式搬用间接证明这一范畴来加以反对。神学的批判家认为,从哲学方面应当**作出**一切,来使他能够**侈谈**纯粹性、决定性以及完全批判的批判,是十分自然的;而当他**感觉到**例如黑格尔的某一因素为费尔巴哈所缺少时,——因为,神学的批判家并没有超出感觉而达到意识,尽管他还对'**自我意识**'和'**精神**'抱有唯灵论的偶像崇拜,——他就以为自己是真正**克服哲学的人**。"——编者注

[12] 马克思写完这篇《序言》后不久,就与恩格斯合写了《神圣家族,或对批判的批判所做的批判》。这部批驳布·鲍威尔及其伙伴的著作于1845年在美因河畔法兰克福出版。——222。

[13] 手稿中删去下面一句话:"相反,**费尔巴哈的**关于哲学的本质的发现,究竟在什么程度上仍然——至少为了**证明**这些发现——使得对哲学辩证法的批判分析成为必要,读者从我的阐述本身就可以看清楚。"——编者注

[14] 马克思在《让·巴蒂斯特·萨伊〈论政治经济学〉一书摘要》中对萨伊关于财富的性质和流通的原理的论述写了如下评注:"**私有财产**是一个事实,国民经济学对此没有说明理由,但是,这个事实是国民经济学的基础";"没有私有财产的**财富**是不存在的,国民经济学按其本质来说是**发财致富的科学**。因此,没有私有财产的政治经济学是不存在的。这样,整个国民经济学便建立在一个没有必然性的事实的基础上。"(《马克思恩格斯全集》1981年历史考证版第4部分第2卷第316、319

页)——266。

[15] 手稿中这段话下面删去一句话:"我们现在必须回顾上述财产的**物质**运动的本质。"——编者注

[16] 马克思在《亚·斯密〈国民财富的性质和原因的研究〉一书摘要》中写有评注:"十分有趣的是斯密作的循环论证。为了说明分工,他假定有交换。但是为了使交换成为可能,他就以分工、以人的活动的差异为前提。他把问题置于原始状态,因而未解决问题。"(《马克思恩格斯全集》1981 年历史考证版第 4 部分第 2 卷第 336 页)——267。

[17] 这个结论在当时的社会批判性著作中相当流行。例如,威·魏特林在他的《和谐与自由的保证》一书中就曾写道:"正像在筑堤时要产生土坑一样,在积累财富时也要产生贫穷。"——268。

[18] 马克思在这里仍旧使用了黑格尔的术语及其探讨对立的统一的方法,把 Verwirklichung(现实化)与 Entwirklichung(非现实化)对立起来。——268。

[19] 马克思在手稿中往往并列使用两个德文术语"Entfremdung"(异化)和"Entäußerung"(外化)来表示异化这一概念。但他有时赋予"Entäußerung"另一种意义,例如,用于表示交换活动,从一种状态向另一种状态转化、获得,就是说,用于表示那些并不意味着敌对性和异己性的关系的经济现象和社会现象。——268。

[20] 马克思在这里以自己的理解复述了费尔巴哈哲学关于宗教是人的本质的异化的论点。费尔巴哈在他的著作《基督教的本质》中曾经证明,因为在神的本质的观点中肯定的东西仅仅是人的东西,所以作为意识对象的人的观点就只是否定的东西。费尔巴哈说,为了使上帝富有,人就必须贫穷;为了使上帝成为一切,人就必须什么也不是。人在自身中否定了他在上帝身上所肯定的东西。——268。

[21] 这里表述的思想是与费尔巴哈的论点相呼应的。费尔巴哈认为宗教和唯心主义哲学是人的存在及其精神活动的异化。费尔巴哈写道,上帝作为对人来说的某种至高的、非人的东西,是理性的客观本质;上帝和宗教就是幻想的对象性本质。他还写道,黑格尔逻辑学的本质是主体的活动,是主体的被窃走的思维,而绝对哲学则使人自身的本质、人的活动在人那里异化。——271。

[22] 马克思在本段和下一段利用了费尔巴哈哲学中表述人和整个人类时所用的术语,并且创造性地吸取了他的思想:人把人的"类本质"、人的社会性质异化在宗教中;宗教以人同动物的本质区别为基础,以意识为基础,而意识严格说来只是在存在物的类成为存在物的对象、本质的地方才存在;人不像动物那样是片面的存在物,而是普遍的、无限的存在物。——272。

[23] 手稿中“材料”写在“对象”的上方。——编者注

[24] 类、类生活、类本质都是费尔巴哈用的术语，它们表示人的概念、真正人的生活的概念。真正人的生活以友谊和善良的关系，即以爱为前提，这些都是类的自我感觉或关于个人属于人群这种能动意识。费尔巴哈认为，类本质使每个具体的个人能够在无限多的不同个人中实现自己。费尔巴哈也承认人们之间确实存在着利益的相互敌对和对立关系，但是他认为这种关系不是来自阶级社会的历史的现实条件，即资产阶级社会的经济生活条件，而是由于人的真正本质即类本质同人相异化，由于人同大自然本身预先决定了的和谐的类生活人为地但绝非不可避免地相脱离的结果。——273。

[25] 手稿中是 Menschen(人)，不是 Mächte(力量)。——编者注

[26] 马克思显然是指蒲鲁东的著作《什么是财产?》。参看该书第 3 章第 4 节：劳动。——劳动本身对自然物没有任何占有能力。第 5 节：劳动导致所有权的不平等。第 6 节：社会中的一切工资都是平等的。第 7 节：才能不平等是财富平等的必要条件。第 8 节：从正义的观点来看，劳动破坏所有权。——278。

[27] 马克思在这段话里从广义上使用工资范畴，以表达资本家和雇佣工人这两个阶级之间的对抗性关系。他所说的“工资”是指“雇佣劳动”，指资本主义制度本身。——278。

[28] 见本卷第 232 页。——编者注

[29] 这是马克思在批判蒲鲁东的“平等”观念时所持的基本论点。蒲鲁东在《什么是财产?》一书中表述的“平等”观念是建立在资本主义关系基础上的。他的空想的、改良主义的药方规定，私有财产要由“公有财产”代替，而这种“公有财产”将以平等的小占有的形式，在“平等”交换产品的条件下掌握在直接生产者手中。这实际上指的是均分私有财产。蒲鲁东是这样设想交换的“平等”的，即“联合的工人”始终得到同等的工资，因为在相互交换他们的产品时，即使产品实际上不同等，但每个人得到的仍然是相同的，而一个人的产品多于另一个人的产品的余额将处于交换之外，不会成为社会的财产，这样就完全不会破坏工资的平等。马克思说，在蒲鲁东的理论中，社会是作为抽象的资本家出现的。他指出蒲鲁东没有考虑到即使在小(“平等”)占有制度下也仍然起作用的商品生产的现实矛盾。不久，马克思在《神圣家族，或对批判的批判所做的批判》中表述了这样一个结论：蒲鲁东在经济异化范围内克服经济异化，就是说，实际上根本没有克服它。——278。

[30] 黑格尔在他的《逻辑学》中把“对立”和“矛盾”这两个概念作了区分。在对立中两个方面的关系是这样的：其中的每一个方面为另一个方面所规定，因此都只是一个环

节，但同时每一个方面也为自身所规定，这就使它具有独立性；相反，在矛盾中两个方面的关系是这样的：每一个方面都在自己的独立性中包含着另一个方面，因此两个方面的独立性都是被排斥的。——294。

[31] 傅立叶对政治经济学抱着极端否定的态度，认为它是一门错误的科学。他在关于未来世界、所谓协作制度的空想中，违反经济发展的现实趋向和政治经济学的基本原理，断言在“合理制度”的条件下，工业生产只能被当作对农业的补充，当作在漫长的冬闲时期和大雨季节“避免情欲消沉的一种手段”。他还断言，上帝和大自然本身确定，协作制度下的人只能为工业劳动拿出四分之一的时间，工业劳动只是辅助性的、使农业多样化的作业。——294。

[32] 圣西门的这些论点，见他的《实业家问答》1824年巴黎版。——编者注

[33] 马克思在这里所说的“共产主义”是指法国的巴贝夫、卡贝、德萨米，英国的欧文和德国的魏特林所创立的空想主义的观点体系。

马克思所说的共产主义的最初形式，大概首先是指1789—1794年法国资产阶级革命影响下形成的巴贝夫及其拥护者关于“完全平等”的社会以及在排挤私人经济的“国民公社”的基础上实现这种社会的空想主义观点。这种观点虽然也表现了当时无产阶级的要求，但整个说来还带有原始的粗陋的平均主义的性质。——295。

[34] 在中世纪宗教共产主义共同体中，把妻子公有当作未来社会特征的观念颇为流行。1534—1535年在闵斯特掌权的德国再洗礼派试图根据这种观点引进一夫多妻制。托·康帕内拉在《太阳城》一书中就反对一夫一妻制。原始的共产主义共同体还有一些特征，如禁欲主义、对科学和艺术持否定态度。1830年和1840年法国的秘密团体如平均主义工人社和人道社也曾继承了原始的平均主义思想的某些特征。恩格斯在《大陆上社会改革的进展》一文中对此作过描述（见本卷第474—487页）。——295。

[35] 手稿中是“共产主义者”。——编者注

[36] 卢梭在《论科学和艺术》、《论人间不平等的起源和原因》等著作中认为，没有受到教育、文化和文明触动的状态，对人来说才是自然的，马克思则认为这种状态是非自然的。——296。

[37] 马克思在这里用费尔巴哈的术语来表述自己的观点，这种观点提供了“历史之谜的解答”，换句话说，是从建立在私有制上的社会的客观矛盾的发展中得出共产主义必然性的结论。——297。

[38] 指欧文对一切宗教的批判言论。用欧文的话来说，宗教给人以危险的和可悲的前

提,在社会中培植人为的敌对;欧文指出,宗教的褊狭性是达到普遍的和谐和快乐的直接障碍;欧文认为任何宗教观念都是极端谬误的。——298。

[39] 马克思在这一页结尾标示的通栏线下面写了一句话:"卖淫不过是**工人普遍**卖淫的一个**特殊**表现,因为卖淫是一种关系,它不仅包括卖淫者,而且包括逼人卖淫者——后者的下流无耻尤为严重——,因此,资本家等等,也包括在卖淫这一范畴中。"——编者注

[40] 拥有(Haben)这个范畴,可见莫·赫斯的一些著作。他在《行动的哲学》一文中写到:"正是求存在的欲望,即希求作为特定的个体性、作为受限制的自我、作为有限的存在物而持续存在的欲望,导致**贪欲**。反之,对一切规定性的否定,抽象的自我和抽象的共产主义,空洞的'自在之物'的结果、批判主义和革命的结果、无从满足的**应有**的结果,则导致**存在**和**拥有**。助动词就这样成了名词。"(见《来自瑞士的二十一印张》1843年苏黎世—温特图尔版第2卷第329页)

马克思和恩格斯在《神圣家族,或对批判的批判所做的批判》中也谈到过"拥有"和"不拥有"。——303。

[41] 路·费尔巴哈《关于哲学改革的临时纲要》(《德国现代哲学和政论界轶文集》1843年苏黎世—温特图尔版第2卷第84—85页)以及《未来哲学原理》1843年苏黎世—温特图尔版第58—70页。——编者注

[42] 手稿中"发展的历史"写在"作准备的历史"的上方。——编者注

[43] 地球构造学是弗赖贝格(萨克森)矿业科学院的矿物学家亚伯拉罕·戈特洛布·韦尔纳于1780年创立的关于地球的形成、地球的结构和岩石的构成的学科。有关论述还可参看乔·威·弗·黑格尔《自然哲学讲演录》1842年柏林版第2部分第432—440页。——309。

[44] 马克思把Generatio aequivoca这一用语当作法文génération spontanée的同义词来使用,照字面直译就是自然发生的意思。恩格斯在《自然辩证法》中也曾谈到generation aequivoca——生命通过自然发生而产生。

有关论述还可参看乔·威·弗·黑格尔《自然哲学讲演录》1842年柏林版第2部分第455—470页。——309。

[45] 参看亚里士多德《形而上学》第8卷第4章。有关论述还可参看乔·威·弗·黑格尔《自然哲学讲演录》1842年柏林版第2部分第646—647页。——编者注

《1844 年经济学哲学手稿》(节选)导读

一、时代背景及其意义

马克思的《1844 年经济学哲学手稿》(以下简称为《手稿》)是 1844 年 5 月至 8 月写作于法国巴黎,又称为《巴黎手稿》。《手稿》在马克思生前未发表,1932 年在苏联出版的《马克思恩格斯全集》中第一次全文发表。

19 世纪初,随着资本主义的发展,欧洲工人阶级作为独立的政治力量登上社会政治舞台。工人阶级的斗争需要正确的理论指导,也为马克思主义的产生提供了实践基础。马克思于 19 世纪 40 年代初参加《莱茵报》的工作,开始直接投入德国的现实斗争。期间经历的关于林木盗窃法的辩论和对摩塞尔河地区农民状况的研究,促使他开始关注物质利益问题及对市民社会与国家关系等"苦恼的疑问"的思考。他在《黑格尔法哲学批判》中批判了黑格尔的唯心主义国家观,肯定了"市民社会"对国家和法的决定作用。与此同时,在费尔巴哈的影响下,马克思由唯心主义转向唯物主义,并在《论犹太人问题》和《〈黑格尔法哲学批判〉导言》中抨击了唯心史观,提出了一些唯物主义的思想。1843 年底,马克思到达欧洲革命中心巴黎,直接考察资本主义制度并参加工人阶级的斗争。他搜集资料,原打算写一部国民公会史,在研究法国革命史和批判黑格尔法哲学的过程中,认识到分析私有财产、研究政治经济学的重要。为此,他阅读了大量的经济学著作,写了若干摘要笔记,《手稿》是这些笔记遗留下来的部分内容。

《手稿》是马克思主义哲学初创过程中一份独特的文献,它虽然不是一部完整的著作,但内容极为丰富,涉及马克思主义的三个组成部分。《手稿》批判了资产阶级政治经济学和黑格尔的唯心主义辩证法,对共产主义进行了哲学和经济学的探讨，初步论证了实践范畴，探讨了唯物史观的一些问题和辩证法的基本理论问题。《手稿》还比较系统地涉及了关于人的理解，它以复归人性、全面占有人的本质为尺度，对资本主义生产中人的劳动异化进行了系统的分析和批判，剖析了劳动异化形成的原因及其后果，阐释了扬弃异化的途径和目标，开启了对人的哲学层面的思考，包括对人性、人的存在、人的本质、人与自然的关系、人的解放及其途径等问题的探究。

虽然《手稿》还未完全摆脱费尔巴哈人本主义的影响，特别是大量使用了费尔巴哈哲学的术语，但更应看到的是，它在马克思主义理论形成过程中具有独特的意义。《手稿》对人和社会的研究，从政治的批判追溯到经济的分析，为后来对资本主义经济制度的系统剖析和批判提供了逻辑前提；《手稿》比较充分地体现了马克思对人的一般性思考，是马克思关于人的理论的哲学策源地；《手稿》既是“两个转变”(马克思由革命民主主义转变为共产主义，由唯心主义向唯物主义转变)思想的总结，又确立了科学世界观形成和发展的新起点，全面地推进了马克思主义的创立过程，使正在形成中的马克思主义三个部分开始结合起来。《手稿》于1932年首次全文发表后，在西方掀起了第二次“马克思热”。但由于在《手稿》中还存在马克思思想中的“两种逻辑”①的相互矛盾，因而，在马克思主义研究中出现了西方马克思主义与传统马克思主义的两种不同解读模式。

二、内容简介

(一)序言

《序言》主要论述了写作的主旨、方法和本书的哲学基础。共4个自然段，分四个问题。

1. 说明写作计划的变动情况和本文的指导思想(第1段)。

2. 说明研究经济学的方法，是经验的而不是思辨的(第2段)。

3. 说明写作本文参考的选择和哲学基础是费尔巴哈的人本主义的唯物

① 孙伯鍨：《探索者道路的探索》，安徽人民出版社1985年版，第177页。

主义(第 3 段)。

4. 批判鲍威尔等青年黑格尔分子的唯心主义观点,阐述了剖析黑格尔哲学的必要性(第 4 段)。

(二)[异化劳动和私有财产]

在这一部分,马克思全面论述了异化劳动问题。共 76 个自然段,分三个问题。

1. 揭示资产阶级经济学的局限性,提出经济学研究的任务(第 1—4 段)。马克思肯定了古典经济学劳动价值论的意义,又揭示了它的缺陷。马克思认为,他的研究工作是从以前的经济学特别是以亚当·斯密对有关问题的论述为基础的。但是,这些经济学没有得出明确的结论,原因在于他们没有剖析资本主义私有制和资本主义生产方式的矛盾。"它不理解这些规律,就是说,它没有指明这些规律是怎样从私有财产的本质中产生出来的。"①因此,资产阶级经济学家不能科学地揭示资本主义经济运动的规律。在此基础上,马克思给自己提出了揭示资本主义制度产生、发展和灭亡的规律的任务:"我们现在必须弄清楚私有制,贪欲和劳动、资本、地产三者的分离之间,交换和竞争之间,人的价值和人的贬值之间,垄断和竞争等等之间,这全部异化和货币制度之间的本质联系。"②

2. 阐述异化劳动的表现(第 5—65 段)。关于异化劳动的分析是《手稿》最有特色的思想之一。马克思批判地吸取了黑格尔劳动是人的本质的思想,以对人性的基本理解为尺度,对资本主义制度下的劳动异化进行了系统的分析,揭示了异化劳动的表现。他认为,人的本质是"自由自觉的活动",而在资本主义生产中,人的劳动则处于异化的状态。劳动异化具体表现在四个方面:

一是劳动者同他的劳动产品的异化(第 5—18 段)。马克思认为,劳动是人的本质力量,其产品应是人的本质力量的体现。但在资本主义条件下,劳动产品却同劳动者相对立:工人生产的财富越多,他就越贫穷,劳动产品作为一种异己的力量同劳动相对立。劳动的实现使工人失去现实性,劳动产品反

①② 《马克思恩格斯全集》第 3 卷,人民出版社 2002 年版,第 266、267 页。

过来成了统治工人的力量。工人生产的对象越多,他能够占有的对象就越少,而且越受他的产品即资本的统治。也就是说,“工人对自己的劳动的产品的关系就是对一个异己的对象的关系”。① 马克思还批评了国民经济学以不考察工人(即劳动)同产品的直接关系来掩盖劳动本质的异化的做法。

二是劳动者同他的劳动活动的异化(第19—24段)。马克思认为,异化不仅表现在劳动结果上,而且表现在生产行为中。对劳动者来说,由于劳动产品的异化,生产本身就是一种异化的活动。这种异化表现在:劳动从人的内在需要变成了外在的、不属于他的本质的东西,工人“在自己的劳动中不是肯定自己,而是否定自己,不是感到幸福,而是感到不幸,不是自由地发挥自己的体力和智力,而是使自己的肉体受折磨、精神遭摧残”②;劳动不是人的需要,而是一种手段;不是自愿的,而是被迫的;劳动不属于劳动者自己,而是属于别人。这种异化的结果,就是工人丧失了自己的人性。

三是劳动者同他的类本质的异化(第25—36段)。马克思借用费尔巴哈的术语并加以改造,认为人是“类存在物”,人的类本质是一种社会关系,并指出,人的实践根本上不同于动物的本能活动,在资本主义条件下,由于劳动异化,人的自我活动、自由活动的类本质就被贬低为手段。

四是劳动中人与人的关系的异化(第37—51段)。马克思认为,劳动产品和过程的异化,必然给另一个人带来享受和欢乐,这个跟劳动格格不入的、统治工人的异己力量,就是资本家阶级。这里,马克思已认识到,生产中的物质关系实质上是人与人的关系,异化劳动的实质是资产阶级对工人阶级的剥削。

马克思还分析了异化劳动与私有制的关系(第52—65段)。他认为,异化劳动同私有制有内在的联系。从起源看,私有财产是异化劳动的必然后果;从既成状态上看,二者是相互作用的关系。

3. 论述异化劳动理论的意义(第66—74段)。马克思认为,对异化劳动的论述,克服了国民经济学的缺陷,同时又提出了工人阶级乃至全人类解放的任务。马克思还给自己提出了两个进一步研究的问题,即“从私有财产对真正人的和社会的财产的关系来规定作为异化劳动的结果的私有财产的普

①② 《马克思恩格斯全集》第3卷,人民出版社2002年版,第268、270页。

遍本质"①和"人怎么使他的劳动外化、异化？这种异化又怎么以人的发展的本质为根据?"②

(三)［私有财产和共产主义］

在这一部分,马克思批判了粗陋的共产主义,着重从正面阐述了对共产主义的理解。共43个自然段,分六个问题。

1. 重点批判了粗陋的、平均的共产主义(第1—7段)。马克思批判当时在欧洲流行的五种共产主义理论,即蒲鲁东小资产阶级的共产主义、以傅立叶为代表的空想社会主义、以巴贝夫为代表的平均共产主义、议会的共产主义和无政府共产主义等。尤其是重点批判了平均的共产主义,认为它不过是私有财产关系的"普遍化和完成",并严厉地批判了那种企图以公妻制来反对婚姻的粗陋的共产主义。

2. 马克思阐述了共产主义的基本特征(第8段)。指出"共产主义是私有财产即人的自我异化的积极的扬弃,因而是通过人并且为了人而对人的本质的真正占有;因此,它是人向自身、向社会的即合乎人性的人的复归,这种复归是完全的,自觉的和在以往发展的全部财富的范围内生成的。这种共产主义,作为完成了的自然主义＝人道主义,而作为完成了的人道主义＝自然主义,它是人和自然界之间、人和人之间的矛盾的真正解决,是存在和本质、对象化和自我确证、自由和必然、个体和类之间的斗争的真正解决。"③

这一段话及此后的相关论述表明:共产主义既是私有财产的扬弃过程,又是人的异化的扬弃过程;消灭私有财产和扬弃异化是内在统一的,是实现共产主义的基本途径;共产主义将消除人与人、人与社会的对立,并消除人与自然的对立;共产主义将使人的感觉和特性得到解放,使人的能力得到充分的发展和发挥。

3. 共产主义运动的理论形式方面的问题(第9—11段)。历史是共产主义的生成运动。经济异化是现实生活的异化,而宗教异化是生产的一些特殊方式,并提出了消灭私有制是废除一切异化的真正基础。

4. 共产主义是人向自身即社会的人的复归(第12—20段)。

---

①②③ 《马克思恩格斯全集》第3卷,人民出版社2002年版,第279、279、297页。

5. 共产主义是对人的本质的真正占有,它是对私有财产即人的自我异化的积极扬弃(第21—36段)。马克思分析了人的本质力量的对象化,提出了人化自然的思想,论述了实践在社会历史发展中的基础地位。他认为"对象如何对他来说成为他的对象,这取决于对象的性质以及与之相适应的本质力量的性质"。[①] 并以实例表明,对象为人的意义与主体的状况密切相关。他指出,经过人改造的自然已不是天然的自然,而是人活动的结果。工业的历史和工业的已经产生的对象性存在,是人的本质力量的体现,是实践的产物,深刻地揭示了人的实践本质。自然科学不仅要研究物质自然界,也要研究人,研究人的实践,从另一方面看,研究生产和工业的历史,才能真正理解人的本质和力量。

6. 马克思批判了宗教创世说,肯定了劳动创造历史,即"整个所谓世界历史不外是人通过人的劳动而诞生的过程"(第37—43段)。

思考题:

1. 怎样理解《手稿》在马克思主义哲学发展史上的地位?
2. 马克思的异化劳动理论有何现实意义?
3. 《手稿》揭示了共产主义的哪些基本特征?
4. 共产主义的哲学基础是什么?为什么?

(陈新夏　首都师范大学)

① 《马克思恩格斯全集》第3卷,人民出版社2002年版,第304—305页。

马　克　思

关于费尔巴哈的提纲*

1. 关于费尔巴哈[1]

一

从前的一切唯物主义(包括费尔巴哈的唯物主义)的主要缺点是:对对象、现实、感性,只是从**客体的**或者**直观**的形式去理解,而不是把它们当作**感性的人的活动**,当作**实践**去理解,不是从主体方面去理解。因此,和唯物主义相反,**能动的**方面却被唯心主义抽象地发展了,当然,唯心主义是不知道现实的、感性的活动本身的。费尔巴哈想要研究跟思想客体确实不同的感性客体:但是他没有把人的活动本身理解为**对象性的**[gegenständliche]活动。因此,他在《基督教的本质》中仅仅把理论的活动看作是真正人的活动,而对于实践则只是从它的卑污的犹太人的表现形式去理解和确定。因此,他不了解

---

* 《关于费尔巴哈的提纲》是马克思在 1845 年春于布鲁塞尔写在他的 1844—1847 年笔记本中的笔记,笔记上端写着:1. 关于费尔巴哈。恩格斯指出,"这是匆匆写成的供以后研究用的笔记,根本没有打算付印。但是它作为包含着新世界观的天才萌芽的第一个文件,是非常宝贵的。"他称这些笔记是"十一条关于费尔巴哈的提纲"(《马克思恩格斯全集》第 21 卷,第 412 页)。笔记因此而得名。

1888 年,恩格斯把《提纲》作为《路德维希·费尔巴哈和德国古典哲学的终结》(见《马克思恩格斯选集》第 4 卷,第 214—258 页)一书的附录第一次予以发表,并对个别地方作了修改。发表时的标题为《马克思论费尔巴哈》。

本选集一并收辑《提纲》的两个稿本,即马克思写在笔记本中的 1845 年稿本和由恩格斯发表的 1888 年稿本。

"革命的"、"实践批判的"活动的意义。

二

人的思维是否具有客观的[gegenständliche]真理性，这不是一个理论的问题，而是一个**实践的**问题。人应该在实践中证明自己思维的真理性，即自己思维的现实性和力量，自己思维的此岸性。关于思维——离开实践的思维——的现实性或非现实性的争论，是一个纯粹**经院哲学的**问题。

三

关于环境和教育起改变作用的唯物主义学说忘记了：环境是由人来改变的，而教育者本人一定是受教育的。因此，这种学说一定把社会分成两部分，其中一部分凌驾于社会之上。

环境的改变和人的活动或自我改变的一致，只能被看作是并合理地理解为**革命的实践**。

四

费尔巴哈是从宗教上的自我异化，从世界被二重化为宗教世界和世俗世界这一事实出发的。他做的工作是把宗教世界归结于它的世俗基础。但是，世俗基础使自己从自身中分离出去，并在云霄中固定为一个独立王国，这只能用这个世俗基础的自我分裂和自我矛盾来说明。因此，对于这个世俗基础本身应当在自身中、从它的矛盾中去理解，并在实践中使之革命化。因此，例如，自从发现神圣家族的秘密在于世俗家庭之后，世俗家庭本身就应当在理论上和实践中被消灭。

五

费尔巴哈不满意**抽象的思维**而喜欢**直观**；但是他把感性不是看做**实践的**、人的感性的活动。

六

费尔巴哈把宗教的本质归结于**人的**本质。但是，人的本质不是单个人所固有的抽象物，在其现实性上，它是一切社会关系的总和。

费尔巴哈没有对这种现实的本质进行批判，因此他不得不：

(1)撇开历史的进程，把宗教感情固定为独立的东西，并假定有一种抽象的——**孤立的**——人的个体。

(2)因此，本质只能被理解为“类”，理解为一种内在的、无声的、把许多个人**自然地**联系起来的普遍性。

七

因此，费尔巴哈没有看到，“宗教感情”本身是社会的产物，而他所分析的抽象的个人，是属于一定的社会形式的。

八

全部社会生活在本质上是**实践的**。凡是把理论引向神秘主义的神秘东西，都能在人的实践中以及对这个实践的理解中得到合理的解决。

九

直观的唯物主义，即不是把感性理解为实践活动的唯物主义至多也只能达到对单个人和市民社会的直观。

十

旧唯物主义的立脚点是市民社会，新唯物主义的立脚点则是人类社会或社会的人类。

十一

哲学家们只是用不同的方式**解释**世界，问题在于**改变**世界。

写于 1845 年春　　原文是德文

选自《马克思恩格斯选集》第 1 卷，人民出版社 1995 年版，第 54—57 页。

注　　释：

［1］马克思 1845 年的稿本。——编者注

《关于费尔巴哈的提纲》导读

一、时代背景及其意义

《关于费尔巴哈的提纲》(以下简称《提纲》)是马克思于 1845 年春在布鲁塞尔写的一个提纲式的笔记,当时题为《关于费尔巴哈》,是他进一步研究的提纲,在马克思生前没有发表。但《提纲》在马克思思想发展历程中具有奠基性的意义,因此 1888 年恩格斯在写作和出版《路德维希·费尔巴哈和德国古典哲学的终结》单行本时,在文字上进行修改之后,把它作为附录发表,并命名为《马克思论费尔巴哈》。我们现在所看到的标题"关于费尔巴哈的提纲",是前苏共中央马列主义研究院在发表这个提纲时另外加上的。

《提纲》的出现绝非偶然,它是时代的产物,是马克思哲学理论活动的结晶。马克思是通过接受"青年黑格尔派"的思想开始他的理论生涯的。青年黑格尔派依据激进的资产阶级自由派的政治要求竭力批判宗教,同时也在一定程度上批判了黑格尔。费尔巴哈突破了黑格尔哲学体系,恢复了唯物主义的权威,但费尔巴哈的人本学唯物主义仍然存在着形而上学性和不彻底性的缺陷。马克思从无产阶级斗争的需要出发,依据哲学发展的必然逻辑,对德国古典哲学进行了分析和批判。《提纲》正是马克思批判德国古典哲学特别是费尔巴哈哲学的一个重要理论成果。最后,它也是马克思亲身实践的结果。马克思亲身参加了无产阶级的革命运动,并在实践中逐渐转变了自己的立场,站到了无产阶级一边,认识到了无产阶级是现时代的最先进的阶级,体会到革命实践的伟大作用。《提纲》对实践的强调就是对其实践体验的理论回应。

《提纲》是马克思和黑格尔唯心主义决裂以后，在初步研究政治经济学的基础上，第一次从根本上分析和批判了包括费尔巴哈哲学在内的一切旧唯物主义的局限性，着重提出了马克思主义的实践观，并以实践为核心建立了新的世界观、人性论和哲学观。《提纲》标志着马克思同唯心主义和一切旧唯物主义划清了界限，并为建立新唯物主义世界观奠定了坚实的基础。因此，恩格斯曾给予高度的评价，称它为“包含着新世界观的天才萌芽的第一个文件”。在世界形势已发生重大变化的当代，《提纲》仍然具有重大的理论价值和实践意义；它所包容的理论原则对于我们澄清思想、把握真理、认识人性和建设中国特色社会主义，无疑具有重要的指导意义。《提纲》涉及的某些观点成为了当代的热点问题，如实践的唯物主义、人的生存及其意义、生活世界的“二重化”即异化问题等。

二、内容简介

实践的观点构成《提纲》理论的核心。《提纲》共十一条，分三个部分：总论（第一、二条）：马克思从认识论的角度，提出了新旧唯物主义的根本区别就在于是否真正认识实践及其意义；分论（第三至九条）：马克思对旧唯物主义由于不了解实践的意义而导致的历史唯心论的一系列具体观点进行了批判；结论（第十、十一条）：马克思从阶级性和实践性的角度对新旧唯物主义做出对比，并给《提纲》做了简要的小结。下面从三方面给予简要的分析。

1. 以实践为基础，批判了旧唯物主义的消极的直观反映论和唯心主义片面夸大主观能动性的错误，阐明了辩证唯物主义是能动的革命的反映论，奠定了唯物主义的基础。

第一条：马克思首先揭露旧唯物主义的缺陷在于只是把客观世界当做直观的对象而不是当做实践的对象，只是把人看做直观的主体而不是实践的主体，结果是主体的能动性被掩盖；其次，马克思指出唯心主义看到但又夸大了主体的能动方面，把它视为脱离物质基础的绝对；最后，马克思指出费尔巴哈对实践的误解。

第二条:马克思把实践的观点引入认识论,确立实践是检验真理的标准。首先,马克思指出:人的认识是否正确的问题只有在实践中才能加以解决。其次,马克思认为:离开实践去探讨人的思维是否正确反映客观事物将陷入毫无意义的争论。

2. 以实践为基础,批判了旧唯物主义的唯心史观,揭露了它的认识论根源,用实践的观点解决了一些旧唯物主义所不能解决的社会历史观的问题。(第三至九条)

第三条:人与环境和教育的关系。马克思批判了旧唯物主义在人和环境、教育的关系问题上的错误,提出了实践是环境和人的改变的共同基础。

第四条:宗教问题。马克思分析和批判了费尔巴哈的宗教观,阐述了宗教产生的社会根源及消灭宗教的正确途径。马克思在肯定费尔巴哈关于宗教世俗本质见解的同时,指出费尔巴哈没有进一步分析"世俗基础"本身的矛盾,因而不能正确说明宗教产生的社会和阶级根源,当然也就找不到消除宗教的正确途径。马克思认为世俗基础的自我分裂和自我矛盾导致宗教的产生,因此只有对世俗基础进行实践的改造,才能消灭宗教。

第五条:从哲学方法论的角度,马克思揭露了费尔巴哈唯心史观产生的根源在于误解和排斥了人类的社会实践。

第六至七条:人的本质问题。马克思首先对人的本质进行科学的界定;其次批判了费尔巴哈在人的本质问题上的错误观点;最后又从个人与社会的关系的角度论述了人的本质。

第八条:马克思提出了"社会生活在本质上是实践的"观点,揭示了理论对实践的依赖关系。

第九条:马克思指出由于费尔巴哈不理解实践的科学内涵及客观世界的实践本质,因此他对世界的认识只停留在"单个人的直观"的水平。

3. 从阶级基础、哲学使命等角度阐述了新旧哲学的区别。

第十条:指出新旧唯物主义阶级基础的区别,阐明了哲学的阶级性。

第十一条:指出了马克思主义哲学与旧哲学在哲学功能上的区别,阐明了马克思主义哲学的实践性。新唯物主义的功能不只是解释世界,而问题在于改变世界。

思考题：

1. 如何正确理解马克思主义的实践观点及其当代价值？
2. 怎样理解实践与理论的关系？
3. 简述马克思和费尔巴哈关于人的本质问题的理论分歧及其产生根源。
4. 为什么说社会生活在本质上是实践的？
5. 如何理解实践是检验真理的惟一标准？

（戈士国　河南大学）

马克思和恩格斯

德意志意识形态[1](节选)

第一卷 第一章
费尔巴哈

唯物主义观点和唯心主义观点的对立

[I]

正如德国的玄想家们所宣告的,德国在最近几年里经历了一次空前的变革。从施特劳斯开始的黑格尔体系的解体过程[2]发展为一种席卷一切"过去的力量"的世界性骚动。在普遍的混乱中,一些强大的王国产生了,又匆匆消逝了,瞬息之间出现了许多英雄,但是马上又因为出现了更勇敢更强悍的对手而销声匿迹。这是一次革命,法国革命同它相比只不过是儿戏;这是一次世界斗争,狄亚多希[3]的斗争在它面前简直微不足道。一些原则为另一些原则所代替,一些思想勇士为另一些思想勇士所歼灭,其速度之快是前所未闻的。在1842—1845年这三年中间,在德国进行的清洗比过去三个世纪都要彻底得多。

据说这一切都是在纯粹的思想领域中发生的。

然而,不管怎么样,我们涉及的是一个有意义的事件:绝对精神的瓦解过程。在最后一点生命的火星熄灭时,这 caput mortuum[4]的各个组成部分就分解了,它们重新化合,构成新的物质。那些以哲学为业,一直以经营绝对精神为生的人们,现在都扑向这种新的化合物。每个人都不辞劳苦地兜售他所得到的那一份。竞争在所不免。起初这种竞争还相当体面,具有市民的循规蹈矩的性质。后来,当商品充斥德国市场,而在世界市场上尽管竭尽全力也无法找到销路的时候,按照通常的德国方式,生意都因搞批量的和虚假的生产,因质量降低、原料掺假、伪造商标、买空卖空、空头支票以及没有任何现实基础的信用制度而搞糟了。竞争变成了激烈的斗争,而这个斗争现在却被吹嘘和构想成一种具有世界历史意义的变革,一种产生了十分重大的结果和成就的因素。

为了正确地评价这种甚至在可敬的德国市民心中唤起怡然自得的民族感情的哲学叫卖,为了清楚地表明这整个青年黑格尔派运动的渺小卑微、地域局限性,特别是为了揭示这些英雄们的真正业绩和关于这些业绩的幻想之间的令人啼笑皆非的显著差异,就必须站在德国以外的立场上来考察一下这些喧嚣吵嚷。[5]

一

费 尔 巴 哈

A. 一般意识形态,特别是德意志意识形态

德国的批判,直至它最近所作的种种努力,都没有离开过哲学的基地。这个批判虽然没有研究过自己的一般哲学前提,但是它谈到的全部问题终究是在一定的哲学体系即黑格尔体系的基地上产生的。不仅是它的回答,而且连它所提出的问题本身,都包含着神秘主义。对黑格尔的这种依赖关系正好说明了为什么在这些新出现的批判家中甚至没有一个人试图对黑格尔体系进行全面的批判,尽管他们每一个人都断言自己已经超出了黑格尔哲学。他们和黑格尔的论战以及他们相互之间的论战,只局限于他们当中的每一个人都抓住黑格尔体系的某一方面,用它来反对整个体系,也反对别人所抓住的那些方面。起初他们还是抓住纯粹的、未加伪造的黑格尔的范畴,如"实体"和"自我意识"[6],但是后来却用一些比较世俗的名称如"类"、"惟一者"、"人"[7]等等,使这些范畴世俗化。

从施特劳斯到施蒂纳的整个德国哲学批判都局限于对**宗教**观念的批判[8]。他们的出发点是现实的宗教和真正的神学。至于什么是宗教意识,什么是宗教观念,他们后来下的定义各有不同。其进步在于:所谓占统治地位的形而上学观念、政治观念、法律观念、道德观念以及其他观念也被归入宗教观念或神学观念的领域;还在于:政治意识、法律意识、道德意识被宣布为宗教意识或神学意识,而政治的、法律的、道德的人,总而言之,**"一般人"**,则被宣布为宗教的人。宗教的统治被当成了前提。一切占统治地位的关系逐渐地都被宣布为宗教的关系,继而被转化为迷信——对法的迷信,对国家的迷信等等。到处涉及的都只是教义和对教义的信仰。世界在越来越大的规模内被圣化了,直到最后可尊敬的圣麦克斯[9]完全把它宣布为圣物,从而一劳永逸地把它葬送为止。

老年黑格尔派认为,只要把一切归入黑格尔的逻辑范畴,他们就**理解**了一切。青年黑格尔派则通过以宗教观念代替一切或者宣布一切都是神学上的东西来**批判**一切。青年黑格尔派同意老年黑格尔派的这样一个信念,即认为宗教、概念、普遍的东西统治着现存世界。不过一派认为这种统治是篡夺而加以反对,另一派则认为这种统治是合法的而加以赞扬。

既然这些青年黑格尔派认为,观念、思想、概念,总之,被他们变为某种独立东西的意识的一切产物,是人们的真正枷锁,就像老年黑格尔派把它们看作是人类社会的真正镣铐一样,那么不言而喻,青年黑格尔派只要同意识的这些幻想进行斗争就行了。既然根据青年黑格尔派的设想,人们之间的关系、他们的一切举止行为、他们受到的束缚和限制,都是他们意识的产物,那么青年黑格尔派完全合乎逻辑地向人们提出一种道德要求,要用人的、批判的或利己的意识[10]来代替他们现在的意识,从而消除束缚他们的限制。这种改变意识的要求,就是要求用另一种方式来解释存在的东西,也就是说,借助于另外的解释来承认它。青年黑格尔派玄想家们尽管满口讲的都是所谓"震撼世界的"词句[11],却是最大的保守派。如果说,他们之中最年轻的人宣称只为反对**"词句"**而斗争,那就确切地表达了他们的活动。不过他们忘记了:他们只是用词句来反对这些词句;既然他们仅仅反对这个世界的词句,那么他们就绝对不是反对现实的现存世界。这种哲学批判所能达到的惟一结果,是从宗教史上对基督教作一些说明,而且还是片面的说明。至于他们的全部其他论断,只不过是进一步修饰他们的要求:想用这样一些微不足道的说明作出具有世界历史意义的发现。

这些哲学家没有一个想到要提出关于德国哲学和德国现实之间的联系问题,关于他们所作的批判和他们自身的物质环境之间的联系问题。

1. 一般意识形态,特别是德国哲学

A.[12]

我们开始要谈的前提不是任意提出的,不是教条,而是一些只有在想像中才能撇开的现实前提。这是一些现实的个人,是他们的活动和他们的物质生活条件,包括他们已有的和由他们自己的活动创造出来的物质生活条件。因此,这些前提可以用纯粹经验的方法来确认。

全部人类历史的第一个前提无疑是有生命的个人的存在[13]。因此,第一个需要确认的事实就是这些个人的肉体组织以及由此产生的个人对其他自然的关系。当然,我们在这里既不能深入研究人们自身的生理特性,也不能深入研究人们所处的各种自然条件——地质条件、山岳水文地理条件、气候条件以及其他条件[14]。任何历史记载都应当从这些自然基础以及它们在历史进程中由于人们的活动而发生的变更出发。

可以根据意识、宗教或随便别的什么来区别人和动物。一当人开始**生产**自己的生活资料的时候,这一步是由他们的肉体组织所决定的,人本身就开始把自己和动物区别开来。人们生产自己的生活资料,同时间接地生产着自己的物质生活本身。

人们用以生产自己的生活资料的方式,首先取决于他们已有的和需要再生产的生活资料本身的特性。这种生产方式不应当只从它是个人肉体存在的再生产这方面加以考察。它在更大程度上是这些个人的一定的活动方式,是他们表现自己生活的一定方式、他们的一定的**生活方式**。个人怎样表现自己的生活,他们自己就是怎样。因此,他们是什么样的,这同他们的生产是一致的——既和他们生产**什么**一致,又和他们**怎样**生产一致。因而,个人是什么样的,这取决于他们进行生产的物质条件。

这种生产第一次是随着**人口的增长**而开始的。而生产本身又是以个人

彼此之间的**交往**[Verkehr][15]为前提的。这种交往的形式又是由生产决定的。

各民族之间的相互关系取决于每一个民族的生产力、分工和内部交往的发展程度。这个原理是公认的。然而不仅一个民族与其他民族的关系,而且这个民族本身的整个内部结构也取决于自己的生产以及自己内部和外部的交往的发展程度。一个民族的生产力发展的水平,最明显地表现于该民族分工的发展程度。任何新的生产力,只要它不是迄今已知的生产力单纯的量的扩大(例如,开垦土地),都会引起分工的进一步发展。

一个民族内部的分工,首先引起工商业劳动同农业劳动的分离,从而也引起**城乡**的分离和城乡利益的对立。分工的进一步发展导致商业劳动同工业劳动的分离。同时,由于这些不同部门内部的分工,共同从事某种劳动的个人之间又形成不同的分工。这种种分工的相互关系取决于农业劳动、工业劳动和商业劳动的经营方式(父权制、奴隶制、等级、阶级)。在交往比较发达的条件下,同样的情况也会在各民族间的相互关系中出现。

分工发展的各个不同阶段,同时也就是所有制的各种不同形式。这就是说,分工的每一个阶段还决定个人的与劳动材料、劳动工具和劳动产品有关的相互关系。

第一种所有制形式是部落[Stamm][16]所有制。它与生产的不发达阶段相适应,当时人们靠狩猎、捕鱼、牧畜,或者最多靠耕作为生。在后一种情况下,它是以有大量未开垦的土地为前提的。在这个阶段,分工还很不发达,仅限于家庭中现有的自然形成的分工的进一步扩大。因此,社会结构只限于家庭的扩大:父权制的部落首领,他们管辖的部落成员,最后是奴隶。潜在于家庭中的奴隶制,是随着人口和需求的增长,随着战争和交易这种外部交往的扩大而逐渐发展起来的。

第二种所有制形式是古典古代的公社所有制和国家所有制。这种所有制是由于几个部落通过契约或征服联合为一个**城市**而产生的。在这种所有制下仍然保存着奴隶制。除公社所有制以外,动产私有制以及后来的不动产私有制已经发展起来,但它们是作为一种反常的、从属于公社所有制的形式发展起来的。公民仅仅共同享有支配自己那些做工的奴隶的权力,因此受公社所有制形式的约束。这是积极公民的一种共同私有制,他们面对着奴隶不得不保存这种自然形成的联合方式。因此,建筑在这个基础上的整个社会结构,以及与此相联系的人民权力,随着私有制,特别是不动产私有制的发展而逐渐趋向衰落。分工已经比较发达。城乡之间的对立已经产生,后来,一些代表城市利益的国家同另一些代表乡村利益的国家之间的对立出现了。在城市内部存在着工业和海外贸易之间的对立。公民和奴隶之间的阶级关系已经充分发展。

随着私有制的发展,这里第一次出现了这样的关系,这些关系我们在考察现代私有制时还会遇见,不过规模更为巨大而已。一方面是私有财产的集中,这种集中在罗马很早就开始了(李奇尼乌斯土地法[17]就是证明),从内战发生以来,尤其是在王政时期,发展得非常迅速;另一方面是由此而来的平民小农向无产阶级的转化,然而,后者由于处于有产者公民和奴隶之间的中间地位,并未获得独立的发展。

第三种形式是封建的或等级的所有制。古代的起点是**城市**及其狭小的领域,中世纪的起点则是**乡村**。地旷人稀,居住分散,而征服者也没有使人口大量增加,——这种情况决定了起点有这样的变化。因此,与希腊和罗马相反,封建制度的发展是在一个宽广得多的、由罗马的征服以及起初就同征服联系在一起的农业的普及所准备好了的地域中开始的。趋于衰落的罗马帝国的最后几个世纪和蛮族对它的征服本身,使得生产力遭到了极大的破坏;农业衰落了,工业由于缺乏销路而一蹶不振,商业停滞或被迫中断,城乡居民减少了。这些情况以及受其制约的进行征服的组织方式,在日耳曼人的军事制度[18]的影响下,发展了封建所有制。这种所有制像部落所有制和公社所有制一样,也是以一种共同体[Gemeinwesen]为基础的。但是作为直接进行生产的阶级而与这种共同体对立的,已经不是与古典古代的共同体相对立的奴隶,而是小农奴。随着封建制度的充分发展,也产生了与城市对立的现象。土地占有的等级结构以及与此相联系的武装扈从制度使贵族掌握了支配农奴的权力。这种封建结构同古典古代的公社所有制一样,是一种联合,其目的在于对付被统治的生产者阶级;只是联合的形式和对于直接生产者的关系有所不同,因为出现了不同的生产条件。

在**城市**中与这种土地占有的封建结构相适应的是同业公会所有制,即手工业的封建组织。在这里财产主要在于个人的劳动。联合起来反对成群搭伙的掠夺成性的贵族的必要性,在实业家同时又是商人的时期对公共商场的需要,流入当时繁华城市的逃亡农奴的竞争的加剧,全国的封建结构,——所有这一切产生了**行会**;个别手工业者逐渐积蓄起少量资本,而且在人口不断增长的情况下他们的人数没有什么变动,这就使得帮工制度和学徒制度发展起来,而这种制度在城市里产生了一种和农村等级制相似的等级制。

这样,封建时代的所有制的主要形式,一方面是土地所有制和束缚于土地所有制的农奴劳动,另一方面是拥有少量资本并支配着帮工劳动的自身劳动。这两种所有制的结构都是由狭隘的生产关系——小规模的粗陋的土地耕作和手工业式的工业——决定的。在封建制度的繁荣时代,分工是很少的。每一个国家都存在着城乡之间的对立;等级结构固然表现得非常鲜明,但是除了在乡村里有王公、贵族、僧侣和农民的划分,在城市里有师傅、帮工、学徒以及后来的平民短工的划分之外,就再没有什么大的分工了。在农业中,分工因土地的小块耕作而受到阻碍,与这种耕作方式同时产生的还有农民自己的家庭工业;在工业中,各业手工业内部根本没有实行分工,而各业手工业之间的分工也是非常少的。在比较老的城市中,工业和商业早就分工了;而在比较新的城市中,只是在后来当这些城市彼此发生了关系的时候,这样的分工才发展起来。

比较广大的地区联合为封建王国,无论对于土地贵族或城市来说,都是一种需要。因此,统治阶级的组织即贵族的组织到处都在君主的领导之下。

由此可见,事情是这样的:以一定的方式进行生产活动的一定的个人[19],发生一定的社会关系和政治关系。经验的观察在任何情况下都应当根据经验来揭示社会结构和政治结构同生产的联系,而不应当带有任何神秘和思辨的色彩。社会结构和国家总是从一定的个人的生活过程中产生的。但是,这里所说的个人不是他们自己或别人想像中的那种个人,而是**现实中的**个人,也就是说,这些个人是从事活动的,进行物质生产的,因而是在一定的物质的、不受他们任意支配的界限、前提和条件下活动着的[20]。

思想、观念、意识的生产最初是直接与人们的物质活动,与人们的物质交往,与现实生活的语言交织在一起的。人们的想像、思维、精神交往在这里还是人们物质行动的直接产物。表现在某一民族的政治、法律、道德、宗教、形而上学等的语言中的精神生产也是这样。人们是自己的观念、思想等等的生产者,[21]但这里所说的人们是现实的、从事活动的人们,他们受自己的生产力和与之相适应的交往的一定发展——直到交往的最遥远的形态——所制约。意识[das Bewußtsein]在任何时候都只能是被意识到了的存在[das bewußte Sein],而人们的存在就是他们的现实生活过程。如果在全部意识形态中,人们和他们的关系就像在照相机中一样是倒立呈像的,那么这种现象也是从人们生活的历史过程中产生的,正如物体在视网膜上的倒影是直接从人们生活的生理过程中产生的一样。

德国哲学从天国降到人间;和它完全相反,这里我们是从人间升到天国。这就是说,我们不是从人们所说的、所设想的、所想像的东西出发,也不是从口头说的、思考出来的、设想出来的、想像出来的人出发,去理解有血有肉的人。我们的出发点是从事实际活动的人,而且从他们的现实生活过程中还可以描绘出这一生活过程在意识形态上的反射和反响的发展。甚至人们头脑中的模糊幻象也是他们的可以通过经验来确认的、与物质前提相联系的物质生活过程的必然升华物。因此,道德、宗教、形而上学和其他意识形态,以及与它们相适应的意识形式便不再保留独立性的外观了。它们没有历史,没有发展,而发展着自己的物质生产和物质交往的人们,在改变自己的这个现实的同时也改变着自己的思维和思维的产物。不是意识决定生活,而是生活决定意识。前一种考察方法从意识出发,把意识看作是有生命的个人。后一种符合现实生活的考察方法则从现实的、有生命的个人本身出发,把意识仅仅看作是**他们的**意识。

这种考察方法不是没有前提的。它从现实的前提出发,它一刻也不离开这种前提。它的前提是人,但不是处在某种虚幻的离群索居和固定不变状态中的人,而是处在现实的、可以通过经验观察到的、在一定条件下进行的发展过程中的人。只要描绘出这个能动的生活过程,历史就不再像那些本身还是抽象的经验论者所认为的那样,是一些僵死的事实的汇集,也不再像唯心主义者所认为的那样,是想像的主体的想像活动。

在思辨终止的地方,在现实生活面前,正是描述人们实践活动和实际发展过程的真正的实证科学开始的地方。关于意识的空话将终止,它们一定会被真正的知识所代替。对现实的描述会使独立的哲学失去生存环境,能够取而代之的充其量不过是从对人类历史发展的考察中抽象出来的最一般的结果的概括。这些抽象本身离开了现实的历史就没有任何价值。它们只能对整理历史资料提供某些方便,指出历史资料的各个层次的顺序。但是这些抽象与哲学不同,它们绝不提供可以适用于各个历史时代的药方或公式。相反,只是在人们着手考察和整理资料——不管是有关过去时代的还是有关当代的资料——的时候,在实际阐述资料的时候,困难才开始出现。这些困难的排除受到种种前提的制约,这些前提在这里是根本不可能提供出来的,而只能从对每个时代的个人的现实生活过程和活动的研究中产生。这里我们只举出几个我们用来与意识形态相对照的抽象,并用历史的例子来加以说明。

[II]

当然,我们不想花费精力[22]去启发我们的聪明的哲学家,使他们懂得:如果他们把哲学、神学、实体和一切废物消融在"自我意识"中,如果他们把"人"从这些词句的统治下——而人从来没有受过这些词句的奴役——解放出来,那么"人"的"解放"也并没有前进一步;只有在现实的世界中并使用现实的手段才能实现真正的解放[23];没有蒸汽机和珍妮走锭精纺机就不能消灭奴隶制;没有改良的农业就不能消灭农奴制;当人们还不能使自己的吃喝住穿在质和量方面得到充分保证的时候,人们就根本不能获得解放。"解放"是一种历史活动,不是思想活动,"解放"是由历史的关系,是由工业状况、商业状况、农业状况、交往状况促成的[……][24]其次,还要根据它们的不同发展阶段,清除实体、主体、自我意识和纯批判等无稽之谈,正如同清除宗教的和神学的无稽之谈一样,而且在它们有了更充分的发展以后再次清除这些无稽之谈。[25]当然,在像德国这样一个具有微不足道的历史发展的国家里,这些思想发展,这些被捧上了天的、毫无作用的卑微琐事弥补了历史发展的不足,它们已经根深蒂固,必须同它们进行斗争[26]。但这是具有地域性意义的斗争。

[……][27]实际上,而且对**实践的**唯物主义者即**共产主义者**来说,全部问题都在于使现存世界革命化,实际地反对并改变现存的事物。[28]如果在费尔

巴哈那里有时也遇见类似的观点，那么它们始终不过是一些零星的猜测，而且对费尔巴哈的总的观点的影响微乎其微，以致只能把它们看作是具有发展能力的萌芽。费尔巴哈对感性世界的"理解"一方面仅仅局限于对这一世界的单纯的直观，另一方面仅仅局限于单纯的感觉。费尔巴哈设定的是"**一般人**"，而不是"现实的历史的人"[29]。"**一般人**"实际上是"德国人"。在前一种情况下，在对感性世界的**直观**中，他不可避免地碰到与他的意识和他的感觉相矛盾的东西，这些东西扰乱了他所假定的感性世界的一切部分的和谐，特别是人与自然界的和谐。为了排除这些东西，他不得不求助于某种二重性的直观，这种直观介于仅仅看到"眼前"的东西的普通直观和看出事物的"真正本质"的高级的哲学直观之间。[30]他没有看到，他周围的感性世界决不是某种开天辟地以来就直接存在的、始终如一的东西，而是工业和社会状况的产物，是历史的产物，是世世代代活动的结果，其中每一代都立足于前一代所达到的基础上，继续发展前一代的工业和交往，并随着需要的改变而改变它的社会制度。甚至连最简单的"感性确定性"的对象也只是由于社会发展、由于工业和商业交往才提供给他的。大家知道，樱桃树和几乎所有的果树一样，只是在数世纪以前由于**商业**才移植到我们这个地区。由此可见，樱桃树只是**由于**一定的社会在一定时期的这种活动才为费尔巴哈的"感性确定性"所感知。[31]

此外，只要这样按照事物的真实面目及其产生情况来理解事物，任何深奥的哲学问题——后面将对这一点作更清楚的说明——都可以十分简单地归结为某种经验的事实。人对自然的关系这一重要问题(或者如布鲁诺所说的(第110页)[32]，"自然和历史的对立"，好像这是两种互不相干的"事物"，好像人们面前始终不会有历史的自然和自然的历史)，就是一个例子，这是一个产生了关于"实体"和"自我意识"的一切"高深莫测的创造物"[33]的问题。然而，如果懂得在工业中向来就有那个很著名的"人和自然的统一"，而且这种统一在每一个时代都随着工业或慢或快的发展而不断改变，就像人与自然的"斗争"促进其生产力在相应基础上的发展一样，那么上述问题也就自行消失了。工业和商业、生活必需品的生产和交换，一方面制约着分配、不同社会阶级的划分，同时它们在自己的运动形式上又受着后者的制约。这样一来，打个比方说，费尔巴哈在曼彻斯特只看见一些工厂和机器，而一百年以前在那里只能看见脚踏纺车和织布机；或者，他在罗马的坎帕尼亚只发现一些牧场和沼泽，而在奥古斯都时代在那里只能发现罗马资本家的葡萄园和别墅。[34]费尔巴哈特别谈到自然科学的直观，提到一些只有物理学家和化学家的眼睛才能识破的秘密，但是如果没有工业和商业，哪里会有自然科学呢？甚至这个“纯粹的”自然科学也只是由于商业和工业，由于人们的感性活动才达到自己的目的和获得自己的材料的。这种活动、这种连续不断的感性劳动和创造、这种生产，正是整个现存的感性世界的基础，它哪怕只中断一年，费尔巴哈就会看到，不仅在自然界将发生巨大的变化，而且整个人类世界以及他自己的直观能力，甚至他本身的存在也会很快就没有了。当然，在这种情况下，外部自然界的优先地位仍然会保持着，而整个这一点当然不适用于原始的、通过自然发生的途径产生的人们。但是，这种区别只有在人被看作是某种与自然界不同的东西时才有意义。此外，先于人类历史而存在的那个自然界，不是费尔巴哈生活其中的自然界；这是除去在澳洲新出现的一些珊瑚岛以外今天在任何地方都不再存在的、因而对于费尔巴哈来说也是不存在的自然界。

诚然，费尔巴哈比“纯粹的”唯物主义者有很大的优点：他承认人也是“感性对象”。但是，他把人只看作是“感性对象”，而不是“感性活动”，因为他在这里也仍然停留在理论的领域内，没有从人们现有的社会联系，从那些使人们成为现在这种样子的周围生活条件来观察人们——这一点且不说，他还从来没有看到现实存在着的、活动的人，而是停留于抽象的“人”，并且仅仅限于在感情范围内承认“现实的、单个的、肉体的人”，也就是说，除了爱与友情，而且是观念化了的爱与友情以外，他不知道“人与人之间”还有什么其他的“人的关系”。[35]他没有批判现在的爱的关系。可见，他从来没有把感性世界理解为构成这一世界的个人的全部活生生的感性**活动**，因而比方说，当他看到的是大批患瘰疬病的、积劳成疾的和患肺痨的穷苦人而不是健康人的时候，他便不得不求助于“最高的直观”和观念上的“类的平等化”，这就是说，正是在共产主义的唯物主义者看到改造工业和社会结构的必要性和条件的地方，他却重新陷入唯心主义。[36]

当费尔巴哈是一个唯物主义者的时候，历史在他的视野之外；当他去探讨历史的时候，他不是一个唯物主义者。在他那里，唯物主义和历史是彼此完全脱离的。这一点从上面所说的看来已经非常明显了[37]。

我们谈的是一些没有任何前提的德国人,因此我们首先应当确定一切人类生存的第一个前提,也就是一切历史的第一个前提[38],这个前提是:人们为了能够"创造历史",必须能够生活[39]。但是为了生活,首先就需要吃喝住穿以及其他一些东西。因此第一个历史活动就是生产满足这些需要的资料,即生产物质生活本身,而且这是这样的历史活动,一切历史的一种基本条件,人们单是为了能够生活就必须每日每时去完成它,现在和几千年前都是这样。即使感性在圣布鲁诺那里被归结为像一根棍子那样微不足道的东西[40],它仍然必须以生产这根棍子的活动为前提。因此任何历史观的第一件事情就是必须注意上述基本事实的全部意义和全部范围,并给予应有的重视。大家知道,德国人从来没有这样做过,所以他们从来没有为历史提供**世俗**基础,因而也从来没有过一个历史学家。法国人和英国人尽管对这一事实同所谓的历史之间的联系了解得非常片面——特别是因为他们受政治思想的束缚——,但毕竟作了一些为历史编纂学提供唯物主义基础的初步尝试,首次写出了市民社会史、商业史和工业史。

第二个事实是,已经得到满足的第一个需要本身、满足需要的活动和已经获得的为满足需要而用的工具又引起新的需要,而这种新的需要的产生是第一个历史活动。从这里立即可以明白,德国人的伟大历史智慧是谁的精神产物。德国人认为,凡是在他们缺乏实证材料的地方,凡是在神学、政治和文学的谬论不能立足的地方,就没有任何历史,那里只有"史前时期";至于如何从这个荒谬的"史前历史"过渡到真正的历史,他们却没有对我们作任何解释。不过另一方面,他们的历史思辨所以特别热衷于这个"史前历史",是因为他们认为在这里他们不会受到"粗暴事实"的干预,而且还可以让他们的思辨欲望得到充分的自由,创立和推翻成千上万的假说。

一开始就进入历史发展过程的第三种关系是:每日都在重新生产自己生命的人们开始生产另外一些人,即繁殖。这就是夫妻之间的关系,父母和子女之间的关系,也就是**家庭**。这种家庭起初是惟一的社会关系,后来,当需要的增长产生了新的社会关系而人口的增多又产生了新的需要的时候,这种家庭便成为从属的关系了(德国除外)。这时就应该根据现有的经验材料来考察和阐明家庭,而不应该像通常在德国所做的那样,根据"家庭的概念"来考察和阐明家庭。此外,不应该把社会活动的这三个方面看作是三个不同的阶段,而只应该看作是三个方面,或者,为了使德国人能够了解,把它们看作是三个"因素"。从历史的最初时期起,从第一批人出现时,这三个方面就同时存在着,而且现在也还在历史上起着作用。

这样,生命的生产,无论是通过劳动而达到的自己生命的生产,或是通过生育而达到的他人生命的生产,就立即表现为双重关系:一方面是自然关系,另一方面是社会关系;社会关系的含义在这里是指许多个人的共同活动,至于这种活动在什么条件下、用什么方式和为了什么目的而进行,则是无关紧要的。由此可见,一定的生产方式或一定的工业阶段始终是与一定的共同活动方式或一定的社会阶段联系着的,而这种共同活动方式本身就是"生产力";由此可见,人们所达到的生产力的总和决定着社会状况,因而,始终必须把"人类的历史"同工业和交换的历史联系起来研究和探讨。但是,这样的历史在德国是写不出来的,这也是很明显的,因为对于德国人来说,要做到这一点不仅缺乏理解能力和材料,而且还缺乏"感性确定性";而在莱茵河彼岸之所以不可能有关于这类事情的任何经验,是因为那里再没有什么历史。由此可见,一开始就表明了人们之间是有物质联系的。这种联系是由需要和生产方式决定的,它和人本身有同样长久的历史;这种联系不断采取新的形式,因而就表现为"历史",它不需要有专门把人们联合起来的任何政治的或宗教的呓语。

只有现在,在我们已经考察了原初的历史的关系的四个因素、四个方面之后,我们才发现:人还具有"意识"[41]。但是这种意识并非一开始就是"纯粹的"意识。"精神"从一开始就很倒霉,受到物质的"纠缠",物质在这里表现为振动着的空气层、声音,简言之,即语言。语言和意识具有同样长久的历史;语言**是**一种实践的、既为别人存在因而也为我自身而存在的、现实的意识。语言也和意识一样,只是由于需要,由于和他人交往的迫切需要才产生的。[42]凡是有某种关系存在的地方,这种关系都是为我而存在的;动物不对什么东西发生"**关系**",而且根本没有"关系";对于动物来说,它对他物的关系不是作为关系存在的。因而,意识一开始就是社会的产物,而且只要人们存在着,它就仍然是这种产物。当然,意识起初只是对**直接的**可感知的环境的一种意识,是对处于开始意识到自身的个人之外的其他人和其他物的狭隘联系的一种意识。同时，它也是对自然界的一种意识，自然界起初是作为一种完全异己的、有无限威力的和不可制服的力量与人们对立的，人们同自然界的关系完全像动物同自然界的关系一样，人们就像牲畜一样慑服于自然界，因而，这是对自然界的一种纯粹动物式的意识（自然宗教）[43]；但是，另一方面，意识到必须和周围的个人来往，也就是开始意识到人总是生活在社会中的。这个开始，同这一阶段的社会生活本身一样，带有动物的性质；这是纯粹的畜群意识，这里，人和绵羊不同的地方只是在于：他的意识代替了他的本能，或者说他的本能是被意识到了的本能。由于生产效率的提高，需要的增长以及作为二者基础的人口的增多，这种绵羊意识或部落意识获得了进一步的发展和提高。与此同时分工也发展起来。分工起初只是性行为方面的分工，后来是由于天赋（例如体力）、需要、偶然性等等才自发地或“自然形成”分工。分工只是从物质劳动和精神劳动分离的时候起才真正成为分工[44]。从这时候起意识**才能**现实地想像：它是和现存实践的意识不同的某种东西；它不用想像某种现实的东西就能**现实地**想像某种东西。从这时候起，意识才能摆脱世界而去构造“纯粹的”理论、神学、哲学、道德等等。但是，如果这种理论、神学、哲学、道德等等和现存的关系发生矛盾，那么，这仅仅是因为现存的社会关系和现存的生产力发生了矛盾。不过，在一定民族的各种关系的范围内，这也可能不是因为现在该民族范围内出现了矛盾，而是因为在该民族意识和其他民族的实践之间，亦即在某一民族的民族意识和普遍意识之间[45]出现了矛盾（就像目前德国的情形那样）——既然这个矛盾似乎只表现为民族意识范围内的矛盾，那么在这个民族看来，斗争也就限于这种民族废物，因为这个民族就是废物本身。但是，意识本身究竟采取什么形式，这是完全无关紧要的。我们从这一大堆赘述中只能得出一个结论：上述三个因素即生产力、社会状况和意识，彼此之间可能而且一定会发生矛盾，因为**分工**不仅使精神活动和物质活动[46]、享受和劳动、生产和消费由不同的个人来分担这种情况成为可能，而且成为现实，而要使这三个因素彼此不发生矛盾，则只有再消灭分工。此外，不言而喻，“怪影”、“枷锁”、“最高存在物”、“概念”、“疑虑”显然只是孤立的个人的一种唯心的、思辨的、精神的表现，只是他的观念，即关于真正经验的束缚和界限的观念；生活的生产方式以及与此相联系的交往形式就在这些束缚和界限的范围内运动着。[47]

分工包含着所有这些矛盾,而且又是以家庭中自然形成的分工和以社会分裂为单个的、互相对立的家庭这一点为基础的。与这种分工同时出现的还有**分配**,而且是劳动及其产品的**不平等**的分配(无论在数量上或质量上);因而产生了所有制,它的萌芽和最初形式在家庭中已经出现,在那里妻子和儿女是丈夫的奴隶。家庭中这种诚然还非常原始和隐蔽的奴隶制,是最初的所有制,但就是这种所有制也完全符合现代经济学家所下的定义,即所有制是对他人劳动力的支配。其实,分工和私有制是相等的表达方式,对同一件事情,一个是就活动而言,另一个是就活动的产品而言。

其次,随着分工的发展也产生了单个人的利益或单个家庭的利益与所有互相交往的个人的共同利益之间的矛盾;而且这种共同利益不是仅仅作为一种"普遍的东西"存在于观念之中,而首先是作为彼此有了分工的个人之间的相互依存关系存在于现实之中。

正是由于特殊利益和共同利益之间的这种矛盾,共同利益才采取**国家**这种与实际的单个利益和全体利益相脱离的独立形式,同时采取虚幻的共同体的形式,而这始终是在每一个家庭集团或部落集团中现有的骨肉联系、语言联系、较大规模的分工联系以及其他利益的联系的现实基础上,特别是在我们以后将要阐明的已经由分工决定的阶级的基础上产生的,这些阶级是通过每一个这样的人群分离开来的,其中一个阶级统治着其他一切阶级。从这里可以看出,国家内部的一切斗争——民主政体、贵族政体和君主政体相互之间的斗争,争取选举权的斗争等等,不过是一些虚幻的形式——普遍的东西一般说来是一种虚幻的共同体的形式——,在这些形式下进行着各个不同阶级间的真正的斗争(德国的理论家们对此一窍不通,尽管在《德法年鉴》[48]和《神圣家族》[49]中已经十分明确地向他们指出过这一点)。从这里还可以看出,每一个力图取得统治的阶级,即使它的统治要求消灭整个旧的社会形式和一切统治,就像无产阶级那样,都必须首先夺取政权,以便把自己的利益又说成是普遍的利益,而这是它在初期不得不如此做的。

正因为各个人所追求的**仅仅**是自己的特殊的、对他们来说是同他们的共同利益不相符合的利益,所以他们认为,这种共同利益是"异己的"和"不依赖"于他们的,即仍旧是一种特殊的独特的"普遍"利益,或者说,他们本身必须在这种不一致的状况下活动,就像在民主制中一样。另一方面,这些始终

真正地同共同利益和虚幻的共同利益相对抗的特殊利益所进行的**实际**斗争，使得通过国家这种虚幻的"普遍"利益来进行**实际的**干涉和约束成为必要。

最后，分工立即给我们提供了第一个例证，说明只要人们还处在自然形成的社会中，就是说，只要特殊利益和共同利益之间还有分裂，也就是说，只要分工还不是出于自愿，而是自然形成的，那么人本身的活动对人来说就成为一种异己的、同他对立的力量，这种力量压迫着人，而不是人驾驭着这种力量。原来，当分工一出现之后，任何人都有自己一定的特殊的活动范围，这个范围是强加于他的，他不能超出这个范围：他是一个猎人、渔夫或牧人，或者是一个批判的批判者，只要他不想失去生活资料，他就始终应该是这样的人。而在共产主义社会里，任何人都没有特殊的活动范围，而是都可以在任何部门内发展，社会调节着整个生产，因而使我有可能随自己的兴趣今天干这事，明天干那事，上午打猎，下午捕鱼，傍晚从事畜牧，晚饭后从事批判，这样就不会使我老是一个猎人、渔夫、牧人或批判者。社会活动的这种固定化，我们本身的产物聚合为一种统治我们、不受我们控制、使我们的愿望不能实现并使我们的打算落空的物质力量，这是迄今为止历史发展的主要因素之一。受分工制约的不同个人的共同活动产生了一种社会力量，即扩大了的生产力。因为共同活动本身不是自愿地而是自然形成的，所以这种社会力量在这些个人看来就不是他们自身的联合力量，而是某种异己的、在他们之外的强制力量。关于这种力量的起源和发展趋向，他们一点也不了解；因而他们不再能驾驭这种力量，相反地，这种力量现在却经历着一系列独特的、不仅不依赖于人们的意志和行为反而支配着人们的意志和行为的发展阶段。

这种"**异化**"(用哲学家易懂的话来说)当然只有在具备了两个**实际**前提之后才会消灭。要使这种异化成为一种"不堪忍受的"力量，即成为革命所要反对的力量，就必须让它把人类的大多数变成完全"没有财产的"人，同时这些人又同现存的有钱有教养的世界相对立，而这两个条件都是以生产力的巨大增长和高度发展为前提的。另一方面，生产力的这种发展(随着这种发展，人们的**世界历史性的**而不是地域性的存在同时已经是经验的存在了)之所以是绝对必需的实际前提，还因为如果没有这种发展，那就只会有**贫穷**、极端贫困的普遍化；而在**极端贫困**的情况下，必须重新开始争取必需品的斗争，全部陈腐污浊的东西又要死灰复燃。其次，生产力的这种发展之所以是绝对必需的实际前提,还因为:只有随着生产力的这种普遍发展,人们的**普遍**交往才能建立起来;普遍交往,一方面,可以产生一切民族中同时都存在着"没有财产的"群众这一现象(普遍竞争),使每一民族都依赖于其他民族的变革;最后,地域性的个人为**世界历史性的**、经验上普遍的个人所代替。不这样,(1)共产主义就只能作为某种地域性的东西而存在;(2)交往的**力量**本身就不可能发展成为一种**普遍的**因而是不堪忍受的力量:它们会依然处于地方的、笼罩着迷信气氛的"状态";(3)交往的任何扩大都会消灭地域性的共产主义。共产主义只有作为占统治地位的各民族"一下子"同时发生的行动,在经验上才是可能的,[50]而这是以生产力的普遍发展和与此相联系的世界交往为前提的。

共产主义对我们来说不是应当确立的**状况**,不是现实应当与之相适应的**理想**。我们所称为共产主义的是那种消灭现存状况的**现实的**运动。这个运动的条件是由现有的前提产生的。

此外,许许多多人**仅仅**依靠自己劳动为生——大量的劳力与资本隔绝或甚至连有限地满足自己的需要的可能性都被剥夺,——从而由于竞争,他们不再是暂时失去作为有保障的生活来源的工作,他们陷于绝境,这种状况是以**世界市场**的存在为前提的。因此,无产阶级只有**在世界历史意义上**才能存在,就像共产主义——它的事业——只有作为"世界历史性的"存在才有可能实现一样。而各个人的世界历史性的存在,也就是与世界历史直接相联系的各个人的存在。

否则,例如财产一般怎么能够具有某种历史,采取各种不同的形式,例如地产怎么能够像今天实际生活中所发生的那样,根据现有的不同前提而发展呢?——在法国,从小块经营发展到集中于少数人之手,在英国,则是从集中于少数人之手发展到小块经营。或者贸易——它终究不过是不同个人和不同国家的产品交换,——怎么能够通过供求关系而统治全世界呢?用一位英国经济学家的话来说,这种关系就像古典古代的命运之神一样,遨游于寰球之上,用看不见的手把幸福和灾难分配给人们,把一些王国创造出来,又把它们毁掉,使一些民族产生,又使它们衰亡;但随着基础即随着私有制的消灭,随着对生产实行共产主义的调节以及这种调节所带来的人们对于自己产品的异己关系的消灭,供求关系的威力也将消失,人们将使交换、生产及他们发生相互关系的方式重新受自己的支配。

在过去一切历史阶段上受生产力制约同时又制约生产力的交往形式，就是**市民社会**。从前面已经可以得知，这个社会是以简单的家庭和复杂的家庭，即所谓部落制度作为自己的前提和基础的。关于市民社会的比较详尽的定义已经包括在前面的叙述中了。从这里已经可以看出，这个市民社会是全部历史的真正发源地和舞台，可以看出过去那种轻视现实关系而局限于言过其实的历史事件[51]的历史观何等荒谬。

到现在为止，我们主要只是考察了人类活动的一个方面——人**改造自然**。另一方面，是**人改造人**……[52]

国家的起源和国家同市民社会的关系。

历史不外是各个世代的依次交替。每一代都利用以前各代遗留下来的材料、资金和生产力；由于这个缘故，每一代一方面在完全改变了的环境下继续从事所继承的活动，另一方面又通过完全改变了的活动来变更旧的环境。然而，事情被思辨地扭曲成这样：好像后期历史是前期历史的目的，例如，好像美洲的发现的根本目的就是要促使法国大革命的爆发。于是历史便具有了自己特殊的目的并成为某个与“其他人物”（像“自我意识”、“批判”、“惟一者”等等）“并列的人物”。其实，前期历史的“使命”、“目的”、“萌芽”、“观念”等词所表示的东西，终究不过是从后期历史中得出的抽象，不过是从前期历史对后期历史发生的积极影响中得出的抽象。

各个相互影响的活动范围在这个发展进程中越是扩大，各民族的原始封闭状态由于日益完善的生产方式、交往以及因交往而自然形成的不同民族之间的分工消灭得越是彻底，历史也就越是成为世界历史。例如，如果在英国发明了一种机器，它夺走了印度和中国的无数劳动者的饭碗，并引起这些国家的整个生存形式的改变，那么，这个发明便成为一个世界历史性的事实；同样，砂糖和咖啡是这样来表明自己在19世纪具有的世界历史意义的：拿破仑的大陆体系[53]所引起的这两种产品的匮乏推动了德国人起来反抗拿破仑，从而就成为光荣的1813年解放战争的现实基础。由此可见，历史向世界历史的转变，不是“自我意识”、宇宙精神或者某个形而上学怪影的某种纯粹的抽象行动，而是完全物质的、可以通过经验证明的行动，每一个过着实际生活的、需要吃、喝、穿的个人都可以证明这种行动。

单个人随着自己的活动扩大为世界历史性的活动，越来越受到对他们来说是异己的力量的支配(他们把这种压迫想像为所谓宇宙精神等等的圈套)，受到日益扩大的、归根结底表现为**世界市场**的力量的支配，这种情况在迄今为止的历史中当然也是经验事实。但是，另一种情况也具有同样的经验根据，这就是：随着现存社会制度被共产主义革命所推翻(下面还要谈到这一点)以及与这一革命具有同等意义的私有制的消灭，这种对德国理论家们来说是如此神秘的力量也将被消灭；同时，每一个单个人的解放的程度是与历史完全转变为世界历史的程度一致的[54]。至于个人的真正的精神财富完全取决于他的现实关系的财富，根据上面的叙述，这已经很清楚了。只有这样，单个人才能摆脱种种民族局限和地域局限而同整个世界的生产(也同精神的生产)发生实际联系，才能获得利用全球的这种全面的生产(人们的创造)的能力。各个人的**全面的**依存关系、他们的这种自然形成的**世界历史性的**共同活动的最初形式，由于这种共产主义革命而转化为对下述力量的控制和自觉的驾驭，这些力量本来是由人们的相互作用产生的，但是迄今为止对他们来说都作为完全异己的力量威慑和驾驭着他们。这种观点仍然可以被思辨地、唯心地、即幻想地解释为"类的自我产生"("作为主体的社会")，从而把所有前后相继、彼此相联的个人想像为从事自我产生这种神秘活动的惟一的个人。这里很明显，尽管人们在肉体上和精神上**互相**创造着，但是他们既不像圣布鲁诺胡说的那样，也不像"惟一者"、"被创造的"人那样创造自己本身。

最后，我们从上面所阐述的历史观中还可以得出以下的结论：(1)生产力在其发展的过程中达到这样的阶段，在这个阶段上产生出来的生产力和交往手段在现存关系下只能造成灾难，这种生产力已经不是生产的力量，而是破坏的力量(机器和货币)。与此同时还产生了一个阶级，它必须承担社会的一切重负，而不能享受社会的福利，它被排斥于社会之外，因而不得不同其他一切阶级发生最激烈的对立；这种阶级形成全体社会成员中的大多数，从这个阶级中产生出必须实行彻底革命的意识，即共产主义的意识，这种意识当然也可以在其他阶级中形成，只要它们认识到这个阶级的状况；(2)那些使一定的生产力能够得到利用的条件，是社会的一定阶级实行统治的条件，这个阶级的由其财产状况产生的社会权力，每一次都在相应的国家形式中获得**实践**

的观念的[55]表现，因此一切革命斗争都是针对在此以前实行统治的阶级的[56]；(3)迄今为止的一切革命始终没有触动活动的性质，始终不过是按另外的方式分配这种活动，不过是在另一些人中间重新分配劳动，而共产主义革命则针对活动迄今具有的**性质**，消灭**劳动**[57]，并消灭任何阶级的统治以及这些阶级本身，因为完成这个革命的是这样一个阶级，它在社会上已经不算是一个阶级，它已经不被承认是一个阶级，它已经成为现今社会的一切阶级、民族等等的解体的表现；(4)无论为了使这种共产主义意识普遍地产生还是为了实现事业本身，使人们普遍地发生变化是必需的，这种变化只有在实际运动中，在**革命**中才有可能实现；因此，革命之所以必需，不仅是因为没有任何其他的办法能够推翻**统治**阶级，而且还因为**推翻**统治阶级的那个阶级，只有在革命中才能抛掉自己身上的一切陈旧的肮脏东西，才能成为社会的新基础[58]。

由此可见，这种历史观就在于：从直接生活的物质生产出发阐述现实的生产过程，把同这种生产方式相联系的、它所产生的交往形式即各个不同阶段上的市民社会理解为整个历史的基础，从市民社会作为国家的活动描述市民社会，同时从市民社会出发阐明意识的所有各种不同理论的产物和形式，如宗教、哲学、道德等等，而且追溯它们产生的过程。这样当然也能够完整地描述事物(因而也能够描述事物的这些不同方面之间的相互作用)。[59]这种历史观和唯心主义历史观不同，它不是在每个时代中寻找某种范畴，而是始终站在现实历史的**基础**上，不是从观念出发来解释实践，而是从物质实践出发来解释观念的形成，由此还可得出下述结论：意识的一切形式和产物不是可以通过精神的批判来消灭的，不是可以通过把它们消融在“自我意识”中或化为“幽灵”、“怪影”、“怪想”[60]等等来消灭的，而只有通过实际地推翻这一切唯心主义谬论所由产生的现实的社会关系，才能把它们消灭；历史的动力以及宗教、哲学和任何其他理论的动力是革命，而不是批判。这种观点表明：历史不是作为“产生于精神的精神”消融在“自我意识”[61]中而告终的，而是历史的每一阶段都遇到一定的物质结果，一定的生产力总和，人对自然以及个人之间历史地形成的关系，都遇到前一代传给后一代的大量生产力、资金和环境，尽管一方面这些生产力、资金和环境为新的一代所改变，但另一方面，它们也预先规定新的一代本身的生活条件，使它得到一定的发展和具有特殊的性质。由此可见,这种观点表明:人创造环境,同样,环境也创造人。每个个人和每一代所遇到的现成的东西:生产力、资金和社会交往形式的总和,是哲学家们想像为"实体"和"人的本质"的东西的现实基础,是他们神化了的并与之斗争的东西的现实基础,这种基础尽管遭到以"自我意识"和"惟一者"的身份出现的哲学家们的反抗,但它对人们的发展所起的作用和影响却丝毫也不因此而受到干扰。各代所遇到的这些生活条件还决定着这样的情况:历史上周期性地重演的革命动荡是否强大到足以摧毁现存一切的基础;如果还没有具备这些实行全面变革的物质因素,就是说,一方面还没有一定的生产力,另一方面还没有形成不仅反抗旧社会的个别条件,而且反抗旧的"生活生产"本身、反抗旧社会所依据的"总和活动"的革命群众,那么,正如共产主义的历史所证明的,尽管这种变革的**观念**已经表述过千百次,但这对于实际发展没有任何意义。

迄今为止的一切历史观不是完全忽视了历史的这一现实基础,就是把它仅仅看成与历史过程没有任何联系的附带因素。因此,历史总是遵照在它之外的某种尺度来编写的;现实的生活生产被看成是某种非历史的东西,而历史的东西则被看成是某种脱离日常生活的东西,某种处于世界之外和超乎世界之上的东西。这样,就把人对自然界的关系从历史中排除出去了,因而造成了自然界和历史之间的对立。因此,这种历史观只能在历史上看到政治历史事件(同[**51**]),看到宗教的和一般理论的斗争,而且在每次描述某一历史时代的时候,它都不得不赞同**这一时代的幻想**。例如,某一时代想像自己是由纯粹"政治的"或"宗教的"动因所决定的——尽管"宗教"和"政治"只是时代的现实动因的形式——,那么它的历史编纂学家就会接受这个意见。这些特定的人关于自己的真正实践的"想像"、"观念"变成一种支配和决定这些人的实践的惟一起决定作用的和积极的力量。印度人和埃及人借以实现分工的粗陋形式在这些民族的国家和宗教中产生了等级制度,所以历史学家便认为似乎等级制度是产生这种粗陋的社会形式的力量。法国人和英国人至少抱着一种毕竟是同现实最接近的政治幻想,而德国人却在"纯粹精神"的领域中兜圈子,把宗教幻想推崇为历史的动力。黑格尔的历史哲学是整个这种德国历史编纂学的最终的、达到自己"最纯粹的表现"的成果。对于**德国**历史编纂学来说,问题完全不在于现实的利益,甚至不在于政治的利益,而在于纯粹的思想。这种历史哲学后来在圣布鲁诺看来也一定是一连串的"思想",其中一个吞噬一个,最终消失于"自我意识"中。圣麦克斯·施蒂纳更加彻底,他对全部现实的历史一窍不通,他认为历史进程必定只是"骑士"、强盗和怪影的历史,他当然只有借助于"不信神"才能摆脱这种历史的幻觉而得救。[62]这种观点实际上是宗教的观点:它把宗教的人假设为全部历史起点的原人,它在自己的想像中用宗教的幻想生产代替生活资料和生活本身的现实生产。整个这样的历史观及其解体和由此产生的怀疑和顾虑,仅仅是德国人**本民族的**事情,而且对德国来说也只有**地域性**的意义。例如,近来不断讨论着如何能够"从神的王国进入人的王国"[63]这样一个重要问题:似乎这个"神的王国"除了存在于想像之中,还在其他什么地方存在过,而学识渊博的先生们不是一直生活在——他们自己并不知道——他们目前想要找到去路的那个"人的王国"之中,似乎旨在说明这个理论上的空中楼阁的奇妙性的科学娱乐——因为这不过是一种娱乐——恰恰不在于证明这种空中楼阁是从现实的尘世关系中产生的。通常这些德国人总是只关心把既有的一切无意义的论调变为某种别的胡说八道,就是说,他们假定,所有这些无意义的论调都具有某种需要揭示的特殊**意义**,其实全部问题只在于从现存的现实关系出发来说明这些理论词句。如前所说,要真正地、实际地消灭这些词句,从人们意识中消除这些观念,就要靠改变了的环境而不是靠理论上的演绎来实现。对于人民大众即无产阶级来说,这些理论观念并不存在,因而也不用去消灭它们。如果这些群众曾经有过某些理论观念,如宗教,那么现在这些观念也早已被环境消灭了。

上述问题及其解决方法所具有的纯粹民族的性质还表现在:这些理论家们郑重其事地认为,像"神人"、"人"等这类幻象,支配着各个历史时代;圣布鲁诺甚至断言:只有"批判和批判者创造了历史"[64]。而当这些理论家亲自虚构历史时,他们会急匆匆地越过先前的一切,一下子从"蒙古人时代"[65]转到真正"内容丰富的"历史,即《哈雷年鉴》和《德国年鉴》[66]的历史,转到黑格尔学派退化为普遍争执不休的历史。所有其他民族和所有现实事件都被遗忘了,世界舞台局限于莱比锡的书市,局限于"批判"、"人"和"惟一者"[67]的相互争吵。如果这些理论家们一旦着手探讨真正的历史主题,例如18世纪,那么他们也只是提供观念的历史,这种历史是和构成这些观念的基础的事实和实际发展过程脱离的，而他们阐述这种历史的目的也只是把所考察的时代描绘成一个真正历史时代即1840—1844年德国哲学斗争时代的不完善的预备阶段、尚有局限性的前奏时期。他们抱的目的是为了使某个非历史性人物及其幻想流芳百世而编写前期的历史，与这一目的相适应的是：他们根本不提一切真正历史的事件，甚至不提政治对历史进程的真正历史干预，为此他们的叙述不是以研究而是以虚构和文学闲篇为根据，如像圣布鲁诺在他那本已被人遗忘的18世纪历史一书[68]中所做的那样。这些唱高调、爱吹嘘的思想贩子以为他们无限地超越于任何民族偏见之上，其实他们比梦想德国统一的啤酒店庸人带有更多的民族偏见。他们根本不承认其他民族的业绩是历史的；他们生活在德国，依靠德国和为着德国而生活；他们把莱茵河颂歌[69]变为圣歌并征服阿尔萨斯和洛林，其办法不是剽窃法兰西国家，而是剽窃法兰西哲学，不是把法兰西省份德国化，而是把法兰西思想德国化。费奈迭先生，同打着理论的世界统治这面旗帜而宣布德国的世界统治的圣布鲁诺和圣麦克斯相比较，是一个世界主义者。

从这些分析中还可以看出，费尔巴哈是多么错误，他(《维干德季刊》1845年第2卷[70])竟借助于“共同人”这一规定宣称自己是共产主义者，把这一规定变成**“一般”人**的谓语，以为这样一来又可以把表达现存世界中特定革命政党的拥护者的“共产主义者”一词变成一个纯范畴。[71]费尔巴哈关于人与人之间的关系的全部推论无非是要证明：人们是互相需要的，而且**过去一直**是互相**需要**的。他希望确立对这一事实的理解，也就是说，和其他的理论家一样，只是希望确立对**存在的**事实的正确理解，然而一个真正的共产主义者的任务却在于推翻这种存在的东西。不过，我们完全承认，费尔巴哈在力图理解**这一**事实的时候，达到了理论家一般所能达到的地步，他还是一位理论家和哲学家。然而值得注意的是：圣布鲁诺和圣麦克斯立即用费尔巴哈关于共产主义者的观念来代替真正的共产主义者，这样做的目的多少是为了使他们能够像同“产生于精神的精神”、同哲学范畴、同势均力敌的对手作斗争那样来同共产主义作斗争，而就圣布鲁诺来说，这样做也还是为了实际的利益。我们举出《未来哲学》中的一个地方作为例子说明既承认存在的东西同时又不了解存在的东西——这也还是费尔巴哈和我们的对手的共同之点。费尔巴哈在那里阐述道：某物或某人的存在同时也就是某物或某人的本质；一个动物或一个人的一定生存条件、生活方式和活动，就是使这个动物或这个人的“本质”感到满意的东西。[72]任何例外在这里都被肯定地看作是不幸的偶然事件，是不能改变的反常现象。这样说来，如果千百万无产者根本不满意他们的生活条件，如果他们的“存在”同他们的“本质”完全不符合，那么，根据上述论点，这是不可避免的不幸，应当平心静气地忍受这种不幸。可是，这千百万无产者或共产主义者所想的完全不一样，而且这一点他们将在适当时候，在实践中，即通过革命使自己的“存在”同自己的“本质”协调一致的时候予以证明。因此，在这样的场合费尔巴哈从来不谈人的世界，而是每次都求救于外部自然界，而且是**那个**尚未置于人的统治之下的自然界。但是，每当有了一项新的发明，每当工业前进一步，就有一块新的地盘从这个领域划出去，而能用来说明费尔巴哈这类论点的事例借以产生的基地，也就越来越小了。现在我们只来谈谈一个论点：鱼的“本质”是它的“存在”，即水。河鱼的“本质”是河水。但是，一旦这条河归工业支配，一旦它被染料和其他废料污染，河里有轮船行驶，一旦河水被引入只要简单地把水排出去就能使鱼失去生存环境的水渠，这条河的水就不再是鱼的“本质”了，对鱼来说它将不再是适合生存的环境了。把所有这类矛盾宣布为不可避免的反常现象，实质上，同圣麦克斯·施蒂纳对不满者的安抚之词没有区别，施蒂纳说，这种矛盾是他们自己的矛盾，这种恶劣环境是他们自己的恶劣环境，而且他们可以或者安于这种环境，或者忍住自己的不满，或者以幻想的方式去反抗这种环境。同样，这同圣布鲁诺的责难也没有区别，布鲁诺说，这些不幸情况的发生是由于那些当事人陷入“实体”这堆粪便之中，他们没有达到“绝对自我意识”，也没有认清这些恶劣关系是产生于自己精神的精神。[73]

[III]

统治阶级的思想在每一时代都是占统治地位的思想。这就是说，一个阶级是社会上占统治地位的**物质**力量，同时也是社会上占统治地位的**精神**力量。支配着物质生产资料的阶级，同时也支配着精神生产资料，因此，那些没有精神生产资料的人的思想，一般地是隶属于这个阶级的。占统治地位的思想不过是占统治地位的物质关系在观念上的表现，不过是以思想的形式表现出来的占统治地位的物质关系;因而,这就是那些使某一个阶级成为统治阶级的关系在观念上的表现,因而这也就是这个阶级的统治的思想。此外,构成统治阶级的各个人也都具有意识,因而他们也会思维;既然他们作为一个阶级进行统治,并且决定着某一历史时代的整个面貌,那么不言而喻,他们在这个历史时代的一切领域中也会这样做,就是说,他们还作为思维着的人,作为思想的生产者进行统治,他们调节着自己时代的思想的生产和分配;而这就意味着他们的思想是一个时代的占统治地位的思想。例如,在某一国家的某个时期,王权、贵族和资产阶级为夺取统治而争斗,因而,在那里统治是分享的,那里占统治地位的思想就会是关于分权的学说,于是分权就被宣布为"永恒的规律"。

我们在上面(第[82—86]页)已经说明分工是迄今为止历史的主要力量之一,现在,分工也以精神劳动和物质劳动的分工的形式在统治阶级中间表现出来,因此在这个阶级内部,一部分人是作为该阶级的思想家出现的,他们是这一阶级的积极的、有概括能力的玄想家,他们把编造这一阶级关于自身的幻想当作主要的谋生之道,而另一些人对于这些思想和幻想则采取比较消极的态度,并且准备接受这些思想和幻想,因为在实际中他们是这个阶级的积极成员,很少有时间来编造关于自身的幻想和思想。在这一阶级内部,这种分裂甚至可以发展成为这两部分人之间的某种程度的对立和敌视,但是一旦发生任何实际冲突,即当阶级本身受到威胁的时候,当占统治地位的思想好像不是统治阶级的思想而且好像拥有与这一阶级的权力不同的权力这种假象也趋于消失的时候,这种对立和敌视便会自行消失。一定时代的革命思想的存在是以革命阶级的存在为前提的,关于这个革命阶级的前提所必须讲的,在前面(第[84—88,90—91]页)已经讲过了。

然而,在考察历史进程时,如果把统治阶级的思想和统治阶级本身分割开来,使这些思想独立化,如果不顾生产这些思想的条件和它们的生产者而硬说该时代占统治地位的是这些或那些思想,也就是说,如果完全不考虑这些思想的基础——个人和历史环境,那就可以这样说:例如,在贵族统治时期占统治地位的概念是荣誉、忠诚,等等,而在资产阶级统治时期占统治地位的概念则是自由、平等,等等。总之,统治阶级自己为自己编造出诸如此类的幻想。所有历史编纂学家,主要是18世纪以来的历史编纂学家所共有的这种历史观，必然会碰到这样一种现象：占统治地位的将是越来越抽象的思想，即越来越具有普遍性形式的思想。因为每一个企图取代旧统治阶级的新阶级，为了达到自己的目的不得不把自己的利益说成是社会全体成员的共同利益，就是说，这在观念上的表达就是：赋予自己的思想以普遍性的形式，把它们描绘成惟一合乎理性的、有普遍意义的思想。进行革命的阶级，仅就它对抗另一个**阶级**而言，从一开始就不是作为一个阶级，而是作为全社会的代表出现的；它俨然以社会全体群众的姿态反对惟一的统治阶级[74]。它之所以能这样做，是因为它的利益在开始时的确同其余一切非统治阶级的共同利益还有更多的联系，在当时存在的那些关系的压力下还不能够发展为特殊阶级的特殊利益。因此，这一阶级的胜利对于其他未能争得统治地位的阶级中的许多个人来说也是有利的，但这只是就这种胜利使这些个人现在有可能升入统治阶级而言。当法国资产阶级推翻了贵族的统治之后，它使许多无产者有可能升到无产阶级之上，但是只有当他们变成资产者的时候才达到这一点。由此可见，每一个新阶级赖以实现自己统治的基础，总比它以前的统治阶级所依赖的基础要宽广一些；可是后来，非统治阶级和正在进行统治的阶级之间的对立也发展得更尖锐和更深刻。这两种情况使得非统治阶级反对新统治阶级的斗争在否定旧社会制度方面，又要比过去一切争得统治的阶级所作的斗争更加坚决、更加彻底。

只要阶级的统治完全不再是社会制度的形式，也就是说，只要不再有必要把特殊利益说成是普遍利益，或者把“普遍的东西”说成是占统治地位的东西，那么，一定阶级的统治似乎只是某种思想的统治这整个假象当然就会自行消失。

把占统治地位的思想同进行统治的个人分割开来，主要是同生产方式的一定阶段所产生的各种关系分割开来，并由此作出结论说，历史上始终是思想占统治地位，这样一来，就很容易从这些不同的思想中抽象出“**一般**思想”、观念等等，并把它们当作历史上占统治地位的东西，从而把所有这些个别的思想和概念说成是历史上发展着的**一般**概念的“自我规定”。在这种情况下，从人的概念、想像中的人、人的本质、**一般**人中能引申出人们的一切关系，也就很自然了。思辨哲学就是这样做的。黑格尔本人在《历史哲学》的结尾承认，他“所考察的仅仅是**一般概念**的前进运动”，他在历史方面描述了“真正的

神正论”(第 446 页)。[75]现在又可以重新回复到“概念”的生产者，回复到理论家、玄想家和哲学家，并作出结论说：哲学家、思维着的人本身自古以来就是在历史上占统治地位的。这个结论，如我们所看到的，早就由黑格尔表述过了。这样，证明精神在历史上的最高统治(施蒂纳的教阶制)的全部戏法，可以归结为以下三个手段：

第一，必须把进行统治的个人——而且是由于种种经验的原因、在经验的条件下和作为物质的个人进行统治的个人——的思想同这些进行统治的个人本身分割开来，从而承认思想或幻想在历史上的统治。

第二，必须使这种思想统治具有某种秩序，必须证明，在一个承继着另一个而出现的占统治地位的思想之间存在着某种神秘的联系，而要做到这一点就得把这些思想看作是“概念的自我规定”(所以能这样做，是因为这些思想凭借自己的经验的基础，彼此确实是联系在一起的，还因为它们被**仅仅**当作思想来看待，因而就变成自我差别，变成由思维产生的差别)。

第三，为了消除这种“自我规定着的概念”的神秘外观，便把它变成某种人物——“自我意识”；或者，为了表明自己是真正的唯物主义者，又把它变成在历史上代表着“概念”的许多人物——“思维着的人”、“哲学家”、玄想家，而这些人又被看作是历史的制造者、“监护人会议”、统治者[76]。这样一来，就把一切唯物主义的因素从历史上消除了，就可以任凭自己的思辨之马自由奔驰了。

要说明这种曾经在德国占统治地位的历史方法，以及说明它为什么主要在德国占统治地位的原因，就必须从它与一切玄想家的幻想，例如，与法学家、政治家(包括实际的国务活动家)的幻想的联系出发，必须从这些家伙的独断的玄想和曲解出发。而从他们的实际生活状况、他们的职业和分工出发，是很容易说明这些幻想、玄想和曲解的。

在日常生活中任何一个小店主都能精明地判别某人的假貌和真相，然而我们的历史编纂学却还没有获得这种平凡的认识，不论每一时代关于自己说了些什么和想像了些什么，它都一概相信。

[IV]

[……][77]从前者产生了发达分工和广泛贸易的前提，从后者产生了地

域局限性。在前一种情况下，各个人必须聚集在一起，在后一种情况下，他们本身已作为生产工具而与现有的生产工具并列在一起。因此，这里出现了自然形成的生产工具和由文明创造的生产工具之间的差异。**耕地**（水，等等）可以看作是自然形成的生产工具。在前一种情况下，即在自然形成的生产工具的情况下，各个人受自然界的支配，在后一种情况下，他们受劳动产品的支配。因此在前一种情况下，财产（地产）也表现为直接的、自然形成的统治，而在后一种情况下，则表现为劳动的统治，特别是积累起来的劳动即资本的统治。前一种情况的前提是，各个人通过某种联系——家庭、部落或者甚至是土地本身，等等——结合在一起；后一种情况的前提是，各个人互不依赖，仅仅通过交换集合在一起。在前一种情况下，交换主要是人和自然之间的交换，即以人的劳动换取自然的产品，而在后一种情况下，主要是人与人之间进行的交换。在前一种情况下，只要具备普通常识就够了，体力活动和脑力活动彼此还完全没有分开；而在后一种情况下，脑力劳动和体力劳动之间实际上应该已经实行分工。在前一种情况下，所有者对非所有者的统治可以依靠个人关系，依靠这种或那种形式的共同体[Gemeinwesen]；在后一种情况下，这种统治必须采取物的形式，通过某种第三者，即通过货币。在前一种情况下，存在着小工业，但这种工业决定于自然形成的生产工具的使用，因此这里没有不同的个人之间的分工；在后一种情况下，工业只有在分工的基础上和依靠分工才能存在。

到现在为止我们都是以生产工具为出发点，这里已经表明了在工业发展的一定阶段上必然会产生私有制。在采掘工业[industrie extractive]中私有制和劳动还是完全一致的；在小工业以及到目前为止的整个农业中，所有制是现存生产工具的必然结果；在大工业中，生产工具和私有制之间的矛盾才是大工业的产物，这种矛盾只有在大工业高度发达的情况下才会产生。因此，只有随着大工业的发展才有可能消灭私有制。

物质劳动和精神劳动的最大的一次分工，就是城市和乡村的分离。城乡之间的对立是随着野蛮向文明的过渡、部落制度向国家的过渡、地域局限性向民族的过渡而开始的，它贯穿着文明的全部历史直至现在（反谷物法同盟[78]）。——随着城市的出现，必然要有行政机关、警察、赋税等等，一句话，

必然要有公共的政治机构[Gemeindewesen],从而也就必然要有一般政治。在这里,居民第一次划分为两大阶级,这种划分直接以分工和生产工具为基础。城市已经表明了人口、生产工具、资本、享受和需求的集中这个事实;而在乡村则是完全相反的情况:隔绝和分散。城乡之间的对立只有在私有制的范围内才能存在。城乡之间的对立是个人屈从于分工、屈从于他被迫从事的某种活动的最鲜明的反映,这种屈从把一部分人变为受局限的城市动物,把另一部分人变为受局限的乡村动物,并且每天都重新产生二者利益之间的对立。在这里,劳动仍然是最主要的,是**凌驾于**个人之上的力量;只要这种力量还存在,私有制也就必然会存在下去。消灭城乡之间的对立,是共同体的首要条件之一,这个条件又取决于许多物质前提,而且任何人一看就知道,这个条件单靠意志是不能实现的(这些条件还须详加探讨)。城市和乡村的分离还可以看作是资本和地产的分离,看作是资本不依赖于地产而存在和发展的开始,也就是仅仅以劳动和交换为基础的所有制的开始。

在中世纪,有一些城市不是从前期历史中现成地继承下来的,而是由获得自由的农奴重新建立起来的。在这些城市里,每个人的惟一财产,除开他随身带着的几乎全是最必需的手工劳动工具构成的那一点点资本之外,就只有他的特殊的劳动。不断流入城市的逃亡农奴的竞争;乡村反对城市的连绵不断的战争,以及由此产生的组织城市武装力量的必要性;共同占有某种手艺而形成的联系;在手工业者同时又是商人的时期,必须有在公共场所出卖自己的商品以及与此相联的禁止外人进入这些场所的规定;各业手工业间利益的对立;保护辛苦学来的手艺的必要性;全国性的封建组织;——所有这些都是各行各业的手艺人联合为行会的原因。这里我们不打算详细地谈论以后历史发展所引起的行会制度的多种变化。在整个中世纪,农奴不断地逃入城市。这些在乡村遭到自己主人迫害的农奴是只身流入城市的,他们在这里遇见了有组织的团体,对于这种团体他们是没有力量反对的,在它的范围内,他们只好屈从于由他们那些有组织的城市竞争者对他们劳动的需要以及由这些竞争者的利益所决定的处境。这些只身流入城市的劳动者根本不可能成为一种力量,因为,如果他们的劳动带有行会的性质并需要培训,那么行会师傅就会使他们从属于自己,并按照自己的利益来组织他们;或者,如果这种劳动不需要培训,因而不带有行会的性质,而是日工,那么劳动者就根本组织不起来,始终是无组织的平民。城市对日工的需要造成了平民。

这些城市是真正的“联盟”[79],这些“联盟”的产生是由于直接的需要,由于对保护财产、增加各成员的生产资料和防卫手段的关心。这些城市的平民是毫无力量的,因为他们都是只身流入城市的彼此素不相识的个人,他们无组织地同有组织、有武装配备并用忌妒的眼光监视着他们的力量相抗衡。每一行业中的帮工和学徒都以最适合于师傅的利益组织起来;他们和师傅之间的宗法关系使师傅具有双重力量:第一,师傅对帮工的全部生活有直接的影响;第二,帮工在同一师傅手下做工,对这些帮工来说这是一根真正的纽带,它使这些帮工联合起来反对其他师傅手下的帮工,并使他们与后者分隔开来;最后,帮工由于关心自己也要成为师傅而与现存制度结合在一起了。因此,平民至少还举行暴动来反对整个城市制度,不过由于他们软弱无力而没有任何结果,而帮工们只在个别行会内搞一些与行会制度本身的存在有关的小冲突。中世纪所有的大规模起义都是从乡村爆发起来的,但是由于农民的分散性以及由此而来的不成熟,这些起义也毫无结果[80]。

这些城市中的资本是自然形成的资本;它是由住房、手工劳动工具和自然形成的世代相袭的主顾组成的,并且由于交往不发达和流通不充分而没有实现的可能,只好父传子,子传孙。这种资本和现代资本不同,它不是以货币计算的资本——用货币计算,资本体现为哪一种物品都一样——,而是直接同占有者的特定的劳动联系在一起、同它完全不可分割的资本,因此就这一点来说,它是**等级**资本。

在城市中各行会之间的分工还是非常少的,而在行会内部,各劳动者之间则根本没有什么分工。每个劳动者都必须熟悉全部工序,凡是用他的工具能够做的一切,他必须都会做;各城市之间的有限交往和少量联系、居民稀少和需求有限,都妨碍了分工的进一步发展,因此,每一个想当师傅的人都必须全盘掌握本行手艺。正因为如此,中世纪的手工业者对于本行专业劳动和熟练技巧还是有兴趣的,这种兴趣可以达到某种有限的艺术感。然而也是由于这个原因,中世纪的每一个手工业者对自己的工作都是兢兢业业,安于奴隶般的关系,因而他们对工作的屈从程度远远超过对本身工作漠不关心的现代工人。

分工的进一步扩大是生产和交往的分离,是商人这一特殊阶级的形成。

这种分离在随历史保存下来的城市(其中有住有犹太人的城市)里被继承下来,并很快就在新兴的城市中出现了。这样就产生了同邻近地区以外的地区建立贸易联系的可能性,这种可能性之变为现实,取决于现有的交通工具的情况,取决于政治关系所决定的沿途社会治安状况(大家知道,整个中世纪,商人都是结成武装商队行动的)以及取决于交往所及地区内相应的文化水平所决定的比较粗陋或比较发达的需求。

随着交往集中在一个特殊阶级手里,随着商人所促成的同城市近郊以外地区的通商的扩大,在生产和交往之间也立即发生了相互作用。城市**彼此**建立了联系,新的劳动工具从一个城市运往另一个城市,生产和交往间的分工随即引起了各城市间在生产上的新的分工,不久每一个城市都设立一个占优势的工业部门。最初的地域局限性开始逐渐消失。

某一个地域创造出来的生产力,特别是发明,在往后的发展中是否会失传,完全取决于交往扩展的情况。当交往只限于毗邻地区的时候,每一种发明在每一个地域都必须单另进行;一些纯粹偶然的事件,例如蛮族的入侵,甚至是通常的战争,都足以使一个具有发达生产力和有高度需求的国家处于一切都必须从头开始的境地。在历史发展的最初阶段,每天都在重新发明,而且每个地域都是独立进行的。发达的生产力,即使在通商相当广泛的情况下,也难免遭到彻底的毁灭。关于这一点,腓尼基人的例子就可以说明。由于这个民族被排挤于商业之外,由于它被亚历山大征服以及继之而来的衰落,腓尼基人的大部分发明都长期失传了。再如中世纪的玻璃绘画术也有同样的遭遇。只有当交往成为世界交往并且以大工业为基础的时候,只有当一切民族都卷入竞争斗争的时候,保持已创造出来的生产力才有了保障。

不同城市之间的分工的直接结果就是工场手工业的产生,即超出行会制度范围的生产部门的产生。工场手工业的初期繁荣——先是在意大利,然后是在佛兰德——的历史前提,是同外国各民族的交往。在其他国家,例如在英国和法国,工场手工业最初只限于国内市场。除上述前提外,工场手工业还以人口特别是乡村人口的不断集中和资本的不断积聚为前提。资本开始积聚到个人手里,一部分违反行会法规积聚到行会中,一部分积聚到商人手里。

那种一开始就以机器,尽管还是以具有最粗陋形式的机器为前提的劳动，很快就显出它是最有发展能力的。过去农民为了得到自己必需的衣着而在乡村中附带从事的织布业，是由于交往的扩大才获得了动力并得到进一步发展的第一种劳动。织布业是最早的工场手工业，而且一直是最主要的工场手工业。随着人口增长而增长的对衣料的需求，由于流通加速而开始的自然形成的资本的积累和运用，以及由此引起的并由于交往逐渐扩大而日益增长的对奢侈品的需求，——所有这一切都推动了织布业在数量上和质量上的发展，使它脱离了旧有的生产形式。除了为自身需要而一直在继续从事纺织的农民外，在城市里产生了一个新的织工阶级，他们所生产的布匹被指定供应整个国内市场，而且大部分还供给国外市场。

织布是一种多半不需要很高技能并很快就分化成无数部门的劳动，由于自己的整个特性，它抵制行会的束缚。因此，织布业多半在没有行会组织的乡村和小市镇上经营，这些地方逐渐变为城市，而且很快就成为每个国家最繁荣的城市。

随着摆脱了行会束缚的工场手工业的出现，所有制关系也立即发生了变化。越过自然形成的等级资本而向前迈出的第一步，是受商人的出现所制约的，商人的资本一开始就是活动的，如果针对当时的情况来讲，可以说是现代意义上的资本。第二步是随着工场手工业的出现而迈出的，工场手工业又运用了大量自然形成的资本，并且同自然形成的资本的数量比较起来，一般是增加了活动资本的数量。

同时，工场手工业还成了农民摆脱那些不雇用他们或付给他们极低报酬的行会的避难所，就像在过去行会城市是农民摆脱土地占有者的避难所一样。

随着工场手工业的产生，同时也就开始了一个流浪时期，这个时期的形成是由于：取消了封建侍从，解散了拼凑起来并效忠帝王、镇压其诸侯的军队，改进了农业以及把大量耕地变为牧场。从这里已经可以清楚地看出，这种流浪现象是和封建制度的瓦解密切联系着的。早在 13 世纪就曾出现过的个别类似的流浪时期，只是在 15 世纪末和 16 世纪初才成为普遍而持久的现象。这些流浪者人数非常多，其中单单由英王亨利八世下令绞死的就有 72 000人，只有付出最大的力量，只有在他们穷得走投无路而且经过长期反抗之后，才能迫使他们去工作。迅速繁荣起来的工场手工业，特别是在英国，渐渐地吸收了他们。

随着工场手工业的出现，各国进入竞争的关系，展开了商业斗争，这种斗争是通过战争、保护关税和各种禁令来进行的，而在过去，各国只要彼此有了联系，就互相进行和平的交易。从此以后商业便具有了政治意义。

随着工场手工业的出现，工人和雇主的关系也发生了变化。在行会中，帮工和师傅之间的宗法关系继续存在，而在工场手工业中，这种关系由工人和资本家之间的金钱关系代替了；在乡村和小城市中，这种关系仍然带有宗法色彩，而在比较大的、真正的工场手工业城市里，则早就失去了几乎全部宗法色彩。

随着美洲和通往东印度的航线的发现，交往扩大了，工场手工业和整个生产运动有了巨大的发展。从那里输入的新产品，特别是进入流通的大量金银完全改变了阶级之间的相互关系，并且沉重地打击了封建土地所有制和劳动者；冒险的远征，殖民地的开拓，首先是当时市场已经可能扩大为而且日益扩大为世界市场，——所有这一切产生了历史发展的一个新阶段，关于这个阶段的一般情况我们不准备在这里多谈。新发现的土地的殖民地化，又助长了各国之间的商业斗争，因而使这种斗争变得更加广泛和更加残酷了。

商业和工场手工业的扩大，加速了活动资本的积累，而在那些没有受到刺激去扩大生产的行会里，自然形成的资本却始终没有改变，甚至还减少了。商业和工场手工业产生了大资产阶级，而集中在行会里的是小资产阶级，现在它已经不再像过去那样在城市里占统治地位了，而是必须屈从于大商人和手工工场主的统治[81]。由此可见，行会一跟工场手工业接触，就衰落下去了。

在我们所谈到的这个时代里，各国在彼此交往中建立起来的关系具有两种不同的形式。起初，由于流通的金银数量很少，这些金属是出口的；另一方面，工业，即由于必须给不断增长的城市人口提供就业机会而不可或缺的、大部分是从国外引进的工业，没有特权不行，当然，这种特权不仅可以用来对付国内的竞争，而且主要是用来对付国外的竞争。通过这些最初的禁令，地方的行会特权便扩展到全国。关税产生于封建主对其领地上的过往客商所征收的捐税，即客商交的免遭抢劫的买路钱。后来各城市也征收这种捐税，在现代国家出现之后，这种捐税便是国库进款的最方便的手段。

美洲的金银在欧洲市场上的出现，工业的逐步发展，贸易的迅速高涨以及由此引起的不受行会束缚的资产阶级的兴旺发达和货币的活跃流通，——所有这一切都使上述各种措施具有另外的意义。国家日益不可缺少货币，为充实国库起见，它现在仍然禁止输出金银；资产者对此完全满意，因为这些刚刚投入市场的大量货币，成了他们进行投机买卖的主要对象；过去的特权成了政府收入的来源，并且可以用来卖钱；在关税法中有了出口税，这种税只是阻碍了工业的发展，纯粹是以充实国库为目的。

第二个时期开始于17世纪中叶，它几乎一直延续到18世纪末。商业和航运比那种起次要作用的工场手工业发展得更快；各殖民地开始成为巨大的消费者；各国经过长期的斗争，彼此瓜分了已开辟出来的世界市场。这一时期是从航海条例[82]和殖民地垄断开始的。各国间的竞争尽可能通过关税率、禁令和各种条约来消除，但是归根结底，竞争的斗争还是通过战争（特别是海战）来进行和解决的。最强大的海上强国英国在商业和工场手工业方面都占据优势。这里已经出现商业和工场手工业集中于**一个**国家的现象。

对工场手工业一直是采用保护的办法：在国内市场上实行保护关税，在殖民地市场上实行垄断，而在国外市场上则尽量实行差别关税。本国生产的原料（英国的羊毛和亚麻，法国的丝）的加工受到鼓励，国内出产的原料（英国的羊毛）禁止输出，进口原料的［加工］仍受到歧视或压制（如棉花在英国）。在海上贸易和殖民实力方面占据优势的国家，自然能保证自己的工场手工业在数量和质量上得到最广泛的发展。工场手工业一般离开保护是不行的，因为只要其他国家发生任何最微小的变动都足以使它失去市场而遭到破产。只要在稍微有利的条件下，工场手工业就可以很容易地在某个国家建立起来，正因为这样，它也很容易被破坏。同时，它的经营方式，特别是18世纪在乡村里的经营方式，使它和广大的个人的生活条件结合在一起，以致没有一个国家敢于不顾工场手工业的生存而允许自由竞争。因此，工场手工业就它能够输出自己的产品来说，完全依赖于商业的扩大或收缩，而它对商业的反作用，相对来说是很微小的。这就决定了工场手工业的次要作用和18世纪商人的影响。正是这些商人，特别是船主最迫切地要求国家保护和垄断；诚然，手工工场主也要求保护并且得到了保护，但是从政治意义上来说，他们始终不如商人。商业城市，特别是沿海城市已达到了一定的文明程度，并带有大资产阶级性质，而在工厂城市里仍然是小资产阶级势力占统治。参看艾金[83]等。18 世纪是商业的世纪。平托关于这一点说得很明确:“贸易是本世纪的嗜好。”他还说:“从某个时期开始,人们就只谈论经商、航海和船队了。”[84]

虽然资本的运动已大大加速了,但相对来说总还是缓慢的。世界市场分割成各个部分,其中每一部分都由单独一个国家来经营;各国之间的竞争的消除;生产本身的不灵活以及刚从最初阶段发展起来的货币制度——所有这一切都严重地妨碍了流通。这一切造成的结果就是当时一切商人和一切经商方式都具有斤斤计较的卑鄙的小商人习气。当时的商人同手工工场主,特别是同手工业者比较起来当然是大市民——资产者,但是如果同后一时期的商人和工业家比较起来,他们仍旧是小市民。见亚·斯密[85]。

这一时期还有这样一些特征:禁止金银外运法令的废除,货币经营业、银行、国债和纸币的产生,股票投机和有价证券投机,各种物品的投机倒把等现象的出现以及整个货币制度的发展。资本又有很大一部分丧失了它原来还带有的那种自然性质。

在 17 世纪,商业和工场手工业不可阻挡地集中于一个国家——英国。这种集中逐渐地给这个国家创造了相对的世界市场,因而也造成了对这个国家的工场手工业产品的需求,这种需求是旧的工业生产力所不能满足的。这种超过了生产力的需求正是引起中世纪以来私有制发展的第三个时期的动力,它产生了大工业——把自然力用于工业目的,采用机器生产以及实行最广泛的分工。这一新阶段的其他条件——国内的自由竞争,理论力学的发展(牛顿所完成的力学在 18 世纪的法国和英国都是最普及的科学)等等——在英国都已具备了。(国内的自由竞争到处都必须通过革命的手段争得——英国 1640 年和 1688 年的革命,法国 1789 年的革命。)竞争很快就迫使每一个不愿丧失自己的历史作用的国家为保护自己的工场手工业而采取新的关税措施(旧的关税已无力抵制大工业了),并随即在保护关税之下兴办大工业。尽管有这些保护措施,大工业仍使竞争普遍化了(竞争是实际的贸易自由;保护关税在竞争中只是治标的办法,是贸易自由**范围内**的防卫手段),大工业创造了交通工具和现代的世界市场,控制了商业,把所有的资本都变为工业资本,从而使流通加速(货币制度得到发展)、资本集中。大工业通过普遍的竞争迫使所有个人的全部精力处于高度紧张状态。它尽可能地消灭意识形态、宗教、道德等等，而在它无法做到这一点的地方，它就把它们变成赤裸裸的谎言。它首次开创了世界历史，因为它使每个文明国家以及这些国家中的每一个人的需要的满足都依赖于整个世界，因为它消灭了各国以往自然形成的闭关自守的状态。它使自然科学从属于资本，并使分工丧失了自己自然形成的性质的最后一点假象。它把自然形成的性质一概消灭掉，只要在劳动的范围内有可能做到这一点，它并且把所有自然形成的关系变成货币的关系。它建立了现代的大工业城市——它们的出现如雨后春笋——来代替自然形成的城市。凡是它渗入的地方，它就破坏手工业和工业的一切旧阶段。它使城市最终战胜了乡村。它的[……][86]是自动化体系。[它造]成了大量的生产力，对于这些生产力来说，私有制成了它们发展的桎梏，正如行会成为工场手工业的桎梏和小规模的乡村生产成为日益发展的手工业的桎梏一样。在私有制的统治下，这些生产力只获得了片面的发展，对大多数人来说成了破坏的力量，而许多这样的生产力在私有制下根本得不到利用。一般说来，大工业到处造成了社会各阶级间相同的关系，从而消灭了各民族的特殊性。最后，当每一民族的资产阶级还保持着它的特殊的民族利益的时候，大工业却创造了这样一个阶级，这个阶级在所有的民族中都具有同样的利益，在它那里民族独特性已经消灭，这是一个真正同整个旧世界脱离而同时又与之对立的阶级。大工业不仅使工人对资本家的关系，而且使劳动本身都成为工人不堪忍受的东西。

当然，在一个国家里，大工业不是在一切地域都达到了同样的发展水平。但这并不能阻碍无产阶级的阶级运动，因为大工业产生的无产者领导着这个运动并且引导着所有的群众，还因为没有卷入大工业的工人，被大工业置于比在大工业中做工的工人更糟的生活境遇。同样，大工业发达的国家也影响着或多或少非工业的国家，因为非工业国家由于世界交往而被卷入普遍竞争的斗争中。

这些不同的形式同时也是劳动组织的形式，从而也是所有制的形式。在每一个时期都发生现存的生产力相结合的现象，因为需求使这种结合成为必要的。

———

生产力和交往形式之间的这种矛盾——正如我们所见到的，它在迄今为止的历史中曾多次发生过,然而并没有威胁交往形式的基础,——每一次都不免要爆发为革命,同时也采取各种附带形式,如冲突的总和,不同阶级之间的冲突,意识的矛盾,思想斗争,政治斗争,等等。从狭隘的观点出发,可以从其中抽出一种附带形式,把它看作是这些革命的基础,而且因为革命所由出发的各个人都根据他们的文化水平和历史发展的阶段对他们自己的活动本身产生了种种幻想,这样做就更容易了。

因此,按照我们的观点,一切历史冲突都根源于生产力和交往形式之间的矛盾。此外,不一定非要等到这种矛盾在某一国家发展到极端尖锐的地步,才导致这个国家内发生冲突。由广泛的国际交往所引起的同工业比较发达的国家的竞争,就足以使工业比较不发达的国家内产生类似的矛盾(例如,英国工业的竞争使德国潜在的无产阶级显露出来了)。

———

尽管竞争把各个人汇集在一起,它却使各个人,不仅使资产者,而且更使无产者彼此孤立起来。因此这会持续很长时间,直到这些个人能够联合起来,更不用说,为了这种联合——如果它不仅仅是地域性的联合,——大工业应当首先创造出必要的手段,即大工业城市和廉价而便利的交通。因此只有经过长期的斗争才能战胜同这些孤立的、生活在每天都重复产生着孤立状态的条件下的个人相对立的一切有组织的势力。要求相反的东西,就等于要求在这个特定的历史时代不要有竞争,或者说,就等于要求各个人从头脑中抛掉他们作为被孤立的人所无法控制的那些关系。

———

住宅建筑。不言而喻,野蛮人的每一个家庭都有自己的洞穴和茅舍,正如游牧人的每一个家庭都有独自的帐篷一样。这种单个分开的家庭经济由于私有制的进一步发展而成为更加必需的了。在农业民族那里,共同的家庭经济也和共同的耕作一样是不可能的。城市的建造是一大进步。但是,在过去任何时代,消灭单个分开的经济——这是与消灭私有制分不开的——是不可能的,因为还没有具备这样做的物质条件。组织共同的家庭经济的前提是发展机器,利用自然力和许多其他的生产力,例如自来水、煤气照明、蒸汽采暖等,以及消灭城乡之间的[对立]。没有这些条件,共同的经济本身将不会再成为新生产力,将没有任何物质基础,将建立在纯粹的理论基础上,就是说，将是一种纯粹的怪想，只能导致寺院经济。——还可能有什么呢？——这就是城市里的集中和为了各个特定目的而进行的公共房舍（监狱、兵营等）的兴建。不言而喻，消灭单个分开的经济是和消灭[Aufhebung]家庭分不开的。

（在圣桑乔那里常见的一个说法是：每个人通过国家才完全成其为人[87]，这实质上等于说，资产者只是资产者这个类的一个标本；这种说法的前提是：资产者这个**阶级**在构成该阶级的个人尚未存在之前就已经存在了。[88]）

在中世纪，每一城市中的市民为了自卫都不得不联合起来反对农村贵族；商业的扩大和交通道路的开辟，使一些城市了解到有另一些捍卫同样利益、反对同样敌人的城市。从各个城市的许多地域性市民团体中，只是非常缓慢地产生出市民**阶级**。各个市民的生活条件，由于同现存关系相对立并由于这些关系所决定的劳动方式，便成了对他们来说全都是共同的和不以每一个人为转移的条件。市民创造了这些条件，因为他们挣脱了封建的联系；同时他们又是由这些条件所创造的，因为他们是由自己同既存封建制度的对立所决定的。随着各城市间的联系的产生，这些共同的条件发展为阶级条件。同样的条件、同样的对立、同样的利益，一般说来，也应当在一切地方产生同样的风俗习惯。资产阶级本身只是逐渐地随同自己的生存条件一起发展起来，由于分工，它又重新分裂为各种不同的集团，最后，随着一切现有财产被变为工业资本或商业资本，它吞并了在它以前存在过的一切有财产的阶级[89]（同时资产阶级把以前存在过的没有财产的阶级的大部分和原先有财产的阶级的一部分变为新的阶级——无产阶级）。单个人所以组成阶级只是因为他们必须为反对另一个阶级进行共同的斗争；此外，他们在竞争中又是相互敌对的。另一方面，阶级对各个人来说又是独立的，因此，这些人可以发现自己的生活条件是预先确定的：各个人的社会地位，从而他们个人的发展是由阶级决定的，他们隶属于阶级。这同单个人隶属于分工是同类的现象，这种现象只有通过消灭私有制和消灭劳动本身[90]才能消除。至于个人隶属于阶级怎样同时发展为隶属于各种各样的观念，等等，我们已经不只一次地指出过了。

个人的这种发展是在历史地前后相继的等级和阶级的共同生存条件下

产生的，也是在由此而强加于他们的普遍观念中产生的，如果用**哲学的观点**来考察这种发展，当然就很容易设想，在这些个人中，**类**或**人**得到了发展，或者这些个人发展了**人**；这样设想，是对历史的莫大侮辱。这样一来，就可以把各种等级和阶级看作是普遍表达方式的一些类别，看作是**类**的一些亚种，看作是**人**的一些发展阶段。

个人隶属于一定阶级这一现象，在那个除了反对统治阶级以外不需要维护任何特殊的阶级利益的阶级形成之前，是不可能消灭的。

———

个人力量(关系)由于分工而转化为物的力量这一现象，不能靠人们从头脑里抛开关于这一现象的一般观念的办法来消灭，而是只能靠个人重新驾驭这些物的力量，靠消灭分工的办法来消灭[91]。没有共同体，这是不可能实现的。只有在共同体中，个人才能获得全面发展其才能的手段，也就是说，只有在共同体中才可能有个人自由。在过去的种种冒充的共同体中，如在国家等等中，个人自由只是对那些在统治阶级范围内发展的个人来说是存在的，他们之所以有个人自由，只是因为他们是这一阶级的个人。从前各个人联合而成的虚假的共同体，总是相对于各个人而独立的；由于这种共同体是一个阶级反对另一个阶级的联合，因此对于被统治的阶级来说，它不仅是完全虚幻的共同体，而且是新的桎梏。在真正的共同体的条件下，各个人在自己的联合中并通过这种联合获得自己的自由。

各个人的出发点总是他们自己，不过当然是处于既有的历史条件和关系范围之内的自己，而不是玄想家们所理解的“纯粹的”个人。然而在历史发展的进程中，而且正是由于在分工范围内社会关系的必然独立化，在每一个人的个人生活同他的屈从于某一劳动部门以及与之相关的各种条件的生活之间出现了差别。这不应当理解为，似乎像食利者和资本家等等已不再是有个性的个人了，而应当理解为，他们的个性是由非常明确的阶级关系决定和规定的，上述差别只是在他们与另一阶级的对立中才出现，而对他们本身来说，上述差别只是在他们破产之后才产生。在等级中(尤其是在部落中)这种现象还是隐蔽的：例如，贵族总是贵族，平民总是平民，不管他的其他关系如何；这是一种与他的个性不可分割的品质。有个性的个人与阶级的个人的差别，个人生活条件的偶然性，只是随着那本身是资产阶级产物的阶级的出现才出现。只有个人相互之间的竞争和斗争才产生和发展了这种偶然性本身。因此,各个人在资产阶级的统治下被设想得要比先前更自由些,因为他们的生活条件对他们来说是偶然的;事实上,他们当然更不自由,因为他们更加屈从于物的力量。等级的差别特别显著地表现在资产阶级与无产阶级的对立中。当市民等级、同业公会等等起来反对农村贵族的时候,它们的生存条件,即在它们割断了封建的联系以前就潜在地存在着的动产和手艺,表现为一种与封建土地所有制相对立的积极的东西,因此起先也具有一种特殊的封建形式。当然,逃亡农奴认为他们先前的农奴地位对他们的个性来说是某种偶然的东西。但是,在这方面,他们只是做了像每一个挣脱了枷锁的阶级所做的事,此外,他们不是作为一个阶级解放出来的,而是零零散散地解放出来的。其次,他们并没有越出等级制度的范围,而只是形成了一个新的等级,在新的处境中也还保存了他们过去的劳动方式,并且使它摆脱已经和他们所达到的发展阶段不相适应的桎梏,从而使它得到进一步的发展。

相反地,对于无产者来说,他们自身的生活条件、劳动,以及当代社会的全部生存条件都已变成一种偶然的东西,单个无产者是无法加以控制的,而且也没有任何**社会**组织能够使他们加以控制。单个无产者的个性和强加于他的生活条件即劳动之间的矛盾,对无产者本身是显而易见的,特别是因为他从早年起就成了牺牲品,因为他在本阶级的范围内没有机会获得使他转为另一个阶级的各种条件。

注意。不要忘记,单是维持农奴生存的必要性和大经济的不可能性(包括把小块土地分给农奴),很快就使农奴对封建主的赋役降低到中等水平的代役租和徭役地租,这样就使农奴有可能积累一些动产,便于逃出自己领主的领地,并使他有希望上升为市民,同时还引起了农奴的分化。可见逃亡农奴已经是半资产者了。由此也可以清楚地看到,掌握了某种手艺的农奴获得动产的可能性最大。

由此可见,逃亡农奴只是想自由地发展他们已有的生存条件并让它们发挥作用,因而归根结底只达到了自由劳动;而无产者,为了实现自己的个性,就应当消灭他们迄今面临的生存条件,消灭这个同时也是整个迄今为止的社会的生存条件,即消灭劳动。因此,他们也就同社会的各个人迄今借以表现为一个整体的那种形式即同国家处于直接的对立中,他们应当推翻国家,使自己的个性得以实现。

——

从上述一切可以看出[92],某一阶级的各个人所结成的、受他们的与另一阶级相对立的那种共同利益所制约的共同关系,总是这样一种共同体,这些个人只是作为普通的个人隶属于这种共同体,只是由于他们还处在本阶级的生存条件下才隶属于这种共同体;他们不是作为个人而是作为阶级的成员处于这种共同关系中的。而在控制了自己的生存条件和社会全体成员的生存条件的革命无产者的共同体中,情况就完全不同了。在这个共同体中各个人都是作为个人参加的。它是各个人的这样一种联合(自然是以当时发达的生产力为前提的),这种联合把个人的自由发展和运动的条件置于他们的控制之下。而这些条件从前是受偶然性支配的,并且是作为某种独立的东西同单个人对立的。这正是由于他们作为个人是分散的,是由于分工使他们有了一种必然的联合,而这种联合又因为他们的分散而成了一种对他们来说是异己的联系。过去的联合决不像《社会契约》[93]中所描绘的那样是任意的,而只是关于这样一些条件的必然的联合(参阅例如北美合众国和南美诸共和国的形成),在这些条件下,各个人有可能利用偶然性。这种在一定条件下不受阻碍地利用偶然性的权利,迄今一直称为个人自由。——这些生存条件当然只是现存的生产力和交往形式。

——

共产主义和所有过去的运动不同的地方在于:它推翻一切旧的生产关系和交往关系的基础,并且第一次自觉地把一切自发形成的前提看作是前人的创造,消除这些前提的自发性,使它们受联合起来的个人的支配。因此,建立共产主义实质上具有经济的性质,这就是为这种联合创造各种物质条件,把现存的条件变成联合的条件。共产主义所造成的存在状况,正是这样一种现实基础,它使一切不依赖于个人而存在的状况不可能发生,因为这种存在状况只不过是各个人之间迄今为止的交往的产物。这样,共产主义者实际上把迄今为止的生产和交往所产生的条件看作无机的条件。然而他们并不以为过去世世代代的意向和使命就是给他们提供资料,也不认为这些条件对于创造它们的个人来说是无机的。有个性的个人与偶然的个人之间的差别,不是概念上的差别,而是历史事实。在不同的时期,这种差别具有不同的含义,例如，等级在18世纪对于个人来说就是某种偶然的东西，家庭或多或少地也是如此。这种差别不是我们为每个时代划定的，而是每个时代本身在它所发现的各种不同的现成因素之间划定的，而且不是根据概念而是在物质生活冲突的影响下划定的。一切对于后来时代来说是偶然的东西，对于先前时代来说则相反，亦即在先前时代所传下来的各种因素中的偶然的东西，是与生产力发展的一定水平相适应的交往形式。生产力与交往形式的关系就是交往形式与个人的行动或活动的关系。（这种活动的基本形式当然是物质活动，一切其他的活动，如精神活动、政治活动、宗教活动等取决于它。当然，物质生活的这样或那样的形式，每次都取决于已经发达的需求，而这些需求的产生，也像它们的满足一样，本身是一个历史过程，这种历史过程在羊或狗那里是没有的（这是施蒂纳顽固地提出来**反对**人的主要论据[94]），尽管羊或狗的目前形象无疑是历史过程的产物——诚然，不以它们的意愿为转移。）个人相互交往的条件，在上述这种矛盾产生以前，是与他们的个性相适合的条件，对于他们来说不是什么外部的东西；它们是这样一些条件，在这些条件下，生存于一定关系中的一定的个人独立生产自己的物质生活以及与这种物质生活有关的东西，因而这些条件是个人的自主活动的条件，并且是由这种自主活动产生出来的[95]。这样，在矛盾产生以前，人们进行生产的一定条件是同他们的现实的局限状态，同他们的片面存在相适应的，这种存在的片面性只是在矛盾产生时才表现出来，因而只是对于后代才存在。这时人们才觉得这些条件是偶然的桎梏，并且把这种视上述条件为桎梏的意识也强加给先前的时代。

这些不同的条件，起初是自主活动的条件，后来却变成了它的桎梏，它们在整个历史发展过程中构成一个有联系的交往形式的序列，交往形式的联系就在于：已成为桎梏的旧交往形式被适应于比较发达的生产力，因而也适应于进步的个人自主活动方式的新交往形式所代替；新的交往形式又会成为桎梏，然后又为别的交往形式所代替。由于这些条件在历史发展的每一阶段都是与同一时期的生产力的发展相适应的，所以它们的历史同时也是发展着的、由每一个新的一代承受下来的生产力的历史，从而也是个人本身力量发展的历史。

由于这种发展是自发地进行的，就是说它不服从自由联合起来的个人的共同计划,所以它是以各个不同的地域、部落、民族和劳动部门等等为出发点的,其中的每一个起初都与别的不发生联系而独立地发展,后来才逐渐与它们发生联系。其次,这种发展非常缓慢;各种不同的阶段和利益从来没有被完全克服,而只是屈从于获得胜利的利益,并在许多世纪中和后者一起延续下去。由此可见,甚至在一个民族内,各个人,即使撇开他们的财产关系不谈,都有各种完全不同的发展;较早时期的利益,在它固有的交往形式已经为属于较晚时期的利益的交往形式排挤之后,仍然在长时间内拥有一种相对于个人而独立的虚假共同体(国家、法)的传统权力,一种归根结底只有通过革命才能被打倒的权力。由此也就说明:为什么在某些可以进行更一般的概括的问题上,意识有时似乎可以超过同时代的经验关系,以致人们在以后某个时代的斗争中可以依靠先前时代理论家的威望。

相反地,有些国家,例如北美的发展是在已经发达的历史时代起步的,在那里这种发展异常迅速。在这些国家中,除了移居到那里去的个人而外没有任何其他的自发形成的前提,而这些个人之所以移居那里,是因为他们的需要与老的国家的交往形式不相适应。可见,这些国家在开始发展的时候就拥有老的国家的最进步的个人,因而也就拥有与这些个人相适应的、在老的国家里还没有能够实行的最发达的交往形式。这符合于一切殖民地的情况,只要它们不仅仅是一些军用场所或交易场所。迦太基、希腊的殖民地以及 11 世纪和 12 世纪的冰岛可以作为例子。类似的关系在征服的情况下也可以看到,如果在另一块土地上发展起来的交往形式被现成地搬到被征服国家的话。这种交往形式在自己的祖国还受到以前时代遗留下来的利益和关系的牵累,而它在这些地方就能够而且应当充分地和不受阻碍地确立起来,尽管这是为了保证征服者有持久的政权(英格兰和那不勒斯在被诺曼人征服[96]之后,获得了最完善的封建组织形式)。

征服这一事实看起来好像是同整个这种历史观矛盾的。到目前为止,暴力、战争、掠夺、抢劫等等被看作是历史的动力。这里我们只能谈谈主要之点,因此,我们举一个最显著的例子:古老文明被蛮族破坏,以及与此相联系重新开始形成一种新的社会结构(罗马和蛮人,封建制度和高卢人,东罗马帝国和土耳其人)。对进行征服的蛮族来说,正如以上所指出的,战争本身

还是一种通常的交往形式；在传统的、对该民族来说惟一可能的粗陋生产方式下，人口的增长越来越需要新的生产资料，因而这种交往形式越来越被加紧利用。相反地，在意大利，由于地产日益集中（这不仅是由购买和负债引起的，而且还是由继承引起的，当时一些古老的氏族由于生活放荡和很少结婚而逐渐灭亡，他们的财产转入少数人手里），由于耕地变为牧场（这不仅是由通常的、至今仍然起作用的经济原因引起的，而且也是由掠夺来的和进贡的谷物的输入以及由此造成的意大利谷物没有买主的现象引起的），自由民几乎完全消失了，就是奴隶也在不断地死亡，而不得不经常代之以新的奴隶。奴隶制仍然是整个生产的基础。介于自由民与奴隶之间的平民，始终不过是流氓无产阶级。总之，罗马始终只不过是一个城市，它与各行省之间的联系几乎仅仅是政治上的联系，因而这种联系自然也就可能为政治事件所破坏。

再没有比认为迄今历史上的一切似乎都可以归结于**占领**这一观念更普通的了。蛮人**占领了**罗马帝国，这种占领的事实通常被用来说明从古代世界向封建制度的过渡。但是在蛮人的占领下，一切都取决于被占领国家此时是否已经像现代国家那样发展了工业生产力，或者它的生产力主要是否只是以它的联合和共同体[Gemeinwesen]为基础。其次，占领是受占领的对象所制约的。如果占领者不依从被占领国家的生产条件和交往条件，就完全无法占领银行家的体现于证券中的财产。对于每个现代工业国家的全部工业资本来说，情况也是这样。最后，无论在什么地方，占领都是很快就会结束的，已经不再有东西可供占领时，必须开始进行生产。从这种很快出现的生产的必要性中可以作出如下结论：定居下来的征服者所采纳的共同体[Gemeinwesen]形式，应当适应于他们面临的生产力发展水平，如果起初情况不是这样，那么共同体形式就应当按照生产力来改变。这也就说明了民族大迁移后的时期到处可见的一件事实，即奴隶成了主人，征服者很快就接受了被征服民族的语言、教育和风俗。

封建制度决不是现成地从德国搬去的。它起源于征服者在进行征服时军队的战时组织，而且这种组织只是在征服之后，由于在被征服国家内遇到的生产力的影响才发展为真正的封建制度的。这种形式到底在多大程度上受生产力的制约，这从企图仿效古罗马来建立其他形式的失败尝试（查理大帝，等等）中已经得到证明。

待续。——

在大工业和竞争中，各个人的一切生存条件、一切制约性、一切片面性都融合为两种最简单的形式——私有制和劳动。货币使任何交往形式和交往本身成为对个人来说是偶然的东西。因此，货币就是产生下述现象的根源：迄今为止的一切交往都只是在一定条件下个人的交往，而不是作为个人的个人的交往。这些条件可以归结为两点：积累起来的劳动，或者说私有制，以及现实的劳动。如果二者缺一，交往就会停止。现代的经济学家如西斯蒙第、舍尔比利埃[97]等人自己就把个人的联合同资本的联合对立起来。但是，另一方面，个人本身完全屈从于分工，因此他们完全被置于相互依赖的关系之中。私有制，就它在劳动的范围内同劳动相对立来说，是从积累的必然性中发展起来的。起初它大部分仍旧保存着共同体[Geimenwesen]的形式，但是在以后的发展中越来越接近私有制的现代形式。分工从最初起就包含着劳动**条件**——劳动工具和材料——的分配，也包含着积累起来的资本在各个所有者之间的劈分，从而也包含着资本和劳动之间的分裂以及所有制本身的各种不同的形式。分工越发达，积累越增加，这种分裂也就发展得越尖锐。劳动本身只能在这种分裂的前提下存在。

（各个民族——德国人和美国人——的个人能力，已经通过种族杂交而产生的能力，——因此德国人是白痴式的；在法、英等国是异族人移居于已经发达的土地上，在美国是异族人移居于一块全新的土地上，而在德国，土著居民安居不动。）

因此，这里显露出两个事实。第一，生产力表现为一种完全不依赖于各个人并与他们分离的东西，表现为与各个人同时存在的特殊世界，其原因是，各个人——他们的力量就是生产力——是分散的和彼此对立的，而另一方面，这些力量只有在这些个人的交往和相互联系中才是真正的力量。[98]因此，一方面是生产力的总和，生产力好像具有一种物的形式，并且对个人

本身来说它们已经不再是个人的力量，而是私有制的力量，因此，生产力只有在个人是私有者的情况下才是个人的力量。在以前任何一个时期，生产力都没有采取过这种对于**作为**个人的个人的交往完全无关的形式，因为他们的交往本身还是受限制的。另一方面是同这些生产力相对立的大多数个人，这些生产力是和他们分离的，因此这些个人丧失了一切现实的生活内容，成了抽象的个人，然而正因为这样，他们才有可能**作为个人**彼此发生联系。

他们同生产力并同他们自身的存在还保持着的惟一联系，即劳动，在他们那里已经失去了任何自主活动的假象，而且只能用摧残生命的方式来维持他们的生命。而在以前各个时期，自主活动和物质生活的生产是分开的，这是因为它们是由不同的人承担的，同时，物质生活的生产由于各个人本身的局限性还被认为是自主活动的从属形式，而现在它们竟互相分离到这般地步，以致物质生活一般都表现为目的，而这种物质生活的生产即劳动（它现在是自主活动的惟一可能的形式，然而正如我们看到的，也是自主活动的否定形式）则表现为手段。

这样一来，现在情况就变成了这样：各个人必须占有现有的生产力总和，这不仅是为了实现他们的自主活动，而且就是为了保证自己的生存。这种占有首先受所要占有的对象的制约，即受发展成为一定总和并且只有在普遍交往的范围里才存在的生产力的制约。因此，仅仅由于这一点，占有就必须带有同生产力和交往相适应的普遍性质。对这些力量的占有本身不外是同物质生产工具相适应的个人才能的发挥。仅仅因为这个缘故，对生产工具一定总和的占有，也就是个人本身的才能的一定总和的发挥。其次，这种占有受进行占有的个人的制约。只有完全失去了整个自主活动的现代无产者，才能够实现自己的充分的、不再受限制的自主活动，这种自主活动就是对生产力总和的占有以及由此而来的才能总和的发挥。过去的一切革命的占有都是有限制的；各个人的自主活动受到有局限性的生产工具和有局限性的交往的束缚，他们所占有的是这种有局限性的生产工具，因此他们只是达到了新的局限性。他们的生产工具成了他们的财产，但是他们本身始终屈从于分工和自己的生产工具。在迄今为止的一切占有制下，许多个人始终屈从于某种惟一的生产工具；在无产阶级的占有制下，许多生产工具必定归属于每一个个人,而财产则归属于全体个人。现代的普遍交往,除了归全体个人支配,不可能归各个人支配。

其次,占有还受实现占有所必须采取的方式的制约。占有只有通过联合才能实现,由于无产阶级本身固有的本性,这种联合又只能是普遍性的,而且占有也只有通过革命才能得到实现,在革命中,一方面迄今为止的生产方式和交往方式的权力以及社会结构的权力被打倒,另一方面无产阶级的普遍性质以及无产阶级为实现这种占有所必需的能力得到发展,同时无产阶级将抛弃它迄今的社会地位遗留给它的一切东西。

只有在这个阶段上,自主活动才同物质生活一致起来,而这又是同各个人向完全的个人的发展以及一切自发性的消除相适应的。同样,劳动向自主活动的转化,同过去受制约的交往向个人本身的交往的转化,也是相互适应的。随着联合起来的个人对全部生产力的占有,私有制也就终结了。在迄今为止的历史上,一种特殊的条件总是表现为偶然的,而现在,各个人本身的独自活动,即每一个人本身特殊的个人职业,才是偶然的。

哲学家们在不再屈从于分工的个人身上看到了他们名之为“人”的那种理想,他们把我们所阐述的整个发展过程看作是“人”的发展过程,从而把“人”强加于迄今每一历史阶段中所存在的个人,并把他描述成历史的动力。这样,整个历史过程被看成是“人”的自我异化过程,实质上这是因为,他们总是把后来阶段的普通个人强加于先前阶段的个人并且以后来的意识强加于先前的个人。[99]由于这种本末倒置的做法,即一开始就撇开现实条件,所以就可以把整个历史变成意识的发展过程了。

———

市民社会包括各个人在生产力发展的一定阶段上的一切物质交往。它包括该阶段的整个商业生活和工业生活,因此它超出了国家和民族的范围,尽管另一方面它对外仍必须作为民族起作用,对内仍必须组成为国家。“市民社会”这一用语是在 18 世纪产生的,当时财产关系已经摆脱了古典古代的和中世纪的共同体[Gemeinwesen]。真正的市民社会[100]只是随同资产阶级发展起来的;但是市民社会这一名称始终标志着直接从生产和交往中发展起来的社会组织,这种社会组织在一切时代都构成国家的基础以及任何其他的观念的[101]上层建筑的基础。

国家和法同所有制的关系

所有制的最初形式，无论是在古典古代世界或中世纪，都是部落所有制，这种所有制在罗马人那里主要是由战争决定的，而在日耳曼人那里则是由畜牧业决定的。在古典古代民族中，一个城市里聚居着几个部落，因此部落所有制就具有国家所有制的形式，而个人的权利则局限于简单的占有，但是这种占有也和一般部落所有制一样，仅仅涉及地产。无论在古代或现代民族中，真正的私有制只是随着动产的出现才开始的。——(奴隶制和共同体[Gemeinwesen])(古罗马公民的合法的所有权[dominium ex jure Quiritum])。在起源于中世纪的民族那里，部落所有制经过了几个不同的阶段——封建地产，同业公会的动产，工场手工业资本——才发展为由大工业和普遍竞争所引起的现代资本，即变为抛弃了共同体[Gemeinwesen]的一切外观并消除了国家对所有制发展的任何影响的纯粹私有制。现代国家是与这种现代私有制相适应的。现代国家由于税收而逐渐被私有者所操纵，由于国债而完全归他们掌握；现代国家的存在既然受到交易所内国家证券行市涨落的调节，所以它完全依赖于私有者即资产者提供给它的商业信贷。因为资产阶级已经是一个**阶级**，不再是一个**等级**了，所以它必须在全国范围内而不再是在一个地域内组织起来，并且必须使自己通常的利益具有一种普遍的形式。由于私有制摆脱了共同体[Gemeinwesen]，国家获得了和市民社会并列并且在市民社会之外的独立存在；实际上国家不外是资产者为了在国内外相互保障各自的财产和利益所必然要采取的一种组织形式。目前国家的独立性只有在这样的国家里才存在：在那里，等级还没有完全发展成为阶级，在那里，比较先进的国家中已被消灭的等级还起着某种作用，并且那里存在某种混合体，因此在这样的国家里居民的任何一部分也不可能对居民的其他部分进行统治。德国的情况就正是这样。现代国家的最完善的例子就是北美。法国、英国和美国的一些近代作家都一致认为，国家只是为了私有制才存在的，可见，这种思想也渗入日常的意识了。

因为国家是统治阶级的各个人借以实现其共同利益的形式，是该时代的整个市民社会获得集中表现的形式,所以可以得出结论:一切共同的规章都是以国家为中介的,都获得了政治形式。由此便产生了一种错觉,好像法律是以意志为基础的,而且是以脱离其现实基础的意志即**自由**意志为基础的。同样,法随后也被归结为法律。

私法和私有制是从自然形成的共同体[Gemeinwesen]的解体过程中同时发展起来的。在罗马人那里,私有制和私法的发展没有在工业和商业方面引起进一步的结果,因为他们的整个生产方式没有改变。[102]在现代民族那里,工业和商业瓦解了封建的共同体[Gemeinwesen],随着私有制和私法的产生,开始了一个能够进一步发展的新阶段。在中世纪进行了广泛的海上贸易的第一个城市阿马尔菲也制定了海商法。[103]当工业和商业——起初在意大利,随后在其他国家——进一步发展了私有制的时候,详细拟定的罗马私法便又立即得到恢复并取得威信。后来,资产阶级力量壮大起来,君主们开始照顾它的利益,以便借助资产阶级来摧毁封建贵族,这时候法便在所有国家中——法国是在16世纪——开始真正地发展起来了,除了英国以外,这种发展在所有国家中都是以罗马法典为基础的。即使在英国,为了私法(特别是其中关于动产的那一部分)的进一步完善,也不得不参照罗马法的原则。(不应忘记,法也和宗教一样是没有自己的历史的。)

在私法中,现存的所有制关系是作为普遍意志的结果来表达的。仅仅使用和滥用的权利[jus utendi et abutendi]就一方面表明私有制已经完全不依赖于共同体[Gemeinwesen],另一方面表明了一个错觉,仿佛私有制本身仅仅以个人意志即以对物的任意支配为基础。实际上,滥用[abuti]对于私有者具有极为明确的经济界限,如果他不希望他的财产从而他滥用的权利转入他人之手的话;因为仅仅从私有者的意志方面来考察的物,根本不是物;物只有在交往中并且不以权利为转移时,才成为物,即成为真正的财产(一种**关系**,哲学家们称之为观念)。[104]这种把权利归结为纯粹意志的法律上的错觉,在所有制关系进一步发展的情况下,必然会造成这样的现象:某人在法律上可以对某物享有权利,但实际上并不拥有某物。例如,假定由于竞争,某一块土地不再提供地租,虽然这块土地的所有者在法律上享有权利,包括享有使用和滥用的权利。但是这种权利对他毫无用处:只要他还未占有足够的资本来经营自己的土地,他作为土地所有者就一无所有。法学家们的这种错觉说明:

在法学家们以及任何法典看来，各个人相互之间的关系，例如缔结契约这类事情，一般都是偶然的；他们认为这些关系可以随意建立或不建立，它们的内容完全依据缔约双方的个人意愿。

每当工业和商业的发展创造出新的交往形式，例如保险公司等等，法便不得不承认它们都是获得财产的方式。

———

分工对科学的影响。

镇压在国家、法、道德等等中的作用。

资产者之所以必须在法律中使自己得到普遍表现，正因为他们是作为阶级进行统治的。

自然科学和历史。

没有政治史、法律史、科学史等等，艺术史、宗教史等等[105]。

———

为什么玄想家使一切本末倒置。

笃信宗教者、法学家、政治家。

法学家、政治家（一般的国务活动家）、伦理学家、笃信宗教者。

关于一个阶级内的这种意识形态划分：**职业由于分工而独立化**；每个人都认为他的手艺是真的。他们之所以必然产生关于自己的手艺和现实相联系的错觉，是手艺本身的性质所决定的。关系在法律学、政治学中——在意识中——成为概念；因为他们没有超越这些关系，所以这些关系的概念在他们的头脑中也成为固定概念。例如，法官运用法典，因此法官认为，立法是真正的积极的推动者。尊重自己的商品，因为他们的职业是和公众打交道。

法的观念。国家的观念。在**通常的**意识中事情被本末倒置了。

———

宗教从一开始就是**超验性的意识**，这种意识是从**现实的**力量中产生的。

要更通俗地表达这一点。

———

法，宗教等领域中的传统。

———

各个人过去和现在始终是从自己出发的。他们的关系是他们的现实生活过程的关系。为什么会发生这样的情况：他们的关系会相对于他们而独立？他们自己生命的力量会成为压倒他们的力量？

总之：**分工**，分工的阶段依赖于当时生产力的发展水平。

土地所有制。公社所有制。封建的所有制。现代的所有制。

等级的所有制。手工工场所有制。工业资本。

写于1845年秋—大约1846年5月

第一次用俄文发表于《马克思恩格斯文库》1924年版第1卷

原文是德文

选自《马克思恩格斯选集》第1卷，人民出版社1995年版，第62—135页。

注　释：

[1]《德意志意识形态。对费尔巴哈、布·鲍威尔和施蒂纳所代表的现代德国哲学以及各式各样先知所代表的德国社会主义的批判》由马克思和恩格斯于1845年秋至1846年5月左右共同撰写，是马克思主义形成时期的重要著作。这部著作共分两卷，其主要内容是阐述作者制定的唯物主义历史观的基本原理、批判分析费尔巴哈、布·鲍威尔和麦·施蒂纳的唯心主义历史观，批判"真正的社会主义"或"德国社会主义"的各式各样代表的哲学观点，表述对科学社会主义的认识。

马克思和恩格斯从1846年到1847年在德国曾多次为出版《德意志意识形态》寻找出版商。由于当时书报检查机关的阻挠，还由于出版商对书中所批判的哲学流派及其代表人物寄予同情，这部著作未能出版。

《德意志意识形态》在马克思恩格斯生前，只在1847年《威斯特伐里亚汽船》杂志8月和9月号发表了第2卷第4章。全书以手稿形式保存下来，没有总标题。《德意志意识形态。对费尔巴哈、布·鲍威尔和施蒂纳所代表的现代德国哲学以及各式各样先知所代表的德国社会主义的批判》这一标题源于马克思在1847年4月6日发表的声明《驳卡尔·格律恩》中对这部著作的称呼（《马克思恩格斯全集》第4

卷第 43 页)。

收入本卷的《德意志意识形态》第 1 卷第 1 章《费尔巴哈》是未完成的手稿,写于第 1 卷成书过程中的不同时间。但是就理论内容来说,该章具有独立的价值,在《德意志意识形态》一书中占有十分重要的地位。马克思和恩格斯在这里第一次系统地阐述了唯物主义历史观的基本原理,并根据自己新的历史观对共产主义作了科学的论证。这一章在手稿上,原来的标题只是《一、费尔巴哈》。在手稿第 1 章的结尾有恩格斯的笔迹:《一、费尔巴哈。唯物主义观点和唯心主义观点的对立》。显然,这是恩格斯在马克思逝世后于 1883 年整理马克思遗稿,重读《德意志意识形态》手稿时对原有标题的具体说明。

《费尔巴哈》章在马克思和恩格斯生前未能发表,直到 1924 年才第一次由前苏联马克思恩格斯研究院发表了俄译文,1926 年以德文原文发表于《马克思恩格斯文库》第 1 卷。1932 年,《德意志意识形态》全书第一次以原文发表于《马克思恩格斯全集》1932 年历史考证版第 1 部分第 5 卷,其中《费尔巴哈》章由编者重新编排,加了分节标题,删去手稿结尾部分关于社会意识形式的札记。《马克思恩格斯全集》第 3 卷的俄文第 2 版(1955)、德文版(1958)以及中文版(1960)均以这一版本为依据。后来,前苏联《哲学问题》杂志 1965 年第 10 和 11 期、《德国哲学杂志》1966 年第 10 期先后发表了该章的新编版本;《费尔巴哈》章的俄、德文单行本也相继问世。《费尔巴哈》章的中文单行本于 1988 年编译出版。本卷所收《费尔巴哈》章译文是根据该章的德文单行本 1985 年版重新校订的。——62。

[2] 大·弗·施特劳斯的主要著作《耶稣传》(1835—1836 年杜宾根版第 1—2 卷)开创了对宗教的哲学批判,并且使黑格尔学派开始分裂为老年黑格尔派和青年黑格尔派。

老年黑格尔派着重强调黑格尔的体系,对德国三月革命[见注 160]前的社会和政治实践持保守的甚至反动的态度。因此,对他们也称右翼黑格尔派,其成员有加布勒、道布、汉宁和莱奥。

青年黑格尔派重视以黑格尔的辩证方法为依据,对基督教和普鲁士国家持批判态度,对他们也称左翼黑格尔派,其成员有施特劳斯、施蒂纳、卢格、鲍威尔兄弟,有时还有费尔巴哈。——62。

[3] 狄亚多希是马其顿亚历山大大帝的将领们,他们在亚历山大死后为争夺权力而彼此进行残酷的厮杀。在这场争斗的过程中(公元前 4 世纪末至 3 世纪初),亚历山大的帝国这个不巩固的实行军事管理的联盟,分裂为许多单独的国家。——62。

[4] 原意是“骷髅”;化学中蒸馏过程结束后的残留物。这里的意思是无用的残

渣。——编者注

[5] 手稿中删去以下一段话:“因此,在我们对这个运动的个别代表人物进行专门批判之前,提出一些能进一步阐明他们的共同思想前提的一般意见。这些意见足以表明我们在进行批判时所持的观点,而表明我们的观点对于了解和说明以后各种批评意见是必要的。我们这些意见正是针对**费尔巴哈**的,因为只有他才多少向前迈进了几步,只有他的著作才可以认真地加以研究”。——编者注

[6] 大·弗·施特劳斯和布·鲍威尔使用的基本范畴。——编者注

[7] 路·费尔巴哈和麦·施蒂纳使用的基本范畴。——编者注

[8] 手稿中删去以下这段话:“这种批判自以为是使世界消除一切灾难的绝对救世主。宗教总是被看作和解释成这些哲学家们所厌恶的一切关系的终极原因,他们的主要敌人”。——编者注

[9] 指麦克斯·施蒂纳(约翰·卡斯帕尔·施米特的笔名)。马克思和恩格斯在《德意志意识形态》中也用其他绰号称呼他,例如,称他为“圣桑乔”、“圣者”、“圣师”等等。——编者注

[10] 指路·费尔巴哈、布·鲍威尔和麦·施蒂纳。——编者注

[11] “震撼世界的思想”是《维干德季刊》上一篇匿名文章中的用语(见该杂志1845年第4卷第327页)。

《维干德季刊》是青年黑格尔派的哲学杂志;1844—1845年由奥·维干德在莱比锡出版。参加该杂志工作的有布·鲍威尔、麦·施蒂纳和路·费尔巴哈等人。——66。

[12] 手稿中删去以下一段话:“我们仅仅知道一门惟一的科学,即历史科学。历史可以从两方面来考察,可以把它划分为自然史和人类史。但这两方面是不可分割的;只要有人存在,自然史和人类史就彼此相互制约。自然史,即所谓自然科学,我们在这里不谈;我们需要深入研究的是人类史,因为几乎整个意识形态不是曲解人类史,就是完全撇开人类史。意识形态本身只不过是这一历史的一个方面”。——编者注

[13] 手稿中删去以下这句话:“这些个人把自己和动物区别开来的第一个**历史**行动不在于他们有思想,而在于他们开始**生产自己的生活资料**”。——编者注

[14] 手稿中删去以下这句话:“但是,这些条件不仅决定着人们最初的、自然形成的肉体组织,特别是他们之间的种族差别,而且直到如今还决定着肉体组织的整个进一步发展或不发展”。——编者注

[15] “交往”(Verkehr)这个术语在《德意志意识形态》中含义很广。它包括单个人、社会

团体以及国家之间的物质交往和精神交往。马克思和恩格斯在这部著作中指出：物质交往，而首先是人们在生产过程中的交往，这是任何其他交往的基础。《德意志意识形态》中所用的一些术语："交往形式"、"交往方式"、"交往关系"、"生产和交往的关系"，表达了马克思和恩格斯在这个时期形成的生产关系概念。——68。

[16] 马克思和恩格斯使用的术语 Stamm，在本文中译为"部落"。在19世纪中叶的历史科学中，这个术语的含义比现在广泛。它是指渊源于共同祖先的人们的共同体，包括近代所谓的"氏族"和"部落"。美国的民族学家路易·亨利·摩尔根在其主要著作《古代社会》(1877)中第一次把"氏族"和"部落"这两个概念区分开来，并下了准确的定义。摩尔根指明，氏族是原始公社制度的基层单位，从而为原始社会的全部历史奠定了科学的基础。恩格斯在《家庭、私有制和国家的起源》(见本选集第4卷第1—179页)一书中总结了摩尔根的这些发现，全面地解释了氏族和部落这两个概念的内容。——68。

[17] 李奇尼乌斯土地法是公元前367年在古罗马通过的一项法律，又称李奇尼乌斯法。该法对于把公有地转交个人使用的权利作了某种限制，并且规定撤销部分债务。该法反对大土地占有制和贵族特权的增长，反映出平民的经济地位和政治地位有所加强。根据罗马的传统说法，该法是罗马护民官李奇尼乌斯和塞克斯蒂乌斯制定的。

在罗马发生的内战，通常是指罗马统治阶级的各种集团之间从公元前2世纪末至公元前30年持续进行的斗争。这些内战连同日益增长的阶级矛盾和奴隶起义加速了罗马共和国的衰亡，并且导致罗马帝国的建立(公元前30年)。——69。

[18] 在恩格斯的《家庭、私有制和国家的起源》一书中(见本选集第4卷第134—146页)以及《法兰克时代》一文中(《马克思恩格斯全集》第19卷第560—563页)均有关于日耳曼人的军事制度的论述。——70。

[19] 手稿的最初方案："在一定的生产关系下的一定的个人"。——编者注

[20] 手稿中删去以下这段话："这些个人所产生的观念，或者是关于他们对自然界的关系的观念，或者是关于他们之间的关系的观念，或者是关于他们自身的状况的观念。显然，在这几种情况下，这些观念都是他们的现实关系和活动、他们的生产、他们的交往、他们的社会组织和政治组织有意识的表现，而不管这种表现是现实的还是虚幻的。相反的假设，只有在除了现实的、受物质制约的个人的精神以外还假定有某种特殊的精神的情况下才能成立。如果这些个人的现实关系的有意识的表现是虚幻的，如果他们在自己的观念中把自己的现实颠倒过来，那么这又是由他们狭隘的物质活动方式以及由此而来的他们狭隘的社会关系造成的"。——编者注

[21] 手稿中删去以下这句话:“而且人们是受他们的物质生活的生产方式,他们的物质交往和这种交往在社会结构和政治结构中的进一步发展所制约的”。——编者注

[22] 马克思加了边注:“**费尔巴哈**”。——编者注

[23] 马克思加了边注:“哲学的和真正的解放。——**一般人**。**惟一者**。**个人**。——地质、水文等等条件。人体。需要和劳动”。——编者注

[24] 手稿残缺。——编者注

[25] 马克思加了边注:“词句和现实的运动”。——编者注

[26] 马克思加了边注:“词句对德国的意义”。——编者注

[27] 这里缺五页手稿。——编者注

[28] 马克思加了边注:“**费尔巴哈**”。——编者注

[29] 马克思和恩格斯在这里和后面的论述,主要涉及路·费尔巴哈的著作《未来哲学原理》,并且从中引用了费尔巴哈的一些用语。——75。

[30] 恩格斯加了边注:“注意:费尔巴哈的错误不在于他使眼前的东西即感性**外观**从属于通过对感性事实作比较精确的研究而确认的感性现实,而在于他要是不用**哲学家**的‘眼睛’,就是说,要是不戴哲学家的‘眼镜’来观察感性,最终会对感性束手无策”。——编者注

[31] 马克思加了边注:“**费尔巴哈**”。——编者注

[32] 布·鲍威尔《评路德维希·费尔巴哈》。——编者注

[33] 歌德《浮士德。天上序幕》。——编者注

[34] 马克思加了边注:“**费尔巴哈**”。——编者注

[35] 马克思加了边注:“费[尔巴哈]”。——编者注

[36] 马克思加了边注:“**费尔巴哈**”。——编者注

[37] 手稿中删去以下这段话:“我们之所以在这里比较详细地谈论历史,只是因为德国人习惯于用‘历史’和‘历史的’这些字眼随心所欲地想像,但就是不涉及现实。‘说教有术的’圣布鲁诺就是一个出色的例子”。——编者注

[38] 马克思加了边注:“**历史**”。——编者注

[39] 马克思加了边注:“**黑格尔**。地质、水文等等的条件。人体。需要,劳动”。——编者注

[40] 指布·鲍威尔在《评路德维希·费尔巴哈》一文中的观点。——编者注

[41] 马克思加了边注:“人们之所以有历史,是因为他们必须**生产**自己的生活,而且必须用**一定的**方式来进行:这是受他们的肉体组织制约的,人们的意识也是这样受制约的”。——编者注

[42] 手稿中删去以下这句话:“我对我的环境的关系是我的意识”。——编者注

[43] 马克思加了边注:“这里立即可以看出,这种自然宗教或对自然界的这种特定关系,是由社会形式决定的,反过来也是一样。这里和任何其他地方一样,自然界和人的同一性也表现在:人们对自然界的狭隘的关系决定着他们之间的狭隘的关系,而他们之间的狭隘的关系又决定着他们对自然界的狭隘的关系,这正是因为自然界几乎还没有被历史的进程所改变”。——编者注

[44] 马克思加了边注:“与此相适应的是玄想家的、**僧侣**的最初形式”。——编者注

[45] 马克思加了边注:“**宗教**。具有真正的**意识形态**的德国人”。——编者注

[46] 手稿中删去以下这句话:“活动和思维,即没有思想的活动和没有活动的思想”。——编者注

[47] 手稿中删去以下这句话:“这种关于现存的经济界限的唯心主义表现,不是纯粹理论上的,而且在实际的意识中也存在着,就是说,使自己自由存在的并且同现存的生产方式相矛盾的意识,不是仅仅构成宗教和哲学,而且也构成国家”。——编者注

[48]《德法年鉴》是马克思提议创办、由阿·卢格和马克思在巴黎编辑出版的德文杂志,仅仅在1844年2月出版过一期双刊号。其中除了载有《〈黑格尔法哲学批判〉导言》以外,还刊载有马克思的著作《论犹太人问题》,以及恩格斯的著作《国民经济学批判大纲》和《英国状况　评托马斯·卡莱尔的〈过去和现在〉》。这些著作标志着马克思和恩格斯从革命民主主义最终转向唯物主义和共产主义。杂志停刊的主要原因是马克思和卢格之间存在原则分歧。——84。

[49] 马克思和恩格斯《神圣家族,或对批判的批判所作的批判。驳布鲁诺·鲍威尔及其伙伴》,见《马克思恩格斯全集》第2卷第3—268页。——编者注

[50] 关于无产阶级革命只有在一切先进的资本主义国家同时发生才可能胜利,因而不可能在一个国家内获得胜利的结论,恩格斯最早在《共产主义原理》(1847年)中作了明确的表述(见本卷第241页)。1850年,马克思和恩格斯已经预见到美国将发展成资本主义世界最大的经济强国,并认为欧洲要不陷入对美国的依附地位,惟一的条件就是进行社会革命。在这以后,他们再没有重提无产阶级革命同时发生的设想。——86、241。

[51] 历史事件的德文原文是Haupt-und Staatsaktion。这个词本来是指17世纪和18世纪上半叶德国巡回剧团演出的戏剧。这些戏剧用夸大的、同时也用粗俗的和笑剧的方式展现悲剧性的历史事件。

这个词的引申意义是指重大的政治事件。德国历史科学中的一个流派“客观的历史编纂学”就是在这个意义上使用这个词的。莱·兰克是该派的主要代表之一。

他把 Haupt-und Staatsaktion 看作是需要陈述的重要主题。客观的历史编纂学主要对国家的政治和外交历史感兴趣,宣称外交政治高于国内政治,无视人们的社会关系和他们在历史中的积极作用。——88、93。

[52] 马克思加了边注:“交往和生产力”。——编者注

[53] 大陆体系或大陆封锁,是拿破仑第一在 1805 年法国舰队被英国舰队消灭后,于 1806 年 11 月 21 日宣布的命令。它禁止欧洲大陆各国同英国进行贸易。参加大陆封锁的有西班牙、那不勒斯、荷兰、普鲁士、丹麦、俄国和奥地利等国。1812 年拿破仑在俄国遭到失败后,所谓的大陆封锁便瓦解了。——89。

[54] 马克思加了边注:“**关于意识的生产**”。——编者注

[55] 原文是praktisch-idealistisch。——编者注

[56] 马克思加了边注:“这些人所关心的是维持现在的生产状况”。——编者注

[57] 手稿中删去以下这句话:“消灭在……统治下活动的形式”。——编者注

[58] 手稿中删去以下这段话:“至于谈到革命的这种必要性,所有的共产主义者,不论是法国的、英国的或德国的,早就一致同意了,而圣布鲁诺却继续心安理得地幻想,认为‘实在的人道主义’即共产主义所以取代‘唯灵论的地位’(唯灵论根本没有什么地位)只是为了赢得崇敬。他继续幻想:那时候‘灵魂将得救,人间将成为天国,天国将成为人间。’(神学家总是念念不忘天国)‘那时候欢乐和幸福将要永世高奏天国的和谐曲’(第 140 页)。(指布·鲍威尔的论文《评路德维希·费尔巴哈》,载于《维干德季刊》1845 年第 3 卷。——91。)当末日审判——这一切都要在这一天发生,燃烧着的城市火光在天空的映照将是这一天的朝霞——突然来临的时候,当耳边响起由这种‘天国的和谐曲’传出的有炮声为之伴奏、有断头台为之击节的《马赛曲》和《卡马尼奥拉曲》旋律的时候;当卑贱的‘群众’高唱着 ça ira,ça ira 并把‘自我意识’吊在路灯柱上(《马赛曲》、《卡马尼奥拉》,《çaira》都是 18 世纪末法国资产阶级革命时期的革命歌曲。最后一首歌曲《çaira》结尾的叠句是:“好! 就这么办,就这么办,就这么办。把贵族吊在路灯柱上!”——91。)的时候,我们这位神圣的教父将会大吃一惊。圣布鲁诺毫无根据地为自己描绘了一幅‘永世欢乐和幸福’的感奋人心的图画。‘费尔巴哈的爱的宗教的追随者’在谈到与‘天国的和谐曲’截然不同的革命时,好像关于这种欢乐和幸福有其独特的想法。我们没有兴致来事先构想圣布鲁诺在末日审判这一天的行为。至于应当把进行革命的无产者了解为反抗自我意识的‘实体’或想要推翻批判的‘群众’,还是了解为还没有足够的浓度来消化鲍威尔思想的一种精神‘流射体’,这个问题也确实难以解决”。——编者注

[59] 马克思加了边注:“**费尔巴哈**”。——编者注

[60] 麦・施蒂纳《惟一者及其所有物》一书中的用语。——编者注

[61] 布・鲍威尔《评路德维希・费尔巴哈》一文中的用语。——编者注

[62] 马克思加了边注:“所谓**客观的**历史编纂学正是脱离活动来考察历史关系。反动的性质”。——编者注

[63] 费尔巴哈《因〈惟一者及其所有物〉而论〈基督教的本质〉》。——编者注

[64] 布・鲍威尔《评路德维希・费尔巴哈》一文中的用语。——编者注

[65] 麦・施蒂纳《惟一者及其所有物》一书中的用语。——编者注

[66]《哈雷年鉴》和《德国年鉴》是青年黑格尔派的文学哲学杂志的简称,该杂志自1838年1月至1841年6月用小型日报的形式以《德国科学和艺术哈雷年鉴》的名称在莱比锡出版,自1841年7月至1843年1月以《德国科学和艺术年鉴》的名称出版。该杂志在1841年6月以前由阿・卢格和泰・艾希特迈耶尔在普鲁士哈雷负责编辑,从1841年7月起由阿・卢格在德累斯顿负责编辑。1843年1月3日被萨克森政府查禁,并经联邦议会决定在全国查禁。——95。

[67] 即布・鲍威尔、路・费尔巴哈和麦・施蒂纳。——编者注

[68] 布・鲍威尔《十八世纪政治、文化和启蒙的历史》1843—1845年夏洛滕贝格版第1—2卷。——编者注

[69] 莱茵河颂歌原来是德国诗人尼・贝克尔的诗《德国的莱茵》。这首诗在1840年写成后被多次谱成歌曲。——96。

[70] 该刊发表了费尔巴哈《因〈惟一者及其所有物〉而论〈基督教的本质〉》一文。——编者注

[71] 指路・费尔巴哈的文章《因〈惟一者及其所有物〉而论〈基督教的本质〉》,载于《维干德季刊》1845年第2卷第193—205页。该文的结尾是这样的:“由此可见,既不应当称费尔巴哈为唯物主义者,也不应当称他为唯心主义者,更不应当称他为同一哲学家。那他究竟是什么呢?思想中的他,就是行动中的他,精神中的他,就是肉体中的他,本质中的他,就是感觉中的他;他是人,或者,说得更确切一些,——因为,费尔巴哈把人的本质仅仅设定在共同性之中——他是共同人,是共产主义者。”——96。

[72] 路・费尔巴哈《未来哲学原理》1843年苏黎世—温特图尔版第47页。

恩格斯在为写作《德意志意识形态》第1卷第1章而写的札记《费尔巴哈》(见《马克思恩格斯全集》第42卷第360—363页)中,引用和评论了费尔巴哈这本著作中有关的一些话。——97。

[73] 布・鲍威尔《评路德维希・费尔巴哈》。——编者注

[74] 马克思加了边注:“(普遍性符合于:(1)与等级相对的阶级;(2)竞争、世界交往等

等;(3)统治阶级的人数众多;(4)**共同**利益的幻想。起初这种幻想是真实的;(5)玄想家的欺骗和分工)”。——编者注

[75] 黑格尔《历史哲学讲演录》,见《黑格尔全集》1837 年柏林版第 9 卷。——编者注

[76] 马克思加了边注:“**一般人:‘思维着的人的精神’**”。——编者注

[77] 这里缺四页手稿。——编者注

[78] 反谷物法同盟是英国工业资产阶级的组织,由曼彻斯特的工厂主科布顿和布莱特于 1838 年创立。谷物法是为英国大地主的利益从 1815 年起实施的旨在限制或禁止从国外输入谷物的法令。同盟要求贸易完全自由,废除谷物法,其目的是为了降低国内谷物价格,从而降低工人工资,削弱土地贵族的经济和政治地位。同盟在反对地主的斗争中曾经企图利用工人群众,宣称工人和工业主的利益是一致的。但是,在这个时候,英国的先进工人展开了独立的、政治性的工人运动(宪章运动)。

1846 年谷物法废除以后,反谷物法同盟宣布解散,实际上同盟的一些分支一直存在到 1849 年。——104、217。

[79] 按照施蒂纳的看法,“联盟”是利己主义者的自愿联合(见《马克思恩格斯全集》第 3 卷第 452—501 页)。——106。

[80] 马克思和恩格斯后来研究了农民反抗封建制度的斗争历史,探讨了 1848—1849 年农民的革命活动,改变了他们对中世纪农民起义的评价。恩格斯在 1850 年写的《德国农民战争》(见《马克思恩格斯全集》第 7 卷第 383—483 页)一书中阐明了农民起义的性质及其在推翻封建制度的基础方面所起的作用。——106。

[81] 马克思加了边注:“小资产者——中间等级——大资产阶级”。——编者注

[82] 航海条例是为了保护英国海运,对付外国竞争而制定的一系列法令。条例规定,进口货物只能用英国船只或货物出产国的船只;英国沿海的航行以及与殖民地的贸易只限于英国船只。第一个,也是最著名的航海条例,是 1651 年克伦威尔为对付荷兰的转口贸易和巩固英国的殖民统治而颁布的。航海条例在 19 世纪 20 年代已受到很大限制,1849 年只保留了有关沿海贸易部分,1854 年被全部废除。——111。

[83] 约·艾金《曼彻斯特市外三十至四十英里范围内的郊区记述》1795 年伦敦版。——编者注

[84] 引自《关于商业竞争的通讯》,见伊·平托《关于流通和信用的论文》1771 年阿姆斯特丹版第 234、283 页。——编者注

[85] 亚·斯密《国民财富的性质和原因的研究》1776 年伦敦版。——编者注

[86] 手稿破损。——编者注

[87] 麦·施蒂纳《唯一者及其所有物》。——编者注

[88] 马克思加了边注："在哲学家们看来，阶级是**预先存在**的"。——编者注

[89] 马克思加了边注："它首先吞并直接隶属于国家的那些劳动部门，接着又吞并了一切士[或多或少的]思想等级"。——编者注

[90] "消灭劳动"(Aufhebung der Arbeit)这种说法的含义，见本卷第90—91、120—121、127—131页。——编者注

[91] 恩格斯加了边注："(费尔巴哈：存在和本质)"。

费尔巴哈关于存在和本质的论点，参看本卷第97—98页。——编者注

[92] 手稿中删去以下这句话："在每一个历史时代获得解放的个人只是进一步发展自己已有的、对他们来说是既有的生存条件"。——编者注

[93] 让·雅·卢梭《社会契约论，或政治权利的原则》1762年阿姆斯特丹版。——编者注

[94] 麦·施蒂纳《施蒂纳的评论者》一文中的议论；并见麦·施蒂纳《唯一者及其所有物》1845年莱比锡版第443页。——编者注

[95] 马克思加了边注："交往形式本身的生产"。——编者注

[96] 英格兰于1066年被诺曼底公爵征服者威廉征服。

西西里王国是在1130年宣告成立的，它包括西西里和以那不勒斯为中心的南意大利。西西里王国的建国方针是由诺曼征服者的首领罗伯特·基斯卡德于11世纪下半叶制定的。——125。

[97] 安·埃·舍尔比利埃《富或贫》1840年巴黎—日内瓦版。——编者注

[98] 恩格斯加了边注："西斯蒙第"。——编者注

[99] 马克思加了边注："自我异化"。——编者注

[100] "市民社会"的原文是"bürgerliche Gesellschaft"，这个术语也有"资产阶级社会"的意思。——编者注

[101] 原文是idealistische，本意是唯心主义的。这里应指观念的、意识形态的。——编者注

[102] 恩格斯加了边注："(放高利贷！)"。——编者注

[103] 意大利的城市阿马尔菲是10—11世纪的繁荣商业中心。在中世纪，阿马尔菲市海商法在整个意大利都有效，而且在地中海沿岸各国也被广泛采用。——133。

[104] 马克思加了边注："**在哲学家们看来关系＝观念**。他们只知道'**一般人**'对自身的关系，因此，在他们看来，一切现实的关系都成了观念"。——编者注

[105] 马克思加了边注："同表现为古典古代国家、封建制度、君主专制的'共同体'[Gemeinwesen]相适应的，同这种联系相适应的，尤其是宗教观念"。——编者注

《德意志意识形态》(节选)导读

一、时代背景及其意义

《德意志意识形态》(简称《形态》)是马克思和恩格斯在继《神圣家族》之后的第二部合作著作,写于 1845 年 9 月到 1846 年 5 月。他们写作这部论著有如下四个方面的原因:1.《形态》的写作是为了清算他们以前的哲学信仰。马克思在《〈政治经济学批判〉序言》中说,当 1845 年春,马克思和恩格斯在布鲁塞尔再次会面时,"决定共同阐明我们的见解与德国哲学的意识形态的见解的对立,实际上是把我们从前的哲学信仰清算一下。这个心愿是以批判黑格尔以后的哲学的形式来清算的。"①恩格斯在《关于共产主义同盟的历史》和《路德维希·费尔巴哈和德国古典哲学的终结》等著作中,也以同样的看法叙述了这一著作形成的历史背景。2.《形态》的写作是为了揭露当时德国各种意识形态观点的实质,系统地制定和阐发了唯物史观,以指导当时的工人运动。恩格斯在《关于共产主义同盟的历史》中说:我们有必要科学地论证我们的见解,但同时使欧洲无产阶级,首先使德国无产阶级确信我们见解的正确性。3. 当时德国思想界关于"现实的人道主义"的争论促使马克思和恩格斯重新认识费尔巴哈,这种认识的结果是:费尔巴哈的人道主义代表了市民社会的要求,不可能成为科学社会主义的哲学基础;应该从经济关系及其发展中来解释政治及其历史,而不是相反。4. 从理论上说,《形态》中的基本思想是《关于费尔巴哈的提纲》阐述的新世界观原理,即实践的唯物主义的进一步阐发。

---

① 《马克思恩格斯选集》第 2 卷,人民出版社 1995 年版,第 34 页。

《形态》系统地阐明了唯物史观的基本观点，同当时存在的各种各样的社会思潮，包括费尔巴哈在内的一切旧唯物主义划清了界限，标志着马克思主义哲学的形成，实现了哲学史上的革命变革。《形态》创立的科学的世界观和方法论，一方面，对于我们澄清对马克思主义各种各样的曲解有重要意义；另一方面，为我们科学地分析和正确地把握当今全球化进程以及中国社会发展的方向，提供科学的世界观和方法论武器。这部著作是马克思主义发展史中的经典文献，关于实践的唯物主义，全球化与世界历史性，市民社会与交往实践等问题都是当代人们研究的热点问题。

二、内容简介

“第一章　费尔巴哈”的中心是论述历史唯物论的基本原理。共47段，分六个问题。由于手稿有散失，唯物史观原理的论述各段落之间有交叉，这里只是大致地划分段落内容。

（一）唯物史观的前提（第1—5段）

1. 唯物史观的前提。马克思、恩格斯认为，历史观的前提是“一些现实的个人，是他们的活动和他们的物质生活条件，包括他们已有的和由他们自己的活动创造出来的物质生活条件。”现实的个人与他们的活动和他们的物质生活条件是相互制约的统一整体。他们通过考察现实个人的活动和物质生活条件，提出历史发展的四个因素，即物质生活资料的生产、满足新的需要的生产、人类自身的生产和再生产、社会关系的生产和再生产（第26—29段），并以此论证了人类社会的存在和发展。

2. 确立唯物史观前提的方法。他们认为，考察人不仅要考察有生命的个人的存在以及生存的自然条件，更重要的是从人们生产物质生活资料的活动中考察人的生存与发展。“个人是什么样的，这取决于他们进行生产的物质条件。”就是说从生产物质生活资料的活动出发来考察人类社会的发展，考察现实的个人。这种考察方法既不同于黑格尔唯心主义的抽象思辨的方法，也有别于费尔巴哈的抽象的人本学的方法，而是通过经验可以观察到的。

(二)生产力与交往形式(生产关系)的辩证关系(第6—15段)

马克思、恩格斯“从直接生活的物质生产出发阐述现实的生产过程”,第一次科学地揭示了生产力和生产关系的矛盾运动和辩证关系。

1. 生产力和生产关系的概念。他们指出,人类的物质资料生产表现为双重关系:一方面是人与自然的关系,即人们共同活动方式本身就是生产力;另一方面是社会关系,是指许多个人的共同活动,强调人们在生产中形成的交往关系(第29段)。

2. 生产力和生产关系的辩证运动。一方面生产力决定生产关系。他们强调生产力的发展引起分工的发展,分工发展的各个不同阶段,同时也就是所有制的不同形式。而私有财产是生产力发展到一定阶段上必然的交往形式。历史上的不同所有制形式都是由生产力发展的不同水平决定的,并阐述了历史上四种所有制的特点。另一方面,生产关系反作用于生产力。当交往形式适合生产力时就促进生产力的发展,反之,就阻碍生产力的发展,当二者的矛盾达到尖锐化时就会爆发社会革命,借以建立新的适应生产力发展的生产关系。这样就形成交往形式联系的序列。共产主义就是生产力和生产关系矛盾运动的过程和结果(第46段)。

(三)不是意识决定生活,而是生活决定意识(第16—30段)

1. 意识的产生、发展、本质。他们从意识的产生、发展、本质论证了社会存在决定社会意识的原理,批判唯心主义从精神出发解释现实的观点。

他们认为,思想、观念、意识的产生最初是直接与人的物质活动、物质交往、现实生活的语言交织在一起的,即由于社会的需要才产生的,因而,“意识一开始就是社会的产物,而且只要人们存在着,它就仍然是这种产物”。伴随着人们物质活动的变化,特别是脑力劳动和体力劳动之间的对立的发展,社会意识获得了相对的独立性,并在社会生活中占有特殊的地位,“从这时候起,意识才能摆脱世界而去构造‘纯粹的’理论”(第30段)。意识在任何时候都只能是被意识到了的存在,而人们的存在就是他们的现实生活过程。意识必然随着社会存在的变化而变化。并强调在全部意识形态中,即使人们和他们的关系就像在照相机中一样是倒立呈现的,也是从人们生活的历史过程中产生的。这就明确论证了社会意识的本质是对社会存在的反映。意识不仅反映世界,还要能动地改变世界。“对实践的唯物主义者即共产主义者来说,全部问题都在于使现存世界革命化,实际地反对并改变现存的事物。”这就批判了德国哲学的唯心主义性质,特别是黑格尔哲学和费尔巴哈哲学的局限。

2. 揭露了唯心主义精神统治的根源。马克思、恩格斯认为,唯心主义产生的社会根源和认识根源是统治阶级把他们的思想与他们的统治以及他们的社会存在割裂开来,使意识具有独立性的外观(第 52 段)。

(四)分工理论(第 31—39 段)

马克思、恩格斯是联系生产力和生产关系的状况论述分工的。

1. 分工的产生及其历史发展。马克思、恩格斯认为,分工和私有制是两个同义语,讲的是同一件事情,一个是就活动而言,另一个是就活动的产品而言。

2. 分工的社会性质及产生的结果。分工产生了劳动及其产品的不平等分配。“分工不仅使精神活动和物质活动、享受和劳动、生产和消费由不同的个人来分担这种情况成为可能,而且成为现实”。分工产生了单个人的利益或单个家庭的利益与所有互相交往的个人的共同利益之间的矛盾。“正是由于特殊利益和共同利益之间的这种矛盾,共同利益才采取国家这种与实际的单个利益和全体利益相脱离的独立形式”。当分工还是自发的时候,产生某种异己的、在人们之外而不能被人们驾驭的强制力量。

3. 分工的消灭。旧的分工的消灭、异化的消灭,同私有财产的消灭和阶级的消灭相互联系,它们都以生产力的巨大增长和高度发展为前提。所以,生产力的发展以及共产主义的实现是相互联系的同一过程。

4. 分工与世界交往和世界历史性的联系。社会主义的产生必须以生产力的普遍发展和与此有关的世界交往的普遍发展为前提。所以,共产主义一般只能作为“世界历史性的”事业而产生、存在和发展。

(五)经济基础(市民社会)和上层建筑的关系(第 40—47 段)

1. 市民社会和上层建筑的含义。他们认为,市民社会是在一定阶段上受生产力制约同时又制约生产力的交往形式,它包括个人在生产力发展的一定阶段上的一切物质交往,即一切物质活动和物质关系,是全部历史的真正发源地和舞台。上层建筑,指的是由市民社会决定的整个社会的政治结构和观念形态的总和。

2. 经济基础和上层建筑的辩证关系。他们强调,市民社会“在一切时代都构成国家的基础以及任何其他的观念的上层建筑的基础”。同时,他们还考察了法律的实质,认为法律由国家颁布执行,“由此便产生了一种错觉,好像法律是以意志为基础的,而且是以脱离其现实基础的意志即自由意志为基础的”。同时,他们也肯定上层建筑对经济基础具有反作用,资产阶级国家“不外是资产者为了在国内外相互保障各自的财产和利益所必然要采取的一种组织形式”。

3. 他们论述了生产力和生产关系、经济基础和上层建筑的矛盾运动推动人类社会由低级向高级不断发展的过程。

(六)《德意志意识形态》第一章在马克思主义哲学发展史上的地位

《形态》和《关于费尔巴哈的提纲》一起构成唯物史观形成的标志。

1. 马克思、恩格斯分别在《〈政治经济学批判〉序言》和《关于共产主义者同盟的历史》等著作中,明确肯定《提纲》是包含新世界观天才萌芽的第一个文件,《德意志意识形态》则是“详细制定这种观点”即唯物史观基本原理的著作。

2. 系统地制定了唯物史观的原理。唯物史观的确立,不是指个别观点和个别原理的出现,而是指区别于一切旧哲学的基本范畴、基本原则的确立,以及在此基础上各种原理的系统阐发。

3. 马克思主义哲学的创立是哲学上的革命变革。他们已经批判和超越了黑格尔和青年黑格尔派的思想,也批判和超越了费尔巴哈的抽象的人本史观,并形成自己新哲学的基本观点。

思考题:

1. 马克思、恩格斯是如何论述生产力和交往形式的关系的?

2. 马克思、恩格斯是如何论述社会存在和社会意识的关系的?

3. 马克思、恩格斯是如何论述社会分工的原理的？

4. 马克思、恩格斯是如何论述经济基础和上层建筑关系的？

5.《德意志意识形态》第一章在马克思主义哲学发展史上有何重大意义？

（吕世荣　河南大学）

马克思和恩格斯

共 产 党 宣 言*（节选）

一个幽灵，共产主义的幽灵，在欧洲游荡。为了对这个幽灵进行神圣的围剿，旧欧洲的一切势力，教皇和沙皇、梅特涅和基佐、法国的激进派和德国的警察，都联合起来了。

有哪一个反对党不被它的当政的敌人骂为共产党呢？又有哪一个反对党不拿共产主义这个罪名去回敬更进步的反对党人和自己的反动敌人呢？

从这一事实中可以得出两个结论：

共产主义已经被欧洲的一切势力公认为一种势力；

现在是共产党人向全世界公开说明自己的观点、自己的目的、自己的意图并且拿党自己的宣言来反驳关于共产主义幽灵的神话的时候了。

为了这个目的，各国共产党人集会于伦敦，拟定了如下的宣言，用英文、法文、德文、意大利文、弗拉芒文和丹麦文公布于世。

---

* 《共产党宣言》是科学共产主义的最伟大的纲领性文件。列宁说："这部著作以天才的透彻而鲜明的语言描述了新的世界观，即把社会生活领域也包括在内的彻底的唯物主义、作为最全面最深刻的发展学说的辩证法、以及关于阶级斗争和共产主义新社会创造者无产阶级肩负的世界历史性的革命使命的理论。"（《列宁全集》中文第2版第26卷第50页）

《宣言》是马克思和恩格斯为共产主义者同盟（见注111）起草的纲领。1847年11月，共产主义者同盟第二次代表大会在伦敦召开，马克思和恩格斯在大会上阐述了科学共产主义的观点。大会经过辩论，接受了他们的观点，并委托他们为同盟起草一个准备公布的纲领。马克思和恩格斯从1847年12月至1848年1月底用德文写成了《共产党宣言》。

1848年2月底在伦敦出版了《共产党宣言》第一个德文单行本，共23页。《宣言》还被译成多种欧洲文字。在1848年的各种版本中作者没有署名。1850年英国宪章派机关刊物《红色共和党人》杂志（见注113）登载《宣言》的第一个英译文时，杂志编辑乔·哈尼在序言中第一次指出了作者的名字。

一、资产者和无产者[1]

至今一切社会的历史[2]都是阶级斗争的历史。

自由民和奴隶、贵族和平民、领主和农奴、行会师傅[3]和帮工，一句话，压迫者和被压迫者，始终处于相互对立的地位，进行不断的、有时隐蔽有时公开的斗争，而每一次斗争的结局都是整个社会受到革命改造或者斗争的各阶级同归于尽。

在过去的各个历史时代，我们几乎到处都可以看到社会完全划分为各个不同的等级，看到社会地位分成多种多样的层次。在古罗马，有贵族、骑士、平民、奴隶，在中世纪，有封建主、臣仆、行会师傅、帮工、农奴，而且几乎在每一个阶级内部又有一些特殊的阶层。

从封建社会的灭亡中产生出来的现代资产阶级社会并没有消灭阶级对立。它只是用新的阶级、新的压迫条件、新的斗争形式代替了旧的。

但是，我们的时代，资产阶级时代，却有一个特点：它使阶级对立简单化了。整个社会日益分裂为两大敌对的阵营，分裂为两大相互直接对立的阶级：资产阶级和无产阶级。

从中世纪的农奴中产生了初期城市的城关市民；从这个市民等级中发展出最初的资产阶级分子。

美洲的发现、绕过非洲的航行，给新兴的资产阶级开辟了新天地。东印度和中国的市场、美洲的殖民化、对殖民地的贸易、交换手段和一般商品的增加，使商业、航海业和工业空前高涨，因而使正在崩溃的封建社会内部的革命因素迅速发展。

以前那种封建的或行会的工业经营方式已经不能满足随着新市场的出现而增加的需求了。工场手工业代替了这种经营方式。行会师傅被工业的中间等级排挤掉了；各种行业组织之间的分工随着各个作坊内部的分工的出现而消失了。

但是，市场总是在扩大，需求总是在增加。甚至工场手工业也不再能满足需要了。于是，蒸汽和机器引起了工业生产的革命。现代大工业代替了工场手工业；工业中的百万富翁，一支一支产业大军的首领，现代资产者，代替了工业的中间等级。

大工业建立了由美洲的发现所准备好的世界市场。世界市场使商业、航海业和陆路交通得到了巨大的发展。这种发展又反过来促进了工业的扩展，同时，随着工业、商业、航海业和铁路的扩展，资产阶级也在同一程度上得到发展，增加自己的资本，把中世纪遗留下来的一切阶级排挤到后面去。

由此可见，现代资产阶级本身是一个长期发展过程的产物，是生产方式和交换方式的一系列变革的产物。

资产阶级的这种发展的每一个阶段，都伴随着相应的政治上的进展[4]。它在封建主统治下是被压迫的等级，在公社[5]里是武装的和自治的团体，在一些地方组成独立的城市共和国[6]，在另一些地方组成君主国中的纳税的第三等级[7]；后来，在工场手工业时期，它是等级君主国[8]或专制君主国中同贵族抗衡的势力，而且是大君主国的主要基础；最后，从大工业和世界市场建立的时候起，它在现代的代议制国家里夺得了独占的政治统治。现代的国家政权不过是管理整个资产阶级的共同事务的委员会罢了。

资产阶级在历史上曾经起过非常革命的作用。

资产阶级在它已经取得了统治的地方把一切封建的、宗法的和田园诗般的关系都破坏了。它无情地斩断了把人们束缚于天然尊长的形形色色的封建羁绊，它使人和人之间除了赤裸裸的利害关系，除了冷酷无情的"现金交易"，就再也没有任何别的联系了。它把宗教虔诚、骑士热忱、小市民伤感这些情感的神圣发作，淹没在利己主义打算的冰水之中。它把人的尊严变成了交换价值，用**一种**没有良心的贸易自由代替了无数特许的和自力挣得的自由。总而言之，它用公开的、无耻的、直接的、露骨的剥削代替了由宗教幻想和政治幻想掩盖着的剥削。

资产阶级抹去了一切向来受人尊崇和令人敬畏的职业的神圣光环。它把医生、律师、教士、诗人和学者变成了它出钱招雇的雇佣劳动者。

资产阶级撕下了罩在家庭关系上的温情脉脉的面纱，把这种关系变成了纯粹的金钱关系。

资产阶级揭示了，在中世纪深受反动派称许的那种人力的野蛮使用，是以极端怠惰作为相应补充的。它第一个证明了，人的活动能够取得什么样的成就。它创造了完全不同于埃及金字塔、罗马水道和哥特式教堂的奇迹;它完成了完全不同于民族大迁徙[9]和十字军征讨[10]的远征。

资产阶级除非对生产工具,从而对生产关系,从而对全部社会关系不断地进行革命,否则就不能生存下去。反之,原封不动地保持旧的生产方式,却是过去的一切工业阶级生存的首要条件。生产的不断变革,一切社会状况不停的动荡,永远的不安定和变动,这就是资产阶级时代不同于过去一切时代的地方。一切固定的僵化的关系以及与之相适应的素被尊崇的观念和见解都被消除了,一切新形成的关系等不到固定下来就陈旧了。一切等级的和固定的东西都烟消云散了,一切神圣的东西都被亵渎了。人们终于不得不用冷静的眼光来看他们的生活地位、他们的相互关系。

不断扩大产品销路的需要,驱使资产阶级奔走于全球各地。它必须到处落户,到处开发,到处建立联系。

资产阶级,由于开拓了世界市场,使一切国家的生产和消费都成为世界性的了。使反动派大为惋惜的是,资产阶级挖掉了工业脚下的民族基础。古老的民族工业被消灭了,并且每天都还在被消灭。它们被新的工业排挤掉了,新的工业的建立已经成为一切文明民族的生命攸关的问题;这些工业所加工的,已经不是本地的原料,而是来自极其遥远的地区的原料;它们的产品不仅供本国消费,而且同时供世界各地消费。旧的、靠本国产品来满足的需要,被新的、要靠极其遥远的国家和地带的产品来满足的需要所代替了。过去那种地方的和民族的自给自足和闭关自守状态,被各民族的各方面的互相往来和各方面的互相依赖所代替了。物质的生产是如此,精神的生产也是如此。各民族的精神产品成了公共的财产。民族的片面性和局限性日益成为不可能,于是由许多种民族的和地方的文学形成了一种世界的文学[11]。

资产阶级,由于一切生产工具的迅速改进,由于交通的极其便利,把一切民族甚至最野蛮的民族都卷到文明中来了。它的商品的低廉价格,是它用来摧毁一切万里长城、征服野蛮人最顽强的仇外心理的重炮。它迫使一切民族——如果它们不想灭亡的话——采用资产阶级的生产方式;它迫使它们在自己那里推行所谓的文明,即变成资产者。一句话,它按照自己的面貌为自己创造出一个世界。

资产阶级使农村屈服于城市的统治。它创立了巨大的城市,使城市人口比农村人口大大增加起来，因而使很大一部分居民脱离了农村生活的愚昧状态。正像它使农村从属于城市一样，它使未开化和半开化的国家从属于文明的国家，使农民的民族从属于资产阶级的民族，使东方从属于西方。

资产阶级日甚一日地消灭生产资料、财产和人口的分散状态。它使人口密集起来，使生产资料集中起来，使财产聚集在少数人的手里。由此必然产生的结果就是政治的集中。各自独立的、几乎只有同盟关系的、各有不同利益、不同法律、不同政府、不同关税的各个地区，现在已经结合为一个拥有**统一的**政府、**统一的**法律、**统一的**民族阶级利益和**统一的**关税的**统一的**民族。

资产阶级在它的不到一百年的阶级统治中所创造的生产力，比过去一切世代创造的全部生产力还要多，还要大。自然力的征服，机器的采用，化学在工业和农业中的应用，轮船的行驶，铁路的通行，电报的使用，整个整个大陆的开垦，河川的通航，仿佛用法术从地下呼唤出来的大量人口，——过去哪一个世纪料想到在社会劳动里蕴藏有这样的生产力呢?

由此可见，资产阶级赖以形成的生产资料和交换手段，是在封建社会里造成的。在这些生产资料和交换手段发展的一定阶段上，封建社会的生产和交换在其中进行的关系，封建的农业和工场手工业组织，一句话，封建的所有制关系，就不再适应已经发展的生产力了。这种关系已经在阻碍生产而不是促进生产了。它变成了束缚生产的桎梏。它必须被炸毁，它已经被炸毁了。

起而代之的是自由竞争以及与自由竞争相适应的社会制度和政治制度、资产阶级的经济统治和政治统治。

现在，我们眼前又进行着类似的运动。资产阶级的生产关系和交换关系，资产阶级的所有制关系，这个曾经仿佛用法术创造了如此庞大的生产资料和交换手段的现代资产阶级社会，现在像一个魔法师一样不能再支配自己用法术呼唤出来的魔鬼了。几十年来的工业和商业的历史，只不过是现代生产力反抗现代生产关系、反抗作为资产阶级及其统治的存在条件的所有制关系的历史。只要指出在周期性的重复中越来越危及整个资产阶级社会生存的商业危机就够了。在商业危机期间，总是不仅有很大一部分制成的产品被毁灭掉，而且有很大一部分已经造成的生产力被毁灭掉。在危机期间，发生一种在过去一切时代看来都好像是荒唐现象的社会瘟疫，即生产过剩的瘟疫。社会突然发现自己回到了一时的野蛮状态；仿佛是一次饥荒、一场普遍的毁灭性战争，使社会失去了全部生活资料；仿佛是工业和商业全被毁灭了，——这是什么缘故呢？因为社会上文明过度，生活资料太多，工业和商业太发达。社会所拥有的生产力已经不能再促进资产阶级文明和资产阶级所有制关系的发展；相反，生产力已经强大到这种关系所不能适应的地步，它已经受到这种关系的阻碍；而它一着手克服这种障碍，就使整个资产阶级社会陷入混乱，就使资产阶级所有制的存在受到威胁。资产阶级的关系已经太狭窄了，再容纳不了它本身所造成的财富了。——资产阶级用什么办法来克服这种危机呢？一方面不得不消灭大量生产力，另一方面夺取新的市场，更加彻底地利用旧的市场。这究竟是怎样的一种办法呢？这不过是资产阶级准备更全面更猛烈的危机的办法，不过是使防止危机的手段越来越少的办法。

资产阶级用来推翻封建制度的武器，现在却对准资产阶级自己了。

但是，资产阶级不仅锻造了置自身于死地的武器；它还产生了将要运用这种武器的人——现代的工人，即**无产者**。

随着资产阶级即资本的发展，无产阶级即现代工人阶级也在同一程度上得到发展；现代的工人只有当他们找到工作的时候才能生存，而且只有当他们的劳动增殖资本的时候才能找到工作。这些不得不把自己零星出卖的工人，像其他任何货物一样，也是一种商品，所以他们同样地受到竞争的一切变化、市场的一切波动的影响。

由于推广机器和分工，无产者的劳动已经失去了任何独立的性质，因而对工人也失去了任何吸引力。工人变成了机器的单纯的附属品，要求他做的只是极其简单、极其单调和极容易学会的操作。因此，花在工人身上的费用，几乎只限于维持工人生活和延续工人后代所必需的生活资料。但是，商品的价格，从而劳动的价格[12]，是同它的生产费用相等的。因此，劳动越使人感到厌恶，工资也就越减少。不仅如此，机器越推广，分工越细致，劳动量[13]也就越增加，这或者是由于工作时间的延长，或者是由于在一定时间内所要求的劳动的增加，机器运转的加速，等等。

现代工业已经把家长式的师傅的小作坊变成了工业资本家的大工厂。挤在工厂里的工人群众就像士兵一样被组织起来。他们是产业军的普通士兵，受着各级军士和军官的层层监视。他们不仅仅是资产阶级的、资产阶级国家的奴隶，他们每日每时都受机器、受监工、首先是受各个经营工厂的资产者本人的奴役。这种专制制度越是公开地把营利宣布为自己的最终目的,它就越是可鄙、可恨和可恶。

手的操作所要求的技巧和气力越少,换句话说,现代工业越发达,男工也就越受到女工和童工的排挤。对工人阶级来说,性别和年龄的差别再没有什么社会意义了。他们都只是劳动工具,不过因为年龄和性别的不同而需要不同的费用罢了。

当厂主对工人的剥削告一段落,工人领到了用现钱支付的工资的时候,马上就有资产阶级中的另一部分人——房东、小店主、当铺老板等等向他们扑来。

以前的中间等级的下层,即小工业家、小商人和小食利者,手工业者和农民——所有这些阶级都降落到无产阶级的队伍里来了,有的是因为他们的小资本不足以经营大工业,经不起较大的资本家的竞争;有的是因为他们的手艺已经被新的生产方法弄得不值钱了。无产阶级就是这样从居民的所有阶级中得到补充的。

无产阶级经历了各个不同的发展阶段。它反对资产阶级的斗争是和它的存在同时开始的。

最初是单个的工人,然后是某一工厂的工人,然后是某一地方的某一劳动部门的工人,同直接剥削他们的单个资产者作斗争。他们不仅仅攻击资产阶级的生产关系,而且攻击生产工具本身[14];他们毁坏那些来竞争的外国商品,捣毁机器,烧毁工厂,力图恢复已经失去的中世纪工人的地位。

在这个阶段上,工人是分散在全国各地并为竞争所分裂的群众。工人的大规模集结,还不是他们自己联合的结果,而是资产阶级联合的结果,当时资产阶级为了达到自己的政治目的必须而且暂时还能够把整个无产阶级发动起来。因此,在这个阶段上,无产者不是同自己的敌人作斗争,而是同自己的敌人的敌人作斗争,即同专制君主制的残余、地主、非工业资产者和小资产者作斗争。因此,整个历史运动都集中在资产阶级手里;在这种条件下取得的每一个胜利都是资产阶级的胜利。

但是,随着工业的发展,无产阶级不仅人数增加了,而且它结合成更大的集体,它的力量日益增长,它越来越感觉到自己的力量。机器使劳动的差别越来越小,使工资几乎到处都降到同样低的水平,因而无产阶级内部的利益、生活状况也越来越趋于一致。资产者彼此间日益加剧的竞争以及由此引起的商业危机,使工人的工资越来越不稳定;机器的日益迅速的和继续不断的改良,使工人的整个生活地位越来越没有保障;单个工人和单个资产者之间的冲突越来越具有两个阶级的冲突的性质。工人开始成立反对资产者的同盟[15];他们联合起来保卫自己的工资。他们甚至建立了经常性的团体,以便为可能发生的反抗准备食品。有些地方,斗争爆发为起义。

工人有时也得到胜利,但这种胜利只是暂时的。他们斗争的真正成果并不是直接取得的成功,而是工人的越来越扩大的联合。这种联合由于大工业所造成的日益发达的交通工具而得到发展,这种交通工具把各地的工人彼此联系起来。只要有了这种联系,就能把许多性质相同的地方性的斗争汇合成全国性的斗争,汇合成阶级斗争。而一切阶级斗争都是政治斗争。中世纪的市民靠乡间小道需要几百年才能达到的联合,现代的无产者利用铁路只要几年就可以达到了。

无产者组织成为阶级,从而组织成为政党这件事,不断地由于工人的自相竞争而受到破坏。但是,这种组织总是重新产生,并且一次比一次更强大,更坚固,更有力。它利用资产阶级内部的分裂,迫使他们用法律形式承认工人的个别利益。英国的十小时工作日法案[16]就是一个例子。

旧社会内部的所有冲突在许多方面都促进了无产阶级的发展。资产阶级处于不断的斗争中:最初反对贵族;后来反对同工业进步有利害冲突的那部分资产阶级;经常反对一切外国的资产阶级。在这一切斗争中,资产阶级都不得不向无产阶级呼吁,要求无产阶级援助,这样就把无产阶级卷进了政治运动。于是,资产阶级自己就把自己的教育因素[17]即反对自身的武器给予了无产阶级。

其次,我们已经看到,工业的进步把统治阶级的整批成员抛到无产阶级队伍里去,或者至少也使他们的生活条件受到威胁。他们也给无产阶级带来了大量的教育因素[18]。

最后,在阶级斗争接近决战的时期,统治阶级内部的、整个旧社会内部的瓦解过程,就达到非常强烈、非常尖锐的程度,甚至使得统治阶级中的一小部分人脱离统治阶级而归附于革命的阶级,即掌握着未来的阶级。所以,正像过去贵族中有一部分人转到资产阶级方面一样,现在资产阶级中也有一部分人，特别是已经提高到从理论上认识整个历史运动这一水平的一部分资产阶级思想家，转到无产阶级方面来了。

在当前同资产阶级对立的一切阶级中，只有无产阶级是真正革命的阶级。其余的阶级都随着大工业的发展而日趋没落和灭亡，无产阶级却是大工业本身的产物。

中间等级，即小工业家、小商人、手工业者、农民，他们同资产阶级作斗争，都是为了维护他们这种中间等级的生存，以免于灭亡。所以，他们不是革命的，而是保守的。不仅如此，他们甚至是反动的，因为他们力图使历史的车轮倒转。如果说他们是革命的，那是鉴于他们行将转入无产阶级的队伍，这样，他们就不是维护他们目前的利益，而是维护他们将来的利益，他们就离开自己原来的立场，而站到无产阶级的立场上来。

流氓无产阶级是旧社会最下层中消极的腐化的部分，他们在一些地方也被无产阶级革命卷到运动里来，但是，由于他们的整个生活状况，他们更甘心于被人收买，去干反动的勾当。

在无产阶级的生活条件中，旧社会的生活条件已经被消灭了。无产者是没有财产的；他们和妻子儿女的关系同资产阶级的家庭关系再没有任何共同之处了；现代的工业劳动，现代的资本压迫，无论在英国或法国，无论在美国或德国，都是一样的，都使无产者失去了任何民族性。法律、道德、宗教在他们看来全都是资产阶级偏见，隐藏在这些偏见后面的全都是资产阶级利益。

过去一切阶级在争得统治之后，总是使整个社会服从于它们发财致富的条件，企图以此来巩固它们已经获得的生活地位。无产者只有废除自己的现存的占有方式，从而废除全部现存的占有方式，才能取得社会生产力。无产者没有什么自己的东西必须加以保护，他们必须摧毁至今保护和保障私有财产的一切。

过去的一切运动都是少数人的或者为少数人谋利益的运动。无产阶级的运动是绝大多数人的、为绝大多数人谋利益的独立的运动。无产阶级，现今社会的最下层，如果不炸毁构成官方社会的整个上层，就不能抬起头来，挺起胸来。

如果不就内容而就形式来说，无产阶级反对资产阶级的斗争首先是一国范围内的斗争。每一个国家的无产阶级当然首先应该打倒本国的资产阶级。

在叙述无产阶级发展的最一般的阶段的时候,我们循序探讨了现存社会内部或多或少隐蔽着的国内战争,直到这个战争爆发为公开的革命,无产阶级用暴力推翻资产阶级而建立自己的统治。

我们已经看到,至今的一切社会都是建立在压迫阶级和被压迫阶级的对立之上的。但是,为了有可能压迫一个阶级,就必须保证这个阶级至少有能够勉强维持它的奴隶般的生存的条件。农奴曾经在农奴制度下挣扎到公社成员的地位,小资产者曾经在封建专制制度的束缚下挣扎到资产者的地位。现代的工人却相反,他们并不是随着工业的进步而上升,而是越来越降到本阶级的生存条件以下。工人变成赤贫者,贫困比人口和财富增长得还要快。由此可以明显地看出,资产阶级再不能做社会的统治阶级了,再不能把自己阶级的生存条件当作支配一切的规律强加于社会了。资产阶级不能统治下去了,因为它甚至不能保证自己的奴隶维持奴隶的生活,因为它不得不让自己的奴隶落到不能养活它反而要它来养活的地步。社会再不能在它统治下生存下去了,就是说,它的生存不再同社会相容了。

资产阶级生存和统治的根本条件,是财富在私人手里的积累,是资本的形成和增殖;资本的条件是雇佣劳动。雇佣劳动完全是建立在工人的自相竞争之上的。资产阶级无意中造成而又无力抵抗的工业进步,使工人通过结社而达到的革命联合代替了他们由于竞争而造成的分散状态。于是,随着大工业的发展,资产阶级赖以生产和占有产品的基础本身也就从它的脚下被挖掉了。它首先生产的是它自身的掘墓人。资产阶级的灭亡和无产阶级的胜利是同样不可避免的。

二、无产者和共产党人

共产党人同全体无产者的关系是怎样的呢?

共产党人不是同其他工人政党相对立的特殊政党。

他们没有任何同整个无产阶级的利益不同的利益。

他们不提出任何特殊的[19]原则,用以塑造无产阶级的运动。

共产党人同其他无产阶级政党不同的地方只是:一方面,在无产者不同的民族的斗争中,共产党人强调和坚持整个无产阶级共同的不分民族的利益;另一方面,在无产阶级和资产阶级的斗争所经历的各个发展阶段上,共产党人始终代表整个运动的利益。

因此,在实践方面,共产党人是各国工人政党中最坚决的、始终起推动作用的部分[20];在理论方面,他们胜过其余无产阶级群众的地方在于他们了解无产阶级运动的条件、进程和一般结果。

共产党人的最近目的是和其他一切无产阶级政党的最近目的一样的:使无产阶级形成为阶级,推翻资产阶级的统治,由无产阶级夺取政权。

共产党人的理论原理,决不是以这个或那个世界改革家所发明或发现的思想、原则为根据的。

这些原理不过是现存的阶级斗争、我们眼前的历史运动的真实关系的一般表述。废除先前存在的所有制关系,并不是共产主义所独具的特征。

一切所有制关系都经历了经常的历史更替、经常的历史变更。

例如,法国革命废除了封建的所有制,代之以资产阶级的所有制。

共产主义的特征并不是要废除一般的所有制,而是要废除资产阶级的所有制。

但是,现代的资产阶级私有制是建立在阶级对立上面、建立在一些人对另一些人的剥削[21]上面的产品生产和占有的最后而又最完备的表现。

从这个意义上说,共产党人可以把自己的理论概括为一句话:消灭私有制。

有人责备我们共产党人,说我们要消灭个人挣得的、自己劳动得来的财产,要消灭构成个人的一切自由、活动和独立的基础的财产。

好一个劳动得来的、自己挣得的、自己赚来的财产！你们说的是资产阶级财产出现以前的那种小资产阶级的、小农的财产吗？那种财产用不着我们去消灭,工业的发展已经把它消灭了,而且每天都在消灭它。

或者,你们说的是现代的资产阶级的私有财产吧？

但是,难道雇佣劳动,无产者的劳动,会给无产者创造出财产来吗？没有的事。这种劳动所创造的是资本,即剥削雇佣劳动的财产,只有在不断产生出新的雇佣劳动来重新加以剥削的条件下才能增殖的财产。现今的这种财产是在资本和雇佣劳动的对立中运动的。让我们来看看这种对立的两个方面吧。

做一个资本家,这就是说,他在生产中不仅占有一种纯粹个人的地位,而且占有一种社会的地位。资本是集体的产物,它只有通过社会许多成员的共同活动,而且归根到底只有通过社会全体成员的共同活动,才能运动起来。

因此,资本不是一种个人力量,而是一种社会力量。

因此,把资本变为公共的、属于社会全体成员的财产,这并不是把个人财产变为社会财产。这里所改变的只是财产的社会性质。它将失掉它的阶级性质。

现在,我们来看看雇佣劳动。

雇佣劳动的平均价格是最低限度的工资,即工人为维持其工人的生活所必需的生活资料的数额。因此,雇佣工人靠自己的劳动所占有的东西,只够勉强维持他的生命的再生产。我们决不打算消灭这种供直接生命再生产用的劳动产品的个人占有,这种占有并不会留下任何剩余的东西使人们有可能支配别人的劳动。我们要消灭的只是这种占有的可怜的性质,在这种占有下,工人仅仅为增殖资本而活着,只有在统治阶级的利益需要他活着的时候才能活着。

在资产阶级社会里,活的劳动只是增殖已经积累起来的劳动的一种手段。在共产主义社会里,已经积累起来的劳动只是扩大、丰富和提高工人的生活的一种手段。

因此,在资产阶级社会里是过去支配现在,在共产主义社会里是现在支配过去。在资产阶级社会里,资本具有独立性和个性,而活动着的个人却没有独立性和个性。

而资产阶级却把消灭这种关系说成是消灭个性和自由!说对了。的确,正是要消灭资产者的个性、独立性和自由。

在现今的资产阶级生产关系的范围内,所谓自由就是自由贸易,自由买卖。

但是,买卖一消失,自由买卖也就会消失。关于自由买卖的言论,也像我们的资产阶级的其他一切关于自由的大话一样,仅仅对于不自由的买卖来说,对于中世纪被奴役的市民来说,才是有意义的,而对于共产主义要消灭买卖、消灭资产阶级生产关系和资产阶级本身这一点来说,却是毫无意义的。

我们要消灭私有制,你们就惊慌起来。但是,在你们的现存社会里,私有财产对十分之九的成员来说已经被消灭了;这种私有制之所以存在,正是因为私有财产对十分之九的成员来说已经不存在。可见,你们责备我们,是说我们要消灭那种以社会上的绝大多数人没有财产为必要条件的所有制。

总而言之,你们责备我们,是说我们要消灭你们的那种所有制。的确,我们是要这样做的。

从劳动不再能变为资本、货币、地租,一句话,不再能变为可以垄断的社会力量的时候起,就是说,从个人财产不再能变为资产阶级财产[22]的时候起,你们说,个性被消灭了。

由此可见,你们是承认,你们所理解的个性,不外是资产者、资产阶级私有者。这样的个性确实应当被消灭。

共产主义并不剥夺任何人占有社会产品的权力,它只剥夺利用这种占有去奴役他人劳动的权力。

有人反驳说,私有制一消灭,一切活动就会停止,懒惰之风就会兴起。

这样说来,资产阶级社会早就应该因懒惰而灭亡了,因为在这个社会里劳者不获,获者不劳。所有这些顾虑,都可以归结为这样一个同义反复:一旦没有资本,也就不再有雇佣劳动了。

所有这些对共产主义的物质产品的占有方式和生产方式的责备,也被扩及到精神产品的占有和生产方面。正如阶级的所有制的终止在资产者看来是生产本身的终止一样,阶级的教育的终止在他们看来就等于一切教育的终止。

资产者唯恐失去的那种教育,对绝大多数人来说是把人训练成机器。

但是,你们既然用你们资产阶级关于自由、教育、法等等的观念来衡量废除资产阶级所有制的主张,那就请你们不要同我们争论了。你们的观念本身是资产阶级的生产关系和所有制关系的产物,正像你们的法不过是被奉为法律的你们这个阶级的意志一样,而这种意志的内容是由你们这个阶级的物质生活条件来决定的。

你们的利己观念使你们把自己的生产关系和所有制关系从历史的、在生产过程中是暂时的关系变成永恒的自然规律和理性规律,这种利己观念是你们和一切灭亡了的统治阶级所共有的。谈到古代所有制的时候你们所能理解的，谈到封建所有制的时候你们所能理解的，一谈到资产阶级所有制你们就再也不能理解了。

消灭家庭！连极端的激进派也对共产党人的这种可耻的意图表示愤慨。

现代的、资产阶级的家庭是建立在什么基础上的呢？是建立在资本上面，建立在私人发财上面的。这种家庭只是在资产阶级那里才以充分发展的形式存在着，而无产者的被迫独居和公开的卖淫则是它的补充。

资产者的家庭自然会随着它的这种补充的消失而消失，两者都要随着资本的消失而消失。

你们是责备我们要消灭父母对子女的剥削吗？我们承认这种罪状。

但是，你们说，我们用社会教育代替家庭教育，就是要消灭人们最亲密的关系。

而你们的教育不也是由社会决定的吗？不也是由你们进行教育时所处的那种社会关系决定的吗？不也是由社会通过学校等等进行的直接的或间接的干涉决定的吗？共产党人并没有发明社会对教育的作用；他们仅仅是要改变这种作用的性质，要使教育摆脱统治阶级的影响。

无产者的一切家庭联系越是由于大工业的发展而被破坏，他们的子女越是由于这种发展而被变成单纯的商品和劳动工具，资产阶级关于家庭和教育、关于父母和子女的亲密关系的空话就越是令人作呕。

但是，你们共产党人是要实行公妻制的啊，——整个资产阶级异口同声地向我们这样叫喊。

资产者是把自己的妻子看作单纯的生产工具的。他们听说生产工具将要公共使用，自然就不能不想到妇女也会遭到同样的命运。

他们想也没有想到，问题正在于使妇女不再处于单纯生产工具的地位。

其实，我们的资产者装得道貌岸然，对所谓的共产党人的正式公妻制表示惊讶，那是再可笑不过了。公妻制无需共产党人来实行，它差不多是一向就有的。

我们的资产者不以他们的无产者的妻子和女儿受他们支配为满足，正式的卖淫更不必说了，他们还以互相诱奸妻子为最大的享乐。

资产阶级的婚姻实际上是公妻制。人们至多只能责备共产党人，说他们想用正式的、公开的公妻制来代替伪善地掩蔽着的公妻制。其实，不言而喻，随着现在的生产关系的消灭,从这种关系中产生的公妻制,即正式的和非正式的卖淫,也就消失了。

有人还责备共产党人,说他们要取消祖国,取消民族。

工人没有祖国。决不能剥夺他们所没有的东西。因为无产阶级首先必须取得政治统治,上升为民族的阶级[23],把自身组织成为民族,所以它本身还是民族的,虽然完全不是资产阶级所理解的那种意思。

随着资产阶级的发展,随着贸易自由的实现和世界市场的建立,随着工业生产以及与之相适应的生活条件的趋于一致,各国人民之间的民族分隔和对立日益消失。

无产阶级的统治将使它们更快地消失。联合的行动,至少是各文明国家的联合的行动,是无产阶级获得解放的首要条件之一。

人对人的剥削一消灭,民族对民族的剥削就会随之消灭。

民族内部的阶级对立一消失,民族之间的敌对关系就会随之消失。

从宗教的、哲学的和一切意识形态的观点对共产主义提出的种种责难,都不值得详细讨论了。

人们的观念、观点和概念,一句话,人们的意识,随着人们的生活条件、人们的社会关系、人们的社会存在的改变而改变,这难道需要经过深思才能了解吗?

思想的历史除了证明精神生产随着物质生产的改造而改造,还证明了什么呢?任何一个时代的统治思想始终都不过是统治阶级的思想。

当人们谈到使整个社会革命化的思想时,他们只是表明了一个事实:在旧社会内部已经形成了新社会的因素,旧思想的瓦解是同旧生活条件的瓦解步调一致的。

当古代世界走向灭亡的时候,古代的各种宗教就被基督教战胜了。当基督教思想在18世纪被启蒙思想击败的时候,封建社会正在同当时革命的资产阶级进行殊死的斗争。信仰自由和宗教自由的思想,不过表明自由竞争在信仰领域[24]里占统治地位罢了。

"但是",有人会说,"宗教的、道德的、哲学的、政治的、法的观念等等在历史发展的进程中固然是不断改变的,而宗教、道德、哲学、政治和法在这种变化中却始终保存着。

此外，还存在着一切社会状态所共有的永恒真理，如自由、正义等等。但是共产主义要废除永恒真理，它要废除宗教、道德，而不是加以革新，所以共产主义是同至今的全部历史发展相矛盾的。”

这种责难归结为什么呢？至今的一切社会的历史都是在阶级对立中运动的，而这种对立在不同的时代具有不同的形式。

但是，不管阶级对立具有什么样的形式，社会上一部分人对另一部分人的剥削却是过去各个世纪所共有的事实。因此，毫不奇怪，各个世纪的社会意识，尽管形形色色、千差万别，总是在某些共同的形式中运动的，这些形式，这些意识形式，只有当阶级对立完全消失的时候才会完全消失。

共产主义革命就是同传统的所有制关系实行最彻底的决裂；毫不奇怪，它在自己的发展进程中要同传统的观念实行最彻底的决裂。

不过，我们还是把资产阶级对共产主义的种种责难撇开吧。

前面我们已经看到，工人革命的第一步就是使无产阶级上升为统治阶级，争得民主。

无产阶级将利用自己的政治统治，一步一步地夺取资产阶级的全部资本，把一切生产工具集中在国家即组织成为统治阶级的无产阶级手里，并且尽可能快地增加生产力的总量。

要做到这一点，当然首先必须对所有权和资产阶级生产关系实行强制性的干涉，也就是采取这样一些措施，这些措施在经济上似乎是不够充分的和没有力量的，但是在运动进程中它们会越出本身，[25]而且作为变革全部生产方式的手段是必不可少的。

这些措施在不同的国家里当然会是不同的。

但是，最先进的国家几乎都可以采取下面的措施：

1.剥夺地产，把地租用于国家支出。

2.征收高额累进税。

3.废除继承权。

4.没收一切流亡分子和叛乱分子的财产。

5.通过拥有国家资本和独享垄断权的国家银行，把信贷集中在国家手里。

6.把全部运输业集中在国家手里。

7.按照总的计划增加国家工厂和生产工具，开垦荒地和改良土壤。

8.实行普遍劳动义务制，成立产业军，特别是在农业方面。

9.把农业和工业结合起来，促使城乡对立[26]逐步消灭。[27]

10.对所有儿童实行公共的和免费的教育。取消现在这种形式的儿童的工厂劳动。把教育同物质生产结合起来,等等。

当阶级差别在发展进程中已经消失而全部生产集中在联合起来的个人[28]的手里的时候,公共权力就失去政治性质。原来意义上的政治权力,是一个阶级用以压迫另一个阶级的有组织的暴力。如果说无产阶级在反对资产阶级的斗争中一定要联合为阶级,如果说它通过革命使自己成为统治阶级,并以统治阶级的资格用暴力消灭旧的生产关系,那么它在消灭这种生产关系的同时,也就消灭了阶级对立的存在条件,消灭了阶级本身的存在条件[29],从而消灭了它自己这个阶级的统治。

代替那存在着阶级和阶级对立的资产阶级旧社会的,将是这样一个联合体,在那里,每个人的自由发展是一切人的自由发展的条件。

三、社会主义的和共产主义的文献

1.反动的社会主义

(甲)封建的社会主义

法国和英国的贵族,按照他们的历史地位所负的使命,就是写一些抨击现代资产阶级社会的作品。在法国的1830年七月革命[30]和英国的改革运动[31]中,他们再一次被可恨的暴发户打败了。从此就再谈不上严重的政治斗争了。他们还能进行的只是文字斗争。但是,即使在文字方面也不可能重弹复辟时期[32]的老调了。为了激起同情,贵族们不得不装模作样,似乎他们已经不关心自身的利益,只是为了被剥削的工人阶级的利益才去写对资产阶级的控诉书。他们用来泄愤的手段是:唱唱诅咒他们的新统治者的歌,并向他叽叽咕咕地说一些或多或少凶险的预言。

这样就产生了封建的社会主义,半是挽歌,半是谤文,半是过去的回音,半是未来的恫吓;它有时也能用辛辣、俏皮而尖刻的评论刺中资产阶级的心,但是它由于完全不能理解现代历史的进程而总是令人感到可笑。

为了拉拢人民,贵族们把无产阶级的乞食袋当作旗帜来挥舞。但是,每当人民跟着他们走的时候，都发现他们的臀部带有旧的封建纹章，于是就哈哈大笑，一哄而散。

一部分法国正统派[33]和“青年英国”[34]，都演过这出戏。

封建主说，他们的剥削方式和资产阶级的剥削不同，那他们只是忘记了，他们是在完全不同的、目前已经过时的情况和条件下进行剥削的。他们说，在他们的统治下并没有出现过现代的无产阶级，那他们只是忘记了，现代的资产阶级正是他们的社会制度的必然产物。

不过，他们毫不掩饰自己的批评的反动性质，他们控告资产阶级的主要罪状正是在于：在资产阶级的统治下有一个将把整个旧社会制度炸毁的阶级发展起来。

他们责备资产阶级，与其说是因为它产生了无产阶级，不如说是因为它产生了革命的无产阶级。

因此，在政治实践中，他们参与对工人阶级采取的一切暴力措施，在日常生活中，他们违背自己的那一套冠冕堂皇的言词，屈尊拾取金苹果[35]，不顾信义、仁爱和名誉去做羊毛、甜菜和烧酒的买卖[36]。

正如僧侣总是同封建主携手同行一样，僧侣的社会主义也总是同封建的社会主义携手同行的。

要给基督教禁欲主义涂上一层社会主义的色彩，是再容易不过了。基督教不是也激烈反对私有财产，反对婚姻，反对国家吗？它不是提倡用行善和求乞、独身和禁欲、修道和礼拜来代替这一切吗？基督教的社会主义，只不过是僧侣用来使贵族的怨愤神圣化的圣水罢了。

（乙）小资产阶级的社会主义

封建贵族并不是被资产阶级所推翻的、其生活条件在现代资产阶级社会里日益恶化和消失的唯一阶级。中世纪的城关市民和小农等级是现代资产阶级的前身。在工商业不很发达的国家里，这个阶级还在新兴的资产阶级身旁勉强生存着。

在现代文明已经发展的国家里，形成了一个新的小资产阶级，它摇摆于无产阶级和资产阶级之间，并且作为资产阶级社会的补充部分不断地重新组成。但是，这一阶级的成员经常被竞争抛到无产阶级队伍里去，而且，随着大工业的发展，他们甚至觉察到，他们很快就会完全失去他们作为现代社会中一个独立部分的地位,在商业、工业和农业中很快就会被监工和雇员所代替。

在农民阶级远远超过人口半数的国家,例如在法国,那些站在无产阶级方面反对资产阶级的著作家,自然是用小资产阶级和小农的尺度去批判资产阶级制度的,是从小资产阶级的立场出发替工人说话的。这样就形成了小资产阶级的社会主义。西斯蒙第不仅对法国而且对英国来说都是这类著作家的首领。

这种社会主义非常透彻地分析了现代生产关系中的矛盾。它揭穿了经济学家的虚伪的粉饰。它确凿地证明了机器和分工的破坏作用、资本和地产的积聚、生产过剩、危机、小资产者和小农的必然没落、无产阶级的贫困、生产的无政府状态、财富分配的极不平均、各民族之间的毁灭性的工业战争,以及旧风尚、旧家庭关系和旧民族性的解体。

但是,这种社会主义按其实际内容来说,或者是企图恢复旧的生产资料和交换手段,从而恢复旧的所有制关系和旧的社会,或者是企图重新把现代的生产资料和交换手段硬塞到已被它们突破而且必然被突破的旧的所有制关系的框子里去。它在这两种场合都是反动的,同时又是空想的。

工业中的行会制度,农业中的宗法经济,——这就是它的结论。

这一思潮在它以后的发展中变成了一种怯懦的悲叹。[37]

(丙)德国的或"真正的"社会主义

法国的社会主义和共产主义的文献是在居于统治地位的资产阶级的压迫下产生的,并且是同这种统治作斗争的文字表现,这种文献被搬到德国的时候,那里的资产阶级才刚刚开始进行反对封建专制制度的斗争。

德国的哲学家、半哲学家和美文学家,贪婪地抓住了这种文献,不过他们忘记了:在这种著作从法国搬到德国的时候,法国的生活条件却没有同时搬过去。在德国的条件下,法国的文献完全失去了直接实践的意义,而只具有纯粹文献的形式。它必然表现为关于真正的社会、关于实现人的本质的无谓思辨。这样,第一次法国革命的要求,在18世纪的德国哲学家看来,不过是一般"实践理性"的要求,而革命的法国资产阶级的意志的表现,在他们心目中就是纯粹的意志、本来的意志、真正人的意志的规律。

德国著作家的惟一工作,就是把新的法国的思想同他们的旧的哲学信仰调和起来,或者毋宁说,就是从他们的哲学观点出发去掌握法国的思想。

这种掌握，就像掌握外国语一样，是通过翻译的。

大家知道，僧侣们曾经在古代异教经典的手抄本上面写上荒诞的天主教圣徒传。德国著作家对世俗的法国文献采取相反的作法。他们在法国的原著下面写上自己的哲学胡说。例如，他们在法国人对货币关系的批判下面写上“人的本质的外化”，在法国人对资产阶级国家的批判下面写上所谓“抽象普遍物的统治的扬弃”，等等。

这种在法国人的论述下面塞进自己哲学词句的做法，他们称之为“行动的哲学”、“真正的社会主义”、“德国的社会主义科学”、“社会主义的哲学论证”，等等。

法国的社会主义和共产主义的文献就这样被完全阉割了。既然这种文献在德国人手里已不再表现一个阶级反对另一个阶级的斗争，于是德国人就认为：他们克服了“法国人的片面性”，他们不代表真实的要求，而代表真理的要求，不代表无产者的利益，而代表人的本质的利益，即一般人的利益，这种人不属于任何阶级，根本不存在于现实界，而只存在于云雾弥漫的哲学幻想的太空。

这种曾经郑重其事地看待自己那一套拙劣的小学生作业并且大言不惭地加以吹嘘的德国社会主义，现在渐渐失去了它的自炫博学的天真。

德国的特别是普鲁士的资产阶级反对封建主和专制王朝的斗争，一句话，自由主义运动，越来越严重了。

于是，“真正的”社会主义就得到了一个好机会，把社会主义的要求同政治运动对立起来，用诅咒异端邪说的传统办法诅咒自由主义，诅咒代议制国家，诅咒资产阶级的竞争、资产阶级的新闻出版自由、资产阶级的法、资产阶级的自由和平等，并且向人民群众大肆宣扬，说什么在这个资产阶级运动中，人民群众非但一无所得，反而会失去**一切**。德国的社会主义恰好忘记了，法国的批判（德国的社会主义是这种批判的可怜的回声）是以现代的资产阶级社会以及相应的物质生活条件和相当的政治制度为前提的，而这一切前提当时在德国正是尚待争取的。

这种社会主义成了德意志各邦专制政府及其随从——僧侣、教员、容克和官僚求之不得的、吓唬来势汹汹的资产阶级的稻草人。

这种社会主义是这些政府用来镇压德国工人起义的毒辣的皮鞭和枪弹的甜蜜的补充。

既然“真正的”社会主义就这样成了这些政府对付德国资产阶级的武器，

那么它也就直接代表了一种反动的利益,即德国小市民的利益。在德国,16世纪遗留下来的、从那时起经常以不同形式重新出现的小资产阶级,是现存制度的真实的社会基础。

保存这个小资产阶级,就是保存德国的现存制度。这个阶级胆战心惊地从资产阶级的工业统治和政治统治那里等候着无可幸免的灭亡,这一方面是由于资本的积聚,另一方面是由于革命无产阶级的兴起。在它看来,"真正的"社会主义能起一箭双雕的作用。"真正的"社会主义像瘟疫一样流行起来了。

德国的社会主义者给自己的那几条干瘪的"永恒真理"披上一件用思辨的蛛丝织成的、绣满华丽辞藻的花朵和浸透甜情蜜意的甘露的外衣,这件光彩夺目的外衣只是使他们的货物在这些顾客中间增加销路罢了。

同时,德国的社会主义也越来越认识到自己的使命就是充当这种小市民的夸夸其谈的代言人。

它宣布德意志民族是模范的民族,德国小市民是模范的人。它给这些小市民的每一种丑行都加上奥秘的、高尚的、社会主义的意义,使之变成完全相反的东西。它发展到最后,就直接反对共产主义的"野蛮破坏的"倾向,并且宣布自己是不偏不倚地超乎任何阶级斗争之上的。现今在德国流行的一切所谓社会主义和共产主义的著作,除了极少数的例外,都属于这一类卑鄙龌龊的、令人委靡的文献。[38]

2.保守的或资产阶级的社会主义

资产阶级中的一部分人想要消除**社会的弊病**,以便保障资产阶级社会的生存。

这一部分人包括:经济学家、博爱主义者、人道主义者、劳动阶级状况改善派、慈善事业组织者、动物保护协会会员、戒酒协会发起人以及形形色色的小改良家。这种资产阶级的社会主义甚至被制成一些完整的体系。

我们可以举蒲鲁东的《贫困的哲学》作为例子。

社会主义的资产者愿意要现代社会的生存条件,但是不要由这些条件必然产生的斗争和危险。他们愿意要现存的社会,但是不要那些使这个社会革命化和瓦解的因素。他们愿意要资产阶级,但是不要无产阶级。在资产阶级看来，它所统治的世界自然是最美好的世界。资产阶级的社会主义把这种安慰人心的观念制成半套或整套的体系。它要求无产阶级实现它的体系，走进新的耶路撒冷，其实它不过是要求无产阶级停留在现今的社会里，但是要抛弃他们关于这个社会的可恶的观念。

这种社会主义的另一种不够系统、但是比较实际的形式，力图使工人阶级厌弃一切革命运动，硬说能给工人阶级带来好处的并不是这样或那样的政治改革，而仅仅是物质生活条件即经济关系的改变。但是，这种社会主义所理解的物质生活条件的改变，绝对不是只有通过革命的途径才能实现的资产阶级生产关系的废除，而是一些在这种生产关系的基础上实行的行政上的改良，因而丝毫不会改变资本和雇佣劳动的关系，至多只能减少资产阶级的统治费用和简化它的财政管理。

资产阶级的社会主义只有在它变成纯粹的演说辞令的时候，才获得自己的适当的表现。

自由贸易！为了工人阶级的利益；保护关税！为了工人阶级的利益；单身牢房！为了工人阶级的利益。——这才是资产阶级的社会主义唯一认真说出的最后的话。

资产阶级的社会主义就是这样一个论断：资产者之为资产者，是为了工人阶级的利益。

3.批判的空想的社会主义和共产主义

在这里，我们不谈在现代一切大革命中表达过无产阶级要求的文献（巴贝夫等人的著作）。

无产阶级在普遍激动的时代、在推翻封建社会的时期直接实现自己阶级利益的最初尝试，都不可避免地遭到了失败，这是由于当时无产阶级本身还不够发展，由于无产阶级解放的物质条件还没有具备，这些条件只是资产阶级时代的产物。随着这些早期的无产阶级运动而出现的革命文献，就其内容来说必然是反动的。这种文献倡导普遍的禁欲主义和粗陋的平均主义。

本来意义的社会主义和共产主义的体系，圣西门、傅立叶、欧文等人的体系，是在无产阶级和资产阶级之间的斗争还不发展的最初时期出现的。关于这个时期，我们在前面已经叙述过了（见《资产阶级和无产阶级》）。

诚然,这些体系的发明家看到了阶级的对立,以及占统治地位的社会本身中的瓦解因素的作用。但是,他们看不到无产阶级方面的任何历史主动性,看不到它所特有的任何政治运动。

由于阶级对立的发展是同工业的发展步调一致的,所以这些发明家也不可能看到无产阶级解放的物质条件,于是他们就去探求某种社会科学、社会规律,以便创造这些条件。

社会的活动要由他们个人的发明活动来代替,解放的历史条件要由幻想的条件来代替,无产阶级的逐步组织成为阶级要由一种特意设计出来的社会组织来代替。在他们看来,今后的世界历史不过是宣传和实施他们的社会计划。

诚然,他们也意识到,他们的计划主要是代表工人阶级这一受苦最深的阶级的利益。在他们的心目中,无产阶级只是一个受苦最深的阶级。

但是,由于阶级斗争不发展,由于他们本身的生活状况,他们就以为自己是高高超乎这种阶级对立之上的。他们要改善社会一切成员的生活状况,甚至生活最优裕的成员也包括在内。因此,他们总是不加区别地向整个社会呼吁,而且主要是向统治阶级呼吁。他们以为,人们只要理解他们的体系,就会承认这种体系是最美好的社会的最美好的计划。

因此,他们拒绝一切政治行动,特别是一切革命行动;他们想通过和平的途径达到自己的目的,并且企图通过一些小型的、当然不会成功的试验,通过示范的力量来为新的社会福音开辟道路。

这种对未来社会的幻想的描绘,在无产阶级还很不发展、因而对本身的地位的认识还基于幻想的时候,是同无产阶级对社会普遍改造的最初的本能的渴望相适应的。[39]

但是,这些社会主义和共产主义的著作也含有批判的成分。这些著作抨击现存社会的全部基础。因此,它们提供了启发工人觉悟的极为宝贵的材料。它们关于未来社会的积极的主张,例如消灭城乡对立[40],消灭家庭,消灭私人营利,消灭雇佣劳动,提倡社会和谐,把国家变成纯粹的生产管理机构,——所有这些主张都只是表明要消灭阶级对立,而这种阶级对立在当时刚刚开始发展,它们所知道的只是这种对立的早期的、不明显的、不确定的形式。因此,这些主张本身还带有纯粹空想的性质。

批判的空想的社会主义和共产主义的意义,是同历史的发展成反比的。阶级斗争越发展和越具有确定的形式,这种超乎阶级斗争的幻想,这种反对阶级斗争的幻想,就越失去任何实践意义和任何理论根据。所以,虽然这些体系的创始人在许多方面是革命的,但是他们的信徒总是组成一些反动的宗派。这些信徒无视无产阶级的历史进展,还是死守着老师们的旧观点。因此,他们一贯企图削弱阶级斗争,调和对立。他们还总是梦想用试验的办法来实现自己的社会空想,创办单个的法伦斯泰尔,建立国内移民区,创立小伊加利亚[41],即袖珍版的新耶路撒冷,——而为了建造这一切空中楼阁,他们就不得不呼吁资产阶级发善心和慷慨解囊。他们逐渐地堕落到上述反动的或保守的社会主义者的一伙中去了,所不同的只是他们更加系统地卖弄学问,狂热地迷信自己那一套社会科学的奇功异效。

因此,他们激烈地反对工人的一切政治运动,认为这种运动只是由于盲目地不相信新福音才发生的。

在英国,有欧文主义者反对宪章派[42],在法国,有傅立叶主义者反对改革派[43]。

四、共产党人对各种反对党派的态度

看过第二章之后,就可以了解共产党人同已经形成的工人政党的关系,因而也就可以了解他们同英国宪章派和北美土地改革派[44]的关系。

共产党人为工人阶级的最近的目的和利益而斗争,但是他们在当前的运动中同时代表运动的未来。在法国,共产党人同社会主义民主党[45]联合起来反对保守的和激进的资产阶级,但是并不因此放弃对那些从革命的传统中承袭下来的空谈和幻想采取批判态度的权利。

在瑞士,共产党人支持激进派,但是并不忽略这个政党是由互相矛盾的分子组成的,其中一部分是法国式的民主社会主义者,一部分是激进的资产者。

在波兰人中间,共产党人支持那个把土地革命当作民族解放的条件的政党,即发动过 1846 年克拉科夫起义[46]的政党。

在德国,只要资产阶级采取革命的行动,共产党就同它一起去反对专制君主制、封建土地所有制和小市民的反动性。

但是,共产党一分钟也不忽略教育工人尽可能明确地意识到资产阶级和无产阶级的敌对的对立,以便德国工人能够立刻利用资产阶级统治所必然带来的社会的和政治的条件作为反对资产阶级的武器,以便在推翻德国的反动阶级之后立即开始反对资产阶级本身的斗争。

共产党人把自己的主要注意力集中在德国,因为德国正处在资产阶级革命的前夜,因为同17世纪的英国和18世纪的法国相比,德国将在整个欧洲文明更进步的条件下,拥有发展得多的无产阶级去实现这个变革,因而德国的资产阶级革命只能是无产阶级革命的直接序幕。

总之,共产党人到处都支持一切反对现存的社会制度和政治制度的革命运动。

在所有这些运动中,他们都强调所有制问题是运动的基本问题,不管这个问题的发展程度怎样。

最后,共产党人到处都努力争取全世界民主政党之间的团结和协调。

共产党人不屑于隐瞒自己的观点和意图。他们公开宣布:他们的目的只有用暴力推翻全部现存的社会制度才能达到。让统治阶级在共产主义革命面前发抖吧。无产者在这个革命中失去的只是锁链。他们获得的将是整个世界。

全世界无产者,联合起来!

写于1847年12月—1848年1月

1848年2月第1次以单行本形式在伦敦出版

原文是德文

选自《马克思恩格斯选集》第1卷,人民出版社1995年版,第271—307页。

注　释:

[1] 恩格斯在1888年英文版上加了一个注:“资产阶级是指占有社会生产资料并使用雇佣劳动的现代资本家阶级。无产阶级是指没有自己的生产资料、因而不得不靠

出卖劳动力来维持生活的现代雇佣工人阶级”。——编者注

[2] 恩格斯在1888年英文版上加了一个注:“这是指有**文字**记载的全部历史。在1847年,社会的史前史,成文史以前的社会组织,几乎还没有人知道。后来,哈克斯特豪森发现了俄国的土地公有制,毛勒证明了这种公有制是一切条顿族的历史起源的社会基础,而且人们逐渐发现,村社是或者曾经是从印度到爱尔兰的各地社会的原始形态。最后,摩尔根发现了**氏族**的真正本质及其对**部落**的关系,这一卓绝发现把这种原始共产主义社会的内部组织的典型形式揭示出来了。随着这种原始公社的解体,社会开始分裂为各个独特的、终于彼此对立的阶级。关于这个解体过程,我曾经试图在《家庭、私有制和国家的起源》(1886年斯图加特第2版)中加以探讨”。——编者注

[3] 恩格斯在1888年英文版上加了一个注:“行会师傅就是在行会中享有全权的会员,是行会内部的师傅,而不是行会的首领”。——编者注

[4] “相应的政治上的进展”在1888年英文版中是“这个阶级的相应的政治上的进展”。——编者注

[5] 恩格斯在1888年英文版上加了一个注:“法国的新兴城市,甚至在它们从封建主手里争得地方自治和‘第三等级’的政治权利以前,就已经称为‘公社’了。一般说来,这里是把英国当作资产阶级经济发展的典型国家,而把法国当作资产阶级政治发展的典型国家”。

恩格斯在1890年德文版上加了一个注:“意大利和法国的市民,从他们的封建主手中买得或争得最初的自治权以后,就把自己的城市共同体称为‘公社’”。——编者注

[6] 在1888年英文版中这里加上了“(例如在意大利和德国)”。——编者注

[7] 在1888年英文版中这里加上了“(例如在法国)”。——编者注

[8] “等级君主国”在1888年英文版中是“半封建君主国”。——编者注

[9] 民族大迁徙指公元3—7世纪日耳曼、斯拉夫及其他部落向罗马帝国的大规模迁徙。4世纪末日耳曼部落中的西哥特人因遭到匈奴人的进攻侵入罗马帝国。经过长期的战争,西哥特人于5世纪在西罗马帝国境内定居下来,建立了自己的国家。日耳曼人的其他部落也相继在欧洲和北非建立了独立的国家。民族大迁徙对摧毁罗马帝国的奴隶制度和推动西欧封建制度的产生起了重要的作用。——275。

[10] 十字军征讨指11—13世纪西欧天主教会、封建主和大商人打着从伊斯兰教徒手中解放圣地耶路撒冷的宗教旗帜,主要对东地中海沿岸伊斯兰教国家发动的侵略战争。因参加者的衣服上缝有红十字,故称“十字军”。十字军征讨前后共八次,历时近二百年,最后以失败而告终。十字军征讨给东方国家的人民带来深重灾难,也使

西欧国家的人民遭到惨重的牺牲，但它在客观上也对东西方的经济和文化的交流起了一定的促进作用。——275、433。

[11]“文学”一词德文是“Literatur”，这里泛指科学、艺术、哲学、政治等等方面的著作。——编者注

[12] 马克思和恩格斯在他们的早期著作中曾经使用“出卖劳动”、“劳动价格”这些概念，马克思后来纠正了这一说法，认为工人出卖的不是他们的劳动，而是他们的劳动力。恩格斯在《〈雇佣劳动与资本〉1891 年单行本导言》中对此作了详细说明(见本卷第 322—323 页)。——230、279、333。

[13]“劳动量”在 1888 年英文版中是“劳动负担”。——编者注

[14] 这句话在 1888 年英文版中是“他们不是攻击资产阶级的生产关系，而是攻击生产工具本身”。——编者注

[15] 在 1888 年英文版中这里加上了“(工联)”。——编者注

[16] 英国工人阶级为争取十小时工作日进行了长期的斗争。1846 年谷物法废除(见注 81)后，英国工人利用土地贵族和工业资产阶级的矛盾，迫使议会在 1847 年 6 月 8 日通过了新的工厂法，即十小时工作日法案，规定从 1847 年 7 月 11 日起童工(13—18 岁)和女工的工作日先缩短为 11 小时，从 1848 年 5 月 1 日起，再限制为十小时。但是许多工厂主没有遵守这项法案。

恩格斯在《十小时工作制问题》和《英国的十小时工作制法案》(见《马克思恩格斯全集》第 7 卷第 269—275、276—287 页)中对该法案作了详细的分析。关于英国工人阶级争取正常工作日的斗争，马克思在《资本论》第 1 卷第 8 章(见《马克思恩格斯全集》第 23 卷第 258—335 页)中作了详细考察。——219、282。

[17]“教育因素”在 1888 年英文版中是“政治教育和普通教育的因素”。——编者注

[18]“大量的教育因素”在 1888 年英文版中是“启蒙和进步的新因素”。——编者注

[19]“特殊的”在 1888 年英文版中是“宗派的”。——编者注

[20]“最坚决的、始终起推动作用的部分”在 1888 年英文版中是“最先进的和最坚决的部分，推动所有其他部分前进的部分”。——编者注

[21]“一些人对另一些人的剥削”在 1888 年英文版中是“少数人对多数人的剥削”。——编者注

[22] 在 1888 年英文版中这里加上了“变为资本”。——编者注

[23]“民族的阶级”在 1888 年英文版中是“民族的领导阶级”。——编者注

[24]“信仰领域”在 1872、1883 和 1890 年德文版中是“知识领域”。——编者注

[25] 在 1888 年英文版中这里加上了“使进一步向旧的社会制度进攻成为必要”。——编者注

[26]“对立”在1872、1883和1890年德文版中是“差别”。——编者注

[27]在1888年英文版中这一条是:“把农业和工业结合起来;通过把人口更平均地分布于全国的办法逐步消灭城乡差别。”——编者注

[28]“联合起来的个人”在1888年英文版中是“巨大的全国联合体”。——编者注

[29]“消灭了阶级本身的存在条件”在1872、1883和1890年德文版中是“消灭了阶级本身”。——编者注

[30]七月革命指1830年7月爆发的法国资产阶级革命。1814年拿破仑第一帝国垮台后,代表大土地贵族利益的波旁王朝复辟,它竭力恢复封建专制统治,压制资本主义的发展,限制言论出版自由,加剧了资产阶级同贵族地主的矛盾,激起了人民的反抗。1830年7月27日至29日巴黎爆发了革命,推翻了波旁王朝。金融资产阶级攫取了革命果实,建立了以奥尔良公爵路易-菲力浦为首的代表金融资产阶级利益的“七月王朝”。——295、377。

[31]改革运动指英国工业资产阶级发动的议会改革运动。英国资产阶级为了同土地贵族争夺政治权力,在19世纪20年代末提出改革议会选举的要求,经过几年斗争,在人民群众的支持下,迫使英国议会于1832年6月通过了选举法改革法案。这次改革削弱了土地贵族和金融贵族的政治垄断,加强了工业资产阶级在议会中的地位。——295。

[32]恩格斯在1888年英文版上加了一个注:“这里所指的不是1660—1689年英国的复辟时期,而是1814—1830年法国的复辟时期”。——编者注

[33]正统派指法国代表大土地贵族和高级僧侣的利益的波旁王朝(1589—1792年和1814—1830年)长系的拥护者。1830年波旁王朝第二次被推翻以后,正统派就组成政党。在反对以金融贵族和大资产阶级为支柱的当政的奥尔良派王朝时,一部分正统派常常抓住社会问题进行蛊惑宣传,标榜自己维护劳动者的利益,使他们不受资产者的剥削。马克思和恩格斯在《共产党宣言》中,把这个集团的代表人物的观点叫作封建的社会主义。这里的“第一代法兰西正统派”是指那些极端仇视法国革命的保皇派著作家和政客。——296、383、396、422、622。

[34]“青年英国”是由英国托利党(见注33)中的一些政治活动家和著作家组成的集团,成立于19世纪40年代初,主要代表人物是本·迪斯累里、托·卡莱尔等。他们维护土地贵族的利益,对资产阶级日益增长的经济势力和政治势力不满,企图用蛊惑手段把工人阶级置于自己的影响之下,并利用工人阶级反对资产阶级。——296。

[35]“金苹果”在1888年英文版中是“工业树上掉下来的金苹果”。——编者注

[36]恩格斯在1888年英文版上加了一个注:“这里主要是指德国,那里的土地贵族和容克通过管事自行经营自己的很大一部分土地,他们还开设大规模的甜菜糖厂和土豆

酒厂。较富有的英国贵族还没有落到这种地步；但是，他们也知道怎样让人家用他们的名义创办颇为可疑的股份公司，以补偿地租的下降。”——编者注

[37] 在1888年英文版中这一句是：“最后，当顽强的历史事实把自我欺骗的一切醉梦驱散的时候，这种形式的社会主义就化为一种可怜的哀愁。”——编者注

[38] 恩格斯在1890年德文版上加了一个注：“1848年的革命风暴已经把这个可恶的流派一扫而光，并且使这一流派的代表人物再也没有兴趣搞社会主义了。这一流派的主要代表和典型人物是卡尔·格律恩先生。”——编者注

[39] 这段话在1872、1883和1890年德文版中是：“这种对未来社会的幻想的描绘，是在无产阶级还很不发展、因而对本身的地位的认识还基于幻想的时候，从无产阶级对社会普遍改造的最初的本能的渴望中产生的。”——编者注

[40] “城乡对立”在1888年英文版中是“城乡差别”。——编者注

[41] 恩格斯在1888年英文版上加了一个注：“法伦斯泰尔是沙尔·傅立叶所设计的社会主义移民区；伊加利亚是卡贝给自己的理想国和后来他在美洲创立的共产主义移民区所起的名称。”

恩格斯在1890年德文版上加了一个注：“国内移民区是欧文给他的共产主义的模范社会所起的名称。法伦斯泰尔是傅立叶所设计的社会宫的名称。伊加利亚是卡贝所描绘的那种共产主义制度的乌托邦幻想国。”——编者注

[42] 宪章派是宪章运动的参加者。宪章运动是19世纪30—50年代中期英国工人的政治运动，其口号是争取实行包括要求普选权和一系列为工人保证此项权利的许多条件的人民宪章(见注31)。英国工人阶级为实现人民宪章掀起了广泛的群众性政治运动，宪章运动出现过三次高潮。由于资产阶级收买工人上层和工人阶级政治上的不成熟，到50年代中期运动终于失败。宪章派的领导机构是“全国宪章派协会”，机关报是《北极星报》，左翼代表人物是哈尼、琼斯等。恩格斯称宪章派是“近代第一个工人政党”(见本选集第3卷第712页)。列宁把宪章运动称作“世界上第一次广泛的、真正群众性的、政治上已经成型的无产阶级革命运动”(见《列宁全集》中文第2版第36卷第292页)。——193、215、305、309。

[43] 改革派指法国《改革报》的支持者，小资产阶级共和主义者和小资产阶级社会主义者。主要代表人物有赖德律-洛兰、路易·勃朗等人。他们主张建立共和国，实行民主改革和社会改革。

《改革报》是一家法国日报，小资产阶级民主共和派和小资产阶级社会主义者的报纸，1843年至1850年在巴黎出版。1847年10月到1848年1月恩格斯在该报上发表过文章。——305、306、402。

[44] 全美土地改革派即北美土地改革派又称美国“全国改革协会”，成立于1845年，是一

个以手工业者和工人为核心的政治团体，宗旨是无偿地分给每一个劳动者一块土地。40年代后半期，协会宣传土地改革，反对种植场奴隶主和土地投机分子，并提出实行十小时工作制、废除农奴制、取消常备军等民主要求。许多德国手工业侨民参加了这一土地改革运动。——246、306。

[**45**] 恩格斯在1888年英文版上加了一个注："当时这个党在议会中的代表是赖德律-洛兰，在著作界的代表是路易·勃朗，在报纸方面的代表是《改革报》。（改革派指法国《改革报》的支持者，小资产阶级共和主义者和小资产阶级社会主义者。主要代表人物有赖德律-洛兰、路易·勃朗等人。他们主张建立共和国，实行民主改革和社会改革。'社会主义民主党'这个名称在它的发明者那里；《改革报》是一家法国日报，小资产阶级民主共和派和小资产阶级社会主义者的报纸，1843年至1850年在巴黎出版。1847年10月到1848年1月恩格斯在该报上发表过文章。——305、306、402。）'社会主义民主党'这个名称在它的发明者那里，是指民主党或共和党中或多或少带有社会主义色彩的一部分人。"

恩格斯在1890年德文版上加了一个注："当时在法国以社会主义民主党自称的政党，在政治方面的代表是赖德律-洛兰，在著作界的代表是路易·勃朗；因此，它同现今的德国社会民主党是有天壤之别的。"——编者注

[**46**] 波兰人民为了民族解放曾准备在1846年2月举行起义。起义的主要发起人是波兰的革命民主主义者（邓波夫斯基等人）。但是，由于波兰小贵族的背叛行为和普鲁士警察逮捕了起义的领袖，总起义没有成功。只有在1815年起由奥地利、普鲁士和俄国共管的克拉科夫，起义者在2月22日取得了胜利并建立了国民政府，发表了废除封建义务的宣言。克拉科夫起义在1846年3月初被镇压。1846年11月，奥地利、普鲁士和俄国签订了关于把克拉科夫并入奥地利帝国的条约。——306、380。

《共产党宣言》(节选)导读

一、时代背景及其意义

马克思、恩格斯合著的《共产党宣言》(以下简称《宣言》),写于1847年12月至1848年1月,1848年2月在伦敦出版。

为适应无产阶级反对资产阶级斗争的需要,马克思和恩格斯在革命实践中,一方面认真总结工人运动的经验,在此基础上进行巨大的理论创新研究,并同资产阶级、小资产阶级思潮进行不调和的斗争;另一方面,自觉地把创立革命理论与工人运动的实践紧密结合起来,为创建无产阶级政党做了广泛的宣传和组织工作。他们着重对正义者同盟进行了思想上和组织上的改造,将其改名为"共产主义者同盟"。1847年11月,共产主义者同盟在伦敦举行第二次代表大会,委托马克思和恩格斯起草同盟的纲领。于是,全世界共产党人最早的党纲、马克思主义的第一个纲领性文献《共产党宣言》便诞生了。

《宣言》是第一部系统、完整阐述科学社会主义基本原理的纲领性文件,"这部著作以天才的透彻而鲜明的语言描述了新的世界观,即把社会生活领域也包括在内的彻底的唯物主义、作为最全面最深刻的发展学说的辩证法、以及关于阶级斗争和共产主义新社会创造者无产阶级肩负的世界历史性的革命使命的理论。"①《宣言》的发表为无产阶级革命斗争指明了方向,提供了强大的思想武器,标志着马克思主义和工人运动结合的开始。

历史发展到今天,社会状况已经发生了巨大的变化。但是,《宣言》的基本思想并没有过时,仍然是我们社会主义现代化建设的指导思想。

---

① 《列宁全集》第26卷,人民出版社1990年版,第50页。

二、内容简介

《宣言》分序言(七篇)和正文两个部分。本书节选正文,由四章组成。

(一)资产者和无产者(共54自然段)

《宣言》运用历史唯物主义观点,分析了资本主义社会两大基本阶级资产阶级和无产阶级的产生、发展和斗争的过程,揭示了资产阶级必然灭亡,无产阶级必然胜利的客观规律。

1. 阐明了阶级斗争是阶级社会发展的直接动力的观点(第1—5段)。

《宣言》考察了阶级社会阶级斗争的状况,着重考察了资本主义社会阶级斗争的特点,指出从封建社会灭亡中产生的资本主义社会并没有消灭阶级对立,但是同以往社会相比,它使阶级对立简单化了。这样,社会就日益分裂为两大敌对的阵营:资产阶级和无产阶级。最后《宣言》揭示了"一切阶级斗争都是政治斗争",无产阶级反对资产阶级的阶级斗争,必然发展为夺取政权的政治斗争,建立无产阶级专政,最终将达到消灭一切阶级和阶级差别,实现共产主义的目标。

2. 考察了资产阶级的产生及其发展过程,揭示了资本主义必然灭亡的规律(第6—28段)。

《宣言》指出,资产阶级本身是在封建社会末期随着资本主义生产方式的产生、发展而逐步形成的,它是历史长期发展的产物,是生产方式和交换方式的一系列变革的产物。"资产阶级在历史上曾经起过非常革命的作用",资产阶级在它的不到一百年的阶级统治中所创造的生产力,比过去一切世代创造的全部生产力还要多,还要大。资产阶级由于开拓了世界市场,使一切国家的生产和消费都成为世界性的了。马克思在这里论述了全球化的根源和动力等问题。但是,资产阶级又有极大的局限性,尤其是资本主义制度本身包含着不可克服的内在矛盾。随着生产力的发展,这种矛盾日益尖锐。它突出表现为无产阶级和资产阶级的对立和斗争,表现为周期性的经济危机的扩大和加深。因此,资本主义必然要被适合新的生产力发展要求的社会主义和共产主义所代替。

3. 阐述了无产阶级产生、发展和壮大的过程、无产阶级的社会地位、阶级特性和伟大历史使命(第 29—54 段)。

无产阶级是和资产阶级同时产生和发展起来的。无产阶级是现代生产力的代表,他们一无所有,无产阶级是真正革命的阶级。无产阶级反对资产阶级的斗争是和它的存在同时开始的。这种斗争经历了从自发斗争到自觉斗争的不同发展阶段,无产阶级也从一个"自在的阶级"发展为"自为的阶级"。无产阶级的历史使命决定他们必然要成为资本主义的掘墓人和共产主义的建设者。

(二)无产者和共产党人(共 86 自然段)

《宣言》论述了共产党的性质、特点和基本纲领,批判了资产阶级攻击共产党人和共产党的种种谬论,阐述了无产阶级革命和无产阶级专政的基本思想。

1. 从共产党人同无产阶级的关系出发,论述了共产党的性质和奋斗目标(第 1—14 段)。

论述了共产党是无产阶级的政党,他们没有同整个无产阶级的利益不同的利益,共产党始终坚持以无产阶级解放斗争的全局利益为重。因此,从实践方面看,共产党是所有工人政党中最坚决、最彻底、最先进的部分;从理论方面看,共产党是用科学社会主义理论武装起来的无产阶级先锋队,他们了解无产阶级运动的条件、进程和一般结果。共产党人的最近目标是"使无产阶级成为阶级,推翻资产阶级的统治,由无产阶级夺取政权";最终目标是彻底消灭私有制,消灭阶级和阶级差别,在全世界实现共产主义社会制度。

2. 批判了资产阶级攻击共产党人和共产党的种种谬论(第 15—67 段)。

资产阶级为了维护私有制,对共产党人要消灭私有制的主张进行种种攻击和诬蔑。对此,《宣言》进行了深刻的批判。资产阶级为了维护私有制,必然要维护为私有制服务的上层建筑,他们从上层建筑各个领域攻击共产党人要消灭文化教育、消灭家庭、取消国家和民族、废除"永恒真理"等等。《宣言》简明有力地回答了资产阶级的种种攻击。

3. 提出了共产主义革命的任务,论述了实现无产阶级历史使命的根本道路(第68—86段)。

共产主义革命的任务就是同传统的所有制关系和传统的观念实行最彻底的决裂。共产主义革命的任务只能在无产阶级专政的条件下才能实现。共产主义"将是这样一个联合体,在那里,每个人的自由发展是一切人的自由发展的条件"。

(三)社会主义的和共产主义的文献(共56自然段)

《宣言》运用历史唯物主义观点,深刻地分析了当时各种社会主义流派产生的社会历史条件,批判了他们的阶级实质、危害和错误。

1. 反动的社会主义(第1—34段)。

反动的社会主义包括封建的社会主义、小资产阶级的社会主义、德国的或"真正的"社会主义三种。对此,《宣言》分别进行了科学批判。

2. 保守的或资产阶级的社会主义(第35—42段)。

保守的或资产阶级的社会主义的代表人物是蒲鲁东之流,这是一种要永远保存资本主义制度,同时又希望不经过革命性变革而消除资本主义缺点的社会主义思潮。资产阶级社会主义者不仅有自己理论上的主张,而且还有一种比较注重实际的形式,即在物质方面搞一些微不足道的改良。《宣言》指出,这些在维护资本主义前提下的改良,"丝毫不会改变资本和雇佣劳动的关系"。

3. 批判的空想的社会主义和共产主义(第43—56段)。

以圣西门、傅立叶和欧文为代表的批判的空想的社会主义和共产主义学说,由于历史条件的限制,整体上说是一种空想,但其中包含着许多积极的内容。批判的空想的社会主义,是工人运动处于幼年时期的产物,在它产生时是反映了无产阶级的愿望和要求。但是,随着资本主义的进一步发展,无产阶级作为一支独立的力量登上历史舞台,特别是在马克思主义已经诞生的情况下,越来越失去革命意义。

(四)共产党人对各种反动党派的态度(共11自然段)

《宣言》阐明了共产党人政治斗争的策略原理。

1. 阐述了共产党人政治斗争策略的基本原理(第1—4段)。

《宣言》指出,共产党人要立足于现实,首先要参加当前的斗争;但是,不要忘记无产阶级的最终目标是实现共产主义。根据这个基本原理,《宣言》具体分析了法国、瑞士、波兰等国反动党派的阶级关系和政治态度,分别提出了不同的斗争策略。

2. 共产党人在德国的斗争策略(第5—7段)。

《宣言》指出,共产党人在德国的策略就是在推翻封建专制制度后,要利用资产阶级统治所带来的政治民主条件,立刻开展反对资产阶级的斗争,推翻资产阶级的统治,使资产阶级民主革命不停顿地转变为无产阶级社会主义革命。

3. 共产党人要努力争取国内外大量的同盟者(第8—11段)。

《宣言》强调共产党人要支持和参加一切反对现存社会制度和政治制度的斗争,要努力争取全世界各民主政党之间的团结和协作。在斗争中要把所有制问题放到首位。《宣言》还提出,在统一战线中,共产党人要保持独立性,强调党不能放弃对同盟者的错误进行批评的权力。“全世界无产者,联合起来”,实现无产阶级的国际联合是人类获得彻底解放的重要条件。

思考题:

1. 当前世界范围内资本主义还有一定的发展,是否意味着“两个必然”的结论已经过时?

2. 当代无产阶级的阶级结构发生了很大变化,是否意味着无产阶级历史使命的改变?

3. 在社会主义市场经济条件下,应当如何坚持共产党的性质和奋斗目标?

4. 怎样理解在共产主义社会,“每个人的自由发展是一切人的自由发展的条件”?

(褚凤英　天津师范大学)

马　克　思

《政治经济学批判》导言*（节选）

（摘自1857—1858年经济学手稿）

I. 生产、消费、分配、交换（流通）[1]

1. 生　　产

（α）摆在面前的对象，首先是**物质生产**。

在社会中进行生产的个人，——因而，这些个人的一定社会性质的生产，当然是出发点，被斯密和李嘉图当作出发点的单个的孤立的猎人和渔夫[2]，属于18世纪的缺乏想像力的虚构。这是鲁滨逊一类的故事，这类故事决不像

---

* 《〈政治经济学批判〉导言》是马克思为他写于1857—1858年期间、包含在第I—VII手稿笔记本中的未来《资本论》最初草稿而写的，《导言》包含在标以"M"字母的笔记本上，笔记本封面上注明："1857年8月23日，伦敦"。这很可能就是马克思开始写《导言》的日期。《导言》没有写完就中断了，《马克思恩格斯全集》1981年历史考证版第2部分第1卷编者根据各种情况判断，可能是8月底中断的。马克思在1859年1月写的《政治经济学批判》第1分册的序言中关于《导言》写道："我把已经起草好的一篇总的导言压下了，因为仔细想来，我觉得预先说出正要证明的结论总是有妨害的，读者如果真想跟着我走，就要下定决心，从个别上升到一般。"（见本卷第31页）

《导言》虽然带有未完成的草稿性质，却具有非常重要的意义，因为马克思在这里比在任何地方都更详细地叙述了自己关于政治经济学的对象和方法的思想，还说明了关于社会的物质基础同意识形态这一上层建筑之间的关系的一系列极为重要的想法。

《导言》在马克思生前没有发表过。考茨基在1903年3月把这一手稿第一次发表在《新时代》(斯图加特)第21年卷(1902—1903年)第1卷第710—718、741—745、772—781页上。1939年，本手稿又用德文原文发表在莫斯科出版的《政治经济学批判大纲》上。

文化史家想像的那样，仅仅表示对过度文明的反动和要回到被误解了的自然生活中去。同样，卢梭的通过契约来建立天生独立的主体之间的关系和联系的"社会契约"[3]，也不是以这种自然主义为基础的。这是假象，只是大大小小的鲁滨逊一类故事所造成的美学上的假象。其实，这是对于16世纪以来就作了准备、而在18世纪大踏步走向成熟的"市民社会"[4]的预感。在这个自由竞争的社会里，单个的人表现为摆脱了自然联系等等，而在过去的历史时代，自然联系等等使他成为一定的狭隘人群的附属物。这种18世纪的个人，一方面是封建社会形式解体的产物，另一方面是16世纪以来新兴生产力的产物，而在18世纪的预言家看来(斯密和李嘉图还完全以这些预言家为依据)，这种个人是曾在过去存在过的理想；在他们看来，这种个人不是历史的结果，而是历史的起点。因为按照他们关于人性的观念，这种合乎自然的个人并不是从历史中产生的，而是由自然造成的。这样的错觉是到现在为止的每个新时代所具有的。斯图亚特在许多方面同18世纪对立并作为贵族比较多地站在历史基础上，从而避免了这种局限性。

我们越往前追溯历史，个人，从而也是进行生产的个人，就越表现为不独立，从属于一个较大的整体；最初还是十分自然地在家庭和扩大成为氏族[5]的家庭中；后来是在由氏族间的冲突和融合而产生的各种形式的公社中。只有到18世纪，在"市民社会"中，社会联系的各种形式，对个人说来，才表现为只是达到他私人目的的手段，才表现为外在的必然性。但是，产生这种孤立个人的观点的时代，正是具有迄今为止最发达的社会关系(从这种观点看来是一般关系)的时代。人是最名副其实的政治动物[6]，不仅是一种合群的动物，而且是只有在社会中才能独立的动物。孤立的个人在社会之外进行生产——这是罕见的事，在已经内在地具有社会力量的文明人偶然落到荒野时，可能会发生这种事情——就像许多个人不在**一起**生活和彼此交谈而竟有语言发展一样，是不可思议的。在这方面无须多说。18世纪的人们有这种荒诞无稽的看法是可以理解的，如果不是巴师夏、凯里和蒲鲁东等人又把这种看法郑重其事地引进最新的经济学中来，这一点本来可以完全不提。蒲鲁东等人自然乐于用编造神话的办法，来对一种他不知道历史来源的经济关系的起源作历史哲学的说明，说什么亚当或普罗米修斯已经有了现成的想法，后来这种想法就被实行了等等[7]。再没有比这类想入非非的陈词滥调更加枯燥乏味的了。

因此,说到生产,总是指在一定社会发展阶段上的生产——社会个人的生产。因而,好像只要一说到生产,我们或者就要把历史发展过程在它的各个阶段上一一加以研究,或者一开始就要声明,我们指的是某个一定的历史时代,例如,是现代资产阶级生产——这种生产事实上是我们研究的本题。可是,生产的一切时代有某些共同标志,共同规定。**生产一般**是一个抽象,但是只要它真正把共同点提出来,定下来,免得我们重复,它就是一个合理的抽象。不过,这个**一般**,或者说,经过比较而抽出来的共同点,本身就是有许多组成部分的、分为不同规定的东西。其中有些属于一切时代,另一些是几个时代共有的。[有些]规定是最新时代和最古时代共有的。没有它们,任何生产都无从设想;但是,如果说最发达的语言和最不发达的语言共同具有一些规律和规定,那么,构成语言发展的恰恰是有别于这个一般和共同点的差别。对生产一般适用的种种规定所以要抽出来,也正是为了不致因为有了统一(主体是人,客体是自然,这总是一样的,这里已经出现了统一)而忘记本质的差别。那些证明现存社会关系永存与和谐的现代经济学家的全部智慧,就在于忘记这种差别。例如,没有生产工具,哪怕这种生产工具不过是手,任何生产都不可能。没有过去的、积累的劳动,哪怕这种劳动不过是由于反复操作而积聚在野蛮人手上的技巧,任何生产都不可能。资本,别的不说,也是生产工具,也是过去的、客体化了的劳动。可见资本是一种一般的、永存的自然关系;这样说是因为恰好抛开了正是使"生产工具"、"积累的劳动"成为资本的那个特殊。因此,生产关系的全部历史,例如在凯里看来,是历代政府的恶意篡改。

如果没有生产一般,也就没有一般的生产。生产总是一个个**特殊的**生产部门——如农业、畜牧业、制造业等,或者生产是**总体**。可是,政治经济学不是工艺学。生产的一般规定在一定社会阶段上对特殊生产形式的关系,留待别处(后面)再说。

最后,生产也不只是特殊的生产,而始终是一定的社会体即社会的主体在或广或窄的由各生产部门组成的总体中活动着。科学的叙述对现实运动的关系,也还不是这里所要说的。生产一般。特殊生产部门。生产的总体。

现在时髦的做法,是在经济学的开头摆上一个总论部分——就是标题为

《生产》的那部分(参看约·斯·穆勒的著作[8]),用来论述一切生产的**一般条件**。这个总论部分包括或者据说应当包括:

(1)进行生产所必不可缺少的条件。因此,这实际上不过是摆出一切生产的基本要素。可是,我们将会知道,这些要素实际上归纳起来不过是几个十分简单的规定,而这些规定却扩展成浅薄的同义反复。

(2)或多或少促进生产的条件,如像亚当·斯密所说的前进的和停滞的社会状态。[9]要把这些在亚·斯密那里作为提示而具有价值的东西提到科学意义上来,就得研究在各个民族的发展过程中各个时期的**生产率程度**——这种研究超出本题的范围,而这种研究同本题有关的方面,应在叙述竞争、积累等等时来谈。照一般的提法,答案总是这样一个一般的说法:一个工业民族,当它一般地达到它的历史高峰的时候,也就达到它的生产高峰。实际上,一个民族的工业高峰是在这个民族的主要任务还不是维护利润,而是谋取利润的时候达到的。就这一点来说,美国人胜过英国人。或者是这样的说法:例如,某些种族素质,气候,自然环境如离海的远近,土地肥沃程度等等,比另外一些更有利于生产。这又是同义反复,即财富的主客观因素越是在更高的程度上具备,财富就越容易创造。

但是,这一切并不是经济学家在这个总论部分所真正要说的。相反,他们所要说的是,生产不同于分配等等(参看穆勒的著作[10]),应当被描写成局限在与历史无关的永恒自然规律之内的事情,于是**资产阶级**关系就被乘机当作社会一般的颠扑不破的自然规律偷偷地塞了进来。这是整套手法的多少有意识的目的。在分配上,他们则相反地认为,人们事实上可以随心所欲。即使根本不谈生产和分配的这种粗暴割裂以及生产和分配的现实关系,总应该从一开始就清楚地看到:无论在不同社会阶段上分配方式如何不同,总是可以像在生产中那样提出一些共同的规定来,可以把一切历史差别混合或融化在**一般人类**规律之中。例如,奴隶、农奴、雇佣工人都得到一定量的食物,使他们能够作为奴隶、农奴和雇佣工人来生存。靠贡赋生活的征服者,靠税收生活的官吏,靠地租生活的土地所有者,靠施舍生活的僧侣,靠什一税生活的教士,都得到一份社会产品,而决定这一份产品的规律不同于决定奴隶等等的那一份产品的规律。一切经济学家在这个项目下提出的两个要点是:(1)财产,(2)司法、警察等等对财产的保护。对此要极简短地答复一下:

关于第一点。一切生产都是个人在一定社会形式中并借这种社会形式而进行的对自然的占有。在这个意义上,说财产(占有)是生产的一个条件,那是同义反复。但是,可笑的是从这里一步就跳到财产的一定形式,如私有财产。(而且还以对立的形式即**无财产**作为前提条件。)历史却表明,共同财产(如印度人、斯拉夫人、古克尔特人等等那里的共同财产)是原始形式。这种形式还以公社财产形式长期起着显著的作用。至于财富在这种还是那种财产形式下能更好地发展的问题,还根本不是这里所要谈的。可是,如果说在任何财产形式都不存在的地方,就谈不到任何生产,因此也就谈不到任何社会,那么,这是同义反复。什么也不占有的占有,是自相矛盾。

关于第二点。对既得物的保护等等。如果把这些滥调还原为它们的实际内容,它们所表示的就比它们的说教者所知道的还多。就是说,每种生产形式都产生出它所特有的法的关系、统治形式等等。粗率和无知之处正在于把有机地联系着的东西看成是彼此偶然发生关系的、纯粹反思联系中的东西。资产阶级经济学家只是感到,在现代警察制度下,比在例如强权下能更好地进行生产。他们只是忘记了,强权也是一种法,而且强者的权利也以另一种形式继续存在于他们的"法治国家"中。

当与生产的一定阶段相应的社会状态刚刚产生或者已经衰亡的时候,自然会出现生产上的紊乱,虽然程度和影响有所不同。

总之:一切生产阶段所共有的、被思维当作一般规定而确定下来的规定,是存在的,但是所谓一切生产的**一般条件**,不过是这些抽象要素,用这些要素不可能理解任何一个现实的历史的生产阶段。

2. 生产与分配、交换、消费的一般关系

在进一步分析生产之前,必须考察一下经济学家拿来与生产并列的几个项目。

肤浅的表象是:在生产中,社会成员占有(开发、改造)自然产品供人类需要;分配决定个人分取这些产品的比例;交换给个人带来他想用分配给他的一份去换取的那些特殊产品;最后,在消费中,产品变成享受的对象,个人占有的对象。生产制造出适合需要的对象;分配依照社会规律把它们分配;交

换依照个人需要把已经分配的东西再分配;最后,在消费中,产品脱离这种社会运动,直接变成个人需要的对象和仆役,供个人享受而满足个人需要。因而,生产表现为起点,消费表现为终点,分配和交换表现为中间环节,这中间环节又是二重的,分配被规定为从社会出发的要素,交换被规定为从个人出发的要素。在生产中,人客体化,在消费[11]中,物主体化;在分配中,社会以一般的、占统治地位的规定的形式,担任生产和消费之间的中介;在交换中,生产和消费由个人的偶然的规定性来中介。

分配决定产品归个人的比例(数量);交换决定个人拿分配给自己的一份所要求的产品。

生产、分配、交换、消费因此形成一个正规的三段论法:生产是一般,分配和交换是特殊,消费是个别,全体由此结合在一起。这当然是一种联系,然而是一种肤浅的联系。生产决定于一般的自然规律;分配决定于社会的偶然情况,因此它能够或多或少地对生产起促进作用;交换作为形式上的社会运动介于两者之间;而消费这个不仅被看成终点而且被看成最后目的的结束行为,除了它又会反过来作用于起点并重新引起整个过程之外,本来不属于经济学的范围。

反对政治经济学家的人们——不论这些反对者是不是他们的同行——责备他们把联系着的东西粗野地割裂了,这些反对者或者同他们处于同一水平,或者低于他们。最庸俗不过的责备就是,说政治经济学家过于重视生产,把它当作目的本身。说分配也是同样重要的。这种责备的立足点恰恰是这样一种经济观点,即把分配当作与生产并列的独立自主的领域。或者是这样的责备,说没有把这些要素放在其统一中来考察。好像这种割裂不是从现实进到教科书中去的,而相反地是从教科书进到现实中去的,好像这里的问题是要对概念作辩证的平衡,而不是解释现实的关系!

(a)[生产和消费]

生产直接也是消费。双重的消费,主体的和客体的。[第一,]个人在生产过程中发展自己的能力,也在生产行为中支出、消耗这种能力,这同自然的生殖是生命力的一种消费完全一样。第二,生产资料的消费,生产资料被使用、被消耗、一部分(如在燃烧中)重新分解为一般元素。原料的消费也是这样,原料不再保持自己的自然形状和自然特性,而是丧失了这种形状和特性。因此,生产行为本身就它的一切要素来说也是消费行为。不过,这一点是经济学家所承认的。他们把直接与消费同一的生产,直接与生产合一的消费,称作**生产的消费**。生产和消费的这种同一性,归结为斯宾诺莎的命题:"规定即否定"。[12]

但是,提出生产的消费这个规定,只是为了把与生产同一的消费跟原来意义上的消费区别开来,后面这种消费被理解为起消灭作用的与生产相对的对立面。现在我们来考察一下这个原来意义上的消费。

消费直接也是生产,正如在自然界中元素和化学物质的消费是植物的生产一样。例如,在吃喝这一种消费形式中,人生产自己的身体,这是明显的事。而对于以这种或那种方式从某一方面来生产人的其他任何消费方式也都可以这样说。消费的生产。可是,经济学却说,这种与消费同一的生产是第二种生产,是靠消灭第一种生产的产品引起的。在第一种生产中,生产者物化,在第二种生产中,生产者所创造的物人化。因此,这种消费的生产——虽然它是生产和消费的直接统一——是与原来意义上的生产根本不同的。生产同消费合一和消费同生产合一的这种直接统一,并不排斥它们直接是两个东西。

可见,生产直接是消费,消费直接是生产。每一方直接是它的对方。可是同时在两者之间存在着一种中介运动。生产中介着消费,它创造出消费的材料,没有生产,消费就没有对象。但是消费也中介着生产,因为正是消费替产品创造了主体,产品对这个主体才是产品。产品在消费中才得到最后完成。一条铁路,如果没有通车、不被磨损、不被消费,它只是可能性的铁路,不是现实的铁路。没有生产,就没有消费;但是,没有消费,也就没有生产,因为如果没有消费,生产就没有目的。消费从两方面生产着生产:

(1)因为产品只是在消费中才成为现实的产品,例如,一件衣服由于穿的行为才现实地成为衣服;一间房屋无人居住,事实上就不成其为现实的房屋;因此,产品不同于单纯的自然对象,它在消费中才证实自己是产品,才**成为**产品。消费是在把产品消灭的时候才使产品最后完成,因为产品之所以是产品,不在于它是物化了的活动,而只是在于它是活动着的主体的对象。

(2)因为消费创造出**新的**生产的需要,也就是创造出生产的观念上的内在动机，后者是生产的前提。消费创造出生产的动力；它也创造出在生产中作为决定目的的东西而发生作用的对象。如果说，生产在外部提供消费的对象是显而易见的，那么，同样显而易见的是，消费**在观念上提出**生产的对象，把它作为内心的图像、作为需要、作为动力和目的提出来。消费创造出还是在主观形式上的生产对象。没有需要，就没有生产。而消费则把需要再生产出来。

与此相应，就生产方面来说：

(1)它为消费提供材料，对象。消费而无对象，不成其为消费，因而在这方面生产创造出、生产出消费。

(2)但是，生产为消费创造的不只是对象，它也给予消费以消费的规定性、消费的性质，使消费得以完成。正如消费使产品得以完成其为产品一样，生产使消费得以完成。**首先**，对象不是一般的对象，而是一定的对象，是必须用一定的而又是由生产本身所中介的方式来消费的。饥饿总是饥饿，但是用刀叉吃熟肉来解除的饥饿不同于用手、指甲和牙齿啃生肉来解除的饥饿。因此，不仅消费的对象，而且消费的方式，不仅在客体方面，而且在主体方面，都是生产所生产的。所以，生产创造消费者。

(3)生产不仅为需要提供材料，而且它也为材料提供需要。一旦消费脱离了它最初的自然粗野状态和直接状态，——如果消费停留在这种状态，那也是生产停滞在自然粗野状态的结果，——那么消费本身作为动力就靠对象来作中介。消费对于对象所感到的需要，是对于对象的知觉所创造的。艺术对象创造出懂得艺术和具有审美能力的大众，——任何其他产品也都是这样。因此，生产不仅为主体生产对象，而且也为对象生产主体。

因此，生产生产着消费：(1)是由于生产为消费创造材料；(2)是由于生产决定消费的方式；(3)是由于生产通过它起初当作对象生产出来的产品在消费者身上引起需要。因而，它生产出消费的对象，消费的方式，消费的动力。同样，消费生产出生产者的**素质**，因为它在生产者身上引起追求一定目的的需要。

因此，消费和生产之间的同一性表现在三方面：

(1)**直接的同一性**：生产是消费；消费是生产。消费的生产。生产的消费。国民经济学家把两者都称为生产的消费，可是还作了一个区别。前者表现为再生产;后者表现为生产的消费。关于前者的一切研究是关于生产的劳动或非生产的劳动的研究;关于后者的研究是关于生产的消费或非生产的消费的研究。

(2)每一方表现为对方的手段;以对方为中介;这表现为它们的相互依存;这是一个运动,它们通过这个运动彼此发生关系,表现为互不可缺,但又各自处于对方之外。生产为消费创造作为外在对象的材料;消费为生产创造作为内在对象,作为目的的需要。没有生产就没有消费,没有消费就没有生产。这一点在经济学中是以多种形式出现的。

(3)生产不仅直接是消费,消费不仅直接是生产;生产也不仅是消费的手段,消费也不仅是生产的目的,就是说,每一方都为对方提供对象,生产为消费提供外在的对象,消费为生产提供想像的对象;两者的每一方不仅直接就是对方,不仅中介着对方,而且,两者的每一方由于自己的实现才创造对方;每一方是把自己当作对方创造出来。消费完成生产行为,只是由于消费使产品最后完成其为产品,只是由于消费把它消灭,把它的独立的物体形式消耗掉;只是由于消费使得在最初生产行为中发展起来的素质通过反复的需要上升为熟练技巧;所以,消费不仅是使产品成为产品的终结行为,而且也是使生产者成为生产者的终结行为。另一方面,生产生产出消费,是由于生产创造出消费的一定方式,其次是由于生产把消费的动力,消费能力本身当作需要创造出来。这第三项所说的这个最后的同一性,在经济学中常常是以需求和供给、对象和需要、社会创造的需要和自然需要的关系来说明的。

这样看来,对于一个黑格尔主义者来说,把生产和消费等同起来,是最简单不过的事。不仅社会主义美文学家[13]这样做过,而且平庸的经济学家也这样做过。例如,萨伊说,就一个民族来说,它的生产也就是它的消费。或者就人类一般来说也是如此。施托尔希指出过萨伊的错误,他说,例如一个民族不是把自己的产品全部消费掉,而是还要创造生产资料等等,固定资本等等。[14]此外,把社会当作一个单一的主体来考察,是对它作了不正确的考察;思辨式的考察。就一个主体来说,生产和消费表现为一个行为的两个要素。这里要强调的主要之点是:无论我们把生产和消费看作一个主体的活动或者许多个人的活动,它们总是表现为一个过程的两个要素,在这个过程中,生产是实际的起点,因而也是起支配作用的要素。消费,作为必需,作为需要,本身就是生产活动的一个内在要素。但是生产活动是实现的起点,因而也是实现的起支配作用的要素,是整个过程借以重新进行的行为。个人生产出一个对象和通过消费这个对象返回自身,然而,他是作为生产的个人和自我再生产的个人。所以,消费表现为生产的要素。

但是,在社会中,产品一经完成,生产者对产品的关系就是一种外在的关系,产品回到主体,取决于主体对其他个人的关系。他不是直接获得产品。如果说他是在社会中生产,那么直接占有产品也不是他的目的。在生产者和产品之间出现了**分配**,分配借社会规律决定生产者在产品世界中的份额,因而出现在生产和消费之间。

那么,分配是否作为独立的领域,和生产并列,处于生产之外呢?

(b)[**生产和分配**]

如果看看普通的经济学著作,首先令人注目的是,在这些著作里什么都被提出两次。举例来说,在分配上出现的是地租、工资、利息和利润,而在生产上作为生产要素出现的是土地、劳动、资本。说到资本,一开始就清楚,它被提出了两次:(1)作为生产要素;(2)作为收入源泉,作为决定一定的分配形式的东西。因此,利息和利润本身,就它们作为资本增长和扩大的形式,因而作为资本生产本身的要素来说,也出现在生产中。利息和利润作为分配形式,是以资本作为生产要素为前提的。它们是以资本作为生产要素为前提的分配方式。它们又是资本的再生产方式。

同样,工资是在另一个项目中被考察的雇佣劳动:在雇佣劳动的场合劳动作为生产要素所具有的规定性,在工资的场合表现为分配的规定。如果劳动不是规定为雇佣劳动,那么,劳动参与产品分配的方式,也就不表现为工资,如在奴隶制度下就是这样。最后,地租——我们直接来看地产参与产品分配的最发达的分配形式——的前提,是作为生产要素的大地产(其实是大农业),而不是土地一般,就像工资的前提不是劳动一般一样。所以,分配关系和分配方式只是表现为生产要素的背面。个人以雇佣劳动的形式参与生产,就以工资形式参与产品、生产成果的分配。分配的结构完全决定于生产的结构。分配本身是生产的产物,不仅就对象说是如此,而且就形式说也是如此。就对象说,能分配的只是生产的成果,就形式说,参与生产的一定方式决定分配的特殊形式,决定参与分配的形式。把土地放在生产上来谈,把地租放在分配上来谈,等等,这完全是幻觉。

因此,像李嘉图那样一些经常被人责备为只看到生产的经济学家,却专门把分配规定为经济学的对象[15],因为他们直觉地把分配形式看成是一定社会中的生产各要素借以得到确定的最确切的表现。

在单个的个人面前,分配自然表现为一种社会规律,这种规律决定他在生产中的地位,他在这个地位上生产,因而分配先于生产。这个个人一开始就没有资本,没有地产。他一出生就由社会分配指定从事雇佣劳动。但是这种指定本身是资本、地产作为独立的生产要素存在的结果。

就整个社会来看,分配似乎还从一方面先于生产,并且决定生产;似乎是先于经济的事实。一个征服民族在征服者之间分配土地,因而造成了地产的一定的分配和形式;由此决定了生产。或者,它使被征服的民族成为奴隶,于是使奴隶劳动成为生产的基础。或者,一个民族经过革命把大地产分割成小块土地,从而通过这种新的分配使生产有了一种新的性质。或者,立法使地产永久属于一定的家庭,或者,把劳动[当作]世袭的特权来分配,因而把劳动像社会等级一样地固定下来。在所有这些历史上有过的情况下,似乎不是生产安排和决定分配,而相反地是分配安排和决定生产。

照最浅薄的理解,分配表现为产品的分配,因此它离开生产很远,似乎对生产是独立的。但是,在分配是产品的分配之前,它是(1)生产工具的分配,(2)社会成员在各类生产之间的分配(个人从属于一定的生产关系)——这是同一关系的进一步规定。这种分配包含在生产过程本身中并且决定生产的结构,产品的分配显然只是这种分配的结果。如果在考察生产时把包含在其中的这种分配撇开,生产显然是一个空洞的抽象;相反,有了这种本来构成生产的一个要素的分配,产品的分配自然也就确定了。正因为如此,力求在一定的社会结构中来理解现代生产并且主要是研究生产的经济学家李嘉图,不是把生产而是把分配说成现代经济学的本题。从这里,又一次显出了那些把生产当作永恒真理来论述而把历史限制在分配范围之内的经济学家是多么荒诞无稽。

这种决定生产本身的分配究竟和生产处于怎样的关系,这显然是属于生产本身内部的问题。如果有人说,既然生产必须从生产工具的一定的分配出发，至少在这个意义上分配先于生产，成为生产的前提，那么就应该答复他说，生产实际上有它的条件和前提，这些条件和前提构成生产的要素。这些要素最初可能表现为自然发生的东西。通过生产过程本身，它们就从自然发生的东西变成历史的东西，并且对于这一个时期表现为生产的自然前提，对于前一个时期就是生产的历史结果。它们在生产本身内部被不断地改变。例如，机器的应用既改变了生产工具的分配，也改变了产品的分配。现代大地产本身既是现代商业和现代工业的结果，也是现代工业在农业上应用的结果。

上面提出的一些问题，归根到底就是：一般历史条件在生产上是怎样起作用的，生产和一般历史运动的关系又是怎样的。这个问题显然属于对生产本身的讨论和阐述。

然而，这些问题即使照上面那样平庸的提法，同样也可以给予简短的回答。所有的征服有三种可能。征服民族把自己的生产方式强加于被征服的民族（例如，英国人本世纪在爱尔兰所做的，部分地在印度所做的）；或者是征服民族让旧生产方式维持下去，自己满足于征收贡赋（如土耳其人和罗马人）；或者是发生一种相互作用，产生一种新的、综合的东西（日耳曼人的征服中一部分就是这样）。在所有的情况下，生产方式，不论是征服民族的，被征服民族的，还是两者混合形成的，总是决定新出现的分配。因此，虽然这种分配对于新的生产时期表现为前提，但它本身又是生产的产物，不仅是一般历史生产的产物，而且是一定历史生产的产物。

例如，蒙古人根据他们生产即放牧的特点把俄罗斯弄成一片荒凉，因为大片无人居住的地带是放牧的主要条件。在日耳曼蛮族，用农奴耕作是传统的生产，过的是乡村的孤独生活，他们能够非常容易地让罗马各行省服从这些条件，因为那里发生的地产的积聚已经完全推翻了旧的农业关系。

有一种传统的看法，认为在某些时期人们只靠掠夺生活。但是要能够掠夺，就要有可以掠夺的东西，因此就要有生产。而掠夺的方式本身又决定于生产的方式。例如，掠夺一个从事证券投机的民族就不能同掠夺一个游牧民族一样。

在奴隶的场合，生产工具直接被掠夺。但在这种情况下，掠夺奴隶的国家的生产必须安排得容许使用奴隶劳动，或者必须建立一种适于使用奴隶的生产方式(如在南美等[16])。

法律可以使一种生产资料,例如土地,永远属于一定家庭。这些法律,只有当大地产同社会生产处于和谐中的时候,如像在英国那样,才有经济意义。在法国,尽管有大地产,但经营的是小规模农业,因而大地产就被革命打碎了。但是,土地分成小块的状态是否例如通过法律永远固定下来了呢?尽管有这种法律,财产却又积聚起来了。法律在巩固分配关系方面的影响和它们由此对生产发生的作用,要专门加以规定。

(c)最后,交换和流通

流通本身只是交换的一定要素,或者也是从交换总体上看的交换。

既然**交换**只是生产和由生产决定的分配一方同消费一方之间的中介要素,而消费本身又表现为生产的一个要素,交换显然也就作为生产的要素包含在生产之内。

第一,很明显,在生产本身中发生的各种活动和各种能力的交换,直接属于生产,并且从本质上组成生产。第二,这同样适用于产品交换,只要产品交换是用来制造供直接消费的成品的手段。在这个限度内,交换本身是包含在生产之中的行为。第三,所谓实业家之间的交换[17],不仅从它的组织方面看完全决定于生产,而且本身也是生产活动。只有在最后阶段上,当产品直接为了消费而交换的时候,交换才表现为独立于生产之旁,与生产漠不相干。但是,(1)如果没有分工,不论这种分工是自然发生的或者本身已经是历史的结果,也就没有交换;(2)私人交换以私人生产为前提;(3)交换的深度、广度和方式都是由生产的发展和结构决定的。例如,城乡之间的交换,乡村中的交换,城市中的交换等等。可见,交换就其一切要素来说,或者是直接包含在生产之中,或者是由生产决定。

我们得到的结论并不是说,生产、分配、交换、消费是同一的东西,而是说,它们构成一个总体的各个环节,一个统一体内部的差别。生产既支配着与其他要素相对而言的生产自身,也支配着其他要素。过程总是从生产重新开始。交换和消费不能是起支配作用的东西,这是不言而喻的。分配,作为产品的分配,也是这样。而作为生产要素的分配,它本身就是生产的一个要素。因此,一定的生产决定一定的消费、分配、交换和**这些不同要素相互间的**

一定关系。当然,生产**就其单方面形式来说**也决定于其他要素。例如,当市场扩大,即交换范围扩大时,生产的规模也就增大,生产也就分得更细。随着分配的变动,例如,随着资本的积聚,随着城乡人口的不同的分配等等,生产也就发生变动。最后,消费的需要决定着生产。不同要素之间存在着相互作用。每一个有机整体都是这样。

3. 政治经济学的方法

当我们从政治经济学的角度考察某一国家的时候,我们从该国的人口,人口的阶级划分,人口在城乡、海洋、在不同生产部门的分布,输出和输入,全年的生产和消费,商品价格等等开始。

从实在和具体开始,从现实的前提开始,因而,例如在经济学上从作为全部社会生产行为的基础和主体的人口开始,似乎是正确的。但是,更仔细地考察起来,这是错误的。如果我,例如,抛开构成人口的阶级,人口就是一个抽象。如果我不知道这些阶级所依据的因素,如雇佣劳动、资本等等,阶级又是一句空话。而这些因素是以交换、分工、价格等等为前提的。比如资本,如果没有雇佣劳动、价值、货币、价格等等,它就什么也不是。因此,如果我从人口着手,那么,这就是关于整体的一个混沌的表象,并且通过更切近的规定我就会在分析中达到越来越简单的概念;从表象中的具体达到越来越稀薄的抽象,直到我达到一些最简单的规定。于是行程又得从那里回过头来,直到我最后又回到人口,但是这回人口已不是关于整体的一个混沌的表象,而是一个具有许多规定和关系的丰富的总体了。

第一条道路是经济学在它产生时期在历史上走过的道路。例如,17 世纪的经济学家总是从生动的整体,从人口、民族、国家、若干国家等等开始,但是他们最后总是从分析中找出一些有决定意义的抽象的一般的关系,如分工、货币、价值等等。这些个别要素一旦多少确定下来和抽象出来,从劳动、分工、需要、交换价值等等这些简单的东西上升到国家、国际交换和世界市场的各种经济学体系就开始出现了。

后一种方法显然是科学上正确的方法。具体之所以具体,因为它是许多规定的综合,因而是多样性的统一。因此它在思维中表现为综合的过程,表现为结果,而不是表现为起点,虽然它是现实的起点,因而也是直观和表象的起点。在第一条道路上,完整的表象蒸发为抽象的规定;在第二条道路上,抽象的规定在思维行程中导致具体的再现。

因此,黑格尔陷入幻觉,把实在理解为自我综合、自我深化和自我运动的思维的结果,其实,从抽象上升到具体的方法,只是思维用来掌握具体、把它当作一个精神上的具体再现出来的方式。但决不是具体本身的产生过程。举例来说,最简单的经济范畴,如交换价值,是以人口即在一定关系中进行生产的人口为前提的;也是以某种家庭、公社或国家等为前提的。交换价值只能作为一个具体的、生动的既定整体的抽象的单方面的关系而存在。相反,作为范畴,交换价值却有一种洪水期前的存在。因此,在意识看来(而哲学意识就是被这样规定的:在它看来,正在理解着的思维是现实的人,而被理解了的世界本身才是现实的世界),范畴的运动表现为现实的生产行为(只可惜它从外界取得一种推动),而世界是这种生产行为的结果;这——不过又是一个同义反复——只有在下面这个限度内才是正确的:具体总体作为思想总体、作为思想具体,事实上是思维的、理解的产物;但是,决不是处于直观和表象之外或驾于其上而思维着的、自我产生着的概念的产物,而是把直观和表象加工成概念这一过程的产物。整体,当它在头脑中作为思想整体而出现时,是思维着的头脑的产物,这个头脑用它所专有的方式掌握世界,而这种方式是不同于对于世界的艺术精神的,宗教精神的,实践精神的掌握的。实在主体仍然是在头脑之外保持着它的独立性;只要这个头脑还仅仅是思辨地、理论地活动着。因此,就是在理论方法上,主体,即社会,也必须始终作为前提浮现在表象面前。

但是,这些简单的范畴在比较具体的范畴以前是否也有一种独立的历史存在或自然存在呢?要看情况而定。例如,黑格尔论法哲学,是从占有开始,把占有看作主体的最简单的法的关系[18],这是对的。但是,在家庭或主奴关系这些具体得多的关系之前,占有并不存在。相反,如果说存在着还只是**占有**,而没有**所有权**的家庭和部落整体,这倒是对的。所以,同所有权相比,这种比较简单的范畴,表现为比较简单的家庭团体或部落团体的关系。它在比较高级的社会中表现为一个发达的组织的比较简单的关系。但是那个以占有为关系的比较具体的基础总是前提。可以设想有一个孤独的野人占有东西。但是在这种情况下，占有并不是法的关系。说占有在历史上发展为家庭，是错误的。占有倒总是以这个“比较具体的法的范畴”为前提的。但是，不管怎样总可以说，简单范畴是这样一些关系的表现，在这些关系中，较不发展的具体可以已经实现，而那些通过较具体的范畴在精神上表现出来的较多方面的联系或关系还没有产生，而比较发展的具体则把这个范畴当作一种从属关系保存下来。在资本存在之前，银行存在之前，雇佣劳动等等存在之前，货币能够存在，而且在历史上存在过。因此，从这一方面看来，可以说，比较简单的范畴可以表现一个比较不发展的整体的处于支配地位的关系或者一个比较发展的整体的从属关系，这些关系在整体向着以一个比较具体的范畴表现出来的方面发展之前，在历史上已经存在。在这个限度内，从最简单上升到复杂这个抽象思维的进程符合现实的历史过程。

另一方面，可以说，有一些十分发展的、但在历史上还不成熟的社会形式，其中有最高级的经济形式，如协作、发达的分工等等，却不存在任何货币，秘鲁就是一个例子[19]。就在斯拉夫公社中，货币以及作为货币的条件的交换，也不是或者很少是出现在各个公社内部，而是出现在它们的边界上，出现在与其他公社的交往中，因此，把同一公社内部的交换当作原始构成因素，是完全错误的。相反地，与其说它起初发生在同一公社内部的成员间，不如说它发生在不同公社的相互关系中。其次，虽然货币很早就全面地发生作用，但是在古代它只是在片面发展的民族即商业民族中才是处于支配地位的因素。甚至在最文明的古代，在希腊人和罗马人那里，货币的充分发展——在现代的资产阶级社会中这是前提——只是出现在他们解体的时期。因此，这个十分简单的范畴，在历史上只有在最发达的社会状态下才表现出它的充分的力量。它决没有历尽一切经济关系。例如，在罗马帝国，在它最发达的时期，实物税和实物租仍然是基础。那里，货币制度原来只是在军队中得到充分发展。[20]它也从来没有掌握劳动的整个领域。

可见，比较简单的范畴，虽然在历史上可以在比较具体的范畴之前存在，但是，它在深度和广度上的充分发展恰恰只能属于一个复杂的社会形式，而比较具体的范畴在一个比较不发展的社会形式中有过比较充分的发展。

劳动似乎是一个十分简单的范畴。它在这种一般性上——作为劳动一般——的表象也是古老的。但是，在经济学上从这种简单性上来把握的“劳动”,和产生这个简单抽象的那些关系一样,是现代的范畴。例如,货币主义把财富看成还是完全客观的东西,看成自身之外的物,存在于货币中。同这个观点相比,重工主义或重商主义把财富的源泉从对象转到主体的活动——商业劳动和工业劳动,已经是很大的进步,但是,他们仍然只是把这种活动本身理解为局限于取得货币的活动。同这个主义相对立的重农主义把劳动的一定形式——农业——看作创造财富的劳动,不再把对象本身看作裹在货币的外衣之中,而是看作产品一般,看作劳动的一般成果了。这种产品还与活动的局限性相应而仍然被看作自然规定的产品——农业的产品,主要是土地的产品。

亚当·斯密大大地前进了一步,他抛开了创造财富的活动的一切规定性,——干脆就是劳动,既不是工业劳动,又不是商业劳动,也不是农业劳动,而既是这种劳动,又是那种劳动。有了创造财富的活动的抽象一般性,也就有了被规定为财富的对象的一般性,这就是产品一般,或者说又是劳动一般,然而是作为过去的、对象化的劳动。这一步跨得多么艰难,多么巨大,只要看看连亚当·斯密本人还时时要回到重农主义,就可想见了。这也许会造成一种看法,好像由此只是替人——不论在哪种社会形式下——作为生产者在其中出现的那种最简单、最原始的关系找到了一个抽象表现。从一方面看来这是对的。从另一方面看来就不是这样。

对任何种类劳动的同样看待,以各种现实劳动组成的一个十分发达的总体为前提,在这些劳动中,任何一种劳动都不再是支配一切的劳动。所以,最一般的抽象总只是产生在最丰富的具体发展的场合,在那里,一种东西为许多东西所共有,为一切所共有。这样一来,它就不再只是在特殊形式上才能加以思考了。另一方面,劳动一般这个抽象,不仅仅是各种劳动组成的一个具体总体的精神结果。对任何种类劳动的同样看待,适合于这样一种社会形式,在这种社会形式中,个人很容易从一种劳动转到另一种劳动,一定种类的劳动对他们说来是偶然的,因而是无差别的。这里,劳动不仅在范畴上,而且在现实中都成了创造财富一般的手段,它不再是同具有某种特殊性的个人结合在一起的规定了。在资产阶级社会的最现代的存在形式——美国,这种情况最为发达。所以,在这里,“劳动”、“劳动一般”、直截了当的劳动这个范畴的抽象,这个现代经济学的起点,才成为实际上真实的东西。所以,这个被现代经济学提到首位的，表现出一种古老而适用于一切社会形式的关系的最简单的抽象，只有作为最现代的社会的范畴，才在这种抽象中表现为实际上真实的东西。人们也许会说，在美国表现为历史产物的东西——对任何劳动同样看待——，例如在俄罗斯人那里，就表现为天生的素质。但是，首先，是野蛮人具有能被使用于一切的素质，还是文明人自动去从事一切，是大有区别的。其次，在俄罗斯人那里，实际上同对任何种类劳动同样看待这一点相适应的，是传统地固定在一种十分确定的劳动上，他们只是由于外来的影响才从这种状态中解脱出来。

劳动这个例子令人信服地表明，哪怕是最抽象的范畴，虽然正是由于它们的抽象而适用于一切时代，但是就这个抽象的规定性本身来说，同样是历史条件的产物，而且只有对于这些条件并在这些条件之内才具有充分的适用性。

资产阶级社会是最发达的和最多样性的历史的生产组织。因此，那些表现它的各种关系的范畴以及对于它的结构的理解，同时也能使我们透视一切已经覆灭的社会形式的结构和生产关系。资产阶级社会借这些社会形式的残片和因素建立起来，其中一部分是还未克服的遗物，继续在这里存留着，一部分原来只是征兆的东西，发展到具有充分意义，等等。人体解剖对于猴体解剖是一把钥匙。反过来说，低等动物身上表露的高等动物的征兆，只有在高等动物本身已被认识之后才能理解。因此，资产阶级经济为古代经济等等提供了钥匙。但是，决不是像那些抹杀一切历史差别、把一切社会形式都看成资产阶级社会形式的经济学家所理解的那样。人们认识了地租，就能理解代役租、什一税等等。但是不应当把它们等同起来。

其次，因为资产阶级社会本身只是发展的一种对立的形式，所以，那些早期形式的各种关系，在它里面常常只以十分萎缩的或者完全歪曲的形式出现。公社所有制就是个例子。因此，如果说资产阶级经济的范畴适用于一切其他社会形式这种说法是对的，那么，这也只能在一定意义上来理解。这些范畴可以在发展了的、萎缩了的、漫画式的种种形式上，总是在有本质区别的形式上，包含着这些社会形式。所说的历史发展总是建立在这样的基础上的：最后的形式总是把过去的形式看成是向着自己发展的各个阶段，并且因为它很少而且只是在特定条件下才能够进行自我批判，——这里当然不是指作为崩溃时期出现的那样的历史时期,——所以总是对过去的形式作片面的理解。基督教只有在它的自我批判在一定程度上,可说是在可能范围内完成时,才有助于对早期神话作客观的理解。同样,资产阶级经济学只有在资产阶级社会的自我批判已经开始时,才能理解封建的、古代的和东方的经济。在资产阶级经济学没有用编造神话的办法把自己同过去的经济完全等同起来时,它对于以前的经济,特别是它曾经还不得不与之直接斗争的封建经济的批判,是与基督教对异教的批判或者新教对旧教的批判相似的。

在研究经济范畴的发展时,正如在研究任何历史科学、社会科学时一样,应当时刻把握住:无论在现实中或在头脑中,主体——这里是现代资产阶级社会——都是既定的;因而范畴表现这个一定社会即这个主体的存在形式、存在规定、常常只是个别的侧面;因此,这个一定社会**在科学上**也决不是在把它**当作这样一个社会**来谈论的时候才开始存在的。这必须把握住,因为这对于分篇直接具有决定的意义。

例如,从地租开始,从土地所有制开始,似乎是再自然不过的了,因为它是同土地,即同一切生产和一切存在的源泉结合着的,并且它又是同一切多少固定的社会的最初的生产形式,即同农业结合着的。但是,这是最错误不过的了。在一切社会形式中都有一种一定的生产决定其他一切生产的地位和影响,因而它的关系也决定其他一切关系的地位和影响。这是一种普照的光,它掩盖了一切其他色彩,改变着它们的特点。这是一种特殊的以太,它决定着它里面显露出来的一切存在的比重。

以游牧民族为例(纯粹的渔猎民族还没有达到真正发展的起点)。他们偶尔从事某种形式的耕作。这样就规定了土地所有制。它是共同的,这种形式按照这些民族保持传统的程度而或多或少地保留下来,斯拉夫人中的公社所有制就是个例子。在从事定居耕作(这种定居已是一大进步),而且这种耕作像在古代社会和封建社会中那样处于支配地位的民族那里,连工业、工业的组织以及与工业相应的所有制形式都多少带着土地所有制的性质;或者像在古代罗马人中那样工业完全附属于耕作;或者像在中世纪那样工业在城市中和在城市的各种关系上模仿着乡村的组织。在中世纪,甚至资本——不是指纯粹的货币资本——作为传统的手工工具等等,也具有这种土地所有制的性质。

在资产阶级社会中情况则相反。农业越来越变成仅仅是一个工业部门，完全由资本支配。地租也是如此。在土地所有制处于支配地位的一切社会形式中，自然联系还占优势。在资本处于支配地位的社会形式中，社会、历史所创造的因素占优势。不懂资本便不能懂地租。不懂地租却完全可以懂资本。资本是资产阶级社会的支配一切的经济权力。它必须成为起点又成为终点，必须放在土地所有制之前来说明。分别考察了两者之后，必须考察它们的相互关系。

因此，把经济范畴按它们在历史上起决定作用的先后次序来排列是不行的，错误的。它们的次序倒是由它们在现代资产阶级社会中的相互关系决定的，这种关系同表现出来的它们的自然次序或者符合历史发展的次序恰好相反。问题不在于各种经济关系在不同社会形式的相继更替的序列中在历史上占有什么地位，更不在于它们在"观念上"(蒲鲁东[21])(在关于历史运动的一个模糊的表象中)的顺序。而在于它们在现代资产阶级社会内部的结构。

古代世界中商业民族——腓尼基人、迦太基人——表现的单纯性(抽象规定性)，正是由农业民族占优势这种情况本身决定的。作为商业资本和货币资本的资本，在资本还没有成为社会的支配因素的地方，正是在这种抽象中表现出来。伦巴第人和犹太人对于经营农业的中世纪社会，也是处于这种地位。

还有一个例子，说明同一些范畴在不同的社会阶段有不同的地位，这就是资产阶级社会的最新形式之一：**股份公司**。但是，它还在资产阶级社会初期就以拥有特权和垄断权的大商业公司的形式出现。

17 世纪经济学家无形中是这样接受国民财富这个概念的，即认为财富的创造仅仅是为了国家，而国家的实力是与这种财富成比例的，——这种观念在 18 世纪的经济学家中还部分地保留着。这是一种还不自觉的伪善形式，通过这种形式，财富本身和财富的生产被宣布为现代国家的目的，而现代国家被看成只是生产财富的手段。

显然，应当这样来分篇：(1)一般的抽象的规定，因此它们或多或少属于一切社会形式，不过是在上面所阐述的意义上。(2)形成资产阶级社会内部结构并且成为基本阶级的依据的范畴。资本、雇佣劳动、土地所有制。它们的相互关系。城市和乡村。三大社会阶级。它们之间的交换。流通。信用事业(私人的)。(3)资产阶级社会在国家形式上的概括。就它本身来考察。"非生产"阶级。税。国债。公共信用。人口。殖民地。向国外移民。(4)生产的国际关系。国际分工。国际交换。输出和输入。汇率。(5)世界市场和危机。

写于1857年8月底

第一次用德文发表于《新时代》第21年卷(1902—1903年)第1卷第23—25期

原文是德文

选自《马克思恩格斯选集》第2卷,人民出版社1995年版,第1—26页。

注　释:

[1] 标题《Ⅰ.生产、消费、分配、交换(流通)》,在马克思写在手稿笔记本"M"封面上的目录中是没有的。这个标题严格地说只包括《导言》的前两节,即《生产》一节(在笔记本"M"的封面上,这一节有一个更确切的标题《生产一般》)和《生产与分配、交换、消费的一般关系》一节。马克思在《生产、消费、分配、交换(流通)》这一节前面标明的罗马数字"Ⅰ",在《导言》往后的正文中再也没有相应的罗马数字与之相连接。——1。

[2] 把单个的孤立的猎人和渔夫当作出发点的观点,见亚·斯密《国民财富的性质和原因的研究》(附《英国和美国》的作者[爱·吉·韦克菲尔德]的注释,1835—1939年伦敦版)一书的序论和大·李嘉图《政治经济学和赋税原理》1821年伦敦第3版第1章第3节。——1。

[3] 社会契约是卢梭关于人从自然状态过渡到市民状态的相互关系的理论。按照这个理论,人们最初生活在某种自然状态中,在这种状态下,人人都是平等的。私有财产的形成和不平等的占有关系的发展决定了人们从自然状态向市民状态的过渡,并导致以社会契约为基础的国家的形成。政治上的不平等的进一步发展破坏了这种社会契约,导致某种新的自然状态的形成。能够消除这一自然状态的,据说是以某种新的社会契约为基础的理性国家。

让·雅·卢梭在1755年阿姆斯特丹版的《论人间不平等的起源和原因》和1762年阿姆斯特丹版的《社会契约论》这两部著作中详细阐述了这一理论。——1。

[4] 市民社会这一术语出自乔·威·弗·黑格尔《法哲学原理》(《黑格尔全集》1833年柏林版第8卷第182节附录)。在马克思的早期著作中,这一术语的使用有两重含义。广义地说,是指社会发展各历史时期的经济制度,即决定政治制度和意识形态的物质关系总和;狭义地说,是指资产阶级社会的物质关系。因此,应按照上下文作不同的理解。根据这里的上下文并参照马克思在《政治经济学批判》第1分册序言(见本卷第31—35页)中有关经济基础和上层建筑的论述,此处应为后一种含义。——1、32。

[5] 氏族的原文是"Stamm",这一术语在19世纪中叶的历史科学中含义比现在要广,它表示渊源于同一祖先的人们的共同体,包括现在通用的"氏族"(Gens)和"部落"(Stamm)两个概念。另外,马克思关于原始社会和早期部落制中家庭关系的观点,即认为人们最初先是形成为"家庭",然后从家庭发展和扩大而成为"氏族",也是沿用当时历史科学中的观点。美国的著名民族学家路·亨·摩尔根在《古代社会》(1877年)中第一次把"氏族"和"部落"这两个概念区分开来,并下了准确的定义,第一次阐明了氏族作为原始公社制度的主要基层单位的意义。瑞士历史学家约·雅·巴霍芬的《母权论》(1861年)也在古代社会和民族学的研究方面作出了新贡献。马克思和恩格斯后来吸收了这些新研究成果,从马克思对摩尔根著作的摘录中可以看出他关于氏族和家庭之间关系的新观点,即氏族是以血缘为基础的人类社会的原始形式,氏族纽带的解体,才发展起各种形式的家庭。恩格斯在1844年出版的《家庭、私有制和国家的起源》(见本选集第4卷第1—189页)中全面阐述了这些新见解。恩格斯还为《资本论》第1卷第12章加了关于氏族和家庭的关系的第(50a)注。——2。

[6] 政治动物(Ζϖου πολιτιχόυ),从更广泛意义来说是"社会动物",这是亚里士多德在他的《政治学》第1篇开头给人下的定义。马克思在《资本论》第1卷第11章第(13)注中指出:"确切地说,亚里士多德所下的定义是:人天生是城市的市民"(见《马克思恩格斯全集》第23卷第363页)。——2。

[7] 关于蒲鲁东所说的普罗米修斯的神话,参看马克思在《哲学的贫困》第1章第3节末尾(《马克思恩格斯全集》第4卷第135—137页)作的评论。——3。

[8] 约·斯·穆勒《政治经济学原理及其对社会哲学的某些应用》(两卷集)1848年伦敦版第1卷第1篇《生产》第1章,就加上了《生产的要素》这一标题。——4。

[9] 前进的和停滞的社会状态,见亚当·斯密《国民财富的性质和原因的研究》1776年伦敦版第1篇第8章和第11章结束语。——4。

[10] 关于生产不同于分配的内容,见约·斯·穆勒《政治经济学原理及其对社会哲学的某些应用》(两卷集)1848年伦敦版第1卷第25—26页。——5。

[11] 原手稿中是"人"。——编者注

[12] 规定即否定(Determinatio est negatio),马克思此处援引的斯宾诺莎的这一命题是采用黑格尔的有名的解释。斯宾诺莎自己用这个说法来表示"限定即否定"(见巴·斯宾诺莎《通信集》第50封信。1674年6月2日致贾利克·杰里斯)。在黑格尔的著作中,这里强调任何一个有规定的存在即任何"某物"内部所固有的否定的要素(见黑格尔《逻辑学》1833年柏林版第1部第1编第2章注释"实在或现实与否定",以及黑格尔《哲学全书》1840年柏林版第1部《逻辑》第91节附释)。——8。

[13] "社会主义美文学家",马克思在这里指的是这样一些庸俗社会主义者,如德国"真正的社会主义者",特别是卡尔·格律恩,以及法国的小资产阶级社会主义者蒲鲁东。有关的内容还可参看马克思恩格斯《德意志意识形态》第2卷第4章第4节(见《马克思恩格斯全集》第3卷第603—615页)和马克思《哲学的贫困》第1章第3节末尾(见《马克思恩格斯全集》第4卷第134—135页)。——11。

[14] 对萨伊和施托尔希关于生产和消费之间的关系的观点,马克思在《剩余价值理论》第1册第3章第9节(见《马克思恩格斯全集》第26卷第1册第85—86页)作了专门的评介。——12。

[15] 大·李嘉图在《政治经济学和赋税原理》的序言中专门把分配规定为经济学的对象。——13。

[16] 这里除了指南美洲之外,可能还包括美国南部各州。——16。

[17] 马克思所说的"所谓实业家之间(zwischen dealers und dealers)的交换",指的是亚当·斯密把整个流通划分为两个不同的领域,一个领域是只在实业家之间的流通,另一个领域是实业家和消费者个人之间的流通。马克思在《剩余价值理论》第1册第3章第10节(b)(见《马克思恩格斯全集》第26卷第1册第111页)中直接摘录了斯密这一论点。——16。

[18] 关于黑格尔把占有看作主体的最简单的法的关系,见他的《法哲学原理》第40、45、49—52节。——19。

[19] 关于秘鲁被西班牙征服以前不存在任何货币的材料,马克思采自美国历史学家普雷斯科特的著作《秘鲁征服史。附印加文化概述》(三卷集)1850年伦敦第4版。马克思从这一著作第1卷所作的摘录,包含在马克思1850—1853年期间在伦敦写

的经济学摘录笔记(以下简称《伦敦笔记》)的第 XIV 本笔记中。关于印加人中不存在货币的情况,见该书第 1 卷第 147 页。——20。

[20] 马克思在 1857 年 9 月 25 日致恩格斯的信中,较多地谈到了军队在经济发展中所起的重要作用,其中也涉及了货币在军队中的发展。——21。

[21] 蒲鲁东的观念顺序的历史,见他的《经济矛盾的体系,或贫困的哲学》(两卷集)1846 年巴黎版,特别是第 1 卷第 145—146 页。马克思曾摘录并批判了蒲鲁东的这种观点,见《哲学的贫困》第 2 章第 1 节《方法》中的《第一个说明》(见本选集第 1 卷第 137—141 页),还可参看《剩余价值理论》第 1 册第 2 章第 6 节(见《马克思恩格斯全集》第 26 卷第 1 册第 40 页)。——25。

《〈政治经济学批判〉导言》(节选)导读

一、时代背景及其意义

马克思《〈政治经济学批判〉导言》(以下简称《导言》)写于1857年8月下旬。它是马克思为出版《政治经济学批判》即《1857—1858年经济学手稿》(又称《资本论》初稿)而撰写的一篇导言。《导言》在马克思生前没有发表,直到1902年才在他的遗稿中发现。1903年考茨基把这一手稿第一次用德文发表在《新时代》杂志上。

1857年爆发了席卷欧美的世界性经济危机,当时马克思在给恩格斯的信中说:"我现在发狂似的通宵总结我们的经济研究,为的是在洪水之前至少把一些基本问题搞清楚。"①《导言》的写作目的:一是为了揭示资本主义经济危机的原因和实质;二是为了批判当时国民经济学和庸俗经济学一些错误观点,把"一些基本问题搞清楚"。比如:亚当·斯密和李嘉图的国民经济学,还有巴师夏、凯里等的庸俗经济学。他们一方面把物质生产看做是与社会性质无关的一种永恒的自然关系下的生产;另一方面又割裂生产与分配等的关系,把分配说成是随心所欲的事情。马克思在《导言》中,批判了资产阶级经济学的错误观点,认为物质生产总是一定社会性质(生产关系)下的生产,生产、消费、分配、交换是物质生产的四个环节,生产是这四个环节的起点,并以生产为出发点论述了生产与消费、分配和交换的一般关系。《导言》对政治经济学的方法还做了专题论述。

《导言》是马克思留下的惟一的一篇系统论述政治经济学的研究对象和

① 《马克思恩格斯全集》第29卷,人民出版社1972年版,第219页。

方法的文稿。它对于当代解读马克思主义文本具有极其重要的意义。《导言》提出的政治经济学的研究对象是指一定社会性质的物质生产，还是指生产关系呢？在生产、消费、分配和交换之间，如何认识生产要素与分配的关系等问题，仍是当代值得研究的一些问题。

二、内容简介

（一）生产、消费、分配、交换（流通）

正文共四节，节选前三节。

1. 生产。这一节的中心是批判了国民经济学把资本主义生产关系看成是一种永恒的自然关系的错误观点，论述了物质生产的社会性质，主要阐明了政治经济学的出发点、对象和本题。该节共14个自然段。

政治经济学研究对象是什么？这一节以此为核心展开了论述。

(1)政治经济学研究对象是一定社会性质的物质生产(第1—3段)。

政治经济学研究物质生产，就必须研究物质生产的社会性质（生产关系），研究生产交换中的个人，就不能脱离社会性质来谈个人。而斯密、李嘉图的政治经济学，虽然也把物质生产作为研究出发点，但是，他们不顾生产的社会性质，而把生产理解为单个的孤立的个人在社会之外进行的生产。这种"孤立的个人"是一种虚构，其旨趣无非是企图把资本主义的生产说成是自然的永恒的生产。

(2)政治经济学研究的是一定社会发展阶段上的特殊生产(第4—6段)。

资产阶级经济学家脱离一定历史阶段上的生产关系而空谈"生产一般"，其目的是要证明资本主义社会生产关系和谐与永存。但是，"政治经济学不是工艺学"，它不研究一个个特殊生产部门。政治经济学要研究在一定社会生产关系总体中活动着的物质生产，从而揭示社会经济运动的一般规律。

(3)政治经济学研究的本题是一定社会性质的生产，即现代资产阶级的生产(第7—14段)。

"现代资产阶级生产——这种生产事实上是我们研究的本题。"生产的一般规定，是存在的。政治经济学如果停留在这些抽象要素，那就不可能理解任何一个现实的历史的生产阶段。政治经济学可以研究作为合理抽象的生产一般，但这不是主要的，政治经济学研究的本题是“现代资产阶级的生产”。

2. 生产与分配、交换、消费的一般关系。这一节的中心是考察了社会生产的内部结构，分析了社会生产各个方面的相互关系，个体地研究了生产的现实运动及其规律。该节共40个自然段。

引论(第1—5段)，社会生产是一个由生产、分配、交换和消费组成的有机统一体。生产制造出适合需要的对象(产品)；分配依照社会规律决定个人分配这些产品的比例；交换依照个人需要把已经分配的东西再分配；最后，在消费中，产品脱离这种社会运动，直接变成个人需要的对象和仆役，供个人享受而满足个人的需要。因而，生产表现为起点，消费表现为终点，分配和交换表现为中间环节。社会生产就是这样在总体性中活动着的循环往复的过程。而资产阶级经济学“正规的三段论法”是，“生产是一般，分配和交换是特殊，消费是个别，全体由此结合在一起”。马克思指出了这种分法的肤浅性，并具体分析了它们之间的相互关系。

(1) 生产和消费(第6—23段)。

生产和消费的关系是辩证的，把生产和消费的关系割裂和等同都是错误的。(a)生产和消费具有直接的同一性。生产直接也是消费：一方面表现为劳动力的消费；另一方面表现为生产资料的消费。消费也直接地表现为生产：一方面在消费生活的消费品当中，“人生产自己的身体”恢复体力，即通过消费生产出劳动力；另一方面，在消费生产资料的同时生产出新产品。(b)生产和消费相互依存、互为中介、互为手段。生产中介着消费，它创造出消费的材料，没有生产，消费也就没有对象。消费也是生产的中介，消费为生产提供目的、需要和内在对象；消费为产品创造主体，产品在消费中才得到最后完成，所以没有消费也就没有生产。(c)生产和消费相互生产，互相创造对方。“两者的每一方由于自己的实现才创造对方；每一方是把自己当作对方创造出来。”消费生产着、创造着生产，生产生产出消费。

尽管如此，把生产和消费等同起来是错误的，如平庸的经济学家萨伊等。马克思认为，“无论我们把生产和消费看作一个主体的活动或者许多个人的活动，它们总是表现为一个过程的两要素，在这个过程中，生产是实际的起点，因而也是起支配作用的要素。"而消费只是表现为生产的要素。

(2)生产和分配(第24—36段)。

这一节的中心是批判了庸俗资产阶级经济学的"三位一体"的分配理论和分配决定论，阐述了生产决定分配的原理。

(a)批判"三位一体"分配理论，阐明了分配本身是生产的产物的原理(第24—25段)。

"三位一体"说的实际观点是，土地带来地租，劳动带来工资，资本带来利息和利润。换言之，资本就是利息和利润的源泉，资本决定了一切分配形式。

首先，马克思批判了资本不是利息和利润的源泉的观点。资本分为不变资本和可变资本。作为生产要素的不变资本，不会为资本带来任何利润和利息，作为生产要素的可变资本才会带来剩余价值，从而转化为利息和利润。资本就是工人创造的剩余价值转化为利息和利润，并用其中一部分当做追加资本进行扩大再生产，因而利息和利润"又是资本的再生产方式"。所以，笼统地说资本带来利息和利润是片面的，它掩盖了资本主义剥削的实质。其次，劳动是否带来工资？劳动与工资并没有必然联系，在奴隶社会，劳动不是雇佣劳动，也就没有工资。劳动只有成为雇佣劳动，雇佣工人在必要劳动时间所创造的劳动力的价值才以工资的形式参与产品的分配，实际上雇佣工人在剩余时间所创造的劳动力的剩余价值则被资本家无偿占有。因而，一方面说任何劳动都会带来工资，不符合历史事实；另一方面说工资是劳动的报酬，也是十分不确切的。最后，说土地带来地租，即不符合历史事实(如奴隶社会就没有地租)，也不符合资本主义社会的实际。地租本质上是农业工人创造的剩余价值的一部分，它同利息和利润一样，是剩余价值的转化形式。所以"分配关系和分配方式只表现为生产要素的背面"。分配的结构完全决定于生产的结构。

(b)批判分配先于生产的理论，阐述了生产决定分配的原理(第26—36段)。

庸俗经济学认为"分配表现为产品的分配"。这是最浅薄的理解。分配包括两种分配，即生产要素(生产条件)的分配和产品的分配。产品的分配显然只是分配的结果。在这里，要具体分析的是生产要素(生产条件)，如生产工具的分配，社会成员和生产资料在生产过程的起始阶段首先要按一定的生产关系进行分配,即什么素质的社会成员安置在什么样的生产部门干什么,什么样的生产资料为社会成员的哪些人所占有等等。以这种生产条件和前提的分配就形成了生产要素的结合形式。所以说,它决定生产的结构。人们只有在这种生产结构中才能生产出可分配的产品。可见,生产要素的分配不是先于生产的分配,而是包含在生产过程中,属于生产本身内部的问题。这种生产要素的分配在本身内部不断地改变,也不断地改变着产品的分配。

分配先于生产的情况是否存在?马克思分析了资本主义等社会的几种情况,这些情况从形式上看,分配似乎先于生产。但实质上,并不是分配先于生产,而是生产先于分配,生产决定分配,一定分配方式决定于一定的生产的方式。

(3) 最后,交换和流通(第37—40段)。

这一节的中心是论述交换作为生产的要素并包含在生产之内。

从交换的内容来看,主要有四种。但实际上它们都是由生产决定的。因为,如果没有生产,就没有生活资料可供交换。

总之,生产既支配其他要素相对而言的生产自身,也支配着其他要素,即一定的生产决定一定的消费、分配、交换和这些不同要素相互间的一定关系。但是,生产就其单方面形式来说,也决定于其他要素。如,当市场扩大,即交换范围扩大时,生产的规模也就增大。可见,生产、分配、交换、消费的地位和作用不是等同的,它们构成一个总体的各个环节,它们的差别是一个统一体内部的差别。社会再生产是一个有机的统一整体。因而,离开一定社会性质去谈物质生产,割裂生产、消费、分配、交换四个环节的内在联系是错误的。

3. 政治经济学的方法。该节共22个自然段。

《导言》总结了政治经济学的形成过程,第一次系统地论述了政治经济学从抽象到具体的研究方法。

(1)政治经济学研究的两种方法(第1—4段)。

任何一个完整的认识过程,都必须经历两条彼此相连而又互相区别的认识道路,即从具体到抽象和从抽象到具体(具体——抽象——具体)。马克思在这里说:“在第一条道路上,完整的表象蒸发为抽象的规定;在第二条道路上，抽象的规定在思维行程中导致具体的再现。"①

第一种是从具体到抽象的方法。它是马克思以前的古典政治经济学的方法。它包括亚当·斯密的方法。虽然这种方法大体上符合正确的认识路线，但它在很大程度上是自发的，因为它始终都受经验主义方法的困扰。这种方法所说的"完整的表象"，是指感性的"具体"和经验的"实在"。它从感性"具体"出发，经过分析，把直观和表象中的具体变为越来越稀薄的抽象，直到得出一些最简单的规定。这种感性具体到抽象的道路，是科学认识时的经验认识阶段，它处于直观和表象的初级加工的阶段，尚未达到对事物本质的完整理解。在马克思看来，古典政治经济学在产生时所走的仅仅是"第一条道路"，仅限于把直观表象中的具体简化为简单与抽象的规定。

第二种是从抽象到具体的方法。这是马克思视为科学上的正确方法。这种方法不仅不否定从感性具体到抽象的方法，而且应有目的地把表象中的具体加工成抽象的规定，使从抽象上升到具体的认识获得正确的起点。不同的是，从抽象到具体的方法，它是指把从感性具体到抽象加工成的简单规定，按照其内在的固有联系在思维中再现为具体的整体。这里的"具体"，不再是感性具体，而是思维具体。"它是许多规定的综合，因而是多样性的统一。"

(2)从抽象到具体的方法是马克思的政治经济学的科学方法(第5—12段)。

为什么？首先，从抽象到具体的方法，是对德国古典哲学的批判和继承(5段)。马克思说："从抽象上升到具体的方法，只是思维用来掌握具体、把它当作一个精神上的具体再现出来的方式。但决不是具体本身的产生过程。"这就是说，从抽象到具体是马克思研究现实经济关系具体再现经济关系的一种方法。而黑格尔却把从抽象到具体看做是纯思维的自我运动，是思维本身的产生过程。马克思批判了黑格尔方法的唯心主义消极因素，把抽象到具体方法看做是政治经济学的科学方法。

其次，从抽象到具体的逻辑思维进程，与现实的历史过程在本质上是一致的(第6—12段)。

语言是思维的外壳。抽象和具体作为思维方法，它的外在形式就是语

① 《马克思恩格斯选集》第2卷，人民出版社1995年版，第18页。

言、概念和范畴。在语言形式上，抽象和具体都是指经济范畴。“经济范畴只不过是生产的社会关系的理论表现，即其抽象。”①“抽象”是指“最简单的经济范畴”;“具体”则是扬弃最简单范畴以后的“许多规定的综合，因而是多样性的统一”。

经济范畴这种从抽象到具体的上升过程，也即思维中从抽象到具体的上升逻辑过程，同现实的历史进程本质上是一致的。经济范畴既然是经济关系的理论表现，所以，经济范畴从简单到复杂上升的逻辑顺序本质上反映了资本主义的经济关系，比如，占有、货币、劳动等经济范畴。马克思重点分析了劳动等经济范畴由简单到复杂、由抽象上升到具体的逻辑过程，同资本主义雇佣劳动制度由低级向高级发展的逻辑的与历史的统一。在资本主义原始积累阶段的16—17世纪，也就是雇佣劳动制度初期，重商主义仅仅把金银、货币的商业看做是财富的源泉，后来重农主义把劳动的一切形式——农业——看做创造财富的劳动。只有到18世纪，欧洲大踏步地走进市民社会，随着雇佣劳动制度的充分发展，斯密扬弃了重商主义、重农主义的劳动经济范畴的不合理因素，把劳动上升为创造财富的一般劳动，既是“劳动的一般，然而是作为过去的、对象化的劳动”(第10段)。

(3)人体解剖对于猴体解剖是一把钥匙。反过来，低等动物身上表露的高等动物的征兆，只有在高等动物本身已被认识之后才能理解。因此，资产阶级经济结构和生产关系为研究古代社会经济发展规律提供了钥匙(第13—14段)。

(4)在研究经济范畴时应坚持唯物辩证法原则(第15—22段)。

首先，必须唯物地把握好对象性的客观性。无论在现实中或在头脑中，主体是“现代资产阶级社会”，这些都是既定的、客观的。从客观经济关系出发，而不能主观臆造。

其次，辩证地研究资本主义的经济关系，揭示其起支配作用的经济关系。研究资本主义的经济范畴，不要把经济范畴按历史上产生的先后次序来安排，而要按照各个范畴在资本主义社会中的相互作用来安排，按照现代资本主义社会的内在结构来建构，揭示资本主义经济结构中起支配作用的经济关

① 《马克思恩格斯选集》第1卷，人民出版社1995年版，第141页。

系。“这是一种普照的光”，比如，资本的生产，它是资本主义社会起支配作用的生产，它必须成为政治经济学的起点和终点。

思考题：

1. 政治经济学研究对象是什么？为什么？
2.《导言》是怎样论述生产、分配、交换、消费的辩证关系的？
3.《导言》是怎样论述了政治经济学研究方法的？
4.《导言》在马克思主义发展史上有何理论价值和现实意义？

（谭培文　广西师范大学）

马 克 思

《政治经济学批判》序言*

我考察资产阶级经济制度是按照以下的顺序：**资本、土地所有制、雇佣劳动；国家、对外贸易、世界市场**。在前三项下，我研究现代资产阶级社会分成的三大阶级的经济生活条件；其他三项的相互联系是一目了然的。第一册论述资本，其第一篇由下列各章组成：(1)商品，(2)货币或简单流通，(3)资本一般。前两章构成本分册的内容。我面前的全部材料[1]形式上都是专题论文，它们是在相隔很久的几个时期内写成的，目的不是为了付印，而是为了自己弄清问题，至于能否按照上述计划对它们进行系统整理，就要看环境如何了。

我把已经起草好的一篇总的导言[2]压下了，因为仔细想来，我觉得预先说出正要证明的结论总是有妨害的，读者如果真想跟着我走，就要下定决心，从个别上升到一般。不过在这里倒不妨谈一下我自己研究政治经济学的经过。

我学的专业本来是法律，但我只是把它排在哲学和历史之次当作辅助学科来研究。1842—1843 年间，我作为《莱茵报》[3]的编辑，第一次遇到要对所谓物质利益发表意见的难事。莱茵省议会关于林木盗窃和地产析分的讨论，当时的莱茵省总督冯·沙培尔先生就摩塞尔农民状况同《莱茵报》展开的官

---

* 这是马克思为他在 1858 年 11 月—1859 年 1 月写成的《政治经济学批判》第 1 分册所写的序言。《政治经济学批判》第 1 分册的出版标志着马克思主义政治经济学创立中的一个重要阶段。马克思在写作这本书以前，进行了 15 年的各方面的科学研究工作，在这一过程中研究了大量的经济文献，制定了自己的经济学说的原理。

这篇序言有巨大的理论意义和独立的科学意义，其中对马克思所发现的唯物主义历史观的实质作了精辟的说明，对历史唯物主义实质本身下了经典性的定义。

马克思在世时，《政治经济学批判》没有再版，只有序言是个例外，它曾于 1859 年 6 月 4 日发表在伦敦德文报纸《人民报》(见注 54)上，但发表时作了某些删节。

方论战，最后，关于自由贸易和保护关税的辩论，是促使我去研究经济问题的最初动因[4]。另一方面，在善良的"前进"愿望大大超过实际知识的当时，在《莱茵报》上可以听到法国社会主义和共产主义的带着微弱哲学色彩的回声。我曾表示反对这种肤浅言论，但是同时在和《奥格斯堡总汇报》[5]的一次争论中坦率承认，我以往的研究还不容许我对法兰西思潮的内容本身妄加评判。我倒非常乐意利用《莱茵报》发行人以为把报纸的态度放温和些就可以使那已经落在该报头上的死刑判决撤销的幻想，以便从社会舞台退回书房。

为了解决使我苦恼的疑问，我写的第一部著作是对黑格尔法哲学的批判性的分析，这部著作的导言曾发表在 1844 年巴黎出版的《德法年鉴》[6]上。我的研究得出这样一个结果：法的关系正像国家的形式一样，既不能从它们本身来理解，也不能从所谓人类精神的一般发展来理解，相反，它们根源于物质的生活关系，这种物质的生活关系的总和，黑格尔按照 18 世纪的英国人和法国人的先例，概括为"市民社会"[7]，而对市民社会的解剖应该到政治经济学中去寻求。我在巴黎开始研究政治经济学，后来因基佐先生下令驱逐移居布鲁塞尔[8]，在那里继续进行研究。我所得到的、并且一经得到就用于指导我的研究工作的总的结果，可以简要地表述如下：人们在自己生活的社会生产中发生一定的、必然的、不以他们的意志为转移的关系，即同他们的物质生产力的一定发展阶段相适合的生产关系。这些生产关系的总和构成社会的经济结构，即有法律的和政治的上层建筑竖立其上并有一定的社会意识形式与之相适应的现实基础。物质生活的生产方式制约着整个社会生活、政治生活和精神生活的过程。不是人们的意识决定人们的存在，相反，是人们的社会存在决定人们的意识。社会的物质生产力发展到一定阶段，便同它们一直在其中运动的现存生产关系或财产关系(这只是生产关系的法律用语)发生矛盾。于是这些关系便由生产力的发展形式变成生产力的桎梏。那时社会革命的时代就到来了。随着经济基础的变更，全部庞大的上层建筑也或慢或快地发生变革。在考察这些变革时，必须时刻把下面两者区别开来：一种是生产的经济条件方面所发生的物质的、可以用自然科学的精确性指明的变革，一种是人们借以意识到这个冲突并力求把它克服的那些法律的、政治的、宗教的、艺术的或哲学的，简言之，意识形态的形式。我们判断一个人不能以他对自己的看法为根据，同样，我们判断这样一个变革时代也不能以它的意识为根据；相反，这个意识必须从物质生活的矛盾中，从社会生产力和生产关系之间的现存冲突中去解释。无论哪一个社会形态，在它所能容纳的全部生产力发挥出来以前，是决不会灭亡的；而新的更高的生产关系，在它的物质存在条件在旧社会的胎胞里成熟以前，是决不会出现的。所以人类始终只提出自己能够解决的任务，因为只要仔细考察就可以发现，任务本身，只有在解决它的物质条件已经存在或者至少是在生成过程中的时候，才会产生。大体说来，亚细亚的、古代的、封建的和现代资产阶级的生产方式可以看作是经济的社会形态演进的几个时代。资产阶级的生产关系是社会生产过程的最后一个对抗形式，这里所说的对抗，不是指个人的对抗，而是指从个人的社会生活条件中生长出来的对抗；但是，在资产阶级社会的胎胞里发展的生产力，同时又创造着解决这种对抗的物质条件。因此，人类社会的史前时期就以这种社会形态而告终。

自从弗里德里希·恩格斯批判经济学范畴的天才大纲[9]（在《德法年鉴》上）发表以后，我同他不断通信交换意见，他从另一条道路（参看他的《英国工人阶级状况》[10]）得出同我一样的结果，当 1845 年春他也住在布鲁塞尔时，我们决定共同阐明我们的见解与德国哲学的意识形态的见解的对立，实际上是把我们从前的哲学信仰清算一下。这个心愿是以批判黑格尔以后的哲学的形式来实现的。两厚册八开本的原稿[11]早已送到威斯特伐利亚的出版所，后来我们才接到通知说，由于情况改变，不能付印。既然我们已经达到了我们的主要目的——自己弄清问题，我们就情愿让原稿留给老鼠的牙齿去批判了。在我们当时从这方面或那方面向公众表达我们见解的各种著作中，我只提出恩格斯与我合著的《共产党宣言》和我自己发表的《关于自由贸易问题的演说》[12]。我们见解中有决定意义的论点，在我的 1847 年出版的为反对蒲鲁东而写的著作《哲学的贫困》[13]中第一次作了科学的、虽然只是论战性的概述。我用德文写的关于《雇佣劳动》[14]一书，汇集了我在布鲁塞尔德意志工人协会[15]上对于这个问题的讲演，这本书的印刷由于二月革命[16]和我因此被迫离开比利时而中断。

1848 年和 1849 年《新莱茵报》[17]的出版以及随后发生的一些事变，打断了我的经济学研究工作，到 1850 年我在伦敦才能重新进行这一工作。不列颠博物馆中堆积着政治经济学史的大量资料，伦敦对于考察资产阶级社会是一个方便的地点，最后，随着加利福尼亚和澳大利亚金矿的发现，资产阶级社会看来进入了新的发展阶段，这一切决定我再从头开始，批判地仔细钻研新的材料。这些研究一部分自然要涉及到似乎完全属于本题之外的学科，在这方面不得不多少费些时间。但是使我所能够支配的时间特别受到限制的，是谋生的迫切需要。八年来，我一直为第一流英文的美国报纸《纽约每日论坛报》[18]撰稿（写作真正的报纸通讯在我只是例外），这使我的研究工作必然时时间断。然而，由于评论英国和大陆突出经济事件的论文在我的投稿中占着很大部分，我不得不去熟悉政治经济科学本身范围以外的实际的细节。

我以上简短地叙述了自己在政治经济学领域进行研究的经过，这只是要证明，我的见解，不管人们对它怎样评论，不管它多么不合乎统治阶级的自私的偏见，却是多年诚实研究的结果。但是在科学的入口处，正像在地狱的入口处一样，必须提出这样的要求：

> "这里必须根绝一切犹豫；
> 这里任何怯懦都无济于事。"[19]

卡尔·马克思

1859年1月于伦敦

载于1859年在柏林出版的《政治经济学批判》一书

原文是德文

选自《马克思恩格斯选集》第2卷，人民出版社1995年版，第31—35页。

注　　释：

［1］马克思所说的全部材料，是指他的1857—1858年经济学手稿和一些准备材料、大纲及摘录笔记等。——31。

［2］指马克思为他当时计划写的庞大的经济学著作《政治经济学批判》而写的总的《导言》（见本卷第1—30页）——31。

[3]《莱茵报》是《莱茵政治、商业和工业日报》的简称，是德国的一家日报，青年黑格尔派的喉舌，1842年1月1日至1843年3月31日在科隆出版。该报是莱茵省一些反对普鲁士专制政体的资产阶级人士伯·腊韦等创办的，编辑是伯·腊韦和阿·鲁滕堡，发行负责人是路·舒尔茨和格·荣克。1842年4月起马克思为该报撰稿，同年10月起成为该报编辑之一。《莱茵报》也发表了恩格斯的许多文章。在马克思担任编辑期间，该报日益具有明显的革命民主主义性质。政府对《莱茵报》进行了特别严格的检查，1843年4月1日把它封闭了。——31。

[4] 指马克思的著作《第六届莱茵省议会的辩论(第三篇论文)。关于林木盗窃法的辩论》和《摩塞尔记者的辩护》(见《马克思恩格斯全集》第1卷第135—181、210—243页)。——31。

[5]《奥格斯堡总汇报》简称《总汇报》，是德国保守派的日报，1798年创刊；1810年至1882年在奥格斯堡出版。1842年发表了捏造的空想共产主义和空想社会主义思想，马克思在其《共产主义和奥格斯堡〈总汇报〉》一文中揭露了这种捏造，该文发表在1842年10月《莱茵报》上(见《马克思恩格斯全集》第1卷第130—134页)。——32。

[6]《德法年鉴》是由马克思提议创办、由阿·卢格和马克思在巴黎编辑出版的德文刊物。仅仅在1844年2月出版过一期双刊号。其中刊载有马克思的著作《论犹太人问题》和《〈黑格尔法哲学批判〉导言》(见本选集第1卷第1—15页)，以及恩格斯的著作《国民经济学批判大纲》(《马克思恩格斯全集》第1卷第596—625页)和《英国状况。评托马斯·卡莱尔的〈过去和现在〉》(《马克思恩格斯全集》第1卷第626—655页)。这些著作标志着马克思和恩格斯从革命民主主义最终转向唯物主义和共产主义。杂志停刊的主要原因是马克思和资产阶级激进分子卢格之间存在原则分歧。——32。

[7] 市民社会这一术语出自乔·威·弗·黑格尔《法哲学原理》(《黑格尔全集》1833年柏林版第8卷第182节附录)。在马克思的早期著作中，这一术语的使用有两重含义。广义地说，是指社会发展各历史时期的经济制度，即决定政治制度和意识形态的物质关系总和；狭义地说，是指资产阶级社会的物质关系。因此，应按照上下文作不同的理解。根据这里的上下文并参照马克思在《政治经济学批判》第1分册序言(见本卷第31—35页)中有关经济基础和上层建筑的论述，此处应为后一种含义。——1、32。

[8] 驱逐马克思和巴黎《前进报》其他撰稿人离开巴黎的命令是由法国内务大臣汤·沙·杜沙特尔于1845年1月11日签署的。由巴黎警察局长德累赛尔签发的驱逐

令于1月25日送交马克思，限其在一周内离开巴黎。——32。

[9] 指恩格斯的第一部经济学著作《国民经济学批判大纲》(见《马克思恩格斯全集》第1卷第596—625页)。——33。

[10] 见《马克思恩格斯全集》第2卷第269—587页。——编者注

[11] 指马克思和恩格斯的著作《德意志意识形态》(见《马克思恩格斯全集》第3卷第11—640页)。——34。

[12] 见本选集第1卷第271—307和215—229页。——编者注

[13] 见《马克思恩格斯全集》第4卷第71—198页。——编者注

[14] 指马克思的著作《雇佣劳动与资本》(见本选集第1卷第340—380页)。——34。

[15] 德意志工人协会是马克思和恩格斯于1847年8月底在布鲁塞尔建立的，全称是布鲁塞尔德意志工人教育协会，目的是对侨居比利时的德国工人进行政治教育和向他们宣传科学共产主义思想。在马克思和恩格斯及其战友的领导下，协会成了团结比利时的德国革命无产者的合法中心，并跟佛兰德和瓦隆的工人俱乐部保持了直接的联系。协会中的优秀分子加入了共产主义者同盟的布鲁塞尔支部。1848年法国资产阶级二月革命后不久，由于协会成员被比利时警察当局逮捕和驱逐出境，协会在布鲁塞尔的活动即告停止。——34、233。

[16] 二月革命是指1848年2月爆发的法国资产阶级民主革命。代表金融资产阶级利益的"七月王朝"推行极端反动的政策，反对任何政治改革和经济改革，阻碍资本主义发展，加剧对无产阶级和农民的剥削，引起全国人民的不满；农业歉收和经济危机进一步加深了国内矛盾。1848年2月22日至24日巴黎爆发了革命，推翻了"七月王朝"，建立了资产阶级共和派的临时政府，宣布成立法兰西第二共和国。无产阶级和小资产阶级积极参加了这次革命，但革命果实却落到资产阶级手里。——34、39、199、233、619。

[17] 《新莱茵报。民主派机关报》是德国1848—1849年革命时期民主派中无产阶级一翼的战斗机关报，1848年6月1日至1849年5月19日每日在科隆出版，主编是马克思；参加编辑的有恩格斯、威·沃尔弗、格·维尔特、斐·沃尔弗、恩·德朗克、斐·弗莱里格拉特和亨·毕尔格尔斯。

《新莱茵报》起了教育和鼓舞人民群众的作用。阐述报纸对德国和欧洲革命最重要问题的立场的社论，通常都是由马克思和恩格斯执笔。

《新莱茵报》的坚决的、不妥协的立场，战斗的国际主义精神，它对普鲁士政府以及科隆地方当局的政治上的揭发，使该报在创刊后的最初几个月就受到封建保皇派和自由派资产阶级报刊的攻击，并且受到政府的迫害，而这种迫害在1848年11—12

月普鲁士的反革命政变以后更变本加厉了。

尽管遭到种种迫害和警察局的阻挠,《新莱茵报》还是英勇地捍卫了革命民主主义的利益,捍卫了无产阶级的利益。1849年5月,在反革命势力全面进攻的形势下,普鲁士政府借口马克思没有普鲁士国籍而下令把他驱逐出境。由于马克思被驱逐出境和《新莱茵报》的其他编辑遭受迫害,该报停刊了。1849年5月19日,《新莱茵报》用红色油墨印出了最后一号即第301号。报纸的编辑在致科隆工人的告别书中说:“无论何时何地,他们的最后一句话始终将是:工人阶级的解放!”——34、233。

[**18**]《纽约每日论坛报》是美国的一家报纸,1841—1924年出版。该报由著名的美国新闻工作者和政治活动家霍·格里利创办,在50年代中期以前是美国辉格党左翼的机关报,后来是共和党的机关报。40—50年代,该报站在进步的立场上反对奴隶占有制。参加该报工作的有许多著名的美国作家和新闻工作者,受空想社会主义思想影响的查·德纳从40年代末起是该报的编辑之一。马克思从1851年8月开始为该报撰稿,一直到1862年3月,继续了十年以上。为《纽约每日论坛报》写的文章,很大一部分是马克思约恩格斯写的。恩格斯的文章多半是在曼彻斯特写的,许多文章上注明的日期并不是写作的真正日期,因为马克思在论文上通常标明的是寄往纽约的日期。有些论文是在伦敦写的,而马克思注明的却是巴黎、维也纳或柏林。马克思和恩格斯在《纽约每日论坛报》上写的文章,涉及国际政治、工人运动、欧洲各国的经济发展、殖民地扩张、被压迫国家和附属国的民族解放运动等等极其重要的问题。在欧洲的反动时期里,马克思和恩格斯利用这个发行很广的美国报纸,以具体材料来揭露资本主义社会的种种弊端和这个社会所固有的各种不可调和的矛盾,并且说明资产阶级民主的局限性。

《纽约每日论坛报》编辑部对马克思和恩格斯的文章常常随意处理,有些文章不署作者名字而作为编辑部的社论刊登出去。自1855年中期起,马克思和恩格斯发表的一切文章都被去掉了署名。有时编辑部竟然还删改文章的内容,并任意加注日期。编辑部的这些行为曾一再引起马克思的抗议。从1857年秋天起,由于美国发生经济危机,报纸的财政状况受到影响,编辑部向马克思提出减少他对《纽约每日论坛报》通讯的数量。到美国国内战争开始时,马克思完全停止了撰稿。马克思所以和《纽约每日论坛报》断绝关系,很大的一个原因是编辑部内主张同各蓄奴州妥协的人的势力加强和该报离开了进步立场。后来该报的方向更日益右倾。——35。

[**19**] 这句话引自但丁《神曲·地狱篇》第3部。——35。

《〈政治经济学批判〉序言》导读

一、时代背景及其意义

《〈政治经济学批判〉序言》(简称《序言》)是马克思 1859 年 1 月为出版《政治经济学批判》第一分册写的序言。

《序言》叙述了马克思早期之所以转向政治经济学研究的思想发展历程，对于了解马克思主义思想发展史有重要的文献价值。《序言》对唯物史观的经典表述，是阐述历史唯物主义原理的主要的文本根据。

二、内容简介

(一)马克思考察了资产阶级经济制度的秩序，阐述了政治经济学的方法(第 1—2 段)

这个秩序是：资本、土地所有制、雇佣劳动；国家、对外贸易、世界市场。在前三项下，马克思研究了资产阶级社会分成的三大阶级(资产阶级、土地所有者和无产阶级)的经济生活条件。它们三者统一于一个资产阶级“国家”。而国家与国家之间必然结成关系而进行“对外贸易”，最后形成“世界市场”。这样才能揭示资本主义的经济活动和实质。

考察政治经济学的方法是从个别上升到一般的方法，而不是相反。

(二)研究政治经济学最初动因(第 3 段)

马克思在大学是学法律的。大学毕业后，于 1842 年至 1843 年间任《莱茵报》的主编。期间，马克思在关于林木盗窃法等问题上"第一次遇到要对所谓物质利益发表意见的难事"。所以，马克思决心去研究经济问题，这是"最初动因"。

（三）对历史唯物主义原理的经典论述（第4段）

1. 进一步论述了转向政治经济学研究的原因，那就是在对《黑格尔法哲学批判》中得出了一个重要结论，即国家不是家庭市民社会的前提，相反，家庭市民社会才是国家的前提，"而对市民社会的解剖应该到政治经济学中去寻求"。所以，马克思1843年在巴黎就开始研究政治经济学。由于研究政治经济学，以生产力和生产关系的矛盾为逻辑起点，揭示社会发展的一般规律，创立了历史唯物主义。

2. 马克思论述了历史唯物主义的基本原理。

(1)揭示了社会形态的各构成要素，阐述了历史唯物主义的实质。

社会的构成要素有生产力、生产关系、经济结构、上层建筑等。它们的关系可以这样表述：与物质生产力一定发展阶段相适合的生产关系的总和构成了社会的经济结构，它是上层建筑与之相适应的现实基础。因而历史的唯物主义的实质应这样来表述："物质生活的生产方式制约着整个社会生活、政治生活和精神生活的过程。不是人们的意识决定人们的存在，相反，是人们的社会存在决定人们的意识。"①

(2)论述了社会发展的基本矛盾，揭示了社会发展的基本动力。马克思提出："社会的物质生产力发展到一定阶段，便同它们一直在其中运动的现存生产关系或财产关系（这只是生产关系的法律用语）发生矛盾。于是这些关系便由生产力的发展形式变成生产力的桎梏。那时社会革命的时代就到来了。随着经济基础的变更，全部庞大的上层建筑也或慢或快地发生变革。"②这就是说，生产力和生产关系、经济基础和上层建筑的矛盾是社会的基本矛盾，其中生产力是社会发展的决定力量。

(3)以生产方式的发展为基础，论述社会发展的基本形态，并探索了未来社会发展的基本趋势。社会发展的基本形态大体说来，可分为亚细亚的、古

---

①② 《马克思恩格斯选集》第2卷，人民出版社1995年版，第32、32—33页。

代的、封建的和现代资产阶级社会等社会形态。资本主义社会是人类最后一个阶级对抗社会。这就预示了未来社会是一个没有对抗、没有剥削的社会。

（四）马克思叙述自己从事政治经济学研究的经过。不管如何，这些都是他多年诚实研究的结果。他是以科学的态度来对待政治经济学研究的，而不是用情感来替代科学。

思考题：

1. 马克思转向研究政治经济学的原因是什么？

2. 马克思在《序言》中论述了那些历史唯物主义基本思想和基本原理？历史唯物主义的实质是什么？

3. 如何认识“社会形态”的演进？如何认识上层建筑一定要适合经济基础，生产关系一定要适合生产力发展的规律？

（谭培文　广西师范大学）

马 克 思

《资本论》第一卷(节选)

第一版序言[1]

我把这部著作的第一卷交给读者。这部著作是我1859年发表的《政治经济学批判》的续篇。初篇和续篇相隔很久,是由于多年的疾病一再中断了我的工作。

前书的内容已经在本卷第一章作了概述。[2]这样做不仅是为了联贯和完整,叙述方式也改进了。在情况许可的范围内,前书只是略略提到的许多论点,这里都作了进一步的阐述;相反地,前书已经详细阐述的论点,这里只略略提到。关于价值理论和货币理论的历史的部分,现在自然完全删去了。[3]但是前书的读者可以在本书第一章的注释中,找到有关这两种理论的历史的新资料。

万事开头难,每门科学都是如此。所以本书第一章,特别是分析商品的部分,是最难理解的。其中对价值实体和价值量的分析,我已经尽可能地做到通俗易懂。[4]以货币形式为完成形态的价值形式,是极无内容和极其简单的。然而,两千多年来人类智慧对这种形式进行探讨的努力,并未得到什么结果[5],而对更有内容和更复杂的形式的分析,却至少已接近于成功。为什么会这样呢? 因为已经发育的身体比身体的细胞容易研究些。并且,分析经济形式,既不能用显微镜,也不能用化学试剂。二者都必须用抽象力来代替。而对资产阶级社会说来,劳动产品的商品形式,或者商品的价值形式,就是经济的细胞形式。在浅薄的人看来,分析这种形式好像是斤斤于一些琐事。这的确是琐事,但这是显微解剖学所要做的那种琐事。

因此，除了价值形式那一部分外，不能说这本书难懂。当然，我指的是那些想学到一些新东西、因而愿意自己思考的读者。

物理学家是在自然过程表现得最确实、最少受干扰的地方观察自然过程的，或者，如有可能，是在保证过程以其纯粹形态进行的条件下从事实验的。我要在本书研究的，是资本主义生产方式以及和它相适应的生产关系和交换关系。到现在为止，这种生产方式的典型地点是英国。因此，我在理论阐述上主要用英国作为例证。但是，如果德国读者看到英国工农业工人所处的境况而伪善地耸耸肩膀，或者以德国的情况远不是那样坏而乐观地自我安慰，那我就要大声地对他说：这正是说的阁下的事情[6]！

问题本身并不在于资本主义生产的自然规律所引起的社会对抗的发展程度的高低。问题在于这些规律本身，在于这些以铁的必然性发生作用并且正在实现的趋势。工业较发达的国家向工业较不发达的国家所显示的，只是后者未来的景象。

撇开这点不说。在资本主义生产已经在我们那里完全确立的地方，例如在真正的工厂里，由于没有起抗衡作用的工厂法，情况比英国要坏得多。在其他一切方面，我们也同西欧大陆所有其他国家一样，不仅苦于资本主义生产的发展，而且苦于资本主义生产的不发展。除了现代的灾难而外，压迫着我们的还有许多遗留下来的灾难，这些灾难的产生，是由于古老的、陈旧的生产方式以及伴随着它们的过时的社会关系和政治关系还在苟延残喘。不仅活人使我们受苦，而且死人也使我们受苦。死人抓住活人！

德国和西欧大陆其他国家的社会统计，与英国相比是很贫乏的。[7]然而它还是把帷幕稍稍揭开，使我们刚刚能够窥见幕内美杜莎的头。如果我国各邦政府和议会像英国那样，定期指派委员会去调查经济状况，如果这些委员会像英国那样，有全权去揭发真相，如果为此能够找到像英国工厂视察员、编写《公共卫生》报告的英国医生、调查女工童工受剥削的情况以及居住和营养条件等等的英国调查委员那样内行、公正、坚决的人们，那么，我国的情况就会使我们大吃一惊。柏修斯需要一顶隐身帽来追捕妖怪。我们却用隐身帽紧紧遮住眼睛和耳朵，以便有可能否认妖怪的存在。

决不要在这上面欺骗自己。正像18世纪美国独立战争[8]给欧洲中等阶级敲起了警钟一样，19世纪美国南北战争[9]又给欧洲工人阶级敲起了警钟。

在英国,变革过程已经十分明显。它达到一定程度后,一定会波及大陆。在那里,它将采取较残酷的还是较人道的形式,那要看工人阶级自身的发展程度而定。所以,现在的统治阶级,撇开其较高尚的动机不说,他们的切身利益也迫使他们除掉一切可以由法律控制的、妨害工人阶级发展的障碍。因此,我在本卷中还用了很大的篇幅来叙述英国工厂立法的历史、内容和结果。一个国家应该而且可以向其他国家学习。一个社会即使探索到了本身运动的自然规律,——本书的最终目的就是揭示现代社会的经济运动规律,——它还是既不能跳过也不能用法令取消自然的发展阶段。但是它能缩短和减轻分娩的痛苦。

为了避免可能产生的误解,要说明一下。我决不用玫瑰色描绘资本家和地主的面貌。不过这里涉及的人,只是经济范畴的人格化,是一定的阶级关系和利益的承担者。我的观点是把经济的社会形态的发展理解为一种自然史的过程。不管个人在主观上怎样超脱各种关系,他在社会意义上总是这些关系的产物。同其他任何观点比起来,我的观点是更不能要个人对这些关系负责的。

在政治经济学领域内,自由的科学研究遇到的敌人,不只是它在一切其他领域内遇到的敌人。政治经济学所研究的材料的特殊性质,把人们心中最激烈、最卑鄙、最恶劣的感情,把代表私人利益的复仇女神召唤到战场上来反对自由的科学研究。例如,英国高教会派[10]宁愿饶恕对它的三十九个信条[11]中的三十八个信条进行的攻击,而不饶恕对它的现金收入的三十九分之一进行的攻击。在今天,同批评传统的财产关系相比,无神论本身是一种很小的过失。但在这方面,进步仍然是无可怀疑的。以最近几星期内发表的蓝皮书[12]《就工业和工联问题同女王陛下驻外使团的信函往来》为例。英国女王驻外使节在那里坦率地说,在德国,在法国,一句话,在欧洲大陆的一切文明国家,现有的劳资关系的变化同英国一样明显,一样不可避免。同时,大西洋彼岸的北美合众国副总统威德先生也在公众集会上说:在奴隶制废除后,资本关系和土地所有权关系的变化会提到日程上来!这是时代的标志,不是用紫衣黑袍遮掩得了的。这并不是说明天就会出现奇迹。但这表明,甚至在统治阶级中间也已经透露出一种模糊的感觉:现在的社会不是坚实的结晶体,而是一个能够变化并且经常处于变化过程中的有机体。

这部著作的第二卷将探讨资本的流通过程(第二册)和总过程的各种形式(第三册),第三卷即最后一卷(第四册)将探讨理论史。[13]

任何的科学批评的意见我都是欢迎的。而对于我从来就不让步的所谓舆论的偏见,我仍然遵守伟大的佛罗伦萨人的格言:

走你的路,让人们去说罢![14]

卡尔·马克思

1867 年 7 月 25 日于伦敦

载于 1867 年在汉堡出版的
《资本论》第 1 卷

第 二 版 跋

我首先应当向第一版的读者指出第二版中所作的修改。很明显的是,篇目更加分明了。各处新加的注,都标明是第二版注。就正文本身说,最重要的有下列各点:

第一章第一节更加科学而严密地从表现每个交换价值的等式的分析中引出了价值,而且明确地突出了在第一版中只是略略提到的价值实体和由社会必要劳动时间决定的价值量之间的联系。第一章第三节(价值形式)全部改写了,第一版的双重叙述就要求这样做。——顺便指出,这种双重叙述是我的朋友,汉诺威的路·库格曼医生建议的。1867 年春,初校样由汉堡寄来时,我正好访问他。他使我相信,大多数读者需要有一个关于价值形式的更带讲义性的补充说明。——第一章最后一节《商品的拜物教性质及其秘密》大部分修改了。第三章第一节(价值尺度)作了仔细的修改,因为在第一版中,考虑到《政治经济学批判》(1859 年柏林版)已有的说明,这一节是写得不够细致的。第七章,特别是这一章的第二节,作了很大的修改。

原文中局部的、往往只是修辞上的修改,用不着一一列举出来。这些修改全书各处都有。但是,现在我校阅正在巴黎出版的法译本[15]时,发现德文原本的某些部分有的地方需要更彻底地修改,有的地方需要更好地修辞或更仔细地消除一些偶然的疏忽。可是我没有时间这样做,因为只是在 1871 年秋,正当我忙于其他迫切的工作的时候,我才接到通知说,书已经卖完了,而第二版在 1872 年 1 月就要付印。

《资本论》在德国工人阶级广大范围内迅速得到理解,是对我的劳动的最好的报酬。一个在经济方面站在资产阶级立场上的人,维也纳的工厂主迈尔先生,在普法战争[16]期间发行的一本小册子[17]中说得很对:被认为是德国世袭财产的卓越的理论思维能力,已在德国的所谓有教养的阶级中完全消失了,但在德国工人阶级中复活了。[18]

在德国,直到现在,政治经济学一直是外来的科学。古斯塔夫·冯·居利希在他的《商业、工业和农业的历史叙述》中,特别是在 1830 年出版的该书的前两卷中,已经大体上谈到了在我们这里妨碍资本主义生产方式发展、因而也妨碍现代资产阶级社会建立的历史条件。可见,政治经济学在我国缺乏生长的土壤。它作为成品从英国和法国输入;德国的政治经济学教授一直是学生。别国的现实在理论上的表现,在他们手中变成了教条集成,被他们用包围着他们的小资产阶级世界的精神去解释,就是说,被曲解了。他们不能把在科学上无能为力的感觉完全压制下去,他们不安地意识到,他们必须在一个实际上不熟悉的领域内充当先生,于是就企图用博通文史的美装,或用无关材料的混合物来加以掩饰。这种材料是从所谓官房学[19]——各种知识的杂拌,满怀希望的[20]德国官僚候补者必须通过的炼狱之火——抄袭来的。

从 1848 年起,资本主义生产在德国迅速地发展起来,现在正是它的欺诈盛行的时期。但是我们的专家还是命运不好。当他们能够不偏不倚地研究政治经济学时,在德国的现实中没有现代的经济关系。而当这些关系出现时,他们所处的境况已经不再容许他们在资产阶级的视野之内进行不偏不倚的研究了。只要政治经济学是资产阶级的政治经济学,就是说,只要它把资本主义制度不是看作历史上过渡的发展阶段,而是看作社会生产的绝对的最后的形式,那就只有在阶级斗争处于潜伏状态或只是在个别的现象上表现出来的时候,它还能够是科学。

拿英国来说。英国古典政治经济学是属于阶级斗争不发展的时期的。它的最后的伟大的代表李嘉图,终于有意识地把阶级利益的对立、工资和利润的对立、利润和地租的对立当作他的研究的出发点，因为他天真地把这种对立看作社会的自然规律。这样，资产阶级的经济科学也就达到了它的不可逾越的界限。还在李嘉图活着的时候，就有一个和他对立的人西斯蒙第批判资产阶级的经济科学了。[21]

随后一个时期，从1820年到1830年，在英国，政治经济学方面的科学活动极为活跃。这是李嘉图的理论庸俗化和传播的时期，同时也是他的理论同旧的学派进行斗争的时期。[22]这是一场出色的比赛。当时的情况，欧洲大陆知道得很少，因为论战大部分是分散在杂志论文、关于时事问题的著作和抨击性小册子上。这一论战的不偏不倚的性质——虽然李嘉图的理论也例外地被用作攻击资产阶级经济的武器[23]——可由当时的情况来说明。一方面，大工业本身刚刚脱离幼年时期；大工业只是从1825年的危机才开始它的现代生活的周期循环，就证明了这一点。另一方面，资本和劳动之间的阶级斗争被推到后面：在政治方面是由于纠合在神圣同盟[24]周围的政府和封建主同资产阶级所领导的人民大众之间发生了纠纷；在经济方面是由于工业资本和贵族土地所有权之间发生了纷争。这种纷争在法国是隐藏在小块土地所有制和大土地所有制的对立后面，在英国则在谷物法[25]颁布后公开爆发出来。这个时期英国的政治经济学文献，使人想起魁奈医生逝世后法国经济学的狂飙时期，但这只是像晚秋晴日使人想起春天一样。1830年，最终决定一切的危机发生了。

资产阶级在法国和英国夺得了政权。从那时起，阶级斗争在实践方面和理论方面采取了日益鲜明的和带有威胁性的形式。它敲响了科学的资产阶级经济学的丧钟。现在问题不再是这个或那个原理是否正确，而是它对资本有利还是有害，方便还是不方便，违背警章还是不违背警章。无私的研究让位于豢养的文丐的争斗，不偏不倚的科学探讨让位于辩护士的坏心恶意。甚至以工厂主科布顿和布莱特为首的反谷物法同盟[26]抛出的强迫人接受的小册子，由于对地主贵族展开了论战，即使没有科学的意义，毕竟也有历史的意义。但是罗伯特·皮尔爵士执政以来的自由贸易的立法，也把庸俗经济学的最后这根刺拔掉了。[27]

1848年大陆的革命也在英国产生了反应。那些还要求有科学地位、不愿单纯充当统治阶级的诡辩家和献媚者的人，力图使资本的政治经济学同这时已不容忽视的无产阶级的要求调和起来。于是,以约翰·斯图亚特·穆勒为最著名代表的平淡无味的混合主义产生了。[28]这宣告了"资产阶级"经济学的破产,关于这一点,俄国的伟大学者和批评家尼·车尔尼雪夫斯基在他的《穆勒政治经济学概述》中已作了出色的说明。

可见,在资本主义生产方式的对抗性质在法国和英国通过历史斗争而明显地暴露出来以后,资本主义生产方式才在德国成熟起来,同时,德国无产阶级比德国资产阶级在理论上已经有了更明确的阶级意识。因此,当资产阶级政治经济学作为一门科学看来在德国有可能产生的时候,它又成为不可能了。

在这种情况下,资产阶级政治经济学的代表人物分成了两派。一派是精明的、贪利的实践家,他们聚集在庸俗经济学辩护论的最浅薄的因而也是最成功的代表巴师夏的旗帜下;另一派是以经济学教授资望自负的人,他们追随约·斯·穆勒,企图调和不能调和的东西[29]。德国人在资产阶级经济学衰落时期,也同在它的古典时期一样,始终只是学生、盲从者和模仿者,是外国大商行的小贩。

所以,德国社会特殊的历史发展,排除了"资产阶级"经济学在德国取得任何独创的成就的可能性,但是没有排除对它进行批判的可能性。就这种批判代表一个阶级而论,它能代表的只是这样一个阶级,这个阶级的历史使命是推翻资本主义生产方式和最后消灭阶级。这个阶级就是无产阶级。

德国资产阶级的博学的和不学无术的代言人,最初企图像他们在对付我以前的著作时曾经得逞那样,用沉默置《资本论》于死地。[30]当这种策略已经不再适合当时形势的时候,他们就借口批评我的书,开了一些药方来"镇静资产阶级的意识",但是他们在工人报刊上(例如约瑟夫·狄慈根在《人民国家报》上发表的文章[31])遇到了强有力的对手,至今还没有对这些对手作出答复。[32]

1872年春,彼得堡出版了《资本论》的优秀的俄译本。初版3 000册现在几乎已售卖一空。1871年,基辅大学政治经济学教授尼·季别尔先生在他的《李嘉图的价值和资本理论》一书中就已经证明,我的价值、货币和资本的理论就其要点来说是斯密—李嘉图学说的必然的发展。使西欧读者在阅读他的这本出色的著作时感到惊异的,是纯理论观点的始终一贯。

人们对《资本论》中应用的方法理解得很差，这已经由对这一方法的各种互相矛盾的评论所证明。

例如，巴黎的《实证论者评论》[33]一方面责备我形而上学地研究经济学，另一方面责备我——你们猜猜看！——只限于批判地分析既成的事实，而没有为未来的食堂开出调味单(孔德主义的吗?)。关于形而上学的责备，季别尔教授指出：

“就理论本身来说，马克思的方法是整个英国学派的演绎法，其优点和缺点是一切最优秀的理论经济学家所共有的。”[34]

莫·布洛克先生在《德国的社会主义理论家》(摘自1872年7月和8月《经济学家杂志》)一文中，发现我的方法是分析的方法，他说：

“马克思先生通过这部著作而成为一个最出色的具有分析能力的思想家。”

德国的评论家当然大叫什么黑格尔的诡辩。[35]彼得堡的《欧洲通报》在一篇专谈《资本论》的方法的文章(1872年5月号第427—436页)[36]中，认为我的研究方法是严格的实在论的，而叙述方法不幸是德国辩证法的。作者写道：

“如果从外表的叙述形式来判断，那么最初看来，马克思是最大的唯心主义哲学家，而且是德国的即坏的唯心主义哲学家。而实际上，在经济学的批判方面，他是他的所有前辈都无法比拟的实在论者…… 决不能把他称为唯心主义者。”

我回答这位作者先生的最好的办法，是从他自己的批评中摘出几段话来，这几段话也会使某些不懂俄文原文的读者感到兴趣。

这位作者先生从我的《政治经济学批判》序言(1859年柏林版第4—7页[37]，在那里我说明了我的方法的唯物主义基础)中摘引一段话后说：

“在马克思看来，只有一件事情是重要的，那就是发现他所研究的那些现象的规律。而且他认为重要的，不仅是在这些现象具有完成形式和处于一定时期内可见到的联系中的时候支配着它们的那个规律。在他看来，除此而外，最重要的是这些现象变化的规律，这些现象发展的规律，即它们由一种形式过渡到另一种形式，由一种联系秩序过渡到另一种联系秩序的规律。他一发现了这个规律，就详细地来考察这个规律在社会生活中表现出来的各种后果…… 所以马克思竭力去做的只是一件事：通过准确的科学研究来证明社会关系的一定秩序的必然性，同时尽可能完善地指出那些作为他的出发点和根据的事实。为了这个目的,只要证明现有秩序的必然性,同时证明这种秩序不可避免地要过渡到另一种秩序的必然性就完全够了,而不管人们相信或不相信,意识到或没有意识到这种过渡。马克思把社会运动看作受一定规律支配的自然史过程,这些规律不仅不以人的意志、意识和意图为转移,反而决定人的意志、意识和意图…… 既然意识要素在文化史上只起着这种从属作用,那么不言而喻,以文化本身为对象的批判,比任何事情更不能以意识的某种形式或某种结果为依据。这就是说,作为这种批判的出发点的不能是观念,而只能是外部的现象。批判将不是把事实和观念比较对照,而是把一种事实同另一种事实比较对照。对这种批判惟一重要的是,对两种事实进行尽量准确的研究,使之真正形成相互不同的发展阶段,但尤其重要的是,对各种秩序的序列、对这些发展阶段所表现出来的顺序和联系进行同样准确的研究…… 但是有人会说,经济生活的一般规律,不管是应用于现在或过去,都是一样的。马克思否认的正是这一点。在他看来,这样的抽象规律是不存在的…… 根据他的意见,恰恰相反,每个历史时期都有它自己的规律…… 一旦生活经过了一定的发展时期,由一定阶段进入另一阶段时,它就开始受另外的规律支配。总之,经济生活呈现出的现象,和生物学的其他领域的发展史颇相类似…… 旧经济学家不懂得经济规律的性质,他们把经济规律同物理学定律和化学定律相比拟…… 对现象所作的更深刻的分析证明,各种社会有机体像动植物有机体一样,彼此根本不同…… 由于这些有机体的整个结构不同,它们的各个器官有差别,以及器官借以发生作用的条件不一样等等,同一个现象就受完全不同的规律支配。例如,马克思否认人口规律在任何时候在任何地方都是一样的。相反地,他断言每个发展阶段有它自己的人口规律…… 生产力的发展水平不同,生产关系和支配生产关系的规律也就不同。马克思给自己提出的目的是,从这个观点出发去研究和说明资本主义经济制度,这样,他只不过是极其科学地表述了任何对经济生活进行准确的研究必须具有的目的…… 这种研究的科学价值在于阐明支配着一定社会有机体的产生、生存、发展和死亡以及为另一更高的有机体所代替的特殊规律。马克思的这本书确实具有这种价值。”

这位作者先生把他称为我的实际方法的东西描述得这样恰当,并且在谈到我个人对这种方法的运用时又抱着这样的好感,那他所描述的不正是辩证方法吗?

当然,在形式上,叙述方法必须与研究方法不同。研究必须充分地占有材料,分析它的各种发展形式,探寻这些形式的内在联系。只有这项工作完成以后,现实的运动才能适当地叙述出来。这点一旦做到,材料的生命一旦在观念上反映出来,呈现在我们面前的就好像是一个先验的结构了。

我的辩证方法,从根本上来说,不仅和黑格尔的辩证方法不同,而且和它截然相反。[38]在黑格尔看来,思维过程,即甚至被他在观念这一名称下转化为独立主体的思维过程，是现实事物的创造主，而现实事物只是思维过程的外部表现。我的看法则相反，观念的东西不外是移入人的头脑并在人的头脑中改造过的物质的东西而已。

将近30年以前，当黑格尔辩证法还很流行的时候，我就批判过黑格尔辩证法的神秘方面。但是，正当我写《资本论》第一卷时，今天在德国知识界发号施令的、愤懑的、自负的、平庸的模仿者们[39]，却已高兴地像莱辛时代大胆的莫泽斯·门德尔松对待斯宾诺莎那样对待黑格尔，即把他当作一条“死狗”[40]了。因此，我公开承认我是这位大思想家的学生，并且在关于价值理论的一章中，有些地方我甚至卖弄起黑格尔特有的表达方式。辩证法在黑格尔手中神秘化了，但这决没有妨碍他第一个全面地有意识地叙述了辩证法的一般运动形式。在他那里，辩证法是倒立着的。必须把它倒过来，以便发现神秘外壳中的合理内核。

辩证法，在其神秘形式上，成了德国的时髦东西，因为它似乎使现存事物显得光彩。辩证法，在其合理形态上，引起资产阶级及其空论主义的代言人的恼怒和恐怖，因为辩证法在对现存事物的肯定的理解中同时包含对现存事物的否定的理解，即对现存事物的必然灭亡的理解；辩证法对每一种既成的形式都是从不断的运动中，因而也是从它的暂时性方面去理解；辩证法不崇拜任何东西，按其本质来说，它是批判的和革命的。

使实际的资产者最深切地感到资本主义社会充满矛盾的运动的，是现代工业所经历的周期循环的各个变动，而这种变动的顶点就是普遍危机。这个危机又要临头了，虽然它还处于预备阶段；由于它的舞台的广阔和它的作用的强烈，它甚至会把辩证法灌进新的神圣普鲁士德意志帝国的暴发户们的头脑里去。

卡尔·马克思

1873年1月24日于伦敦

第一次载于1872—1873年在汉堡
出版的《资本论》第2版

第 二 篇
货币转化为资本

第 四 章
货币转化为资本

1. 资本的总公式

商品流通是资本的起点。商品生产和发达的商品流通,即贸易,是资本产生的历史前提。世界贸易和世界市场在16世纪揭开了资本的现代生活史。

如果撇开商品流通的物质内容,撇开各种使用价值的交换,只考察这一过程所造成的经济形式,我们就会发现,货币是这一过程的最后产物。商品流通的这个最后产物是资本的最初的表现形式。

资本在历史上起初到处是以货币形式,作为货币财产,作为商人资本和高利贷资本,与地产相对立。[41]然而,为了认识货币是资本的最初的表现形式,不必回顾资本产生的历史。这个历史每天都在我们眼前重演。现在每一个新资本最初仍然是作为货币出现在舞台上,也就是出现在市场上——商品市场、劳动市场或货币市场上,经过一定的过程,这个货币就转化为资本。

作为货币的货币和作为资本的货币的区别,首先只是在于它们具有不同的流通形式。

商品流通的直接形式是 W—G—W,商品转化为货币,货币再转化为商品,为买而卖。但除这一形式外,我们还看到具有不同特点的另一形式 G—W—G,货币转化为商品,商品再转化为货币,为卖而买。在运动中通过这后一种流通的货币转化为资本,成为资本,而且按它的使命来说,已经是资本。

现在我们较仔细地研究一下 G—W—G 这个流通。和简单商品流通一样，它也经过两个对立阶段。在第一阶段 G—W(买)上，货币转化为商品。在第二阶段 W—G(卖)上，商品再转化为货币。这两个阶段的统一是一个总运动：货币和商品交换，同一商品再和货币交换，即为卖商品而买商品；如果不管买和卖的形式上的区别，那就是用货币购买商品，又用商品购买货币。[42]整个过程的结果，是货币和货币交换，G—G。假如我用 100 镑买进 2 000 磅棉花，然后又把这 2 000 磅棉花按 110 镑卖出，结果我就是用 100 镑交换 110 镑，用货币交换货币。

很清楚，假如 G—W—G 这个流通过程只是兜个圈子，是同样大的货币价值相交换，比如说，100 镑和 100 镑交换，那么这个流通过程就是荒唐的、毫无内容的了。货币贮藏者的办法倒是无比地简单，无比地牢靠，他把 100 镑贮藏起来，不让它去冒流通中的风险。另一方面，不论商人把他用 100 镑买来的棉花卖 110 镑，还是 100 镑，甚至只是 50 镑，他的货币总是经过一种独特和新奇的运动，这种运动根本不同于货币在简单商品流通中的运动，例如在农民手中的运动——出售谷物，又用卖得的货币购买衣服。因此，首先我们应该说明 G—W—G 和 W—G—W 这两种循环的形式上的区别。这样，隐藏在这种形式上的区别后面的内容上的区别同时也就暴露出来。

我们先来看一下这两种形式的共同点。

这两种循环都分成同样两个对立阶段：W—G(卖)和 G—W(买)。在其中每一个阶段上，都是同样的两个物的要素即商品和货币互相对立，都是扮演同样两种经济角色的两个人即买者和卖者互相对立。这两个循环的每一个都是同样两个对立阶段的统一，这种统一在这两种情形下都是通过三个契约当事人的登场而实现的：一个只是卖，一个只是买，一个既买又卖。

但是，W—G—W 和 G—W—G 这两个循环从一开始就不同，是由于同样两个对立的流通阶段具有相反的次序。简单商品流通以卖开始，以买结束；作为资本的货币的流通以买开始，以卖结束。作为运动的起点和终点的，在前一场合是商品，在后一场合是货币。在整个过程中起中介作用的，在前一形式是货币，在后一形式则是商品。

在 W—G—W 这个流通中，货币最后转化为充当使用价值的商品。于是，货币就最终花掉了。而在 G—W—G 这个相反的形式中，买者支出货币，却是为了作为卖者收入货币。他购买商品，把货币投入流通，是为了通过出卖这同一商品,从流通中再取回货币。他拿出货币时,就蓄意要重新得到它。因此,货币只是被预付出去[43]。

在 W—G—W 形式中,同一块货币两次变换位置。卖者从买者那里得到货币,又把它付给另一个卖者。整个过程以交出商品收入货币开始,以交出货币得到商品告终。在 G—W—G 形式中,情形则相反。在这里,两次变换位置的,不是同一块货币,而是同一件商品。买者从卖者手里得到商品,又把商品交到另一个买者手里。在简单商品流通中,同一块货币的两次变换位置,使货币从一个人手里最终转到另一个人手里;而在这里,同一件商品的两次变换位置,则使货币又流回到它最初的起点。

货币流回到它的起点同商品是否贱买贵卖没有关系。后者只影响流回的货币额的大小。只要买进的商品再被卖掉,就是说,只要 G—W—G 的循环全部完成,就发生货币流回的现象。可见,作为资本的货币的流通和单纯作为货币的货币的流通之间,存在着可以感觉到的区别。

一旦出卖一种商品所得到的货币又被用去购买另一种商品,W—G—W 的循环就全部结束。如果货币又流回到起点,那只是由于整个过程的更新或重复。假如我把一夸特谷物卖了 3 镑,然后用这 3 镑买了衣服,对我来说,这 3 镑就是最终花掉了。我和这 3 镑再没有任何关系。它是衣商的了。假如我又卖了一夸特谷物,货币就又流回到我的手里,但这不是第一次交易的结果,而只是这一交易重复的结果。一旦我结束了这第二次交易,又买了东西,货币就又离开我。因此,在 W—G—W 这个流通中,货币的支出和货币的流回没有任何关系。相反,在 G—W—G 中,货币的流回是由货币支出的性质本身决定的。没有这种流回,活动就失败了,或者过程就中断而没有完成,因为它的第二阶段,即作为买的补充和完成的卖没有实现。

在 W—G—W 循环中,始极是一种商品,终极是另一种商品,后者退出流通,转入消费。因此,这一循环的最终目的是消费,是满足需要,总之,是使用价值。相反,G—W—G 循环是从货币一极出发,最后又返回同一极。因此,这一循环的动机和决定目的是交换价值本身。

在简单商品流通中,两极具有同样的经济形式。二者都是商品,而且是价值量相等的商品。但它们是不同质的使用价值,如谷物和衣服。在这里,产品交换,表现社会劳动的不同物质的变换,是运动的内容。G—W—G 这个流通则不同。乍一看来,它似乎是无内容的,因为是同义反复。两极具有同样的经济形式。二者都是货币,从而不是不同质的使用价值,因为货币正是商品的转化形式,在这个形式中,商品的一切特殊使用价值都已消失。先用100镑交换成棉花,然后又用这些棉花交换成100镑,就是说,货币兜了一个圈子又交换成货币,同样的东西又交换成同样的东西。这似乎是一种既无目的又很荒唐的活动[44]。一个货币额和另一个货币额只能有量的区别。因此,G—W—G过程所以有内容,不是因为两极有质的区别(二者都是货币),而只是因为它们有量的不同。最后从流通中取出的货币,多于起初投入的货币。例如,用100镑买的棉花卖100镑+10镑,即110镑。因此,这个过程的完整形式是G—W—G′。其中的G′=G+⊿G,即等于原预付货币额加上一个增殖额。我把这个增殖额或超过原价值的余额叫作剩余价值(surplus value)。可见,原预付价值不仅在流通中保存下来,而且在流通中改变了自己的价值量,加上了一个剩余价值,或者说增殖了。正是这种运动使价值转化为资本。

诚然,在W—G—W中,两极W和W,如谷物和衣服,也可能是大小不等的价值量。农民卖谷物的价钱可能高于谷物的价值,或者他买衣服的价钱可能低于衣服的价值。他也可能受衣商的骗。但是这种价值上的差异,对这种流通形式本身来说完全是偶然的。即使两极(如谷物和衣服)是等价的,这种流通形式也丝毫不会像G—W—G过程一样丧失自己的意义。在这里,两极的价值相等倒可以说是这种流通形式正常进行的条件。

为买而卖的过程的重复或更新,与这一过程本身一样,以达到这一过程以外的最终目的,即消费或满足一定的需要为限。相反,在为卖而买的过程中,开端和终结是一样的,都是货币,都是交换价值,单是由于这一点,这种运动就已经是没有止境的了。诚然,G变成了G+⊿G,100镑变成了100镑+10镑。但是单从质的方面来看,110镑和100镑一样,都是货币。而从量的方面来看,110镑和100镑一样,也是有限的价值额。如果把这110镑当作货币用掉,那它就不再起作用了。它不再成为资本。如果把它从流通中取出来,那它就凝固为贮藏货币,即使藏到世界末日,也不会增加分毫。因此,如果问题是要使价值增殖,那么110镑和100镑一样,也需要增殖,因为二者都是交换价值的有限的表现,从而具有相同的使命:通过量的增大以接近绝对的富。

不错,原预付价值100镑和它在流通中所增殖的剩余价值10镑在一瞬间是有区别的,但这个区别马上又消失了。过程终了时,不是100镑原价值在一边,10镑剩余价值在另一边。得到的结果是一个110镑的价值。这个价值具有和原先的100镑一样的适宜于开始价值增殖过程的形式。货币在运动终结时又成为运动的开端[45]。因此,每一次为卖而买所完成的循环的终结,自然成为新循环的开始。简单商品流通——为买而卖——是达到流通以外的最终目的,占有使用价值,满足需要的手段。相反,作为资本的货币的流通本身就是目的,因为只是在这个不断更新的运动中才有价值的增殖。因此,资本的运动是没有限度的[46]。

作为这一运动的有意识的承担者,货币占有者变成了资本家。他这个人,或不如说他的钱袋,是货币的出发点和复归点。这种流通的客观内容——价值增殖——是他的主观目的;只有在越来越多地占有抽象财富成为他的活动的惟一动机时,他才作为资本家或作为人格化的、有意志和意识的资本执行职能。因此,决不能把使用价值看作资本家的直接目的[47]。他的目的也不是取得一次利润,而只是谋取利润的无休止的运动[48]。这种绝对的致富欲,这种价值追逐狂[49],是资本家和货币贮藏者所共有的,不过货币贮藏者是发狂的资本家,资本家是理智的货币贮藏者。货币贮藏者通过竭力把货币从流通中拯救出来[50]所谋求的无休止的价值增殖,为更加精明的资本家通过不断地把货币重新投入流通而实现了[51]。

商品的价值在简单流通中所采取的独立形式,即货币形式,只是商品交换的中介,运动一结束就消失。相反,在G—W—G流通中,商品和货币这二者仅仅是价值本身的不同存在方式:货币是它的一般存在方式,商品是它的特殊的也可以说只是化了装的存在方式[52]。价值不断地从一种形式转化为另一种形式,在这个运动中永不消失,这样就转化为一个自动的主体。如果把自行增殖的价值在其生活的循环中交替采取的各种特殊表现形式固定下来,就得出这样的说明:资本是货币,资本是商品[53]。但是实际上,价值在这里已经成为一个过程的主体,在这个过程中,它不断地变换货币形式和商品形式,改变着自己的量,作为剩余价值同作为原价值的自身分出来,自行增殖着。既然它生出剩余价值的运动是它自身的运动,它的增殖也就是自行增殖。它所以获得创造价值的奇能,是因为它是价值。它会产仔,或者说,它至少会生金蛋。

价值时而采取时而抛弃货币形式和商品形式，同时又在这种变换中一直保存自己和扩大自己；价值作为这一过程的扩张着的主体，首先需要一个独立的形式，把它自身的同一性确定下来。它只有在货币上才具有这种形式。因此，货币是每个价值增殖过程的起点和终点。它以前是 100 镑，现在是 110 镑，等等。但货币本身在这里只是价值的一种形式，因为价值有两种形式。货币不采取商品形式，就不能成为资本。因此，货币在这里不像在货币贮藏的情况下那样，与商品势不两立。资本家知道，一切商品，不管它们多么难看，多么难闻，在信仰上和事实上都是货币，是行过内部割礼的犹太人，并且是把货币变成更多的货币的奇妙手段。

在简单流通中，商品的价值在与商品的使用价值的对立中，至多取得了独立的货币形式，而在这里，商品的价值突然表现为一个处在过程中的、自行运动的实体，商品和货币只是这一实体的两种形式。不仅如此。现在，它不是表示商品关系，而可以说是同它自身发生私自关系。它作为原价值同作为剩余价值的自身区别开来，作为圣父同作为圣子的自身区别开来，而二者年龄相同，实际上只是一个人。这是因为预付的 100 镑只是由于有了 10 镑剩余价值才成为资本，而它一旦成为资本，一旦生了儿子，并由于有了儿子而生了父亲，二者的区别又马上消失，合为一体——110 镑。

因此，价值成了处于过程中的价值，成了处于过程中的货币，从而也就成了资本。它离开流通，又进入流通，在流通中保存自己，扩大自己，扩大以后又从流通中返回来，并且不断重新开始同样的循环[54]。G—G′，生出货币的货币——money which begets money[55]——资本的最初解释者重商主义者就是这样来描绘资本的。

为卖而买，或者说得完整些，为了贵卖而买，即 G—W—G′，似乎只是一种资本即商人资本所特有的形式。但产业资本也是这样一种货币，它转化为商品，然后通过商品的出售再转化为更多的货币。在买和卖的间歇，即在流通领域以外发生的行为，丝毫不会改变这种运动形式。最后，在生息资本的场合，G—W—G′的流通简化地表现为没有中介的结果，表现为一种简练的形式，G—G′，表现为等于更多货币的货币，比本身价值更大的价值。

因此，G—W—G′事实上是直接在流通领域内表现出来的资本的总公式。

2. 总公式的矛盾

货币羽化为资本的流通形式,是和前面阐明的所有关于商品、价值、货币和流通本身的性质的规律相矛盾的。它和简单商品流通相区别的地方,在于同样两个对立过程(卖和买)的次序相反。但这种纯粹形式上的区别,是用什么魔法使这一过程的性质改变的呢?

不仅如此。在互相进行交易的三个业务上的朋友中间,只是对其中一个人来说,次序才是颠倒过来了。作为资本家,我从A手里购买商品,再把商品卖给B;作为简单的商品占有者,我把商品卖给B,然后从A手里购买商品。对A和B这两个业务上的朋友来说,这个区别是不存在的。他们只是作为商品的买者或卖者出现。我自己是作为简单的货币占有者或商品占有者,作为买者或卖者与他们相对立。在这两个序列中,对于一个人我只是买者,对于另一个人我只是卖者;对于一个人我只是货币,对于另一个人我只是商品,不论对于这两个人中的哪一个,我都不是资本,不是资本家,不是比货币或商品更多的什么东西的代表,或者能起货币或商品以外的什么作用的东西的代表。对我来说,向A购买商品和把商品卖给B,构成一个序列。但是这两个行为之间的联系,只有对我来说才是存在的。A并不关心我同B的交易,B并不关心我同A的交易。假如我想向他们说明我把交易的序列颠倒过来而作出的特殊功绩,他们就会向我指出,是我把序列本身弄错了,整个交易不是由买开始和由卖结束,而是相反,由卖开始和由买结束。实际上,我的第一个行为买,在A看来是卖,我的第二个行为卖,在B看来是买。A和B并不满足于这一点,他们还会说,这整个序列是多余的,是要把戏。A可以直接把商品卖给B,B可以直接向A购买商品。这样,整个交易就缩短为普通商品流通的一个单方面的行为:从A看来只是卖,从B看来只是买。可见,我们把序列颠倒过来,并没有越出简单商品流通领域,相反,我们倒应该看一看:这个领域按其性质来说,是否允许进入这一领域的价值发生增殖,从而允许剩余价值的形成。

我们拿表现为单纯的商品交换这种形式的流通过程来说。在两个商品占有者彼此购买对方的商品,并到支付日结算债务差额时,总是出现这种形式。在这里，货币充当计算货币，它把商品的价值表现为商品价格，而不是用它的物体同商品本身相对立。就使用价值来看，交换双方显然都能得到好处。双方都是让渡对自己没有使用价值的商品，而得到自己需要使用的商品。但好处可能不止是这一点。卖葡萄酒买谷物的A，在同样的劳动时间内，大概会比种植谷物的B酿出更多的葡萄酒，而种植谷物的B，在同样的劳动时间内，大概会比酿酒的A生产出更多的谷物。可见，与两人不进行交换而各自都不得不为自己生产葡萄酒和谷物相比，用同样的交换价值，A能得到更多的谷物，B能得到更多的葡萄酒。因此，就使用价值来看，可以说，“交换是一种双方都得到好处的交易”[56]。就交换价值来看，情况就不同了。

“一个有许多葡萄酒而没有谷物的人，同一个有许多谷物而没有葡萄酒的人进行交易，在他们之间，价值50的小麦和价值50的葡萄酒相交换了。这种交换不论对哪一方来说都不是交换价值的增多，因为每一方通过这次行为得到的价值，是和他在交换以前握有的价值相等的。”[57]

事情不会由于货币作为流通手段出现在商品之间，以及买和卖的行为明显地分离开来而发生变化[58]。商品的价值在商品进入流通以前就表现为商品价格，因此它是流通的前提，不是流通的结果[59]。

如果抽象地来考察，就是说，把不是从简单商品流通的内在规律中产生的情况撇开，那么，在这种流通中发生的，除了一种使用价值被另一种使用价值代替以外，只是商品的形态变化，即商品的单纯形式变换。同一价值，即同量的对象化社会劳动，在同一个商品占有者手里，起初表现为他的商品的形态，然后是该商品转化成的货币的形态，最后是由这一货币再转化成的商品的形态。这种形式变换并不包含价值量的改变。而商品价值本身在这一过程中所经历的变换，只限于它的货币形式的变换。起初，这个货币形式是待售商品的价格，然后是在价格中已经表现出来的货币额，最后是等价商品的价格。这种形式变换，像一张5镑的钞票换成若干索维林、若干半索维林和若干先令一样，本身并不包含价值量的改变。因此，商品流通就它只引起商品价值的形式变换来说，在现象纯粹地进行的情况下，就只引起等价物的交换。连根本不懂什么是价值的庸俗经济学，每当它想依照自己的方式来纯粹地观察现象的时候，也假定供求是一致的，就是说，假定供求的影响是完全不存在的。因此，就使用价值来看，交换双方都能得到利益，但在交换价值上，双方都不能得到利益。不如说,在这里是:"在平等的地方,没有利益可言。"[60]诚然,商品可以按照和自己的价值相偏离的价格出售,但这种偏离是一种违反商品交换规律的现象[61]。商品交换就其纯粹形态来说是等价物的交换,因此,不是增大价值的手段[62]。

因此,那些试图把商品流通说成是剩余价值的源泉的人,大多是把使用价值和交换价值弄混了、混淆了。例如,孔狄亚克说:

"认为在商品交换中是等量的价值交换等量的价值,那是错误的。恰恰相反,契约当事人双方总是用较小的价值去换取较大的价值……如果真的总是等量的价值交换,那么契约当事人的任何一方都不会得到利益。但双方都得到利益,或都应该得到利益。为什么呢?物的价值只在于物和我们的需要的关系。某物对一个人来说是多了,对另一人来说则是少了,或者相反…… 不能设想,我们会把自己消费所必需的物拿去卖…… 我们是要把自己用不着的东西拿去卖,以取得自己需要的东西;我们是要以少换多……人们自然会认为,只要每个被交换的物在价值上等于同一货币量,那就是等量的价值交换等量的价值…… 但还必须考虑到另一方面;试问:我们双方不是都用剩余物来交换需要物吗?"[63]

我们看到,孔狄亚克不但把使用价值和交换价值混在一起,而且十分幼稚地把商品生产发达的社会硬说成是这样一种状态:生产者自己生产自己的生存资料,而只把满足自己需要以后的余额即剩余物投入流通。[64]然而,孔狄亚克的论据却经常为现代经济学家所重复,当他们要说明商品交换的发达形态即贸易会产生剩余价值的时候,更是如此。例如,有人说:

"贸易使产品增添价值,因为同一产品在消费者手里比在生产者手里具有更大的价值,因此,严格说来,贸易应看作是一种生产活动。"[65]

但是,人们购买商品不是付两次钱:一次是为了它的使用价值,一次是为了它的价值。如果说商品的使用价值对买者比对卖者更有用,那么商品的货币形式对卖者比对买者就更有用。不然他何必出卖商品呢?因此,我们同样也可以说,例如,买者把商人的袜子转化为货币,严格说来,就是完成一种"生产活动"。

假如互相交换的是交换价值相等的商品,或交换价值相等的商品和货币,就是说,是等价物,那么很明显,任何人从流通中取出的价值,都不会大于他投入流通的价值。在这种情形下,就不会有剩余价值形成。商品的流通过程就其纯粹的形式来说,要求等价物的交换。但是在实际上,事情并不是纯粹地进行的。因此,我们假定是非等价物的交换。

在任何情形下,在商品市场上,只是商品占有者与商品占有者相对立,他们彼此行使的权力只是他们商品的权力。商品的物质区别是交换的物质动机,它使商品占有者互相依赖,因为他们双方都没有他们自己需要的物品,而有别人需要的物品。除商品使用价值的这种物质区别以外,商品之间就只有一种区别,即商品的自然形式和它的转化形式之间的区别,商品和货币之间的区别。因此,商品占有者之间的区别,只不过是卖者即商品占有者和买者即货币占有者之间的区别。

假定卖者享有某种无法说明的特权,可以高于商品价值出卖商品,把价值100的商品卖110,即在名义上加价10%。这样,卖者就得到剩余价值10。但是,他当了卖者以后,又成为买者。现在第三个商品占有者作为卖者和他相遇,并且也享有把商品贵卖10%的特权。我们那位商品占有者作为卖者赚得了10,但是作为买者要失去10[66]。实际上,整个事情的结果是,全体商品占有者都高于商品价值10%互相出卖商品,这与他们把商品按其价值出售完全一样。商品的这种名义上的普遍加价,其结果就像例如用银代替金来计量商品价值一样。商品的货币名称即价格上涨了,但商品间的价值比例仍然不变。

我们再反过来,假定买者享有某种特权,可以低于商品价值购买商品。在这里,不用说,买者还要成为卖者。他在成为买者以前,就曾经是卖者。他在作为买者赚得10%以前,就已经作为卖者失去了10%[67]。结果一切照旧。

因此,剩余价值的形成,从而货币的转化为资本,既不能用卖者高于商品价值出卖商品来说明,也不能用买者低于商品价值购买商品来说明。[68]

即使偷偷加进一些不相干的东西,如像托伦斯上校那样,问题也决不会变简单些。这位上校说:

> “有效的需求在于,消费者通过直接的或间接的交换能够和愿意〈!〉付给商品的部分,大于生产它们时所耗费的资本的一切组成部分。”[69]

在流通中,生产者和消费者只是作为卖者和买者相对立。说生产者得到剩余价值是由于消费者付的钱超过了商品的价值,那不过是把商品占有者作为卖者享有贵卖的特权这个简单的命题加以伪装罢了。卖者自己生产了某种商品,或代表它的生产者,同样,买者也是自己生产了某种已表现为货币的商品,或代表它的生产者。因此,是生产者和生产者相对立。他们的区别在于,一个是买,一个是卖。商品占有者在生产者的名义下高于商品价值出卖商品,在消费者的名义下对商品付出高价,这并不能使我们前进一步。[70]

因此,坚持剩余价值来源于名义上的加价或卖者享有贵卖商品的特权这一错觉的代表者,是假定有一个只买不卖,从而只消费不生产的阶级。从我们上面达到的观点来看,即从简单流通的观点来看,还不能说明存在着这样一个阶级。但是,我们先假定有这样一个阶级。这个阶级不断用来购买的货币,必然是不断地、不经过交换、白白地、依靠任何一种权利或暴力,从那些商品占有者手里流到这个阶级手里的。把商品高于价值卖给这个阶级,不过是骗回一部分白白交出去的货币罢了。[71]例如,小亚细亚的城市每年向古罗马交纳贡款,就是如此。罗马则用这些货币购买小亚细亚城市的商品,而且按高价购买。小亚细亚人通过贸易从征服者手里骗回一部分贡款,从而欺骗了罗马人。但是,吃亏的还是小亚细亚人。他们的商品仍旧是用他们自己的货币支付的。这决不是发财致富或创造剩余价值的方法。

所以,我们还是留在卖者也是买者、买者也是卖者的商品交换范围内吧。我们陷入困境,也许是因为我们只把人理解为人格化的范畴,而不是理解为个人。

商品占有者A可能非常狡猾,总是使他的同行B或C受骗,而B和C无论如何也报复不了。A把价值40镑的葡萄酒卖给B,换回价值50镑的谷物。A把自己的40镑转化为50镑,把较少的货币变成了较多的货币,把自己的商品转化为资本。我们仔细地来看一下。在交换以前,A手中有价值40镑的葡萄酒,B手中有价值50镑的谷物,总价值是90镑。在交换以后,总价值还是90镑。流通中的价值没有增大一个原子,只是它在A和B之间的分配改变了。一方的剩余价值,是另一方的不足价值,一方的增加,是另一方的减少。如果A不用交换形式作掩饰,而直接从B那里偷去10镑,也会发生同样的变化。显然,流通中的价值总量不管其分配情况怎样变化都不会增大,正像一个犹太人把安女王时代的一法寻当作一基尼来卖,不会使本国的贵金属量增大一样。一个国家的整个资本家阶级不能靠欺骗自己来发财致富[72]。

可见，无论怎样颠来倒去，结果都是一样。如果是等价物交换，不产生剩余价值；如果是非等价物交换，也不产生剩余价值[73]。流通或商品交换不创造价值[74]。

由此可以了解，为什么我们在分析资本的基本形式，分析决定现代社会的经济组织的资本形式时，开始根本不提资本的常见的、所谓洪水期前的形态，即商业资本和高利贷资本。

G—W—G′的形式，为贵卖而买，在本来意义的商业资本中表现得最纯粹。另一方面，它的整个运动是在流通领域内进行的。但是，因为不能从流通本身来说明货币转化为资本，说明剩余价值的形成，所以只要是等价物相交换，商业资本看来是不可能存在的[75]；因而，商业资本只能这样来解释：寄生在购买的商品生产者和售卖的商品生产者之间的商人对他们双方进行欺骗。富兰克林就是在这个意义上说："战争是掠夺，商业是欺骗。"[76]如果不应单纯用对商品生产者的欺骗来说明商业资本的增殖，那就必须举出一长串的中间环节，但是在这里，商品流通及其简单要素是我们惟一的前提，因此这些环节还完全不存在。

关于商业资本所说的一切，更加适用于高利贷资本。在商业资本中，两极，即投入市场的货币和从市场取出的增大的货币，至少还以买和卖，以流通运动为中介。在高利贷资本中，G—W—G′形式简化成没有中介的两极G—G′，即交换成更多货币的货币。这种形式是和货币的性质相矛盾的，因而从商品交换的角度是无法解释的。所以，亚里士多德说：

"货殖有两种，一种属于商业方面，一种属于经济方面。后者是必要的，值得称赞的，前者以流通为基础，理应受到谴责（因为它不以自然为基础，而以互相欺骗为基础）。所以，高利贷受人憎恨完全理所当然，因为在这里，货币本身成为赢利的源泉，没有用于发明它的时候的用途。货币是为商品交换而产生的，但利息却使货币生出更多的货币。它的名称〈（τὸκος）利息和利子〉就是由此而来的。利子和母财是相像的。但利息是货币生出的货币，因此在所有的赢利部门中，这个部门是最违反自然的。"[77]

在我们研究的进程中，我们将会发现，生息资本和商业资本一样，也是派生的形式，同时会看到，为什么它们在历史上的出现早于资本的现代基本形式。

上面已经说明,剩余价值不能从流通中产生;因此,在剩余价值的形成上,必然有某种在流通中看不到的情况发生在流通的背后。[78]但是,剩余价值能不能从流通以外的什么地方产生呢?流通是商品占有者的全部相互关系[79]的总和。在流通以外,商品占有者只同他自己的商品发生关系。就商品的价值来说,这种关系只是:他的商品包含着他自己的、按一定社会规律计量的劳动量。这个劳动量表现为他的商品的价值量,而因为价值量表现为计算货币,所以这个劳动量就表现为一个价格,例如10镑。但是,他的劳动不能表现为商品的价值加上超过这个商品本身价值而形成的余额,不能表现为一个等于10镑又等于11镑的价格,不能表现为一个大于自身价值的价值。商品占有者能够用自己的劳动创造价值,但是不能创造自行增殖的价值。他能够通过新的劳动给原有价值添加新价值,从而使商品的价值增大,例如把皮子制成皮靴就是这样。这时,同一个材料由于包含了更大的劳动量,也就有了更大的价值。因此,皮靴的价值大于皮子的价值,但是皮子的价值仍然和从前一样。它没有增殖,没有在制作皮靴时添加剩余价值。可见,商品生产者在流通领域以外,也就是不同其他商品占有者接触,就不能使价值增殖,从而使货币或商品转化为资本。

因此,资本不能从流通中产生,又不能不从流通中产生。它必须既在流通中又不在流通中产生。

这样,就得到一个双重的结果。

货币转化为资本,必须根据商品交换的内在规律来加以说明,因此等价物的交换应该是起点。[80]我们那位还只是资本家幼虫的货币占有者,必须按商品的价值购买商品,按商品的价值出卖商品,但他在过程终了时取出的价值必须大于他投入的价值。他变为蝴蝶,必须在流通领域中,又必须不在流通领域中。这就是问题的条件。这里是罗陀斯,就在这里跳跃吧![81]

3. 劳动力的买和卖

要转化为资本的货币的价值变化,不可能发生在这个货币本身上,因为货币作为购买手段和支付手段,只是实现它所购买或所支付的商品的价格,而它如果停滞在自己原来的形式上,它就凝固为价值量不变的化石了[82]。

同样，在流通的第二个行为即商品的再度出卖上，也不可能发生这种变化，因为这一行为只是使商品从自然形式再转化为货币形式。因此，这种变化必定发生在第一个行为G—W中所购买的商品上，但不是发生在这种商品的价值上，因为互相交换的是等价物，商品是按它的价值支付的。因此，这种变化只能从这种商品的使用价值本身，即从这种商品的消费中产生。要从商品的消费中取得价值，我们的货币占有者就必须幸运地在流通领域内即在市场上发现这样一种商品，它的使用价值本身具有成为价值源泉的独特属性，因此，它的实际消费本身就是劳动的对象化，从而是价值的创造。货币占有者在市场上找到了这样一种独特的商品，这就是劳动能力或劳动力。

我们把劳动力或劳动能力，理解为一个人的身体即活的人体中存在的、每当他生产某种使用价值时就运用的体力和智力的总和。

但是，要使货币占有者在市场上找到作为商品的劳动力，就必须具备各种条件。商品交换本身除了包含由它自己的性质所产生的从属关系以外，不包含任何其他从属关系。在这种前提下，劳动力只有而且只是因为被它自己的占有者即有劳动力的人当作商品出售或出卖，才能作为商品出现在市场上。劳动力占有者要把劳动力当作商品出卖，他就必须能够支配它，从而必须是自己的劳动能力、自己人身的自由所有者[83]。劳动力占有者和货币占有者在市场上相遇，彼此作为身份平等的商品占有者发生关系，所不同的只是一个是买者，一个是卖者，因此双方是在法律上平等的人。这种关系要保持下去，劳动力所有者就必须始终把劳动力只出卖一定时间，因为他要是把劳动力一下子全部卖光，他就出卖了自己，就从自由人转化为奴隶，从商品占有者转化为商品。他作为人，必须总是把自己的劳动力当作自己的财产，从而当作自己的商品。而要做到这一点，他必须始终让买者只是在一定期限内暂时支配他的劳动力，消费他的劳动力，就是说，他在让渡自己的劳动力时不放弃自己对它的所有权[84]。

货币占有者要在市场上找到作为商品的劳动力，第二个基本条件就是：劳动力占有者没有可能出卖有自己的劳动对象化在其中的商品，而不得不把只存在于他的活的身体中的劳动力本身当作商品出卖。

一个人要出卖与他的劳动力不同的商品，他自然必须占有生产资料，如原料、劳动工具等等。没有皮革，他就不能做皮靴。此外，他还需要有生活资料。任何人,即使是未来音乐的创作家,都不能靠未来的产品过活,也不能靠尚未生产好的使用价值过活。人从出现在地球舞台上的第一天起,每天都要消费,不管在他开始生产以前和在生产期间都是一样。如果产品是作为商品生产的,在它生产出来以后就必须卖掉,而且只有在卖掉以后,它才能满足生产者的需要。除生产时间外,还要加上出售所需要的时间。

可见,货币占有者要把货币转化为资本,就必须在商品市场上找到自由的工人。这里所说的自由,具有双重意义:一方面,工人是自由人,能够把自己的劳动力当作自己的商品来支配,另一方面,他没有别的商品可以出卖,自由得一无所有,没有任何实现自己的劳动力所必需的东西。

为什么这个自由工人在流通领域中同货币占有者相遇,对这个问题货币占有者不感兴趣。他把劳动市场看作是商品市场的一个特殊部门。我们目前对这个问题也不感兴趣。货币占有者是在实践上把握着这个事实,我们则是在理论上把握着这个事实。但是有一点是清楚的。自然界不是一方面造成货币占有者或商品占有者,而另一方面造成只是自己劳动力的占有者。这种关系既不是自然史上的关系,也不是一切历史时期所共有的社会关系。它本身显然是已往历史发展的结果,是许多次经济变革的产物,是一系列陈旧的社会生产形态灭亡的产物。

我们前面所考察的经济范畴,也都带有自己的历史痕迹。产品成为商品,需要有一定的历史条件。要成为商品,产品就不应作为生产者自己直接的生存资料来生产。如果我们进一步研究,在什么样的状态下,全部产品或至少大部分产品采取商品的形式,我们就会发现,这种情况只有在一种十分特殊的生产方式即资本主义生产方式的基础上才会发生。但是这种研究不属于商品分析的范围。即使绝大多数产品直接用来满足生产者自己的需要,没有转化为商品,从而社会生产过程按其广度和深度来说还远没有为交换价值所控制,商品生产和商品流通也能够产生。产品要表现为商品,需要社会内部的分工发展到这样的程度:在直接的物物交换中开始的使用价值和交换价值的分离已经完成。但是,这样的发展阶段是历史上完全不同的经济的社会形态所共有的。

如果考察一下货币,我们就会看到,货币是以商品交换发展到一定高度为前提的。货币的各种特殊形式,即单纯的商品等价物,或流通手段,或支付手段、贮藏货币和世界货币，按其中这种或那种职能的不同作用范围和相对占优势的情况，表示社会生产过程的极不相同的阶段。但是根据经验，不很发达的商品流通就足以促使所有这些形式的形成。资本则不然。有了商品流通和货币流通，决不是就具备了资本存在的历史条件。只有当生产资料和生活资料的占有者在市场上找到出卖自己劳动力的自由工人的时候，资本才产生；而单是这一历史条件就包含着一部世界史。因此，资本一出现，就标志着社会生产过程的一个新时代[85]。

现在应该进一步考察这个独特商品——劳动力。同一切其他商品一样，劳动力也具有价值[86]。这个价值是怎样决定的呢？

同任何其他商品的价值一样，劳动力的价值也是由生产从而再生产这种独特物品所必要的劳动时间决定的。就劳动力代表价值来说，它本身只代表在它身上对象化的一定量的社会平均劳动。劳动力只是作为活的个人的能力而存在。因此，劳动力的生产要以活的个人的存在为前提。假设个人已经存在，劳动力的生产就是这个个人本身的再生产或维持。活的个人要维持自己，需要有一定量的生活资料。因此，生产劳动力所必要的劳动时间，可以归结为生产这些生活资料所必要的劳动时间，或者说，劳动力的价值，就是维持劳动力占有者所必要的生活资料的价值。但是，劳动力只有表现出来才能实现，只有在劳动中才能发挥出来。而劳动力的发挥即劳动，耗费人的一定量的肌肉、神经、脑等等，这些消耗必须重新得到补偿。支出增多，收入也得增多[87]。劳动力所有者今天进行了劳动，他必须明天也能够在同样的精力和健康条件下重复同样的过程。因此，生活资料的总和应当足以使劳动者个人能够在正常生活状况下维持自己。由于一个国家的气候和其他自然特点不同，食物、衣服、取暖、居住等等自然需要本身也就不同。另一方面，所谓必不可少的需要的范围，和满足这些需要的方式一样，本身是历史的产物，因此多半取决于一个国家的文化水平，其中主要取决于自由工人阶级是在什么条件下形成的，从而它有哪些习惯和生活要求[88]。因此，和其他商品不同，劳动力的价值规定包含着一个历史的和道德的要素。但是，在一定的国家，在一定的时期，必要生活资料的平均范围是一定的。

劳动力所有者是会死的。因此，要使他不断出现在市场上（这是货币不断转化为资本的前提），劳动力的卖者就必须“像任何活的个体一样，依靠繁殖使自己永远延续下去”[89]。因损耗和死亡而退出市场的劳动力,至少要不断由同样数目的新劳动力来补充。因此,生产劳动力所必要的生活资料的总和,包括工人的补充者即工人子女的生活资料,只有这样,这种独特的商品占有者的种族才能在商品市场上永远延续下去[90]。

为改变一般人的本性,使它获得一定劳动部门的技能和技巧,成为发达的和专门的劳动力,就要有一定的教育或训练,而这又得花费或多或少的商品等价物。劳动力的教育费用随着劳动力性质的复杂程度而不同。因此,这种教育费用——对于普通劳动力来说是微乎其微的——包括在生产劳动力所耗费的价值总和中。

劳动力的价值可以归结为一定量生活资料的价值。因此,它也随着这些生活资料的价值即生产这些生活资料所需要的劳动时间量的改变而改变。

一部分生活资料,如食品、燃料等等,每天都有新的消耗,因而每天都必须有新的补充。另一些生活资料,如衣服、家具等等,可以使用较长的时期,因而只是经过较长的时期才需要补充。有些商品要每天购买或支付,有些商品要每星期购买或支付,还有些商品要每季度购买或支付,如此等等。但不管这些支出的总和在例如一年当中怎样分配,都必须由每天的平均收入来补偿。假如生产劳动力每天所需要的商品量＝A,每星期所需要的商品量＝B,每季度所需要的商品量＝C,其他等等,那么这些商品每天的平均需要量＝$\frac{365A+52B+4C+\text{其他等等}}{365}$。假定平均每天所需要的这个商品量包含6小时社会劳动,那么每天对象化在劳动力中的就是半天的社会平均劳动,或者说,每天生产劳动力所需要的是半个工作日。每天生产劳动力所需要的这个劳动量,构成劳动力的日价值,或每天再生产出的劳动力的价值。假定半天的社会平均劳动又表现为3先令或1塔勒的金量,那么1塔勒就是相当于劳动力日价值的价格。如果劳动力占有者按每天1塔勒出卖劳动力,劳动力的出售价格就等于劳动力的价值,而且根据我们的假定,一心要把自己的塔勒转化为资本的货币占有者是支付这个价值的。

劳动力价值的最低限度或最小限度,是劳动力的承担者即人每天得不到就不能更新他的生命过程的那个商品量的价值,也就是维持身体所必不可少的生活资料的价值。假如劳动力的价格降到这个最低限度,那就降到劳动力的价值以下，因为这样一来，劳动力就只能在萎缩的状态下维持和发挥。但是，每种商品的价值都是由提供标准质量的该种商品所需要的劳动时间决定的。

认为这种由事物本性产生的劳动力的价值规定是粗暴的，并且像罗西那样为之叹息，那是一种极其廉价的感伤主义：

"在考察劳动能力时，撇开生产过程中维持劳动的生存资料，那就是考察一种臆想的东西。谁谈劳动，谈劳动能力，同时也就是谈工人和生存资料，工人和工资。"[91]

谈劳动能力并不就是谈劳动，正像谈消化能力并不就是谈消化一样。大家知道，要有消化过程，光有健全的胃是不够的。谁谈劳动能力，谁就不会撇开维持劳动能力所必要的生活资料。生活资料的价值正是表现在劳动能力的价值上。劳动能力不卖出去，对工人就毫无用处，不仅如此，工人就会感到一种残酷的自然必然性：他的劳动能力的生产曾需要一定量的生存资料，它的再生产又不断地需要一定量的生存资料。于是，他就和西斯蒙第一样发现了："劳动能力……不卖出去，就等于零。"[92]

劳动力这种独特商品的特性，使劳动力的使用价值在买者和卖者缔结契约时还没有在实际上转到买者手中。和其他任何商品的价值一样，它的价值在它进入流通以前就已确定，因为在劳动力的生产上已经耗费了一定量的社会劳动，但它的使用价值只是在以后的力的表现中才实现。因此，力的让渡和力的实际表现即力作为使用价值的存在，在时间上是互相分开的。但是，就这类通过出售而在形式上让渡使用价值和在实际上向买者转让使用价值在时间上互相分开的商品来说，买者的货币通常执行支付手段的职能[93]。在资本主义生产方式占统治地位的一切国家里，给劳动力支付报酬，是在劳动力按购买契约所规定的时间发挥作用以后，例如是在每周的周末。因此，到处都是工人把劳动力的使用价值预付给资本家；工人在得到买者支付他的劳动力价格以前，就让买者消费他的劳动力，因此，到处都是工人给资本家以信贷。这种信贷不是什么空虚的幻想，这不仅为贷方碰到资本家破产时失掉工资[94]所证明，而且也为一系列远为持久的影响所证明[95]。

但是，无论货币执行购买手段还是支付手段的职能，商品交换本身的性质并不因此发生变化。劳动力的价格已由契约确定下来，虽然它同房屋的出租价格一样,要在以后才实现。劳动力已经卖出,虽然报酬要在以后才得到。但是,为了在纯粹的形式上理解这种关系,我们暂且假定,劳动力占有者每次出卖劳动力时就立即得到了契约所规定的价格。

现在我们知道了,货币占有者付给劳动力这种独特商品的占有者的价值是怎样决定的。货币占有者在交换中得到的使用价值,在劳动力的实际使用即消费过程中才表现出来。这个过程所必需的一切物品,如原料等等,是由货币占有者在商品市场上买来并且按十足的价格支付的。劳动力的消费过程,同时就是商品和剩余价值的生产过程。劳动力的消费,像任何其他商品的消费一样,是在市场以外,或者说在流通领域以外进行的。因此,让我们同货币占有者和劳动力占有者一道,离开这个嘈杂的、表面的、有目共睹的领域,跟随他们两人进入门上挂着"非公莫入"牌子的隐蔽的生产场所吧!在那里,不仅可以看到资本是怎样进行生产的,而且还可以看到资本本身是怎样被生产出来的。赚钱的秘密最后一定会暴露出来。

劳动力的买和卖是在流通领域或商品交换领域的界限以内进行的,这个领域确实是天赋人权的真正伊甸园[96]。那里占统治地位的只是自由、平等、所有权和边沁。自由!因为商品例如劳动力的买者和卖者,只取决于自己的自由意志。他们是作为自由的、在法律上平等的人缔结契约的。契约是他们的意志借以得到共同的法律表现的最后结果。平等!因为他们彼此只是作为商品占有者发生关系,用等价物交换等价物。所有权!因为每一个人都只支配自己的东西。边沁[97]!因为双方都只顾自己。使他们连在一起并发生关系的惟一力量,是他们的利己心,是他们的特殊利益,是他们的私人利益。正因为人人只顾自己,谁也不管别人,所以大家都是在事物的前定和谐[98]下,或者说,在全能的神的保佑下,完成着互惠互利、共同有益、全体有利的事业。

一离开这个简单流通领域或商品交换领域,——庸俗的自由贸易论者用来判断资本和雇佣劳动的社会的那些观点、概念和标准就是从这个领域得出的,——就会看到,我们的剧中人的面貌已经起了某些变化。原来的货币占有者作为资本家,昂首前行;劳动力占有者作为他的工人,尾随于后。一个笑容满面,雄心勃勃;一个战战兢兢,畏缩不前,像在市场上出卖了自己的皮一样,只有一个前途——让人家来鞣。

第 三 篇
绝对剩余价值的生产

第 五 章
劳动过程和价值增殖过程

1.劳 动 过 程

劳动力的使用就是劳动本身。劳动力的买者消费劳动力,就是叫劳动力的卖者劳动。劳动力的卖者也就由此在现实上成为发挥作用的劳动力,成为工人,而在此以前,他只不过在可能性上是工人。为了把自己的劳动表现在商品中,他必须首先把它表现在使用价值中,表现在能满足某种需要的物中。因此,资本家要工人制造的是某种特殊的使用价值,是一定的物品。虽然使用价值或财物的生产是为了资本家,并且是在资本家的监督下进行的,但是这并不改变这种生产的一般性质。所以,劳动过程首先要撇开每一种特定的社会的形式来加以考察。

劳动首先是人和自然之间的过程,是人以自身的活动来中介、调整和控制人和自然之间的物质变换的过程。人自身作为一种自然力与自然物质相对立。为了在对自身生活有用的形式上占有自然物质,人就使他身上的自然力——臂和腿、头和手运动起来。当他通过这种运动作用于他身外的自然并改变自然时,也就同时改变他自身的自然。他使自身的自然中蕴藏着的潜力发挥出来,并且使这种力的活动受他自己控制。在这里,我们不谈最初的动物式的本能的劳动形式。现在,工人是作为他自己的劳动力的卖者出现在商品市场上。对于这种状态来说,人类劳动尚未摆脱最初的本能形式的状态已经是太古时代的事了。我们要考察的是专属于人的那种形式的劳动。蜘蛛的活动与织工的活动相似,蜜蜂建筑蜂房的本领使人间的许多建筑师感到惭愧。但是,最蹩脚的建筑师从一开始就比最灵巧的蜜蜂高明的地方,是他在用蜂蜡建筑蜂房以前,已经在自己的头脑中把它建成了。劳动过程结束时得到的结果,在这个过程开始时就已经在劳动者的表象中存在着,即已经观念地存在着。他不仅使自然物发生形式变化,同时他还在自然物中实现自己的目的,这个目的是他所知道的,是作为规律决定着他的活动的方式和方法的,他必须使他的意志服从这个目的。但是这种服从不是孤立的行为。除了从事劳动的那些器官紧张之外,在整个劳动时间内还需要有作为注意力表现出来的有目的的意志,而且,劳动的内容及其方式和方法越是不能吸引劳动者,劳动者越是不能把劳动当作他自己体力和智力的活动来享受,就越需要这种意志。

劳动过程的简单要素是:有目的的活动或劳动本身,劳动对象和劳动资料。

土地(在经济学上也包括水)最初以食物,现成的生活资料供给人类[99],它未经人的协助,就作为人类劳动的一般对象而存在。所有那些通过劳动只是同土地脱离直接联系的东西,都是天然存在的劳动对象。例如从鱼的生活要素即水中分离出来的即捕获的鱼,在原始森林中砍伐的树木,从地下矿藏中开采的矿石。相反,已经被以前的劳动可以说滤过的劳动对象,我们称为原料。例如,已经开采出来正在洗的矿石。一切原料都是劳动对象,但并非任何劳动对象都是原料。劳动对象只有在它已经通过劳动而发生变化的情况下,才是原料。

劳动资料是劳动者置于自己和劳动对象之间、用来把自己的活动传导到劳动对象上去的物或物的综合体。劳动者利用物的机械的、物理的和化学的属性,以便把这些物当作发挥力量的手段,依照自己的目的作用于其他的物[100]。劳动者直接掌握的东西,不是劳动对象,而是劳动资料(这里不谈采集果实之类的现成的生活资料,在这种场合,劳动者身体的器官是惟一的劳动资料)。这样,自然物本身就成为他的活动的器官,他把这种器官加到他身体的器官上,不顾圣经的训诫,延长了他的自然的肢体[101]。土地是他的原始的食物仓,也是他的原始的劳动资料库。例如,他用来投、磨、压、切等等的石块就是土地供给的。土地本身是劳动资料,但是它在农业上要起劳动资料的作用,还要以一系列其他的劳动资料和劳动力的较高的发展为前提[102]。一般说来,劳动过程只要稍有一点发展,就已经需要经过加工的劳动资料。在太古人的洞穴中,我们发现了石制工具和石制武器。在人类历史的初期,除了经过加工的石块、木头、骨头和贝壳外,被驯服的,也就是被劳动改变的、被饲养的动物,也曾作为劳动资料起着主要的作用[103]。劳动资料的使用和创造,虽然就其萌芽状态来说已为某几种动物所固有,但是这毕竟是人类劳动过程独有的特征,所以富兰克林给人下的定义是"a toolmaking animal"[104],制造工具的动物。动物遗骸的结构对于认识已经绝种的动物的机体有重要的意义,劳动资料的遗骸对于判断已经消亡的经济的社会形态也有同样重要的意义。各种经济时代的区别,不在于生产什么,而在于怎样生产,用什么劳动资料生产[105]。劳动资料不仅是人类劳动力发展的测量器,而且是劳动借以进行的社会关系的指示器。在劳动资料本身中,机械性的劳动资料(其总和可称为生产的骨骼系统和肌肉系统)远比只是充当劳动对象的容器的劳动资料(如管、桶、篮、罐等,其总和一般可称为生产的脉管系统)更能显示一个社会生产时代的具有决定意义的特征。后者只是在化学工业中才起着重要的作用[106]。

广义地说,除了那些把劳动的作用传达到劳动对象、因而以这种或那种方式充当活动的传导体的物以外,劳动过程的进行所需要的一切物质条件也都算作劳动过程的资料。它们不直接加入劳动过程,但是没有它们,劳动过程就不能进行,或者只能不完全地进行。土地本身又是这类一般的劳动资料,因为它给劳动者提供立足之地,给他的劳动过程提供活动场所。这类劳动资料中有的已经经过劳动的改造,例如厂房、运河、道路等等。

可见,在劳动过程中,人的活动借助劳动资料使劳动对象发生预定的变化。过程消失在产品中。它的产品是使用价值,是经过形式变化而适合人的需要的自然物质。劳动与劳动对象结合在一起。劳动对象化了,而对象被加工了。在劳动者方面曾以动的形式表现出来的东西,现在在产品方面作为静的属性,以存在的形式表现出来。劳动者纺纱,产品就是纺成品。

如果整个过程从其结果的角度,从产品的角度加以考察,那么劳动资料和劳动对象二者表现为生产资料[107],劳动本身则表现为生产劳动[108]。

当一个使用价值作为产品退出劳动过程的时候,另一些使用价值,以前的劳动过程的产品,则作为生产资料进入劳动过程。同一个使用价值,既是这种劳动的产品,又是那种劳动的生产资料。所以,产品不仅是劳动过程的结果,同时还是劳动过程的条件。

在采掘工业中,劳动对象是天然存在的,例如采矿业、狩猎业、捕鱼业等等中的情况就是这样(在农业中,只是在最初开垦处女地时才是这样);除采掘工业以外,一切产业部门所处理的对象都是原料,即已被劳动滤过的劳动对象,本身已经是劳动产品。例如,农业中的种子就是这样。动物和植物通常被看作自然的产物,实际上它们不仅可能是上年度劳动的产品,而且它们现在的形式也是经过许多世代、在人的控制下、通过人的劳动不断发生变化的产物。尤其是说到劳动资料,那么就是最肤浅的眼光也会发现,它们的绝大多数都有过去劳动的痕迹。

原料可以构成产品的主要实体,也可以只是作为辅助材料参加产品的形成。辅助材料或者被劳动资料消费,例如煤被蒸汽机消费,机油被轮子消费,干草被挽马消费;或者加在原料上,使原料发生物质变化,例如氯加在未经漂白的麻布上,煤加在铁上,染料加在羊毛上;或者帮助劳动本身的进行,例如用于劳动场所的照明和取暖的材料。在真正的化学工业中,主要材料和辅助材料之间的区别就消失了,因为在所用的原料中没有一种会作为产品的实体重新出现[109]。

因为每种物都具有多种属性,从而有各种不同的用途,所以同一产品能够成为很不相同的劳动过程的原料。例如,谷物是磨面者、制淀粉者、酿酒者和畜牧业者等等的原料。作为种子,它又是自身生产的原料。同样,煤作为产品退出采矿工业,又作为生产资料进入采矿工业。

在同一劳动过程中,同一产品可以既充当劳动资料,又充当原料。例如,在牲畜饲养业中,牲畜既是被加工的原料,又是制造肥料的手段。

一种已经完成而可供消费的产品,能重新成为另一种产品的原料,例如葡萄能成为葡萄酒的原料。或者,劳动使自己的产品具有只能再作原料用的形式。这样的原料叫作半成品,也许叫作中间成品更合适些,例如棉花、线、纱等等。这种最初的原料虽然本身已经是产品,但还需要通过一系列不同的过程,在这些过程中,它不断改变形态,不断重新作为原料起作用,直到最后的劳动过程把它当作完成的生活资料或完成的劳动资料排出来。

可见,一个使用价值究竟表现为原料、劳动资料还是产品,完全取决于它在劳动过程中所起的特定的作用,取决于它在劳动过程中所处的地位,随着地位的改变,它的规定也就改变。

因此,产品作为生产资料进入新的劳动过程,也就丧失产品的性质。它们只是作为活劳动的物质因素起作用。在纺纱者看来,纱锭只是纺纱用的手段,亚麻只是纺纱的对象。当然,没有纺纱材料和纱锭是不能纺纱的。因此,在纺纱开始时,必须先有这两种产品。但是,亚麻和纱锭是过去劳动的产品这件事,对这个过程本身来说是没有关系的,正如面包是农民、磨面者、面包师等等过去劳动的产品这件事,对营养作用来说是没有关系的一样。相反,如果生产资料在劳动过程中显示出它是过去劳动的产品这种性质,那是由于它有缺点。不能切东西的刀,经常断头的纱等等,使人强烈地想起制刀匠 A 和纺纱人 E。如果产品很好,它的使用属性由过去劳动创造这一点就看不出来了。

机器不在劳动过程中服务就没有用。不仅如此,它还会受到自然的物质变换的破坏力的影响。铁会生锈,木会腐朽。纱不用来织或编,会成为废棉。活劳动必须抓住这些东西,使它们由死复生,使它们从仅仅是可能的使用价值转化为现实的和起作用的使用价值。它们被劳动的火焰笼罩着,被劳动当作自己的躯体加以同化,被赋予活力以在劳动过程中执行与它们的概念和使命相适合的职能,它们虽然被消费掉,然而是有目的地,作为形成新使用价值,新产品的要素被消费掉,而这些新使用价值,新产品或者可以作为生活资料进入个人消费领域,或者可以作为生产资料进入新的劳动过程。

因此,如果说,现有的产品不仅是劳动过程的结果,而且是劳动过程的存在条件,那么另一方面,它们投入劳动过程,从而与活劳动相接触,则是使这些过去劳动的产品当作使用价值来保存和实现的惟一手段。

劳动消费它自己的物质要素,即劳动对象和劳动资料,把它们吞食掉,因而是消费过程。这种生产消费与个人消费的区别在于:后者把产品当作活的个人的生活资料来消费,而前者把产品当作劳动即活的个人发挥作用的劳动力的生活资料来消费。因此,个人消费的产物是消费者本身,生产消费的结果是与消费者不同的产品。

只要劳动资料和劳动对象本身已经是产品,劳动就是为创造产品而消耗产品,或者说,是把产品当作产品的生产资料来使用。但是,正如劳动过程最初只是发生在人和未经人的协助就已存在的土地之间一样,现在在劳动过程中也仍然有这样的生产资料,它们是天然存在的,不是自然物质和人类劳动的结合。

劳动过程,就我们在上面[110]把它描述为它的简单的、抽象的要素来说,是制造使用价值的有目的的活动,是为了人类的需要而对自然物的占有,是人和自然之间的物质变换的一般条件,是人类生活的永恒的自然条件,因此,它不以人类生活的任何形式为转移,倒不如说,它为人类生活的一切社会形式所共有。因此,我们不必来叙述一个劳动者与其他劳动者的关系。一边是人及其劳动,另一边是自然及其物质,这就够了。根据小麦的味道,我们尝不出它是谁种的,同样,根据劳动过程,我们看不出它是在什么条件下进行的:是在奴隶监工的残酷的鞭子下,还是在资本家的严酷的目光下;是在辛辛纳图斯耕种自己的几亩土地的情况下,还是在野蛮人用石头击杀野兽的情况下[111]。

我们再回头来谈我们那位未来的资本家吧。我们离开他时,他已经在商品市场上购买了劳动过程所需要的一切因素:物的因素和人的因素,即生产资料和劳动力。他用内行的狡黠的眼光物色到了适合于他的特殊行业(如纺纱、制靴等等)的生产资料和劳动力。于是,我们的资本家就着手消费他购买的商品,劳动力;就是说,让劳动力的承担者,工人,通过自己的劳动来消费生产资料。当然,劳动过程的一般性质并不因为工人是为资本家劳动而不是为自己劳动就发生变化。制靴或纺纱的特定方式和方法起初也不会因资本家的插手就发生变化。起初,资本家在市场上找到什么样的劳动力就得使用什么样的劳动力,因而劳动在还没有资本家的时期是怎样的,资本家就得采用怎样的劳动。由劳动从属于资本而引起的生产方式本身的变化,以后才能发生,因而要以后才来考察。

劳动过程,就它是资本家消费劳动力的过程来说,显示出两个特殊现象。

工人在资本家的监督下劳动,他的劳动属于资本家。资本家进行监视,使劳动正常进行,使生产资料用得合乎目的,即原料不浪费,劳动工具受到爱惜,也就是使劳动工具的损坏只限于在劳动中它被使用时损耗的必要程度。

其次,产品是资本家的所有物,而不是直接生产者工人的所有物。资本家例如支付劳动力一天的价值。于是，在这一天内，劳动力就像出租一天的任何其他商品(例如一匹马)一样，归资本家使用。商品由它的买者使用；劳动力的占有者提供他的劳动，实际上只是提供他已卖出的使用价值。从他进入资本家的工场时起，他的劳动力的使用价值，即劳动力的使用，劳动，就属于资本家了。资本家购买了劳动力，就把劳动本身当作活的酵母，并入同样属于他的各种形成产品的死的要素。从资本家的观点看来，劳动过程只是消费他所购买的劳动力商品，而他只有把生产资料加到劳动力上才能消费劳动力。劳动过程是资本家购买的各种物之间的过程，是归他所有的各种物之间的过程。因此，这个过程的产品归他所有，正像他的酒窖内处于发酵过程的产品归他所有一样[112]。

2.价值增殖过程

产品——资本家的所有物——是一种使用价值，如棉纱、皮靴等等。虽然例如皮靴在某种意义上构成社会进步的基础，而我们的资本家也是一位坚决的进步派，但是他不是为了皮靴本身而制造皮靴。在商品生产中，使用价值决不是本身受人喜爱的东西。在这里，所以要生产使用价值，是因为而且只是因为使用价值是交换价值的物质基质，是交换价值的承担者。我们的资本家所关心的是下述两点。第一，他要生产具有交换价值的使用价值，要生产用来出售的物品，商品。第二，他要使生产出来的商品的价值，大于生产该商品所需要的各种商品即生产资料和劳动力——为了购买它们，他已在商品市场上预付了宝贵的货币——的价值总和。他不仅要生产使用价值，而且要生产商品，不仅要生产使用价值，而且要生产价值，不仅要生产价值，而且要生产剩余价值。

因为这里谈的是商品生产，所以事实上直到现在我们显然只考察了过程的一个方面。正如商品本身是使用价值和价值的统一一样，商品生产过程必定是劳动过程和价值形成过程的统一。

现在我们就把生产过程作为价值形成过程来考察。

我们知道，每个商品的价值都是由物化在该商品的使用价值中的劳动的量决定的，是由生产该商品的社会必要劳动时间决定的[113]。这一点也适用于作为劳动过程的结果而归我们的资本家所有的产品。因此,首先必须计算对象化在这个产品中的劳动。

假定这个产品是棉纱。

生产棉纱,首先要有原料,例如 10 磅棉花。而棉花的价值是多少,在这里先用不着探究,因为资本家已经在市场上按照棉花的价值例如 10 先令把它购买了。在棉花的价格中,生产棉花所需要的劳动已经表现为一般社会劳动。我们再假定,棉花加工时消耗的纱锭量代表纺纱用掉的一切其他劳动资料,价值为 2 先令。如果 12 先令的金额是 24 个劳动小时或 2 个工作日的产物,那么首先可以得出,2 个工作日对象化在棉纱中。

棉花改变了它的形状,被消耗的纱锭量完全消失了,但我们不应该受这种情况的迷惑。如果 40 磅棉纱的价值=40 磅棉花的价值+1 个纱锭的价值,也就是说,如果生产这个等式两边的产品需要同样的劳动时间,那么按照一般的价值规律,10 磅棉纱就是 10 磅棉花和$\frac{1}{4}$个纱锭的等价物。在这种情况下,同一劳动时间一次体现在使用价值棉纱中,另一次体现在使用价值棉花和纱锭中。因此,价值无论表现在棉纱、纱锭或者棉花中,都是一样的。纱锭和棉花不再相安无事地并存着,而是在纺纱过程中结合在一起,这种结合改变了它们的使用形式,使它们转化为棉纱。但这种情况不会影响到它们的价值,就像它们通过简单的交换而换成等价物棉纱一样。

生产棉花所需要的劳动时间,是生产以棉花为原料的棉纱所需要的劳动时间的一部分,因而包含在棉纱中。生产纱锭所需要的劳动时间也是如此,因为没有纱锭的磨损或消费,棉花就不能纺成纱[114]。

因此,在考察棉纱的价值,即生产棉纱所需要的劳动时间时,可以把各种不同的在时间和空间上分开的特殊劳动过程,即生产棉花本身和生产所消耗的纱锭量所必须完成的劳动过程,以及最后用棉花和纱锭生产棉纱所必须完成的劳动过程,看成是同一个劳动过程的前后相继的不同阶段。棉纱中包含的全部劳动都是过去的劳动。至于生产棉纱的各种形成要素所需要的劳动时间是早已过去的,是过去完成的,而在纺纱这一最后过程中直接耗费的劳动则是接近现在的,是现在完成的,这种情况是完全没有关系的。如果建筑一座房屋需要一定数量的劳动,例如 30 个工作日,那么体现在这座房屋中的劳动时间的总量，不会因为第30个工作日比第1个工作日晚29天而有所改变。因此，包含在劳动材料和劳动资料中的劳动时间，完全可以看成是在纺纱过程的早期阶段耗费的，是在最后以纺纱形式加进的劳动之前耗费的。

因此，生产资料即棉花和纱锭的表现为12先令价格的价值，是棉纱价值或产品价值的组成部分。

但是这里必须具备两个条件。第一，棉花和纱锭必须实际上用来生产使用价值。在我们所举的例子中，就是必须从棉花和纱锭生产出棉纱。对于价值说来，它由什么样的使用价值来承担都是一样的，但是它必须由一种使用价值来承担。第二，要假定所用的劳动时间只是一定社会生产条件下的必要劳动时间。如果纺1磅纱只需要1磅棉花，那么，纺1磅纱就只应当消耗1磅棉花，纱锭也是这样。如果资本家异想天开，要用金锭代替铁锭，那么在棉纱的价值中仍然只计算社会必要劳动，即生产铁锭所必要的劳动时间。

现在，我们知道了，棉纱价值的哪一部分是由生产资料即棉花和纱锭构成的。这一部分价值等于12先令，等于2个工作日的化身。现在要考察纺纱工人本身的劳动加在棉花上的价值部分。

现在，我们要从与考察劳动过程时完全不同的角度来考察这种劳动。在考察劳动过程时，谈的是使棉花转化为棉纱的有目的的活动。在其他一切条件不变的前提下，劳动越合乎目的，棉纱就越好。纺纱工人的劳动是一种和其他生产劳动不同的特殊生产劳动。这种区别在主体方面和客体方面都表现出来，就是说，表现在纺纱的特殊目的，它的特殊操作方式，它的生产资料的特殊性质，它的产品的特殊使用价值上。棉花和纱锭充当纺纱劳动的生活资料，但是不能用它们制造线膛炮。相反，就纺纱工人的劳动是形成价值的劳动，是价值源泉来说，它却和炮膛工人的劳动毫无区别，或者用一个更切近的例子来说，同植棉者和纱锭制造者实现在棉纱的生产资料中的劳动毫无区别。只是由于这种同一性，植棉、制锭和纺纱才能成为同一个总价值即棉纱价值的只有量的区别的各个部分。这里涉及的不再是劳动的质，即劳动的性质和内容，而只是劳动的量。劳动的量是容易计算的。我们假定纺纱劳动是简单劳动，是社会平均劳动。以后我们会知道，相反的假定也不会对问题有丝毫影响[115]。

在劳动过程中,劳动不断由动的形式转为存在形式,由运动形式转为对象性形式。一小时终了时,纺纱运动就表现为一定量的棉纱,于是一定量的劳动,即一个劳动小时,对象化在棉花中。我们说劳动小时,也就是纺纱工人的生命力在一小时内的耗费,因为在这里,纺纱劳动只有作为劳动力的耗费,而不是作为纺纱这种特殊劳动才具有意义。

在这里具有决定意义的是,在过程的进行中,即在棉花转化为棉纱时,消耗的只是社会必要劳动时间。如果在正常的即平均的社会的生产条件下,一个劳动小时内 a 磅棉花应该转化为 b 磅棉纱,那么,只有把 12×a 磅棉花转化为 12×b 磅棉纱的工作日,才当作 12 小时工作日。因为只有社会必要劳动时间才算是形成价值的劳动时间。

同劳动本身一样,在这里,原料和产品也都与我们从本来意义的劳动过程的角度考察时完全不同了。原料在这里只是当作一定量劳动的吸收器。通过这种吸收,原料确实转化为棉纱,因为劳动力以纺纱形式耗费并加在原料中了。而产品棉纱现在只是棉花所吸收的劳动的测量器。如果 1 小时内有 $1\frac{2}{3}$磅棉花被纺掉,或者说,转化为$1\frac{2}{3}$磅棉纱,那么 10 磅棉纱就表示 6 个被吸收的劳动小时。由经验确定的一定的产品量,现在只不过代表一定量的劳动,代表一定量凝固的劳动时间。它们只是一小时、两小时、一天的社会劳动的化身。

在这里,劳动是纺纱劳动、它的原料是棉花、它的产品是棉纱这种情况,是没有关系的,正如劳动对象本身已经是产品、是原料这种情况没有关系一样。如果工人不是在纺纱厂做工,而是在煤矿做工,劳动对象煤就是天然存在的。但是,从矿床中开采出来的一定量的煤,例如一英担,依然代表一定量被吸收的劳动。

在劳动力出卖时,曾假定它的日价值=3 先令,在 3 先令中体现了 6 个劳动小时,而这也就是生产出工人每天平均的生活资料量所需要的劳动量[116]。现在,如果我们的纺纱工人在 1 个劳动小时内把$1\frac{2}{3}$磅棉花转化为$1\frac{2}{3}$磅棉纱[117],他在 6 小时内就会把 10 磅棉花转化为 10 磅棉纱。因此,在纺纱过程中,棉花吸收了 6 个劳动小时。这个劳动时间表现为 3 先令金额。

这样，由于纺纱本身，棉花就被加上了 3 先令的价值。

现在我们来看看产品即 10 磅棉纱的总价值。在这 10 磅棉纱中对象化了 $2\frac{1}{2}$ 个工作日：2 日包含在棉花和纱锭量中，$\frac{1}{2}$ 日是在纺纱过程中被吸收的。这个劳动时间表现为 15 先令金额。因此，同 10 磅棉纱的价值相一致的价格是 15 先令，1 磅棉纱的价格是 1 先令 6 便士。

我们的资本家愣住了。产品的价值等于预付资本的价值。预付的价值没有增殖，没有产生剩余价值，因此，货币没有转化为资本。这 10 磅棉纱的价格是 15 先令，而在商品市场上为购买产品的各种形成要素或劳动过程的各种因素所花掉的也是 15 先令：10 先令购买棉花，2 先令购买所消耗的纱锭，3 先令购买劳动力。棉纱的膨胀了的价值无济于事，因为棉纱的价值只是以前分配在棉花、纱锭和劳动力上的价值的总和，已有价值的这种单纯相加，永远也不能产生剩余价值[118]。这些价值现在集中在一个物上面，但是，在 15 先令分开来购买三种商品以前，这些价值就已经集中在一个 15 先令的货币额上了。

这种结果本身是不足为奇的。1 磅棉纱的价值是 1 先令 6 便士，因此，我们的资本家在商品市场上买 10 磅棉纱就得付出 15 先令。不管他是在市场上购买现成的房屋，还是自己建造一座房屋，无论哪一种做法都不会使置备房屋支出的货币增加。

熟悉庸俗政治经济学的资本家也许会说：他预付自己货币的意图是要由此生出更多的货币。但是，通向地狱的道路是由良好的意图铺成的[119]；他不进行生产，也同样可以有赚钱的意图[120]。他进行威胁。他说人们再也抓不住他的把柄了。以后他要在市场上购买现成的商品，不再自己制造。但是，如果他的所有资本家弟兄都这样做，他又怎能在市场上找到商品呢？而他又不能拿货币当饭吃。他进行说教。要人们想到他的节欲。他本来可以把他的 15 先令挥霍掉。他没有这样做，他生产地消费它们，把它们制成了棉纱。确实如此。可是他为此得到的是棉纱而不是后悔。他决不应该再去当货币贮藏者，后者已经向我们表明，禁欲会得到什么结果。而且，在一无所有的地方，皇帝也会丧失他的权力[121]。不管他禁欲的功劳有多大，也没有东西可以用来付给禁欲以额外的报偿，因为退出生产过程的产品的价值只等于投入生产过程的各商品价值的总和。他应该以“德有德报”来安慰自己。然而资本家不这样,他纠缠不休。说什么棉纱对他没有用处。他生产棉纱是为了出售。好,那就让他出售吧!或者更简单一些,让他以后只生产自己需要的东西吧,——这是他的家庭医生麦克库洛赫早已给他开好的药方,作为防止生产过剩这种流行病的灵丹妙药[122]。他强硬起来。难道工人光用一双手就能凭空创造产品,生产商品吗?难道不是他给工人材料,工人才能用这些材料并在这些材料之中来体现自己的劳动吗?社会上大多数人一贫如洗,他不是用自己的生产资料,棉花和纱锭,对社会和对由他供给生活资料的工人本身进行了莫大的服务吗?难道他的服务不应该得到报酬吗?但是,工人把棉花和纱锭转化为棉纱,不也就是为他服务了吗?而且这里的问题也不在于服务[123]。服务无非是某种使用价值发挥效用,而不管这种使用价值是商品还是劳动[124]。然而这里谈的是交换价值。他付给工人3先令价值。工人还给他一个完全相当的等价物,即加在棉花上的3先令价值,工人以价值偿还了价值。我们这位朋友刚才还以资本自傲,现在却突然采取像自己的工人那样的谦逊态度了。难道他自己没有劳动吗?难道他没有从事监视和监督纺纱工人的劳动吗?他的这种劳动不也形成价值吗?但是,他的监工和经理耸肩膀了。而他得意地笑了笑,又恢复了他原来的面孔。他用一大套冗长无味的空话愚弄了我们。为此他不费一文钱。他把这一类虚伪的遁词和空话都交给他为此目的雇用的政治经济学教授们去讲。他自己是一个讲求实际的人,对于业务范围之外所说的话,虽然并不总是深思熟虑,但对于业务范围之内所做的事,他始终是一清二楚的。

让我们更仔细地来看一看。劳动力的日价值是3先令,因为在劳动力本身中对象化了半个工作日,就是说,因为每天生产劳动力所必要的生活资料要费半个工作日。但是,包含在劳动力中的过去劳动和劳动力所能提供的活劳动,劳动力一天的维持费和劳动力一天的耗费,是两个完全不同的量。前者决定它的交换价值,后者构成它的使用价值。维持一个工人24小时的生活只需要半个工作日,这种情况并不妨碍工人劳动一整天。因此,劳动力的价值和劳动力在劳动过程中的价值增殖,是两个不同的量。资本家购买劳动力时,正是看中了这个价值差额。劳动力能制造棉纱或皮靴的有用属性,只是一个必要条件,因为劳动必须以有用的形式耗费,才能形成价值。但是,具有决定意义的，是这个商品独特的使用价值，即它是价值的源泉，并且是大于它自身的价值的源泉。这就是资本家希望劳动力提供的独特的服务。在这里，他是按照商品交换的各个永恒规律行事的。事实上，劳动力的卖者，和任何别的商品的卖者一样，实现劳动力的交换价值而让渡劳动力的使用价值。他不交出后者，就不能取得前者。劳动力的使用价值即劳动本身不归它的卖者所有，正如已经卖出的油的使用价值不归油商所有一样。货币占有者支付了劳动力的日价值，因此，劳动力一天的使用即一天的劳动就归他所有。劳动力维持一天只费半个工作日，而劳动力却能发挥作用或劳动一整天，因此，劳动力使用一天所创造的价值比劳动力自身一天的价值大一倍。这种情况对买者是一种特别的幸运，对卖者也决不是不公平。

我们的资本家早就预见到了这种情况，这正是他发笑的原因[125]。因此，工人在工场中遇到的，不仅是6小时而且是12小时劳动过程所必需的生产资料。如果10磅棉花吸收6个劳动小时，转化为10磅棉纱，那么20磅棉花就会吸收12个劳动小时，转化为20磅棉纱。我们来考察一下这个延长了的劳动过程的产品。现在，在这20磅棉纱中对象化了5个工作日，其中4个工作日对象化在已消耗的棉花和纱锭量中，1个工作日是在纺纱过程中被棉花吸收的。5个工作日用金来表现是30先令，或1镑10先令。因此这就是20磅棉纱的价格。1磅棉纱仍然和以前一样值1先令6便士。但是，投入劳动过程的商品的价值总和是27先令。棉纱的价值是30先令。产品的价值比为了生产产品而预付的价值增长了$\frac{1}{9}$。27先令转化为30先令，带来了3先令的剩余价值。戏法终于变成了。货币转化为资本了。

问题的一切条件都履行了，商品交换的各个规律也丝毫没有违反。等价物换等价物。作为买者，资本家对每一种商品——棉花、纱锭和劳动力——都按其价值支付。然后他做了任何别的商品购买者所做的事情。他消费它们的使用价值。劳动力的消费过程(同时是商品的生产过程)提供的产品是20磅棉纱，价值30先令。资本家在购买商品以后，现在又回到市场上来出售商品。他卖棉纱是1先令6便士一磅，既不比它的价值贵，也不比它的价值贱。然而他从流通中取得的货币比原先投入流通的货币多3先令。他的货币转化为资本的这整个过程，既在流通领域中进行，又不在流通领域中进行。

它是以流通为中介,因为它以在商品市场上购买劳动力为条件。它不在流通中进行,因为流通只是为价值增殖过程作准备,而这个过程是在生产领域中进行的。所以,"在这个最美好的世界上,一切都十全十美"[126]。

当资本家把货币转化为商品,使商品充当新产品的物质形成要素或劳动过程的因素时,当他把活的劳动力同这些商品的死的对象性合并在一起时,他就把价值,把过去的、对象化的、死的劳动转化为资本,转化为自行增殖的价值,转化为一个有灵性的怪物,它用"好像害了相思病"[127]的劲头开始去"劳动"。

如果我们现在把价值形成过程和价值增殖过程比较一下,就会知道,价值增殖过程不外是超过一定点而延长了的价值形成过程。如果价值形成过程只持续到这样一点,即资本所支付的劳动力价值恰好为新的等价物所补偿,那就是单纯的价值形成过程。如果价值形成过程超过这一点而持续下去,那就成为价值增殖过程。

其次,如果我们把价值形成过程和劳动过程比较一下,就会知道,劳动过程的实质在于生产使用价值的有用劳动。在这里,运动只是从质的方面来考察,从它的特殊的方式和方法,从目的和内容方面来考察。在价值形成过程中,同一劳动过程只是表现出它的量的方面。所涉及的只是劳动操作所需要的时间,或者说,只是劳动力被有用地消耗的时间长度。在这里,进入劳动过程的商品,已经不再作为在劳动力有目的地发挥作用时执行一定职能的物质因素了。它们只是作为一定量的对象化劳动来计算。无论是包含在生产资料中的劳动,或者是由劳动力加进去的劳动,都只按时间尺度计算。它等于若干小时、若干日等等。

但是,劳动只是在生产使用价值所耗费的时间是社会必要时间的限度内才被计算。这里包含下列各点。劳动力应该在正常的条件下发挥作用。如果纺纱机在纺纱业中是社会上通用的劳动资料,那就不能让工人使用手摇纺车。他所用的棉花也应该是正常质量的棉花,而不应该是经常断头的坏棉花。否则,在这两种情况下,他生产一磅棉纱所耗费的劳动时间就会超过社会必要劳动时间,而这些超过的时间并不形成价值或货币。不过,劳动的物质因素是否具有正常性质并不取决于工人,而是取决于资本家。再一个条件,就是劳动力本身的正常性质。劳动力在它被使用的专业中,必须具有在该专业占统治地位的平均的熟练程度、技巧和速度。而我们的资本家在劳动市场上也买到了正常质量的劳动力。这种劳动力必须以通常的平均的紧张程度，以社会上通常的强度来耗费。资本家小心翼翼地注视着这一点，正如他小心翼翼地注视着不让有一分钟不劳动而白白浪费掉一样。他购买的劳动力有一定的期限。他要得到属于他的东西。他不愿意被盗窃。最后，他不允许不合理地消费原料和劳动资料，——为此我们这位先生有他自己的刑法，——因为浪费了的材料或劳动资料是多耗费的对象化劳动量，不被计算，不加入形成价值的产品中[128]。

我们看到，以前我们分析商品时所得出的创造使用价值的劳动和创造价值的同一个劳动之间的区别[129]，现在表现为生产过程的不同方面的区别了。

作为劳动过程和价值形成过程的统一，生产过程是商品生产过程；作为劳动过程和价值增殖过程的统一，生产过程是资本主义生产过程，是商品生产的资本主义形式。

选自《马克思恩格斯全集》第44卷，人民出版社2001年版，第7—23、171—230页。

注　释：

[1]《资本论》是马克思毕生研究的成果和最主要的著作。马克思写这部著作花费了四十年的时间，从40年代初起直到他逝世。

1843年底，马克思在巴黎开始研究政治经济学，目的是要写一部批判现存制度和资产阶级政治经济学的巨著。他在这方面的最初研究成果反映在《1844年经济学哲学手稿》、《德意志意识形态》、《哲学的贫困》、《雇佣劳动与资本》、《共产党宣言》等著作里。这些著作已经揭示了资本主义剥削的原理、资本家的利益和雇佣工人的利益之间不可调和的对立、资本主义经济关系和社会政治关系的对抗性和暂时性。

1848—1849年的革命使马克思暂时中断了经济学的研究。1849年8月马克思被迫侨居伦敦,在那里继续进行这一研究。他深入而全面地研究了资产阶级经济学家的著作、国民经济史和许多国家特别是当时典型的资本主义国家英国的经济。在这一时期,他感兴趣的有资本主义生产方式的起源和重要特点、土地所有制的历史和地租理论、货币流通和价格的历史与理论、经济危机、技术史和工艺史、殖民地等问题。

马克思是在非常困难的条件下进行工作的。他必须不断地同贫困作斗争,并且时常要为挣钱维持生活而搁下研究工作。由于在物质条件极差的情况下长期过度劳累,马克思患了重病。虽然如此,到 1857 年,他已经做好巨大的准备工作,这就使他能够开始对收集的材料进行系统的整理和概括。

1857 年 7 月至 1858 年 6 月,马克思写了约五十印张的手稿,这实际上是未来《资本论》的第一草稿。在写作这部手稿的过程中,马克思制定了他准备撰写的政治经济学巨著的计划。这一计划经过不断修订和完善,后来定为六册:(1)资本(包括一些绪论性的章节);(2)土地所有制;(3)雇佣劳动;(4)国家;(5)国际贸易;(6)世界市场。其中第一册即资本册分为四篇:a 资本一般;b 竞争;c 信用;d 股份资本。而第一篇又分为三部分:资本的生产过程;资本的流通过程;两者的统一,或资本和利润、利息。最后这一划分成为后来《资本论》三卷结构的萌芽。

马克思最初打算把他写的书分册出版,第一分册"应当是一部比较完整的著作",它只包括第一册的第一篇,这一篇分为三章:(1)商品;(2)货币或简单流通;(3)资本。但是出于政治上的考虑,第一分册的最后定稿即《政治经济学批判》第一分册一书中没有把第三章放进去。马克思指出,正是从这一章开始了真正的战斗,他认为,在存在官方书报检查、对不合统治阶级心愿的作者进行警察迫害和各种陷害的情况下,在广大的公众尚未了解这部新的著作之前,一开始就出版这一章是不适宜的。为了"第一分册",马克思专门写了商品一章,并且认真地改写了 1857—1858 年手稿中关于货币的一章。

《政治经济学批判》第 1 分册于 1859 年问世。马克思曾经计划在这之后很快出版第 2 分册,即上述构成 1857—1858 年手稿主要内容的资本一章。但是不久,由于必须在报刊上揭露路易·波拿巴雇用的密探卡·福格特的诬蔑性攻击和做其他急事,他不得不停止研究工作达整整一年半之久。只是到 1861 年 8 月,他又开始写"第二分册"。他在 1862 年 12 月 28 日给路·库格曼的信中写道:"第二部分终于脱稿,只剩下誊清和付排前的最后润色了。这部分大约有三十印张。它是第一分册的续篇,将以《资本论》为标题单独出版,而《政治经济学批判》只作为副标题。"但实际上那时,确切些说,到 1863 年中,马克思又写成了另一手稿,其篇幅远远超过1857—1858年的手稿，共二十三个笔记本，约二百印张。其中约有一半(第VI—XVIII笔记本)是阐述经济学说史的，以《剩余价值理论》这一书名著称。其余的笔记本在某种程度上涉及三卷《资本论》的问题。1861—1863年的整个手稿被看作《资本论》第二稿。

马克思在以后的写作过程中，决定把自己的著作分为三部分。而手稿中有关理论史的部分应构成第四个，即最后一个环节。马克思在1866年10月13日给库格曼的信中写道："全部著作分为以下几部分：第一册资本的生产过程。第二册资本的流通过程。第三册总过程的各种形式。第四册理论史。"马克思还放弃了过去分册出版这一著作的计划，他决定不妨先基本上完成这部著作，然后再出版。

为此，马克思在1861—1863年手稿的基础上继续致力于完善手稿中还没有得到充分阐述的部分。他补充研究了大量的经济文献和技术文献，其中有关于农业、关于信用和货币流通问题的文献，他研究了统计材料、各种议会文件、关于工业中的儿童劳动和英国无产阶级居住状况的官方报告等等。马克思用两年半的时间(从1863年8月至1865年底)完成了新的、篇幅很大的手稿，这就是三卷《资本论》理论著作的第一个详加琢磨的稿本。只是在全部著作完成(1866年1月)之后，马克思才进行付印前的最后加工。根据恩格斯的建议，他决定不一下子付印全部著作，而是首先只付印第一卷。马克思极其细致地完成了这次最后的加工，这一工作实质上是整个第一卷的一次重新修订。为了叙述的完整、充分和明确，马克思认为，必须在《资本论》第一卷的开头部分扼要地复述1859年出版的《政治经济学批判》第1分册的内容中的主要问题。在目前的版本中，这些问题构成整个第一篇《商品和货币》。

在《资本论》第一卷出版(1867年9月)以后，马克思继续从事第一卷的工作，准备德文版的再版和出版外文译本。他在第2版(1872年)里作了大量的修改，就出版俄译本作了重要的指示。俄译本是1872年在彼得堡出版的，它是《资本论》的第一个外文译本。马克思还对1872—1875年分册出版的法译本进行了大量的加工和校订工作。

另一方面，在《资本论》第一卷出版以后，马克思继续从事其他各卷的工作，他打算迅速完成全部著作。但是他没有能做到这一点。国际工人协会总委员会中的多方面的活动占去他许多时间。由于健康状况不好，他不得不越来越频繁地中断工作。马克思高度的科学的认真精神和一丝不苟的态度，严格的自我批评——正如恩格斯所说，马克思就是以这种自我批评的精神，"力求在公布他的经济学方面的伟大发现以前，使它们达到最完善的程度"——使他在研究这一或那一问题时不断地回头作补充的考察。而在这一创作工作的过程中,也出现许多新的问题。

《资本论》的后两卷是在马克思逝世后,由恩格斯准备付印和出版的。第二卷于1885年出版,第三卷于1894年出版。这样,恩格斯就对科学共产主义的宝库作出了无法估量的贡献。此外,恩格斯还校订了《资本论》第一卷英译本(1887年),准备了《资本论》第一卷的德文第3版(1883年)和第4版(1890年)。在准备《资本论》第一卷第4版时,恩格斯根据马克思本人的指示,对正文和脚注作了最后的校订。

《资本论》最早的中译本是1930年3月上海昆仑书店出版的《资本论》第一卷第一分册,译者是陈启修。《资本论》第一卷的第一个中文全译本由侯外庐、王思华合译,以世界名著译社的名义于1936年6月出版。《资本论》三卷的全译本由郭大力、王亚南翻译,分别于1938年8月和9月由上海读书生活出版社出版。

本卷在《马克思恩格斯全集》中文第1版第23卷的基础上根据《马克思恩格斯全集》1991年历史考证版第2部分第10卷即1890年由恩格斯编辑出版的德文第4版重新作了校订。第4版原来没有收入《资本论》第一卷法文版的序言和跋以及英文版序言,考虑到目前通行的版本都有这些文献,我们在本卷中也加以收入并依据原文重新作了校订。

[**2**] 《资本论》1867年德文第1版第1卷第1章的标题是《商品和货币》,其中概述了《政治经济学批判》第1分册1859年柏林版的内容。马克思在1866年10月13日给路·库格曼的信中谈到了作这一概述的原因。后来,在准备《资本论》1873年德文第2版时,马克思修订了自己的著作,对它的结构也作了很大的改动。他把原先的第1章和附录改为独立的三章,这三章构成第1篇。关于这些修改的具体情况,见《第二版跋》(本卷第14页)。——7。

[**3**] 完全删去的是《政治经济学批判》第1分册中《关于商品分析的历史》、《关于货币计量单位的学说》和《关于流通手段和货币的学说》这三节(见《马克思恩格斯全集》中文第2版第31卷第445—457、470—481、552—582页)。马克思在撰写1863—1865年经济学手稿时放弃了他最初的打算,即在每一章理论部分的后面加上理论史的部分,而计划理论史在《资本论》第四册中来叙述,这部分后来曾以《剩余价值理论》为书名发表。——7。

[**4**] 这样做之所以更加必要,是因为甚至斐·拉萨尔著作中反对舒尔采-德里奇的部分,即他声称已经提出我对那些问题的阐述的"思想精髓"的部分,也包含着严重的误解。顺便说一下,斐·拉萨尔经济著作中所有一般的理论原理,如关于资本的历史性质、关于生产关系和生产方式之间的联系等等,几乎是逐字地——甚至包括我

创造的术语——从我的作品中抄去的，而且没有说明出处，这样做显然是出于宣传上的考虑。我当然不是说他在细节上的论述和实际上的应用，这同我没有关系。（指斐·拉萨尔《巴师夏-舒尔采-德里奇先生，经济学上的尤里安，或者：资本和劳动》一书的第III章《交换、价值和自由竞争》（见该书1864年柏林版第120—158页），其中拉萨尔在第149页上指明参看马克思1859年的《政治经济学批判》一书。

有关拉萨尔的抄袭行为，见马克思1864年6月3日给恩格斯和1866年10月13日给路·库格曼的信。——7。）

[5] 见本卷第74—75页。——编者注

[6] 只要换一个名字，这正是说的阁下的事情(Mutato nomine de te fabula narratur)，这句话引自贺拉斯《讽刺诗集》第1卷第1首。——8、308。

[7] 英国应用社会统计比德国早得多。1662年伦敦市的官员约·格朗特首次把计算具体地运用于人口统计。但政治算术（统计）的真正创始人是威·配第，他在1676年写成的《政治算术》这一著作中用算术方法来分析社会经济问题。——9。

[8] 美国独立战争即1775—1783年北美独立战争，它是英国十三个北美殖民地推翻英国统治、争取独立的战争。七年战争后英国加强对北美殖民地的压迫和剥削，激起当地新兴资产阶级和人民群众的反抗。1774年北美殖民地代表召开第一届大陆会议，通过呈交英王的请愿书和抵制英货的法案。1775年4月19日，战争在列克星敦爆发，5月10日在费城召开的第二届大陆会议，决定组织大陆军，任命华盛顿为总司令。1776年7月4日在进行反英战争中的大陆会议通过《独立宣言》，宣告美利坚合众国的成立。1781年9月，英军主力在约克镇被击溃，被迫讲和，最后于1783年9月战争双方签订巴黎和约。在条约中英国正式承认美国独立，取得胜利的北美人民建立了美洲第一个资产阶级共和国。——9。

[9] 美国南北战争即1861—1865年的美国内战。19世纪中叶，美国南部种植园主奴隶制与北部资产阶级雇佣劳动制的矛盾日益尖锐。1860年11月主张限制奴隶制的共和党候选人林肯当选为总统，美国南部的奴隶主发动了维护奴隶制的叛乱。1861年2月南部先后宣布独立的十一个州在蒙哥马利大会上成立美国的南部同盟，公开分裂国家，并于当年4月12日炮轰萨姆特尔堡垒（南卡罗来纳州），挑起内战。1865年4月，南部同盟的首都里士满被占领，南部同盟的联军投降，战争结束。北部各州在南北战争中取得了胜利，维护了国家的统一，并为资本主义的蓬勃发展扫清了道路。——9、35、196、223、296、329、348、411、454、491、498、524、619、662、839、886。

[10] 高教会派是英国国教会中的一派，产生于19世纪，它的信仰者主要是土地贵族和

金融贵族。主张保持古老的豪华仪式,强调与天主教徒的传统的联系。英国国教会中与高教会相对立的另一派为低教会派(见注 448),拥护者主要是资产阶级和下层教士,具有新教倾向。——10、712、744。

[11] 三十九个信条是英国国教会的信仰纲要。女王伊丽莎白一世主持制定。1562 年女王审订批准克兰默起草的四十二条款,后压缩为三十九条。1563 年起,所有神职人员就职时必须宣誓恪守这些信条,1571 年英国国会通过法案,三十九条正式成为英国国教会的信条。——10。

[12] 蓝皮书(Blue Books)是英国议会或政府的以及政府向议会提交的文件或报告书的通称。因封皮为蓝色而得名,英国从 17 世纪开始发表蓝皮书,它是研究英国经济史和外交史的主要的官方资料。——10、30、293、569。

[13] 马克思未能实现他的计划。在他逝世后,《资本论》第二册和第三册作为他的主要著作的第二卷和第三卷先后于 1885 年和 1894 年由恩格斯编辑出版。恩格斯没有能出版《资本论》第四册。——13、404。

[14] “走你的路,让人们去说罢!”(Segui il tuo corso, e lascia dir le genti!)是套用但丁《神曲》中《炼狱篇》第 5 首中的一句(Vien dietro a me, e lascia dir le genti)。——13。

[15]《资本论》第 1 卷的法文版分 9 辑(44 个分册)于 1872 年至 1875 年出版发行。1872 年 2 月初,约·鲁瓦开始进行法文版的翻译工作。为此,自 1871 年 12 月底起,他从马克思那里收到德文第 2 版的手稿。1872 年 2 月,马克思开始校订法译文;5 月,他收到头几个印张。在这一年,马克思在从事各种各样的工作的同时,也忙于《资本论》的法文版。在他写作德文第 2 版的《跋》前,法文版第 1 辑问世,第 2 辑于 1873 年 2 月初出版。《资本论》第 1 卷法文版的中译文收入《马克思恩格斯全集》中文第 2 版第 43 卷。——14、24、28。

[16] 普法战争是 1870—1871 年法国和普鲁士为争夺欧洲大陆的霸权而进行的战争。法国为阻止德国统一并夺取莱茵河左岸地区,于 1870 年 7 月 19 日对普鲁士宣战。战争过程中,法军接连败北。1870 年 9 月 2 日拿破仑第三在色当投降后,法兰西第二帝国崩溃;普军长驱直入占领大片法国领土后,巴黎无产阶级举行起义,夺取政权建立巴黎公社。法国资产阶级政府在普鲁士帮助下镇压了公社。1871 年 5 月 10 日双方签订了法兰克福和约,普鲁士获得阿尔萨斯和洛林及 50 亿法郎的赔款,通过普法战争,普鲁士完成了德意志的统一,建立了德意志帝国。——15。

[17] 西·迈尔《维也纳的社会问题。一个“劳动给予者”著》1871 年维也纳版。——15。

[18] 这篇跋中的开头四段文字在《资本论》第 1 卷德文第 3 版(1883 年)和第 4 版(1890

年)中被删掉了。——15。

[19] 官房学是16—18世纪德国有关行政、财政、经济和其他学科组成的统一的课程,是当时德国官僚候补人所必须通过的训练科目。许多欧洲国家的中世纪大学以及后来的资产阶级大学曾讲授这门课程。——15。

[20] 第3版和第4版中是:毫无希望的。——编者注

[21] 见我的《政治经济学批判》第39页。(见《马克思恩格斯全集》中文第2版第31卷第455页。——16。)

[22] 见马克思《政治经济学批判(1861—1863年手稿)》第XIV笔记本第782—850a页,即《李嘉图学派的解体》中《(1)罗·托伦斯》、《(2)詹姆斯·穆勒》、《(3)论战著作》、《(4)麦克库洛赫》四节。——16。

[23] 见马克思《政治经济学批判(1861—1863年手稿)》第XIV笔记本第852—890页,即《以李嘉图理论为依据反对政治经济学的无产阶级反对派》中《(1)小册子〈国民困难的原因及其解决办法〉》、《(2)莱文斯顿》、《(3)霍吉斯金》三节以及第XVIII笔记本第1084—1086页。——16。

[24] 神圣同盟是欧洲各专制君主镇压欧洲各国进步运动和维护封建君主制度的反革命联盟。该同盟是战胜拿破仑第一以后,由俄国沙皇亚历山大一世和奥地利首相梅特涅倡议,于1815年9月26日在巴黎建立的,同时还缔结了神圣同盟条约。几乎所有欧洲君主国家都参加了同盟。这些国家的君主负有相互提供经济、军事和其他方面援助的义务,以维持维也纳会议上重新划定的边界和镇压各国革命。神圣同盟为了镇压欧洲各国资产阶级革命和民族解放运动,分别召开过几次会议。由于欧洲诸国间的矛盾以及民族革命运动的发展,1830年法国七月革命后神圣同盟实际上已经瓦解。——17。

[25] 谷物法是英国政府为维护大土地占有者的利益从1815年起实施的法令,旨在限制或禁止从国外输入谷物。谷物法规定,当英国本国的谷物价格低于每夸特80先令时,禁止输入谷物。1822年对这项法律作了某些修改,1828年实行了滑动比率:国内市场谷物价格下跌时谷物进口税就提高,反之,英国谷物价格上涨时谷物进口税就降低。谷物法的实行,严重影响了贫民阶层的生活,同时也不利于工业资产阶级,因为它使劳动力涨价,妨碍国内贸易的发展。谷物法导致工业资产阶级和土地贵族之间的斗争。这一斗争是由曼彻斯特的工厂主理·科布顿和约·布莱特于1838年创立的反谷物法同盟领导、在自由贸易的口号下进行的。1846年6月英国议会通过了关于废除谷物法的法案。——17、327、778。

[26] 反谷物法同盟是英国工业资产阶级的组织,由曼彻斯特的工厂主理·科布顿和

约·布莱特于1838年创立。谷物法是英国政府为维护大土地占有者的利益从1815年起实施的旨在限制或禁止从国外输入谷物的法令。同盟要求贸易完全自由,废除谷物法,其目的是为了降低国内谷物价格,从而降低工人工资,削弱土地贵族的经济和政治地位。同盟在反对大地主的斗争中,曾经企图利用工人群众,宣称工人和工业主的利益是一致的。但是,在这个时候,英国的先进工人展开了独立的、政治性的工人运动(宪章运动)。1846年谷物法废除后,反谷物法同盟宣布解散,实际上同盟的一些分支一直存在到1849年。——17。

[**27**] 指首相罗·皮尔在1842和1844年实行的财政改革。他废除或降低了所有的出口税以及对原料和半成品征收的关税。为了补偿国家财政收入的减少,实施了收入税。后来在1853年,对原料和半成品征收的所有关税都取消了。——17。

[**28**] 关于以约·斯·穆勒为代表的混合主义的产生,见马克思《政治经济学批判(1861—1863年手稿)》第VII笔记本第318—331页和第VIII笔记本第332—345页。——17。

[**29**] 关于穆勒的较详细的评述,见本卷第590—592页。——编者注

[**30**] 马克思在这里首先是指他的1859年出版的著作《政治经济学批判》第一分册。只有某些德国报纸发表了有关这一著作出版的简讯。——18。

[**31**] 指约·狄慈根的文章《评卡尔·马克思〈资本论。政治经济学批判〉1867年汉堡版》,载于1868年《民主周报》第31、34、35和36号。1869—1876年该报以《人民国家报》的新名称出版。从1870年初至1872年底,《人民国家报》发表了狄慈根的下列文章:《国民经济学问题》(1870年第1、2、24、25和26号);《社会民主的宗教》(1870年第65、66和67号,1871年第37、38、62和63号);《致亨利希·冯·济贝耳的公开信》(1872年第31号);《资产阶级社会》(1872年第75和77号)。——18。

[**32**] 德国庸俗经济学的油嘴滑舌的空谈家,指责我的著作的文体和叙述方法。对于《资本论》文字上的缺点,我本人的评判比任何人都更为严厉。然而,为了使这些先生及其读者受益和愉快,我要在这里援引一篇英国的和一篇俄国的评论。同我的观点完全敌对的《星期六评论》在其关于德文第一版的短评中说道:叙述方法“使最枯燥无味的经济问题具有一种独特的魅力”。1872年4月20日的《圣彼得堡消息报》也说:“除了少数太专门的部分以外,叙述的特点是通俗易懂,明确,尽管研究对象的科学水平很高却非常生动。在这方面,作者……和大多数德国学者大不相同,这些学者……用含糊不清、枯燥无味的语言写书,以致普通人看了脑袋都要裂开。”但是,对现代德国民族自由党教授的著作的读者说来,要裂开的是和脑袋完全不同的

东西。

[33] 指1867—1883年在巴黎出版的杂志《实证哲学。评论》。该杂志在1868年11—12月的第3期上发表了一篇关于《资本论》第一卷的短评，作者是实证主义哲学家奥·孔德的信徒叶·瓦·德罗贝尔蒂。——19。

[34] 尼·季别尔《李嘉图的价值和资本理论的最新补充和解释》1871年基辅版第170页。

关于季别尔的这本书，马克思1872年12月12日给尼·弗·丹尼尔逊的信中曾谈到他很想看到它，1873年1月18日给丹尼尔逊的信中提到他收到了这本书。——19。

[35] 暗指尤·孚赫发表在《国民经济和文化史季刊》(柏林)1868年(第5年卷)第20卷第216页和欧·卡·杜林发表在《现代知识补充材料》(希尔德堡豪森)1867年第3卷第3册第182页上的有关《资本论》的短评。——20。

[36] 指伊·伊·考夫曼写的《卡尔·马克思的政治经济学批判的观点》一文。——20。

[37] 见《马克思恩格斯全集》中文第2版第31卷第412—414页。——20。

[38] 马克思在1868年3月6日给路·库格曼的信中也说过他的辩证方法不同于黑格尔的辩证方法。——22。

[39] 指德国资产阶级哲学家路·毕希纳、弗·阿·朗格、欧·卡·杜林、古·泰·费希纳等人。——22。

[40] 见乔·威·弗·黑格尔《哲学全书纲要》第1部《逻辑学》1840年柏林版第XIX页(《黑格尔全集》第6卷)。——22。

[41] 以人身的奴役关系和统治关系为基础的地产权力和非人身的货币权力之间的对立，可以用两句法国谚语明白表示出来："没有一块土地没有地主"，"货币没有主人"。

[42] "人们用货币购买商品，用商品购买货币。"(梅尔西埃·德拉里维耶尔《政治社会天然固有的秩序》第543页)

[43] "如果购买一物是为了再卖出去，这样用掉的钱叫作预付货币；如果购买一物不是为了再卖出去，这样用掉的钱可以说是花掉了。"(《詹·斯图亚特著作集》，由其子詹姆斯·斯图亚特爵士将军汇编，1805年伦敦版第1卷第274页)

[44] 梅尔西埃·德拉里维耶尔驳重商主义者说："人们不会用货币去交换货币。"(《政治社会天然固有的秩序》第486页)有一本专门论述"贸易"和"投机"的著作写道："一切贸易都是不同种物品的交换；而利益〈商人的?〉正是由于这种不同而产生的。用一磅面包交换一磅面包，这不会带来任何利益……因此，贸易同赌博相比形成有利

的对照,因为赌博只是用货币交换货币。"(托·柯贝特《个人致富的原因和方法的研究;或贸易和投机原理的解释》1841年伦敦版第5页)虽然柯贝特不知道,G—G,货币交换货币,不仅是商业资本,而且是一切资本特有的流通形式,但他至少承认,这个形式是投机这种贸易与赌博共有的;但是后来出现了麦克库洛赫,他发现,为卖而买就是投机,这样,投机和贸易的区别就消失了。"任何交易,只要一个人购买产品是为了再卖出去,实际上就是投机。"(麦克库洛赫《商业和商轮航运业的实用、理论和历史辞典》1847年伦敦版第1009页)平托,这个阿姆斯特丹交易所的平达,更是无比天真,他说:"贸易是一种赌博〈这句话是从洛克那里抄袭来的〉,不过从乞丐那儿是赢不到任何东西的。如果有人在长时间内赢了所有的人的所有的钱,那他只有心甘情愿地把赢得的绝大部分钱退回去,才能再赌"(平托《关于流通和信用的论文》1771年阿姆斯特丹版第231页)。

[**45**] "资本……分为原有资本和利润,即资本……所获得的增长额,虽然实践本身立刻又将这种利润加到资本上,并把它和资本一起投入周转中。"(弗·恩格斯《国民经济学批判大纲》,载于阿尔诺德·卢格和卡尔·马克思编的《德法年鉴》1844年巴黎版第99页)

[**46**] 亚里士多德拿经济同货殖作对比。他从经济出发。经济作为一种谋生术,只限于取得生活所必要的并且对家庭或国家有用的物品。"真正的财富就是由这样的使用价值构成的;因为满足优裕生活所必需的这类财产的量不是无限的。但是还有另一种谋生术,把它叫作货殖是很适当、很贴切的。由于货殖,财富和财产的界限看来就不存在了。商品交易〈《ηκαπηλική》按字面意义是零售贸易,亚里士多德采用这个形式,是因为在这个形式中占支配地位的是使用价值〉按其性质来说不属于货殖范围,因为在这里,交换只限于他们自己〈买者和卖者〉需要的物品。"他又说,因此,商品交易的最初形式也是物物交换,但是随着它的扩大,必然产生货币。随着货币的发明,物物交换必然发展成为商品交易,而后者一反它的最初的宗旨,成了货殖,成了赚钱术。货殖与经济的区别是:"对货殖来说,流通是财富的源泉。货殖似乎是围绕着货币转,因为货币是这种交换的起点和终点。因此,货殖所追求的财富也是无限的。一种技术,只要它的目的不是充当手段,而是充当最终目的,它的要求就是无限的,因为它总想更加接近这个目的;而那种只是追求达到目的的手段的技术;就不是无限的,因为目的本身已给这种技术规定了界限。货殖则和前一种技术一样,它的目的也是没有止境的,它的目的就是绝对的富有。有界限的是经济而不是货殖…… 前者的目的是与货币本身不同的东西,后者的目的是增加货币……由于把这两种难以分清的形式混为一谈,有人就以为,无限地保存和增加货币

是经济的最终目的。”(散见亚里士多德《政治学》,贝克尔编,第1册第8、9章)

[47]“商品〈这里是指使用价值〉不是产业资本家的最终目的……货币是他的最终目的。”(托·查默斯《论政治经济学同社会的道德状况和道德远景的关系》1832年格拉斯哥第2版第165、166页)

[48]“虽然商人并不轻视已经获得的利润,但他的目光却总是盯着未来的利润。”(安·詹诺韦西《市民经济学讲义》(1765年版),载于库斯托第编《意大利政治经济学名家文集·现代部分》,第8卷第139页)

[49]“这种不可遏止的追逐利润的狂热,这种可诅咒的求金欲,始终左右着资本家。”(麦克库洛赫《政治经济学原理》1830年伦敦版第179页)当然,这种见解并不妨碍麦克库洛赫之流,在理论上陷入困境的情况下,例如在考察生产过剩问题时,还是把资本家变成了善良的市民,好像他关心的只是使用价值,好像他真正像狼一般贪求的,只是皮靴、帽子、鸡蛋、印花布以及其他各种极为平常的使用价值。

[50]“Σώζειν”[拯救]是希腊人用来表示货币贮藏的一种特别用语。同样,英语“to save”也是既有拯救,又有储蓄的意思。

[51]“事物在直进中没有无限性,在循环中却有。”(加利阿尼[《货币论》第156页])

[52]“构成资本的不是物质,而是这些物质的价值。”(让·巴·萨伊《论政治经济学》1817年巴黎第3版第2卷第429页)

[53]“用于生产目的的通货〈!〉就是资本。”(麦克劳德《银行业的理论与实践》1855年伦敦版第1卷第1章第55页)“资本就是商品。”(詹姆斯·穆勒《政治经济学原理》1821年伦敦版第74页)

[54]“资本……是不断增大的价值。”(西斯蒙第《政治经济学新原理》第1卷第88、89页)

[55]“生出货币的货币”(money which begets money),引自亚·斯密《国民财富的性质和原因的研究》1802年伦敦版第87页,参看马克思《1844年经济学哲学手稿》。——181。

[56]“交换是一种奇妙的交易,交换双方总是〈!〉得到好处。”(德斯杜特·德·特拉西《论意志及其作用》1826年巴黎版第68页)该书1823年也以《政治经济学概论》的名称出版。

[57]梅尔西埃·德拉里维耶尔《政治社会天然固有的秩序》第544页。

[58]“这两个价值中有一个是货币,还是两个都是普通商品,这件事本身是毫无关系的。”(同上,第543页)

[59]“不是契约当事人决定价值;价值在成交以前就已经决定了。”(勒特罗纳《论社会利

益》第 906 页)

[60] 加利阿尼《货币论》,载于库斯托第编《意大利政治经济学名家文集·现代部分》第4卷第244页。

[61] “当某种外部情况使价格降低或提高时,交换就会对一方不利,于是平等被破坏了,但这种破坏是由于外部原因,而不是由于交换造成的。”(勒特罗纳《论社会利益》第904页)

[62] “交换按其性质来说是一种契约,这种契约以平等为基础,也就是说,是在两个相等的价值之间订立的。因此,它不是致富的手段,因为所付和所得是相等的。”(勒特罗纳《论社会利益》第903、904页)

[63] 孔狄亚克《商业和政府》(1776年),载于德尔和莫利纳里编《政治经济学文选》1847年巴黎版第267、291页。

[64] 因此,勒特罗纳在回答他的朋友孔狄亚克时说得很对:“在发达的社会中,根本没有剩余的东西。”同时他还讽刺地解释说:“假如交换双方都以同样少的东西换得同样多的东西,那么他们得到的也就同样多。”因为孔狄亚克对交换价值的性质一无所知,所以,他对威廉·罗雪尔教授先生来说是自己的幼稚概念的合适证明人。见罗雪尔的《国民经济学原理》1858年第3版[第102—103、190—191页]。

[65] 赛·菲·纽曼《政治经济学原理》1835年安多弗—纽约版第175页。

[66] “靠提高产品的名义价值……卖者不会致富……因为他们作为卖者所得的利益,在他们作为买者时又如数付出。”([约·格雷]《国民财富基本原理的说明》1797年伦敦版第66页)

[67] “假如有人不得不把价值24利弗尔的产品卖18利弗尔,那么,当他用这笔货币额再去购买时,这18利弗尔同样能买到24利弗尔的东西。”(勒特罗纳《论社会利益》第897页)

[68] “因此,任何一个卖者通常不能提高自己商品的价格,否则他购买其他卖者的商品时也必须付出高价。根据同样的理由,任何一个消费者通常不能以低价购买商品,否则他也必须降低他出售的商品的价格。”(梅尔西埃·德拉里维耶尔《政治社会天然固有的秩序》第555页)

[69] 罗·托伦斯《论财富的生产》1821年伦敦版第349页。

[70] “利润由消费者支付这种想法显然是十分荒谬的。消费者又是谁呢?”(乔·拉姆赛《论财富的分配》1836年爱丁堡版第183页)

[71] “假如有人感到需求不足,那么马尔萨斯先生是否会劝他把钱付给别人,让别人用这笔钱购买他的商品呢?”一个很气愤的李嘉图的信徒这样质问马尔萨斯,因为后

者及其门徒查默斯牧师从经济学的观点赞美了纯买者阶级，即消费者阶级。见《论马尔萨斯先生近来提倡的关于需求的性质和消费的必要性的原理》1821 年伦敦版第 55 页。

[72] 德斯杜特·德·特拉西虽然是(或许正因为是)研究院院士(指法国研究院，它是法国的最高科学机构，由若干部分即若干学院组成。德斯杜特·德·特拉西是伦理学和政治学院院士。——190。)，却持有相反的观点。他说，产业资本家赚得利润，是因为“他们按高于生产成本的价格出卖一切商品。他们卖给谁呢？首先是彼此互卖”(德斯杜特·德·特拉西《论意志及其作用》第 239 页)。

[73] “两个相等的价值相交换，既不增大也不减少社会上现有价值的量。两个不相等的价值相交换……同样也改变不了社会价值的总额，因为它给这一个人增添的财富，是它从另一个人手中取走的财富。”(让·巴·萨伊《论政治经济学》1817 年巴黎第 3 版第 2 卷第 443、444 页)这个论点是萨伊几乎逐字逐句地从重农学派那里抄袭来的，当然他并不关心从这个论点会得出什么结论。下面的例子可以说明，他是怎样利用当时已被人遗忘的重农学派的著作，来增加自己的“价值”的。萨伊先生“最著名的”论点：“产品只能用产品来购买”(同上，第 1 卷第 438 页)，用重农学派的原话来说就是：“产品只有用产品来支付”(勒特罗纳《论社会利益》第 899 页)。

[74] “交换不会给产品以任何价值。”(弗·威兰德《政治经济学原理》1843 年波士顿版第 169 页)

[75] “在不变的等价物支配下，商业是不可能的。”(乔·奥普戴克《论政治经济学》1851 年纽约版第 66 页至 67 页)“实际价值和交换价值之间的差别基于下述事实：物品的价值不同于人们在买卖中为该物品提供的那个所谓等价物，就是说，这个等价物并不是等价物。”(弗·恩格斯《国民经济学批判大纲》，载于阿尔诺德·卢格和卡尔·马克思编的《德法年鉴》1844 年巴黎版第 95、96 页)

[76] 《本杰明·富兰克林全集》，斯帕克斯编第 2 卷《关于国民财富的有待研究的几个问题》[第 376 页]。

[77] 亚里士多德《政治学》第 1 册第 10 章[第 17 页]。

[78] “在通常的市场条件下，利润不是由交换产生的。如果利润不是先前就已存在，那么，在这种交易以后也不会有。”(拉姆赛《论财富的分配》第184 页)

[79] 第 1 版和第 2 版中是“相互关系”，第 3 版和第 4 版中是“商品关系”。——编者注

[80] 根据以上说明，读者可以知道，这里的意思不过是：即使商品价格与商品价值相等，资本也一定可以形成。资本的形成不能用商品价格与商品价值的偏离来说明。假如价格确实与价值相偏离，那就必须首先把前者还原为后者，就是说，把这种情况

当作偶然情况撇开,这样才能得到以商品交换为基础的资本形成的纯粹现象,才能在考察这个现象时,不致被那些起干扰作用的、与真正的过程不相干的从属情况所迷惑。而且我们知道,这种还原决不单纯是一种科学的手续。市场价格的不断波动,即它的涨落,会互相补偿,彼此抵消,并且还原为平均价格,而平均价格是市场价格的内在基准。这个基准是例如从事一切需要较长时间经营的企业的商人或工业家的指南。所以他们知道,就整个一段较长的时期来看,商品实际上既不是低于也不是高于平均价格,而是按照平均价格出售的。因此,如果撇开利害得失来考虑问题是符合他们的利益的话,他们就应该这样提出资本形成的问题:既然价格是由平均价格即归根到底是由商品的价值来调节的,那么资本怎么会产生呢?我说"归根到底",是因为平均价格并不像亚·斯密、李嘉图等人所认为的那样,直接与商品的价值量相一致(见本卷第184—185页。——编者注)。

[**81**] "这里是罗陀斯,就在这里跳跃吧!"(Hic Rhodus, hic salta!)出典于伊索寓言《说大话的人》。一个说大话的人,自吹在罗陀斯岛跳得很远很远。别人就用这句话反驳他,其转义就是:就在这里证明你的本领吧!——194。

[**82**] 指马克思自己使用的一本《资本论》德文第2版。有关马克思在这本书上所作的改动的情况,见《马克思恩格斯全集》1989年历史考证版第2部分第8卷《异文表》第854—945页。——28。

[**83**] 在有关古典古代的一些实用百科辞典(显然是指奥·鲍利的《古典古代实用百科全书》1839—1852年斯图加特版第1—6卷。马克思在1857年7月16日和9月25日给恩格斯的信中曾提到过这一著作。——195。)中,可以看到一种谬论:在古代世界,资本就有了充分的发展,"所缺少的只是自由工人和信用事业"。蒙森先生在他的《罗马史》中也一再陷入混乱。

[**84**] 因此,各种立法都规定了劳动契约的最长期限。在自由劳动的民族里,一切法典都规定了解除契约的条件。在有些国家,特别是墨西哥[美国南北战争(美国南北战争即1861—1865年的美国内战。19世纪中叶,美国南部种植园主奴隶制与北部资产阶级雇佣劳动制的矛盾日益尖锐。1860年11月主张限制奴隶制的共和党候选人林肯当选为总统,美国南部的奴隶主发动了维护奴隶制的叛乱。1861年2月南部先后宣布独立的十一个州在蒙哥马利大会上成立美国的南部同盟,公开分裂国家,并于当年4月12日炮轰萨姆特尔堡垒(南卡罗来纳州),挑起内战。1865年4月,南部同盟的首都里士满被占领,南部同盟的联军投降,战争结束。北部各州在南北战争中取得了胜利,维护了国家的统一,并为资本主义的蓬勃发展扫清了道路。——9、35、196、223、296、329、348、411、454、491、498、524、619、662、839、886。)

前，从墨西哥夺去的领土也是这样，库扎政变（库扎政变是罗马尼亚历史上的重要事件。1859年1月，著名的社会政治活动家亚·库扎先后被选为摩尔多瓦和瓦拉几亚公国的国君。这两个长期隶属于奥斯曼帝国的多瑙河公国于1862年合并，为罗马尼亚国家的统一奠定了基础。库扎执政后，立意实行一系列的资产阶级民主改革。但是他的政策遇到了地主和一部分资产阶级的强烈反抗。在地主代表占优势的国民议会否决了政府提出的土地改革草案后，库扎于1864年实行政变解散了国民议会，颁布了新宪法，扩大了选民范围，加强了政府权力。在这种新的政治局势下实行的土地改革，规定废除农奴制和通过赎买把土地分给农民。——196、274。）前多瑙河地区实际上也是这样]，奴隶制采取债役这种隐蔽的形式。因为债务要以劳役偿还，而且要世代相传，所以不仅劳动者个人，而且连他的家族实际上都成为别人及其家族的财产。胡阿雷斯废除了抵债劳役（抵债劳役(peonage)，就是要由劳役来偿还的借债形式，马克思在1867年10月11日给路·库格曼的信中作过论述。——196。）。所谓的皇帝马克西米利安颁布一道敕令，又把它恢复了。华盛顿的众议院一针见血地谴责这个敕令是恢复墨西哥的奴隶制的敕令。"我可以把我的体力上和智力上的特殊技能和活动能力……在限定的时期内让渡给别人使用，因为根据这种限制，它们同我的整体和全体取得一种外在的关系。如果我把我的由于劳动而具体化的全部时间和我的全部生产活动都让渡给别人，那么，我就把这种活动的实体、我的普遍的活动和现实性、我的人身，变成别人的财产了。"（黑格尔《法哲学》1840年柏林版第104页第67节）

[**85**] 因此，资本主义时代的特点是，对工人本身来说，劳动力是归他所有的一种商品的形式，因而他的劳动具有雇佣劳动的形式。另一方面，正是从这时起，劳动产品的商品形式才普遍化。

[**86**] "人的价值，和其他一切物的价值一样，等于他的价格，就是说，等于对他的能力的使用所付的报酬。"（托·霍布斯《利维坦》，载于莫尔斯沃思编《托马斯·霍布斯英文著作选》1839—1844年伦敦版第3卷第76页）

[**87**] 古罗马的斐力卡斯，作为管理人居于农业奴隶之首，但"由于劳动比奴隶轻，得到的报酬也比奴隶更微薄"（泰·蒙森《罗马史》1856年版第810页）。

[**88**] 参看威·托·桑顿《人口过剩及其补救办法》1846年伦敦版。

[**89**] 配第。（威·配第《爱尔兰的政治解剖》1691年伦敦版第64页，见本卷第364页脚注(1)。——199。）

[**90**] "它的〈劳动的〉自然价格……由一定量的生存资料和舒适品构成。这个量是根据一个国家的气候和习惯，为维持工人并使他有可能抚养家庭，以保证市场上劳动供

应不致减少所必需的。”(罗·托伦斯《论谷物外销》1815年伦敦版第62页)劳动一词在这里错误地当作劳动力一词来使用。

[91] 罗西《政治经济学教程》1843年布鲁塞尔版第370、371页。

[92] 西斯蒙第《政治经济学新原理》第1卷第114页。

[93] “一切劳动都是在它结束以后付给报酬的。”(《关于需求的性质的原理》第104页)“商业信用必定是从这样的时刻开始的,那时工人,生产的最初的创造者,有可能依靠自己的积蓄等待一两个星期、一个月、一个季度等等,再领取自己劳动的工资。”(沙·加尼耳《论政治经济学的各种体系》1821年巴黎第2版第2卷第150页)

[94] 施托尔希说,“工人贷出自己的勤劳”,但是——他又狡猾地补充说——他们除了会“失掉自己的工资,不冒任何风险……工人没有付出任何物质的东西”(施托尔希《政治经济学教程》1815年彼得堡版第2卷第36、37页)。

[95] 举个例子。在伦敦有两种面包房:一种是按面包的全价出售的,一种是按低价出售的。后者占面包房总数的$\frac{3}{4}$以上。(政府调查委员休·西·特里门希尔关于《面包工人的申诉的报告》1862年伦敦版第32—34页)这些按低价出售的面包房所出售的面包,几乎无例外地都搀了明矾、肥皂、珍珠灰、白垩、德比郡石粉以及诸如此类的其他一些颇为可口的、富有营养的而又合乎卫生的成分。(见上述蓝皮书和《1855年面包搀假调查委员会的报告》,以及哈索尔医生《揭穿了的搀假行为》1861年伦敦第2版)约翰·戈登爵士对1855年委员会说:“由于这种搀假,每天靠两磅面包度日的穷人,现在实际上连$\frac{1}{4}$的养料都得不到,且不说这种搀假对他们的健康的危害了。”特里门希尔(《面包工人的申诉的报告》第48页)认为,“工人阶级的很大一部分”明明知道搀假,可是还得与面包一起忍受明矾、石粉这一类东西,其原因就在于,对工人阶级来说,“面包房或杂货店爱给他们什么样的面包,他们就得买什么样的面包,这是必然的事情”。因为他们只是在劳动周的周末才得到报酬,所以,他们也只有“在周末才能支付全家一星期消费的面包钱”。特里门希尔还引用了一些证词:“众所周知,用这种混合物制成的面包是特意为这种主顾做的。”“在英格兰〈特别是苏格兰〉的许多农业区,工资是每两周、甚至每一个月发一次。支付期这样长,农业工人不得不赊购商品…… 他必须付出较高的价钱,他实际上已被赊卖东西给他的店铺束缚住了。例如,在威尔特郡的霍宁舍姆,每月发一次工资,工人购买一英石面粉要付2先令4便士,而在别的地方则只要1先令10便士。”(《公共卫生。枢密院卫生视察员第6号报告》1864年版第264页)“1853年,佩斯利和基尔马诺克〈苏格兰西部〉的手工印染工人,通过一次罢工迫使支付期从一个月缩

短为两周。"(《工厂视察员报告。1853 年 10 月 31 日》第 34 页)英国许多煤矿主采取的方法可以说明,工人给资本家的信贷获得了进一步的、奇妙的发展。按照这种方法,工人到月底才领工资,在这期间从资本家那里得到预支,而预支往往就是一些工人不得不高于市场价格支付的商品(实物工资制)。"煤矿主惯用的一种办法就是,每月发一次工资,而在这一个月的每个周末给工人预支一次。预支是在店铺进行的〈这个店铺就是老板自己开设的杂货店〉。工人在店铺的这一边拿到钱,在另一边又把钱花掉。"(《童工调查委员会。第 3 号报告》1864 年伦敦版第 38 页第 192 号)

[**96**] 关于伊甸园,见《旧约全书·创世记》第 2 章第 8 节。——204。

[**97**] 耶·边沁是所谓的有用哲学即功利主义的代表人物之一。对他来说,个人的利益是一切行动的动力。然而,一切利益,如果正确加以理解,又处于内在的和谐状态中。各个人的正确理解的利益也就是社会的利益。——204。

[**98**] "*前定和谐*"(prästabilierte Harmonie)是哥·威·莱布尼茨的用语,根据他的哲学,特别是他的单子论,各个单子的和谐秩序是由上帝事先确定的,否则世界的事物是互相割裂地存在的。——205。

[**99**] "土地的自然产品,数量很小,并且完全不取决于人,自然提供这点产品,正像给一个青年一点钱,使他走上勤劳致富的道路一样。"(詹姆斯·斯图亚特《政治经济学原理》1770 年都柏林版第 1 卷第 116 页)

[**100**] "理性何等强大,就何等狡猾。理性的狡猾总是在于它的起中介作用的活动,这种活动让对象按照它们本身的性质互相影响,互相作用,它自己并不直接参与这个过程,而只是实现自己的目的。"(黑格尔《哲学全书》,第 1 部《逻辑学》,1840 年柏林版第 382 页)

[**101**]《新约全书·马太福音》第 6 章第 23 节和《新约全书·路加福音》第 12 章第 25 节。——209。

[**102**] 加尼耳的著作《政治经济学理论》(1815 年巴黎版)一般说来是贫乏的,但针对重农学派,却恰当地列举了一系列构成真正的农业的前提的劳动过程。

[**103**] 杜尔哥在《关于财富的形成和分配的考察》(1766 年(安·罗·雅·杜尔哥的这一著作写于 1766 年。马克思把这一年作为本书的发表年。其实该书是 1769—1770 年由皮·赛·杜邦·德奈穆尔第一次发表的。马克思引用的是 1844 年欧·德尔在巴黎出版的版本。——210。)一书中,很好地说明了被饲养的动物对于文化初期的重要性。

[**104**] "a toolmaking animal"(制造工具的动物)这一说法,引自托·本特利的著作《关于

使用机器缩短工时的益处和政策的书信》1780 年伦敦版。马克思在 1859—1863 年于伦敦所作的第 VII 笔记本第 155 页中,摘录了这一著作第 2—3 页上的一段话:"人们用许多方式对人下定义……a toolmaking animal 或 engineer〈富兰克林〉已被一些人当作人的最好的、最有特点的定义而加以采纳。"——210。

[**105**] 在从工艺上比较各个不同的生产时代时,真正的奢侈品在一切商品中意义最小。

[**106**] 第 2 版注:尽管直到现在,历史学对物质生产的发展,即对整个社会生活从而整个现实历史的基础,了解得很少,但是,人们至少在自然科学研究的基础上,而不是在所谓历史研究的基础上,按照制造工具和武器的材料,把史前时期划分为石器时代、青铜时代和铁器时代。

[**107**] 例如,把尚未捕获的鱼叫作渔业的生产资料,好像是奇谈怪论。但是至今还没有发明一种技术,能在没有鱼的水中捕鱼。

[**108**] 这个从简单劳动过程的观点得出的生产劳动的定义,对于资本主义生产过程是绝对不够的。

[**109**] 施托尔希把真正的原料和辅助材料区别开来,把前者叫作"matière",把后者叫作"matériaux"(亨·施托尔希《政治经济学教程,或论决定人民幸福的原理》1823 年巴黎版第 1 卷第 229—238 页。——212。);舍尔比利埃把辅助材料叫作"matiéres instrumentales"(安·舍尔比利埃《富或贫。社会财富当前分配的因果》1841 年巴黎版第 14 页。——212。)。

[**110**] 见本卷第 207—211 页。——编者注

[**111**] 根据这种非常合乎逻辑的理由,托伦斯上校在野蛮人用的石头上发现了资本的起源。"在野蛮人用来投掷他所追逐的野兽的第一块石头上,在他用来打落他用手摘不到的果实的第一根棍子上,我们看到占有一物以取得另一物的情形,这样我们就发现了资本的起源。"(罗·托伦斯《论财富的生产》第 70、71 页)根据那第一根棍子[Stock]也许还可以说明,为什么在英语中 stock 和资本是同义词。

[**112**] "产品在转化为资本以前就被占有了;这种转化并没有使它们摆脱那种占有。"(舍尔比利埃《富或贫》1841 年巴黎版第 54 页)"无产者为换取一定量的生活资料出卖自己的劳动,也就完全放弃了对产品的任何分享。产品的占有还是和以前一样,并不因上述的契约而发生变化。产品完全归提供原料和生活资料的资本家所有。这是占有规律的严格结果,相反地,这个规律的基本原则却是每个劳动者对自己产品拥有专有权。"(同上,第 58 页)詹姆斯·穆勒在《政治经济学原理》第 70、71 页上写道:"当工人是为工资而劳动时,资本家不仅是资本的〈这里是指生产资料的〉所有者,而且也是劳动的所有者。如果人们像通常那样,把用来支付工

资的东西也包括在资本的概念中，那么，离开资本来谈劳动就是荒谬的。在这种意义上，资本一词包括资本和劳动二者。”

[**113**] 见本卷第 52 页。——编者注

[**114**] “影响商品价值的，不仅是直接花费在商品上的劳动，而且还有花费在协助这种劳动的器具、工具和建筑物上的劳动。”（李嘉图《政治经济学原理》1821 年伦敦第 3 版第 1 章第 16 页）

[**115**] 见本卷第 230—231 页。——编者注

[**116**] 见本卷第 200—201 页。——编者注

[**117**] 这里的数字完全是随意假设的。

[**118**] 这是重农学派关于一切非农业劳动的非生产性的学说借以建立起来的根本命题，这个命题对于专业经济学家来说，是不容反驳的。“把许多其他东西的价值加在一个物上〈例如，把织工的生活费用加在麻布上〉，也就是说，把若干价值一层层地堆积在一个价值上，这种办法使价值有了相应的增加…… ‘加’这个词完美地表达了劳动产品价格形成的方式；这种价格不过是许多被消耗的、加在一起的价值的总和；‘加’并不意味着‘乘’。”（梅尔西埃·德拉里维耶尔《政治社会天然固有的秩序》，载于《重农学派》1846 年巴黎版第 2 部第 1 章第 599 页）

[**119**] 这是套用圣经后典中的一句话：“虽然不信神的人走在良好的道路上，但是他的终点是地狱的深渊。”（《后典·西拉子耶稣智慧书》或《便西拉智训》第 21 章第 10 节）。——223。

[**120**] 例如，在 1844—1847 年，他从生产中抽出了一部分自己的资本，拿来在铁路股票上投机。又如，在美国南北战争（美国南北战争即 1861—1865 年的美国内战。19 世纪中叶，美国南部种植园主奴隶制与北部资产阶级雇佣劳动制的矛盾日益尖锐。1860 年 11 月主张限制奴隶制的共和党候选人林肯当选为总统，美国南部的奴隶主发动了维护奴隶制的叛乱。1861 年 2 月南部先后宣布独立的十一个州在蒙哥马利大会上成立美国的南部同盟，公开分裂国家，并于当年 4 月 12 日炮轰萨姆特尔堡垒（南卡罗来纳州），挑起内战。1865 年 4 月，南部同盟的首都里士满被占领，南部同盟的联军投降，战争结束。北部各州在南北战争中取得了胜利，维护了国家的统一，并为资本主义的蓬勃发展扫清了道路。——9、35、196、223、296、329、348、411、454、491、498、524、619、662、839、886。）时期，他关闭了工厂，把工人抛向街头，自己到利物浦棉花交易所去赌博。

[**121**] 德国谚语。——编者注

[**122**] 见本卷第 179 页。——编者注

[123] “你尽可以夸耀、粉饰和装扮…… 但是谁取得的〈比他供给的〉更多或更好,那就是高利贷。也就是说,像偷盗和抢劫一样,他不是为邻人服务,而是损害邻人。一切名为对邻人服务和行善的事情,并非都是服务和行善。奸夫和淫妇也是互相提供重大的服务和互相满足的。骑士帮助杀人放火犯拦路行抢,打家劫舍,也是对他的重大服务。罗马教徒没有把我们全部淹死、烧死、杀死、囚死,而是让一些人活着,把他们驱逐,或者夺去他们所有的东西,也是对我们的重大服务。魔鬼对于为他服务的人也提供重大的不可估量的服务…… 总之,世上到处都是重大的、卓越的、日常的服务和行善。”(马丁·路德《给牧师们的谕示:讲道时要反对高利贷》1540年维滕贝格版)

[124] 关于这一点,我在《政治经济学批判》第14页上说过:“‘服务’这个范畴对于像让·巴·萨伊和弗·巴师夏那样的经济学家必然会提供怎样的‘服务’是不难了解的。”(见《马克思恩格斯全集》中文第2版第31卷第430页。——225。)

[125] “这正是他发笑的原因”是套用歌德《浮士德》第1部第3场(《浮士德的书斋》)中的诗句。——226。

[126] “在这个最美好的世界上,一切都十全十美”(Tout pour le mieux dans le meilleur des mondes possibles)是伏尔泰小说《老实人》中的一句格言。——227、885。

[127] “好像害了相思病”见歌德《浮士德》第1部第5场(《莱比锡的欧北和酒寮》)。——227。

[128] 这是以奴隶制为基础的生产所以昂贵的原因之一。按照古代人的恰当的说法,劳动者在这里只是作为会说话的工具,同牲畜作为会发声的工具,无生命的劳动工具作为无声的工具相区别。(“劳动者只是会说话的工具”是套用的古罗马作家马可·忒伦底乌斯·瓦罗的话。他在《农业论》第1卷第17章第1节中说:奴隶是“会说话的工具”,牲畜是“会发声的工具”,犁是“无声的工具”。马克思引自杜罗·德拉马尔《罗马人的政治经济学》1840年巴黎版。见《马克思恩格斯全集》中文第2版第31卷第247页。——229。)但劳动者本人却要让牲畜和劳动工具感觉到,他和它们不一样,他是人。他虐待它们,以狂喜的心情毁坏它们,以表示自己与它们有所不同。因此,这种生产方式的经济原则,就是只使用最粗糙、最笨重、因而很难损坏的劳动工具。因此,直到南北战争爆发之前,墨西哥湾沿岸各蓄奴州一直使用古代中国式的犁。这种犁像猪和鼹鼠那样掘地,但不能把地犁出沟来,不能把土翻过来。参看约·埃·凯尔恩斯《奴隶劳力》1862年伦敦版第46页及以下几页。奥姆斯特德在他的《沿海各蓄奴州旅行记》[第46、47页]中也谈到:“我看到了这里使用的工具,在我们中间,任何一个有理性的人也不会把这样的工

具交给他雇用的工人使用。这种工具异常笨重，在我看来，使用起来至少要比我们通常使用的工具多费百分之十的劲。然而人们却使我相信，由于奴隶使用工具不当心不仔细，就是给他们较轻便的或不太笨重的工具，也不可能有好结果；我们经常让工人使用的并为我们带来优厚利益的那些工具，在弗吉尼亚的麦田里用不上一天就会损坏，尽管那里的土地比我们的土地松软，而且没有那么多石块。当我问为什么各个农庄都普遍地用骡子代替马的时候，我听到的第一个最令人信服的理由，就是马受不住黑人的经常不断的虐待。马要是受到虐待，很快就会垮，变成残废，而骡子即使挨鞭子，饿一两次，也不会造成身体上的伤害。骡子在照料不周或劳累过度时，也不会受凉生病。我用不着走远，只要从我执笔写作的房间的窗户望出去，就几乎随时可以看到虐待牲畜的情形，而在北方，如果这样虐待牲畜，几乎每个农场主都会马上把工人解雇的。”

[**129**] 见本卷第54—60、220—221页。——编者注

《资本论》第一卷(节选)导读

一、时代背景及其意义

马克思从1843年底开始研究政治经济学,直到1883年逝世,前后用了整整40年时间从事《资本论》的写作和出版。1867年出版了《资本论》第一卷。马克思逝世后,恩格斯又用了12年的时间,整理、编辑出版了《资本论》第二卷和第三卷。而《资本论》第四卷则是恩格斯逝世后,由考茨基编辑,以《剩余价值学说史》为书名单独出版。《资本论》现分别收录于《马克思恩格斯全集》第44、45、46、47卷(人民出版社2001年版),部分节选收录于《马克思恩格斯选集》第2卷(人民出版社1995年版)。

《资本论》是马克思用毕生精力创作出来的一部伟大科学著作,它深刻地分析了资本的生产过程、流通过程和总过程,揭示了资本主义生产方式的内在矛盾和运行规律。《资本论》还是一部哲学、逻辑学和科学社会主义的著作,此外,还包括了马克思在政治、法律、历史、数学、教育、道德、宗教、文艺、自然科学、技术科学等领域的深湛见解。可以说《资本论》是马克思主义的百科全书。

恩格斯对这部著作是这样评价的:"自从世界上有资本家和工人以来,没有一本书像我们面前这本书那样,对于工人具有如此重要的意义。资本和劳动的关系,是我们全部现代社会体系所围绕旋转的轴心,这种关系在这里第一次得到了科学的说明,而这种说明之透彻和精辟,只有一个德国人才能做得到。"①

① 《马克思恩格斯选集》第2卷,人民出版社1995年版,第589页。

《资本论》已经发表了一百三十多年了，马克思对资本主义生产过程本质的分析、对资本主义基本矛盾及其发展趋势的分析，对于我们研究和认识全球化条件下的经济、政治等问题，仍然是基本的理论武器。马克思的资本循环和周转理论、社会资本再生产和流通等一系列理论，对于社会主义的微观经济活动和宏观经济运动仍然具有重大的指导意义。《资本论》既是资本主义经济论，也是社会化商品经济的理论，它为社会主义市场经济的必然性提供了新的理论支撑。

二、内容简介

（一）1867 年第一版序言

第一版序言是马克思在 1867 年《资本论》第一卷出版时写的，主要阐明了《资本论》的研究对象和结构。共 14 个自然段，可分为如下四个问题：

1.《资本论》与《政治经济学批判》的关系（第 1—4 段）。

马克思 1859 年发表的《政治经济学批判》，论述了商品和货币，阐明了价值和货币理论。这两种理论成为了《资本论》第一卷第一章的主要内容。在这个基础上，《资本论》对资本和剩余价值展开论述，从而揭示了资本主义经济产生、发展、灭亡规律的历史过程。所以，马克思《资本论》称为《政治经济学批判》一书的续篇。

马克思认为《资本论》除了价值形式那一部分外，并不难懂。《资本论》的开头难，表现在两个方面：第一，《资本论》开头研究的是资本主义经济细胞形式。对经济细胞形式的分析比对经济的成熟形式的分析要难得的多。我们知道，价值是商品的社会属性，内在于商品的价值，只有通过交换，用交换价值来表现。而交换价值或价值形式的发展必然产生货币。两千多年来，直到马克思的以前许多资产阶级经济学家，对于货币为什么会从商品交换关系中产生出来这个问题的研究，并未得到什么结果。而对于那些发育较为成熟的经济形式，如资本、利润、工资、地租等更复杂形式的研究，却取得了很大的成就，这是因为对已经发育的身体的研究比对身体的细胞的研究容易些。第二，《资本论》研究的是社会现象而不是自然现象。自然现象可以用化学的、物理的方法进行直观实验来实证,而社会现象只能用抽象法进行分析,即从研究对象的实际出发,把接触和感觉到的材料,概括和抽象出反映对象本质的经济范畴。这比直观实证的研究当然要难得多。

2.《资本论》的研究对象和目的(第5—9段)。

马克思说:“我要在本书研究的,是资本主义生产方式以及和它相适应的生产关系和交换关系。”①对于马克思这句话中的资本主义生产方式的含义,至今仍有不同的理解。“生产方式”在《资本论》中是多义词。我们认为,在这里可以把“生产方式”理解为生产的社会形式,即社会生产关系的总和,它应该包括生产、交换、分配、消费各方面的关系。因此,《资本论》的研究对象是资本主义生产关系总和或广义的生产关系。

马克思写作《资本论》的目的,就是要揭示资本主义社会的经济运动规律,为无产阶级政党制定战略和策略提供理论依据,从而使工人阶级认清资本主义社会的本质和自己所肩负的历史使命。马克思在这里还揭示了规律的客观性和人们认识运用规律的辩证关系。

3. 政治经济学的阶级性(第10—11段)。

马克思认为,社会经济形态发展是一种自然的历史过程,政治经济学作为一门社会科学,必然涉及人。不过这里涉及的人,只是经济范畴的人格化,是一定的阶级关系和利益的承担者。不管个人在主观上怎样超脱各种关系,他在社会意义上总是这些关系的产物。但是,马克思说:“我的观点是更不能要个人对这些关系负责的。”这就是说,政治经济学研究的是科学,而不是道德谴责。

4.《资本论》的结构(第12—14段)。

第一卷研究资本的生产过程,这是不以流通过程为媒介的资本的直接生产过程,重点在于剩余价值的生产。第二卷研究资本的流通过程,是资本的生产过程和流通过程的统一,重点在于剩余价值的实现。第三卷研究资本的总过程,研究资本和剩余价值的各种具体形式,是资本的生产过程、流通过程和分配过程的统一,重点在于剩余价值如何在剥削阶级内部进行分配。第四卷则是系统的分析批判资产阶级政治经济学说,也叫“剩余价值学说史”。

---

① 《马克思恩格斯全集》第44卷,人民出版社2001年版,第8页。

最后,马克思还套用意大利诗人但丁的一句话来表明无产阶级革命家的博大胸怀和科学上的大无畏精神。

思考题:

1. 如何理解《资本论》的研究对象?
2. 为什么说社会经济形态的发展是一种自然历史的过程?
3.《资本论》在马克思主义发展史上的地位如何?

(二)1872年第二版跋

这篇跋文是马克思1873年1月24日《资本论》第二版出版时,于伦敦写作的。《跋》的重点是关于《资本论》的研究方法。全文31个自然段,可分三个问题。

1.《资本论》第二版对原文所做的修改(第1—3段)。

1867年春,马克思的朋友,德国汉诺威的地方医生路·库格曼阅读了《资本论》第一卷第一版的初校样,感到关于价值形式的阐述不易理解,建议马克思做一个通俗的补充说明。马克思采纳了他的建议,写了一篇附录,题目是《价值形式,第一章附录一》,放在《资本论》第一卷第一版的结尾。这就是马克思在这里所说的"第一版的双重叙述"。1872年《资本论》第一卷第二版出版时,马克思对价值形式的分析作了全部改写,这就是现在的第一章第三节。

2. 德国政治经济学界的情况,并对整个资产阶级政治经济学做了简要的考察(第4—13段)。

(1)资产阶级政治经济学在德国缺乏生存的基础(第4—6段)。

资产阶级政治经济学的产生有两个条件:一是资本主义经济要有相当程度的发展,由此才能产生对它进行理论分析的政治经济学;二是无产阶级和资产阶级的斗争还没发展起来,这样资产阶级学者才能公正地无私地研究。德国始终不具备这两个条件。1848年前,德国的资本主义受封建主义的束缚而没有发展起来,落后于英法;从1848年革命起,资本主义生产在德国飞速发展起来,政治经济学生存的基础出现了。但这时,无产阶级已经登上了政治舞台,无产阶级和资产阶级的斗争激化了,德国资产阶级所处的境况已经不再容许他们在资产阶级的视野之内进行公正无私的研究了。所以,德国社会特殊的历史发展,排除了资产阶级政治经济学在德国取得任何独创成就的可能性。

(2)资产阶级政治经济学的发展(第7—13段)。

政治经济学作为一门科学,是在资本主义出现以后才产生的。在资本主义初期出现的重商学派,认为价值、利润来源于商品交换。此后出现了资产阶级古典政治经济学,他们提出了商品的价值由劳动创造的,利润和地租来源于工人的剩余劳动等原理。这些都具有一定的科学性,但他们又认为资本主义制度是永恒不变的,资本主义经济规律适用于一切历史时代。这样,资产阶级经济科学也就达到了它不可逾越的界限。法国和英国资产阶级夺取政权以后,无产阶级同资产阶级的矛盾成为主要矛盾。这时候出现了把古典政治经济学庸俗化,为资本主义进行辩护的资产阶级庸俗政治经济学。历史事实说明,资产阶级及其学者不可能完成揭示资本主义经济运动规律的重任。因为要完成这个历史任务,首先必须揭露和批判资本主义经济制度及其代言人对资本主义经济所进行的歪曲和辩护。就这种批判代表一个阶级而论,这个阶级就是无产阶级。

3.《资本论》的研究方法(第14—31段)。

(1)对《资本论》研究方法的互相矛盾的种种评价(第14—18段)。

《资本论》第一卷出版后,资产阶级学者最初企图用沉默封杀《资本论》。后来,他们就开始责备马克思的研究方法了。有人说是形而上学的,也有人说是一切最优秀的理论家所共有的演绎和严格的现实主义。

(2)考夫曼对《资本论》研究方法的评论(第19—26段)。

马克思比较赞许俄国资产阶级经济学家考夫曼对自己研究方法的观点,所以他重点摘引了考夫曼的评述。其要点是:马克思认为经济科学的研究在于发现被研究对象的发展和变化的规律;社会运动是受一定的客观规律支配的自然历史过程;意识要素在文化史上只起从属作用;每一历史时期都有它自己的规律;从生产力决定生产关系的观点出发,阐述了资本主义经济制度产生、生存、发展、死亡以及为另一更高社会生产结构所代替的客观必然性。

(3)唯物辩证法是《资本论》的研究方法(第27—31段)。

马克思认为《资本论》所运用的方法就是唯物辩证法。当然,在具体运用过程中会出现研究方法和叙述方法的不同。研究问题必须从研究对象的实际出发,首先充分占有材料,然后对它进行各种发展形式的分析,引出规律。所以,研究方法是从感性的具体出发,通过分析综合,达到理性的认识运动。叙述方法,则是采取从抽象上升到具体的形式,即从简单的规定到复杂的具体,把对客观事物的正确认识,用理论的形式复制出来。所以,叙述方法是对已经达到的理性认识作出科学的叙述。二者这种形式的差别,是由它们的任务不同引起的,但二者在本质上是同一的,都是唯物辩证法的具体运用,二者很难截然分开。

马克思的唯物辩证法和黑格尔的唯心主义辩证法截然相反。黑格尔是系统阐述唯心主义辩证法的第一个人,尤其是他强调事物的内在联系、矛盾发展和转化的思想。但是,他颠倒了物质和精神的关系,在他看来,思维过程即他所称的观念是现实事物的创造主,而现实事物只是思维过程的外部表现。马克思吸收了黑格尔的合理内核即辩证法思想,对其进行了唯物主义改造。马克思认为,观念的东西不外是移入人的头脑的,并在人的头脑中改造过的物质的东西而已。马克思批判了黑格尔的唯心主义错误,在唯物主义的基础上创立了科学的辩证法,并把它运用于《资本论》的研究之中。

思考题:

1.《资本论》运用的方法是什么?它包括那些内容?

2. 应如何理解叙述方法和研究方法及其关系?

(三)第二篇　货币转化为资本·第四章　货币转化为资本

马克思在第一篇分析了商品和货币,中心是论述了劳动价值理论。第二篇的研究对象,是资本的来历问题,也就是资本和剩余价值产生的前提和条件。第二篇只有一章即第四章,该章围绕劳动力成为商品、货币如何转化为资本这一中心展开,主要运用从形式到内容,从现象到本质的分析方法。全章共三节。

1. 资本的总公式。

这一节的中心是阐明资本运动的目的是为生产剩余价值。共 25 自然段,分三个问题。

(1)货币是资本的最初表现形式(第1—3段)。

商品生产和发达的商品流通,是资本产生的历史前提。货币是商品流通的最后产物,又是资本的最初表现形式。从历史上看,资本主义以前商人资本和高利贷资本都是采取货币形式,与土地所有权的地产相对立。从资本主义现实生活来看,每一个新资本最初也是以货币形式出现在市场上,通过购买生产资料和劳动力,然后进行资本主义生产。

(2)商品流通的货币和资本流通的货币的共同点和区别(第4—23段)。

(a) 商品流通总公式是W——G——W,既商品——货币——商品,为买而卖;资本流通公式是G——W——G,即货币——商品——货币,为卖而买。两种流通形式的共同点是:都有买和卖两个对立阶段;在每个阶段上都是商品和货币的对立;都有“三个当事人”登场。

(b) 两种流通形式在形式上的区别是:第一,它们的循环次序相反,W——G——W以卖开始,以买结束,运动的起点和终点都是商品,货币是媒介;G——W——G以买开始,以卖结束,运动的起点和终点都是货币,商品是媒介。第二,在流通中货币的作用和地位不同。在W——G——W中,货币是作为购买手段,最终被花掉;在G——W——G中,支出货币是为了重新得到它,因此货币只是被预付。

(c) 两种流通形式在内容上的区别是:第一,运动的目的不同。商品流通的最终目的是满足需要,是使用价值;资本流通的动机和决定性目的是交换价值本身,因此资本流通的完整形式是G——W——G′,其中G′=G+⊿G。第二,运动的界限不同。在商品流通中是以一定需要为限,而在资本流通中运动就成为没有止境的了。前者,商品是运动的主体;后者,价值是运动的主体,在运动中,价值不仅保存了自己,而且扩大了自己,进行自我增殖。这里揭示了资本的实质。重商主义从现象看问题,认为流通创造价值,贸易是财富的源泉,资本是生产货币的货币。这是错误的。

(3)G——W——G′是资本的总公式(第24—25段)。

G——W——G′是资本流通公式。由于它不仅适合于商业资本,而且适合于产业资本和生息资本。因此,G——W——G′事实上是直接在流通领域中表现出来的资本总公式。

2. 总公式的矛盾。

这一节的中心是阐明剩余价值产生的源泉。共 32 个自然段,分三个问题。

(1)商品形态变化中的顺序颠倒说明不了价值增殖(第 1—2 段)。

资本流通的结果 $G' > G$,发生了价值增殖。资本总公式是和前面阐明的价值规律相矛盾的。资本流通形式和商品流通形式不同的地方,在于两个对立过程的顺序相反,即由卖和买颠倒为买和卖。但是,卖和买顺序颠倒并没有越出简单商品流通领域,说明不了价值增殖。那么,价值增殖从而剩余价值是怎样产生的呢?

(2)剩余价值不能从流通中产生(第 3—28 段)。

马克思分析了四种情况:等价交换不产生剩余价值;不等价交换也不产生剩余价值;只买不卖或只卖不买也不能产生剩余价值;欺骗同样不产生剩余价值。

(3)剩余价值既在流通中又不在流通中产生(第 29—32 段)。

在流通领域中虽然不能产生剩余价值,但它的产生却又离不开流通。因为流通是商品所有者全部关系的总和,没有商品流通,就谈不上商品生产。货币转化为资本的整个过程,必须以流通为媒介,购买到能够使价值增殖的商品,而价值增殖却是从生产领域中产生的。

3. 劳动力的买和卖。

这一节的中心是阐明剩余价值生产的前提条件。共 23 自然段,分四个问题。

(1)劳动力成为商品的两个基本条件(第 1—9 段)。

劳动力成为商品是货币转化为资本的决定性条件。劳动力就是存在于人身体中,在生产某种使用价值时所运用的体力和智力的总和。劳动力成为商品必须具备两个基本条件:劳动力的所有者必须有人身自由;劳动力所有者必须既没有生产资料,也没有生活资料。劳动力的买卖不是社会历史上一切时期所共有的,而是在封建社会解体的历史过程中逐步形成,它是历史的产物。

(2)劳动力商品的价值(第 10—20 段)。

劳动力商品的价值是维持和再生产劳动力这一特殊商品所必需的生活资料价值,它的大小取决于生产这些生活资料所必需的社会必要劳动时间。

劳动力价值包括三个部分：维持劳动力所有者所需要的生活资料价值；维持劳动力所有者家属、子女所需要的生活资料价值；劳动者的教育或训练费用。劳动力每天需要的生活资料的价值量，用公式表示：365A＋52B＋4C＋其他等等/365(天)。

(3)劳动力商品的使用价值(第21段)。

劳动力商品的特殊性主要表现在它的使用价值上。劳动力的使用价值即劳动具有成为价值源泉的属性，而且是大于它自身的价值的源泉。劳动力的实际使用，即它的消费过程，同时就是商品和剩余价值的生产过程。

(4)流通过程的等价交换掩盖了生产过程的剥削实质(第22—23段)。

劳动力的买卖，是在流通领域里进行的。在这里，劳动力的买卖表现为自由、平等、所有权和边沁。一旦离开流通领域，进入生产过程，资产阶级的虚伪外观立刻被揭穿了，资本主义剥削的秘密暴露无遗。总之，劳动力的买卖是用表面上的等价交换掩盖事实上的不平等。

在政治经济学历史上，马克思第一次提出了劳动力商品这个经济范畴，第一次明确区分了劳动力和劳动。恩格斯说："这里并不是纯粹的咬文嚼字，而是牵涉到全部政治经济学中一个重要的问题。"①正是由于这一发现，科学地回答了古典政治经济学长期未能解决的问题，即资本与劳动交换、剩余价值的占有与价值规律之间的矛盾。剩余价值的起源和科学社会主义理论的确立都是从这里开始的。第二篇对资本转化为资本和资本本质的分析，为第三篇考察资本的生产过程提供了理论基础。

思考题：

1. 试析简单商品流通和资本流通的区别。

2. 为什么"资本不能在流通中产生，又不能不在流通中产生。它必须既在流通中又不在流通中产生"？

3. 马克思劳动力商品学说及其理论价值和现实意义。

---

① 《马克思恩格斯全集》第22卷，人民出版社1965年版，第235页。

（四）第三篇　绝对剩余价值的生产·第五章　劳动过程和价值增殖过程

第三篇，主要研究绝对剩余价值的生产。第五章的主题是资本的生产过程，阐明资本主义生产实质是剩余价值的生产。资本生产过程具有二重性质：一方面是劳动过程；另一方面是价值增殖过程。资本生产过程是劳动过程和价值增殖过程的统一。

马克思在这里首先分析劳动过程，是因为：第一，劳动过程作为人和自然之间的物质变换过程，是一切社会形态生产的共同基础，自然也是资本主义社会生产过程的基础；第二，确立劳动过程的共同性的一面，在具体分析资本主义生产的特征时，就可以避免重复这些一般规定，更集中地分析资本主义生产过程的特殊性。

这一章运用的方法是从抽象上升到具体的叙述方法，即先抽象地分析劳动过程的一般性质，再具体分析资本主义劳动过程的特殊性质；先分析价值形成过程，再分析价值增殖过程；在分析剩余价值的生产过程时，又抽象掉了生产力的发展和技术进步的因素。该章共分两节。

1. 劳动过程。

这一节的中心是阐述劳动过程的一般性质，揭示劳动过程作为资本家消费劳动力过程的特点。共 25 个自然段，分三个问题。

(1)劳动过程的一般性质及其三要素(第 1—7 段)。

在资本主义社会，劳动过程表现出不同的特征。但是，这并不能改变劳动过程的一般性质，即生产使用价值的过程。劳动过程的三要素是：有目的的活动或劳动本身、劳动对象和劳动资料。劳动资料不仅是衡量生产力水平的尺度，也是判断社会经济形态的标志之一。

(2)劳动过程三要素之间的关系(第 8—22 段)。

从劳动过程结果的角度考察，劳动对象和劳动资料表现为生产资料，劳动本身则表现为生产劳动。一个使用价值究竟表现为原料、劳动资料还是产品，取决于它在劳动过程中的作用和地位。劳动对象、劳动资料只有投入劳动过程，与活劳动相结合，其使用价值才能保存和实现。

(3)资本主义劳动过程的特点(第 23—25 段)。

资本主义劳动过程作为资本家消费劳动力的过程，有两个特点：一是工人在资本家监督下劳动，他的劳动隶属于资本家；二是劳动产品归资本家所有,不为直接生产者——工人所有。资本主义条件下的劳动过程,实际上就是资本家所购买的各种物之间的过程,也就是被他买来和归他所有的生产资料与劳动力相互作用的过程。

2. 价值增殖过程。

这一节的中心是分析剩余价值的产生,揭露价值增殖的秘密。共 33 自然段,分为四个问题。

(1)资本主义生产的目的是追求剩余价值(第 1—2 段)。

劳动过程的结果是产品,是使用价值。但资本家并不是为自己生产使用价值。他所关心的是,一要生产具有交换价值的使用价值,即要生产用来出售的商品,二要使生产出来的商品价值大于生产该商品所需要的生产资料和劳动力的价值总和。它们二者之间的差额就是剩余价值。

商品生产过程是劳动过程和价值形成过程的统一,而价值形成过程不是价值增殖过程的基础。因此,要研究剩余价值的生产过程,必须首先考察价值形成过程。

(2)价值形成过程(第 3—22 段)。

商品的价值由生产它的社会必要劳动时间决定,这一点对资本主义的商品生产同样适用。因此,研究价值形成过程,必须计算物化在商品中的社会必要劳动量。(a)生产资料价值在生产消费中被转移到新产品中去,构成新产品价值的组成部分。(b)人劳动创造的新价值是产品价值的另一组成部分。两者结合在一起形成了产品的总价值。

(3)价值增殖过程(第 23—26 段)。

(a)价值增殖的秘密在于劳动力的使用价值——劳动,是价值和剩余价值的源泉。劳动力的价值和劳动力在劳动过程中创造的价值,是两个不同的量。资本家购买劳动力时,正是看中了这个价值差额。假定劳动力使用一天所创造的价值比劳动力自身一天的价值大一倍,这个超过劳动力价值的部分就是价值的增殖部分,即剩余价值。(b)剩余价值的产生,既符合价值规律的要求,又解决了总公式的矛盾。

(4)资本的生产过程是劳动过程和价值增殖过程的统一(第 27—33 段)。

马克思在分别分析了劳动过程、价值形成过程和价值增殖过程之后,又把它们综合起来,并指出:(a)价值增殖过程是超过一定点而延长了的价值形成过程;(b)商品生产过程是劳动过程与价值形成过程的统一;(c)资本主义生产过程是劳动过程与价值增殖过程的统一,资本的生产过程,实质是以劳动过程为手段,以价值增殖为目的生产过程;(d)简单劳动与复杂劳动的区别,不会影响价值增殖的过程。

资产阶级古典经济学没有把剩余价值的特殊形态,即工业利润、商业利润、借贷利息、地租等和剩余价值的一般形态区别开来。所以,他们的研究是混乱的。在政治经济学史上,马克思创立了剩余价值范畴,第一次把生产资料所有者不付等价物所占有的价值叫做剩余价值,并且在纯粹形态上分析了剩余价值的生产过程,从而揭示了资本主义生产过程的实质和剩余价值产生的根源。

思考题:

1. 劳动过程有哪些要素?如何理解劳动过程是人类生活的永恒的自然条件?

2. 如何理解:"各种经济时代的区别,不在于生产什么,而在于怎样生产,用什么劳动资料生产"?

3. 试析资本的生产过程是劳动过程和价值增殖过程的统一,这一点对于建立社会主义市场经济体制有何理论价值和现实意义?

(刘宝利　哈尔滨学院)
(罗玉堂　长江大学)

马 克 思

哥达纲领批判*

德国工人党纲领批注

一

> 1.“劳动是一切财富和一切文化的源泉，**而因为**有益的劳动只有在社会中和通过社会才是可能的，所以劳动所得应当不折不扣和按照平等的权利属于社会一切成员。”

本段第一部分:“劳动是一切财富和一切文化的源泉。”

---

* 《哥达纲领批判》是科学共产主义最重要的纲领性文献，是对机会主义进行不调和斗争的典范。这一著作写于1875年4月至5月初，并于5月5日连同附信寄给了社会民主工党领导人之一威·白拉克。这一著作对即将合并的社会民主党的纲领草案提出了批评意见，这些意见是为将在哥达举行的合并大会而准备的。

《哥达纲领批判》在马克思生前没有公开发表。1891年1月，恩格斯为了反击德国党内正在抬头的机会主义思潮，彻底肃清拉萨尔主义的影响，帮助德国社会民主党制定正确的纲领，不顾党内某些领导人的反对，将这一著作发表在《新时代》杂志1890—1891年第1卷第18期上，并写了一篇序言，同时发表的还有与这一著作直接有关的马克思于1875年5月5日给威·白拉克的信。

恩格斯在发表《哥达纲领批判》时，删去了一些针对个别人的尖锐的词句和评语，这样做很大程度上是应《新时代》杂志的出版者狄茨和编辑卡·考茨基的要求。这一著作发表后，德国社会民主党国会党团和《前进报》编辑部对它反应冷淡。但是正如恩格斯所预见的那样，无论是在德国党内，还是在其他国家的社会主义者中，马克思的这一著作都受到欢迎，其他国家的社会主义者把这一著作看作是整个国际社会主义运动的纲领性文献。

《哥达纲领批判》和恩格斯写的序言在恩格斯生前没有再版过。这里所发表的中文版是按手稿全文翻译和刊印的。

劳动**不是**一切财富的**源泉**。**自然界**同劳动一样也是使用价值(而物质财富就是由使用价值构成的!)的源泉,劳动本身不过是一种自然力即人的劳动力的表现。上面那句话在一切儿童识字课本里都可以找到,并且**在**劳动具备相应的对象和资料的**前提下**是正确的。可是,一个社会主义的纲领不应当容许这种资产阶级的说法回避那些唯一使这种说法具有意义的**条件**。只有一个人一开始就以所有者的身份来对待自然界这个一切劳动资料和劳动对象的第一源泉,把自然界当作属于他的东西来处置,他的劳动才成为使用价值的源泉,因而也成为财富的源泉。资产者有很充分的理由硬给劳动加上一种**超自然的创造力**,因为正是由于劳动的自然制约性产生出如下的情况:一个除自己的劳动力以外没有任何其他财产的人,在任何社会的和文化的状态中,都不得不为另一些已经成了劳动的物质条件的所有者的人做奴隶。他只有得到他们的允许才能劳动,因而只有得到他们的允许才能生存。

现在不管这句话有什么毛病,我们且把它放在一边。那么结论应当怎样呢?显然应当是:

"因为劳动是一切财富的源泉,所以社会中的任何人不占有劳动产品就不能占有财富。因此,如果他自己不劳动,他就是靠别人的劳动生活,而且也是靠别人的劳动获得自己的文化。"

可是并没有这样做,反而借助于"**而因为**"这样的字眼硬接上第二句话,以便从第二句,而不是从第一句作出结论来。

本段第二部分:"有益的劳动只有在社会中和通过社会才是可能的。"

按照第一句话,劳动是一切财富和一切文化的源泉,就是说,任何社会都不能离开劳动。相反地,我们现在却看到,任何"有益的"劳动都不能离开社会。

那么同样可以说,只有在社会中,无益的、甚至有损公益的劳动才能成为一种行业,只有在社会中才能游手好闲过日子,如此等等,——一句话,可以抄袭卢梭的全部著作了。

而什么是"有益的"劳动呢?那只能是产生预期的有益结果的劳动。一个蒙昧人(而人在他已不再是猿以后就是蒙昧人)用石头击毙野兽,采集果实等等,就是进行"有益的"劳动。

第三,结论:"而因为有益的劳动只有在社会中和通过社会才是可能的,所以劳动所得应当不折不扣和按照平等的权利属于社会一切成员。”

多妙的结论！既然有益的劳动只有在社会中和通过社会才是可能的，劳动所得就应当属于社会，其中只有不必用来维持劳动“条件”即维持社会的那一部分，才归各个劳动者所得。

事实上，这个论点在一切时代都被**当时的社会制度的先驱**[1]提出过。首先要满足政府以及依附于它的各个方面的要求，因为政府是维持社会秩序的社会机关；其次要满足各种私有者[2]的要求，因为各种私有财产是社会的基础，如此等等。你们看，这些空洞的词句是随便怎么摆弄都可以的。

本段第一和第二两部分只有像下面这样说才能有些合乎情理的联系：

“劳动只有作为社会的劳动”，或者换个说法，“只有在社会中和通过社会”，“才能成为财富和文化的源泉”。

这个论点无可争辩地是正确的，因为孤立的劳动（假定它的物质条件是具备的）即使能创造使用价值，也既不能创造财富，又不能创造文化。

但是另一个论点也是同样无可争辩的：

“随着劳动的社会性的发展，以及由此而来的劳动之成为财富和文化的源泉，劳动者方面的贫穷和愚昧、非劳动者方面的财富和文化也发展起来。”

这是直到目前的全部历史的规律。因此，不应当泛泛地谈论“**劳动**”和“**社会**”，而应当在这里清楚地证明，在现今的资本主义社会中怎样最终创造了物质的和其他的条件，使工人能够并且不得不铲除这个历史祸害[3]。

实际上，把这整个行文和内容都不妥当的条文放在这里，只不过是为了把拉萨尔的“不折不扣的劳动所得”作为口号写在党旗的上方。以后我还要回过来谈“劳动所得”、“平等的权利”等等，因为同样的东西在下面又以稍微不同的形式重复出现。

> 2.“在现代社会，劳动资料为资本家阶级所垄断；由此造成的工人阶级的依附性是一切形式的贫困和奴役的原因。”

这段从国际章程中抄来的话，经过这番“修订”就变成错误的了[4]。

在现代社会，劳动资料为土地所有者**和**资本家所垄断（地产的垄断甚至是资本垄断的基础）。无论是前一个或者后一个垄断者阶级，国际章程在有关条文中都没有提到。它谈到的是“**劳动资料即生活源泉的垄断**”。“生活源泉”这一补充语充分表明,劳动资料也包括土地。

作这种修订,是因为拉萨尔由于现在大家都知道的原因**仅仅**攻击资本家阶级,而不攻击土地所有者[5]。在英国,资本家甚至多半不是他的工厂所在的那块土地的所有者。

> 3.“劳动的解放要求把劳动资料提高为社会的公共财产,要求集体调节总劳动并公平分配劳动所得。”

“把劳动资料提高为公共财产”! 应当是说把它们“变为公共财产”。这不过是顺便提一句罢了。

什么是“**劳动所得**”呢? 是劳动的产品呢,还是产品的价值? 如果是后者,那么,是产品的总价值呢,或者只是劳动新加在消耗掉的生产资料的价值上的那部分价值?

“劳动所得”是拉萨尔为了代替明确的经济学概念而提出的一个模糊观念。

什么是“公平的”分配呢?

难道资产者不是断言今天的分配是“公平的”吗? 难道它事实上不是在现今的生产方式基础上惟一“公平的”分配吗? 难道经济关系是由法的概念来调节,而不是相反,从经济关系中产生出法的关系吗? 难道各种社会主义宗派分子关于“公平的”分配不是也有各种极不相同的观念吗?

为了弄清楚“公平的分配”一语在这里是什么意思,我们必须把第一段和本段对照一下。本段设想的是这样一个社会,在那里“劳动资料是公共财产,总劳动是由集体调节的”,而在第一段我们则看到,“劳动所得应当不折不扣和按照平等的权利属于社会一切成员”。

“属于社会一切成员”? 也属于不劳动的成员吗? 那么“不折不扣的劳动所得”又在哪里呢? 只属于社会中劳动的成员吗? 那么社会一切成员的“平等的权利”又在哪里呢?

“社会一切成员”和“平等的权利”显然只是些空话。问题的实质在于:在这个共产主义社会中,每个劳动者都应当得到拉萨尔的“不折不扣的劳动所得”。

如果我们把“劳动所得”这个用语首先理解为劳动的产品,那么集体的劳动所得就是**社会总产品**。

现在从它里面应当扣除：

第一，用来补偿消耗掉的生产资料的部分。

第二，用来扩大生产的追加部分。

第三，用来应付不幸事故、自然灾害等的后备基金或保险基金。

从“不折不扣的劳动所得”中扣除这些部分，在经济上是必要的，至于扣除多少，应当根据现有的物资和力量来确定，部分地应当根据概率计算来确定，但是这些扣除无论如何根据公平原则是无法计算的。

剩下的总产品中的另一部分是用来作为消费资料的。

在把这部分进行个人分配之前，还得从里面扣除：

第一，同生产没有直接关系的一般管理费用。

同现代社会比起来，这一部分一开始就会极为显著地缩减，并随着新社会的发展而日益减少。

第二，用来满足共同需要的部分，如学校、保健设施等。

同现代社会比起来，这一部分一开始就会显著地增加，并随着新社会的发展而日益增长。

第三，为丧失劳动能力的人等等**设立的基金**，总之，就是现在属于所谓官办济贫事业的部分。

只有现在才谈得上纲领在拉萨尔的影响下狭隘地专门注意的那种“分配”，就是说，才谈得上在集体中的各个生产者之间进行分配的那部分消费资料。

“不折不扣的劳动所得”已经不知不觉地变成“有折有扣的”了，虽然从一个处于私人地位的生产者身上扣除的一切，又会直接或间接地用来为处于社会成员地位的这个生产者谋利益。

正如“不折不扣的劳动所得”一语消失了一样，现在，“劳动所得”一语本身也在消失。

在一个集体的、以生产资料公有为基础的社会中，生产者不交换自己的产品；用在产品上的劳动，在这里也不表现为这些产品的**价值**，不表现为这些产品所具有的某种物的属性，因为这时，同资本主义社会相反，个人的劳动不再经过迂回曲折的道路，而是直接作为总劳动的组成部分存在着。于是，“劳动所得”这个由于含义模糊就是现在也不能接受的用语，便失去了任何意义。

我们这里所说的是这样的共产主义社会，它不是在它自身基础上已经**发展了的**，恰好相反，是刚刚从资本主义社会中**产生出来的**，因此它在各方面，在经济、道德和精神方面都还带着它脱胎出来的那个旧社会的痕迹。所以，每一个生产者，在作了各项扣除以后，从社会领回的，正好是他给予社会的。他给予社会的，就是他个人的劳动量。例如，社会劳动日是由全部个人劳动小时构成的；各个生产者的个人劳动时间就是社会劳动日中他所提供的部分，就是社会劳动日中他的一份。他从社会领得一张凭证，证明他提供了多少劳动(扣除他为公共基金而进行的劳动)，他根据这张凭证从社会储存中领得一份耗费同等劳动量的消费资料。他以一种形式给予社会的劳动量，又以另一种形式领回来。

显然，这里通行的是调节商品交换(就它是等价的交换而言)的同一原则。内容和形式都改变了，因为在改变了的情况下，除了自己的劳动，谁都不能提供其他任何东西，另一方面，除了个人的消费资料，没有任何东西可以转为个人的财产。至于消费资料在各个生产者中间的分配，那么这里通行的是商品等价物的交换中通行的同一原则，即一种形式的一定量劳动同另一种形式的同量劳动相交换。

所以，在这里**平等的权利**按照原则仍然是**资产阶级权利**，虽然原则和实践在这里已不再互相矛盾，而在商品交换中，等价物的交换只是**平均来说**才存在，不是存在于每个个别场合。

虽然有这种进步，但这个**平等的权利**总还是被限制在一个资产阶级的框框里。生产者的权利是同他们提供的劳动**成比例的**；平等就在于以**同一尺度**——劳动——来计量。但是，一个人在体力或智力上胜过另一个人，因此在同一时间内提供较多的劳动，或者能够劳动较长的时间；而劳动，要当作尺度来用，就必须按照它的时间或强度来确定，不然它就不成其为尺度了。这种**平等的**权利，对不同等的劳动来说是不平等的权利。它不承认任何阶级差别，因为每个人都像其他人一样只是劳动者；但是它默认，劳动者的不同等的个人天赋，从而不同等的工作能力，是天然特权。**所以就它的内容来讲，它像一切权利一样是一种不平等的权利**。权利，就它的本性来讲，只在于使用同一尺度；但是不同等的个人(而如果他们不是不同等的，他们就不成其为不同的个人)要用同一尺度去计量,就只有从同一个角度去看待他们,从一个**特定的**方面去对待他们,例如在现在所讲的这个场合,把他们**只当作劳动者**,再不把他们看作别的什么,把其他一切都撇开了。其次,一个劳动者已经结婚,另一个则没有;一个劳动者的子女较多,另一个的子女较少,如此等等。因此,在提供的劳动相同、从而由社会消费基金中分得的份额相同的条件下,某一个人事实上所得到的比另一个人多些,也就比另一个人富些,如此等等。要避免所有这些弊病,权利就不应当是平等的,而应当是不平等的。

但是这些弊病,在经过长久阵痛刚刚从资本主义社会产生出来的共产主义社会第一阶段,是不可避免的。权利决不能超出社会的经济结构以及由经济结构制约的社会的文化发展。

在共产主义社会高级阶段,在迫使个人奴隶般地服从分工的情形已经消失,从而脑力劳动和体力劳动的对立也随之消失之后;在劳动已经不仅仅是谋生的手段,而且本身成了生活的第一需要之后;在随着个人的全面发展,他们的[6]生产力也增长起来,而集体财富的一切源泉都充分涌流之后,——只有在那个时候,才能完全超出资产阶级权利的狭隘眼界,社会才能在自己的旗帜上写上:各尽所能,按需分配!

我较为详细地一方面谈到"不折不扣的劳动所得",另一方面谈到"平等的权利"和"公平的分配",是为了指出这些人犯了多么大的罪,他们一方面企图把那些在某个时期曾经有一些意义,而现在已变成陈词滥调的见解作为教条重新强加于我们党,另一方面又用民主主义者和法国社会主义者所惯用的、凭空想象的关于权利等等的废话,来歪曲那些花费了很大力量才灌输给党而现在已在党内扎了根的现实主义观点。

除了上述一切之外,在所谓**分配**问题上大做文章并把重点放在它上面,那也是根本错误的。

消费资料的任何一种分配,都不过是生产条件本身分配的结果;而生产条件的分配,则表现生产方式本身的性质。例如,资本主义生产方式的基础是:生产的物质条件以资本和地产的形式掌握在非劳动者手中,而人民大众所有的只是生产的人身条件,即劳动力。既然生产的要素是这样分配的,那么自然就产生现在这样的消费资料的分配。如果生产的物质条件是劳动者自己的集体财产,那么同样要产生一种和现在不同的消费资料的分配。庸俗的社会主义仿效资产阶级经济学家(一部分民主派又仿效庸俗社会主义)把分配看成并解释成一种不依赖于生产方式的东西,从而把社会主义描写为主要是围绕着分配兜圈子。既然真实的关系早已弄清楚了,为什么又要开倒车呢?

> 4."劳动的解放应当是工人阶级的事情,对它说来,其他一切阶级**只是反动的一帮**。"

前一句是从国际章程的导言中抄来的,但是经过了"修订"。那里写道:"工人阶级的解放应当是工人自己的事情"[7];这里却说"工人阶级"应当解放——解放什么?——"劳动"。谁能理解,就让他去理解吧。

另一方面,作为补偿,后一句引用了地道的拉萨尔的话:"对它(工人阶级)说来,其他一切阶级**只**组成**反动的一帮**。"

在《共产党宣言》中写道:"在当前同资产阶级对立的一切阶级中,只有无产阶级是**真正革命的阶级**。其余的阶级都随着大工业的发展而日趋没落和灭亡,无产阶级却是大工业本身的产物。"[8]

资产阶级,作为大工业的体现者,对封建主和中间等级说来,在这里是被当作革命阶级看待的,而封建主和中间等级力求保持过时的生产方式所创造的一切社会阵地。所以他们并不是**同资产阶级一起**只组成反动的一帮。

另一方面,无产阶级对资产阶级说来是革命的,因为无产阶级本身是在大工业基地上成长起来的,它力求使生产摆脱资产阶级企图永远保存的资本主义性质。但是,《宣言》又补充说:"中间 等级……是革命的,那是鉴于他们行将转入无产阶级的队伍"[8]。

所以,从这个观点看来,说什么对工人阶级说来,中间等级"同资产阶级一起"并且加上封建主"只组成反动的一帮",这也是荒谬的。

难道在最近这次选举[9]中有人向手工业者、小工业家等等以及**农民**说过:对我们说来,你们同资产者和封建主一起只组成反动的一帮吗?

拉萨尔熟知《共产党宣言》,就像他的信徒熟知他写的福音书一样。他这样粗暴地歪曲《宣言》,不过是为了粉饰他同专制主义者和封建主义者这些敌人结成的反资产阶级联盟。

此外,在上面这一段,他的格言是勉强塞进去的,它同那句从国际章程中摘来但被歪曲了的引语毫不相干。这纯粹是一种狂妄无耻的做法，而且绝对不是俾斯麦先生所不喜欢的，这是柏林的马拉[10]所干的廉价的蛮横行径之一。

> 5.“工人阶级为了本身的解放，首先是**在现代民族国家的范围内**进行活动，同时意识到，它的为一切文明国家的工人所共有的那种努力必然产生的结果，将是各民族的国际的兄弟联合。”

同《共产党宣言》和先前的一切社会主义相反，拉萨尔从最狭隘的民族观点来理解工人运动。有人竟在这方面追随他，而且这是在国际[11]进行活动以后！

不言而喻，为了能够进行斗争，工人阶级必须在国内**作为阶级**组织起来，而且它的直接的斗争舞台就是本国。所以，它的阶级斗争不就内容来说，而像《共产党宣言》所指出的“就形式来说”，是本国范围内的斗争。但是，“现代民族国家的范围”，例如德意志帝国，本身又在经济上处在“世界市场的范围内”，在政治上“处在国家体系的范围内”。任何一个商人都知道德国的贸易同时就是对外贸易，而俾斯麦先生的伟大恰好在于他实行一种**国际的**政策。

而德国工人党把自己的国际主义归结为什么呢？就是意识到它的努力所产生的结果“将是**各民族的国际的兄弟联合**”。这句从资产阶级的和平和自由同盟[12]那里抄来的话，是要用来代替各国工人阶级在反对各国统治阶级及其政府的共同斗争中的国际兄弟联合的。这样，**关于**德国工人阶级的**国际职责**竟一字不提！德国工人阶级竟然应当这样去对付为反对它而已经同其他一切国家的资产者实现兄弟联合的本国资产阶级，对付俾斯麦先生的国际阴谋政策[13]！

实际上，这个纲领的国际信念，比自由贸易派[14]的国际信念**还差得难以估量**。自由贸易派也说，它的努力所产生的结果是“各民族的国际的兄弟联合”。但是它还**做**一些事使贸易成为国际性的，而决不满足于意识到一切民族只在本国从事贸易。

各国工人阶级的国际活动绝对不依赖于“**国际工人协会**”的存在。“国际工人协会”只是为这种活动创立一个中央机关的第一个尝试；这种尝试由于它所产生的推动力而留下了不可磨灭的成绩，但是在巴黎公社失败之后，已经不能再以**它的第一个历史形态**继续下去了。

俾斯麦的《北德报》为了使其主子满意，宣称德国工人党在新纲领中放弃了国际主义，这倒是完全说对了[15]。

二

> “德国工人党从这些原则出发，用一切合法手段去争取建立**自由国家**——和——社会主义社会：废除工资制度**连同铁的工资规律**——和——任何形式的剥削，消除一切社会的和政治的不平等。”

关于“自由”国家，我后面再讲。

这样，德国工人党将来就必须信奉拉萨尔的“铁的工资规律”[16]了！为了不让它埋没掉，竟胡说什么“废除工资制度（应当说：雇佣劳动制度）**连同**铁的工资规律”。如果我废除了雇佣劳动，我当然也就废除了它的规律，不管这些规律是“铁的”还是海绵的。但是拉萨尔反对雇佣劳动的斗争几乎只是围绕着这个所谓的规律兜圈子。所以，为了证明拉萨尔宗派已经获得胜利，应当废除“工资制度**连同**铁的工资规律”，而不是不连同后者。

大家知道，在“铁的工资规律”中，除了从歌德的“永恒的、铁的、伟大的规律”[17]中抄来的“铁的”这个词以外，没有什么东西是拉萨尔的。**“铁的”**这个词是正统的信徒们借以互相识别的一个标记。但是，如果我接受带有拉萨尔印记因而是拉萨尔所说的意义上的规律，我就不得不连同他的论据一起接受下来。这个论据是什么呢？正如朗格在拉萨尔死后不久所表明的[18]，这就是（朗格自己宣扬的）马尔萨斯的人口论[19]。但是，如果这个理论是正确的，那么，我即使把雇佣劳动废除一百次，也还废除**不了**这个规律，因为在这种情况下，这个规律不仅支配着雇佣劳动制度，而且支配着**一切**社会制度。经济学家们五十多年以来正是以此为根据证明，社会主义不能消除**自然本身造成的**贫困，而只能使它**普遍化**，使它同时分布在社会的整个表面上！

但是，这一切都不是主要的。**完全撇开**拉萨尔对这个规律的**错误**表述不谈，真正令人气愤的退步在于：

自从拉萨尔死后，在**我们**党内，这样一种科学见解已经给自己开辟了道路，就是**工资**不是它**表面上呈现的**那种东西，不是**劳动的价值**或**价格**，而只是**劳动力的价值**或**价格**的隐蔽形式。这样，过去关于工资的全部资产阶级见解以及对这种见解的全部批评都被彻底推翻了，并且弄清了：雇佣工人只有为资本家（因而也为同资本家一起分享剩余价值的人）白白地劳动一定的时间，才被允许为维持自己的生活而劳动，就是说，才被允许**生存**；整个资本主义生产体系的中心问题，就是用延长工作日，或者提高生产率，增强劳动力的紧张程度等等办法，来增加这个无偿劳动；因此，雇佣劳动制度是奴隶制度，而且劳动的社会生产力越发展，这种奴隶制度就越残酷，不管工人得到的报酬较好或是较坏。而现在，当这个见解在我们党内越来越给自己开辟出道路的时候，竟有人倒退到拉萨尔的教条那里去，虽然他们应当知道，拉萨尔并**不懂得**什么是工资，而是跟着资产阶级经济学家把事物的外表当作事物的本质。

这正像奴隶们终于发现了自己受奴役的秘密而举行起义时，其中有一个为陈旧观念所束缚的奴隶竟在起义的纲领上写道：奴隶制度必须废除，因为在奴隶制度下，奴隶的给养最多不能超过某个非常低的标准！

我们党的代表们竟如此粗暴地践踏这个在党员群众中广泛传播的见解，仅仅这一事实岂不就证明了他们在草拟妥协纲领时是多么令人不能容忍地轻率，多么无耻！

本段末尾"消除一切社会的和政治的不平等"这一不明确的语句，应当改成：随着阶级差别的消灭，一切由这些差别产生的社会的和政治的不平等也自行消失。

三

> "为了**替社会问题的解决开辟道路**，德国工人党要求**在劳动人民的民主监督下**，依靠**国家帮助**建立生产合作社。在工业和农业中，生产合作社**必须**广泛**建立，以致能从它们里面产生总劳动的社会主义的组织**。"

在拉萨尔的"铁的工资规律"之后，就是这个先知提出的救世良方！"道路"确实"开辟"得不错！现存的阶级斗争被换上了拙劣的报刊作家的空话——要"开辟道路"来"**解决**"的"社会**问题**"。"总劳动的社会主义的组织"

不是从社会的革命转变过程中，而是从国家给予生产合作社的“国家帮助”中“产生”的，并且这些生产合作社是由**国家**而不是由工人“**建立**”的。这真不愧为拉萨尔的幻想：靠国家贷款能够建设一个新社会，就像能够建设一条新铁路一样！

由于还知道一点羞耻，于是就把“国家帮助”置于——“劳动人民的民主监督下”。

第一，德国的“劳动人民”大多数是农民而不是无产者。

第二，“民主的”这个词在德语里意思是“人民当权的”。什么是“劳动人民的人民当权的监督”呢？何况所说的是这样的劳动人民，他们通过向国家提出的这些要求表明，他们充分意识到自己既没有当权，也没有成熟到当权的程度！

在这里深入批评毕舍在路易-菲力浦时代为了**对付**法国社会主义者而开列的、被《工场》派的反动工人所采用的药方[20]，那是多余的。主要的过失不在于把这个特殊的万灵药方写入了纲领，而在于从阶级运动的立场完全退到宗派运动的立场。

如果说工人们想要在社会的范围内，首先是在本国的范围内创造合作生产的条件，这只是表明，他们力争变革现存的生产条件，而这同靠国家帮助建立合作社毫无共同之处！至于现有的合作社，它们**只是**在工人自己独立创办，既不受政府保护，也不受资产者保护的情况下，才有价值。

四

现在我来谈民主的一节。

A.“**国家的自由的基础**。”

首先，照第二节的说法，德国工人党争取建立“自由国家”。

自由国家，这是什么东西？

使国家变成“自由的”，这决不是已经摆脱了狭隘的臣民见识[21]的工人的目的。在德意志帝国，“国家”几乎同在俄国一样地“自由”。自由就在于把国家由一个高踞社会之上的机关变成完全服从这个社会的机关；而且就在今天，各种国家形式比较自由或比较不自由，也取决于这些国家形式把“国家的自由”限制到什么程度。

德国工人党——至少是当它接受了这个纲领的时候——表明：它对社会主义思想领会得多么肤浅，它不把现存社会（对任何未来社会也是一样）当作现存**国家的**（对未来社会来说是未来国家的）**基础**，反而把国家当作一种具有自己的“**精神的、道德的、自由的基础**”的独立存在物。

而且纲领还荒谬地滥用了“**现代国家**”、“**现代社会**”等字眼，甚至更荒谬地误解了向之提出自己要求的那个国家！

“现代社会”就是存在于一切文明国度中的资本主义社会，它或多或少地摆脱了中世纪的杂质，或多或少地由于每个国度的特殊的历史发展而改变了形态，或多或少地有了发展。“现代国家”却随国境而异。它在普鲁士德意志帝国同在瑞士不一样，在英国同在美国不一样。所以，“现代国家”是一种虚构。

但是，不同的文明国度中的不同的国家，不管它们的形式如何纷繁，却有一个共同点：它们都建立在现代资产阶级社会的基础上，只是这种社会的资本主义发展程度不同罢了。所以，它们具有某些根本的共同特征。在这个意义上可以谈“现代国家制度”，而未来就不同了，到那时“现代国家制度”现在的根基即资产阶级社会已经消亡了。

于是就产生了一个问题：在共产主义社会中国家制度会发生怎样的变化呢？换句话说，那时有哪些同现在的国家职能相类似的社会职能保留下来呢？这个问题只能科学地回答；否则，即使你把“人民”和“国家”这两个词联接一千次，也丝毫不会对这个问题的解决有所帮助。

在资本主义社会和共产主义社会之间，有一个从前者变为后者的革命转变时期。同这个时期相适应的也有一个政治上的过渡时期，这个时期的国家只能是**无产阶级的革命专政**。

但是，这个纲领既不谈无产阶级的革命专政，也不谈未来共产主义社会的国家制度。

纲领的政治要求除了人所共知的民主主义的陈词滥调，如普选权、直接立法、人民权利、国民军等等，没有任何其他内容。这纯粹是资产阶级的人民党[22]、和平和自由同盟[23]的回声。所有这些要求，只要不是靠幻想夸大了的，都已经**实现了**。不过实现了这些要求的国家不是在德意志帝国境内，而是在瑞士、美国等等。这类“未来国家”就是**现代国家**，虽然它是存在于德意志帝国的“范围”以外。

但是他们忘记了一点。既然德国工人党明确地声明，它是在“现代民族国家”内，就是说，是在自己的国家即普鲁士德意志帝国内进行活动，——否则，它的大部分要求就没有意义了，因为人们只要求他们还没有的东西，——那么，它就不应当忘记主要的一点，就是说，这一切美妙的玩意儿都建立在承认所谓人民自主权的基础上，所以它们只有在**民主共和国**内才是适宜的。

既然他们没有勇气[24]像法国工人纲领在路易-菲力浦和路易-拿破仑时代那样要求民主共和国，——而这是明智的，因为形势要求小心谨慎，——那就不应当采取这个既不“诚实”[25]也不体面的[26]手法：居然向一个以议会形式粉饰门面、混杂着封建残余、同时已经受到资产阶级影响、按官僚制度组成、以警察来保护的军事专制国家，要求只有在民主共和国里才有意义的东西，并且还向这个国家庄严地保证，他们认为能够“用合法手段”从它那里争得这类东西！[27]

庸俗民主派把民主共和国看作千年王国[28]，他们完全没有想到，正是在资产阶级社会的这个最后的国家形式里阶级斗争要进行最后的决战，——就连这样的庸俗民主派也比这种局限于为警察所容许而为逻辑所不容许的范围内的民主主义高明得多。

事实上，他们是把“国家”理解为政府机器，或者理解为构成一个由于分工而同社会分离的独特机体的国家，这可以从下面的话得到证明：“德国工人党提出下列要求**作为国家的经济的基础**：……交纳单一的累进所得税……”赋税是政府机器的经济的基础，而不是其他任何东西的经济的基础。在存在于瑞士的“未来国家”里，这种要求差不多已经实现了。所得税是以不同社会阶级的不同收入来源为前提，因而是以资本主义社会为前提。所以，利物浦的财政改革派——以格莱斯顿的弟弟为首的资产者——提出和这个纲领相同的要求，这是不足为奇的。

> B.“德国工人党提出下列要求作为国家的精神的和道德的基础：

> 1. 由国家实行普遍的和**平等的国民教育**。实行普遍的义务教育。实行免费教育。”

平等的国民教育？他们怎样理解这句话呢？是不是以为在现代社会中（而所谈到的只能是现代社会）教育对一切阶级都可以是**平等的**呢？或者是要求用强制的方式使上层阶级也降到国民学校这种很低的教育水平，即降到仅仅适合于雇佣工人甚至农民的经济状况的教育水平呢？

“实行普遍的义务教育。实行免费教育。”前者甚至存在于德国，后者就国民学校来说存在于瑞士和美国。如果说，在美国的几个州里，“高一级的”学校也是“免费的”，那么，事实上这不过是从总税收中替上层阶级支付了教育费用而已。顺便指出，A 项第 5 条所要求的“实行免费诉讼”也是如此。刑事诉讼到处都是免费的；而民事诉讼几乎只涉及财产纠纷，因而几乎只同有产阶级有关。难道他们应当用人民的金钱来打官司吗？

在关于学校的一段中，至少应当把技术学校（理论的和实践的）同国民学校联系起来提出。

“由国家实行国民教育”是完全要不得的。用一般的法律来确定国民学校的经费、教员资格、教学科目等等，并且像美国那样由国家视察员监督这些法律规定的实施，这同指定国家为人民的教育者完全是两回事！相反地，应当把政府和教会对学校的任何影响都同样排除掉。在普鲁士德意志帝国（他们会说，他们谈的是“未来国家”，但是这种空洞的遁辞也无济于事；我们已经看到，这是怎样一回事了），倒是需要由人民对国家进行极严厉的教育。

但是整个纲领，尽管满是民主的喧嚣，却彻头彻尾地感染了拉萨尔宗派对国家的忠顺信仰，或者说感染了并不比前者好一些的对民主奇迹的信仰，或者说得更正确些，整个纲领是这两种对奇迹的信仰的妥协，这两种信仰都同样远离社会主义。

“科学自由”——普鲁士宪法中有一条就是这样写的。为什么把它写在这里呢？

“信仰自由”！如果现在，在进行文化斗争[29]的时候，要想提醒自由主义者记住他们的旧口号，那么只有采用下面这样的形式才行：每一个人都应当有可能满足自己的宗教需要，就像满足自己的肉体需要一样[30]，不受警察干涉。但是，工人党本来应当乘此机会说出自己的看法：资产阶级的“信仰自由"不过是容忍各种各样的**宗教信仰自由**而已，工人党则力求把信仰从宗教的妖术中解放出来。但是他们不愿越过"资产阶级的"水平。

现在我就要讲完了，因为纲领中接下去的附带部分不是纲领的**重要**组成部分。所以我在这里只简单地谈一谈。

2."**正常的工作日**。"

其他任何国家的工人党都没有局限于这种含糊的要求，而总是明确地指出，在当前条件下多长的工作日是正常的。

3."限制妇女劳动和禁止儿童劳动。"

如果限制妇女劳动指的是工作日的长短和工间休息等等，那么工作日的正常化就应当已经包括了这个问题；否则，限制妇女劳动只能意味着在那些对妇女身体特别有害或者对女性来说违反道德的劳动部门中禁止妇女劳动。如果指的是这一点，那就应当说清楚。

"禁止儿童劳动"！这里绝对必须指出**年龄界限**。

普遍禁止儿童劳动是同大工业的存在不相容的，所以这是空洞的虔诚的愿望。

实行这一措施——如果可能的话——是反动的，因为在按照不同的年龄阶段严格调节劳动时间并采取其他保护儿童的预防措施的条件下，生产劳动和智育的早期结合是改造现代社会的最强有力的手段之一。

4."对工厂工业、作坊工业和家庭工业实行国家监督。"

在普鲁士德意志这样一个国家里，应当明确地要求：工厂视察员只有经过法庭才能撤换；每个工人都可以向法庭告发视察员的失职行为；视察员必须是医生。

5."调整监狱劳动。"

在一个一般性的工人纲领里面，这是一种微不足道的要求。无论如何应当明白说出，工人们不愿意由于担心竞争而让一般犯人受到牲畜一样的待遇，特别是不愿意使他们失掉改过自新的惟一手段即生产劳动。这是应当期望于社会主义者的最低限度的东西。

6."实行有效的责任法。"

应当说明,"有效的"责任法是什么意思。

顺便指出,在正常的工作日这一条中,忽略了工厂立法中关于卫生设施和安全措施等等那一部分。只有当这些规定遭到破坏时,责任法才发生效力。

总之,这一附带部分也是写得很草率的[31]。

我已经说了,我已经拯救了自己的灵魂[32]。

大约写于1875年4月底—最迟5月7日

载于1890—1891年《新时代》杂志第1卷第18期

原文是德文

选自《马克思恩格斯选集》第3卷,人民出版社1995年版,第298—319页。

注　释:

[1] 1891年发表时这里是"捍卫者"。——编者注

[2] 1891年发表时这里是"私有财产"。——编者注

[3] 1891年发表时这里是"社会祸害"。——编者注

[4] 国际工人协会临时章程中的原话是:劳动者在经济上受劳动资料即生活源泉的垄断者的支配,是一切形式的奴役即一切社会贫困、精神屈辱和政治依附的基础。——编者注

[5] 指拉萨尔同普鲁士首相俾斯麦的秘密勾结。马克思在19世纪60年代就已觉察到这一点。他在1865年2月23日给库格曼的信中写道:"拉萨尔事实上背叛了党。他同俾斯麦订立了一个正式的契约。"1928年发现的材料证实,拉萨尔早在1863年5月就同俾斯麦达成了协议,彼此多次密谈,书信来往。1863年6月拉萨尔写信给俾斯麦表示:"一旦工人等级能够有理由相信独裁对它有好处,它就会本能地感到自己倾向于独裁。这是千真万确的;因此,正如我最近对您说的那样,如果国王什么时候能

够决定采取——当然这是难于置信的——步骤，实行真正革命的和民族的方针，并把自己从一个特权等级的王权变成一个社会的和革命的人民的王权，那么工人等级尽管有共和主义的信仰，或者宁可说正是由于这种信仰，就会多么倾向于把国王看作是与资产阶级社会的利己主义相对立的社会独裁的天然体现者！”——301。

[6] 1891 年发表时这里没有“他们的”。——编者注

[7] 国际章程导言中的原话是：工人阶级的解放应该由工人阶级自己去争取。见《马克思恩格斯全集》第 16 卷第 15 页。——编者注

[8] 见本选集第 1 卷第 282 页。——编者注

[9] 指 1874 年 1 月 10 日的德意志帝国国会选举。德国社会民主工党在选举中取得了很大的胜利，有九人当选为议员(其中包括当时监禁期已满的奥·倍倍尔和威·李卜克内西)，所获选票超过 35 万张，即占全部选票的 6%，大大超过了 1871 年选举所获的票数。——307。

[10] 这一称谓显然是用来讽刺《新社会民主党人报》的主编威·哈赛尔曼的。

《新社会民主党人报》是 1871 至 1876 年在柏林每周出版三次的德文报纸，拉萨尔派的全德工人联合会的机关报。该报完全执行了拉萨尔派迎合俾斯麦制度和巴结德国统治阶级的政策，反映了拉萨尔派领导人推行的机会主义和民族主义的方针。该报站在宗派主义的立场上，一贯反对国际的马克思主义的领导，反对德国社会民主工党，支持巴枯宁分子和其他反无产阶级流派的人们所进行的仇视国际总委员会的活动。——308。

[11] 国际工人协会，后称第一国际，是第一个国际性的无产阶级革命组织，1864 年秋由马克思创立。马克思和恩格斯主持的第一国际，领导了各国工人的经济斗争和政治斗争，并同蒲鲁东主义、巴枯宁主义、工联主义、拉萨尔主义等反马克思主义流派进行了激烈斗争，巩固了各国工人的国际团结。第一国际在 1872 年海牙代表大会以后实际上已停止活动，1876 年正式宣布解散。第一国际的历史意义在于它“奠定了工人国际组织的基础，使工人做好向资本进行革命进攻的准备”(见《列宁全集》中文第 2 版第 36 卷第 290 页)。——308、333、689、777。

[12] 和平和自由同盟，即国际和平和自由同盟，是由一批小资产阶级共和主义者和自由主义者(维·雨果、朱·加里波第等人曾积极参加)于 1867 年在瑞士的日内瓦建立的资产阶级和平主义组织，1867—1868 年米·巴枯宁参加了同盟的领导工作，同盟在巴枯宁的影响下企图利用工人运动和国际工人协会来达到自己的目的。和平和自由同盟曾宣称通过建立“欧洲联邦”可以消除战争，这一思想反映了小资产阶级广大阶层的和平愿望，但在群众中散布了荒谬的幻想，诱使无产阶级放弃阶级斗

争。马克思曾指出:这一组织是"为同无产阶级国际相对抗而创立的国际资产阶级组织"(马克思 1870 年 4 月 19 日给保·拉法格的信)。——308、314。

[13] 俾斯麦上台后,为了镇压工人阶级的革命运动,在国际上搞了一系列阴谋活动。1871 年,他同法国反动头子梯也尔勾结,镇压了巴黎公社;此后,1871 至 1872 年他企图同奥匈帝国、俄国缔结一个正式协定,以便共同迫害革命的工人运动,尤其是第一国际。1873 年 10 月 22 日,根据俾斯麦的倡议,俄、奥、德三国皇帝缔结了协定,即"三国同盟",规定一旦出现战争或革命的危险,三国应立即协商,采取共同行动的方针。——309。

[14] 自由贸易派即曼彻斯特学派,是 19 世纪上半叶英国出现的资产阶级政治经济学的一个派别。其主要代表人物是曼彻斯特的工厂主理·科布顿和约·布莱特。19 世纪 20—50 年代曼彻斯特是自由贸易派的宣传中心。该学派提倡自由贸易,要求国家不干涉经济生活,反贸易保护主义的原则,要求减免关税和奖励出口,废除有利于土地贵族的、规定高额谷物进口税的谷物法。1839 年曼彻斯特的自由贸易派建立了反谷物法同盟。40 至 50 年代,自由贸易派组成了一个单独的政治集团,后来成为自由党的左翼。——309。

[15] 指 1875 年 3 月 20 日《北德总汇报》在每日政治新闻栏目里就德国社会民主党的纲领草案发表的一篇社论,社论指出,"社会民主党的鼓动在某些方面变得比较谨慎了:它在背弃国际……"。

《北德总汇报》是德国保守派的日报,19 世纪 60 至 80 年代是俾斯麦政府的半官方报纸;1861 至 1918 年在柏林出版。——309。

[16] "铁的工资规律"是拉萨尔的一个经济学观点。

拉萨尔对他的"铁的工资规律"作了如下的表述:"这个在现今的关系之下,在劳动的供求的支配之下,决定着工资的铁的经济规律是这样的:平均工资始终停留在一国人民为维持生存和繁殖后代按照习惯所要求的必要的生活水平上。

这是这样的一个中心点:实际日工资总是在它周围摆动,既不能长久地高于它,也不能长久地低于它。实际的日工资不能长期地高于这个平均数;因为,否则就会由于工人状况的改善而发生工人人口从而人手供应的增加,结果又会把工资压低到原来的或者低于原来的水平。

工资也不可能长期地大大低于这个必要的生活水平。因为,那时就会发生人口外流、独身生活、节制生育,以至最后由于贫困而造成工人人数减少等现象,这样,就会使工人人手的供应短缺,从而使工资重新回到它原来的较高的水平。因此,实际的平均工资处于运动之中,始终围绕着它这个重心上下摆动,时而高些,时而低些。”(见《工人读本,拉萨尔 1863 年 5 月 17 和 19 日在美因河畔法兰克福的演讲》1887 年霍廷根—苏黎世版)。

拉萨尔最初是在《就莱比锡全德工人代表大会的召开给中央委员会的公开答复》(1863 年苏黎世版第 15—16 页)中论述这个“规律”的。——309、322。

[17] 引自德国诗人歌德《神性》中的诗句:“我们大家必须顺从永恒的、铁的、伟大的规律,完成我们生存的连环”。——310。

[18] 弗·阿·朗格在 1865 年发表的《工人问题对现在和将来的意义》一书,宣扬了马尔萨斯人口论。恩格斯于 1865 年 3 月 29 日写信给朗格,对他书中的错误观点进行了批判。(见《马克思恩格斯全集》第 31 卷第 469—471 页)——310。

[19] 马尔萨斯人口论是英国资产阶级庸俗经济学家马尔萨斯提出来的。他在 1798 年出版的《人口原理》一书中认为,人口按几何级数(1、2、4、8、16……)增加,生活资料按算术级数(1、2、3、4、5……)增加,人口的增加超过生活资料的增加是一条永恒的自然规律。他把资本主义制度下劳动人民遭受失业、贫困的原因归之于这个规律,认为只有用战争,瘟疫和饥饿等办法减少人口,才能使人口与生活资料的数量相适应。——310。

[20] 指法国基督教社会主义者菲·约·本·毕舍在 19 世纪 40 年代提出的靠国家帮助建立生产合作社来消除社会弊病的主张。

《工场》即《工场。工人自编的劳动阶级机关刊物》是一种法文月刊,受基督教社会主义思想影响的手工业者和工人的刊物,1840 至 1850 年在巴黎出版,编辑部由工人代表组成,每三个月改选一次。——312。

[21] “狭隘的臣民见识”是广泛流传于德国的一种说法,源出 1838 年初普鲁士内务大臣冯·罗霍给埃尔宾城居民的信。当时有人以埃尔宾城居民名义写信支持哥丁根七教授反对汉诺威国王废除该邦宪法。罗霍在回信中写道:“臣民应当对自己的国王和邦君表示理所当然的服从……但是不应当以自己的狭隘见解为标准去度量国家元首的行为……”。——313。

[22] 德国人民党成立于 1865 年,由主要是德国南部各邦的小资产阶级民主派以及一部分资产阶级民主派组成。德国人民党执行反普鲁士政策,提出一般民主口号,反对确立普鲁士对德国的领导权,宣传实行联邦制,反对以集中统一的民主共和国的形式统一德国,反映了德意志某些邦的分立主义意图。

1866 年,以工人为基本核心的萨克森人民党并入德国人民党。人民党的这支左翼,除了反普鲁士的情绪和力求共同努力以民主方法解决国家的全民族的统一问题之外,在实质上与原来的德国人民党毫无共同之点,以后它就朝着社会主义的方向发展。后来该党的基本成员脱离了小资产阶级民主派，于 1869 年 8 月参加了社会民主工党的建立工作。——295、314、321。

[23] 和平和自由同盟，即国际和平和自由同盟，是由一批小资产阶级共和主义者和自由主义者（维·雨果、朱·加里波第等人曾积极参加）于 1867 年在瑞士的日内瓦建立的资产阶级和平主义组织，1867—1868 年米·巴枯宁参加了同盟的领导工作，同盟在巴枯宁的影响下企图利用工人运动和国际工人协会来达到自己的目的。和平和自由同盟曾宣称通过建立"欧洲联邦"可以消除战争，这一思想反映了小资产阶级广大阶层的和平愿望，但在群众中散布了荒谬的幻想，诱使无产阶级放弃阶级斗争。马克思曾指出：这一组织是"为同无产阶级国际相对抗而创立的国际资产阶级组织"（马克思 1870 年 4 月 19 日给保·拉法格的信）。——308、314。

[24] 1891 年发表时这里是"既然他们不可能"。——编者注

[25] 爱森纳赫派也被称为"诚实的人"。——315、321。

[26] 1891 年发表时删去了"既不'诚实'也不体面的"这几个字。——编者注

[27] 1891 年发表时删去了"并且……这类东西！"这半句话。——编者注

[28] 千年王国源于《新约全书·启示录》：信徒遭魔鬼迫害，上帝派天使把魔鬼关闭一千年，基督再次降临，在人间为王，建立所谓千年太平盛世。——42、315。

[29] 文化斗争这一概念是由左翼自由派医生鲁·微耳和提出的，是对 19 世纪 70 年代以俾斯麦政府与资产阶级自由派为一方，以具有资产阶级分裂主义倾向的教会中央党和天主教教会为另一方展开的政治论战的概括。由于内政和外交上的原因，俾斯麦与天主教教权主义势力处于敌对状态。中央党与其他分裂主义势力，其中包括进入帝国国会的波兰人结成了联盟，俾斯麦认为这一联盟危及具有普鲁士特征的以新教为主的帝国的进一步巩固，因而采取了一系列有针对性的法律措施。

俾斯麦利用在论战过程中于 1872 年 3 月 11 日在普鲁士公布的教学监督法来压制波兰居民的文化活动，推行波兰居民的普鲁文化。这一法律实施的结果是，普鲁士官员不仅应对波兰神职人员进行监督，而且也应对所有波兰居民的学校进行监督。此外，1872 年 10 月 26 日的一项王室法令以及 1873 年 10 月 27 日由省里颁布的一项命令还规定，除宗教课以外，德语为波兹南中等学校和公立学校的教学用语。——241、317。

[30] 1891 年发表时这里是"满足自己的宗教需要……"——编者注

[31] 1891 年发表时删去了这句话。——编者注

[32] 这句话原文是拉丁文：Dixi et salvavi animam meam，源于《旧约全书·以西结书》，意思是，我已经尽了责任。——319。

《哥达纲领批判》导读

一、时代背景及其意义

马克思的《哥达纲领批判》(以下简称《批判》)写于1875年4月至5月初，旨在表达他对即将合并的德国社会民主党的纲领草案的批评意见。同年5月5日，马克思将这一著作连同附信寄给了德国社会民主工党领导人之一威·白拉克，并请他转给爱森纳赫派的其他领导人阅读。马克思逝世后8年，恩格斯为了帮助德国社会民主党制定科学的行动纲领，于1891年将这一著作发表在德国党内的理论刊物《新时代》上，并写了一篇序言，同时发表的还有与这一著作直接有关的马克思于1875年5月5日给威·白拉克的信。

19世纪60年代，资本主义在德国得到迅速发展，促使工人运动重新高涨，工人阶级日益发展成为一支独立的政治力量。然而，由于在一系列问题上存在原则性的分歧，德国工人运动形成了拉萨尔派和爱森纳赫派两个对立的派别。拉萨尔派领导人拉萨尔执行机会主义路线，暗中支持普鲁士反动政府，鼓吹“工人阶级本能地倾向独裁政治”，“拥戴国王为社会统治的天然体现者”，力图把工人运动引上“国家社会主义”的轨道。爱森纳赫派在马克思、恩格斯的指导下成长壮大，越来越多的工人站到了爱森纳赫派这一边。70年代，日益失去群众信任的拉萨尔派主动向爱森纳赫派提出合并。马克思、恩格斯认为改变德国工人运动的分裂状态是必要的，但必须以科学社会主义原则为基础。但是，爱森纳赫派某些领导人热衷合并，不顾马克思“决不拿原则做交易”的劝告，同拉萨尔派领导人共同起草了充满拉萨尔主义观点的纲领草案——《社会主义工人党纲领》，并于1875年3月在报刊上发表。马克思、恩格斯认为这是一个“极其糟糕的、会使党精神堕落”的纲领。为了捍卫科学社会主义的原则，清算拉萨尔主义，教育爱森纳赫派，马克思抱病写作了这一著作。

《哥达纲领批判》代表着马克思对未来社会洞见的智慧，它不仅彻底地清算了拉萨尔主义，捍卫了社会主义的基本原则，而且以其一系列重大理论建树，丰富和发展了马克思主义的科学社会主义学说，对于我国社会主义革命和建设具有重要的理论意义。

二、内容简介

全书共四章。

第一章，针对纲领草案的五个条文，着重批判了纲领草案中拉萨尔的机会主义经济观点，第一次阐明共产主义社会两个发展阶段的原理，并论述了社会主义时期的分配原则。该章分为五个小节。

第一节，批判纲领草案抹杀阶级矛盾和阶级斗争，回避生产资料所有制，空谈“劳动”和“社会”的谬论，揭示生产资料私有制是劳动者受剥削、受压迫的经济根源(第1—19段)。

1. 批判“劳动是一切财富和一切文化的源泉”的观点(第1—5段)。

劳动只有同生产资料相结合才能创造财富。在阶级社会里，劳动者的劳动不可能是“一切财富和一切文化的源泉”，劳动者摆脱剥削和贫困只有消灭生产资料私有制。

2.“劳动是一切财富和一切文化的源泉”与“有益的劳动只有在社会中和通过社会才是可能的”是相互矛盾的(第6—9段)。

根据前一句话应得出社会离不开劳动，而后一句话又说有益的劳动离不开社会。纲领草案的结论与前提相互矛盾，其目的是维护剥削制度。

3.“劳动所得应当不折不扣和按照平等的权利属于社会一切成员”的观点是错误的(第10—19段)。

在资本主义社会里“随着劳动的社会性的发展，以及由此而来的劳动之成为财富和文化的源泉，劳动者方面的贫穷和愚昧、非劳动者方面的财富和文化也发展起来”。因此，不应当空谈“劳动”和“社会”，应当清楚地证明“在现今的资本主义社会中怎样最终创造了物质的和其他的条件,使工人能够并且不得不铲除这个历史祸害”。

第二节,批判纲领草案篡改无产阶级国际章程,维护地主阶级利益的错误及其根源,指出地主、资产阶级都是革命的对象(第1—3段)。

纲领只提“在现代社会,劳动资料为资本家阶级所垄断;由此造成的工人阶级的依附性是一切形式的贫困和奴役的原因”,而不提地主阶级对劳动资料的垄断,其实质是反对资产阶级而保护地主阶级。

第三节,批判纲领草案“分配决定论”和“不折不扣的劳动所得”的观点(第1—25段)。

1. 分配是由生产决定的,是由生产资料所有制的性质决定的,不触及资本主义制度而空谈“公平的分配”、“平等的权利”是错误的(第1—8段)。

2.“不折不扣的劳动所得”的观点是荒谬的(第9—25段)。

作为集体劳动所得的社会总产品,在进行分配之前首先要扣除三项:“第一,用来补偿消耗掉的生产资料的部分。第二,用来扩大生产的追加部分。第三,用来应付不幸事故、自然灾害等的后备基金或保险基金。”剩下的作为消费资料的社会总产品,在进行个人分配之前还得从里面扣除:第一,同生产没有直接关系的一般管理费用。第二,用来满足共同需要的部分。第三,为丧失劳动能力的人等等设立的基金。

对“劳动所得”也不能解释为产品的价值。在单一的生产资料公有制社会里,个别劳动直接转化为社会劳动,个人消费品直接分配,不存在商品、价值和货币关系。因此,把“劳动所得”理解为产品的价值,也就失去了任何意义。

3.“平等的权利”和“公平的分配”在共产主义社会的第一阶段是无法实现的。在这一阶段,个人消费品分配采取的是“按劳分配”的原则(第26—34段)。

实行按劳分配,不承认阶级差别,但默认人的能力高低,劳动贡献的大小,因而,就要承认每一个劳动者之间由于劳动能力和具体的生活条件的差异,所形成的事实上的不平等。因此,以同一尺度对不同的个人从同一角度去计量造成的不平等的权利,“在经过长久阵痛刚刚从资本主义社会产生出来的共产主义社会第一阶段,是不可避免的”。因为“权利决不能超出社会的经济结构以及由经济结构制约的社会的文化发展”。只有在共产主义社会的高级阶段，在迫使个人奴隶般地服从分工的情形已经消失，从而脑力劳动和体力劳动的对立也随之消失之后；在劳动已经不仅仅是谋生的手段，而且本身成了生活的第一需要之后；在随着个人的全面发展，他们的生产力也增长起来，而集体财富的一切源泉都充分涌流之后，——只有在那个时候，才能完全超出资产阶级权利的狭隘眼界，社会才能在自己的旗帜上写上：各尽所能，按需分配！共产主义社会是一个发展着的社会形态，它的形成及发展总是依据一定的客观经济规律。

针对纲领草案把分配看做事物的本质的错误，马克思阐述了生产决定分配的原理。“消费资料的任何一种分配，都不过是生产条件本身分配的结果；而生产条件的分配，则表现生产方式本身的性质。”这里的生产条件是指物质资料生产的两个因素：生产资料和劳动力，生产资料的分配就是生产资料所有制关系，它决定着生产资料的分配关系。

第四节，批判纲领草案把工人阶级以外的一切阶级，特别是把农民和小资产阶级都称为“反动一帮”的错误（第 1—9 段）。

马克思重申了《共产党宣言》对资本主义社会各阶级所作的科学分析，无产阶级是最革命的阶级，资产阶级有一个由革命的阶级发展到反动的阶级的过程，中间等级是一个向革命和反革命两极分化的等级。在资本主义社会，农民和其他小资产阶级中的大部分，将随着资本主义大生产的发展而纷纷破产，“行将转入无产阶级的队伍”。因此，他们能够接受无产阶级的领导，成为无产阶级的同盟军。

第五节，批判纲领草案背叛无产阶级国际主义，宣扬资产阶级民族主义的错误（第 1—6 段）。

第二章，批判拉萨尔的所谓“铁的工资规律”，概括说明马克思主义经济学说的工资理论和剩余价值理论，指出工人贫困的根源在于资本主义雇佣劳动制度，无产阶级革命是无产阶级解放的必由之路。该章分 8 个自然段。

1. 雇佣劳动制度是造成工人贫苦的根源（第 1—3 段）。

拉萨尔“铁的工资规律”依据的是马尔萨斯人口论，用人口的自然增长来解释工人贫困是荒谬的。

2. 纲领草案背叛了马克思主义的剩余价值学说（第 4—8 段）。

工资不是劳动的价值或价格，而只是劳动力的价值或价格的掩蔽形式。工人贫困的根源在于资本主义雇佣劳动制度，“雇佣工人只有为资本家（因而也为同资本家一起分享剩余价值的人）白白地劳动一定的时间，才被允许为维持自己的生活而劳动，就是说，才被允许生存；整个资本主义生产体系的中心问题，就是用延长工作日，或者提高生产率，增强劳动力的紧张程度等等办法，来增加这个无偿劳动；因此，雇佣劳动制度是奴隶制度，而且劳动的社会生产力越发展，这种奴隶制度就越残酷”。只有消灭阶级差别，一切由这些差别产生的社会的和政治的不平等才将自行消灭。

第三章，批判拉萨尔企图依靠“国家帮助”建立生产合作社，来实现社会主义的观点，阐明社会主义只能“从社会的革命转变过程中”产生出来。该章分为6个自然段。

1. 依靠“国家帮助”实现社会主义的实质是反对阶级斗争（第1段）。

2. 把“国家帮助”置于劳动人民的“民主监督”下，掩饰了拉萨尔的机会主义路线，是欺骗劳动人民的行径（第2—4段）。

3. 纲领草案从阶级立场完全退到了宗派运动的立场（第5—6段）。

第四章，批判纲领草案关于“自由国家”的谬论及庸俗民主主义的要求，阐述无产阶级专政原理。该章分A、B两节。

A节，批判纲领草案争取“自由国家”的机会主义口号，阐明国家的实质（第1—15段）。

1. 批判争取“自由国家”的机会主义谬论，反对滥用“现代国家”和“现代社会”的概念（第1—7段）。

2. 第一次明确提出了“过渡时期”的理论（第8—10段）。

共产主义社会不是凝固的，而是发展变化的，必将经历一个由低级到高级，由不太成熟到完全成熟的发展过程，从而必然表现出阶段性。在资本主义社会，“不同的文明国度中的不同的国家，不管它们的形式如何纷繁，却有一个共同点：它们都建立在现代资产阶级社会的基础上”，实行资产阶级的专政。当资本主义消亡之后，国家制度的变化只能根据从资本主义社会过渡到共产主义社会的必然发展过程进行回答。“在资本主义社会和共产主义社会之间，有一个从前者变为后者的革命转变时期。同这个时期相适应的也有一个政治上的过渡时期，这个时期的国家只能是无产阶级的革命专政。”

关于“过渡时期”理论的形成。马克思在《1848 年到 1850 年的法兰西阶级斗争》、《马克思致约·魏德迈(1852 年 3 月 5 日)》、《法兰西内战》等著作中也曾提到过过渡时期,但明确阐述在资本主义社会和共产主义社会之间要经历一个过渡时期,还是第一次。列宁后来高度评价马克思过渡时期理论的方法论意义,他说:“马克思的这些解释的伟大意义,就在于他在这里也彻底地运用了唯物主义辩证法,即发展学说,把共产主义看成是从资本主义中发展出来的。”①

3. 纲领草案提出普选权、直接立法权、人民权利、人民军队等要求,是从资产阶级那里抄来的庸俗民主主义的要求。把国家和政府混为一谈是错误的(第 11—15 段)。

B 节,批判纲领草案提出的作为“国家的精神和道德的基础”的一些具体要求(第 1—19 段)。

1. 批判纲领草案提出的“平等的国家教育”、“普遍的义务教育”和“免费教育”等要求,批判“科学自由”、“信仰自由”的资产阶级口号(第 1—8 段)。

2. 批判纲领草案在劳工问题上的一系列庸俗民主主义要求(第 9—19 段)。

思考题:

1.《批判》阐述了哪些社会主义的基本原则?

2.为什么“劳动是一切财富和一切文化的源泉”的观点是错误的?

3.怎样理解“消费资料的任何一种分配,都不过是生产条件本身分配的结果;而生产条件的分配,则表现生产方式本身的性质”。

4.试述马克思关于未来社会发展阶段理论的基本内容。

(董正平　首都师范大学)

① 列宁:《国家与革命》,《列宁全集》第 31 卷,人民出版社 1985 年版,第 94 页。

恩 格 斯

反 杜 林 论[1]（节选）

引 论

一 概 论

现代社会主义，就其内容来说，首先是对现代社会中普遍存在的有财产者和无财产者之间、资本家和雇佣工人之间的阶级对立以及生产中普遍存在的无政府状态这两个方面进行考察的结果。但是，就其理论形式来说，它起初表现为18世纪法国伟大的启蒙学者们所提出的各种原则的进一步的、似乎更彻底的发展[2]。同任何新的学说一样，它必须首先从已有的思想材料出发，虽然它的根子深深扎在经济的事实中。

在法国为行将到来的革命启发过人们头脑的那些伟大人物，本身都是非常革命的。他们不承认任何外界的权威，不管这种权威是什么样的。宗教、自然观、社会、国家制度，一切都受到了最无情的批判；一切都必须在理性的法庭面前为自己的存在作辩护或者放弃存在的权利。思维着的知性成了衡量一切的唯一尺度。那时，如黑格尔所说的，是世界用头立地的时代[3]。最初，这句话的意思是：人的头脑以及通过头脑的思维发现的原理，要求成为人类的一切活动和社会结合的基础；后来这句话又有了更广泛的含义：同这些原理相矛盾的现实，实际上从上到下都被颠倒了。以往的一切社会形式和国家形式、一切传统观念，都被当作不合理性的东西扔到垃圾堆里去了；到现在为止，世界所遵循的只是一些成见；过去的一切只值得怜悯和鄙视。只是现在阳光才照射出来。从今以后，迷信、非正义、特权和压迫，必将为永恒的真理，为永恒的正义，为基于自然的平等和不可剥夺的人权所取代。

现在我们知道，这个理性的王国不过是资产阶级的理想化的王国；永恒的正义在资产阶级的司法中得到实现；平等归结为法律面前的资产阶级的平等；被宣布为最主要的人权之一的是资产阶级的所有权；而理性的国家、卢梭的社会契约[4]在实践中表现为，而且也只能表现为资产阶级的民主共和国。18 世纪伟大的思想家们，也同他们的一切先驱者一样，没有能够超出他们自己的时代使他们受到的限制。

但是，除了封建贵族和资产阶级之间的对立，还存在着剥削者和被剥削者、游手好闲的富人和从事劳动的穷人之间的普遍的对立。正是由于这种情形，资产阶级的代表才能标榜自己不是某一特殊的阶级的代表，而是整个受苦人类的代表。不仅如此，资产阶级从它产生的时候起就有自己的对立物同它缠在一起：资本家没有雇佣工人就不能存在，而且，随着中世纪的行会师傅发展成为现代的资产者，行会帮工和行会外的短工便相应地发展成为无产者。虽然总的说来，资产阶级在同贵族斗争时有理由认为自己同时代表当时的各个劳动阶级的利益，但是在每一个大的资产阶级运动中，都爆发过作为现代无产阶级的发展程度不同的先驱者的那个阶级的独立运动。例如，德国宗教改革和农民战争时期的托马斯·闵采尔派，英国大革命时期的平等派[5]，法国大革命时期的巴贝夫。伴随着一个还没有成熟的阶级的这些革命发动，产生了相应的理论表现；在 16 世纪和 17 世纪有理想社会制度的空想的描写[6]，而在 18 世纪已经有了直接共产主义的理论（摩莱里和马布利）。平等的要求已经不再限于政治权利方面，它也应当扩大到个人的社会地位方面；必须加以消灭的不仅是阶级特权，而且是阶级差别本身。禁欲主义的、斯巴达式的共产主义，是这种新学说的第一个表现形式。后来出现了三个伟大的空想主义者：圣西门、傅立叶和欧文。在圣西门那里，除无产阶级的倾向外，资产阶级的倾向还有一定的影响。欧文在资本主义生产最发达的国家里，在这种生产所造成的种种对立的影响下，直接从法国唯物主义出发，系统地阐述了他的消除阶级差别的方案。

所有这三个人有一个共同点：他们都不是作为当时已经历史地产生的无产阶级的利益的代表出现的。他们和启蒙学者一样，并不是想解放某一个阶级，而是想解放全人类。他们和启蒙学者一样，想建立理性和永恒正义的王国;但是他们的王国和启蒙学者的王国是有天壤之别的。按照这些启蒙学者的原则建立起来的资产阶级世界也是不合理性的和非正义的,所以也应该像封建制度和一切更早的社会制度一样被抛到垃圾堆里去。现实理性和正义至今还没有统治世界,这只是因为它们没有被人们正确地认识。所缺少的只是个别的天才人物,现在这种人物已经在现而且已经认识了真理;至于天才人物是在现在出现,真理正是在现在被认识到,这并不是历史发展的进程所必然产生的、不可避免的事情,而纯粹是一种侥幸的偶然现象。这种天才人物在500年前也同样可能诞生,这样他就能使人类免去500年的迷误、斗争和痛苦。

这种见解本质上是英国和法国的一切社会主义者以及包括魏特林在内的第一批德国社会主义者的见解。对所有这些人来说,社会主义是绝对真理、理性和正义的表现,只要把它发现出来,它就能用自己的力量征服世界;因为绝对真理是不依赖于时间、空间和人类的历史发展的,所以,它在什么时候和什么地方被发现,那纯粹是偶然的事情。同时,绝对真理、理性和正义在每个学派的创始人那里又是各不相同的;而因为在每个学派的创始人那里,绝对真理、理性和正义的独特形式又是由他们的主观知性、他们的生活条件、他们的知识水平和思维训练水平所决定的,所以,解决各种绝对真理的这种冲突的办法就只能是它们互相磨损。由此只能得出一种折衷的不伦不类的社会主义,这种社会主义实际上直到今天还统治着法国和英国大多数社会主义工人的头脑,它是由各学派创始人的比较温和的批判性言论、经济学原理和关于未来社会的观念组成的色调极为复杂的混合物,这种混合物的各个组成部分,在辩论的激流中越是磨光其锋利的棱角,就像溪流中圆圆的石子一样,这种混合物就越加容易构成。为了使社会主义变为科学,就必须首先把它置于现实的基础之上。

在此期间,同18世纪的法国哲学并列和继它之后,近代德国哲学产生了,并且在黑格尔那里完成了。它的最大的功绩,就是恢复了辩证法这一最高的思维形式。古希腊的哲学家都是天生的自发的辩证论者,他们中最博学的人物亚里士多德就已经研究了辩证思维的最主要的形式[7]。而近代哲学虽然也有辩证法的卓越代表(例如笛卡儿和斯宾诺莎),但是特别由于英国的影响却日益陷入所谓形而上学的思维方式;18世纪的法国人也几乎全都为这种思维方式所支配,至少在他们的专门哲学著作中是如此。可是,在本来意义的哲学之外,他们同样也能够写出辩证法的杰作;我们只要提一下狄德罗的《拉摩的侄子》[8]和卢梭的《论人间不平等的起源》就够了。——在这里,我们就简略地谈谈这两种思维方法的实质;我们以后还要更详细地谈这个问题。

当我们深思熟虑地考察自然界或人类历史或我们自己的精神活动的时候,首先呈现在我们眼前的,是一幅由种种联系和相互作用无穷无尽地交织起来的画面,其中没有任何东西是不动的和不变的,而是一切都在运动、变化、生成和消逝。这种原始的、素朴的、但实质上正确的世界观是古希腊哲学的世界观,而且是由赫拉克利特最先明白地表述出来的:一切都存在而又不存在,因为一切都在**流动**,都在不断地变化,不断地生成和消逝。但是,这种观点虽然正确地把握了现象的总画面的一般性质,却不足以说明构成这幅总画面的各个细节;而我们要是不知道这些细节,就看不清总画面。为了认识这些细节,我们不得不把它们从自然的或历史的联系中抽出来,从它们的特性、它们的特殊的原因和结果等等方面来分别地加以研究。这首先是自然科学和历史研究的任务;而这些研究部门,由于十分明显的原因,在古典时代的希腊人那里只占有从属的地位,因为他们首先必须搜集材料。精确的自然研究只是在亚历山大里亚时期[9]的希腊人那里才开始,而后来在中世纪由阿拉伯人继续发展下去;可是,真正的自然科学只是从15世纪下半叶才开始,从这时起它就获得了日益迅速的进展。把自然界分解为各个部分,把各种自然过程和自然对象分成一定的门类,对有机体的内部按其多种多样的解剖形态进行研究,这是最近400年来在认识自然界方面获得巨大进展的基本条件。但是,这种做法也给我们留下了一种习惯:把自然界中的各种事物和各种过程孤立起来,撇开宏大的总的联系去进行考察,因此,就不是从运动的状态,而是从静止的状态去考察;不是把它们看作本质上变化的东西,而是看作永恒不变的东西;不是从活的状态,而是从死的状态去考察。这种考察方法被培根和洛克从自然科学中移植到哲学中以后,就造成了最近几个世纪所特有的局限性,即形而上学的思维方式。

在形而上学者看来,事物及其在思想上的反映即概念,是孤立的、应当逐个地和分别地加以考察的、固定的、僵硬的、一成不变的研究对象。他们在绝对不相容的对立中思维;他们的说法是:“是就是,不是就不是;除此以外,都是鬼话。”[10]在他们看来,一个事物要么存在,要么就不存在;同样,一个事物不能同时是自身又是别的东西。正和负是绝对互相排斥的;原因和结果也同样是处于僵硬的相互对立中。初看起来,这种思维方式对我们来说似乎是极为可信的,因为它是合乎所谓常识的。然而,常识在日常应用的范围内虽然是极可尊敬的东西,但它一跨入广阔的研究领域,就会碰到极为惊人的变故。形而上学的思维方式,虽然在依对象的性质而展开的各个领域中是合理的,甚至必要的,可是它每一次迟早都要达到一个界限,一超过这个界限,它就会变成片面的、狭隘的、抽象的,并且陷入无法解决的矛盾,因为它看到一个一个的事物,忘记它们互相间的联系;看到它们的存在,忘记它们的生成和消逝;看到它们的静止,忘记它们的运动;因为它只见树木,不见森林。例如,在日常生活中,我们知道并且可以肯定地说,某一动物存在还是不存在;但是,在进行较精确的研究时,我们就发现,这有时是极其麻烦的事情。这一点法学家们知道得很清楚,他们为了判定在子宫内杀死胎儿是否算是谋杀,曾绞尽脑汁去寻找一条合理的界限,结果总是徒劳。同样,要确定死亡的那一时刻也是不可能的,因为生理学证明,死亡并不是突然的、一瞬间的事情,而是一个很长的过程。同样,任何一个有机体,在每一瞬间都是它本身,又不是它本身;在每一瞬间,它同化着外界供给的物质,并排泄出其他物质;在每一瞬间,它的机体中都有细胞在死亡,也有新的细胞在形成;经过或长或短的一段时间,这个机体的物质便完全更新了,由其他物质的原子代替了,所以,每个有机体永远是它本身,同时又是别的东西。在进行较精确的考察时,我们也发现,某种对立的两极,例如正和负,是彼此不可分离的,正如它们是彼此对立的一样,而且不管它们如何对立,它们总是互相渗透的;同样,原因和结果这两个概念,只有应用于个别场合时才适用;可是,只要我们把这种个别的场合放到它同宇宙的总联系中来考察,这两个概念就联结起来,消失在关于普遍相互作用的观念中,而在这种相互作用中,原因和结果经常交换位置;在此时或此地是结果,在彼时或彼地就成了原因,反之亦然。

所有这些过程和思维方法都是形而上学思维的框子所容纳不下的。相反,对辩证法来说,上述过程正好证明它的方法是正确的,因为辩证法在考察事物及其在观念上的反映时,本质上是从它们的联系、它们的联结、它们的运动、它们的产生和消逝方面去考察的。自然界是检验辩证法的试金石,而且我们必须说，现代自然科学为这种检验提供了极其丰富的、与日俱增的材料，并从而证明了，自然界的一切归根到底是辩证地而不是形而上学地运行的。可是，由于学会辩证地思维的自然研究家到现在还屈指可数，所以，现在理论自然科学中普遍存在的并使教师和学生、作者和读者同样感到绝望的那种无限混乱的状态，完全可以从已经达到的成果和传统的思维方式之间的这个冲突中得到说明。

因此，要精确地描绘宇宙、宇宙的发展和人类的发展，以及这种发展在人们头脑中的反映，就只有用辩证的方法，只有不断地注视生成和消逝之间、前进的变化和后退的变化之间的普遍相互作用才能做到。近代德国哲学一开始就是以这种精神进行活动的。康德一开始他的学术生涯，就把牛顿的稳定的和经过有名的第一推动后永恒不变的太阳系变成了历史的过程，即太阳和一切行星由旋转的星云团产生的过程。同时，他已经作出了这样的结论：太阳系的产生也预示着它将来的不可避免的灭亡。过了半个世纪，他的观点由拉普拉斯从数学上作出了证明；又过了半个世纪，分光镜证明了，在宇宙空间存在着凝聚程度不同的炽热的气团[11]。

这种近代德国哲学在黑格尔的体系中完成了，在这个体系中，黑格尔第一次——这是他的伟大功绩——把整个自然的、历史的和精神的世界描写为一个过程，即把它描写为处在不断的运动、变化、转变和发展中，并企图揭示这种运动和发展的内在联系[12]。从这个观点看来，人类的历史已经不再是乱七八糟的、统统应当被这时已经成熟了的哲学理性的法庭所唾弃并最好尽快被人遗忘的毫无意义的暴力行为，而是人类本身的发展过程，而思维的任务现在就是要透过一切迷乱现象探索这一过程的逐步发展的阶段，并且透过一切表面的偶然性揭示这一过程的内在规律性。

黑格尔没有解决这个任务，这在这里没有多大关系。他的划时代的功绩是提出了这个任务。这不是任何个人所能解决的任务。虽然黑格尔和圣西门一样是当时最博学的人物，但是他毕竟受到了限制，首先是他自己的必然有限的知识的限制，其次是他那个时代的在广度和深度方面都同样有限的知识和见解的限制。但是，除此以外还有第三种限制。黑格尔是唯心主义者，就是说，在他看来，他头脑中的思想不是现实的事物和过程的或多或少抽象的反映，相反，在他看来，事物及其发展只是在世界出现以前已经在某个地方存在着的“观念”的实现了的反映。这样,一切都被头足倒置了,世界的现实联系完全被颠倒了。所以,不论黑格尔如何正确地和天才地把握了一些个别的联系,但由于上述原因,就是在细节上也有许多东西不能不是牵强的、造作的、虚构的,一句话,被歪曲的。黑格尔的体系作为体系来说,是一次巨大的流产,但也是这类流产中的最后一次。就是说,它还包含着一个不可救药的内在矛盾:一方面,它以历史的观点作为基本前提,即把人类的历史看作一个发展过程,这个过程按其本性来说在认识上是不能由于所谓绝对真理的发现而结束的;但是另一方面,它又硬说它自己就是这种绝对真理的全部内容。关于自然和历史的无所不包的、最终完成的认识体系,是同辩证思维的基本规律相矛盾的;但是,这样说决不排除,相反倒包含下面一点,即对整个外部世界的有系统的认识是可以一代一代地取得巨大进展的。

一旦了解到以往的德国唯心主义是完全荒谬的,那就必然导致唯物主义,但是要注意,并不是导致18世纪的纯粹形而上学的、完全机械的唯物主义。同那种以天真的革命精神简单地抛弃以往的全部历史的做法相反,现代唯物主义把历史看作人类的发展过程,而它的任务就在于发现这个过程的运动规律。无论在18世纪的法国人那里,还是在黑格尔那里,占统治地位的自然观都认为,自然界是一个沿着狭小的圆圈循环运动的、永远不变的整体,牛顿所说的永恒的天体和林耐所说的不变的有机物种也包含在其中。同这种自然观相反,现代唯物主义概括了自然科学的新近的进步,从这些进步看来,自然界同样也有自己的时间上的历史,天体和在适宜条件下生存在天体上的有机物种一样是有生有灭的;至于循环,即使能够存在,其规模也要大得无比。在这两种情况下,现代唯物主义本质上都是辩证的,而且不再需要任何凌驾于其他科学之上的哲学了。一旦对每一门科学都提出要求,要它们弄清它们自己在事物以及关于事物的知识的总联系中的地位,关于总联系的任何特殊科学就是多余的了。于是,在以往的全部哲学中仍然独立存在的,就只有关于思维及其规律的学说——形式逻辑和辩证法。其他一切都归到关于自然和历史的实证科学中去了。

但是,自然观的这种变革只能随着研究工作提供相应的实证的认识材料而实现,而在这期间一些在历史观上引起决定性转变的历史事实却老早就发生了。1831年在里昂发生了第一次工人起义;在1838—1842年,第一次全国性的工人运动,即英国的宪章派运动[13],达到了高潮。无产阶级和资产阶级之间的阶级斗争一方面随着大工业的发展,另一方面随着资产阶级新近取得的政治统治的发展,在欧洲最先进的国家的历史中升到了重要地位。事实日益令人信服地证明,资产阶级经济学关于资本和劳动的利益一致、关于自由竞争必将带来普遍和谐和人民的普遍福利的学说完全是撒谎[14]。所有这些事实都再也不能置之不理了,同样,作为这些事实的理论表现(虽然是极不完备的表现)的法国和英国的社会主义也不能再置之不理了。但是,旧的、还没有被排挤掉的唯心主义历史观不知道任何基于物质利益的阶级斗争,而且根本不知道任何物质利益;生产和一切经济关系,在它那里只是被当作"文化史"的从属因素顺便提一下。

新的事实迫使人们对以往的全部历史作一番新的研究,结果发现:以往的**全部**历史,都是阶级斗争的历史[15];这些互相斗争的社会阶级在任何时候都是生产关系和交换关系的产物,一句话,都是自己时代的**经济**关系的产物;因而每一时代的社会经济结构形成现实基础,每一个历史时期的由法的设施和政治设施以及宗教的、哲学的和其他的观念形式所构成的全部上层建筑,归根到底都应由这个基础来说明。这样一来,唯心主义从它的最后的避难所即历史观中被驱逐出去了,一种唯物主义的历史观被提出来了,用人们的存在说明他们的意识,而不是像以往那样用人们的意识说明他们的存在这样一条道路已经找到了。

可是,以往的社会主义同这种唯物主义历史观是不相容的,正如法国唯物主义的自然观同辩证法和近代自然科学不相容一样。以往的社会主义固然批判了现存的资本主义生产方式及其后果,但是,它不能说明这个生产方式,因而也就制服不了这个生产方式;它只能简单地把它当作坏东西抛弃掉。但是,问题在于:一方面应当说明资本主义生产方式的历史联系和它在一定历史时期存在的必然性,从而说明它灭亡的必然性,另一方面应当揭露这种生产方式的一直还隐蔽着的内在性质,因为以往的批判与其说是针对事物的进程本身,不如说是针对有害的后果。这已经由于**剩余价值**的发现而完成了。已经证明,无偿劳动的占有是资本主义生产方式和通过这种生产方式对工人进行的剥削的基本形式;即使资本家按照劳动力作为商品在商品市场上所具有的全部价值来购买他的工人的劳动力,他从这种劳动力榨取的价值仍然比他为这种劳动力付出的多;这种剩余价值归根到底构成了有产阶级手中日益增加的资本量由以积累起来的价值量。这样就说明了资本主义生产和资本生产的过程。

这两个伟大的发现——唯物主义历史观和通过剩余价值揭开资本主义生产的秘密,都应当归功于**马克思**。由于这些发现,社会主义变成了科学,现在首先要做的是对这门科学的一切细节和联系作进一步的探讨。

当欧根·杜林先生大叫大嚷地跳上舞台,宣布他在哲学、政治经济学和社会主义中已实行了全面的变革的时候,理论的社会主义和已经死去的哲学方面的情形大体上就是这样。

现在我们来看看,杜林先生对我们许下了什么诺言,他又是怎样履行他的诺言的。

第一编　哲　学

三　分类。先验主义

按照杜林先生的说法,哲学是对世界和生活的意识的最高形式的阐发,在更广的意义上说,还包括一切知识和意愿的**原则**。无论在哪里,只要某一系列的认识或刺激,或者某一类存在形式为人的意识所考察,这些形式的**原则**就应当是哲学的对象。这些原则是简单的或迄今被设想为简单的成分,这些成分可以构成各种各样的知识和意愿。同物体的化学组成一样,事物的一般状态也可以还原为基本形式和基本元素。这些终极的成分或原则,一旦被发现,就不仅对于直接知道和接触到的东西,而且对于我们不知道和接触不到的世界也都有意义。因此,哲学原则就成了科学要成为对自然界和人类生活进行解释的统一体系所需要的最后补充。除了一切存在的基本形式,哲学只有两个真正的研究对象,即自然界和人类世界。这样,在我们的材料整理上就**自然而然地**分成了三部分,这就是:一般的世界模式论,关于自然原则的学说,以及最后关于人的学说。在这个序列中,同时也包含**某种内在的逻辑次序**,因为适用于一切存在的那些形式的原则走在前面,而**运用**这些原则的对象性领域则按其从属次序跟在后面。

杜林先生就是这样说的,而且这里几乎完全是逐字逐句地引述的。

因此,他所谓的**原则**,就是从**思维**而不是从外部世界得来的那些形式的原则,这些原则应当被运用于自然界和人类,因而自然界和人类都应当适应这些原则。但是,思维从什么地方获得这些原则呢?从自身中吗?不,因为杜林先生自己说:纯粹观念的领域只限于逻辑模式和数学形式(而且我们将会看到,后者是错误的)。逻辑模式只能同**思维**形式有关系;但是这里所谈的只是**存在**的形式,外部世界的形式,思维永远不能从自身中,而只能从外部世界中汲取和引出这些形式。这样一来,全部关系都颠倒了:原则不是研究的出发点,而是它的最终结果;这些原则不是被应用于自然界和人类历史,而是从它们中抽象出来的;不是自然界和人类去适应原则,而是原则只有在符合自然界和历史的情况下才是正确的。这是对事物的唯一唯物主义的观点,而杜林先生的相反的观点是唯心主义的,它把事物完全头足倒置了,从思想中,从世界形成之前就久远地存在于某个地方的模式、方案或范畴中,来构造现实世界,这完全像**一个叫作黑格尔的人**的做法。

确实是这样。我们可以把黑格尔的《全书》[16]以及它的全部热昏的胡话同杜林先生的最后的终极的真理对照一下。在杜林先生那里首先是一般的世界模式论,这在黑格尔那里称为**逻辑学**。其次,他们两人把这些模式或者说逻辑范畴应用于自然界,就是自然哲学;而最后,把它们应用于人类,就是黑格尔叫作精神哲学的东西。这样,杜林这套序列的"内在的逻辑次序"就"自然而然地"引导我们回到了黑格尔的《全书》,它如此忠实地抄袭《全书》,竟使黑格尔学派的永世流浪的犹太人柏林的米希勒教授[17]感激涕零。

如果完全自然主义地把"意识"、"思维"当作某种现成的东西,当作一开始就和存在、自然界相对立的东西,那么结果总是如此。如果这样,那么意识和自然,思维和存在,思维规律和自然规律如此密切地相适合,就非常奇怪了。可是,如果进一步问:究竟什么是思维和意识,它们是从哪里来的,那么就会发现,它们都是人脑的产物,而人本身是自然界的产物,是在自己所处的环境中并且和这个环境一起发展起来的;这里不言而喻,归根到底也是自然界产物的人脑的产物,并不同自然界的其他联系相矛盾,而是相适应的[18]。

但是,杜林先生不允许自己这样简单地对待问题。他不仅以人类的名义来思维——这本身已经是件相当了不起的事情,——而且以一切天体上的有意识的和能思维的生物的名义来思维。

其实,"如果想通过'人的'这个修饰语来排除或者哪怕只是怀疑意识和知识的基本形式的至上的意义和它们的无条件的真理权,那么这就贬低了这些基本形式"。

因此,为了使人们不致怀疑其他某个天体上二乘二等于五,杜林先生就不能把思维称作人的思维,因而只好使思维脱离唯一的真实的基础,即脱离人和自然界,而在我们看来思维是在这个基础上产生的;于是杜林先生就绝望地陷入使他以"模仿者"黑格尔的模仿者的面目出现的那种意识形态里。附带说一下,我们还要更加频繁地在其他天体上欢迎杜林先生。

不言而喻,在这样的意识形态的基础上是不可能建立任何唯物主义学说的。我们以后会看到,杜林先生不得不一再把有意识的行动方式,即把普通话中叫作上帝的东西,硬塞给自然界。

此外,我们的现实哲学家把全部现实的基础从现实世界搬到思想世界,还有另一种动机。关于这种一般世界模式论、关于这种存在的形式原则的科学,正是杜林先生的哲学的基础。如果世界模式论不是从头脑中,而仅仅是**通过**头脑从现实世界中得来的,如果存在的基本原则是从实际存在的事物中得来的,那么为此我们所需要的就不是哲学,而是关于世界和世界中所发生的事情的实证知识;由此产生的也不是哲学,而是实证科学。但是这样一来,杜林先生的整部著作就是徒劳无益的东西了。

其次,既然哲学本身已不再需要,那么任何体系,甚至哲学的自然体系也就不再需要了。关于自然界所有过程都处在一种系统联系中的认识,推动科学从个别部分和整体上到处去证明这种系统联系。但是,对这种联系作恰当的、毫无遗漏的、科学的陈述,对我们所处的世界体系形成精确的思想映象,这无论对我们还是对所有时代来说都是不可能的。如果在人类发展的某一时期,这种包括世界各种联系——无论是物质的或者是精神的和历史的——的最终完成的体系建立起来了,那么,人的认识的领域就从此完结,而且从社会按照那个体系来安排的时候起,未来的历史的进一步发展就中断了,——这是荒唐的想法,是纯粹的胡说。这样人们就碰到一个矛盾:一方面,要毫无遗漏地从所有的联系中去认识世界体系;另一方面,无论是从人们的本性或世界体系的本性来说,这个任务是永远不能完全解决的。但是,这个矛盾不仅存在于世界和人这两个因素的本性中,而且还是所有智力进步的主要杠杆,它在人类的无限的前进发展中一天天不断得到解决,这正像某些数学课题在无穷级数或连分数中得到解答一样。事实上,世界体系的每一个思想映象,总是在客观上受到历史状况的限制,在主观上受到得出该思想映象的人的肉体状况和精神状况的限制。可是杜林先生一开始就宣布,他的思维方式是排除受主观主义限制的世界观的任何趋向的。我们在前面已经看到,杜林先生是无所不在的——在一切可能的天体之上。现在我们又看到,他是无所不知的。他解决了科学的最终课题,从而封闭了一切科学走向未来的道路。

四 世界模式论

“包罗万象的存在是**唯一的**。由于它是自满自足的,因而没有任何东西同它并列或在它上面。如果给它加上第二个存在,那就使它成为不是它本来那样的东西,即成为一个包容更广的整体的一部分或组成部分。当我们把自己的仿佛框子一样的**统一**思想扩展开来时,任何必须进入这个思想**统一体**的东西都不能在自身中保持两重性。但是任何东西也不能脱离这个思想统一体……一切思维的本质就在于把意识的要素联合为一个统一体…… **不可分割的世界概念**正是通过这种综合的统一点产生的,而宇宙,就像这个词本身所表明的,被认为是万物在其中联合为一个**统一体**的东西。”

杜林先生就是这样说的。数学方法:

“任何问题都应当从简单的基本形式上按照**公理**来解决,正如对待简单的……数学原则一样。”——

这一方法在这里首先被使用。

“包罗万象的存在是唯一的。”如果同义反复,即在**谓语**中简单地重复主词中已经说过的东西,也算是公理的话,那么我们在这里就有了一个最纯粹的公理。杜林先生在主词中告诉我们,存在包罗万象,而他在谓语中则大胆地断定:因此没有任何东西是在这一存在之外的。多么了不起的“创造体系的思想”!

真是“创造体系的”。我们往下还读不到六行,杜林先生就借助“我们的统一思想”,把存在的**唯一性**变成它的**统一性**了。因为一切思维的本质都在于把事物综合为一个统一体,所以,存在一旦被思考,就被思考为统一的东西,世界概念就成为不可分割的;又因为**被思考的**存在、**世界概念**是统一的,所以现实的存在、现实的世界也是不可分割的统一体。这样,

“只要精神一学会从存在的同种的普遍性中去把握存在,彼岸性就再没有任何位置了”。

这是一个使奥斯特尔利茨和耶拿、克尼格雷茨和色当[19]黯然失色的战役。在我们动员第一个公理后还不到一页,只用三言两语,就已经把所有彼岸的东西,上帝、天使军、天堂、地狱和涤罪所,连同灵魂不死,都废弃、排除、消灭了。

我们是怎样从存在的唯一性转到它的统一性的呢?全靠我们对它的想象。我们一旦把我们的仿佛框子一样的统一思想围绕着存在扩展开来,唯一的存在就在思想中变成统一的存在,变成思想统一体;因为**一切**思维的本质就在于把意识的要素联合为一个统一体。

最后这句话是完全错误的。第一,思维既把相互联系的要素联合为一个统一体,同样也把意识的对象分解为它们的要素。没有分析就没有综合。第二,思维,如果它不做蠢事的话,只能把这样一些意识的要素综合为一个统一体,在这些意识的要素中或者在它们的现实原型中,这个统一体**以前**就已经**存在**了。如果我把鞋刷子综合在哺乳动物的统一体中,那它决不会因此就长出乳腺来。可见,存在的统一性,或者说把存在理解为一个统一体的根据,正是需要加以证明的;当杜林先生向我们保证,他认为存在是统一的而不是什么两重性的东西的时候,他无非是向我们发表他的无足轻重的意见罢了。

如果我们要原原本本地叙述他的思想过程,那么它就是:我从存在开始。因此我思考着存在。关于存在的思想是统一的。但是思维和存在必须互相协调,互相适应,"互相一致"。因此,在现实中存在也是统一的。因此,任何"彼岸性"都是不存在的。但是,如果杜林先生这样不加掩饰地说出来,而不用上述那些极端玄妙的话来款待我们,那么他的思想体系就昭然若揭了。企图以思维和存在的同一性去证明任何思维产物的现实性,这正是一个叫作黑格尔的人所说的最荒唐的热昏的胡话之一。

即使杜林先生的全部论证都是对的,他也没有从唯灵论者那里赢得一寸阵地。唯灵论者简短地回答他说:我们也认为世界**是**单一的;只有从我们的特殊世俗的、原罪的观点来看,才有此岸和彼岸之分;全部存在就其本身说来,就是说,在上帝那里,是统一的。他们将陪着杜林先生到他所喜爱的其他天体上去,指给他看一个或几个天体,那里没有原罪,所以那里也没有此岸和彼岸的对立,世界的统一性是信仰的要求。

在这个问题上最可笑的是,杜林先生为了用存在的概念去证明上帝不存在，却运用了证明上帝存在的本体论论证法。这种论证法说：当我们思考着上帝时，我们是把他作为一切完美性的总和来思考的。但是，归入一切完美性的总和的，首先是存在，因为不存在的东西必然是不完美的。因此我们必须把存在算在上帝的完美性之内。因此上帝一定存在。——杜林先生正是这样论证的：当我们思考着存在的时候，我们是把它作为**一个**概念来思考的。综合在一个概念中的东西是统一的。因此，如果存在不是统一的，那么它就不符合它本身的概念。所以它一定是统一的。所以上帝是不存在的，如此等等。

当我们说到**存在**，并且**仅仅**说到存在的时候，统一性只能在于：我们所说的一切对象**是存在的**、实有的。它们被综合在这种存在的统一性中，而不在任何别的统一性中；说它们都**是存在的**这个一般性论断，不仅不能赋予它们其他共同的或非共同的特性，而且暂时排除了对所有这些特性的考虑。因为只要我们离开存在是所有这些事物的共同点这一简单的基本事实，哪怕离开一毫米，这些事物的**差别**就开始出现在我们眼前。至于这些差别是否在于一些是白的，另一些是黑的，一些是有生命的，另一些是无生命的，一些是所谓此岸的，另一些是所谓彼岸的，那我们是不能根据把单纯的存在同样地加给一切事物这一点来作出判断的。

世界的统一性并不在于它的存在，尽管世界的存在是它的统一性的前提，因为世界必须先**存在**，然后才能是**统一的**。在我们的视野的范围之外，存在甚至完全是一个悬而未决的问题。世界的真正的统一性在于它的物质性，而这种物质性不是由魔术师的三两句话所证明的，而是由哲学和自然科学的长期的和持续的发展所证明的。

九　道德和法。永恒真理

杜林先生在整整50页内把陈词滥调和玄妙词句的杂拌，一句话，把纯粹的**无稽之谈**当作关于意识要素的根底深厚的科学提供给读者享受，我们决不想把这些东西的样品都陈列出来。我们只摘引这样一句话：

“谁要是只能通过语言来思维，那他就永远不懂得**抽象的**和**纯正的**思维是什么意思。”

这样说来,动物是最抽象的和最纯正的思维者,因为它们的思维从来不会被语言的强制性的干涉弄得模糊不清。的确,从杜林的思想和表达这些思想的语言中可以看出,这些思想是多么不适合于任何一种语言,而德语又是多么不适合于这些思想。

最后,第四编拯救了我们,这一编除了连篇累牍的糊涂话,至少有时还给我们提供一些有关**道德**和**法**的可以捉摸的东西。这一次,我们一开始就被请到别的天体上去旅行:

道德的要素必定"以协调一致的方式……重新出现于人以外的一切生物中,在这些生物中,能动的知性必须自觉地调整以本能形式表现出来的生命活动………不过对于这样的结论,我们是不怎么感兴趣的……　但是除此以外,下面的想法始终是一种**有益地扩展**眼界的思想:我们设想,在其他天体上个体的和公共的生活必须遵循一种模式,这种模式……不能废弃或避开合理地行动的生物的一般的基本规章"。

如果说在这里例外地,不是在这一章的末尾,而是在开头就指出,杜林的真理也适用于其他一切可能的世界,那么这是有其充足理由的。如果先确定了杜林的道德观和正义观适用于一切**世界**,那就可以比较容易地把它们的适用性有益地扩展到一切**时代**。而这里谈的又不折不扣地是关于最后的终极的真理的问题。

道德的世界,"和一般知识的世界一样……有其恒久的原则和单纯的要素",道德的原则凌驾于"历史之上和现今的民族特性的差别之上……　在发展过程中构成比较完全的道德意识和所谓良心的那些特殊真理,只要它们的最终的基础都已经被认识,就可以要求具有同数学的认识和运用相似的适用性和有效范围。**真正的真理是根本不变的**……因此,把认识的正确性设想成是受时间和现实变化影响的,那完全是愚蠢"。所以严格知识的可靠性和日常认识的充足性,不容许我们在深思熟虑的情况下对知识原则的绝对适用性表示失望。"长久的怀疑本身已经是一种病态的软弱状态,而且无非是**极端紊乱**的表现,这种紊乱有时企图在对自身的**虚无**的系统化意识中装出某种镇定的外表。在伦理问题上,对一般原则的否定,是同风尚和准则在地理上和历史上的多样性牢固地联在一起的,而且一承认伦理上的邪恶和罪孽的不可避免的必然性,那就要否定起协调一致作用的道德本能的庄严意义和实际效用。这种似乎不是反对个别的伪学说而是反对人类达到自觉道德的能力本身的**腐蚀性怀疑**,最后就流为真正的虚无,甚至实质上流为比单纯虚无主义更坏的东西……　它自炫能在它的已被推翻的伦理观念的**一片混乱**中很容易地起支配作用,并为无原则的随心所欲敞开一切门户。但是它大错特错了,因为,只要指出知性在谬误和真理中的不可避免的命运,就足以借助这个唯一的类比表明,自然规律可能有的缺陷并不需要排除正确的东西的实现。”

到目前为止我们静静地听了杜林先生关于最后的终极的真理、思维的至上性、认识的绝对可靠性等等的所有这些华丽的词句，因为这一问题只有在我们现在所到达的这一点上才能予以解决。在此以前，只需要研究现实哲学的个别论断在多大程度上具有“至上的意义”和“无条件的真理权”就够了；在这里，我们却遇到了这样一个问题：人的认识的产物究竟能否具有至上的意义和无条件的真理权，如果能有，那么是哪些产物。当我说**人的**认识的时候，我无意冒犯其他天体上的居民，我还没有认识他们的荣幸，我这样说只是因为动物也能够认识，虽然它们的认识决不是至上的。狗认为它的主人是它的上帝，尽管这个主人可能是最大的无赖。

人的思维是至上的吗？在我们回答“是”或“不是”以前，我们必须先研究一下：什么是人的思维。它是单个人的思维吗？不是。但是，它只是作为无数亿过去、现在和未来的人的个人思维而存在。如果我现在说，这种概括于我的观念中的所有这些人（包括未来的人）的思维是**至上的**，是能够认识现存世界的，只要人类足够长久地延续下去，只要在认识器官和认识对象中没有给这种认识规定界限，那么，我只是说了些相当陈腐而又相当无聊的空话。因为最可贵的结果就是使得我们对我们现在的认识极不信任，因为很可能我们还差不多处在人类历史的开端，而将来会纠正**我们**的错误的后代，大概比我们有可能经常以十分轻蔑的态度纠正其认识错误的前代要多得多。

杜林先生本人宣布下面这一点是一种必然性：意识，因而也包括思维和认识，都只能表现在一系列的个人中。我们能够说这些个人中的每一个人的思维具有至上性，这只是就这样一点而言的，即我们不知道有任何一种力量能够强制处在健康清醒状态的每一个人接受某种思想。但是，至于说到每一个人的思维所达到的认识的至上意义，那么我们大家都知道，它是根本谈不上的，而且根据到目前为止的一切经验看来，这些认识所包含的需要改善的东西，无例外地总是要比不需要改善的或正确的东西多得多。

换句话说，思维的至上性是在一系列非常不至上地思维着的人中实现的；拥有无条件的真理权的认识是在一系列相对的谬误中实现的；二者都只有通过人类生活的无限延续才能完全实现。

在这里,我们又遇到了在上面已经遇到过的矛盾[20]:一方面,人的思维的性质必然被看作是绝对的,另一方面,人的思维又是在完全有限地思维着的个人中实现的。这个矛盾只有在无限的前进过程中,在至少对我们来说实际上是无止境的人类世代更迭中才能得到解决。从这个意义来说,人的思维是至上的,同样又是不至上的,它的认识能力是无限的,同样又是有限的。按它的本性、使命、可能和历史的终极目的来说,是至上的和无限的;按它的个别实现情况和每次的现实来说,又是不至上的和有限的。

永恒真理的情况也是一样。如果人类在某个时候达到了只运用永恒真理,只运用具有至上意义和无条件真理权的思维成果的地步,那么人类或许就到达了这样的一点,在那里,知识世界的无限性就现实和可能而言都穷尽了,从而就实现了可以计数的数不尽的数这一著名的奇迹。

然而,不正是存在着如此确凿的、以致在我们看来表示任何怀疑都等于发疯的那种真理吗?二乘二等于四,三角形三内角的和等于两个直角,巴黎在法国,人不吃饭就会饿死,等等,这些不都是这种真理吗?这不就是说,还是存在着**永恒**真理,最后的终极的真理吗?

确实是这样。我们可以按照早已知道的方法把整个认识领域分成三大部分。第一个部分包括所有研究非生物界的并且或多或少能用数学方法处理的科学,即数学、天文学、力学、物理学、化学。如果有人喜欢对极简单的事物使用大字眼,那么也可以说,这些科学的**某些**成果是永恒真理,是最后的终极的真理,所以这些科学也叫作**精密**科学。然而决不是一切成果都是如此。由于变数的应用以及它的可变性被推广于无限小和无限大,一向非常循规蹈距的数学犯了原罪;它吃了智慧果,这为它开辟了获得最大成就但也造成谬误的道路。数学上的一切东西的绝对适用性、不可争辩的确证性的童贞状态一去不复返了;争论的王国出现了,而且我们到了这样一种地步:大多数人进行微分和积分,并不是由于他们懂得他们在做什么,而是出于单纯的信任,因为直到现在得出的结果总是正确的。天文学和力学方面的情况更糟,而在物理学和化学方面,人们就像处在蜂群之中那样处在种种假说之中。情况也根本不可能不是这样。我们在物理学中研究分子的运动,在化学中研究分子的原子构成,如果光波的干扰不是一种虚构,那我们绝对没有希望在某个时候亲眼看到这些有趣的东西。最后的终极的真理在这里随着时间的推移变得非常罕见了。

地质学的情况还要糟，地质学按其性质来说主要是研究那些不但我们没有经历过而且任何人都没有经历过的过程。所以要挖掘出最后的终极的真理在这里要费很大的力气，而所得是极少的。

第二类科学是研究活的有机体的科学。在这一领域中，展现出如此错综复杂的相互关系和因果联系，以致不仅每个已经解决的问题都引起无数的新问题，而且每一个问题也多半都只能一点一点地、通过一系列常常需要花几百年时间的研究才能得到解决；此外，对各种相互联系作系统理解的需要，总是一再迫使我们在最后的终极的真理的周围造起茂密的假说之林。为了正确地确定像哺乳动物的血液循环这样简单的事实，需要经历从盖仑到马尔比基之间的多么长的一系列中间阶段！我们关于血球的形成知道得多么少，比如说为了确定某种疾病的现象和致病的原因之间的合理联系，我们今天还缺乏多少中间环节！此外还常常有像细胞的发现这样的发现，这些发现迫使我们对生物学领域中以前已经确立了的一切最后的终极的真理作全面的修正，并且把它们整堆地永远抛弃掉。因此，谁想在这里确立确实是真正的不变的真理，那么他就必须满足于一些陈词滥调，如所有的人必定要死，所有的雌性哺乳动物都有乳腺等等；他甚至不能说，高等动物是靠胃和肠而不是靠头脑消化的，因为集中于头脑的神经活动对于消化是必不可少的。

但是，在第三类科学中，即在按历史顺序和现今结果来研究人的生活条件、社会关系、法的形式和国家形式及其由哲学、宗教、艺术等等组成的观念上层建筑的历史科学中，永恒真理的情况还更糟。在有机界中，我们至少是研究这样一些依次相继的过程，这些过程，就我们直接观察的领域而言，正在非常广阔的范围内相当有规律地重复着。自亚里士多德以来，有机体的种总的说来没有变化。在社会历史中情况则相反，自从我们脱离人类的原始状态即所谓石器时代以来，情况的重复是例外而不是通例；即使在某个地方发生这样的重复，也决不是在完全同样的状况下发生的。在一切文明民族那里，原始的土地公有制的出现和这种所有制崩溃的形式就是如此。因此，我们在人类历史领域中的科学比在生物学领域中的科学还要落后得多；不仅如此，如果一旦例外地能够认识到某一时代的社会存在形式和政治存在形式的内在联系，那么这照例是发生在这些形式已经半衰退和濒于瓦解的时候。因此,在这里认识在本质上是相对的,因为它只限于了解只存在于一定时代和一定民族中的,而且按其本性来说是暂时的一定社会形式和国家形式的联系和结果。因此,谁要在这里猎取最后的终极的真理,猎取真正的、根本不变的真理,那么他是不会有什么收获的,除非是一些陈词滥调和老生常谈,例如,人一般地说不劳动就不能生活,人直到现在总是分为统治者和被统治者,拿破仑死于1821年5月5日,如此等等。

但是,值得注意的是:正是在这一领域,我们最常遇到所谓永恒真理,最后的终极的真理等等。宣布二乘二等于四,鸟有喙,或诸如此类的东西为永恒真理的,只是这样的人,他企图从永恒真理的存在得出结论:在人类历史的领域内也存在着永恒真理,永恒道德、永恒正义等等,它们要求具有同数学的认识和应用相似的适用性和有效范围。这时,我们可以准确地预料,这位人类的朋友一有机会就向我们声明:一切以往的永恒真理的制造者或多或少都是蠢驴和骗子,全都陷入谬误,犯了错误;但是**他们的**谬误和**他们的**错误的存在是合乎自然规律的,而且证明真理和合乎实际的东西掌握在**他手里**;而他这个现在刚出现的预言家在提包里带着已经准备好的最后的终极的真理,永恒道德和永恒正义。这一切已经出现过一百次,一千次,如果还有人竟如此轻率地认为,别人做不到这一点,只有他才能做到,那就不能不令人感到奇怪了。但是在这里,我们至少还遇到了这样一位预言家,他在别人否认任何个人能提供最后的终极的真理的时候,照例总是表现出高度的义愤。这样的否认,甚至单纯的怀疑,都是软弱状态、极端紊乱、虚无、比单纯的虚无主义更坏的腐蚀性怀疑、一片混乱以及诸如此类的可爱的东西。像所有的预言家那样,他也没有作批判性的科学的研究和判断,而只是直接进行道义上的谴责。

我们本来在上面还可以举出研究人的思维的规律的科学,即逻辑学和辩证法。但是在这方面,永恒真理的情况也不见得好些。杜林先生把本来意义的辩证法宣布为纯粹的无稽之谈,而已经写成的和现在还在写的关于逻辑学的许多书籍充分证明,在这里播下的最后的终极的真理也远比有些人所想的要稀少得多。

此外,我们根本不用担心我们现在所处的认识阶段和先前的一切阶段一样都不是最后的。这一阶段已经包括大量的认识材料,并且要求每一个想在任何专业内成为内行的人进行极深刻的专门研究。但是认识就其本性而言,或者对漫长的世代系列来说是相对的而且必然是逐步趋于完善的，或者就像在天体演化学、地质学和人类历史中一样，由于历史材料不足，甚至永远是有缺陷的和不完善的，而谁要以真正的、不变的、最后的终极的真理的标准来衡量它，那么，他只是证明他自己的无知和荒谬，即使真正的动机并不像在这里那样是要求承认个人不会犯错误。真理和谬误，正如一切在两极对立中运动的逻辑范畴一样，只是在非常有限的领域内才具有绝对的意义；这一点我们刚才已经看到了，即使是杜林先生，只要他稍微知道一点正是说明一切两极对立的不充分性的辩证法的初步知识，他也会知道的。只要我们在上面指出的狭窄的领域之外应用真理和谬误的对立，这种对立就变成相对的，因而对精确的科学的表达方式来说就是无用的；但是，如果我们企图在这一领域之外把这种对立当作绝对有效的东西来应用，那我们就会完全遭到失败；对立的两极都向自己的对立面转化，真理变成谬误，谬误变成真理。我们举著名的波义耳定律为例，根据这一定律，在温度不变的情况下，气体的体积和它所受的压力成反比。雷尼奥发现，这一定律不适合于某些情况。如果雷尼奥是一个现实哲学家，那么他就有义务宣布：波义耳定律是可变的，所以不是真正的真理，所以根本不是真理，所以是谬误。但是，如果他这样做，他就会造成一个比波义耳定律所包含的谬误更大得多的谬误；他的一小粒真理就会消失在谬误的沙丘中；这样他就会把他的本来正确的结论变为谬误，而与这一谬误相比，波义耳定律就连同附在它上面的少许谬误也可以说是真理了。但是雷尼奥是科学家，没有玩弄这样的儿戏，而是继续研究，并发现波义耳定律只是近似地正确，特别是对于可以因压力而液化的气体，当压力接近液化开始的那一点时，波义耳定律就失去了效力。所以波义耳定律只在一定的范围内才是正确的。但是在这个范围内，它是不是绝对地最终地正确的呢？没有一个物理学家会断定说是。他将说：这一定律在一定的压力和温度的范围内，对一定的气体是有效的；而且即使在这种更加狭窄的范围内，他也不会排除这样的可能性，即通过未来的研究对它作更加严格的限制，或者改变它的表述方式[21]。可见，关于最后的终极的真理，例如在物理学上，情况就是这样。因此，真正科学的著作照例要避免使用像谬误和真理这种教条式的道德的说法，而这种说法我们在现实哲学这样的著作中到处可以碰到，这种著作想强迫我们把空空洞洞的信口胡说当作至上的思维的至上的结论来接受。

但是,天真的读者或许要问,杜林先生在什么地方清楚地说过,他的现实哲学的内容是最后的而且甚至是终极的真理呢？在什么地方？例如在我们在第二章中部分地引证的对他自己的体系的颂歌中[22](第13页)。或者在上面引证的那段话里[23],他说:道德的真理,只要它们的最终的基础都已经被认识,就可以要求具有同数学的认识相似的适用性。而且,杜林先生难道不是断定,从他的真正批判的观点出发,通过他的穷根究底的研究,就可以深入到这种最终的基础,基本的模式,因而就赋予道德的真理以最后的终极性吗？如果杜林先生既不是为自己也不是为他的时代提出这样的要求,如果他只是想说,在渺茫的未来的某个时候能够确立最后的终极的真理,因而,他想大致地、只是较为混乱地说些与“腐蚀性怀疑”和“极端紊乱”相同的东西,那么,这种喧嚣是为了什么呢？这位先生想要做什么呢？[24]

如果说,在真理和谬误的问题上我们没有什么前进,那么在善和恶的问题上就更没有前进了。这一对立完全是在道德领域中,也就是在属于人类历史的领域中运动,在这里播下的最后的终极的真理恰恰是最稀少的。善恶观念从一个民族到另一个民族、从一个时代到另一个时代变更得这样厉害,以致它们常常是互相直接矛盾的。但是,如果有人反驳说,无论如何善不是恶,恶不是善;如果把善恶混淆起来,那么一切道德都将完结,而每个人都将可以为所欲为了。杜林先生的意见,只要除去一切隐晦玄妙的词句,就是这样的。但是问题毕竟不是这样简单地解决的。如果事情真的这样简单,那么关于善和恶就根本不会有争论了,每个人都会知道什么是善,什么是恶。但是今天的情形是怎样的呢？今天向我们宣扬的是什么样的道德呢？首先是由过去信教时代传下来的基督教的封建的道德,这种道德主要地又分成天主教的和新教的道德,其中又不乏不同分支,从耶稣会天主教的和正统新教的道德,直到松弛的启蒙的道德。和这些道德并列的,有现代资产阶级的道德,和资产阶级道德并列的,又有未来的无产阶级道德,所以仅仅在欧洲最先进国家中,过去、现在和将来就提供了三大类同时和并列地起作用的道德论。哪一种是合乎真理的呢？如果就绝对的终极性来说,哪一种也不是;但是,现在代表着现状的变革、代表着未来的那种道德,即无产阶级道德,肯定拥有最多的能够长久保持的因素。

但是,如果我们看到,现代社会的三个阶级即封建贵族、资产阶级和无产阶级都各有自己的特殊的道德，那么我们由此只能得出这样的结论：人们自觉地或不自觉地，归根到底总是从他们阶级地位所依据的实际关系中——从他们进行生产和交换的经济关系中，获得自己的伦理观念。

但是在上述三种道德论中还是有一些对所有这三者来说都是共同的东西——这不至少就是一成不变的道德的一部分吗？——这三种道德论代表同一历史发展的三个不同阶段，所以有共同的历史背景，正因为这样，就必然有许多共同之处。不仅如此，对同样的或差不多同样的经济发展阶段来说，道德论必然是或多或少地互相一致的。从动产的私有制发展起来的时候起，在一切存在着这种私有制的社会里，道德戒律一定是共同的：切勿偷盗[25]。这个戒律是否因此而成为永恒的道德戒律呢？绝对不会。在偷盗动机已被消除的社会里，就是说在随着时间的推移顶多只有精神病患者才会偷盗的社会里，如果一个道德说教者想庄严地宣布一条永恒真理：切勿偷盗，那他将会遭到什么样的嘲笑啊！

因此，我们拒绝想把任何道德教条当作永恒的、终极的、从此不变的伦理规律强加给我们的一切无理要求，这种要求的借口是，道德世界也有凌驾于历史和民族差别之上的不变的原则。相反地，我们断定，一切以往的道德论归根到底都是当时的社会经济状况的产物。而社会直到现在是在阶级对立中运动的，所以道德始终是阶级的道德；它或者为统治阶级的统治和利益辩护，或者当被压迫阶级变得足够强大时，代表被压迫者对这个统治的反抗和他们的未来利益。没有人怀疑，在这里，在道德方面也和人类认识的所有其他部门一样，总的说是有过进步的。但是我们还没有越出阶级的道德。只有在不仅消灭了阶级对立，而且在实际生活中也忘却了这种对立的社会发展阶段上，超越阶级对立和超越对这种对立的回忆的、真正人的道德才成为可能。现在可以去评价杜林先生的自我吹嘘了。他竟在旧的阶级社会中要求在社会革命的前夜把一种永恒的、不以时间和现实变化为转移的道德强加给未来的无阶级的社会！我们姑且假定他对这种未来社会的结构至少是有概略了解的，——这一点我们直到现在还不知道。

最后，还有一个“完全独特的”、但是并不因此不再是“穷根究底的”发现：

在恶的起源方面，“我们认为，在动物形态中存在着带着固有虚伪性的**猫的类型**，这一事实同人类中也存在着类似的性格形态的情形处于同一阶段…… 因此，恶不是什么神秘的东西,除非人们有兴趣在**猫**或所有食肉动物的存在中也嗅出神秘的东西来”。

恶就是猫。所以魔鬼没有犄角和马蹄,而有爪子和绿眼睛。当歌德使靡菲斯特斐勒司具有黑狗的形象[26]而不是黑猫的形象的时候,他犯了一个不可饶恕的错误。恶就是猫!这是不仅适用于一切世界,而且也适用于猫[27]的道德!

十　道德和法。平等

我们已经不止一次地领教了杜林先生的方法。他的方法就是:把每一类认识对象分解成它们的所谓最简单的要素,把同样简单的所谓不言而喻的公理应用于这些要素,然后再进一步运用这样得出的结论。社会生活领域内的问题也

“应当从单个的、简单的基本形式上,按照公理来解决,正如对待简单的……数学的基本形式一样”。

这样,数学方法在历史、道德和法方面的应用,应当在这些领域内使所获结果的真理性也具有数学的确实性,使这些结果具有真正的不变的真理的性质。

这不过是过去有人爱用的玄想的或者也称为先验主义的方法的另一种表现方式,这一方法是:不是从对象本身去认识某一对象的特性,而是从对象的概念中逻辑地推论出这些特性。首先,从对象构成对象的概念;然后颠倒过来,用对象的映象即概念去衡量对象。这时,不是概念应当和对象相适应,而是对象应当和概念相适应了。在杜林先生那里,他所能得到的最简单的要素,终极的抽象,执行着概念的职能,可是这丝毫没有改变事情的实质;这种最简单的要素,最多只带有纯粹概念的性质。所以现实哲学在这里也是纯粹的玄想[28],它不是从现实本身推论出现实,而是从观念推论出现实。

当这样一位玄想家不是从他周围的人们的现实社会关系中,而是从“社会”的概念或所谓最简单的要素中构造出道德和法的时候,可用于这种构造的材料是什么呢?显然有两种:第一,是在那些被当作基础的抽象中可能存在的现实内容的一点点残余,第二,是我们这位玄想家从他自己的意识中再

次带入的内容。而他在自己的意识中发现了什么呢？绝大部分是道德和法的观点，这些观点或多或少地是他所处的社会关系和政治关系的相应表现——肯定的或否定的，得到赞同的或遭到反对的；其次或许是从有关的文献上抄来的看法；最后，可能还有个人的狂想。我们的玄想家可以随心所欲地要花招，他从大门扔出去的历史现实，又从窗户进来了，而当他以为自己制定了适用于一切世界和一切时代的伦理学说和法的学说的时候，他实际上是为他那个时代的保守潮流或革命潮流制作了一幅扭曲的（因为和它的现实的基础脱离）、像在凹面镜上反映出来的头足倒置的画像。

于是杜林先生把社会分解为它的最简单的要素，而且在这里发现最简单的社会至少由**两个**人组成。杜林先生就按公理同这两个人打交道。而从这里很自然地得出一个道德的基本公理：

> "两个人的意志，就其本身而言，是彼此**完全平等**的，而且一方不能一开始就向另一方提出任何肯定的要求。"因此，"道德上的正义的基本形式就被表述出来了"；同样，法上的正义的基本形式也被表述出来了，因为"为了阐发法的基本概念，我们只要有**两个人**的十分简单的和基本的关系就够了"。

两个人或两个人的意志就其本身而言是彼此**完全**平等的——这不仅不是公理，而且甚至是过度的夸张。首先，两个人甚至就其本身而言，在性别上可能就是不平等的，这一简单的事实立刻使我们想到：社会的最简单的要素——如果我们暂且接受这样的童稚之见——不是两个男人，而是一个男人和一个女人，他们建立了**家庭**，即以生产为目的的社会结合的最简单的和最初的形式。但是这丝毫不合杜林先生的心意。因为，一方面，必须使这两个社会奠基者尽可能地平等。另一方面，甚至杜林先生也不能从原始家庭构造出男女之间在道德上和法上的平等地位。这样，二者必居其一：或者杜林的社会分子（整个社会应当通过他们的繁殖而建立起来）一开始就注定要灭亡，因为两个男人是永远不能生出小孩来的；或者是我们必须设想他们是两个家长。在这种情况下，十分简单的基本模式就转成自己的反面：它不是证明人的平等，而最多只是证明家长的平等，而且因为妇女是不被理睬的，所以还证明妇女的从属地位。

在这里我们不得不给读者一个不愉快的通知：读者在今后一段颇长的时间内摆脱不了这两个了不起的人物。这两个人在社会关系的领域中起着我们现在希望不再与之打交道的其他天体上的居民以前所起的类似作用。只要有经济、政治等等的问题需要解决，这两个人就飞快地出动，而且立刻"按照公理"来解决问题。这是我们那位现实哲学家的卓越的、创造性的、创造体系的发现！但遗憾的是，如果我们愿意尊重真理，那应当说这两个人不是杜林先生发现的。他们是整个18世纪所共有的。他们在1754年卢梭关于不平等的论著[29]中已经出现——附带说一下，在那里，他们按照公理证明了和杜林的论断刚刚相反的东西。他们在从亚当·斯密到李嘉图的政治经济学家那里扮演着主要角色；可是在那里他们各操不同的行业——大都是猎人和渔夫，而且互相交换自己的产品，他们至少在这方面是不平等的。此外，在整个18世纪，他们主要充当单纯用作说明的例子，而杜林先生的独到之处只是在于，他把这种举例说明的方法提升为一切社会科学的基本方法和一切历史形态的尺度。要把"关于事物和人的严格科学的观念"变得简单些，肯定是做不到的。

为了制定基本公理——两个人以及他们的意志是彼此完全平等的，他们之间没有一方能命令另一方，我们决不能用随便什么样的两个人。这两个人应当是这样的：他们摆脱了一切现实，摆脱了地球上发生的一切民族的、经济的、政治的和宗教的关系，摆脱了一切性别的和个人的特性，以致留在这两个人身上的除了人这个光秃秃的概念以外，再没有别的什么了，于是，他们当然是"完全平等"了。因此，他们成了这一位到处搜索和揭发"降神术"活动的杜林先生所召来的两个十足的幽灵。这两个幽灵自然必须做他们的召唤者要求做的一切，正因为如此，他们的一切鬼把戏对世界上的其他人来说是完全无关紧要的。

我们再稍微往下看看杜林先生的公理论。两个意志中一方不能向另一方提出任何肯定的要求。如果一方竟然这样做了，并以暴力来实现他的要求，那就产生了非正义的状态，而杜林先生就是按照这一基本模式来说明非正义、暴力、奴役，一句话，说明全部以往的应唾弃的历史的。可是卢梭早在上面提到的著作中，正是通过两个人，同样是按照公理证明了相反的东西，这就是：在A和B两个人之中，A不能用暴力来奴役B，只能用使B处于非有A不可的境地这一办法来奴役B；这对于杜林先生来说的确是一个已经过分唯物主义的观点。因此，让我们以稍微不同的方式来说明这件事情。两个舟破落海的人，漂流到一个孤岛上，组成了社会。他们的意志在形式上是完全平等的，而这一点也是两个人都承认的。但是在素质上存在着巨大的不平等。A 果断而有毅力，B 优柔、懒惰和委靡不振；A 伶俐，B 愚笨。A 照例先是通过说服，以后就按照习惯，但始终是采取自愿的形式，把自己的意志强加给 B，这要经过很长时间吗？无论自愿的形式是受到维护，还是遭到践踏，奴役依旧是奴役。甘受奴役的现象在整个中世纪都存在，在德国直到三十年战争[30]后还可以看到。普鲁士在 1806 年和 1807 年战败之后，废除了依附农制，同时还取消了仁慈的领主照顾贫病老弱的依附农的义务，当时农民曾向国王请愿，请求让他们继续处于受奴役的地位——否则在他们遭到不幸的时候谁来照顾他们呢？这样，两个人的模式既“适用”于不平等和奴役，也同样“适用”于平等和互助；而且因为我们害怕受到灭亡的惩罚而不得不承认他们是家长，所以在这里已经预先安排了世袭的奴役制。

但是，让我们暂时把这一切放在一旁。我们假定杜林先生的公理论说服了我们，而且我们热中于两个意志的完全平等的权利、“一般人的自主权”、“个人的自主权”——真正壮丽的字眼，和这些字眼比起来，施蒂纳的拥有自己的所有物的“惟一者”[31]相形见绌了，虽然他在这方面也可以要求有自己的一席之地。这样，现在我们所有人都**完全平等**和独立了。是所有人吗？不，的确不是所有人。

也存在着“可以允许的隶属关系”，但是它们存在的“原因不应当到两个意志本身的活动中，而应当到第三领域中去寻找，例如对儿童来说，就应当到他们的自我规定的不足中去寻找”。

的确如此！隶属关系的原因不应当到两个意志本身的活动中去寻找！自然不应当，因为一个意志的活动恰恰是受到阻碍的！而应当到第三领域中去寻找！那么什么是这第三领域呢？这是一个受压制的意志即一个不足的意志的具体规定性！我们的现实哲学家同现实脱离得如此之远，以致在他看来，对意志这个抽象的、没有内容的用语来说，意志的真实的内容、特有的规定性，已经是“第三领域”了。但是，无论如何，我们必须认定，平等是有例外的。对于自我规定不足的意志来说，平等是无效的。**退却之一**。

其次，

“在野兽和人混合在一个人身上的地方，人们可以以第二个具有完全的人性的人的名义提出问题：他的行为方式，是否应当像所谓只具有人性的人相互间所表现的那样呢…… 所以我们关于两个在道德上不平等的人——其中一个在某种意义上带有特有的兽性——的假定，就是依照这种区别而可能在人的集团之中和各个集团之间……出现的一切关系的典型的基本形式”。

请读者自己去看看紧跟在这些窘态百出的遁词之后的那些可怜的咒骂吧，在那些咒骂里，杜林先生像一个耶稣会会士那样耍花招，以便用决疑法确定具有人性的人可以多么严厉地对付具有兽性的人，多么严厉地运用不信任、计谋、严酷的甚至恐怖的以及欺骗的手段来对付后者，而且这样做还丝毫不违背不变的道德。

因此，如果两个人“在道德上不平等”，那么平等也就完结了。但是这样一来就根本不值得费力去召唤两个完全平等的人，因为两个在道德上完全平等的人是根本没有的。——但是，不平等应当在于一个是具有人性的人，而另一个则带有一些兽性。可是，人来源于动物界这一事实已经决定人永远不能完全摆脱兽性，所以问题永远只能在于摆脱得多些或少些，在于兽性或人性的程度上的差异。把人分成截然不同的两类，分成具有人性的人和具有兽性的人，分成善人和恶人，绵羊和山羊，这样的分类，除现实哲学外，只有基督教才知道，基督教一贯地也有自己的世界审判者来实行这种分类。但是在现实哲学中，世界审判者应当是谁呢？这个问题大概得像基督教的做法那样处理，在那里，虔诚的羔羊对自己的世俗近邻山羊行使世界审判者的职权，而且成绩卓著。现实哲学家的教派一旦出现，在这方面一定不会比地上的虔信者逊色。然而，这对我们是无所谓的；使我们感兴趣的，是承认这样一点：由于人们之间的道德上的不平等，平等再一次化为乌有。**退却之二**。

再往下看：

“如果一个人按照真理和科学行动，而另一个人按照某种迷信或偏见行动，那么……照例一定要发生相互争执…… 一定程度的无能、粗暴或恶癖，在任何情况下总要引起冲突…… **暴力**不仅仅是对付儿童和疯人的最后手段。人的整个自然集团和文明阶级的本性，能够使得对它们的由于本身荒谬而成为敌对性的愿望进行的**压服**，即促使这种愿望向共同联系手段的**还原**，成为不可避免的必要。异己的意志在这里也被认为是**有平等权利的**；但是它由于它的危害活动和敌对活动的荒谬性，它就引起了**恢复平衡**的行动，如果它遭到暴力，那么它只是受到它自身的非正义的反作用而已。”

可见，不仅道德上的不平等，而且精神上的不平等也足以排除两个意志的“完全平等”，并树立这样一种道德，按照这种道德，各文明掠夺国对落后民族所干的一切可耻行径，直到俄国人在突厥斯坦的暴行[32]，都可以认为是正当的。1873年夏天，当考夫曼将军下令进攻鞑靼部落的约穆德人，焚毁他们的帐篷，并且像在命令上所说的“按照真正高加索的习俗”屠杀他们的妇女和儿童时，他也断言：压服那种由于本身荒谬而成为敌对性的约穆德人的愿望，即促使这种愿望还原为共同联系手段，已经成为不可避免的必要，而且他所采用的手段是最合乎目的的；谁想要达到目的，谁也就必然要采用这种手段。不过他还没有残酷到另外还去嘲弄约穆德人，说他屠杀他们是为了恢复平衡，他这样做正是承认他们的意志是有平等权利的。在这一冲突中，又是上帝的选民，所谓按照真理和科学行动的人，归根到底也就是现实哲学家，应该去决定什么是迷信、偏见、粗暴和恶癖，什么时候暴力和压服对于恢复平衡是必要的。因此，平等现在就是通过暴力恢复平衡；而第二个意志被第一个意志通过压服而认为是有平等权利的。**退却之三**，在这里，这次退却简直堕落为可耻的逃跑。

附带说一下，所谓异己的意志正是在通过暴力恢复平衡的行动中被认为是有平等权利的这句话，不过是对黑格尔学说的一种歪曲。按照黑格尔学说，刑罚是罪犯的权利：

> “刑罚被认为包含着罪犯本人的权利，在这里罪犯是被当作有理性者来尊重的。”（《法哲学》第100节附释）

我们可以就此结束。没有必要继续跟着杜林先生去一点一点地击破他如此按照公理建立起来的平等、一般人的自主权等等；没有必要去观察他如何用两个男人来组成社会，而为了建立国家又使用第三个人，因为简单地说，没有这第三个人就不可能有多数的决议，而没有这样的决议，因而也就没有多数对少数的统治，也就不能有国家存在；没有必要去看他往后如何逐步转入建立他那共同社会的未来国家的那条较为平静的航路——我们将来总有一天有幸在那里拜访他。我们已经充分地看到：两个意志的完全平等，只是在这两个意志**什么愿望也没有**的时候才存在；一当它们不再是抽象的人的意志而转为现实的个人的意志，转为两个现实的人的意志的时候，平等就完结了;一方面是幼稚、疯狂、所谓的兽性、设想的迷信、硬说的偏见、假定的无能,另一方面是想象的人性、对真理和科学的洞察力;总之,两个意志以及与之相伴的智慧在质量上的任何区别,都是为那种可以一直上升到压服的不平等辩护的。既然杜林先生这样从根本上破坏了他自己的平等大厦,那我们还要求什么呢?

虽然我们关于杜林先生对平等观念的浅薄而拙劣的论述已经谈完,但是我们对平等观念本身的论述没有因此结束,这一观念特别是通过卢梭起了一种理论的作用,在大革命中和大革命之后起了一种实际的政治的作用,而今天在差不多所有的国家的社会主义运动中仍然起着巨大的鼓动作用。这一观念的科学内容的确立,也将确定它对无产阶级鼓动的价值。

一切人,作为人来说,都有某些共同点,在这些共同点所及的范围内,他们是平等的,这样的观念自然是非常古老的。但是现代的平等要求与此完全不同;这种平等要求更应当是从人的这种共同特性中,从人就他们是人而言的这种平等中引申出这样的要求:一切人,或至少是一个国家的一切公民,或一个社会的一切成员,都应当有平等的政治地位和社会地位。要从这种相对平等的原始观念中得出国家和社会中的平等权利的结论,要使这个结论甚至能够成为某种自然而然的、不言而喻的东西,必然要经过而且确实已经经过了几千年。在最古老的自然形成的公社中,最多只谈得上公社成员之间的平等权利,妇女、奴隶和外地人自然不在此列。在希腊人和罗马人那里,人们的不平等的作用比任何平等要大得多。如果认为希腊人和野蛮人、自由民和奴隶、公民和被保护民、罗马的公民和罗马的臣民(该词是在广义上使用的),都可以要求平等的政治地位,那么这在古代人看来必定是发了疯。在罗马帝国时期,所有这些区别,除自由民和奴隶的区别外,都逐渐消失了;这样,至少对自由民来说产生了私人的平等,在这种平等的基础上罗马法发展起来了,它是我们所知道的以私有制为基础的法的最完备形式。但是只要自由民和奴隶之间的对立还存在,就谈不上来自一般**人的**平等的法的结论,这一点我们不久前在北美的合众国各蓄奴州里还可以看得到。

基督教只承认一切人的**一种**平等,即原罪的平等,这同它曾经作为奴隶和被压迫者的宗教的性质是完全适合的。此外,基督教至多还承认上帝的选民的平等,但是这种平等只是在开始时才被强调过。在新宗教的最初阶段同样可以发现财产共有的痕迹，这与其说是来源于真正的平等观念，不如说是来源于被迫害者的团结。僧侣和俗人对立的确立，很快就使这种基督教平等的萌芽也归于消失。——日耳曼人在西欧的横行，逐渐建立了空前复杂的社会的和政治的等级制度，从而在几个世纪内消除了一切平等观念，但是同时使西欧和中欧卷入了历史的运动，在那里第一次创造了一个牢固的文化区域，并在这个区域内第一次建立了一个由互相影响和互相防范的、主要是民族国家所组成的体系。这样就准备了一个基础，后来只是在这个基础上才有可能谈人的平等和人权的问题。

此外，在封建的中世纪的内部孕育了这样一个阶级，这个阶级在它进一步的发展中，注定成为现代平等要求的代表者，这就是市民等级。最初市民等级本身是一个封建等级，当15世纪末海上航路的伟大发现为它开辟了一个新的更加广阔的活动场所时，它使封建社会内部的主要靠手工进行的工业和产品交换发展到比较高的水平。欧洲以外的、以前只在意大利和列万特[33]之间进行的贸易，这时已经扩大到了美洲和印度，就重要性来说，很快就超过了欧洲各国之间的和每个国家内部的交换。美洲的黄金和白银在欧洲泛滥起来，它好似一种瓦解因素渗入封建社会的一切罅隙、裂缝和细孔。手工业不再能满足日益增长的需要；在最先进的国家的主要工业部门里，手工业为工场手工业代替了。

可是社会的政治结构决不是紧跟着社会经济生活条件的这种剧烈的变革立即发生相应的改变。当社会日益成为资产阶级社会的时候，国家制度仍然是封建的。大规模的贸易，特别是国际贸易，尤其是世界贸易，要求有自由的、在行动上不受限制的商品所有者，他们作为商品所有者是有平等权利的，他们根据对他们所有人来说都平等的（至少在当地是平等的）权利进行交换。从手工业向工场手工业转变的前提是，有一定数量的自由工人（所谓自由，一方面是他们摆脱了行会的束缚，另一方面是他们失去了自己使用自己劳动力所必需的资料），他们可以和厂主订立契约出租他们的劳动力，因而作为缔约的一方是和厂主权利平等的。最后，一切人类劳动由于而且只是由于都是一般**人类**劳动而具有的等同性和同等意义[34]，在现代资产阶级经济学的价值规律中得到了自己的不自觉的，但最强烈的表现，根据这一规律，商品的价值是由其中所包含的社会必要劳动来计量的[35]。——但是，在经济关系要求自由和平等权利的地方，政治制度却每一步都以行会束缚和各种特权同它对抗。地方特权、级差关税以及各种各样的特别法令，不仅在贸易方面打击外国人和殖民地居民，而且还时常打击本国的各类国民；行会特权处处和时时都一再阻挡着工场手工业发展的道路。无论在哪里，道路都不是自由通行的，对资产阶级竞争者来说机会都不是平等的——而自由通行和机会平等是首要的和愈益迫切的要求。

社会的经济进步一旦把摆脱封建桎梏和通过消除封建不平等来确立权利平等的要求提上日程，这种要求就必定迅速地扩大其范围。只要为工业和商业的利益提出这一要求，就必须为广大农民要求同样的平等权利。农民遭受着从十足的农奴制开始的各种程度的奴役，他们必须把自己极大部分的劳动时间无偿地献给仁慈的封建领主，此外，还得向领主和国家交纳无数的贡税。另一方面，也不能不要求废除封建特惠、贵族免税权以及个别等级的政治特权。由于人们不再生活在像罗马帝国那样的世界帝国中，而是生活在那些相互平等地交往并且处在差不多相同的资产阶级发展阶段的独立国家所组成的体系中，所以这种要求就很自然地获得了普遍的、超出个别国家范围的性质，而自由和平等也很自然地被宣布为**人权**。这种人权的特殊资产阶级性质的典型表现是美国宪法，它最先承认了人权，同时确认了存在于美国的有色人种奴隶制：阶级特权不受法律保护，种族特权被神圣化。

可是大家知道，从资产阶级由封建时代的市民等级破茧而出的时候起，从中世纪的等级转变为现代的阶级的时候起，资产阶级就由它的影子即无产阶级不可避免地一直伴随着。同样地，资产阶级的平等要求也由无产阶级的平等要求伴随着。从消灭阶级**特权**的资产阶级要求提出的时候起，同时就出现了消灭**阶级本身**的无产阶级要求——起初采取宗教的形式，借助于原始基督教，以后就以资产阶级的平等论本身为依据了。无产阶级抓住了资产阶级的话柄：平等应当不仅是表面的，不仅在国家的领域中实行，它还应当是实际的，还应当在社会的、经济的领域中实行。尤其是从法国资产阶级自大革命开始把公民的平等提到重要地位以来，法国无产阶级就针锋相对地提出社会的、经济的平等的要求，这种平等成了法国无产阶级所特有的战斗口号。

因此，无产阶级所提出的平等要求有双重意义。或者它是对明显的社会不平等，对富人和穷人之间、主人和奴隶之间、骄奢淫逸者和饥饿者之间的对立的自发反应——特别是在初期，例如在农民战争中，情况就是这样；它作为这种自发反应，只是革命本能的表现，它在这里，而且仅仅在这里找到自己被提出的理由。或者它是从对资产阶级平等要求的反应中产生的，它从这种平等要求中吸取了或多或少正当的、可以进一步发展的要求，成了用资本家本身的主张发动工人起来反对资本家的鼓动手段；在这种情况下，它是和资产阶级平等本身共存亡的。在上述两种情况下，无产阶级平等要求的实际内容都是**消灭阶级**的要求。任何超出这个范围的平等要求，都必然要流于荒谬。我们已经举出了关于这方面的例子，当我们转到杜林先生关于未来的幻想时，我们还会发现更多的这类例子。

可见，平等的观念，无论以资产阶级的形式出现，还是以无产阶级的形式出现，本身都是一种历史的产物，这一观念的形成，需要一定的历史条件，而这种历史条件本身又以长期的以往的历史为前提。所以，这样的平等观念说它是什么都行，就不能说是永恒的真理。如果它现在对广大公众来说——在这种或那种意义上——是不言而喻的，如果它像马克思所说的，“已经成为国民的牢固的成见”[36]，那么这不是由于它具有公理式的真理性，而是由于18世纪的思想得到普遍传播和仍然合乎时宜。因此，如果杜林先生能够直截了当地让他的有名的两个男人在平等的基础上料理家务，那是由于这对国民的成见来说是十分自然的。的确，杜林先生把他的哲学叫作**自然**哲学，因为这种哲学是仅仅从那些对他来说是十分自然的东西出发的。但是为什么这些东西对他来说是自然的呢？——这一问题他当然是不会提出来的。

十一　道德和法。自由和必然

“对于政治和法律的领域，本教程中所阐述的原则是以**最深入的专门研究**为基础的。所以……出发点必然是：这里的问题……在于前后一贯地陈述法学和国家学领域中的**成果**。我最初的专门研究正好是法学，我在这上面不仅用了大学理论准备通常所需的三年时间，而且在往后审判实践的三年中，继续致力于研究，特别是旨在**加深**它的科学内容的研究……　如果对私法关系和相应的法律缺陷的批判不善于像**了解**这门学科的优点那样**了解**它的一切缺点，那么，这种批判**肯定**也不能以**同样的自信心**发表出来。”

有理由这样谈到自己的人，必定一开始就取得人们对他的信任，特别是和“马克思先生以往对法所作的自己也承认是粗枝大叶的研究”比起来，就更是这样了。

因此，我们不能不感到惊奇的是，带着这样的自信心出场的对私法关系的批判，竟只限于向我们陈述：

> “在科学性上，法学……前进得不远”；成文的民法是非正义，因为它确认基于暴力的所有制；刑法的“自然根据”是**复仇**，——

在这种论断中，顶多只有“自然根据”这件神秘的外衣是新东西。国家学的成果只限于论述已知的三个男人的关系，其中一人至今还对其他两人施行暴力，而且杜林先生还在非常认真地研究首先采用暴力和实行奴役的是第二个人还是第三个人。

但是，让我们往下看看我们这位自信的法学家的最深入的专门研究和经过三年审判实践而加深的科学性吧。

关于拉萨尔，杜林先生对我们说，

> 他是“由于**策动**盗窃首饰匣未遂”而被控告的，“但是没有作出判决，因为**那时还容许**所谓**由法院宣告无罪**……这种**半**宣告无罪”。

这里所说的拉萨尔案件是1848年夏天在科隆陪审法庭审理的[37]，那里和几乎整个莱茵省一样，通行的是法兰西刑法。仅仅对政治上的违法和犯罪才例外地实施普鲁士邦法，但是早在1848年4月，这种例外规定又被康普豪森取消了。法兰西法根本没有像普鲁士邦法中所说的“策动”犯罪这种不确切的范畴，更不用说什么策动犯罪未遂了。法兰西法只有**教唆**犯罪，而这只有在“通过送礼、许愿、威胁、滥用威望或权力、狡猾的挑拨或该受惩罚的诡计”(刑法典[38]第60条)来进行时才可以判罪。埋头于普鲁士邦法的检察机关，完全和杜林先生一样，忽略了法兰西法的十分明确的规定和普鲁士邦法的含糊的不确定性之间的重大差别，对拉萨尔提出了预谋的诉讼并引人注目地失败了。因为只有对法兰西现代法领域完全无知的人，才敢断言法国的刑事诉讼可以允许普鲁士邦法所说的由法院宣告无罪，这种**半**宣告无罪；法兰西现代法在刑事诉讼中只有判罪或宣告无罪，而没有介于两者之间的判决。

这样，我们不得不说，如果杜林先生手头有过一本拿破仑法典[39]，那么，他肯定不能以同样的自信心对拉萨尔作出这种“具有伟大风格的历史记述”。

因此，我们必须断定，杜林先生对于以法国大革命的社会成果为依据并把这些成果转化为法律的**惟一的**现代民法典，即法兰西现代法，是**完全无知的**。

在另外一个地方，当杜林先生批判整个大陆上按照法国典范实行的、以陪审员的多数票作出判决的那种陪审法庭的时候，我们受到这样的教导：

“是的，**甚至**可以去熟悉一下那再说在历史上也不是没有先例的思想：在完美的共同体中，**有反对票**的判罪应当属于不可能的制度…… 但是，这种极其**严肃的**和**思想深刻的**理解方式，正像上面已经说过的，对传统的形式看来是不适当的，因为对这种形式来说，它是**太好了**。”

杜林先生又一次不懂得，按照英国的普通法，即从远古以来至少是从14世纪以来就通行的不成文的习惯法，陪审员的一致，不仅在刑事判罪上，而且在民事诉讼的判决上都是绝对必要的。因此，这种在杜林先生看来对于当今世界来说是**太好**的极其严肃的和思想深刻的理解方式，早在最黑暗的中世纪就已经在英国具有了法律效力，并且从英国被推行到爱尔兰、美利坚合众国以至英国的一切殖民地，而关于这一点，最深入的专门研究竟连一个字也没有向杜林先生透露！由此可见，以陪审员的一致来实行判决的地区，不但比通行普鲁士邦法的狭小区域大得无可比拟，而且比所有以陪审员的多数来实行判决的地区的总和还要广大。杜林先生不但对惟一的现代法即法兰西法完全无知，而且他对直到现在仍然不依赖于罗马法权威而向前发展的、传播于世界各大洲的惟一的日耳曼法，即英吉利法，也同样无知。为什么不知道呢？杜林先生说，

因为英国式的法律思维方式“面对按罗马古典法学家的纯粹概念在德国土地上实施的那种训练，总是站不住脚的”，

他接着说：

“同我们天然的语言形式比较起来，讲幼稚的混合语言的英语世界算得了什么呢？”

对此，我们只能用斯宾诺莎的话来回答：Ignorantia non est argumentum，无知并不是论据[40]。

从这里我们只能得出这样的结论：杜林先生的最深入的专门研究是在于他用了三年时间在理论方面钻研了民法大全[41]，以后又用了三年时间在实

践中钻研了高贵的普鲁士邦法。这方面的功底肯定已经十分可嘉了,也足以当一个极可尊敬的旧普鲁士地方法官或律师了。但是,如果要给一切世界和一切时代编写法哲学,那么总应当也多少知道一些像法国人、英国人和美国人这样的民族的法的关系,这些民族在历史上所起的作用同德国盛行普鲁士邦法的那个角落完全不同。我们再往下看。

“地方法、省法和邦法杂乱地混合在一起,它们以非常随意的方式,时而作为习惯法,时而作为成文法(经常使最重要的事务具有纯粹的规章形式),按迥然不同的方向交叉起来,这种无秩序和矛盾的样本——其中个别使一般无效,而有时一般又使特殊无效,——的确不适于在任何人那里……造成清楚的法的意识。”

但是,这种混乱状态存在于什么地方呢?又是在通行普鲁士邦法的地域内,那里,在这种邦法的旁边、上面或者下面,还有省法、地方法令,有些地方还有普通法以及其他乱七八糟的东西,它们都具有各种各样的不同程度的效力,并且使一切实践的法学家发出杜林先生在这里满怀同情地一再重复的呼救声。他根本不需要离开他心爱的普鲁士,他只要到莱茵省走一趟,就可以确信,在那里70年来这一切都已经根本不提了,至于其他文明国家不用说了,这些国家早已消除了这类过时状态。

再往下看:

“集议机构或其他行政机构的秘密的、因而是不记名的集体决断和集体行动对个人的自然责任的掩盖,是以不太尖锐的形式表现出来的,这种集体决断和集体行动把每一个成员的个人参与隐藏起来了。”

在另一个地方又说:

“在我们目前的情况下,要是不愿意让集议机构遮盖和掩饰个人的责任,那么,这将被认为是一种**惊人的**和极端苛刻的要求。”

如果我们告诉杜林先生:在通行英吉利法的地区,审判员集议机构的每一个成员必须在公开开庭时单独提出自己的判决并陈述其理由;不经过选举、不公开进行审理和表决的行政集议机构,主要是**普鲁士的**制度,在大多数其他国家里是没有的,所以他的要求只有在**普鲁士**才可能被认为是惊人的和极端苛刻的,那么,对他来说,这也许是一件惊人的消息。

同样,他对教会在出生、结婚、死亡和殡葬方面的强制性干预的抱怨,就所有比较大的文明国家来说，也只适合于普鲁士，而且自从采用了户籍簿以来，甚至对普鲁士也不适合了[42]。杜林先生认为只有通过“共同社会的”未来制度才能实现的事情，俾斯麦目前甚至凭一个简单的法律就完成了。——在“对法学家在履行职务上准备不足的抱怨”中，在这种也可以扩大为对“行政官员”的抱怨中，同样唱出了一曲普鲁士特有的耶利米哀歌；甚至杜林先生一有机会就表露出来的夸张到可笑程度的对犹太人的仇恨，即使不是一种普鲁士特有的特征，也是一种易北河以东地区特有的特征。这个傲然蔑视一切偏见和迷信的现实哲学家，本身却如此深深地沉浸在个人的怪想中，以致把中世纪的迷信中流传下来的反犹太人的民族偏见叫作建立在“自然根据”之上的“自然判断”，并且竟作出了这样伟大的论断：

“社会主义是能够对抗那种带有比较强烈的犹太混合物的人口状态〈带有犹太混合物的状态！多么自然的德语！〉的唯一力量。”

够了。这种对渊博的法学知识的炫耀，顶多也只是以一个最普通的旧普鲁士法学家的最平常的专门知识作为根据的。杜林先生向我们彻底地陈述其结论的法学和国家学领域，是和实施普鲁士邦法的地域相“吻合”的。除了每个法学家都熟悉的、目前甚至在英国也为人们所十分熟悉的罗马法以外，他的法律知识仅仅限于普鲁士邦法这部开明的宗法专制制度的法典，这部法典是用德语写的，似乎杜林先生就是从中开始识字的，这部带有道德性的注释、法律上的不确定性和不稳固性、以鞭挞作为刑讯和处罚手段的法典，还完全是属于革命以前的时代的。除此以外的东西，无论是现代的法兰西民法，还是自身发展十分独特的和整个大陆在其对个人自由提供的保障方面都一无所知的英吉利法，在杜林先生看来都是邪恶的。这种“不承认任何纯属**虚幻的**地平线，而是要在自己的强有力地实行变革的运动中揭示外部自然和内部自然的一切地和天”的哲学，它的**真正的**地平线就是旧普鲁士东部六省[43]的疆界，至多还包括德国的其他几小块施行高贵的普鲁士邦法的地方；在这个地平线以外，它既没有揭示地也没有揭示天，既没有揭示外部自然也没有揭示内部自然，而只是揭示了对世界其他地方所发生的事情的极端无知的景象。

如果不谈所谓自由意志、人的责任能力、必然和自由的关系等问题，就不能很好地议论道德和法的问题。现实哲学对这一问题的解答,不仅有一个,而且甚至有两个。

“人们用来代替一切伪自由学说的,是下述这样一种关系从经验中可以得知的特性,在这种关系中,一方面是理性的认识,另方面是本能的冲动,双方**似乎**联成一个合力。动力学的这种基本事实应当从观察中取得,而且为了对尚未发生的事情进行预测,要按照性质和大小**尽可能地**作出一般的估计。这样,几千年来人们为之费尽心机的关于内在自由的愚蠢幻想不仅被彻底扫除,而且还被生活的实际安排所需要的某种积极的东西所代替。”

根据这种看法,自由是在于:理性的认识把人拉向右边,非理性的冲动把人拉向左边,而在这样的力的平行四边形中,真正的运动就按对角线的方向进行。这样说来,自由就是认识和冲动、知性和非知性之间的平均值,而在每一个人身上,这种自由的程度,用天文学的术语来说,可以根据经验用“人差”[44]来确定。但是在几页以后,杜林先生又说:

“我们把道德责任建立在自由上面,但是这种自由在我们看来,只不过是按照先天的和后天的知性对自觉动机的感受。所有这样的动机,尽管会觉察到行动中可能出现对立,总是以不可回避的自然规律性起着作用;但是,当我们应用道德杠杆时,我们正是估计到了这种不可回避的强制。”

这第二个关于自由的定义随随便便地就给了第一个定义一记耳光,它又只是对黑格尔观念的极端庸俗化。黑格尔第一个正确地叙述了自由和必然之间的关系。在他看来,自由是对必然的认识。“必然只是**在它没有被了解的时候才是盲目的**。”[45]自由不在于幻想中摆脱自然规律而独立,而在于认识这些规律,从而能够有计划地使自然规律为一定的目的服务。这无论对外部自然的规律,或对支配人本身的肉体存在和精神存在的规律来说,都是一样的。这两类规律,我们最多只能在观念中而不能在现实中把它们互相分开。因此,意志自由只是借助于对事物的认识来作出决定的能力。因此,人对一定问题的判断**越是自由**,这个判断的内容所具有的**必然性**就越大;而犹豫不决是以不知为基础的,它看来好像是在许多不同的和相互矛盾的可能的决定中任意进行选择,但恰好由此证明它的不自由,证明它被正好应该由它支配的对象所支配。因此,自由就在于根据对自然界的必然性的认识来支配我们自己和外部自然;因此它必然是历史发展的产物。最初的、从动物界分离出来的人,在一切本质方面是和动物本身一样不自由的;但是文化上的每一个进步,都是迈向自由的一步。在人类历史的初期,发现了从机械运动到热的转化,即摩擦生火;在到目前为止的发展的末期,发现了从热到机械运动的转化,即蒸汽机。而尽管蒸汽机在社会领域中实现了巨大的解放性的变革——这一变革还没有完成一半,——但是毫无疑问,就世界性的解放作用而言,摩擦生火还是超过了蒸汽机,因为摩擦生火第一次使人支配了一种自然力,从而最终把人同动物界分开。蒸汽机永远不能在人类的发展中引起如此巨大的飞跃,尽管在我们看来,蒸汽机确实是所有那些以它为依靠的巨大生产力的代表,唯有借助于这些生产力,才有可能实现这样一种社会状态,在这里不再有任何阶级差别,不再有任何对个人生活资料的忧虑,并且第一次能够谈到真正的人的自由,谈到那种同已被认识的自然规律和谐一致的生活。但是,整个人类历史还多么年轻,硬说我们现在的观点具有某种绝对的意义,那是多么可笑,这一点从下述的简单的事实中就可以看到:到目前为止的全部历史,可以称为从实际发现机械运动转化为热到发现热转化为机械运动这样一段时间的历史。

十二　辩证法。量和质

"关于存在的基本逻辑特性的第一个命题,而且是最重要的命题,就是**矛盾的排除**。矛盾的东西是一个范畴,这个范畴只能归属于思想组合,而不能归属于现实。在事物中没有任何矛盾,或者换句话说,设定为真实的矛盾本身是背理的顶点……　按相反方向互相抗衡的力的对抗,甚至是世界及其生物的存在中的一切活动的基本形式。但是,诸要素和诸个体的力的方向的这种抗衡,和矛盾荒谬性的思想是远远不相符合的……　在这里我们能感到满意的是:通常从臆想的逻辑奥秘中升起的迷雾,被真实矛盾的真正荒谬性的清晰景象驱散了;人们有时对于矛盾辩证法这个木偶——用来代替对抗的世界模式论的和雕刻得极其粗糙的木偶——的焚香顶礼,被证明是无益的了。"

这差不多就是《哲学教程》中关于辩证法所说的一切。但是在《批判史》中,矛盾辩证法,特别是和它一起的黑格尔,受到了完全不同的待遇。

"按照黑格尔的逻辑学,或确切些说,按照逻各斯学说,矛盾的东西决不是存在于按本性来说只能被看作主观的和自觉的思维中,而是客观地存在于事物和过程本身中,而且可以说是见诸形体的,这样,背理就不再是不可想象的思想组合,而是成为一种实际的力量。荒谬东西的现实性,是黑格尔关于逻辑和非逻辑的统一的第一项信条……越矛盾就越真实,或者换句话说,越荒谬就越可信,这种并非新发现的、而是从启示神学和神秘主义中抄来的箴言,是所谓辩证原则的赤裸裸的表现。"

上面所引两段话的思想内容可以归结为一个命题:矛盾=背理,因而它在现实世界中是不可能出现的。对于通常相当有常识的人来说,这个命题也许像直不能是曲、曲不能是直这一命题一样,是不言而喻的。但是微分学不顾常识的一切抗议,竟使直线和曲线在一定条件下相等,并由此达到把直线和曲线的等同看作是背理的常识所永远不能达到的成果。由于所谓矛盾辩证法在从古代希腊人起直到目前为止的哲学中所起的重大作用,甚至比杜林先生更激烈的反对者要来加以反对,也必须提出别的论据,而不能只凭一个断言和许多的谩骂。

当我们把事物看作是静止而没有生命的,各自独立、相互并列或先后相继的时候,我们在事物中确实碰不到任何矛盾。我们在这里看到某些特性,这些特性,一部分是共同的,一部分是相异的,甚至是相互矛盾的,但是在这种情况下是分布在不同事物之中的,所以它们内部并不包含任何矛盾。如果限于这样的考察范围,我们用通常的形而上学的思维方式也就行了。但是一当我们从事物的运动、变化、生命和彼此相互作用方面去考察事物时,情形就完全不同了。在这里我们立刻陷入了矛盾。运动本身就是矛盾;甚至简单的机械的位移之所以能够实现,也只是因为物体在同一瞬间既在一个地方又在另一个地方,既在同一个地方又不在同一个地方。这种矛盾的连续产生和同时解决正好就是运动。

因此,这里我们看到的是"客观地存在于事物和过程本身中,而且可以说是见诸形体的"矛盾。但是杜林先生对此怎么说呢?他断言:

无论如何,直到现在"在合理的力学中不存在介乎严格的静和动之间的桥"。

现在读者终于看到,隐藏在杜林先生的这个惯用语后面的究竟是什么,这不是别的,正是:形而上学地思维的知性绝对不能从静止的思想转到运动的思想,因为上述矛盾在这里挡着它的路。对它来说,运动是完全不可理解的,因为运动是矛盾。而这个知性既然断言运动是不可理解的,它本身就违反自身的意志而承认了这种矛盾的存在,因而就是承认:有一种客观地存在于事物和过程本身中的矛盾，而且这是一种实际的力量。

既然简单的机械的位移本身已经包含着矛盾，那么物质的更高级的运动形式，特别是有机生命及其发展，就更加包含着矛盾。我们在上面已经看到[46]，生命首先正是在于：生物在每一瞬间是它自身，同时又是别的东西。所以，生命也是存在于物体和过程本身中的不断地自行产生并自行解决的矛盾；矛盾一停止，生命也就停止，死亡就到来。同样，我们已经看到[47]，在思维的领域中我们也不能避免矛盾，例如，人的内部无限的认识能力和这种认识能力仅仅在外部受限制的而且认识上也受限制的各个人身上的实际存在这二者之间的矛盾，是在至少对我们来说实际上是无穷无尽的、连绵不断的世代中解决的，是在无穷无尽的前进运动中解决的。

我们已经提到，高等数学的主要基础之一是这样一个矛盾：在一定条件下直线和曲线应当是一回事。高等数学还有另一个矛盾：在我们眼前相交的线，只要离开交点五六厘米，就应当认为是平行的、即使无限延长也不会相交的线。可是，高等数学利用这些和其他一些更加尖锐的矛盾获得了不仅是正确的、而且是初等数学所完全不能达到的成果。

但是连初等数学也充满着矛盾。例如，A 的根应当是 A 的幂，这就是矛盾，可是毕竟 $A^{\frac{1}{2}}=\sqrt{A}$。负数应当是某数的平方，这也是矛盾，因为任何一个负数自乘得出的是正的平方。因此，-1 的平方根不仅是矛盾，而且甚至是荒谬的矛盾，是真正的背理。可是$\sqrt{-1}$在许多情况下毕竟是正确的数学运算的必然结果；不仅如此，如果不准用$\sqrt{-1}$来运算，那么数学，无论是初等数学或高等数学，将怎么办呢？

数学本身由于研究变数而进入辩证法的领域，而且颇能说明问题的是，正是辩证哲学家笛卡儿使数学有了这种进步。辩证思维对形而上学思维的关系，和变数数学对常数数学的关系是一样的。这丝毫不妨碍大多数数学家只在数学领域中承认辩证法，也不妨碍他们中相当多的人完全按照旧的、有局限性的形而上学方式去进一步运用通过辩证道路所得到的方法。

要对杜林先生的力的对抗和他的对抗的世界模式论作比较详细的分析，只有当他在这个问题上不是只对我们说**空话**，而是提供点别的东西的时候才有可能。可是他在说了一阵空话之后，无论在世界模式论中，或是在自然哲学中,一次也没有向我们表明这种对抗是在起作用的,这就再好没有地供认了:杜林先生根本不能用这种“世界及其生物的存在中的一切活动的基本形式”得出任何肯定的东西来。既然黑格尔的“本质论”事实上已被降低为关于按照相反方向运动而不是在矛盾中运动的力的陈词滥调,那么确实最好是避免对这套老生常谈作任何运用。

马克思的《资本论》使杜林先生发泄他的反辩证法的怒气有了新的口实。

“缺乏自然的和可以理解的逻辑,这正是辩证法的一团混乱及其观念的混乱的阿拉伯式花纹的特色……　对于已经存在的那一部分不得不应用这样一个原则:就某方面说,甚至一般地说〈!〉,按照人所共知的哲学偏见,一切可以在每一个东西中寻找,而每一个东西可以在一切中寻找;按照这个混乱而错误的观念,归根到底一切都是一个东西。”

杜林先生的这种对人所共知的哲学偏见的理解,还使他能够满有把握地预言马克思的经济学哲理的“结局”是什么,也就是预言《资本论》往后几卷的内容是什么,这是在他作了下述声明之后正好过了七行讲的,这个声明是:

“可是,在〈往后的〉两卷[48]中,像常人那样地直截了当地说,究竟还应当包含些什么,实在是看不透。”

不过,杜林先生的著作在我们面前表明它们属于具有“客观地存在着,而且可以说是见诸形体的矛盾”的“事物”,这已经不是第一次了。可是这丝毫不妨碍他得意扬扬地继续说下去:

“但是健康的逻辑可望战胜它的讽刺画……　妄自尊大和辩证法的神秘杂货摊决不能诱惑任何一个还稍微有点正常判断力的人去和这种不成体统的思想和文体……打交道。随着辩证法蠢见的最后残余的消失,这种欺骗手段……也将丧失其迷惑人的影响,谁也不再认为必须自寻烦恼,而到混乱事物的清洗过的核心已暴露出即使不是老生常谈,至多也只是平庸理论的特点的地方,去探索某种深奥的智慧……　不侮辱健康的逻辑,就完全没有可能根据逻各斯学说的准则复制〈马克思的〉一团混乱。”马克思的方法在于“为自己的信徒创造辩证法的奇迹”,如此等等。

在这里我们涉及的还根本不是马克思的研究中的经济学成果是正确或不正确的问题,而只是马克思所运用的辩证方法。但是肯定无疑的是:《资本论》的大多数读者只是现在靠了杜林先生才知道他们究竟读了些什么。在这些读者当中也有杜林先生自己,他在1867年(《补充材料》第3卷第3期)还能够对该书内容作出对他那类思想家来说算是比较合理的介绍[49]，还不急需一开头就把马克思的论述翻译成杜林的东西，而现在他声明非这样做不可了。虽然那时他已经犯了错误，把马克思的辩证法和黑格尔的辩证法等同起来，但是他毕竟还没有完全丧失把方法和通过方法所获得的成果区别开来的能力，还能理解：笼统地诋毁方法并不等于把成果一一驳倒。

无论如何，最令人吃惊的是杜林先生宣布：从马克思的观点看来，"归根到底一切都是一个东西"；所以，对马克思来说，例如资本家和雇佣工人，封建主义的、资本主义的和社会主义的生产方式，"都是一个东西"，而最后连马克思和杜林先生也"都是一个东西"。要说明怎么能做出这样简单的蠢事，只能设想：仅仅"辩证法"这个字眼就已经使杜林先生陷入一种神经错乱而无能负责的状态，以致对他来说，由于某种混乱的和错误的观念，无论他说的和做的是什么，归根到底"都是一个东西"。

在这里我们看到了杜林先生称之为

"**我的**具有伟大风格的历史记述"或者也称为"总括方法"的样品，"这一总括方法考虑到类和型，并且决不会硬去通过细枝末节的揭露来礼遇被一个叫作休谟的人称为学界小人的那类货色；只有这种具有崇高而尊贵的风格的方法，才和完全真理的利益相容，才和在摆脱了行会的公众面前所承担的义务相容"。

这种具有伟大风格的历史记述和这种考虑到类和型的总括方法，对杜林先生实在是很方便的，因为这样一来他可以把一切确定的事实当作细枝末节忽略过去，使它们等于零，并且可以不去证明什么而只凭泛泛的空话来作出论断和简单地加以斥责。此外，这种历史记述还有一个优点，这就是它不给对方以任何实际的立足点，因而使对方几乎无法作出任何别的可能的回答，而只能同样以伟大风格和总括方法来进行论断，大讲其泛泛的空话，并且最后也把杜林先生斥责一通，一句话，正如人们所说的，一报还一报，可是这不是合乎每个人的口味的。我们应当感谢杜林先生，因为他破例地丢掉崇高而尊贵的风格，给我们至少举出两个有关马克思的不可饶恕的逻各斯学说的例子。

"例如，由于引证了黑格尔关于量转变为质这个混乱的模糊观念，所以预付达到一定界限时就会单单由于这种量的增加而成为资本，——这显得多么滑稽！"

这一论断在这种经杜林先生“清洗过的”叙述中确实显得相当离奇。因此,让我们来看看马克思的原文是怎么说的。在第 313 页上(《资本论》第 2 版),马克思从前面关于不变资本和可变资本以及关于剩余价值的研究中得出结论:“不是任何一个货币额或价值额都可以转化为资本,相反地,这种转化的前提是货币所有者或商品所有者手中有一定的最低限额的货币或交换价值。”[50]他举例说,假定在某个劳动部门里,工人为自己,就是说为生产自己的工资的价值,每天工作 8 小时,而其余的 4 小时则为资本家,为生产直接流入资本家腰包的剩余价值而劳动。这样,一个人要使每天装入腰包的剩余价值足以使他自己像他的一个工人那样生活,他就必须拥有使他能够供给两个工人以原料、劳动资料和工资的那种价值额。而因为资本主义生产的目的不是单纯维持生活,而是增殖财富,所以我们那位有两个工人的人始终还不是资本家。因此,他要使自己的生活仅仅比普通工人好一倍,并把所生产的剩余价值的一半再转化为资本,他就必须有雇用 8 个工人的能力,就是说,拥有 4 倍于上述价值额的价值额。只是在作了这些说明以后,马克思才指出:“在这里,也像在自然科学上一样,**证明了**黑格尔在他的《逻辑学》中所发现的下列规律的正确性,即单纯的量的变化到一定点时就会转化为质的差别。”[51]而且还进一步阐明和论证了下述事实:不是任何一个微小的价值额都足以转化为资本,而是每一发展时期和每一工业部门为实现这一转化都有自己的一定的最低限额。

现在让大家来赞叹崇高而尊贵的风格吧,杜林先生就是靠这一风格把那种同马克思实际所说的相反的话强加给马克思的。马克思说:只有当价值额达到虽然因条件不同而有所不同但在每一个别场合都是一定的最低限量时,它才能转化为资本——这一事实是黑格尔规律的**正确性的证明**。杜林先生却硬要马克思这样说:**因为**根据黑格尔的规律,量转变为质,“**所以**预付达到一定的界限时就……成为资本”。可见这正好说反了。

为了“完全真理的利益”和出于“在摆脱了行会的公众面前所承担的义务”而作错误引证的习惯,我们已经在杜林先生对达尔文学说的评论中领教过了。这种习惯越来越表明它是现实哲学的内在必然性,而且的确是非常“总括的方法”。更不用说的是:杜林先生进一步硬说马克思讲的是任何一种“预付”,其实这里指的仅仅是用在原料、劳动资料和工资上面的预付;而杜林先生就这样硬让马克思说纯粹的胡话。然后他再厚着脸皮把他自己编造的胡话叫作**滑稽**！他制造了虚幻的达尔文，以便在后者身上证实自己的力量，在这里，他同样地制造了虚幻的马克思。真是"具有伟大风格的历史记述"！

在上面说到世界模式论时，我们已经看到[52]，由于黑格尔的度量关系的关节线——在这里，在量变的一定点上骤然发生质变，——杜林先生遭到了小小的不幸：他在意志薄弱的时刻自己承认而且运用了度量关系的关节线。我们在那里举出了一个极著名的例子——水的聚集状态变化的例子。水在标准气压下，在 0°C 时从液态转变为固态，在 100°C 时从液态转变为气态，可见，在这两个转折点上，仅仅是温度的单纯的量变就可以引起水的状态的质变。

我们还可以从自然界和人类社会中举出几百个这样的事实来证明这一规律。例如，马克思《资本论》的整个第四篇——《相对剩余价值的生产》，就在协作，分工和工场手工业，机器和大工业的领域内，谈到无数关于量变改变事物的质和质变同样也改变事物的量的情况，因此，这些情况，用杜林先生非常痛恨的字眼来说，就是量转化为质，质转化为量。例如谈到了这样的事实：许多人协作，许多力量结合为一个总的力量，用马克思的话来说，就造成"新的力量"，这种力量和它的一个个力量的总和有本质的差别。[53]

此外，马克思还在杜林先生为了完全真理的利益而正好弄颠倒了的那个地方作了如下的注释："现代化学上应用的、最早由洛朗和热拉尔科学地阐明的分子论，正是以这个规律作基础的。"[54]可是这和杜林先生有什么关系呢？他反正知道：

> "正是在半科学和少许贫乏哲理竟成了扮成博学样子所必不可少的可怜工具的地方，例如在马克思先生和他的对手拉萨尔那里，恰好缺乏自然科学思维方式的极其现代的教育因素"，

而在杜林先生那里，是以"力学、物理学和化学的精密知识的主要原理"等等为基础的。这究竟怎样，我们已经见识过了。但是为了使其他人也能作出判断，我们想更详细地考察一下马克思在注释中所举的例子。

这里所说的是碳化物的同系列，其中很多已为大家所知道，它们每一个都有自己的代数组成式。如果我们按化学上的通例，用 C 表示碳原子，用 H

表示氢原子,用 O 表示氧原子,用 n 表示每一个化合物中所包含的碳原子的数目,那么我们就可以把这些系列中某几个系列的分子式表示如下:

C_nH_{2n+2} ——正烷属烃系列
$C_nH_{2n}+_2O$——伯醇系列
$C_nH_{2n}O_2$ ——一元脂肪酸系列

如果我们以最后一个系列为例,并依次假定 n=1,n=2,n=3 等等,那么我们就得到下述的结果(除去同分异构体):

CH_2O_2 ——甲酸——沸点 100° 熔点 1°
$C_2H_4O_2$—— 乙酸——沸点 118° 熔点 17°
$C_3H_6O_2$—— 丙酸——沸点 140° 熔点 —
$C_4H_8O_2$—— 丁酸——沸点 162° 熔点 —
$C_5H_{10}O_2$——戊酸——沸点 175° 熔点 —

等等,一直到 $C_{30}H_{60}O_2$ 三十烷酸,它到 80°才熔解,而且根本没有沸点,因为它要是不分解,就根本不能气化。

因此,这里我们看到了由于元素的单纯的数量增加——而且总是按同一比例——而形成的一系列在质上不同的物体。这种情况在化合物的一切元素都按同一比例改变它们的量的地方表现得最为纯粹,例如在正烷属烃 C_nH_{2n+2} 中:最低的是甲烷 CH_4,是气体;已知的最高的是十六烷,$C_{16}H_{34}$,是一种形成无色结晶的固体,在 21°熔融,在 278°才沸腾。在两个系列中,每一个新的项都是由于把 CH_2,即一个碳原子和两个氢原子,加进前一项的分子式而形成的,分子式的这种量的变化,每一次都引起一个质上不同的物体的形成。

但是,这几个系列仅仅是特别明显的例子;在化学中,差不多在任何地方,例如在氮的各种氧化物中,在磷或硫的各种含氧酸中,都可以看到"量转变为质",看到黑格尔的这个所谓混乱的模糊观念在事物和过程中可以说是见诸形体的,而在这里,除了杜林先生,谁也不会感到混乱和模糊。既然是马克思第一个促使人们注意到这一点,既然杜林先生读了这个提示,甚至还不知道是什么意思(否则,他肯定不会这样不加惩罚地放过这种空前未闻的罪行),那么这就足以使人们甚至不用回顾赫赫有名的杜林的自然哲学便完全弄清楚:究竟是谁缺乏“自然科学思维方式的极其现代的教育因素”,是马克思还是杜林先生,是谁不知道“化学的……主要成就”。

在结束时,我们还想为量转变为质找一个证人,这就是拿破仑。拿破仑描写过骑术不精但有纪律的法国骑兵和当时无疑地最善于单兵格斗但没有纪律的骑兵——马木留克兵之间的战斗,他写道:

“2 个马木留克兵绝对能打赢 3 个法国兵;100 个法国兵与 100 个马木留克兵势均力敌;300 个法国兵大都能战胜 300 个马木留克兵,而 1 000 个法国兵则总能打败 1 500 个马木留克兵。”[55]

正如马克思所说的,要使交换价值额能转化为资本,就必须有虽然是可变化的、然而是一定的最低限度的交换价值额,同样,在拿破仑看来,要使整体队形和有计划行动中所包含的纪律的力量显示出来,而且要使这种力量甚至胜过马匹较好、骑术和刀法较精、至少同样勇敢而人数较多的非正规骑兵,就必须有一定的最低限度的骑兵的数量。但是这能向杜林先生证明什么呢?拿破仑在同欧洲的斗争中没有惨败过吗?他没有遭到一个接一个的失败吗?为什么?仅仅是因为他把黑格尔的混乱的模糊观念运用于骑兵战术之中!

十三 辩证法。否定的否定

“这一历史概述〈英国资本的所谓原始积累的产生过程〉,在马克思的书中比较起来还算是最好的,如果它不但抛掉博学的拐杖,而且也抛掉辩证法的拐杖,那或许还要好些。由于缺乏较好的和较明白的方法,黑格尔的否定的否定不得不在这里执行助产婆的职能,靠它的帮助,未来便从过去的腹中产生出来。从 16 世纪以来通过上述方法实现的个人所有制的消灭,是第一个否定。随之而来的是第二个否定,它被称为否定的否定,因而被称为‘个人所有制’的恢复,但这已经是以土地和劳动资料的公有为基础的高级形式了。既然这种新的‘个人所有制’在马克思先生那里同时也称为‘社会所有制’,那么这里正表现出黑格尔的更高的统一,在这种统一中,矛盾被扬弃,就是说按照这种文字游戏,矛盾既被克服又被保存…… 这样,剥夺剥夺者,便是历史现实在其外部物质条件中的仿佛自动的产物…… 未必有一个深思熟虑的人,会凭着否定的否定这一类黑格尔蠢话的信誉而确信土地和资本公有的必然性…… 其实,马克思观念的混混沌沌的杂种,并不使这样的人感到惊奇,他知道什么东西能够同黑格尔辩证法这个科学基础合拍,或者不如说一定会出现无稽之谈。对于不熟悉这些把戏的人,应该明确指出,在黑格尔那里,第一个否定是教义问答中的原罪概念,而第二个否定则是引向赎罪的更高统一的概念。

这种从宗教领域中抄袭来的荒唐类比,当然不能成为事实的逻辑的根据……　马克思先生安于他那既是个人的又是社会的所有制的混沌世界,却让他的信徒们自己去解这个深奥的辩证法之谜。”

杜林先生就是这样说的。

总之,马克思不依靠黑格尔的否定的否定,就无法证明社会革命的必然性,证明建立土地公有制和劳动所创造的生产资料的公有制的必然性;他在根据从宗教中抄袭来的这种荒唐类比创造自己的社会主义理论时,得出这样的结论:在未来的社会里,一种既是个人的又是社会的所有制,即黑格尔的被扬弃的矛盾的更高的统一,将占统治地位。

我们先把否定的否定撇在一边,来看看“既是个人的又是社会的所有制”。杜林先生把这叫作“混沌世界”,而且他在这里令人惊奇地确实说对了。但是很遗憾,处于这个“混沌世界”之中的不是马克思,而又是杜林先生自己。他在上面由于精通黑格尔的“胡思乱想”的方法而能够毫不费力地确定尚未完成的几卷《资本论》中一定包含些什么,同样地,在这里他也可以不大费力地按照黑格尔来纠正马克思,把马克思只字未提的什么所有制的更高的统一硬加给马克思。

马克思是说:“这是否定的否定。这种否定重新建立个人所有制,然而是在资本主义时代的成就的基础上,在自由劳动者的协作的基础上和他们对土地及靠劳动本身生产的生产资料的公有制上来重新建立。以自己劳动为基础的分散的个人私有制转变为资本主义私有制,同事实上已经以社会生产为基础的资本主义私有制转变为社会所有制比较起来,自然是一个长久得多、艰苦得多、困难得多的过程。”[56]这就是一切。可见,靠剥夺剥夺者而建立起来的状态,被称为以土地和靠劳动本身生产的生产资料的社会所有制**为基础**的个人所有制的恢复。对任何一个懂德语的人来说,这也就是说,社会所有制涉及土地和其他生产资料,个人所有制涉及产品,那就是涉及消费品。为了使甚至6岁的儿童也能明白这一点,马克思在第56页设想了一个“自由人联合体,他们用公共的生产资料进行劳动,并且自觉地把他们许多个人劳动力当作一个社会劳动力来使用”,也就是设想了一个按社会主义原则组织起来的联合体,并且说:“这个联合体的总产品是一个社会产品。这个产品的一部分重新用作生产资料。**这一部分依旧是社会的**。而另一部分则作为生活资料由联合体成员消费。**因此，这一部分要在他们之间进行分配。**”[57]这些话甚至对杜林先生的黑格尔化的头脑来说，也是足够清楚的了。

既是个人的又是社会的所有制，这个混乱的杂种，这种在黑格尔辩证法中一定会出现的无稽之谈，这个混沌世界，这个马克思让他的信徒们自己去解的深奥的辩证法之谜——这又是杜林先生的自由创造和臆想。据称是黑格尔主义者的马克思，有责任提出一个真正的更高的统一作为否定的否定的结果，可是由于他做得不合杜林先生的口味，所以杜林先生只得又表现出崇高而尊贵的风格，并且为了完全真理的利益而把他一手炮制的东西硬加给马克思。一个完全不能正确引证，连一次例外都没有的人，自然要对别人的“中国人式的博学”表示义愤，这些人总是毫无例外地正确引证的，但是正是以此来“拙劣地掩盖自己对于每次所引证的作者的全部思想的缺乏理解”。杜林先生是对的。具有伟大风格的历史记述万岁！

到目前为止，我们的出发点总是这样的假定：杜林先生的顽固的错误引证，至少是出自好意，而且，或者是基于他自己的理解上的完全无能，或者是基于具有伟大风格的历史记述所特有的、通常称作草率马虎的只凭记忆来引证的习惯。可是好像我们在这里已经达到在杜林先生那里量也转变为质的那一点。如果我们考虑到：第一，马克思书中的这个地方本身就十分清楚，而且同一书中还有其他决不可能引起任何误解的地方加以补充；第二，不论在上面所引的登载于《补充材料》的对《资本论》的批判中，还是在《批判史》第一版所载的对该书的批判中，杜林先生都没有发现“既是个人的又是社会的所有制”这样一个怪物，而只是在这本书的第二版中，就是说在**三**读《资本论》的时候才发现的；在这个按照社会主义精神修订的第二版中，杜林先生才急需让马克思就未来社会组织发表尽可能荒唐的荒唐意见，以便能够与之相对立，更加得意地提出“**我**在我的《教程》中从经济上和法律上加以概述的经济公社”（他也是这样做的）——如果我们考虑到这一切，那么就不得不得出一个结论：杜林先生在这里使我们几乎不得不假定，他在这里是故意“有益地扩展”——对杜林先生有益地——马克思的思想的。

那么，否定的否定在马克思那里究竟起了什么作用呢？在第791页和以后几页上，马克思概述了前50页中所作的关于资本的所谓原始积累的经济研究和历史研究的最后结果[58]。在资本主义时代之前，至少在英国，存在过以劳动者自己的生产资料的私有制为基础的小生产。资本的所谓原始积累,在这里就是剥夺这些直接生产者,即消灭以自己劳动为基础的私有制。这种消灭之所以成为可能,是因为上述的小生产只能同生产和社会的狭隘的、自然产生的界限相容,因而它发展到一定程度就造成消灭它自己的物质手段。这种消灭,这种从个人的分散的生产资料到社会地集中的生产资料的转化,就构成资本的前史。劳动者一旦转化为无产者,他们的劳动条件一旦转化为资本,资本主义生产方式一旦站稳脚跟,劳动的进一步社会化,土地和其他生产资料的进一步转化,从而对私有者的进一步的剥夺,都要采取新的形式。“现在要剥夺的已经不再是独立经营的劳动者,而是剥削许多工人的资本家了。这种剥夺是通过资本主义生产本身的内在规律的作用,即通过资本的集中进行的。一个资本家打倒许多资本家。随着这种集中或少数资本家对多数资本家的剥夺,规模不断扩大的劳动过程的协作形式日益发展,科学日益被自觉地应用于工艺方面,土地日益被有计划地共同利用,劳动资料日益转化为只能共同使用的劳动资料,一切生产资料因作为结合的社会劳动的共同生产资料使用而日益节省。随着那些掠夺和垄断这一转化过程的全部利益的资本巨头不断减少,贫困、压迫、奴役、退化和剥削的程度不断加深,而日益壮大的、由资本主义生产过程本身的机制所训练、联合和组织起来的工人阶级的反抗也在增长。资本的垄断成了与这种垄断一起并在这种垄断之下繁盛起来的生产方式的桎梏。生产资料的集中和劳动的社会化,达到了同它们的资本主义外壳不能相容的地步。这个外壳就要炸毁了。资本主义私有制的丧钟就要响了。剥夺者就要被剥夺了。”[59]

现在我请问读者:辩证法的一团混乱及其观念的混乱的阿拉伯式花纹在哪里呢?这种归根到底把一切都说成是一个东西的混乱而错误的观念在哪里呢?为信徒创造的辩证法的奇迹在哪里呢?辩证法的神秘杂货摊和根据黑格尔逻各斯学说的准则复制的一团混乱——据杜林先生说,没有这些东西,马克思就不能自圆其说——在哪里呢?马克思只是历史地证明并在这里简略地概述:正像以往小生产由于自身的发展而必然造成消灭自身,即剥夺小私有者的条件一样,现在资本主义生产方式也自己造成使自己必然走向灭亡的物质条件。这是一个历史的过程,如果它同时又是辩证的过程,那么这不是马克思的罪过,尽管这对杜林先生说来可能是非常讨厌的。

马克思只是在作了自己的历史的和经济的证明之后才继续说:“资本主义的生产方式和占有方式,从而资本主义的私有制,是对个人的、以自己劳动为基础的私有制的第一个否定。对资本主义生产的否定,是它自己由于自然过程的必然性而造成的。这是否定的否定”等等(如上面引证过的)[60]。

因此,当马克思把这一过程称为否定的否定时,他并没有想到要以此来证明这一过程是历史地必然的。相反地,他在历史地证明了这一过程部分地实际上已经实现,部分地还一定会实现以后,才又指出,这是一个按一定的辩证规律完成的过程。这就是一切。由此可见,如果说杜林先生断定,否定的否定不得不在这里执行助产婆的职能,靠它的帮助,未来便从过去的腹中产生出来,或者他断定,马克思要求人们凭着否定的否定的信誉来确信土地和资本的公有(这种公有本身是杜林所说的“见诸形体的矛盾”)的必然性,那么这些论断又都是杜林先生的纯粹的捏造。

正如人们可以把形式逻辑或初等数学狭隘地理解为单纯证明的工具一样,杜林先生把辩证法也看成这样的工具,这是对辩证法的本性根本不了解。甚至形式逻辑也首先是探寻新结果的方法,由已知进到未知的方法;辩证法也是这样,只不过是更高超得多罢了;而且,因为辩证法突破了形式逻辑的狭隘界限,所以它包含着更广的世界观的萌芽。在数学中也存在着同样的关系。初等数学,即常数数学,是在形式逻辑的范围内运作的,至少总的说来是这样;而变数数学——其中最重要的部分是微积分——本质上不外是辩证法在数学方面的运用。在这里,单纯的证明同这一方法在新的研究领域中多方面的运用相比较,显然退居次要地位。但是高等数学中的几乎所有的证明,从微分学的最初的一些证明起,从初等数学的观点看来严格地说都是错误的。如果像在这里的情形一样,人们要用形式逻辑去证明辩证法领域中所获得的结果,那么情况也不可能是另一个样子。对于一个像杜林先生这样愚蠢的形而上学者说来,企图仅仅用辩证法向他证明什么东西,那就正像莱布尼茨和他的学生向当时的数学家证明微积分定理一样,是白费气力的。微分在这些数学家当中引起的慌乱,正像否定的否定在杜林先生那里引起的慌乱一样,此外,在否定的否定中,我们将会看到,微分也起一定的作用。这些先生们,凡是当时还没有死去的,最后都嘟嘟哝哝地让步了,这并不是因为他们已经被说服,而是因为它所得到的结果总是正确的。杜林先生,如他自己所说的,现在才四十多岁,如果他长寿——我们祝他长寿,那么他也会有同样的经历。

这个可怕的否定的否定使得杜林先生的生活充满烦恼,在杜林先生看来,它就像基督教中的亵渎圣灵罪一样,起着不可饶恕的犯罪的作用。可是它究竟是什么东西呢?这是一个非常简单的、每日每地都在发生的过程,一旦清除了旧唯心主义哲学盖在它上面而且由杜林先生一类无可救药的形而上学者为了自身的利益继续盖在它上面的神秘的破烂,它是任何一个小孩都能够理解的。我们以大麦粒为例。亿万颗大麦粒被磨碎、煮熟、酿制,然后被消费。但是,如果一颗大麦粒得到它所需要的正常的条件,落到适宜的土壤里,那么它在温度和湿度的影响下就发生特有的变化:发芽;而麦粒本身就消失了,被**否定**了,代替它的是从它生长起来的植物,即麦粒的否定。而这种植物的生命的正常进程是怎样的呢?它生长,开花,结实,最后又产生大麦粒,大麦粒一成熟,植株就渐渐死去,它本身被否定了。作为这一否定的否定的结果,我们又有了原来的大麦粒,但是不是一粒,而是加了10倍、20倍或30倍。谷类的种变化得极其缓慢,所以今天的大麦差不多和100年以前的一样。如果我们以一种可培育的观赏植物为例,如大丽花或兰花,我们只要按照园艺家的技艺去处理种子和从种子长出的植物,那么我们得到的这个否定的否定的结果,不仅是更多的种子,而且是品质改良了的、能开出更美丽的花朵的种子,这个过程的每一次重复,每一次新的否定的否定都向前推进这种完善化。——像大麦粒的情形一样,这种过程也在大多数昆虫中,例如在蝴蝶中发生。蝴蝶通过卵的否定从卵中产生出来,经过各种变化而达到性的成熟,交尾并且又被否定,就是说,一旦繁殖过程完成而且雌蝴蝶产了很多卵,它们就死亡了。至于其他植物和动物,这个过程的完成并不是这样简单,它们在死亡以前,不只是一次而是多次地结子、产卵或生育后代,但是在这里,这对我们来说是无关紧要的;在这里,我们只是要说明,否定的否定**真实地发生**于有机界的两大界中。——其次,全部地质学是一个被否定了的否定的系列,是旧岩层不断逐层毁坏和新岩层不断形成的系列。起初,由于液态物质冷却而产生的原始地壳,经过海洋、气象和大气化学的作用而碎裂,这些碎块一层层地沉积在海底。海底的局部隆出海面,又使这种最初的地层的一部分再次经受雨水、四季变化的温度、大气中的氧和碳酸的作用;从地心爆发出来的、然后再冷却的熔岩也经受同样的作用。这样,在几万万年间,新的地层不断地形成,而大部分又重新毁坏,又变为构成新地层的材料。但是结果是十分积极的:造成了由各种各样的化学元素混合而成的、通过力学作用变成粉末状的土壤,这就使得极其丰富的和各式各样的植物可能生长起来。

在数学上也是一样。我们试取任何一个代数值,例如 a,如果我们否定它,我们就得到$-a$(负 a),如果我们否定这一否定,以$-a$乘$-a$,那么我们就得到$+a^2$,就是说,得出了原来的正值,但是已经处在更高的阶段,即二次幂的阶段。至于我们可以通过正 a 自乘得出 a^2 的办法来得到同样的 a^2,在这里是无关紧要的。因为这种被否定了的否定如此牢固地存在于 a^2 中,使得 a^2 在任何情况下都有两个平方根,即$+a$ 和$-a$。要摆脱被否定了的否定,摆脱平方中所包含的负根,是不可能的,这种情况,在二次方程式中已经具有极其明显的意义。——在高等分析中,即在杜林先生自己称为数学的最高运算而在普通人的语言中称为微积分的“求无限小之和的运算”中,否定的否定表现得更加明显。这些计算方式是怎样实现的呢?例如,我在某一课题中有两个变数 x 和 y,两者之中有一个变化,另一个也按照条件所规定的关系同时变化。我把 x 和 y 加以微分,就是说,我把 x 和 y 当作无限小,使得它们同任何一个无论多么小的实数比起来都趋于消失,使得 x 和 y 除了它们那种没有任何所谓物质基础的相互关系,即除了没有任何数量的数量关系,就什么也没有剩下。所以$\frac{dy}{dx}$,即 x 和 y 的两个微分之间的关系$=\frac{0}{0}$,可是这$\frac{0}{0}$是$\frac{y}{x}$的表现。我只附带指出,两个已经消失的数的这种关系,它们消失的被确定下来的一瞬间,本身就是一种矛盾;但是这种矛盾不可能妨碍我们,正像差不多200年来它根本没有妨碍过数学一样。那么除了否定 x 和 y 之外我不是什么也没有做吗?但是,我不是像形而上学者否定它们那样来否定它们,即不再顾及它们,而是根据同条件相符合的方式否定它们。这样,我在我面前的公式或方程式中得到的不是 x 和 y,而是 x 和 y 的否定,即 dx 和 dy。现在我继续运算这些公式,把 dx 和 dy 当作实数——虽然是服从某些特殊规律的数,并且在某一点上**我否定了否定**,就是说,我把微分式加以积分,于是又重新得到实数 x 和 y 来代替 dx 和 dy,这样,我并不是又回到出发点,而是由此解决了普通的几何学和代数学也许碰得头破血流也无法解决的课题。

历史方面的情形也没有两样。一切文明民族都是从土地公有制开始的。在已经经历了某一原始阶段的一切民族那里，这种公有制在农业的发展进程中变成生产的桎梏。它被废除，被否定，经过了或短或长的中间阶段之后转变为私有制。但是在土地私有制本身所导致的较高的农业发展阶段上，私有制又反过来成为生产的桎梏——目前无论小地产或大地产方面的情况都是这样。因此就必然地产生出把私有制同样地加以否定并把它重新变为公有制的要求。但是，这一要求并不是要恢复原始的公有制，而是要建立高级得多、发达得多的共同占有形式，后者远不会成为生产的障碍，相反地它才将使生产摆脱桎梏，并且将使现代化学上的发现和机械上的发明在生产中得到充分的利用。

或者再举一个例子。古希腊罗马的哲学是原始的自发的唯物主义。作为这样的唯物主义，它没有能力弄清思维对物质的关系。但是，弄清这个问题的必要性，引出了关于可以和肉体分开的灵魂的学说，然后引出了灵魂不死的论断，最后引出了一神教。这样，旧唯物主义就被唯心主义否定了。但是在哲学的进一步发展中，唯心主义也站不住脚了，它被现代唯物主义所否定。现代唯物主义，否定的否定，不是单纯地恢复旧唯物主义，而是把两千年来哲学和自然科学发展的全部思想内容以及这两千年的历史本身的全部思想内容加到旧唯物主义的永久性基础上。这已经根本不再是哲学，而只是世界观，它不应当在某种特殊的科学的科学中，而应当在各种现实的科学中得到证实和表现出来。因此，哲学在这里被“扬弃”了，就是说，“既被克服又被保存”；按其形式来说是被克服了，按其现实的内容来说是被保存了。因此，在杜林先生只看到“文字游戏”的地方，只要比较仔细地观察一下，就会发现某种现实的内容。

最后，甚至卢梭的平等说(杜林的平等说只是它的贫乏的和歪曲的复写)没有黑格尔式的否定的否定来执行助产婆的职能，也不能建立起来——而这还是黑格尔诞生前几乎20年的事[61]。卢梭的学说远没有因此而觉得可耻，它在自己的最初的阐述中，几乎是堂而皇之地把自己的辩证起源的印记展示出来。人在自然和野蛮的状态中是平等的；由于卢梭已经把语言看作自然状态的歪曲，所以他完全有理由把同一物种范围所及的兽类的平等也加到这些兽人的身上，近来海克尔在分类中把这种兽人假定为Alali——没有语言的原始人[62]。但是这些彼此平等的兽人有一种比其他兽类优越的特性，这就是趋于完善化的能力，即往前发展的能力；而这种能力就成了不平等的原因。因此，卢梭把不平等的产生看作一种进步。但是这种进步是对抗性的，它同时又是一种退步。

"以后的〈越过原始状态的〉一切进步同样表面上是走向**个人完善化**，而实际上是走向**类的没落**…… 金属加工和农业是两种技艺，它们的发明引起了这一巨大革命〈变原始森林为耕地，但是由于财产的出现也引起了贫困和奴役〉。使**人**文明起来并使人**类**没落下去的东西，在诗人看来是金和银，在哲学家看来是铁和谷物。"[63]

文明每前进一步，不平等也同时前进一步。随着文明而产生的社会为自己所建立的一切机构，都转变为它们原来的目的的反面。

"人民拥立国君是为了保护自己的自由，而不是为了毁灭自由，这是无可争辩的事实，而且是全部公法的基本原则。"

但是这些国君必然成为人民的压迫者，而且他们把压迫加重到这样的地步，使得登峰造极的不平等又重新转变为自己的反面，成为平等的原因：在暴君面前人人平等，就是说大家都等于零。

"这里是不平等的极限，是**封闭一个圆圈的终点，它和我们的出发点相遇**[64]：在这里一切个人都是平等的，因为他们恰恰什么都不是，臣民除了君主的意志以外再没有别的法律。"但是暴君只有当他拥有暴力的时候才是君主，因此当人们"驱逐他的时候，他不能抱怨暴力…… 暴力曾支持过他，现在暴力又推翻他；一切都按照自己的正常的自然进程前进"。

这样，不平等又重新转变为平等，但不是转变为没有语言的原始人的旧的自发的平等，而是转变为更高级的社会契约的平等。压迫者被压迫。这是否定的否定。

因此，我们在卢梭那里不仅已经可以看到那种和马克思《资本论》中所遵循的完全相同的思想进程，而且还在他的详细叙述中可以看到和马克思所使用的完全相同的整整一系列辩证的说法：按本性说是对抗的、包含着矛盾的过程，一个极端向它的反面的转化，最后，作为整个过程的核心的否定的否定。因此，如果说在 1754 年卢梭还不能说黑格尔行话，那么，无论如何他在黑格尔诞生前 16 年就已经深深地被黑格尔瘟疫、矛盾辩证法、逻各斯学说、神学逻辑等等所侵蚀。当杜林先生为了把卢梭的平等论肤浅化而摆弄他的两个常胜的男人的时候，他已经落在一个斜坡上，无可挽救地滑进否定的否定的怀抱。那种盛行两个男人的平等并且被描绘成理想状态的状态，在《哲学教程》第 271 页上被称为“原始状态”。根据第 279 页，这种原始状态必然为“掠夺制度”所消灭——这是第一个否定。但是，多亏现实哲学，我们现在才进到这样一步：我们废除掠夺制度，而代之以杜林先生发明的、以平等为基础的经济公社——这是否定的否定，更高阶段的平等。杜林先生亲身犯下否定的否定的滔天罪行，这确是一个有趣的、有益地扩展眼界的场面！

那么，否定的否定究竟是什么呢？它是自然、历史和思维的一个极其普遍的、因而极其广泛地起作用的、重要的发展规律；这一规律，正如我们已经看到的，在动物界和植物界中，在地质学、数学、历史和哲学中起着作用；就是杜林先生自己，虽然他百般反对和抗拒，也总是不知不觉地按照自己的方式遵循着这一规律。不言而喻，例如，关于大麦粒从发芽起到结了实的植株逐渐死亡的**特殊**发展过程，如果我说这是否定的否定，那么我什么也没有说。因为积分也是否定的否定，所以，我如果作出这种对立的论断，那只会肯定这样一个谬论：大麦植株的生活过程就是积分，或者，我也可以说这就是社会主义。但是，这正是形而上学者经常归咎于辩证法的东西。当我谈到所有这些过程，说它们是否定的否定的时候，我是用这唯一的运动规律来概括所有这些过程，正因为如此，我没有去注意每一个个别的特殊过程的特点。而辩证法不过是关于自然、人类社会和思维的运动和发展的普遍规律的科学。

但是，现在有人会提出反驳，说这里所实现的否定根本不是真正的否定：如果我把大麦粒磨碎，我也就否定了大麦粒；如果我把昆虫踩死，我也就否定了昆虫；如果我把正数 a 涂掉，我也就否定了正数 a，如此等等。或者，我说玫瑰不是玫瑰，我就把玫瑰是玫瑰这句话否定了；如果我又否定这一否定，并且说玫瑰终究还是玫瑰，这样能得出什么结果来呢？——这些反驳其实就是形而上学者反对辩证法的主要论据，它们同形而上学思维的狭隘性完全合拍。在辩证法中，否定不是简单地说不，或宣布某一事物不存在，或用任何一种方法把它消灭。斯宾诺莎早已说过：Omnis determinatio est negatio，即任何限定或规定同时就是否定[65]。再说，否定的方式在这里首先取决于过程的一般性质，其次取决于过程的特殊性质。我不仅应当否定，而且还应当重新扬弃这个否定。因此,我第一次否定的时候,就必须使第二次否定可能发生或者将有可能发生。怎样做呢?这要依每一种情况的特殊性质而定。如果我磨碎了大麦粒,如果我踩死了昆虫,那么我虽然完成了第一个行为,却使第二个行为成为不可能了。因此,每一种事物都有它的特殊的否定方式,经过这样的否定,它同时就获得发展,每一种观念和概念也是如此。微积分中的否定不同于从负根得出正的乘方时的否定。这一点和其他一切一样,应该从勤学中得到。仅仅知道大麦植株和微积分属于否定的否定,既不能把大麦种好,也不能进行微分和积分,正如仅仅知道靠弦的长短粗细来定音的规律还不能演奏提琴一样。——很明显,如果把否定的否定当作儿戏,先写上 a,然后又涂掉,或者先说玫瑰是玫瑰,然后又说玫瑰不是玫瑰,那么,除了做这种无聊事情的人的愚蠢以外,什么结果也得不到。可是形而上学者却要我们确信,如果我们要实现否定的否定,那么这就是恰当的方式。

因此,把我们弄得莫名其妙的不是别人,又是杜林先生,他说什么否定的否定是黑格尔发明的、从宗教领域中抄袭来的、按照原罪和赎罪的故事作出的荒唐类比。人们远在知道什么是辩证法以前,就已经辩证地思考了,正像人们远在散文这一名词出现以前,就已经用散文讲话一样[66]。否定的否定这个规律在自然界和历史中起着作用,而在它被认识以前,它也在我们头脑中不自觉地起着作用,它只是被黑格尔第一次明确地表述出来而已。如果杜林先生愿意自己悄悄地干这件事,而只是不能容忍这个名称,那么他可以找出一个更好的名称来。但是,如果他想从思维中排除这件事,那么请他先把它从自然界和历史中排除出去,并请他发明一种数学,在那里,$-a\times-a$ 不等于 $+a^2$,而微分和积分则严禁使用,违者必究。

十四　结　论

我们现在结束了哲学,至于《教程》里还包括的关于未来的幻想,我们以后考察杜林要在社会主义中实行的变革时还有机会来探讨。杜林先生对我们许下了什么诺言呢?一切。他履行了哪些诺言呢?一个也没有。“现实的、从而以自然和生活的现实为目标的哲学的各个要素”,“严格科学的世界观”,“创造体系的思想”,以及杜林先生以傲慢的语气大肆炫耀的杜林先生的其他一切功绩,只要我们一接触,就暴露出是**纯粹的欺人之谈**。"已经稳固地确立了存在的基本形式,而丝毫没有损害思想的深度"的世界模式论,的确是黑格尔逻辑学的一个肤浅得无以复加的复制品,而且和黑格尔的逻辑学一样陷入这样一种迷信:这些"基本形式"或逻辑范畴,在它们应当"运用于"其中的那个世界之前和世界之外已经在某个地方神秘地存在了。自然哲学给我们提供了天体演化学,其出发点是"物质的自身等同的状态",这种状态只有借助关于物质和运动的联系的最无可救药的混乱观念才是可以想象的,此外,只有假定存在着一个唯一能帮助这种状态进入运动的、超越现实世界的、人格化的上帝,才是可以想象的。在论述有机界的时候,现实哲学先是把达尔文的生存斗争和自然选择看作"一种与人性对抗的兽性"而加以拒绝,后来又把这两者作为在自然界中起作用的因素——虽然是次要的因素——从后门放了进来。此外,现实哲学还找到机会在生物学方面证明它的无知,而自从人们不再忽视通俗科学演讲以来,即使在有教养阶层的少女中,这种无知也必须打着灯笼去找。在道德和正义的领域中,现实哲学对卢梭的庸俗化,并不比前面对黑格尔的肤浅化更成功些;在法学方面也是如此,虽然总是保证要提供相反的东西,还是表现了甚至在最平庸的旧普鲁士法学家中也很少见的无知。"不承认任何纯属虚幻的地平线"的哲学,在法律上却满足于和普鲁士邦法的实施范围相重合的真实的地平线。这个哲学答允要在自己的强有力的变革运动中向我们揭示"外部自然和内部自然的地和天",现在我们仍然在等待着,正像我们仍然在等待着"最后的终极的真理"和"绝对的基础"一样。这位在思维方式上"排除受主观主义限制的世界观"的任何倾向的哲学家,不仅由于他的已经被证实是极端贫乏的认识,由于他的狭隘的形而上学思维方式和他的滑稽可笑的自高自大,而且甚至由于他本人的幼稚的奇奇怪怪的想法而受到主观主义的限制。如果他不把自己对烟草、猫和犹太人的厌恶作为普遍适用的规律强加给包括犹太人在内的全人类,他就不能制造出这套现实哲学。他对别人采用的"真正批判的观点",就在于固执地把别人从来没有说过的、而是杜林先生一手炮制的东西硬加给别人。他在生活的价值和生活享乐的最好方法这类庸俗题目上所调制的施给乞丐的稀汤[67],充满了庸人气味,这说明他为什么对歌德的浮士德义愤填膺。的确,歌德把不道德的浮士德而不把严肃的现实哲学家瓦格纳当作主角,这是不可饶恕的。——

总而言之,用黑格尔的话来说,现实哲学归根到底正是"德国的所谓启蒙学说的最稀薄的清汤",它的稀薄和一眼就能看透的平淡无奇只是由于搅拌了神谕式的只言片语,才变得稠厚和混浊起来。当我们读完全书的时候,我们懂得的东西还是和以前的完全一样,而且不得不承认,"新的思维方式"、"完全独特的结论和观点"和"创造体系的思想"的确已经给我们提供了各种新的无稽之谈,可是没有一行字能够使我们学到什么东西。这个人吹号打鼓来吹嘘自己的手艺和商品,不亚于最下流的江湖骗子,而在他的那些大字眼后面却是空空如也,简直一无所有——这个人竟敢把费希特、谢林和黑格尔这样的人叫作江湖骗子,而他们当中最渺小的人和杜林先生比起来也还是巨人。确实有江湖骗子,但那是谁呢?

写于1876年9月—1878年6月

载于1877年1月3日—1878年7月7日《前进报》

1878年以单行本形式在莱比锡出版

原文是德文

选自《马克思恩格斯选集》第3卷,人民出版社1995年版,第355—488页。

注　释:

[1] 恩格斯的经典著作《欧根·杜林先生在科学中实行的变革》是以《反杜林论》这个名称载入史册的。这部著作全面地阐述了马克思主义的三个组成部分——哲学、政治经济学、科学社会主义。

恩格斯的这部著作是德国社会民主党内思想斗争的直接产物。

马克思和恩格斯最初注意到杜林著作,是由于杜林在1867年12月《现代知识补充材料》杂志第3卷第3期上发表了对马克思《资本论》第1卷的评论。从马克思和恩格斯的许多书信,特别是1868年1—3月这段时间的书信中,可以看出他们当时已经确定了对杜林所持的批判态度。

70年代中期,杜林在德国社会民主党人中间的影响颇大。最积极的杜林分子有爱·伯恩施坦、约·莫斯特、弗·威·弗利切,甚至奥·倍倍尔也一度受杜林体系的影响。1874年3月,倍倍尔在社会民主工党(即爱森纳赫派)中央机关报《人民国家报》上以《一名新共产主义者》为标题匿名发表了两篇关于杜林的文章。为此,马克思和恩格斯向该报编辑威·李卜克内西提出了强烈的抗议。

到1875年初,杜林体系的传播已经到了十分危险的程度,杜林的著作《国民经济学和社会主义批判史》第2版(1874年11月问世)和《哲学教程》(最后一册在1875年2月问世)的出版尤其助长了这一点。在这两本书中,自命为社会主义信徒的杜林,对马克思主义进行了极其猛烈的攻击,这就促使李卜克内西在他1875年2月1日和4月21日的信中直接建议恩格斯在《人民国家报》上反击杜林。1875年10月和1876年5月,李卜克内西把该报拒绝发表的阿·恩斯特及约·莫斯特吹捧杜林的文章寄给了恩格斯。

恩格斯第一次针锋相对地反驳杜林,是在1876年2月。他在《人民国家报》上发表的《德意志帝国国会中的普鲁士烧酒》(见《马克思恩格斯全集》第19卷第51—52页)一文,点名批判了杜林的言论。

杜林体系对刚刚于1875年5月在哥达合并的德国社会主义工人党部分党员产生了影响并在他们中间传播,这一形势迫使恩格斯中断了《自然辩证法》的写作,以便全力反击这个新出现的"社会主义"学说,捍卫马克思主义这一无产阶级政党唯一正确的世界观。

这个决定是在1876年5月底作出的。恩格斯在1876年5月24日给马克思的信中表示打算批判杜林的著作。马克思于5月25日回信坚决支持这个想法,恩格斯便立即着手这项工作。他在5月28日给马克思的信中确定了他的著作的总计划和性质。

恩格斯写作《反杜林论》,用了两年的时间,即从1876年5月底开始到1878年7月初止。

该书的第一编大体上写于1876年9月至1877年1月。这一编以《欧根·杜林先生在哲学中实行的变革》为题,以一组论文的形式陆续发表于1877年1—5月的《前进报》(1月3、5、7、10、12、14、17、24、26日,2月9、25、28日,3月25、28日,4月15、18、27、29日,5月11、13日第1、2、3、4、5、6、7、10、11、17、24、25、36、37、44、45、49、50、55、56号)。这一编还包括后来第一次出版该书单行本时抽出来作为整个三编的独立的总的引论的第一章和第二章。

该书的第二编大体上写于1877年6—8月。这一编的最后一章即论述政治经济学史的第十章是马克思写的。第一章的第一部分写于1877年3月初以前,而分析魁奈的《经济表》的第二部分,则写于8月初以前。第二编以《欧根·杜林先生在政治经济学中实行的变革》为题发表于1877年7—12月的《前进报》学术附刊和附刊(7月27日,8月10、17日,9月7、14日,10月28日,11月4、28日,12月30日第87、93、96、105、108、127、130、139、152号)。

该书的第三编大体上写于1877年8月至1878年4月。这一编以《欧根·杜林先生在社会主义中实行的变革》为题发表于1878年5—7月的《前进报》附刊(5月5、26日,6月2、28日,7月7日第52、61、64、75、79号)。

《反杜林论》的发表引起了杜林分子的激烈反抗。1877年5月27—29日在哥达举行的党代表大会上,他们曾力图阻止在党的中央机关报《前进报》上发表恩格斯的这部著作。该报在发表《反杜林论》时时断时续,不能不说是杜林分子的影响所致。

1877年7月,恩格斯这部著作的第一编以《欧根·杜林先生在科学中实行的变革。一、哲学》为题在莱比锡出版了单行本。1878年7月,第二和第三两编以《欧根·杜林先生在科学中实行的变革。二、政治经济学。社会主义》为题也在莱比锡出版了单行本。同时,即在1878年7月8日前后,全书在莱比锡出版了第1版,由恩格斯署名并写了序言,标题为《欧根·杜林先生在科学中实行的变革。哲学。政治经济学。社会主义》。在以后的德文各版中,该书均以《欧根·杜林先生在科学中实行的变革》为标题出版,未加副标题《哲学。政治经济学。社会主义》。1886年该书第2版在苏黎世出版。经过修订的第3版于1894年在斯图加特出版,这是《反杜林论》在恩格斯生前所出的最后一版。

恩格斯这部著作的书名是讽刺地套用了1865年在慕尼黑出版的杜林的著作《凯里在国民经济学说和社会科学中实行的变革》的书名。杜林在该书中吹捧庸俗经济学家凯里,凯里实际上是他在政治经济学方面的导师。

1878年10月底,德国实行反社会党人非常法以后,《反杜林论》和恩格斯的其他著作一样遭到查禁。

[**2**] 在《引论》的草稿中,这一段是这样写的:"**现代社会主义**,虽然实质上是由于对现存社会中有财产者和无财产者之间、工人和剥削者之间的阶级对立进行考察而产生的,但是,就其理论形式来说,起初却表现为18世纪法国伟大的启蒙学者们所提出的各种原则的更彻底的、进一步的发展,因为它的最初代表摩莱里和马布利也是属于启蒙学者之列的。"——编者注

[**3**] 恩格斯在《社会主义从空想到科学的发展》中的这个地方加了一个注,见本卷第719—720页。——356。

[**4**] 按照卢梭的理论,人们最初生活在自然状态中,在这种状态下,人人都是平等的。

私有财产的形成和不平等的占有关系的发展决定了人们从自然状态向市民状态的过渡，并导致以社会契约为基础的国家的形成。政治上的不平等的进一步发展破坏了这种社会契约，导致某种新的自然状态的形成。能够消除这一自然状态的，据说是以某种新的社会契约为基础的理性国家。

卢梭在1755年阿姆斯特丹版的《论人间不平等的起源和原因》以及1762年阿姆斯特丹版的《社会契约论，或政治权利的原则》这两部著作中详细阐述了这一理论。——356、720。

[5] 恩格斯在这里是指"真正平等派"，又称"掘地派"。他们是17世纪英国资产阶级革命时期的极左派，代表城乡贫民阶层的利益，要求消灭土地私有制，宣传原始的平均共产主义思想，并企图通过集体开垦公有土地来实现这种思想。——357、721。

[6] 这里首先是指空想共产主义的代表人物托·莫尔的著作《乌托邦》(1516年出版)和托·康帕内拉的《太阳城》(1623年出版)。——357、721。

[7] 在《引论》的草稿中，这个地方是这样写的："古希腊的哲学家都是天生的自发的辩证论者，亚里士多德，古代世界的黑格尔，就已经研究了辩证思维的最主要的形式。"——编者注

[8] 德·狄德罗的对话《拉摩的侄子》写成于1762年前后，后又经作者修改了两次。最初由歌德翻译的德译本于1805年在莱比锡出版。第一个法文版发表在1821年巴黎版《狄德罗轶文集》上，该文集实际上1823年才出版。——359、733。

[9] 亚历山大里亚时期是指公元前3世纪到公元7世纪的时期。这个时期因埃及的一个港口城市亚历山大里亚(位于地中海沿岸)成了当时国际经济关系最大中心之一而得名。在这一时期，许多科学，如数学和力学(欧几里得和阿基米德)、地理学、天文学、解剖学、生理学等等，都获得了很大的发展。——359、734。

[10]《新约全书·马太福音》第5章第37节。——编者注

[11] 根据康德的星云假说，太阳系是从原始星云(拉丁文：nebula——雾)发展而来的。康德在1755年柯尼斯堡和莱比锡出版的著作《自然通史和天体论，或根据牛顿原理试论宇宙的结构和机械起源》中阐述了这一假说。这本书是匿名出版的。

拉普拉斯关于太阳系的构成的假说最初于法兰西共和四年(1796年)在巴黎出版的《宇宙体系解说》第1—2卷最后一章中得到了阐述。由他生前编好，死后即1835年出版的此书的最后一版(第6版)中，这个假说是在第七个注中阐述的。

宇宙空间存在着类似康德—拉普拉斯星云假说所设想的原始星云的炽热的云雾体，是由英国天文学家威·哈金斯于1864年用光谱学方法证实的，他在天文学中广泛地运用了古·基尔霍夫和罗·木生在1859年发明的光谱分析法。恩格

斯在这里参考了安·赛奇《太阳》1872年不伦瑞克版第787、789—790页。——362、736。

[12] 在《引论》的草稿中,对黑格尔哲学作了如下的描述:“就哲学被看作是凌驾于其他一切科学之上的特殊科学来说,黑格尔体系是哲学的最后的最完善的形式。全部哲学都随着这个体系没落了。但是留下的是辩证的思维方式以及关于自然的、历史的和精神的世界是一个无止境地运动着和转变着的、处在生成和消逝的不断过程中的世界的观点。现在不再向哲学,而是向**一切**科学提出这样的要求:在自己的特殊领域内揭示这个不断的转变过程的运动规律。而这就是黑格尔哲学留给它的继承者的遗产。”——编者注

[13] 指宪章运动,见注122。——364、738。

[14] 在《引论》的草稿中,接着有下面一段话:“在法国,1834年的里昂起义也宣告了无产阶级反对资产阶级的斗争。英国和法国的社会主义理论获得了历史价值,并且也必然在德国引起反响和批评,虽然在德国,生产还只是刚刚开始摆脱小规模的经营。因此,现在与其说在德国还不如说在德国人中间形成的理论的社会主义,其全部材料都不得不是进口的……”。——编者注

[15] 在《社会主义从空想到科学的发展》德文第1版(1882年)中,恩格斯对这个原理作了如下更加确切的表述:“以往的全部历史,除原始状态外,都是阶级斗争的历史。”——365。

[16] 黑格尔《哲学全书缩写本》1817年海德堡版。——编者注

[17] 恩格斯称米希勒为“黑格尔派的永世流浪的犹太人”,显然是由于米希勒始终不渝地笃信被肤浅理解的黑格尔主义。例如,1876年,米希勒开始出版5卷集的《哲学体系》,其总的结构完全是模仿黑格尔的《哲学全书》。见卡·路·米希勒《作为精确科学的哲学体系(包括逻辑、自然哲学和精神哲学)》1876—1881年第1—5卷。

关于“永世流浪的犹太人”,见本卷第909页。——374。

[18] 1885年准备出版《反杜林论》第2版时,恩格斯曾经打算在这个地方加一条注释,后来,他把这条注释的草稿(《关于现实世界中数学的无限的原型》)列为《自然辩证法》的材料(见本选集第4卷第364—370页)。——375。

[19] 此处列举的是19世纪欧洲历次战争中的几次最大的会战。

奥斯特利茨会战是1805年12月2日俄奥两国军队和法国军队之间的会战。这次会战以拿破仑第一的胜利而告终。

耶拿会战是1806年10月14日法军和普军之间的会战。这次会战普军被击溃,普鲁士投降了拿破仑法国。

克尼格雷茨会战又称萨多瓦会战。

色当会战是 1870 年 9 月 1—2 日普鲁士和法国在色当进行的会战。这是 1870—1871 年普法战争的一次决定性会战，普鲁士军队挫败了麦克马洪指挥的法国军队，并迫使它投降。——381。

[**20**] 见本卷第 376 页。——编者注

[**21**] 自从我写了上面这几行以来，这些话似乎已经得到了证实，根据门捷列耶夫和博古斯基运用比较精密的仪器所进行的最新的研究，(恩格斯在这里叙述了发表在 1876 年 11 月 16 日《自然界》杂志上的一篇简讯的内容。这篇简讯报道了德·伊·门捷列夫 1876 年 9 月 3 日在俄国自然研究家和医生华沙第五次代表大会上的发言，他在发言中阐述了 1875—1876 年同约·埃·博古斯基一起验证波义耳—马略特定律的结果。

这条脚注，显然是恩格斯在校对《反杜林论》的这一章(1877 年 2 月 28 日发表于《前进报》)时写的。脚注末尾，即括号里的话，是恩格斯在 1885 年准备《反杜林论》第 2 版时加的。——432。)

一切真正的气体都表现出压力和体积之间的可变关系；氢的膨胀系数在直到现在为止所应用的各种压力强度下都是正的(体积的缩小比压力的增大要慢)；对大气和其他研究过的气体来说，每一种气体都有一个压力零点，压力小于零点，此系数是正的，压力大于零点，此系数是负的。因此，到现在为止实际上还一直是可用的波义耳定律，需要一整系列特殊定律来作补充。(现在——1885 年——我们也知道根本不存在任何“真正的”气体。所有的气体都可以变成液体状态。)

[**22**] 见本卷第 367—368 页。——编者注

[**23**] 见本卷第 425 页。——编者注

[**24**] 参看歌德《浮士德》第 1 部第 3 场(《浮士德的书斋》)。——编者注

[**25**] 参看《旧约全书·出埃及记》第 20 章第 15 节和《旧约全书·申命记》第 5 章第 19 节。——编者注

[**26**] 参看歌德《浮士德》第 1 部第 2 场和第 3 场(《城门之前》和《浮士德的书斋》)。——编者注

[**27**] “适用于猫”的德文是“für die Katze”，也有“毫无用处、徒劳无益”的意思。——编者注

[**28**] “玄想”和本段开头处的“玄想的”，德文为“Ideologie”和“ideologisch”，通常译为“意识形态”和“意识形态的”。——编者注

[**29**] 指卢梭《论人间不平等的起源和原因》，该书于 1754 年写成，1755 年出版，见注

252。——439。

[30] 1618—1648年的三十年战争是一次全欧洲范围的战争，是由新教徒和天主教徒的斗争引起的。德国是这场战争的主要场所，是战争参加者进行军事掠夺和侵略的对象。

三十年战争分为四个时期：捷克时期（1618—1624年），丹麦时期（1625—1629年），瑞典时期（1630—1635年）以及法国瑞典时期（1635—1648年）。

三十年战争以1648年缔结威斯特伐利亚和约而结束，和约的签订加深了德国政治上的分裂。——137、440。

[31] 指麦·施蒂纳的著作《惟一者及其所有物》1845年莱比锡版。马克思和恩格斯在《德意志意识形态》中对这部著作进行了尖锐的批判（见《马克思恩格斯全集》第3卷第116—530页）。——440。

[32] 指沙皇俄国占领中亚细亚时期发生的事件。在1873年希瓦远征时期，俄国的一支部队遵照考夫曼将军的命令，在戈洛瓦乔夫将军的指挥下，于7—8月对土库曼的约穆德人进行了残暴的讨伐性远征。恩格斯引用的有关材料，显然主要来源于美国驻俄外交官尤·斯凯勒的著作《突厥斯坦。俄属突厥斯坦、浩罕、布哈拉和伊宁旅行札记》（两卷集）。见该书1876年伦敦版第2卷第356—359页。——442。

[33] 地中海东岸诸国的旧称。——编者注

[34] 参看马克思《资本论》第1卷第1章第3节A3，见《马克思恩格斯全集》第23卷第70—75页。——编者注

[35] 从资产阶级社会的经济条件中这样地导出现代平等观念，首先是由马克思在《资本论》中作出的。

[36] 见《资本论》第1卷第1章第3节A3。恩格斯在《反杜林论》中引用的是《资本论》第1卷德文第2版。只是在第2篇第10章中，恩格斯为了出版《反杜林论》第3版而修改这一章时，才引用了《资本论》第1卷德文第3版。——448。

[37] 拉萨尔于1848年2月因被控教唆盗窃一只存放哈茨费尔特伯爵夫人离婚案（1846—1854年拉萨尔是该案的律师）需用文件的首饰匣而被捕。拉萨尔案件于1848年8月5—11日审理，拉萨尔本人被陪审法庭宣判无罪。——450。

[38] 刑法典是法国的法典，1810年通过，从1811年起在法国以及法国人占领的德国西部和西南部地区实施；1815年莱茵省归并普鲁士以后，刑法典仍和民法典并行于莱茵省。普鲁士政府曾力图采取一系列措施在莱茵省推行普鲁士的法律，但遭到莱茵省的坚决反对。三月革命后，根据1848年4月15日的命令，这些措施被取消。——450。

[39] 拿破仑法典是1804年通过的法兰西民法典。恩格斯称它为“典型的资产阶级社会

的法典”(见本选集第 4 卷第 253 页)。

这里指广义的拿破仑法典,即 1804—1810 年拿破仑统治时期通过的五部法典的总称,这五部法典是:民法典、民事诉讼法典、商业法典、刑法典和刑事诉讼法典。——450。

[40] *无知并不是论据*,是斯宾诺莎在《伦理学》第一部中针对持僧侣主义目的论的自然观的代表人物讲的一句话。这些人提出“上帝的意志”是一切现象的原因的原因,他们进行论证的惟一手段就是求助于对其他原因的无知。——452。

[41] *民法大全*指罗马的民法大全,是调整罗马奴隶占有制社会的财产关系的一部民法汇编,于 6 世纪查士丁尼皇帝在位时编纂。恩格斯称它是“商品生产者社会的第一个世界性法律”(见本选集第 4 卷第 252 页)。——452。

[42] 关于在普鲁士强制实行出生、结婚和死亡等民事登记的法律于 1874 年 3 月 9 日最后批准并于同年 10 月 1 日开始生效。1875 年 2 月 6 日在全德意志帝国范围内也颁布了同样的法案。这一法案主要是针对天主教会的,它剥夺了教会登记户籍的权利,从而大大地限制了教会的影响和收入。这是俾斯麦的所谓“文化斗争”政策中的一个重要环节。——453。

[43] 指勃兰登堡、东普鲁士、西普鲁士、波兹南、波美拉尼亚和西里西亚六省,在 1815 年维也纳会议以前这些省份归属普鲁士王国。经济、政治、文化最为发达的莱茵省不在此列,莱茵省是 1815 年归并普鲁士的。——454。

[44] *人差*指确定天体通过已知平面瞬间的系统误差,这种误差是以观察员的心理生理特点和记录天体通过时刻的方式为转移的。——455。

[45] 见黑格尔《哲学全书》第 147 节附释,着重号是恩格斯加的。——编者注

[46] 见本卷第 422—423 页。——编者注

[47] 见本卷第 376、427 页。——编者注

[48] 马克思在撰写他的主要经济学著作的过程中曾不止一次更改这一著作的卷册划分计划。从 1867 年《资本论》第 1 卷出版时起,马克思的计划是:全部著作分三卷四册出版,第 2 册和第 3 册构成一卷即第 2 卷(参看《资本论》第 1 版序言)。马克思逝世后,恩格斯出版了第 2 册和第 3 册,作为第 2 卷和第 3 卷。最后一册即第 4 册——《剩余价值理论》(《资本论》第 4 卷),恩格斯没有来得及出版。——464、558。

[49] 1867 年《现代知识补充材料》杂志第 3 卷第 3 期第 182—186 页刊登了杜林对马克思《资本论》第 1 卷的评论。——465。

[50] 《资本论》第 1 卷第 9 章,见《马克思恩格斯全集》第 23 卷第 341 页。——编者注

[51] 同上,第 342—343 页,着重号是恩格斯加的。——编者注

[**52**] 见本卷第384—385页。——编者注

[**53**]《资本论》第1卷第11章，见《马克思恩格斯全集》第23卷第362页。——编者注

[**54**] 同上，第9章脚注(205a)，见《马克思恩格斯全集》第23卷第343页。——编者注

[**55**] 见拿破仑回忆录《对1816年巴黎出版的〈论军事学术〉一书的十七条意见》，第三条意见：骑兵。载于蒙托龙伯爵将军编《拿破仑执政时期法国历史回忆录，与拿破仑一同被俘的将军们编于圣赫勒拿岛，根据完全由拿破仑亲自校订的原稿刊印》1823年巴黎版第1卷第262页。

恩格斯在他的《骑兵》一文中直接采用了拿破仑回忆录中的这段话(见《马克思恩格斯全集》第14卷第320页)。——471。

[**56**] 见《资本论》第1卷第24章第7节。恩格斯在这里和后面几处引用的是《资本论》第1卷德文第2版(1872年)。这里所引用的段落，在德文第4版中有一些改动。——473。

[**57**] 参看本选集第2卷第141页，着重号是恩格斯加的。——编者注

[**58**] 见本选集第2卷第267—270页。——编者注

[**59**] 参看本选集第2卷第268—269页。——编者注

[**60**] 参看本选集第2卷第269页。——编者注

[**61**] 指卢梭的著作《论人间不平等的起源和原因》(见注252)，写于1754年。恩格斯在后面所引用的是这一著作(1755年版)的第2部第116、118、146、175—177页。——482。

[**62**] 见恩·海克尔《自然创造史》1873年柏林第4版第590—591页。按照海克尔的分类，Alali是在本来意义上的人出现以前的那一阶段。Alali就是"没有语言的原始人"，确切些说，是猿人(直立猿人)。海克尔关于类人猿和现代人之间存在一个过渡形态的假说在1891年得到证实。当时荷兰的人类学家欧·杜布瓦在爪哇岛找到了远古人化石的残片，这种人也被称为"直立猿人"。——482。

[**63**] 着重号是恩格斯加的。——编者注

[**64**] 着重号是恩格斯加的。——编者注

[**65**] "determinatio est negatio"这一用语的意思是"规定即否定"，见斯宾诺莎1674年6月2日给雅·耶勒斯的信(巴·斯宾诺莎《通信集》第50封信)。"omnis determinatio est negatio"，亦即"任何规定即否定"，在黑格尔的著作中使用较多，因此为人们所熟知(见《哲学全书》第1部第91节附释；《逻辑学》第1册第1篇第2章关于质这一节的注释；《哲学史讲演录》第1卷第1部第1篇第1章关于巴门尼德的一节)。——484。

[**66**] 参看莫里哀《醉心贵族的小市民》第2幕第4场。——编者注

[**67**] 参看歌德《浮士德》第1部第6场(《魔女之厨》)。——编者注

《反杜林论》(节选)导读

一、时代背景及其意义

巴黎公社失败后,马克思主义得到了广泛的传播。但是,由于德国工人运动组织的两派(以爱森纳赫派为代表的德国社会民主工党和以拉萨尔派为代表的全德工人联合会)合并成德国社会主义工人党过程中所带来的负面影响,党的理论水平有所下降,在德国工人党内出现了偏离马克思主义的思想潮流。在这样一种历史条件下,杜林宣布自己改信社会主义。

欧根·杜林(1833—1921)出生在普鲁士一个官吏家庭,1861 年在柏林大学获得哲学博士学位。1864 年获得私人讲师资格。19 世纪 60 年代,杜林研究了美国庸俗经济学家凯里的学说,并成为他的门徒。19 世纪 70 年代,他转向社会主义,并连续出版了《哲学教程——严格的科学的世界观和人生观》(1875 年)、《国民经济学和社会主义批判史》(1871 年第 1 版与 1875 年第 2 版)、《国民经济学和社会经济学教程,兼论财政政策基本问题》(1873 年第 1 版与 1876 年第 2 版),以理论权威和实际改革家的身份向马克思主义发起进攻。马克思正在进行经济学研究,恩格斯放下正在进行的《自然辩证法》的写作,于 1876 年 9 月至 1878 年 6 月写作了《反杜林论》,批判了杜林的错误观点。

《反杜林论》是一部极其重要的马克思主义经典著作。它第一次全面地系统地阐述了马克思主义全部学说,即哲学、政治经济学和科学社会主义,在马克思主义发展史上占有十分重要的地位。本书只选编了《概论》和正文的《哲学篇》。《概论》论述了马克思主义哲学、政治经济学和科学社会主义之间的相互关系,并提出由于两大发现,社会主义是怎样由空想变为科学的。《哲学篇》论述了马克思主义世界观、自然观、辩证法、认识论和道德观等方面的一些重要观点，是当代研究马克思主义世界观、人生观和价值观的重要文献。

20世纪在国外，有的人以《反杜林论》为主要的文本依据，把马克思与恩格斯对立起来，甚至还制造出“马克思反对恩格斯”的理论等等。学习《反杜林论》，可以从理论上澄清西方学者有意制造的一些思想混乱。

二、内容简介

（一）《引论》中的《概论》部分

《反杜林论》将马克思主义分为三个部分：哲学、政治经济学和社会主义。《概论》论述了这三个组成部分的内在联系，把科学社会主义作为马克思主义的核心，其中心是论述了社会主义是怎样由空想变成科学的。《概论》共20个自然段，分三部分内容。

1. 科学社会主义的思想来源（第1—6段）。

科学社会主义产生的现实根源是对现代社会阶级状况和经济状况进行考察的结果，它的思想来源则是空想社会主义。但是，就其理论形式而言，它起初表现为18世纪法国伟大启蒙学者如伏尔泰、卢梭、狄德罗、爱尔维修、霍尔巴赫等提出的各种原则的进一步的发展，如从理性出发去衡量一切的原则（第1—3段）。

科学社会主义的思想来源是19世纪的空想社会主义，它们的代表是圣西门、傅立叶和欧文。他们的积极贡献有两个方面：一是对资本主义制度的揭露和批判；二是对未来共产主义社会的幻想的描绘和合理的猜测。但是，由于历史条件和阶级局限，他们的学说掺杂了严重的错误和不切实际的幻想，它随着无产阶级的成熟而破产（第4—6段）。

2. 唯物辩证法是科学社会主义的哲学基础（第7—14段）。

在这里，恩格斯考察了辩证法的历史发展和唯物辩证法的产生及其意义。辩证法的发展经历了三种历史形态：一是古代的素朴辩证法，以赫拉克利特为突出代表。由于近代自然科学的局限性，古代朴素的辩证法为近代形而上学的思维方式所替代。黑格尔的唯心主义辩证法是辩证法发展的第二种历史形态。马克思批判和改造了黑格尔的辩证法，总结和概括了近代科学的最新成就，创立了唯物辩证法。这是辩证法发展的第三种形态。

唯物辩证法的创立，在自然观和历史观上引起了深刻的变革。唯物辩证法不仅在自然观上是辩证的，而且在历史观上驱逐了历史唯心主义，因为“现代唯物主义把历史看做人类的发展过程，而它的任务就在于发现这个过程的运动规律”。这就为人们正确认识社会的辩证发展提供了哲学基础。

3. 社会主义从空想变成科学(第15—18段)。

(1) 唯物史观的发现(第15—16段)。19世纪40年代，欧洲“三大工人运动”表明无产阶级和资产阶级的矛盾和斗争在欧洲最发达的国家上升到了首要地位。它令人信服地证明资产阶级经济学关于资本和劳动的利益一致等观点完全是撒谎。这就提出了重新考虑这些事实的理论表现的英、法空想社会主义学说。这些就是唯物史观的创立的历史条件(第15段)。恩格斯概述了唯物史观的基本内容(第16段)。恩格斯认为，以往的全部历史，除原始社会之外，都是阶级斗争的历史。但是这些互相斗争的社会阶级在任何时候都是自己时代经济关系的产物，因而，“每一时代的社会经济结构形成现实基础，每一个历史时期的由法的设施和政治设施以及宗教的、哲学的和其他的观念形式所构成的全部上层建筑，归根到底都应由这个基础来说明”①。这一点，成为了西方一些学者把恩格斯说成“经济决定性”的理论依据。这是片面的。唯物史观创立具有极其重要的意义，恢复了历史的本来面目，从而为科学社会主义的产生提供了科学的世界观和方法论。它把唯心主义从历史观这个避难所中驱逐出来了。

(2) 剩余价值学说的发现(第17—18段)。马克思主义运用历史唯物主义考察了资本主义的生产方式，继承和发展了古典经济学的劳动价值论，创立了剩余价值学说，于是从资本主义生产方式的矛盾运动和阶级斗争的历史发展中，揭示了资本主义产生、发展和灭亡的必然性(第17段)。由于唯物史观和剩余价值学说的发现，“社会主义变成了科学”(第18段)。

4. 杜林跳上舞台，向时代挑战的背景(第19—20段)。

---

① 《马克思恩格斯选集》第3卷，人民出版社1995年版，第365页。

思考题：

1. 科学社会主义和19世纪空想社会主义的根本区别是什么？

2. 唯物辩证法的产生对科学社会主义的创立有何重大意义？

3. 为什么说唯物史观和剩余价值学说的发现使社会主义由空想变成了科学？

（二）第一编　哲学·三、分类。先验主义

这一章的中心，是揭露杜林唯心主义先验论的实质，论述了辩证唯物主义认识论的原理。全章共21自然段，这里节选前11自然段，可分四个问题。

1. 揭露杜林"原则在先"的先验唯心主义观点（第1—2段）。

杜林在他的《哲学教程》中，首先把知识和意志的原则说成是哲学研究的对象，然后解释了原则是什么，最后根据原则在先的先验主义原则，认为哲学研究对象只有两个，即自然界和人类世界。于是，他将哲学体系分为三个部分：一般的世界模式论，关于自然原则的学说，以及关于人的学说。

2. 阐述原则来自外部世界的唯物主义反映论观点（第3—4段）。

杜林认为，逻辑模式和数学的形式都属于纯粹观念的领域。这是不正确的。事实上，无论逻辑模式还是数学形式都是人的意识对事物及其关系的反映，思维形式是人们长期在实践中形成的，而不是思维自生的。所以，自然界和人类社会第一性，原则概念第二性，原则不是研究的出发点，而是它的最终结果；原则不是一开始就既定的，而是人们在实践的基础上从自然界和人类历史中抽象出来的。原则的正确性并不在于自然界和人类去适应这样原则，原则只有适合于自然界和历史的情况下才是正确的。这是惟一的唯物主义的观点，而"原则在先"的理论是黑格尔哲学的翻版。

3. 意识是自然界长期发展的产物（第5—6段）。

杜林陷入唯心主义先验论的认识论根源，是他完全"自然主义"，即非历史主义地把思维当成某种现成的、一开始就存在和自然界相对立的东西。这样一来，意识和思维就脱离了它的真实基础——人和自然界。恩格斯批判杜林的谬论，阐述了意识的起源和本质的原理。他说，意识和思维"都是人脑的产物，而人本身是自然界的产物，是在自己所处的环境中并且和这个环境一起发展起来的”。意识本质上是社会的产物。

4. 认识是一个无限发展的辩证过程(第10—11段)。

杜林从原则出发的动机,是妄图构建一个先验的终极真理体系。实际上,这是徒劳无益的。

恩格斯认为,认识处在整个世界发展的无限性和人的具体认识过程的有限性这样一个矛盾运动中。认识的这种有限和无限矛盾运动就是“所有智力进步的主要杠杆”。认识的无限和有限的矛盾推动着人们认识,一代一代不断地从有限向无限的发展,从而不断获得对发展着的物质世界越来越正确的认识。

思考题:

1. 恩格斯是怎样批判杜林“原则在先”的观点,并论述原则和外部世界关系的辩证唯物主义认识论原理的?它有何理论意义和现实意义?

2. 如何理解人和自然界是思维的真实基础?杜林的错误是什么?

3. 批判杜林的“终极真理”体系,如何理解人类认识过程的辩证法?

(三)第一编　哲学・四、世界模式论(节选)

本章的中心是批判杜林在本体论上的唯心主义观点和折中主义错误,第一次论述了“世界的统一性在于它的物质性”的辩证唯物主义重要原理。该章共33自然段,分三个问题。本书节选前14自然段。

1. 批判杜林在世界统一性问题上的唯心主义观点(第1—13段)。

世界统一性问题可分为两个互相联系的问题。第一是世界是不是统一的?第二是世界统一于什么?

杜林对第一个问题的回答是肯定的,但其论证方法和根据却是错误的。世界具有统一性的逻辑前提和现实基础是世界具有多样性。正是面对着多样性世界,人们才会思考它们是否统一,以及统一于什么的问题。杜林认为“包罗万象的存在是惟一的”。而我们的统一的思想像一个框子,它一展开就把包罗万象的存在都框进了去。他说:“一切思维的本质在于把意识的要素联合为一个统一体”。在这里,杜林借助于“统一的思想”,把存在的惟一性变成了统一性。也就是说,杜林从思想的统一性中引出世界的统一性。

恩格斯认为,包罗万象的存在是惟一的,这是同义反复,算不了什么公理。思维的本质不仅是综合,而且还有分析,分析是综合的前提和基础,“没有分析就没有综合”。因而,用思维的统一性去证明存在的统一性是黑格尔唯心主义的思维和存在同一性的翻版。杜林的世界统一性论证无法驳倒宗教唯心主义,只能说明世界是统一的,唯灵论者完全同意杜林这一观点,他们会说:“我们也认为世界是统一的。”

2. 世界的统一性在于它的物质性(第13—14段)。

世界统一于存在是一个折中主义的命题。“存在”是指“有”的意思,杜林的存在可以看做包括物质现象和精神现象在内的存在着的一切现象。这样的主张任何一派哲学家都能接受,都可以承认世界是存在的。但存在的特定内容是什么?各派哲学的回答就大不相同了。唯物主义把存在理解为物质,唯心主义把存在理解为精神,二元论把存在理解为既是物质又是精神的。

恩格斯认为,我们讲的统一性是指存在着的世界的统一性,换言之,世界统一性必须以世界的存在为前提。物质是世界的本质,形形色色的事物都是物质的不同形态。所以,世界的真正统一性在于它的物质性。这里的物质性,就是指不依赖于意识和精神而存在的客观实在。

世界的统一性在于物质性,不是杜林以魔术师的把戏用三言两语的公理来求证的问题。相反,它必须由哲学和自然科学的长期的和持续的发展来证明(第14段)。

3. 杜林的模式论只不过是黑格尔《逻辑学》的翻版(第15—33段)(略)。

思考题:

1. 杜林“世界统一于存在”的观点错在什么地方?如何理解世界的真正统一性在于它的物质性?

2. 为什么说杜林把思维的本质归结为综合是错误的?恩格斯是如何阐述分析和综合的辩证关系的?

(四)第一编　哲学·九、道德和法。永恒真理

这一章的中心内容是批判杜林在思维、道德、真理问题上的形而上学观点,阐述马克思主义的真理观和道德观。共29自然段,分三个问题。

1. 揭露杜林真理、道德问题上的谬论(第1—7段)。

(1)杜林在思维和语言关系上的谬论(第1—3段)。

前三段是从批判杜林的自然哲学过渡到批判杜林关于人的学说的承上启下的段落。在杜林《哲学教程》第三篇"意识的要素"中整整用了50页来吹嘘他的"意识要素的根底深厚的科学"。这纯粹是"无稽之谈"。比如,他说,纯正的思维是不通过语言的思维。这是极其荒谬的。语言是思维的物质外壳,思维和语言是不可分割的。动物没有语言,按杜林的说法,动物的思维才是纯正的思维。

(2)杜林永恒道德观和永恒真理观的谬论(第4—7段)。

杜林认为,他所构造的道德的要素和原则具有广泛的普适性,不仅适用于人类,而且适用人以外的一切生物,甚至是其他天体上的个人和公共的生活。杜林在道德观、真理观上的谬误可以归结为两点:第一,道德原则是永恒的,它凌驾于"历史之上和现今的民族特性的差别之上";第二,"真正的真理是根本不变的",它不受时间和现实变化的限制。

2. 批判杜林形而上学的真理观,阐明真理发展的辩证法(第8—22段)。

(1)批判永恒真理的必要性(第8段)。

为什么首先要批判杜林真理观?因为道德观以真理观为理论前提。要批判建立在真理观上的道德观,其要害是要批判杜林的真理观。

(2)批判杜林思维至上论,论述思维至上性和非至上性的辩证关系(第9—12段)。

杜林用思维的至上性、认识的绝对可靠性来说明他的终极的真理是毫无意义的。

"人的思维是至上的吗?"就人的认识能力而言,思维的至上性是指人的认识能力的无限性和无条件性。人的思维能否无条件地穷尽对世界的认识?在回答这一问题之前,必先明确什么是人的思维。显然,人的思维不是指单个人的思维,而是指人类的思维。在这里,恩格斯论述了人类的思维和个人思维之间的辩证关系。

人的思维不是指个人的思维，而是指人类的思维。但是思维只能存在和表现在一系列个人之中，即“它只是作为无数亿过去、现在和未来的人的个人思维而存在”。人的思维存在是一个无限发展的过程。从一方面看，“只要在认识器官和认识对象中没有给这种认识规定界限”，人的思维就能够认识无限发展的客观世界。因此，人的思维是至上的绝对的。从另一个方面看，人的思维又是在完全有限地思维着的个人中实现的。由于受一定时代的主客观条件的限制，人的思维又是非至上的、有限的。思维的至上性和非至上性的矛盾只能在无止境的人类世代更替中才能得到解决。可见，这种矛盾是推动人们认识不断发展的动力。所以，“人的思维是至上的，同样又是不至上的，它的认识能力是无限的，同样又是有限的。按它的本性、使命、可能和历史的终极目的来说，是至上的和无限的；按它的个别实现情况和每次的现实来说，又是不至上的和有限的。”①

(3)批判杜林的“永恒真理”论，论述了真理的绝对性和相对性的辩证关系(第13—20段)。

任何真理都是人类对物质世界的正确反映。真理是客观的，既是绝对的，又是相对的；认识真理是一个由相对到绝对，逐步深化的过程，真理总是随着社会实践的发展而发展，与时俱进。杜林的永恒真理是错误的。人的认识具有相对性。恩格斯列举了人类整个认识领域的三大部分的发展的情况，从自然科学、社会科学和人类思维科学的实际出发，批判杜林的“永恒真理”论，论证绝对真理和相对真理的辩证关系。

(4)批判杜林把真理和谬误绝对对立的形而上学的错误，论述了在认识过程中真理和谬误的辩证关系(第21—22段)。

第一，真理和谬误是对立的。真理和谬误，正如一切在两极对立中运动的逻辑范畴一样，只有在非常有限的领域内才具有绝对的意义。第二，真理和谬误的对立是相对的。在一定的条件下，“对立的两极都向自己的对立面转化，真理变成谬误，谬误变成真理”。恩格斯以波义耳定律为例，说明了真理和谬误相互转化的辩证关系。

3. 批判杜林的永恒道德论，论述马克思主义的道德观(第23—29段)。

---

① 《马克思恩格斯选集》第3卷，人民出版社1995年版，第427页。

恩格斯批判杜林的永恒道德论,阐明了道德的历史性、阶级性和社会性。

(1)道德具有历史性(第23段)。

道德不是超历史的。从道德的基本概念来看,其内容是发展变化的。善恶观念是道德的基本概念。对于这个概念,不同民族、不同时代都有不同的理解,一个时代认为是善的东西,在另一个时代却认为是恶的。

从道德的类型来看,道德是不断变化发展的。如当代欧洲的资本主义社会就存在着不同类型的道德:既有宗教时代流传下来的基督教的封建主义道德,又有资产阶级道德,还有同资产阶级并列的无产阶级道德。

(2)道德在阶级社会具有阶级性(第24—26段)。

首先,恩格斯揭示道德观念的起源和实质。从三个阶级各有自己的特殊的道德,可以得出这样的结论:道德是经济关系的产物。他说:"人们自觉地或不自觉地,归根到底总是从他们阶级地位所依据的实际关系中——从他们进行生产和交换的经济关系中,获得自己的伦理观念。"①

其次,恩格斯认为,在阶级社会,道德具有阶级性。不存在永恒的道德观念,即使有的道德戒律是共同的,如"切勿偷盗",也不是永恒不变的道德观念。因为,对于这一戒律,不同阶级有不同的理解,内容也不尽相同;而且在将来消灭了私有制和私有观念以后,"切勿偷盗"也就丧失了存在的意义了。恩格斯认为,只有完全消灭私有制和私有观念,只有消灭阶级存在的未来共产主义社会,全人类的共同道德才会形成。

最后,批判杜林离开道德的社会性和阶级性来分析道德起源的错误观念。在杜林那里,"恶就是猫",善恶产生于人的永恒不变的自然属性。这是错误的。善恶不是自然的,"一切以往的道德论归根到底都是当时的社会经济状况的产物"。

思考题:

1. 杜林形而上学真理观的主要特征是什么?恩格斯是怎样论述认识的至上性和非至上性、绝对和相对的辩证关系的?

---

① 《马克思恩格斯选集》第3卷,人民出版社1995年版,第434页。

2. 恩格斯是怎样论述真理和谬误的辩证关系的?

3. 杜林道德观的实质是什么?怎样理解道德的历史性、阶级性和社会性?研究马克思主义道德观,对于社会主义市场经济中的道德建设有何价值和意义?

(五)第一编　哲学·十、道德和法。平等

这一章的中心,是批判杜林抽象的平等观,叙述平等观的历史发展和无产阶级平等观的实际内容;第一次给予马克思主义平等观以科学的规定性。全章共 33 自然段,分三个问题。

1. 批判杜林唯心主义先验论的平等观(第 1—24 段)。

(1)批判杜林在社会历史观上的先验论方法(第 1—5 段)。

杜林方法的第一步是把每一类认识对象分解为最简单要素;第二步是把不证自明的公理应用于这些要素,然后是要素加上公理得出他的结论,并把结论强加于客观事物。杜林认为,这是数学方法在历史、道德和法方面的应用。恩格斯认为,这种方法只不过是先验主义的变种。它"不是从对象本身去认识某一对象的特性,而是从对象的概念中逻辑地推论出这些特性。""它不是从现实本身推论出现实,而是从观念推论出现实。"杜林用这种先验主义方法建立起来的道德和法的学说,是抽象的、空洞的。它的思想是那个时代保守潮流的反映。

(2)批判杜林抽象的平等观(第 6—10 段)。

杜林按照先验论方法,首先将社会分解为最简单的要素,认为最简单的社会至少由两个人组成。"两个人的意志,就其本身而言,是彼此完全平等的"。恩格斯认为,这是无稽之谈,如果杜林所说的两个人,不是两个男人,而是一男一女,他们在性别上就是不平等的。这种"两个人"的把戏,其实不是杜林的独创,而是杜林从 18 世纪一些思想家如卢梭、亚当·斯密等人的著作中抄来的。杜林的根本错误在于抽象地谈论人和平等。杜林捏造的两个人的"平等","摆脱了一切现实,摆脱了地球上发生的一切民族的、经济的、政治的和宗教的关系,摆脱了一切性别的和个人的特性,以致留在这两个人身上的除了人这个光秃秃的概念以外,再没有别的什么了"。显然,这两个人是脱离现实的抽象的"两个十足的幽灵"。

(3)杜林的平等观是替以私有制为基础的奴隶制辩护(第11—24段)。

杜林认为,两个人的意志中的一方不能向另一方提出任何肯定的要求。如果一方竟然做了,并以暴力来实现,那就产生了非正义等。显然,这是以暴力论为前提的。这种不平等和奴役起源于暴力的谬论,否认了不用暴力的奴役和不平等的历史事实,抹杀了不平等的经济根源,掩盖了剥削阶级奴役劳动人民的实质。

杜林的平等观违反了历史事实,陷入了不可自拔的自相矛盾之中。为此,他不得不承认,两个人也存在有不平等,即两个人存在生理上的不平等,如两个人存在独立自主能力的强弱。此为退却之一。两个人在道德上的不平等,在两个人中,一个具有完全人性的人和一个具有兽性的人,前者可以征服后者。此系退却之二。两个人在精神上的不平等,在两个人中,如果一个按真理和科学行事,另一个则不是,那么一定会发生冲突,前者可以用暴力征服后者,使其回到科学的轨道上来,此乃退却之三也。

按照杜林的逻辑,文明国家对落后民族的暴力侵略和掠夺,都是正当的道德行为。这就是"两个人的完全平等"公理的底蕴。它不仅自相矛盾,而且堕落成了"可耻的逃跑"。

2. 论述平等观的历史发展(第25—30段)。

(1)确立科学的平等观是无产阶级革命实践的要求(第25段)。恩格斯认为,我们虽然结束了对杜林平等观的批判,但还不能因此就把平等观本身抛在一边,必须对平等观进行历史的、阶级的考察。

(2)古代的平等观(第26—27段)。平等是历史的、具体的,不同时代有不同的平等观。一切人都应当是平等的,这是人类社会还没有分化出阶级之前的一种平等观。在奴隶社会,在希腊人和罗马人那里,人们的不平等比任何平等要受重视得多。在封建的中世纪,最初的基督教只承认一切人的一种平等,即原罪的平等。后来,基督教成了为统治阶级服务的工具,出现了僧侣与俗人的对立,很快就使这种基督教平等的萌芽也归于消失了。

(3)资产阶级的平等观(第28—30段)。资产阶级在反封建的斗争中,提出了本阶级的平等要求。这就是:(a)商品所有者都有进行商品交换的平等权利;(b)劳动力买卖双方的权利是平等的;(c)所有人的劳动,作为都是人的劳动是平等的,都具有同等效用。资产阶级平等观本来代表资产阶级利益,但是它却采取了普遍人权的形式，似乎它是代表一切人的。事实上，所谓人权，实质仍然是资产阶级的特权。

3. 无产阶级的平等观(第31—33段)。

无产阶级平等观是伴随着资产阶级反对封建阶级的阶级特权的平等要求而产生的。这种平等观的内容是：资产阶级的平等要求是消灭封建阶级的阶级特权，“无产阶级平等要求的实际内容是消灭阶级的要求”。总之，平等观念本身是一种历史的产物，决不是永恒真理。

思考题：

1. 杜林的平等观及其阶级实质是什么？

2. 为什么说平等观念是历史的产物？无产阶级平等观同资产阶级平等观的根本区别是什么？

3. 在当代，如何理解“无产阶级平等要求的实际内容是消灭阶级的要求”这一科学论断？

(六)第一编　哲学·十一、道德和法。自由和必然(节选)

本章的中心，是揭露杜林在法学方面的错误，论述自由与必然的辩证关系。共54自然段，节选前32自然段，可分两个问题。

1. 揭露杜林在法学和政治学上的错误(第1—27段)。

杜林认为，他对法学和政治学的陈述，“是以最深入的专门研究为基础的”，而马克思先生以往在法律方面的论述则是“粗枝大叶的研究”。恩格斯列举大量的事实，批判了杜林的狂妄无知。

(1)批评杜林对法律概念把握不准。杜林说，民法是确认以“暴力”为基础的所有制，刑法的自然根据是“复仇”。这不仅完全抹杀了法的阶级性，而且根本不符合事实。民法的本质是保护私有制，私有制不是使用暴力的结果，而是生产力发展到一定阶段的产物。刑法是关于犯罪和刑罚的法规，是统治阶级惩治犯罪、巩固其统治的工具。杜林离开经济关系和阶级关系来研究政治学和法学的做法是十分荒唐的(第3—4段)。

(2)批评杜林对拉萨尔案例的评论的错误，指出杜林的三年审判实践，并未加深他的法律知识的科学性(第 5—9 段)。

(3)批评杜林法制史知识的贫乏。杜林认为,实行陪审员一致意见作出判决的制度,这是世界上最好的审判制度。然而这种制度只有在未来完善的社会里才能实行。其实,这种判决方式,早在黑暗的中世纪的英国就已经实行了(第 10—17 段)。

(4)批评杜林的法律知识仅限于普鲁士邦法。杜林认为,普鲁士邦法与省、地方法令并存,这是"杂烩混合"。恩格斯指出,这种状况除了普鲁士法律以外,其他文明国家的法律并非如此。但杜林对此一无所知(第 18—19 段)。

(5)杜林说法庭以"集体意见"的方式进行判决,掩盖了陪审员的个人责任。恩格斯指出,这种方式主要是普鲁士制度,其实在实行英吉利法的地方,审判庭对每个成员都是公开自己的判决的(第 20—24 段)。

(6)杜林认为,废除教会对生、死、婚、葬的干预,只有在未来的共同社会才能做到。实际上这一点俾斯麦早已用一条简单的法律就完成了(第 25—26 段)。

总之,杜林法律知识的真正地平线仅仅只是旧普鲁士东部六省的疆界,除此之外,他几乎一无所知(第 27 段)。

2. 论述自由和必然的辩证关系(第 28—32 段)。

(1)道德和法与自由和必然的关系(第 28 段)。

为什么研究道德和法要探索它与自由和必然的关系?

道德和法是关于人的行为准则的规范,要谈论这个问题,应先回答人的行为有没有自由?如果说没有,人的行为完全由客观必然条件决定,那也就是说,没有个人责任。这就无从提出道德和法的问题。因而,承认人的行为有自由,解决自由和必然的关系,就成了建构道德和法的学说的前提。而自由和必然是揭示人的活动与客观规律之间相互关系的一对范畴。唯意志论和宿命论各执一个片面。马克思主义则不同,既承认必然性,把必然性作为道德和法的客观基础,又承认个人的相对的意志自由,以确定个人行为的道德责任(第 28 段)。

(2)揭露杜林在自由和必然问题上的错误观点。杜林先是认为,人的意志是完全自由的,自由是合理的认识和本能的冲动;后来又说人的意志根本没有自由,前后自相矛盾(第 29—31 段)。

(3)论述自由和必然的关系(第 32 段)。

“自由不在于幻想中摆脱自然规律而独立,而在于认识这些规律,从而能够有计划地使自然规律为一定目的服务。”这就是说:

(a)承认客观必然性是自由的前提。这一观点划清了唯物主义决定论和唯心主义非决定论的界限,批判了杜林的意志绝对自由的唯心主义观点。

(b)自由以客观必然性的认识为基础。这里理解的自由是认识论意义的自由。恩格斯贯彻了唯物主义认识论的原则,划清了在必然性的认识上可知论和不可知论的界限。

(c)自由是根据对必然性的认识来支配自己和外部世界。自由是对必然性的认识。这是旧哲学的命题,黑格尔也承认这一点。马克思主义的不同在于认为,真正的自由是以对必然性认识为基础去支配我们自己和外部世界。

(4)自由是历史发展的产物。

自由是相对的。人类发展的历史是一个不断地从必然王国向自由王国发展的过程。投身于有中国特色的社会主义实践,是我国人民获得自由的惟一途径。

思考题:

1. 道德和法与自由和必然有何内在联系?

2. 恩格斯是怎样论述自由和必然的辩证关系的?掌握自由和必然的辩证关系对当代社会主义建设有何重大意义?

(七)第一编　哲学·十二、辩证法。量和质

第十二、十三章,恩格斯批判杜林的形而上学观点,论述了辩证法的三大规律。本章重点论述了矛盾规律和质量互变规律。共 39 自然段,分两个问题。

1. 批判杜林否认事物矛盾的谬论,阐明矛盾规律的客观性和普遍性原理(第 1—24 段)。

杜林否认矛盾的客观性,认为,存在是没有矛盾的,矛盾只属于思想范畴,与现实无关。杜林认为,黑格尔的辩证法论述了矛盾的现实性,所以是荒谬的。其实并非如此,黑格尔的逻辑学,根本没有讲矛盾的现实性,而只论述了矛盾的主观性(第1—14段)。

恩格斯认为,矛盾辩证法在科学和哲学发展中起着重大作用,这是否认不了的。杜林否认事物矛盾的认识论根源,这是形而上学。恩格斯说:"运动本身就是矛盾"。恩格斯用大量的科学事实,如简单的机械运动、生命运动、思维运动和数学中的辩证法等论证了矛盾的客观性和普遍性(第9—13段)。

杜林认为,《资本论》的"辩证法的混乱",是马克思的"哲学偏见"。在那里,一般等于个别,个别等于一般,"归根到底一切都是一个东西"。恩格斯批判了杜林的攻击,认为这是无中生有。马克思在《资本论》中运用了辩证法,但从来没有把它们说成是一个东西。如果按照杜林的观点,那么资本家和雇佣工人,封建主义的、资本主义和社会主义的生产方式"都是一个东西了"。这是极其愚蠢的(第14—24段)。

2. 批判杜林对质量互变规律的歪曲,论述质量互变规律的客观性和普遍性(第25—39段)。

(1)批判杜林对质量互变规律的歪曲(第25—28段)。

杜林认为,马克思《资本论》关于"货币转化为资本"的原理,是根据黑格尔"量转变为质"的公式套出来的。恩格斯指出杜林是错误的。《资本论》关于货币转化为资本的原理,不是什么套用了黑格尔的公式。相反,而是马克思从关于不变资本和可变资本以及关于剩余价值的研究中得出的结论。这个结论所反映的客观过程,证明了黑格尔在他的《逻辑学》中所发现的下列规律的正确性,即单纯的量的变化到一定点时就会转化为质的差别。杜林企图推翻马克思的结论,显然是徒劳。

(2)论述质量互变规律的客观普遍性(第29—39段)。

恩格斯批评杜林,一方面攻击质量互变规律是"混乱的模糊观念",另一方面在"世界模式论"中谈到无机界向有机界过渡时又抄袭了黑格尔"度量关系的关节线",即"在量变的一定点上骤然发生质变"的观点。这一点证明,他也不能不承认和运用这一规律。接着,恩格斯列举了物理量的变化过程中水的三态变化、社会领域中资本主义的生产协作、化学中三种碳化物的同系列、军事上法国步兵打败埃及的马木留克兵等事实,论证了质量互变规律的客观性和普遍性,有力地驳斥了杜林的谬论。

思考题：

1. 杜林否认矛盾的主要观点是什么？恩格斯是怎样论述矛盾的普遍性和客观性的？

2. 怎样理解“运动本身就是矛盾”的观点？

3. 恩格斯是怎样批判了杜林对《资本论》的攻击，论证了质量互变规律的客观性和普遍性的？

(八)第一编　哲学·十三、辩证法。否定的否定

这一章主要批判杜林对马克思否定之否定规律的攻击，论述否定之否定规律的客观性和普遍性。全章共27自然段，分三个问题。

1. 批判杜林对马克思否定之否定规律的歪曲(第1—12段)。

杜林针对马克思《资本论》第1卷第24章第7节《资本主义积累的历史趋势》中所得出的“重新建立个人所有制”的结论，是因为把黑格尔的否定之否定的辩证法当成了证明的工具，在马克思那里执行了“助产婆的职能”。杜林认为，马克思的社会主义社会，“既是个人的又是社会的所有制的混沌世界”(第1—3段)。

恩格斯从以下两个方面对此进行了批判(第4—12段)：

(1)什么是重建的个人所有制？恩格斯从词源上解释说，在德语中，公有制包括土地和其他生产资料，个人所有制包括产品即消费品。所以，重建的个人所有制是指未来社会自由人联合体的设想，在那里联合体的生产资料是公有的。联合体的总产品，一部分用作生产资料，属于公共所有，一部分用作消费资料，属于个人所有。可见，“既是个人的又是社会的所有制的混沌世界”，不是马克思的，而是杜林的“臆造”。

(2)马克思的辩证法不是作为单纯的证明工具。马克思在《资本论》中对资本主义个人私有制转变为社会主义公有制的论述，是通过对资本主义生产本身的内在规律所得出的结论，而不是把否定之否定作为证明工具主观构造的。在黑格尔那里，他的确把否定之否定规律当做构造和论证其哲学体系的工具。但马克思不同，马克思的辩证法不是单纯的证明工具，而是科学的世

界观和方法论。

2. 批判杜林形而上学的否定观,论述否定之否定规律的客观普遍性(第13—27段)。

(1)否定之否定规律是客观存在的普遍规律。恩格斯通过植物、动物、地质学、数学、社会历史和哲学思维的进程和发展,论述了否定之否定规律的客观普遍性(第13—24段)。

(2)辩证法是关于自然、人类社会和思维的运动和发展的普遍规律的科学。因而,对待否定之否定规律,既要肯定其的普遍有效性,又要注意这个规律在具体过程中所表现出来的每一个个别具体形态的特殊过程的不同特点,不能教条式地照搬和套用(第25段)。

(3)两种否定观的根本对立(第26—27段)。

(a)形而上学的否定观把否定看做是外力强加于事物的东西。认为,否定事物就是"简单地说不,或宣布某一事物不存在,或用任何一种方法把它消灭"。这样,事物的发展过程就中断了,如,把大麦粒磨碎、把昆虫踩死、把正数 α 涂掉等。而辩证的否定是指事物本身所固有的内部矛盾所引起的自我否定。

(b)形而上学把肯定和否定绝对对立起来,要么否定一切,要么肯定一切。唯物辩证法的否定观是"扬弃",是事物联系的环节,是事物发展的环节。

(c)形而上学否认否定的多样性。辩证的否定观认为,否定的方式具有多样性。否定的方式首先取决于过程的特殊性质,辩证的否定是普遍和特殊的统一。否定的基本原理是普遍的,但否定的方式是由事物所处的具体条件决定的。

(九)第一编　哲学·十四、结论

总之,杜林标榜自己的哲学是严格的世界观,但实际上是一碗"最稀薄的清汤"。他的"世界模式论"是他的整个哲学体系的基础,但只不过是黑格尔逻辑学的一个肤浅得无以复加的复制品。在道德和法的方面,表现了最平庸和少见的无知。杜林对辩证法三大规律的攻击,正是他的狭隘的形而上学的思维方式的反映。在生活和价值等问题上,他讲庸人哲学,充满庸人气味。杜林的哲学观点的确充满了荒谬和歪曲,但他的一些错误论述,仍然是现当代一些非马克思主义者挑战马克思主义有代表性的观点。所以，批判和审视杜林的哲学仍然是当代马克思主义研究的不可忽视的一个课题。还有，恩格斯在《反杜林论》中，为了加强论战的有效性和说服力，对马克思的许多基本理论观点进行了再阐释。有的认为，这些阐释同马克思的原意上是一致的。但也有的认为，有些阐释并不符合马克思的原意。比如，重建个人所有制的问题，恩格斯的解释不符合马克思的原意。因为马克思只在分配意义上谈生活资料，从来不在所有制意义上言说生活资料。所以，恩格斯把重建个人所有制理解为未来联合体的一部分个人生活资料归个人所有，这不符合马克思的原意。这些问题如何看，仍然是我们解读《反杜林论》时需要进一步研究和探索的课题。

思考题：

1. 杜林是如何对马克思《资本论》中运用的否定之否定规律进行歪曲的？恩格斯是如何批判的？

2. 恩格斯是如何论证唯物辩证法是科学的世界观和方法论，而不是单纯的证明工具的？

3. 恩格斯对辩证的否定观和形而上学的否定观的区别是如何论述的？它们的当代意义是什么？

（谭培文　广西师范大学）

恩 格 斯

社会主义从空想到科学的发展*

一

现代社会主义，就其内容来说，首先是对现代社会中普遍存在的有财产者和无财产者之间、资本家和雇佣工人之间的阶级对立以及生产中普遍存在的无政府状态这两个方面进行考察的结果。但是，就其理论形式来说，它起初表现为18世纪法国伟大的启蒙学者们所提出的各种原则的进一步的、似乎更彻底的发展。同任何新的学说一样，它必须首先从已有的思想材料出发，虽然它的根子深深扎在物质的经济的事实中。

在法国为行将到来的革命启发过人们头脑的那些伟大人物，本身都是非常革命的。他们不承认任何外界的权威，不管这种权威是什么样的。宗教、

---

* 《社会主义从空想到科学的发展》是由恩格斯于1877—1878年写成的著作《反杜林论》中的三章编成的。

1880年恩格斯应保·拉法格的请求把《反杜林论》中的三章(《引论》的第1章、第3编的第1章和第2章)改写成为一篇独立的通俗的著作。这一著作由保·拉法格译为法文经恩格斯本人校阅后，起初以《空想社会主义和科学社会主义》为题发表在法国社会主义杂志《社会主义评论》1880年第3—5期上，同年又以单行本的形式出版。根据法文本于1882年在日内瓦出版了波兰文本；于1883年在贝内万托出版了意大利文本。1883年，这一著作在霍廷根—苏黎世出版了德文本，书名为《社会主义从空想到科学的发展》(扉页上标的是1882年)；紧接着于同年也在该地出版了德文第二版和第三版。这部著作的俄文译本最初以《科学社会主义》为标题于1882年12月发表在秘密杂志《大学生》第1期上；1884年"劳动解放社"又在日内瓦出版了单行本，标题为《科学社会主义的发展》。丹麦文译本于1885年在哥本哈根出版。在恩格斯生前，这一著作就从德文译成了欧洲各种文字，在工人中得到了广泛的传播，对宣传马克思主义起了巨大的作用。恩格斯生前这一著作的最后一个德文本(第4版)是1891年在柏林出版的。这一著作在材料安排上与《反杜林论》的有关章节有所不同，并且对《反杜林论》的本文作了一些补充和改动。

自然观、社会、国家制度，一切都受到了最无情的批判；一切都必须在理性的法庭面前为自己的存在作辩护或者放弃存在的权利。思维着的知性成了衡量一切的惟一尺度。那时，如黑格尔所说的，是世界用头立地的时代。[1]最初，这句话的意思是：人的头脑以及通过头脑的思维发现的原理，要求成为人类的一切活动和社会结合的基础；后来这句话又有了更广泛的含义：同这些原理相矛盾的现实，实际上从上到下都被颠倒了。以往的一切社会形式和国家形式、一切传统观念，都被当作不合理性的东西扔到垃圾堆里去了；到现在为止，世界所遵循的只是一些成见；过去的一切只值得怜悯和鄙视。只是现在阳光才照射出来，理性的王国才开始出现。从今以后，迷信、非正义、特权和压迫，必将为永恒的真理，为永恒的正义，为基于自然的平等和不可剥夺的人权所取代。

现在我们知道，这个理性的王国不过是资产阶级的理想化的王国；永恒的正义在资产阶级的司法中得到实现；平等归结为法律面前的资产阶级的平等；被宣布为最主要的人权之一的是资产阶级的所有权；而理性的国家、卢梭的社会契约[2]在实践中表现为，而且也只能表现为资产阶级的民主共和国。18 世纪伟大的思想家们，也同他们的一切先驱者一样，没有能够超出他们自己的时代使他们受到的限制。

但是，除了封建贵族和作为社会所有其余部分的代表出现的资产阶级之间的对立，还存在着剥削者和被剥削者、游手好闲的富人和从事劳动的穷人之间的普遍的对立。正是由于这种情形，资产阶级的代表才能标榜自己不是某一特殊的阶级的代表，而是整个受苦人类的代表。不仅如此，资产阶级从它产生的时候起就有自己的对立物同它缠在一起：资本家没有雇佣工人就不能存在，而且，随着中世纪的行会师傅发展成为现代的资产者，行会帮工和行会外的短工便相应地发展成为无产者。虽然总的说来，资产阶级**在同贵族斗争时**有理由认为自己同时代表当时的各个劳动阶级的利益，但是在每一个大的资产阶级运动中，都爆发过作为现代无产阶级的发展程度不同的先驱者的那个阶级的独立运动。例如，德国宗教改革和农民战争时期的再洗礼派和托马斯·闵采尔，英国大革命时期的平等派[3]，法国大革命时期的巴贝夫。伴随着一个还没有成熟的阶级的这些革命发动，产生了相应的理论表现；在 16 世纪和 17 世纪有理想社会制度的空想的描写[4]，而在 18 世纪已经有了直接共产主义的理论(摩莱里和马布利)。平等的要求已经不再限于政治权利方面,它也应当扩大到个人的社会地位方面;必须加以消灭的不仅是阶级特权,而且是阶级差别本身。禁欲主义的、禁绝一切生活享受的、斯巴达式的共产主义,是这种新学说的第一个表现形式。后来出现了三个伟大的空想主义者:圣西门、傅立叶和欧文。在圣西门那里,除无产阶级的倾向外,资产阶级的倾向还有一定的影响。欧文在资本主义生产最发达的国家里,在这种生产所造成的种种对立的影响下,直接从法国唯物主义出发,系统地阐述了他的消除阶级差别的方案。

所有这三个人有一个共同点:他们都不是作为当时已经历史地产生的无产阶级的利益的代表出现的。他们和启蒙学者一样,并不是想首先解放某一个阶级,而是想立即解放全人类。他们和启蒙学者一样,想建立理性和永恒正义的王国;但是他们的王国和启蒙学者的王国是有天壤之别的。按照这些启蒙学者的原则建立起来的资产阶级世界也是不合理性的和非正义的,所以也应该像封建制度和一切更早的社会制度一样被抛到垃圾堆里去。真正的理性和正义至今还没有统治世界,这只是因为它们没有被人们正确地认识。所缺少的只是个别的天才人物,现在这种人物已经出现而且已经认识了真理;至于天才人物是在现在出现,真理正是在现在被认识到,这并不是历史发展的进程所必然产生的、不可避免的事情,而纯粹是一种侥幸的偶然现象。这种天才人物在500年前也同样可能诞生,这样他就能使人类免去500年的迷误、斗争和痛苦。

我们已经看到,为革命作了准备的18世纪的法国哲学家们,如何求助于理性,把理性当作一切现存事物的惟一的裁判者。他们认为,应当建立理性的国家、理性的社会,应当无情地铲除一切同永恒理性相矛盾的东西。我们也已经看到,这个永恒的理性实际上不过是恰好那时正在发展成为资产者的中等市民的理想化的知性而已。因此,当法国革命把这个理性的社会和这个理性的国家实现了的时候,新制度就表明,不论它较之旧制度如何合理,却决不是绝对合乎理性的。理性的国家完全破产了。卢梭的社会契约在恐怖时代获得了实现,对自己的政治能力丧失了信心的资产阶级,为了摆脱这种恐怖,起初求助于腐败的督政府,最后则托庇于拿破仑的专制统治。[5]早先许诺的永久和平变成了一场无休止的掠夺战争。理性的社会的遭遇也并不更好一些。富有和贫穷的对立并没有化为普遍的幸福，反而由于沟通这种对立的行会特权和其他特权的废除，由于缓和这种对立的教会慈善设施的取消而更加尖锐化了；现在已经实现的摆脱封建桎梏的"财产自由"，对小资产者和小农说来，就是把他们的被大资本和大地产的强大竞争所压垮的小财产出卖给这些大财主的自由，于是这种"自由"对小资产者和小农说来就变成了**失去**财产的自由；工业在资本主义基础上的迅速发展，使劳动群众的贫穷和困苦成了社会的生存条件。现金交易，如卡莱尔所说的，日益成为社会的惟一纽带。犯罪的次数一年比一年增加。如果说以前在光天化日之下肆无忌惮地干出来的封建罪恶虽然没有消灭，但终究已经暂时被迫收敛了，那么，以前只是暗中偷着干的资产阶级罪恶却更加猖獗了。商业日益变成欺诈。革命的箴言"博爱"[6]化为竞争中的蓄意刁难和忌妒。贿赂代替了暴力压迫，金钱代替刀剑成了社会权力的第一杠杆。初夜权从封建领主手中转到了资产阶级工厂主的手中。卖淫增加到了前所未闻的程度。婚姻本身和以前一样仍然是法律承认的卖淫的形式，是卖淫的官方的外衣，并且还以大量的通奸作为补充。总之，同启蒙学者的华美诺言比起来，由"理性的胜利"建立起来的社会制度和政治制度竟是一幅令人极度失望的讽刺画。那时只是还缺少指明这种失望的人，而这种人随着新世纪的到来就出现了。1802 年出版了圣西门的《日内瓦书信》[7]；1808 年出版了傅立叶的第一部著作[8]，虽然他的理论基础在 1799 年就已经奠定了；1800 年 1 月 1 日，罗伯特·欧文担负了新拉纳克[9]的管理工作。

但是，在这个时候，资本主义生产方式以及随之而来的资产阶级和无产阶级之间的对立还很不发展。在英国刚刚兴起的大工业，在法国还不为人所知。但是，一方面，只有大工业才能发展那些使生产方式的变革，使生产方式的资本主义性质的消除成为绝对必然的冲突——不仅是大工业所产生的各个阶级之间的冲突，而且是它所产生的生产力和交换形式本身之间的冲突；另一方面，大工业又正是通过这些巨大的生产力来发展解决这些冲突的手段。因此，如果说在 1800 年左右，新的社会制度所产生的冲突还只是开始形成，那么，解决这些冲突的手段就更是这样了。虽然巴黎的无财产的群众在恐怖时代曾有一瞬间夺得了统治权，从而能够引导一场甚至是**反对**资产阶级的资产阶级革命达到胜利，但是他们只是以此证明了，他们的统治在当时的条件下是不可能持久的。在当时刚刚作为新阶级的胚胎从这些无财产的群众中分离出来的无产阶级，还完全无力采取独立的政治行动，它表现为一个无力帮助自己，最多只能从外面、从上面取得帮助的受压迫的受苦的等级。

这种历史情况也决定了社会主义创始人的观点。不成熟的理论，是同不成熟的资本主义生产状况、不成熟的阶级状况相适应的。解决社会问题的办法还隐藏在不发达的经济关系中，所以只有从头脑中产生出来。社会所表现出来的只是弊病；消除这些弊病是思维着的理性的任务。于是，就需要发明一套新的更完善的社会制度，并且通过宣传，可能时通过典型示范，从外面强加于社会。这种新的社会制度是一开始就注定要成为空想的，它越是制定得详尽周密，就越是要陷入纯粹的幻想。

这一点已经弄清，我们不再花费时间去谈论现在已经完全属于过去的这一方面了。让著作界的小贩们去一本正经地挑剔这些现在只能使人发笑的幻想吧！让他们去宣扬自己的清醒的思维方式优越于这种“疯狂的念头”吧！使我们感到高兴的，倒是处处突破幻想的外壳而显露出来的天才的思想萌芽和天才的思想，而这些却是那班庸人所看不见的。

圣西门是法国大革命的产儿，他在革命爆发时还不到 30 岁。这次革命，是第三等级即**从事**生产和贸易的国民大众对以前享有特权的**游手好闲的**等级即贵族和僧侣的胜利。但是，很快就暴露出，第三等级的胜利只是这个等级中的一小部分人的胜利，是第三等级中享有社会特权的阶层即拥有财产的资产阶级夺得政治权力。而且这个资产阶级还在革命过程中就迅速地发展起来了，这是因为它利用没收后**加以拍卖的**贵族和教会的地产进行了投机，同时又借承办军需品欺骗了国家。正是这些骗子的统治在督政府时代使法国和革命濒于覆灭，从而使拿破仑有了举行政变的借口。因此，在圣西门的头脑中，第三等级和特权等级之间的对立就采取了“劳动者”和“游手好闲者”之间的对立的形式。游手好闲者不仅是指旧时的特权分子，而且也包括一切不参加生产和贸易而靠租息为生的人。而“劳动者”不仅是指雇佣工人，而且也包括厂主、商人和银行家。游手好闲者失去了精神领导和政治统治的能力，这已经是确定无疑的，而且由革命最终证实了。至于无财产者没有这种能力，在圣西门看来，这已由恐怖时代的经验所证明。那么，应当是谁来领导和统治呢？按照圣西门的意见，应当是科学和工业，它们两者由一种新的宗教纽带结合起来，而这种纽带必然是神秘的和等级森严的“新基督教”，其使命就是恢复从宗教改革时起被破坏了的各种宗教观点的统一。可是，科学就是学者，而工业首先就是积极活动的资产者，厂主、商人、银行家。这些资产者固然应当成为一种公众的官吏、社会的受托人，但是对工人据说应当保持发号施令的和享有经济特权的地位。特别是银行家应当担负起通过调节信用来调节整个社会生产的使命。这样的见解完全适应法国刚刚产生大工业以及随之产生资产阶级和无产阶级的对立的那个时代。但是，圣西门特别强调的是：他随时随地都首先关心“人数最多和最贫穷的阶级”(la classe la plus nombreuse et la plus pauvre)的命运。

圣西门在《日内瓦书信》中已经提出这样一个论点：

“人人应当劳动。”

在同一部著作中他已经指出，恐怖统治是无财产的群众的统治。他向他们高声说道：

“看吧，当你们的伙伴统治法国的时候，那里发生了什么事情？他们造成了饥荒！”[10]

但是，认识到法国革命是阶级斗争，并且不仅是贵族和资产阶级之间的，而且是贵族、资产阶级**和无财产者**之间的阶级斗争，这在1802年是极为天才的发现。在1816年，圣西门宣布政治是关于生产的科学，并且预言政治将完全溶化在经济中。[11]如果说经济状况是政治制度的基础这样的认识在这里仅仅以萌芽状态表现出来，那么对人的政治统治应当变成对物的管理和对生产过程的领导这种思想，即最近纷纷议论的“废除国家”的思想，已经明白地表达出来了。同样比他的同时代人高明的是：在1814年联军刚刚开进巴黎以后，接着又在1815年百日战争期间，他声明，法国和英国的同盟，其次这两个国家和德国的同盟，是欧洲的繁荣和和平的惟一保障。[12]在1815年向法国人鼓吹去和滑铁卢战役的胜利者建立同盟，这确实既要有勇气又要有历史远见。[13]

如果说我们在圣西门那里发现了天才的远大眼光，由于他有这种眼光，后来的社会主义者的几乎所有并非严格意义上的经济学思想都以萌芽状态包含在他的思想中，那么，我们在傅立叶那里就看到了他对现存社会制度所作的具有真正法国人的风趣的、但并不因此就显得不深刻的批判。傅立叶抓住了资产阶级所说的话，抓住了他们的革命前的狂热的预言者和革命后的被收买的奉承者所说的话。他无情地揭露资产阶级世界在物质上和道德上的贫困，他不仅拿这种贫困同以往的启蒙学者关于只是由理性统治的社会、关于能给所有的人以幸福的文明、关于人类无限完善化的能力的诱人的诺言作对比，而且也拿这种贫困同当时的资产阶级思想家的华丽的词句作对比；他指出，同最响亮的词句相对应的到处都是最可怜的现实，他辛辣地嘲讽这种词句的无可挽救的破产。傅立叶不仅是批评家，他的永远开朗的性格还使他成为一个讽刺家，而且是自古以来最伟大的讽刺家之一。他以巧妙而诙谐的笔调描绘了随着革命的低落而盛行起来的投机欺诈和当时法国商业中普遍的小商贩习气。他更巧妙地批判了两性关系的资产阶级形式和妇女在资产阶级社会中的地位。他第一个表述了这样的思想：在任何社会中，妇女解放的程度是衡量普遍解放的天然尺度。[14]但是，傅立叶最了不起的地方表现在他对社会历史的看法上。他把社会历史到目前为止的全部历程分为四个发展阶段：蒙昧、宗法、野蛮和文明。最后一个阶段就相当于现在所谓的资产阶级社会，即从16世纪发展起来的社会制度，他指出：

> “这种文明制度使野蛮时代每一以简单方式犯下的罪恶，都采取了复杂的、暧昧的、两面的、虚伪的存在形式”[15]；

文明时代是在“恶性循环”[16]中运动，是在它不断地重新制造出来而又无法克服的矛盾中运动，因此，它所达到的结果总是同它希望达到或者佯言希望达到的相反。所以，譬如说，

> “在文明时代，**贫困是由过剩本身产生的**”[17]。

我们看到，傅立叶是和他的同时代人黑格尔一样熟练地掌握了辩证法的。他反对关于人类无限完善化的能力的空谈，而同样辩证地断言，每个历史阶段都有它的上升时期[18]，但是也有它的下降时期，而且他还把这个看法运用于整个人类的未来。正如康德把地球将来要归于灭亡的思想引入自然科学一样，傅立叶把人类将来要归于灭亡的思想引入了历史研究。

当革命的风暴横扫整个法国的时候，英国正在进行一场比较平静、但是并不因此就显得缺乏力量的变革。蒸汽和新的工具机把工场手工业变成了现代的大工业，从而把资产阶级社会的整个基础革命化了。工场手工业时代的迟缓的发展进程转变成了生产中的真正的狂飙时期。社会越来越迅速地分化为大资本家和一无所有的无产者，现在处于他们二者之间的，已经不是以前的稳定的中间等级，而是不稳定的手工业者和小商人群众，他们过着动荡不定的生活，是人口中最流动的部分。新的生产方式还处在上升时期的最初阶段；它还是正常的、适当的、在当时条件下惟一可能的生产方式。但是就在那时，它已经产生了明显的社会弊病：无家可归的人挤在大城市的贫民窟里；一切传统的血缘关系、宗法从属关系、家庭关系都解体了；劳动时间、特别是女工和童工的劳动时间延长到可怕的程度；突然被抛到全新的环境中（从乡村转到城市，从农业转到工业，从稳定的生活条件转到天天都在变化的、毫无保障的生活条件）的劳动阶级大批地堕落了。这时有一个 29 岁的厂主作为改革家出现了，这个人具有像孩子一样单纯的高尚的性格，同时又是一个少有的天生的领导者。罗伯特·欧文接受了唯物主义启蒙学者的学说：人的性格是先天组织和人在自己的一生中、特别是在发育时期所处的环境这两个方面的产物。社会地位和欧文相同的大多数人都认为，工业革命只是便于浑水摸鱼和大发横财的一片混乱。欧文则认为，工业革命是运用其心爱的理论并把混乱化为秩序的好机会。当他在曼彻斯特领导一个有五百多工人的工厂的时候，就试行了这个理论，并且获得了成效。从 1800 年到 1829 年间，他按照同样的精神以股东兼经理的身份管理了苏格兰的新拉纳克大棉纺厂，只是在行动上更加自由，而且获得了使他名闻全欧的成效。新拉纳克的人口逐渐增加到 2 500 人，这些人的成分原来是极其复杂的，而且多半是极其堕落的分子，可是欧文把这个地方变成了一个完善的模范移民区，在这里，酗酒、警察、刑事法庭、诉讼、贫困救济和慈善事业都绝迹了。而他之所以能做到这点，只是由于他使人生活在比较合乎人的尊严的环境中，特别是让成长中的一代受到精心的教育。他发明了并且第一次在这里创办了幼儿园。孩子们满一周岁以后就进幼儿园；他们在那里生活得非常愉快，父母几乎领不回去。欧文的竞争者迫使工人每天劳动 13—14 小时，而在新拉纳克工人只劳动 10 小时半。当棉纺织业危机使工厂不得不停工 4 个月的时候，歇工的工人还继续领取全部工资。虽然如此，这个企业的价值还是增加了一倍多，而且直到最后一直给企业主们带来丰厚的利润。

欧文对这一切并不感到满足。他给他的工人创造的生活条件，在他看来还远不是合乎人的尊严的，他说，

"这些人都是我的奴隶"；

他给他们安排的比较良好的环境，还远不足以使人的性格和智慧得到全面的合理的发展，更不用说允许进行自由的生命活动了。

"可是，这 2 500 人中从事劳动的那一部分人给社会生产的实际财富，在不到半个世纪前还需要 60 万人才能生产出来。我问自己：这 2 500 人所消费的财富和以前 60 万人本来应当消费的财富之间的差额到哪里去了呢？"

答案是明白的。这个差额是落到企业所有者的手里去了，他们除了领取5％的基本投资利息以外，还得到 30 万英镑（600 万马克）以上的利润。新拉纳克尚且如此，英国其他一切工厂就更不用说了。

"没有这些由机器创造的新财富，就不能进行推翻拿破仑和保持贵族的社会原则的战争。而这种新的力量是劳动阶级创造的。"[19]

因此，果实也应当属于劳动阶级。在欧文看来，以前仅仅使个别人发财而使群众受奴役的新的强大的生产力，提供了改造社会的基础，它作为大家的共同财产只应当为大家的共同福利服务。

欧文的共产主义就是通过这种纯粹营业的方式，作为所谓商业计算的果实产生出来的。它始终都保持着这种面向实际的性质。例如，在 1823 年，欧文提出了通过共产主义移民区消除爱尔兰贫困的办法，并附上了关于筹建费用、年度开支和预计收入的详细计算。而在他的关于未来的最终计划中，对各种技术上的细节，包括平面图、正面图和鸟瞰图在内，都作了非常内行的规划，以致他的社会改革的方法一旦被采纳，则各种细节的安排甚至从专家的眼光看来也很少有什么可以挑剔的。

转向共产主义是欧文一生中的转折点。当他还只是一个慈善家的时候，他所获得的只是财富、赞扬、尊敬和荣誉。他是欧洲最有名望的人物。不仅社会地位和他相同的人，而且连达官显贵、王公大人们都点头倾听他的讲话。

可是，当他提出他的共产主义理论时，情况就完全变了。在他看来，阻碍社会改革的首先有三大障碍：私有制、宗教和现在的婚姻形式。他知道，他向这些障碍进攻，等待他的将是什么：官场社会的普遍排斥，他的整个社会地位的丧失。但是，他并没有却步，他不顾一切地向这些障碍进攻，而他所预料的事情果然发生了。他被逐出了官场社会，报刊对他实行沉默抵制，他由于以全部财产在美洲进行的共产主义试验失败而变得一贫如洗，于是他就直接转向工人阶级，在工人阶级中又进行了30年的活动。当时英国的有利于工人的一切社会运动、一切实际进步，都是同欧文的名字联在一起的。例如，经过他5年的努力，在1819年通过了限制工厂中妇女和儿童劳动的第一个法律[20]。他主持了英国工会的第一次代表大会，在这次大会上，全国各工会联合成一个总工会[21]。同时，作为向完全共产主义的社会制度过渡的措施，一方面他组织了合作社（消费合作社和生产合作社），这些合作社从这时起至少已经在实践上证明，无论商人或厂主都决不是不可缺少的人物；另一方面他组织了劳动市场[22]，即借助以劳动小时为单位的劳动券来交换劳动产品的机构；这种机构必然要遭到失败，但是充分预示了晚得多的蒲鲁东的交换银行[23]，而它和后者不同的是，它并没有被说成是医治一切社会弊病的万灵药方，而只是被描写为激进得多的社会改造的第一步。

空想主义者的见解曾经长期支配着19世纪的社会主义观点，而且现在还部分地支配着这种观点。法国和英国的一切社会主义者不久前都还信奉这种见解，包括魏特林在内的先前的德国共产主义也是这样。对所有这些人来说，社会主义是绝对真理、理性和正义的表现，只要把它发现出来，它就能用自己的力量征服世界；因为绝对真理是不依赖于时间、空间和人类的历史发展的，所以，它在什么时候和什么地方被发现，那纯粹是偶然的事情。同时，绝对真理、理性和正义在每个学派的创始人那里又是各不相同的；而因为在每个学派的创始人那里，绝对真理、理性和正义的独特形式又是由他们的主观知性、他们的生活条件、他们的知识水平和思维训练水平所决定的，所以，解决各种绝对真理的这种冲突的办法就只能是它们互相磨损。由此只能得出一种折衷的不伦不类的社会主义，这种社会主义实际上直到今天还统治着法国和英国大多数社会主义工人的头脑，它是由各学派创始人的比较不会引起反感的批判性言论、经济学原理和关于未来社会的观念组成的色调极为复杂的混合物，这种混合物的各个组成部分，在辩论的激流中越是磨光其锋利的棱角，就像溪流中圆圆的石子一样，这种混合物就越加容易构成。为了使社会主义变为科学，就必须首先把它置于现实的基础之上。

二

在此期间，同18世纪的法国哲学并列和继它之后，近代德国哲学产生了，并且在黑格尔那里完成了。它的最大的功绩，就是恢复了辩证法这一最高的思维形式。古希腊的哲学家都是天生的自发的辩证论者，他们中最博学的人物亚里士多德就已经研究了辩证思维的最主要的形式。而近代哲学虽然也有辩证法的卓越代表（例如笛卡儿和斯宾诺莎），但是特别由于英国的影响却日益陷入所谓形而上学的思维方式；18世纪的法国人也几乎全都为这种思维方式所支配，至少在他们的专门哲学著作中是如此。可是，在本来意义的哲学之外，他们同样也能够写出辩证法的杰作；我们只要提一下狄德罗的《拉摩的侄子》[24]和卢梭的《论人间不平等的起源》就够了。——在这里，我们就简略地谈谈这两种思维方法的实质。

当我们深思熟虑地考察自然界或人类历史或我们自己的精神活动的时候，首先呈现在我们眼前的，是一幅由种种联系和相互作用无穷无尽地交织起来的画面，其中没有任何东西是不动的和不变的，而是一切都在运动、变化、生成和消逝。所以，我们首先看到的是总画面，其中各个细节还或多或少地隐藏在背景中，我们注意得更多的是运动、转变和联系，而不是注意**什么东西**在运动、转变和联系。这种原始的、素朴的、但实质上正确的世界观是古希腊哲学的世界观，而且是由赫拉克利特最先明白地表述出来的：一切都存在，而又不存在，因为一切都在**流动**，都在不断地变化，不断地生成和消逝。但是，这种观点虽然正确地把握了现象的总画面的一般性质，却不足以说明构成这幅总画面的各个细节；而我们要是不知道这些细节，就看不清总画面。为了认识这些细节，我们不得不把它们从自然的或历史的联系中抽出来，从它们的特性、它们的特殊的原因和结果等等方面来分别地加以研究。这首先是自然科学和历史研究的任务；而这些研究部门，由于十分明显的原因，在古典时代的希腊人那里只占有从属的地位，因为他们首先必须为这种研究搜集材料。只有当自然和历史的材料搜集到一定程度以后，才能进行批判的整理和比较，或者说进行纲、目和种的划分。因此，精确的自然研究只是在亚历山大里亚时期[25]的希腊人那里才开始，而后来在中世纪由阿拉伯人继续发展下去；可是，真正的自然科学只是从15世纪下半叶才开始，从这时起它就获得了日益迅速的进展。把自然界分解为各个部分，把各种自然过程和自然对象分成一定的门类，对有机体的内部按其多种多样的解剖形态进行研究，这是最近400年来在认识自然界方面获得巨大进展的基本条件。但是，这种做法也给我们留下了一种习惯：把自然界中的各种事物和各种过程孤立起来，撇开宏大的总的联系去进行考察，因此，就不是从运动的状态，而是从静止的状态去考察；不是把它们看作本质上变化的东西，而是看作永恒不变的东西；不是从活的状态，而是从死的状态去考察。这种考察方法被培根和洛克从自然科学中移植到哲学中以后，就造成了最近几个世纪所特有的局限性，即形而上学的思维方式。

在形而上学者看来，事物及其在思想上的反映即概念，是孤立的、应当逐个地和分别地加以考察的、固定的、僵硬的、一成不变的研究对象。他们在绝对不相容的对立中思维；他们的说法是："是就是，不是就不是；除此以外，都是鬼话"[26]。在他们看来，一个事物要么存在，要么就不存在；同样，一个事物不能同时是自身又是别的东西。正和负是绝对互相排斥的；原因和结果也同样是处于僵硬的相互对立中。初看起来，这种思维方式对我们来说似乎是极容易理解的，因为它是合乎所谓常识的。然而，常识在日常应用的范围内虽然是极可尊敬的东西，但它一跨入广阔的研究领域，就会碰到极为惊人的变故。形而上学的思维方式，虽然在依对象的性质而展开的各个领域中是合理的，甚至必要的，可是它每一次迟早都要达到一个界限，一超过这个界限，它就会变成片面的、狭隘的、抽象的，并且陷入无法解决的矛盾，因为它看到一个一个的事物，忘记它们互相间的联系；看到它们的存在，忘记它们的生成和消逝；看到它们的静止，忘记它们的运动；因为它只见树木，不见森林。例如，在日常生活中，我们知道并且可以肯定地说，某一动物存在还是不存在；但是，在进行较精确的研究时，我们就发现，这有时是极其麻烦的事情。这一点法学家们知道得很清楚，他们为了判定在子宫内杀死胎儿是否算是谋杀，曾绞尽脑汁去寻找合理的界限，结果总是徒劳。同样，要确定死亡的那一时刻也是不可能的，因为生理学证明，死亡并不是突然的、一瞬间的事情，而是一个很长的过程。同样，任何一个有机体，在每一瞬间都是它本身，又不是它本身；在每一瞬间，它同化着外界供给的物质，并排泄出其他物质；在每一瞬间，它的机体中都有细胞在死亡，也有新的细胞在形成；经过或长或短的一段时间，这个机体的物质便完全更新了，由其他物质的原子代替了，所以，每个有机体永远是它本身，同时又是别的东西。在进行较精确的考察时，我们也发现，某种对立的两极，例如正和负，是彼此不可分离的，正如它们是彼此对立的一样，而且不管它们**如何**对立，它们总是互相渗透的；同样，原因和结果这两个概念，只有应用于个别场合时才适用；可是，只要我们把这种个别的场合放到它同宇宙的总联系中来考察，这两个概念就联结起来，消失在关于普遍相互作用的观念中，而在这种相互作用中，原因和结果经常交换位置；在此时或此地是结果的，在彼时或彼地就成了原因，反之亦然。

所有这些过程和思维方法都是形而上学思维的框子所容纳不下的。相反，对辩证法来说，上述过程正好证明它的方法是正确的，因为辩证法在考察事物及其在观念上的反映时，本质上是从它们的联系、它们的联结、它们的运动、它们的产生和消逝方面去考察的。自然界是检验辩证法的试金石，而且我们必须说，现代自然科学为这种检验提供了极其丰富的、与日俱增的材料，并从而证明了，自然界的一切归根到底是辩证地而不是形而上学地运行的；自然界不是循着一个永远一样的不断重复的圆圈运动，而是经历着实在的历史。这里首先就应当指出达尔文，他极其有力地打击了形而上学的自然观，因为他证明了今天的整个有机界，植物和动物，因而也包括人类在内，都是延续了几百万年的发展过程的产物。可是，由于学会辩证地思维的自然研究家到现在还屈指可数，所以，现在理论自然科学中普遍存在的并使教师和学生、作者和读者同样感到绝望的那种无限混乱的状态，完全可以从已经达到的成果和传统的思维方式之间的这个冲突中得到说明。

因此，要精确地描绘宇宙、宇宙的发展和人类的发展，以及这种发展在人们头脑中的反映，就只有用辩证的方法，只有不断地注视生成和消逝之间、前进的变化和后退的变化之间的普遍相互作用才能做到。近代德国哲学一开始就是以这种精神进行活动的。康德一开始他的学术生涯，就把牛顿的稳定的和经过有名的第一推动后永恒不变的太阳系变成了历史的过程，即太阳和一切行星由旋转的星云团产生的过程。同时，他已经作出了这样的结论：太阳系的产生也预示着它将来的不可避免的灭亡。过了半个世纪，他的观点由拉普拉斯从数学上作出了证明；又过了半个世纪，分光镜证明了，在宇宙空间存在着凝聚程度不同的炽热的气团[27]。

这种近代德国哲学在黑格尔的体系中完成了。在这个体系中，黑格尔第一次——这是他的伟大功绩——把整个自然的、历史的和精神的世界描写为一个过程，即把它描写为处在不断的运动、变化、转变和发展中，并企图揭示这种运动和发展的内在联系。从这个观点看来，人类的历史已经不再是乱七八糟的、统统应当被这时已经成熟了的哲学理性的法庭所唾弃并最好尽快被人遗忘的毫无意义的暴力行为，而是人类本身的发展过程，而思维的任务现在就是要透过一切迷乱现象探索这一过程的逐步发展的阶段，并且透过一切表面的偶然性揭示这一过程的内在规律性。

黑格尔的体系没有解决向自己提出的这个任务，这在这里没有多大关系。他的划时代的功绩是提出了这个任务。这不是任何个人所能解决的任务。虽然黑格尔和圣西门一样是当时最博学的人物，但是他毕竟受到了限制，首先是他自己的必然有限的知识的限制，其次是他那个时代的在广度和深度方面都同样有限的知识和见解的限制。但是，除此以外还有第三种限制。黑格尔是唯心主义者，就是说，在他看来，他头脑中的思想不是现实的事物和过程的或多或少抽象的反映，相反地，在他看来，事物及其发展只是在世界出现以前已经以某种方式存在着的"观念"的实现了的反映。这样，一切都被头足倒置了，世界的现实联系完全被颠倒了。所以，不论黑格尔如何正确地和天才地把握了一些个别的联系，但由于上述原因，就是在细节上也有许多东西不能不是牵强的、造作的、虚构的，一句话，被歪曲的。黑格尔的体系作为体系来说，是一次巨大的流产，但也是这类流产中的最后一次。就是说，它还包含着一个不可救药的内在矛盾：一方面，它以历史的观点作为基本前提，即把人类的历史看作一个发展过程，这个过程按其本性来说在认识上是不能由于所谓绝对真理的发现而结束的；但是另一方面，它又硬说它自己就是这种绝对真理的全部内容。关于自然和历史的无所不包的、最终完成的认识体系，是同辩证思维的基本规律相矛盾的；但是，这样说决不排除，相反倒包含下面一点，即对整个外部世界的有系统的认识是可以一代一代地取得巨大进展的。

一旦了解到以往的德国唯心主义是完全荒谬的，那就必然导致唯物主义，但是要注意，并不是导致18世纪的纯粹形而上学的、完全机械的唯物主义。同那种以天真的革命精神简单地抛弃以往的全部历史的做法相反，现代唯物主义把历史看作人类的发展过程，而它的任务就在于发现这个过程的运动规律。无论在18世纪的法国人那里，还是在黑格尔那里，占统治地位的自然观都认为，自然界是一个沿着狭小的圆圈循环运动的、永远不变的整体，牛顿所说的永恒的天体和林耐所说的不变的有机物种也包含在其中。同这种自然观相反，现代唯物主义概括了自然科学的新近的进步，从这些进步看来，自然界同样也有自己的时间上的历史，天体和在适宜条件下生存在天体上的有机物种一样是有生有灭的；至于循环，即使能够存在，其规模也要大得无比。在这两种情况下，现代唯物主义本质上都是辩证的，而且不再需要任何凌驾于其他科学之上的哲学了。一旦对每一门科学都提出要求，要它们弄清它们自己在事物以及关于事物的知识的总联系中的地位，关于总联系的任何特殊科学就是多余的了。于是，在以往的全部哲学中仍然独立存在的，就只有关于思维及其规律的学说——形式逻辑和辩证法。其他一切都归到关于自然和历史的实证科学中去了。

但是，自然观的这种变革只能随着研究工作提供相应的实证的认识材料而实现，而在这期间一些在历史观上引起决定性转变的历史事实却老早就发生了。1831年在里昂发生了第一次工人起义；在1838—1842年，第一次全国性的工人运动，即英国的宪章派运动[28]，达到了高潮。无产阶级和资产阶级之间的阶级斗争一方面随着大工业的发展，另一方面随着资产阶级新近取得的政治统治的发展，在欧洲最先进的国家的历史中升到了重要地位。事实日益令人信服地证明，资产阶级经济学关于资本和劳动的利益一致、关于自由竞争必将带来普遍和谐和人民的普遍福利的学说完全是撒谎。所有这些事实都再也不能置之不理了，同样，作为这些事实的理论表现（虽然是极不完备的表现）的法国和英国的社会主义也不能再置之不理了。但是，旧的、还没有被排挤掉的唯心主义历史观不知道任何基于物质利益的阶级斗争，而且根本不知道任何物质利益；生产和一切经济关系，在它那里只是被当作“文化史”的从属因素顺便提一下。

新的事实迫使人们对以往的全部历史作一番新的研究，结果发现：以往的**全部**历史，除原始状态外，都是阶级斗争的历史；这些互相斗争的社会阶级在任何时候都是生产关系和交换关系的产物，一句话，都是自己时代的**经济**关系的产物；因而每一时代的社会经济结构形成现实基础，每一个历史时期的由法的设施和政治设施以及宗教的、哲学的和其他的观念形式所构成的全部上层建筑，归根到底都应由这个基础来说明。黑格尔把历史观从形而上学中解放了出来，使它成为辩证的，可是他的历史观本质上是唯心主义的。现在，唯心主义从它的最后的避难所即历史观中被驱逐出去了，一种唯物主义的历史观被提出来了，用人们的存在说明他们的意识，而不是像以往那样用人们的意识说明他们的存在这样一条道路已经找到了。

因此，社会主义现在已经不再被看作某个天才头脑的偶然发现，而被看作两个历史地产生的阶级即无产阶级和资产阶级之间斗争的必然产物。它的任务不再是构想出一个尽可能完善的社会体系，而是研究必然产生这两个阶级及其相互斗争的那种历史的经济的过程；并在由此造成的经济状况中找出解决冲突的手段。可是，以往的社会主义同这种唯物主义的观点是不相容的，正如法国唯物主义的自然观同辩证法和近代自然科学不相容一样。以往的社会主义固然批判了现存的资本主义生产方式及其后果，但是，它不能说明这个生产方式，因而也就制服不了这个生产方式；它只能简单地把它当作坏东西抛弃掉。它越是激烈地反对同这种生产方式密不可分的对工人阶级的剥削，就越是不能明白指出，这种剥削是怎么回事，它是怎样产生的。但是，问题在于：一方面应当说明资本主义生产方式的历史联系和它在一定历史时期存在的必然性，从而说明它灭亡的必然性，另一方面应当揭露这种生产方式的一直还隐蔽着的内在性质。这已经由于**剩余价值**的发现而完成了。已经证明，无偿劳动的占有是资本主义生产方式和通过这种生产方式对工人进行的剥削的基本形式；即使资本家按照劳动力作为商品在商品市场上所具有的全部价值来购买他的工人的劳动力，他从这种劳动力榨取的价值仍然比他为这种劳动力付出的多；这种剩余价值归根到底构成了有产阶级手中日益增加的资本量由以积累起来的价值量。这样就说明了资本主义生产和资本生产的过程。

这两个伟大的发现——唯物主义历史观和通过剩余价值揭开资本主义

生产的秘密，都应当归功于**马克思**。由于这些发现，社会主义变成了科学，现在首先要做的是对这门科学的一切细节和联系作进一步的探讨。

三

唯物主义历史观从下述原理出发：生产以及随生产而来的产品交换是一切社会制度的基础；在每个历史地出现的社会中，产品分配以及和它相伴随的社会之划分为阶级或等级，是由生产什么、怎样生产以及怎样交换产品来决定的。所以，一切社会变迁和政治变革的终极原因，不应当到人们的头脑中，到人们对永恒的真理和正义的日益增进的认识中去寻找，而应当到生产方式和交换方式的变更中去寻找；不应当到有关时代的**哲学**中去寻找，而应当到有关时代的**经济**中去寻找。对现存社会制度的不合理性和不公平、对"理性化为无稽，幸福变成苦痛"[29]的日益觉醒的认识，只是一种征兆，表示在生产方法和交换形式中已经不知不觉地发生了变化，适合于早先的经济条件的社会制度已经不再同这些变化相适应了。同时这还说明，用来消除已经发现的弊病的手段，也必然以或多或少发展了的形式存在于已经发生变化的生产关系本身中。这些手段不应当从头脑中**发明出来**，而应当通过头脑从生产的现成物质事实中**发现出来**。

那么，照此看来，现代社会主义是怎么回事呢？

现在大家几乎都承认，现存的社会制度是由现在的统治阶级即资产阶级创立的。资产阶级所固有的生产方式（从马克思以来称为资本主义生产方式），是同封建制度的地方特权、等级特权以及相互的人身束缚不相容的；资产阶级摧毁了封建制度，并且在它的废墟上建立了资产阶级的社会制度，建立了自由竞争、自由迁徙、商品所有者平等的王国，以及其他一切资产阶级的美妙东西。资本主义生产方式现在可以自由发展了。自从蒸汽和新的工具机把旧的工场手工业变成大工业以后，在资产阶级领导下造成的生产力，就以前所未闻的速度和前所未闻的规模发展起来了。但是，正如从前工场手工业以及在它影响下进一步发展了的手工业同封建的行会桎梏发生冲突一样，大工业得到比较充分的发展时就同资本主义生产方式用来限制它的框框发生冲突了。新的生产力已经超过了这种生产力的资产阶级利用形式；生产力和生产方式之间的这种冲突，并不是像人的原罪和神的正义的冲突那样产生于人的头脑中，而是存在于事实中，客观地、在我们之外、甚至不依赖于引起这种冲突的那些人的意志或行动而存在着。现代社会主义不过是这种实际冲突在思想上的反映，是它在头脑中、首先是在那个直接吃到它的苦头的阶级即工人阶级的头脑中的观念的反映。

那么，这种冲突表现在哪里呢？

在资本主义生产出现之前，即在中世纪，普遍地存在着以劳动者私人占有生产资料为基础的小生产：小农、自由农或依附农的农业和城市的手工业。劳动资料——土地、农具、作坊、手工业工具——都是个人的劳动资料，只供个人使用，因而必然是小的、简陋的、有限的。但是，正因为如此，它们也照例是属于生产者自己的。把这些分散的小的生产资料加以集中和扩大，把它们变成现代的强有力的生产杠杆，这正是资本主义生产方式及其承担者即资产阶级的历史作用。资产阶级怎样从15世纪起经过简单协作、工场手工业和大工业这三个阶段历史地实现了这种作用，马克思在《资本论》第四篇中已经作了详尽的阐述[30]。但是，正如马克思在那里所证明的，资产阶级要是不把这些有限的生产资料从个人的生产资料变为**社会的**，即只能由**一批人共同**使用的生产资料，就不能把它们变成强大的生产力。纺纱机、机械织机和蒸汽锤代替了纺车、手工织机和手工锻锤；需要成百上千的人进行协作的工厂代替了小作坊。同生产资料一样，生产本身也从一系列的个人行动变成了一系列的社会行动，而产品也从个人的产品变成了社会的产品。现在工厂所出产的纱、布、金属制品，都是许多工人的共同产品，都必须顺次经过他们的手，然后才变为成品。他们当中没有一个人能够说：这是**我**做的，这是**我的**产品。

但是，在自发的、无计划地逐渐形成的社会内部分工成了生产的基本形式的地方，这种分工就使产品具有**商品**的形式，而商品的相互交换，即买和卖，使个体生产者有可能满足自己的各式各样的需要。中世纪的情况就是这样。例如，农民把农产品卖给手工业者，从他们那里买得手工业品。在这种个体生产者即商品生产者的社会中，渗入了一种新的生产方式。它在整个社会中占支配地位的自发的**无计划的**分工中间，确立了在个别工厂里的有组织的**有计划的**分工；在**个体**生产旁边出现了**社会的**生产。两者的产品在同一市场上出卖，因而价格至少大体相等。但是，有计划的组织要比自发的分工有力量；采用社会劳动的工厂里所制造的产品，要比分散的小生产者所制造的便宜。个体生产在一个又一个的部门中遭到失败，社会的生产使全部旧的生产方式革命化了。但是它的这种革命性质并不为人所认识，结果它反而被用来当作提高和促进商品生产的手段。它的产生，是同商品生产和商品交换的一定的已经存在的杠杆即商人资本、手工业、雇佣劳动直接联系着的。由于它本身是作为商品生产的一种新形式出现的，所以商品生产的占有形式对它也保持着全部效力。

在中世纪得到发展的那种商品生产中，劳动产品应当属于谁的问题根本不可能发生。当时个体生产者通常都用自己所有的、往往是自己生产的原料，用自己的劳动资料，用自己或家属的手工劳动来制造产品。这样的产品根本用不着他去占有，它自然是属于他的。因此，产品的所有权是以**自己的劳动**为基础的。即使利用过别人的帮助，这种帮助通常也是次要的，而且往往除工资以外还得到别的报酬：行会的学徒和帮工与其说是为了吃饭和挣钱而劳动，不如说是为了自己学成手艺当师傅而劳动。后来生产资料开始集中在大的作坊和手工工场中，开始变为真正社会的生产资料。但是，这些社会的生产资料和产品还像从前一样仍被当作个人的生产资料和产品来处理。从前，劳动资料的占有者占有产品，因为这些产品通常是他自己的产品，别人的辅助劳动是一种例外，而现在，劳动资料的占有者还继续占有产品，虽然这些产品已经不是**他的**产品，而完全是**别人劳动**的产品了。这样，现在按社会方式生产的产品已经不归那些真正使用生产资料和真正生产这些产品的人占有，而是归**资本家**占有。生产资料和生产实质上已经变成社会的了。但是，它们仍然服从于这样一种占有形式，这种占有形式是以个体的私人生产为前提，因而在这种形式下每个人都占有自己的产品并把这个产品拿到市场上去出卖。生产方式虽然已经消灭了这一占有形式的前提，但是它仍然服从于这一占有形式[31]。赋予新的生产方式以资本主义性质的这一矛盾，**已经包含着现代的一切冲突的萌芽**。新的生产方式越是在一切有决定意义的生产部门和一切在经济上起决定作用的国家里占统治地位，并从而把个体生产排挤到无足轻重的残余地位，**社会的生产和资本主义占有的不相容性，也必然越加鲜明地表现出来**。

如上所述，最初的资本家就已经遇到了现成的雇佣劳动形式。但是，那时雇佣劳动是一种例外，一种副业，一种辅助办法，一种暂时措施。不时出去打短工的农业劳动者，都有自己的几亩土地，不得已时单靠这些土地也能生活。行会条例是要使今天的帮工明天可以成为师傅。但是，生产资料一旦变为社会的生产资料并集中在资本家手中，情形就改变了。个体小生产者的生产资料和产品变得越来越没有价值；他们除了受雇于资本家就没有别的出路。雇佣劳动以前是一种例外和辅助办法，现在成了整个生产的通例和基本形式；以前是一种副业，现在成了工人的惟一职业。暂时的雇佣劳动者变成了终身的雇佣劳动者。此外，由于同时发生了封建制度的崩溃，封建主扈从人员被解散，农民被逐出自己的家园等等，终身的雇佣劳动者大量增加了。集中在资本家手中的生产资料和除了自己的劳动力以外一无所有的生产者彻底分裂了。**社会的生产和资本主义占有之间的矛盾表现为无产阶级和资产阶级的对立**。

我们已经看到，资本主义生产方式渗入了商品生产者即通过自己产品的交换来实现社会联系的个体生产者的社会。但是，每个以商品生产为基础的社会都有一个特点：这里的生产者丧失了对他们自己的社会关系的控制。每个人都用自己偶然拥有的生产资料并为自己的个人的交换需要而各自进行生产。谁也不知道，他的那种商品在市场上会出现多少，究竟需要多少；谁也不知道，他的个人产品是否真正为人所需要，是否能收回它的成本，到底是否能卖出去。社会生产的无政府状态占统治地位。但是，商品生产同任何其他生产形式一样，有其特殊的、固有的、和它分不开的规律；这些规律不顾无政府状态、在无政府状态中、通过无政府状态而为自己开辟道路。这些规律在社会联系的惟一继续存在的形式即交换中表现出来，并且作为竞争的强制规律对各个生产者发生作用。所以，这些规律起初连这些生产者也不知道，只是由于长期的经验才逐渐被他们发现。所以，这些规律是在不经过生产者并且同生产者对立的情况下，作为他们的生产形式的盲目起作用的自然规律而为自己开辟道路。产品支配着生产者。

在中世纪的社会里，特别是在最初几世纪，生产基本上是为了供自己消费。它主要只是满足生产者及其家属的需要。在那些有人身依附关系的地方，例如在农村中，生产还满足封建主的需要。因此，在这里没有交换，产品也不具有商品的性质。农民家庭差不多生产了自己所需要的一切：食物、用具和衣服。只有当他们在满足自己的需要并向封建主交纳实物租税以后还能生产更多的东西时，他们才开始生产商品；这种投入社会交换即拿去出卖的多余产品就成了商品。诚然，城市手工业者一开始就必然为交换而生产。但是，他们也自己生产自己所需要的大部分东西；他们有园圃和小块土地；他们在公共森林中放牧牲畜，并且从这些森林中取得木材和燃料；妇女纺麻，纺羊毛等等。以交换为目的的生产，即商品生产，还只是在形成中。因此，交换是有限的，市场是狭小的，生产方式是稳定的，地方和外界是隔绝的，地方内部是统一的；农村中有马尔克[32]，城市中有行会。

但是，随着商品生产的扩展，特别是随着资本主义生产方式的出现，以前潜伏着的商品生产规律也就越来越公开、越来越有力地发挥作用了。旧日的束缚已经松弛，旧日的壁障已经突破，生产者日益变为独立的、分散的商品生产者了。社会生产的无政府状态已经表现出来，并且越来越走向极端。但是，资本主义生产方式用来加剧社会生产中的这种无政府状态的主要工具正是无政府状态的直接对立物：每一个别生产企业中的生产作为社会生产所具有的日益加强的组织性。资本主义生产方式利用这一杠杆结束了旧日的和平的稳定状态。它在哪一个工业部门被采用，就不容许任何旧的生产方法在那里和它并存。它在哪里控制了手工业，就把那里的旧的手工业消灭掉。劳动场地变成了战场。伟大的地理发现以及随之而来的殖民地的开拓使销售市场扩大了许多倍，并且加速了手工业向工场手工业的转化。斗争不仅爆发于地方的各个生产者之间；地方性的斗争又发展为全国性的，发展为 17 世纪和 18 世纪的商业战争[33]。最后，大工业和世界市场的形成使这个斗争成为普遍的，同时使它具有了空前的剧烈性。在资本家和资本家之间，在工业部门和工业部门之间以及国家和国家之间，生死存亡都取决于天然的或人为的生产条件的优劣。失败者被无情地淘汰掉。这是从自然界加倍疯狂地搬到社会中来的达尔文的个体生存斗争。动物的自然状态竟表现为人类发展的顶点。社会的生产和资本主义占有之间的矛盾表现为**个别工厂中生产的组织性和整个社会中生产的无政府状态之间的对立**。

资本主义生产方式在它生而具有的矛盾的这两种表现形式中运动着，它毫无出路地处在早已为傅立叶所发现的"恶性循环"中。诚然,傅立叶在他那个时代还不能看到:这种循环在逐渐缩小;运动无宁说是沿螺线行进,并且必然像行星的运动一样,由于同中心相碰撞而告终。社会的生产无政府状态的推动力使大多数人日益变为无产者,而无产者群众又将最终结束生产的无政府状态。社会的生产无政府状态的推动力,使大工业中的机器无止境地改进的可能性变成一种迫使每个工业资本家在遭受毁灭的威胁下不断改进自己的机器的强制性命令。但是,机器的改进就造成人的劳动的过剩。如果说,机器的采用和增加意味着成百万的手工劳动者为少数机器劳动者所排挤,那么,机器的改进就意味着越来越多的机器劳动者本身受到排挤,而归根到底就意味着造成一批超过资本在经营上的平均需要的、可供支配的雇佣劳动者,一支真正的产业后备军(我早在 1845 年就这样称呼他们[34]),这支后备军在工业开足马力工作的时期可供随意支配,而由于必然随着这个时期到来的崩溃又被抛到街头,这支后备军任何时候都是工人阶级在自己同资本进行生存斗争中的绊脚石,是把工资抑制在合乎资本家需要的低水平上的调节器。这样一来,机器,用马克思的话来说,就成了资本用来对付工人阶级的最强有力的武器,劳动资料不断地夺走工人手中的生活资料,工人自己的产品变成了奴役工人的工具[35]。于是,劳动资料的节约,一开始就同时成为对劳动力的最无情的浪费和对劳动职能的正常前提的剥夺[36];机器这一缩短劳动时间的最有力的手段,变成了使工人及其家属一生的时间转化为可以随意用来增殖资本的劳动时间的最可靠的手段;于是,一部分人的过度劳动成了另一部分人失业的前提,而在全世界追逐新消费者的大工业,却在国内把群众的消费限制到忍饥挨饿这样一个最低水平,从而破坏了自己的国内市场。"使相对过剩人口或产业后备军同积累的规模和能力始终保持平衡的规律把工人钉在资本上,比赫斐斯塔司的楔子把普罗米修斯钉在岩石上钉得还要牢。这一规律制约着同资本积累相适应的贫困积累。因此,在一极是财富的积累,同时在另一极,即在**把自己的产品作为资本来生产的**阶级方面,是贫困、劳动折磨、受奴役、无知、粗野和道德堕落的积累。"(马克思《资本论》第 671 页)[37]而期待资本主义生产方式有另一种产品分配,那就等于要求电池的电极和电池相联时不使水分解,不在阳极放出氧和在阴极放出氢。

我们已经看到，现代机器的已经达到极高程度的改进的可能性，怎样由于社会中的生产无政府状态而变成一种迫使各个工业资本家不断改进自己的机器、不断提高机器的生产能力的强制性命令。对资本家来说，扩大自己的生产规模的单纯的实际可能性也变成了同样的强制性命令。大工业的巨大的扩张力——气体的膨胀力同它相比简直是儿戏——现在在我们面前表现为不顾任何反作用力在质量上和数量上进行扩张的**需要**。这种反作用力是由大工业产品的消费、销路、市场形成的。但是，市场向广度和深度扩张的能力首先是受完全不同的、力量弱得多的规律支配的。市场的扩张赶不上生产的扩张。冲突成为不可避免的了，而且，因为它在把资本主义生产方式本身炸毁以前不能使矛盾得到解决，所以它就成为周期性的了。资本主义生产造成了新的“恶性循环”。

事实上，自从1825年第一次普遍危机爆发以来，整个工商业世界，一切文明民族及其野蛮程度不同的附属地中的生产和交换，差不多每隔十年就要出轨一次。交易停顿，市场盈溢，产品大量滞销积压，银根奇紧，信用停止，工厂停工，工人群众因为他们生产的生活资料过多而缺乏生活资料，破产相继发生，拍卖纷至沓来。停滞状态持续几年，生产力和产品被大量浪费和破坏，直到最后，大批积压的商品以或多或少压低了的价格卖出，生产和交换又逐渐恢复运转。步伐逐渐加快，慢步转成快步，工业快步转成跑步，跑步又转成工业、商业、信用和投机事业的真正障碍赛马中的狂奔，最后，经过几次拼命的跳跃重新陷入崩溃的深渊。如此反复不已。从1825年以来，这种情况我们已经历了整整五次，目前（1877年）正经历着第六次。这些危机的性质表现得这样明显，以致傅立叶把第一次危机称为crise pléthorique［多血性危机］，即由过剩引起的危机时，就中肯地说明了所有这几次危机的实质[38]。

在危机中，社会的生产和资本主义占有之间的矛盾剧烈地爆发出来。商品流通暂时停顿下来；流通手段即货币成为流通的障碍；商品生产和商品流通的一切规律都颠倒过来了。经济的冲突达到了顶点：**生产方式起来反对交换方式**。

工厂内部的生产的社会组织，已经发展到同存在于它之旁并凌驾于它之上的社会中的生产无政府状态不能相容的地步。资本家自己也由于资本的猛烈积聚而感觉到这一事实，这种积聚是在危机期间通过许多大资本家和更多的小资本家的破产实现的。资本主义生产方式的全部机制在它自己创造的生产力的压力下失灵了。它已经不能把这大批生产资料全部变成资本；生产资料闲置起来，因此，产业后备军也不得不闲置起来。生产资料、生活资料、可供支配的工人——生产和一般财富的一切因素，都过剩了。但是，"过剩成了贫困和匮乏的源泉"（傅立叶），因为正是这种过剩阻碍生产资料和生活资料变为资本。因为在资本主义社会里，生产资料要不先变为资本，变为剥削人的劳动力的工具，就不能发挥作用。生产资料和生活资料的资本属性的必然性，像幽灵一样横在这些资料和工人之间。唯独这个必然性阻碍着生产的物的杠杆和人的杠杆的结合；唯独它不允许生产资料发挥作用，不允许工人劳动和生活。因此，一方面，资本主义生产方式暴露出自己无能继续驾驭这种生产力。另一方面，这种生产力本身以日益增长的威力要求消除这种矛盾，要求摆脱它作为资本的那种属性，要求**在事实上承认它作为社会生产力的那种性质**。

猛烈增长着的生产力对它的资本属性的这种反作用力，要求承认生产力的社会本性的这种日益增长的压力，迫使资本家阶级本身在资本关系内部可能的限度内，越来越把生产力当作社会生产力看待。无论是信用无限膨胀的工业高涨时期，还是由大资本主义企业的破产造成的崩溃本身，都使大量生产资料不得不采取像我们在各种股份公司中所遇见的那种社会化形式。某些生产资料和交通手段一开始规模就很大，它们，例如铁路，排斥任何其他的资本主义经营形式。在一定的发展阶段上，这种形式也嫌不够了；国内同一工业部门的大生产者联合为一个"托拉斯"，即一个以调节生产为目的的联盟；他们规定应该生产的总产量，在彼此间分配产量，并且强制实行预先规定的出售价格。但是，这种托拉斯一遇到不景气的时候大部分就陷于瓦解，正因为如此，它们就趋向于更加集中的社会化：整个工业部门变为一个惟一的庞大的股份公司，国内的竞争让位于这一个公司在国内的垄断；例如还在1890年，英国的制碱业就发生了这种情形，现在，这一行业在所有48个大工厂合并后转到一个惟一的、统一管理的、拥有12 000万马克资本的公司手中了。

在托拉斯中，自由竞争转变为垄断，而资本主义社会的无计划生产向行将到来的社会主义社会的计划生产投降。当然，这首先还是对资本家有利的。但是，在这里剥削变得这样明显，以致它必然要崩溃。任何一个民族都不会容忍由托拉斯领导的生产，不会容忍由一小撮专靠剪息票为生的人对全社会进行如此露骨的剥削。

无论在任何情况下，无论有或者没有托拉斯，资本主义社会的正式代表——国家终究不得不[39]承担起对生产的领导。这种转化为国家财产的必然性首先表现在大规模的交通机构，即邮政、电报和铁路方面。

如果说危机暴露出资产阶级无能继续驾驭现代生产力，那么，大的生产机构和交通机构向股份公司、托拉斯和国家财产的转变就表明资产阶级在这方面是多余的。资本家的全部社会职能现在由领工薪的职员来执行了。资本家除了拿红利、持有剪息票、在各种资本家相互争夺彼此的资本的交易所中进行投机以外，再也没有任何其他的社会活动了。资本主义生产方式起初排挤工人，现在却在排挤资本家了，完全像对待工人那样把他们赶到过剩人口中去，虽然暂时还没有把他们赶到产业后备军中去。

但是，无论转化为股份公司和托拉斯，还是转化为国家财产，都没有消除生产力的资本属性。在股份公司和托拉斯的场合，这一点是十分明显的。而现代国家也只是资产阶级社会为了维护资本主义生产方式的一般外部条件使之不受工人和个别资本家的侵犯而建立的组织。现代国家，不管它的形式如何，本质上都是资本主义的机器，资本家的国家，理想的总资本家。它越是把更多的生产力据为己有，就越是成为真正的总资本家，越是剥削更多的公民。工人仍然是雇佣劳动者，无产者。资本关系并没有被消灭，反而被推到了顶点。但是在顶点上是要发生变革的。生产力归国家所有不是冲突的解决，但是它包含着解决冲突的形式上的手段，解决冲突的线索。

这种解决只能是在事实上承认现代生产力的社会本性，因而也就是使生产、占有和交换的方式同生产资料的社会性相适应。而要实现这一点，只有由社会公开地和直接地占有已经发展到除了适于社会管理之外不适于任何其他管理的生产力。现在，生产资料和产品的社会性反过来反对生产者本身，周期性地突破生产方式和交换方式，并且只是作为盲目起作用的自然规律强制性地和破坏性地为自己开辟道路，而随着社会占有生产力，这种社会性就将为生产者完全自觉地运用，并且从造成混乱和周期性崩溃的原因变为生产本身的最有力的杠杆。

社会力量完全像自然力一样，在我们还没有认识和考虑到它们的时候，起着盲目的、强制的和破坏的作用。但是，一旦我们认识了它们，理解了它们的活动、方向和作用，那么，要使它们越来越服从我们的意志并利用它们来达到我们的目的，就完全取决于我们了。这一点特别适用于今天的强大的生产力。只要我们固执地拒绝理解这种生产力的本性和性质（而资本主义生产方式及其辩护士正是抗拒这种理解的），它就总是像上面所详细叙述的那样，起违反我们、反对我们的作用，把我们置于它的统治之下。但是，它的本性一旦被理解，它就会在联合起来的生产者手中从魔鬼似的统治者变成顺从的奴仆。这里的区别正像雷电中的电的破坏力同电报机和弧光灯的被驯服的电之间的区别一样，正像火灾同供人使用的火之间的区别一样。当人们按照今天的生产力终于被认识了的本性来对待这种生产力的时候，社会的生产无政府状态就让位于按照社会总体和每个成员的需要对生产进行的社会的有计划的调节。那时，资本主义的占有方式，即产品起初奴役生产者而后又奴役占有者的占有方式，就让位于那种以现代生产资料的本性为基础的产品占有方式：一方面由社会直接占有，作为维持和扩大生产的资料，另一方面由个人直接占有，作为生活资料和享受资料。

资本主义生产方式日益把大多数居民变为无产者，从而就造成一种在死亡的威胁下不得不去完成这个变革的力量。这种生产方式日益迫使人们把大规模的社会化的生产资料变为国家财产，因此它本身就指明完成这个变革的道路。**无产阶级将取得国家政权，并且首先把生产资料变为国家财产**。但是这样一来，它就消灭了作为无产阶级的自身，消灭了一切阶级差别和阶级对立，也消灭了作为国家的国家。到目前为止在阶级对立中运动着的社会，都需要有国家，即需要一个剥削阶级的组织，以便维持它的外部的生产条件，特别是用暴力把被剥削阶级控制在当时的生产方式所决定的那些压迫条件下（奴隶制、农奴制或依附农制、雇佣劳动制）。国家是整个社会的正式代表，是社会在一个有形的组织中的集中表现，但是，说国家是这样的，这仅仅是说，它是当时独自代表整个社会的那个阶级的国家：在古代是占有奴隶的公民的国家，在中世纪是封建贵族的国家，在我们的时代是资产阶级的国家。当国家终于真正成为整个社会的代表时，它就使自己成为多余的了。当不再有需要加以镇压的社会阶级的时候，当阶级统治和根源于至今的生产无政府状态的个体生存斗争已被消除，而由此二者产生的冲突和极端行动也随着被消除了的时候，就不再有什么需要镇压了，也就不再需要国家这种特殊的镇压力量了。国家真正作为整个社会的代表所采取的第一个行动，即以社会的名义占有生产资料，同时也是它作为国家所采取的最后一个独立行动。那时，国家政权对社会关系的干预在各个领域中将先后成为多余的事情而自行停止下来。那时，对人的统治将由对物的管理和对生产过程的领导所代替。国家不是"被废除"的，**它是自行消亡的**。应当以此来衡量"自由的人民国家"[40]这个用语，这个用语在鼓动的意义上暂时有存在的理由，但归根到底是没有科学根据的；同时也应当以此来衡量所谓无政府主义者提出的在一天之内废除国家的要求。

自从资本主义生产方式在历史上出现以来，由社会占有全部生产资料，常常作为未来的理想隐隐约约地浮现在个别人物和整个整个派别的头脑中。但是，这种占有只有在实现它的实际条件已经具备的时候，才能成为可能，才能成为历史的必然性。正如其他一切社会进步一样，这种占有之所以能够实现，并不是由于人们认识到阶级的存在同正义、平等等等相矛盾，也不是仅仅由于人们希望废除阶级，而是由于具备了一定的新的经济条件。社会分裂为剥削阶级和被剥削阶级、统治阶级和被压迫阶级，是以前生产不大发展的必然结果。只要社会总劳动所提供的产品除了满足社会全体成员最起码的生活需要以外只有少量剩余，就是说，只要劳动还占去社会大多数成员的全部或几乎全部时间，这个社会就必然划分为阶级。在这被迫专门从事劳动的大多数人之旁，形成了一个脱离直接生产劳动的阶级，它掌管社会的共同事务：劳动管理、国家事务、司法、科学、艺术等等。因此，分工的规律就是阶级划分的基础。但是，这并不妨碍阶级的这种划分曾经通过暴力和掠夺、欺诈和蒙骗来实现，这也不妨碍统治阶级一旦掌握政权就牺牲劳动阶级来巩固自己的统治，并把对社会的领导变成对群众的加紧剥削。

但是，如果说阶级的划分根据上面所说具有某种历史的理由，那也只是对一定的时期、一定的社会条件才是这样。这种划分是以生产的不足为基础的，它将被现代生产力的充分发展所消灭。的确，社会阶级的消灭是以这样一个历史发展阶段为前提的，在这个阶段上，不仅某个特定的统治阶级而且任何统治阶级的存在，从而阶级差别本身的存在，都将成为时代的错误，成为过时的现象。所以，社会阶级的消灭是以生产高度发展的阶段为前提的，在这个阶段上，某一特殊的社会阶级对生产资料和产品的占有，从而对政治统治、教育垄断和精神领导的占有，不仅成为多余的，而且成为经济、政治和精神发展的障碍。这个阶段现在已经达到了。资产阶级的政治和精神的破产甚至对他们自己也未必是一种秘密了，而他们的经济破产则有规律地每十年重复一次。在每次危机中，社会在它自己的而又无法加以利用的生产力和产品的重压下奄奄一息，面对着生产者没有什么可以消费是因为缺乏消费者这种荒谬的矛盾而束手无策。生产资料的扩张力撑破了资本主义生产方式所加给它的桎梏。把生产资料从这种桎梏下解放出来，是生产力不断地加速发展的惟一先决条件，因而也是生产本身实际上无限增长的惟一先决条件。但是还不止于此。生产资料的社会占有，不仅会消除生产的现存的人为障碍，而且还会消除生产力和产品的有形的浪费和破坏，这种浪费和破坏在目前是生产的无法摆脱的伴侣，并且在危机时期达到顶点。此外，这种占有还由于消除了现在的统治阶级及其政治代表的穷奢极欲的挥霍而为全社会节省出大量的生产资料和产品。通过社会生产，不仅可能保证一切社会成员有富足的和一天比一天充裕的物质生活，而且还可能保证他们的体力和智力获得充分的自由的发展和运用，这种可能性现在第一次出现了，但它**确实是出现了**[41]。

一旦社会占有了生产资料，商品生产就将被消除，而产品对生产者的统治也将随之消除。社会生产内部的无政府状态将为有计划的自觉的组织所代替。个体生存斗争停止了。于是，人在一定意义上才最终地脱离了动物界，从动物的生存条件进入真正人的生存条件。人们周围的、至今统治着人们的生活条件，现在受人们的支配和控制，人们第一次成为自然界的自觉的和真正的主人，因为他们已经成为自身的社会结合的主人了。人们自己的社会行动的规律，这些一直作为异己的、支配着人们的自然规律而同人们相对立的规律，那时就将被人们熟练地运用，因而将听从人们的支配。人们自身的社会结合一直是作为自然界和历史强加于他们的东西而同他们相对立的，现在则变成他们自己的自由行动了。至今一直统治着历史的客观的异己的力量，现在处于人们自己的控制之下了。只是从这时起，人们才完全自觉地自己创造自己的历史；只是从这时起，由人们使之起作用的社会原因才大部分并且越来越多地达到他们所预期的结果。这是人类从必然王国进入自由王国的飞跃。

最后，我们把上述的发展进程简单地概述如下：

一、**中世纪社会**：个体的小生产。生产资料是供个人使用的，因而是原始的、笨拙的、小的、效能很低的。生产都是为了直接消费，无论是生产者本身的消费，还是他的封建领主的消费。只有在生产的东西除了满足这些消费以外还有剩余的时候，这种剩余才拿去出卖和进行交换；所以，商品生产刚刚处于形成过程中；但是这时它本身已经包含着**社会生产的无政府状态**的萌芽。

二、**资本主义革命**：起初是工业通过简单协作和工场手工业实现的变革。先前分散的生产资料集中到大作坊中，因而它们就由个人的生产资料转变为社会的生产资料，这种转变总的说来没有触及交换形式。旧的占有形式仍然起作用。**资本家**出现了：他是生产资料的所有者，当然就占有产品并把它们变为商品。生产已经成为社会的活动；而交换以及和它相伴随的占有，仍旧是个体的活动，单个人的活动：**社会的产品被个别资本家所占有**。这就是产生现代社会的一切矛盾的基本矛盾，现代社会就在这一切矛盾中运动，而大工业把它们明显地暴露出来了。

(a)生产者和生产资料相分离。工人注定要终身从事雇佣劳动。**无产阶级和资产阶级相对立。**

(b)支配商品生产的规律日益显露出来，它们的作用日益加强。竞争不可遏止。**个别工厂中的社会组织和整个生产中的社会无政府状态相矛盾。**

(c)一方面是机器的改进，这种改进由于竞争而变成每个厂主必须执行的强制性命令，而且也意味着工人不断遭到解雇：**产生了产业后备军**。另一方面是生产的无限扩张，这也成了每个厂主必须遵守的强制性的竞争规律。这两方面造成了生产力的空前发展、供过于求、生产过剩、市场盈溢、十年一次的危机、恶性循环：**这里是生产资料和产品过剩，那里是**没有工作和没有生活资料的**工人过剩**；但是，生产和社会福利的这两个杠杆不能结合起来，因为资本主义的生产形式不允许生产力发挥作用，不允许产品进行流通，除非生产力和产品先转变为资本，而阻碍这种转变的正是生产力和产品的过剩。这种矛盾发展到荒谬的程度：**生产方式起来反对交换形式**。资产阶级已经暴露出自己无能继续管理自己的社会生产力。

(d)资本家本身不得不部分地承认生产力的社会性。大规模的生产机构和交通机构起初由**股份公司**占有，后来由托拉斯占有，然后又由**国家**占有。资产阶级表明自己已成为多余的阶级；它的全部社会职能现在由领工薪的职员来执行了。

三、**无产阶级革命**，矛盾的解决：无产阶级将取得公共权力，并且利用这个权力把脱离资产阶级掌握的社会生产资料变为公共财产。通过这个行动，无产阶级使生产资料摆脱了它们迄今具有的资本属性，使它们的社会性有充分的自由得以实现。从此按照预定计划进行的社会生产就成为可能的了。生产的发展使不同社会阶级的继续存在成为时代的错误。随着社会生产的无政府状态的消失，国家的政治权威也将消失。人终于成为自己的社会结合的主人，从而也就成为自然界的主人，成为自身的主人——自由的人。

完成这一解放世界的事业，是现代无产阶级的历史使命。深入考察这一事业的历史条件以及这一事业的性质本身，从而使负有使命完成这一事业的今天受压迫的阶级认识到自己的行动的条件和性质，这就是无产阶级运动的理论表现即科学社会主义的任务。

写于1880年1月—3月上半月

载于1880年3月20日，4月20日和5月5日《社会主义评论》杂志第3、4和5期；并于1880年在巴黎出版法文单行本：弗·恩格斯《空想社会主义和科学社会主义》

原文是德文

选自《马克思恩格斯选集》第3卷，人民出版社1995年版，第719—760页。

注　释：

[1] 关于法国革命，黑格尔有如下一段话：“正义思想、正义概念**一下子**就得到了承认，非正义的旧支柱不能对它作任何抵抗。因此，在正义思想的基础上现在创立了宪法，今后一切都必须以此为根据。自从太阳照耀在天空而行星围绕着太阳旋转的时候起，还从来没有看到人用头立地，即用思想立地并按照思想去构造现实。阿那克萨哥拉第一个说，Nûs 即理性支配着世界；可是，直到现在人们才认识到，思想应

当支配精神的现实。因此，这是**一次壮丽的日出**。**一切能思维的生物都欢庆这个时代的来临**。这时到处笼罩着一种**高尚的热情，全世界都浸透了一种精神的热忱**，仿佛正是现在达到了神意和人世的和解。”（黑格尔《历史哲学》1840年版第535页）难道现在不正是应当用反社会党人法去反对已故的黑格尔教授的这种危害社会秩序的颠覆学说吗？

[2] 按照卢梭的理论，人们最初生活在自然状态中，在这种状态下，人人都是平等的。私有财产的形成和不平等的占有关系的发展决定了人们从自然状态向市民状态的过渡，并导致以社会契约为基础的国家的形成。政治上的不平等的进一步发展破坏了这种社会契约，导致某种新的自然状态的形成。能够消除这一自然状态的，据说是以某种新的社会契约为基础的理性国家。

卢梭在1755年阿姆斯特丹版的《论人间不平等的起源和原因》以及1762年阿姆斯特丹版的《社会契约论，或政治权利的原则》这两部著作中详细阐述了这一理论。——356、720。

[3] 恩格斯在这里是指“*真正平等派*”，又称“*掘地派*”。他们是17世纪英国资产阶级革命时期的极左派，代表城乡贫民阶层的利益，要求消灭土地私有制，宣传原始的平均共产主义思想，并企图通过集体开垦公有土地来实现这种思想。——357、721。

[4] 这里首先是指空想共产主义的代表人物托·莫尔的著作《乌托邦》（1516年出版）和托·康帕内拉的《太阳城》（1623年出版）。——357、721。

[5] *恐怖时代*指雅各宾派的革命民主专政时期（1793年6月—1794年7月），当时雅各宾派为了对付吉伦特派和保皇派的反革命恐怖实行了革命的恐怖。

督政府（由5个督政官组成，每年改选一人）是法国执行权的领导机关。它根据雅各宾派革命专政于1794年失败后所通过的1795年宪法建立，存在到1799年波拿巴政变。它支持反对民主力量的恐怖制度，并维护大资产阶级的利益。——606、722。

[6] 指18世纪末法国资产阶级革命的口号“自由、平等、博爱”。——编者注

[7] 圣西门《一个日内瓦居民给当代人的信》1803年巴黎版。——编者注

[8] 傅立叶《关于四种运动和普遍命运的理论》1808年莱比锡版。——编者注

[9] 苏格兰拉纳克附近的一个棉纺织厂，创办于1784年，在工厂周围形成了一个小镇。——编者注

[10] 圣西门《一个日内瓦居民给当代人的信》的第二封信。——编者注

[11] 指《昂·圣西门给一个美国人的信》第八封信中的一段话。这些信载于昂·圣西门论文集《实业，或为贡献出有用和独立的劳动的一切人的利益所作的政治、道德和

哲学的议论》1817 年巴黎版第 2 卷。——609、726。

[12] 参看圣西门和他的学生奥·梯叶里合著的两本书《论欧洲社会的改组,或论欧洲各民族在保持各自的民族独立性的条件下联合为一个政治统一体的必要性和手段》1814 年 10 月巴黎版和《关于应当用来对付 1815 年同盟的措施的意见》1815 年巴黎版。

1814 年 3 月 31 日第六次反法同盟参加国(俄国、奥地利、英国、普鲁士等国)的同盟国军进入巴黎。拿破仑帝国垮台,拿破仑本人宣布退位后被流放到厄尔巴岛。

百日指拿破仑恢复帝制的短暂时期,1815 年 3 月 20 日他率军从流放地重返巴黎时起,到同年 6 月 22 日在滑铁卢失败后第二次退位时止。——609、726。

[13] 1815 年 6 月 18 日,拿破仑的军队在滑铁卢(比利时)被威灵顿指挥的英荷联军和布吕歇尔指挥的普鲁士军击败。这次战役在 1815 年的战局中起了决定性的作用,它预先决定了第七次反法同盟(英国、俄国、奥地利、普鲁士、瑞典、西班牙等国)的彻底胜利和拿破仑帝国的崩溃。

关于杜林和德国教授的“舌战”,见注 239。——609、726。

[14] 这一思想在傅立叶《关于四种运动的理论》中已作过阐述,该书包含这样一个总的论点:“某一时代的社会进步和变迁是同妇女走向自由的程度相适应的,而社会秩序的衰落是同妇女自由减少的程度相适应的。”傅立叶在下述公式中概括了这个论点:“妇女权利的扩大是一切社会进步的基本原则。”(见《傅立叶全集》1841 年巴黎版第 1 卷第 195—196 页) ——610、727。

[15] 傅立叶《关于普遍统一的理论》第 1 卷和第 4 卷;《傅立叶全集》1843 年巴黎版第 2 卷第 78—79 页和 1841 年巴黎版第 5 卷第 213—214 页。——编者注

[16] 傅立叶《经济的和协会的新世界,或按情欲分类的引人入胜的和合乎自然的劳动方式的发现》;《傅立叶全集》1845 年巴黎版第 6 卷第 27—46、390 页。——编者注

[17] 《傅立叶全集》1845 年巴黎版第 6 卷第 35 页。——编者注

[18] 参看《傅立叶全集》1841 年巴黎版第 1 卷第 50 页及以下几页。——编者注

[19] 摘自《头脑和实践中的革命——致全体“欧洲红色共和党人、共产主义者和社会主义者”并呈 1848 年法国临时政府以及“维多利亚女王和女王的责任顾问”的备忘录》。

[20] 1815 年 1 月,欧文在英国格拉斯哥的一次会议上提出了一系列改善童工和成年工人状况的措施,遭到工厂主们的反对。根据 1815 年 6 月欧文的倡议提出的法案直到 1819 年 7 月才被议会通过形成法律,而且还大大地打了折扣。调整棉纺厂劳动

的法律禁止九岁以下的儿童做工，限定十八岁以下的工人的工作日为十二小时，规定所有工人有两次工间休息作为早饭和午饭的时间，共一个半小时。——614、731。

[21] 1833年10月，由欧文主持在伦敦举行了合作社和职工会的代表大会，会上正式成立了大不列颠和爱尔兰全国产业部门大联盟；联盟的章程于1834年2月被通过。按照欧文的想法，这个联盟应当把生产管理的权力掌握在自己手里，并且通过和平的途径实现对社会的彻底改造。但是这个空想的计划遭到了失败。由于资产阶级社会和国家的强烈反对，该联盟于1834年8月宣告解散。——614、731。

[22] 指劳动产品公平交换市场，见注137。——614、731。

[23] 指蒲鲁东于1849年1月31日尝试成立的人民银行。银行在开始正常业务活动之前就于4月初宣告关闭。——154、614、732。

[24] 德·狄德罗的对话《拉摩的侄子》写成于1762年前后，后又经作者修改了两次。最初由歌德翻译的德译本于1805年在莱比锡出版。第一个法文版发表在1821年巴黎版《狄德罗轶文集》上，该文集实际上1823年才出版。——359、733。

[25] 亚历山大里亚时期是指公元前3世纪到公元7世纪的时期。这个时期因埃及的一个港口城市亚历山大里亚（位于地中海沿岸）成了当时国际经济关系最大中心之一而得名。在这一时期，许多科学，如数学和力学（欧几里得和阿基米德）、地理学、天文学、解剖学、生理学等等，都获得了很大的发展。——359、734。

[26]《新约全书·马太福音》第5章第37节。——编者注

[27] 根据康德的星云假说，太阳系是从原始星云（拉丁文：nebula——雾）发展而来的。康德在1755年柯尼斯堡和莱比锡出版的著作《自然通史和天体论，或根据牛顿原理试论宇宙的结构和机械起源》中阐述了这一假说。这本书是匿名出版的。

拉普拉斯关于太阳系的构成的假说最初于法兰西共和四年（1796年）在巴黎出版的《宇宙体系解说》第1—2卷最后一章中得到了阐述。由他生前编好，死后即1835年出版的此书的最后一版（第6版）中，这个假说是在第七个注中阐述的。

宇宙空间存在着类似康德—拉普拉斯星云假说所设想的原始星云的炽热的云雾体，是由英国天文学家威·哈金斯于1864年用光谱学方法证实的，他在天文学中广泛地运用了古·基尔霍夫和罗·木生在1859年发明的光谱分析法。恩格斯在这里参考了安·赛奇《太阳》1872年不伦瑞克版第787、789—790页。——362、736。

[28] 指宪章运动，见注122。——364、738。

[29] 见歌德《浮士德》第1部第4场（《浮士德的书斋》）。——编者注

[30] 见《马克思恩格斯全集》第 23 卷第 347—553 页。——编者注

[31] 这里无须解释，虽然占有**形式**还是原来那样，可是占有的**性质**由于上述过程而经历的革命，并不亚于生产所经历的革命。我占有我自己的产品还是占有别人的产品，这自然是两种很不相同的占有。顺便提一下：包含着整个资本主义生产方式的萌芽的雇佣劳动是很古老的；它个别地和分散地同奴隶制度并存了几百年。但是，只有在历史前提已经具备时，这一萌芽才能发展成为资本主义生产方式。

[32] 参看恩格斯《马尔克》，见《马克思恩格斯全集》第 19 卷第 351—369 页。——编者注

[33] 指欧洲各大国之间为争夺同印度和美洲通商的霸权以及殖民地市场而在 17 世纪和 18 世纪进行的一系列战争。最初主要的竞争国家是英国和荷兰（1652—1654、1664—1667 和 1672—1674 年的英荷战争是典型的商业战争），后来决定性的战争是在英国和法国之间展开的。所有这些战争的胜利者都是英国，到 18 世纪末，它手中已经集中了几乎全部的世界贸易。——624、747。

[34]《英国工人阶级状况》第 109 页。

[35]《资本论》第 1 卷第 13 章，见《马克思恩格斯全集》第 23 卷第 476—477 和 534 页。——编者注

[36] 同上，第 506—507 页。——编者注

[37] 见本选集第 2 卷第 259 页，着重号是恩格斯加的。——编者注

[38] 参看《傅立叶全集》1845 年巴黎版第 6 卷第 393—394 页。——编者注

[39] 我说"**不得不**"，因为只有在生产资料或交通手段**真正**发展到不适于由股份公司来管理，因而国有化**在经济上**已成为不可避免的情况下，国有化——即使是由目前的国家实行的——才意味着经济上的进步，才意味着达到了一个新的为社会本身占有一切生产力作准备的阶段。但是最近，自从俾斯麦致力于国有化以来，出现了一种冒牌的社会主义，它有时甚至堕落为某些奴才气，无条件地把**任何一种**国有化，甚至俾斯麦的国有化，都说成社会主义的。显然，如果烟草国营是社会主义的，那么拿破仑和梅特涅也应该算入社会主义创始人之列了。比利时国家出于纯粹日常的政治和财政方面的考虑而自己修建国家的铁路干线，俾斯麦并非考虑经济上的必要性，而只是为了使铁路能够更好地适用于战时，只是为了把铁路官员训练成政府的投票家畜，主要是为了取得一种不依赖于议会决定的新的收入来源而把普鲁士的铁路干线收归国有，这无论如何不是社会主义的步骤，既不是直接的，也不是间接的，既不是自觉的，也不是不自觉的。否则，皇家海外贸易公司（海外贸易公司是 1772 年在普鲁士成立的贸易信用公司。该公司享有许多重要的国家特权，它给

予政府巨额贷款，实际上起了政府的银行老板和财政部门经纪人的作用。1904 年正式成为普鲁士国家银行。——628、752。）、皇家陶瓷厂，甚至陆军被服厂，以致在 30 年代弗里德里希-威廉三世时期由一个聪明人一本正经地建议过的妓院国营，也都是社会主义的设施了。

［**40**］“自由的人民国家”是 70 年代德国社会民主党人提出的纲领性要求和流行口号。对这个口号所作的马克思主义的批判，见本卷第 312—319、324—325 页，并见列宁的著作《国家与革命》第 1 章第 4 节和第 4 章第 3 节（《列宁全集》第 31 卷第 14—20、61—63 页）。——631、755。

［**41**］有几个数字可以使人们对现代生产资料即使在资本主义压制下仍然具有的巨大扩张力有个大体的概念。根据吉芬的最新统计（这里关于大不列颠和爱尔兰全部财富的材料引自罗·吉芬的报告《近来联合王国的资本积累》。这个报告是 1878 年 1 月 15 日在统计学会上宣读的，发表在伦敦《统计学会杂志》1878 年 3 月号。——633、757。），大不列颠和爱尔兰的全部财富约计如下：

1814 年……22 亿英镑＝　440 亿马克
1865 年……61 亿英镑＝1 220 亿马克
1875 年……85 亿英镑＝1 700 亿马克

至于在危机中生产资料和产品被破坏的情况，根据 1878 年 2 月 21 日在柏林举行的德国工业家第二次代表大会所作的统计，在最近一次崩溃中，单是**德国铁工业**所遭受的全部损失就达 45 500 万马克。

《社会主义从空想到科学的发展》导读

一、时代背景及其意义

《社会主义从空想到科学的发展》(简称《发展》)一书,是恩格斯将《反杜林论》中的《概论》和第三编的第一、第二两章汇编而成的一部宣传科学社会主义的通俗著作。主要论述了科学社会主义的思想来源、理论基础和基本原理。马克思在1880年给该书写的《法文版前言》中称它是《反杜林论》一书"理论部分中最重要的部分",是"科学社会主义的入门"。列宁称之为每个觉悟工人必读的书籍。

德国自1870—1871年普法战争以后,工人运动蓬勃发展,对德国的统治阶级造成了严重的威胁。德国反动政府一方面镇压工人运动,另一方面又企图宣传一些庸俗的折中主义,以抵制马克思主义在工人中的影响。德国资产阶级的反动知识分子杜林以社会主义的"改革家"面貌出现,拼凑了一套所谓包罗万象的和最终形式的理论体系的假社会主义理论,企图以此来代替马克思主义,从而瓦解工人运动。为了批判杜林的小资产阶级社会主义,捍卫马克思主义,保证国际共产主义运动的健康发展,维护德国社会民主党的团结统一,恩格斯写下了《反杜林论》,从哲学、政治经济学和科学社会主义三个方面对杜林的观点进行了彻底地清算和批判,同时系统完整地阐述了马克思主义基本原理。《反杜林论》发表两年之后,为了进一步促进工人运动的发展,应法国工人党领袖拉法格的请求,恩格斯把《反杜林论》有关科学社会主义的部分编成单行本,书名为《空想社会主义和科学社会主义》,最初发表在法国社会主义杂志《社会主义评论》1880年第3—5期上,同年又以单行本形式出版。1882年该书出版德文第一版单行本时,改名为《社会主义从空想到科学的发展》。由于该书通俗易懂，从而获得了广泛的传播，在短短的10年间就被译成欧洲十多种文字，成为当时影响很大的科学社会主义著作。

《发展》在马克思主义发展史上具有重要的地位。它通俗地阐述了科学社会主义的思想来源、理论基础和基本原理，系统完整地论述了社会主义是如何从空想发展为科学的问题，对于马克思主义和科学社会主义理论的传播起了极为重要的作用。学习这一著作对于我们系统地了解和掌握科学社会主义理论具有十分重要的启蒙意义，对于深化对社会主义本质问题的认识，对于我们建设中国特色社会主义具有重要的现实指导意义。

苏联东欧剧变之后，世界社会主义运动步入低谷，人们对社会主义的科学性产生了怀疑，甚至错误认为社会主义是一种“原罪”。认为，它只是在少数人头脑中凭空产生，是人类历史的一次错误选择。社会主义是科学吗？通过学习恩格斯的这部著作，你将会得出正确的答案。

二、内容简介

《发展》的中心内容是说明社会主义怎样从空想变为科学的，并围绕这个中心阐述了科学社会主义的基本原理。由五大部分组成：马克思写的1880年法文版前言、1882年德文第一版序言、1891年德文第四版序言、1892年英文版导言和正文三章。本文节选正文部分。

（一）第一章，主要阐述了空想社会主义的历史发展、历史功绩及其局限性，指出空想社会主义是科学社会主义的直接理论来源（共29自然段，分三个问题）

1. 论述了现代社会主义（即科学社会主义）产生的经济根源和思想理论根源（第1—5段）。

任何理论都不是凭空产生的，科学社会主义理论的形成既有其物质经济根源，又有其思想理论根源。恩格斯指出，现代社会主义产生的物质经济根源就在于对资本主义社会中资产阶级和无产阶级之间的阶级矛盾，以及资本主义的无政府状态这两个方面进行系统考察之后得出的结论；就其思想理论来源来说,科学社会主义同空想社会主义思想学说有着直接的继承关系。空想社会主义的思想渊源,可以追溯到 18 世纪启蒙思想家的理论观点和政治主张。

2. 阐明了空想社会主义产生的历史背景和历史条件(第 6—8 段)。

空想社会主义产生的历史背景是启蒙思想家的理论在资本主义现实中的破产,产生的历史条件是"资本主义生产方式以及随之而来的资产阶级和无产阶级之间的对立还很不发展"。正是伴随着还不成熟的无产阶级反对资产阶级的斗争,产生了与不成熟的革命斗争相适应的理论——空想社会主义学说。

3. 恩格斯重点评价了三大空想社会主义者的学说(第 9—29 段)。

首先高度赞扬了三大空想社会主义者"显露出来的天才的思想萌芽和天才的思想",充分肯定了他们的理论贡献,指出三大空想社会主义者不仅从政治、经济、思想和道德等方面,对资本主义制度进行了无情的揭露和批判,而且还为人类设想了未来美妙的理想社会,唤起人们的希望。接着恩格斯又指出,三大空想社会主义者存在着理论上的根本缺陷在于,他们的社会主义学说建立在唯心史观基础上,是从抽象的理性出发,而不去研究社会生产方式的辩证运动,从而使自己的理论学说脱离了现实的物质基础。因而,他们无法看清资本主义雇佣劳动制的本质,无法看到无产阶级是变革社会的决定力量,也不懂得阶级斗争是实行社会主义的必要手段,而是把社会主义实现的希望寄托于天才人物的出现或各种实验,企图通过和平的途径过渡到社会主义,结果只能以失败而告终。因此,恩格斯强调,"为了使社会主义变为科学,就必须首先把它置于现实的基础之上",必须抛弃唯心主义的历史观。

(二)第二章,恩格斯着重论证科学社会主义的理论基础,阐述了唯物史观和剩余价值学说的两大发现使社会主义由空想变成了科学(共 12 自然段)

1. 阐述了辩证法的发展过程和唯物辩证法产生的意义(第 1—9 段)。

现代唯物主义辩证法是在批判地吸收黑格尔的唯心主义辩证法合理内核基础上形成的,它的诞生使自然科学和社会科学都彻底地摆脱了旧哲学的束缚,为人类正确认识自然和社会历史发展规律提供了科学的世界观和方法论,为科学社会主义的创立奠定了思想理论基础。

2. 唯物史观的创立具有重大意义(第10—12段)。

唯物史观把唯心史观从它的最后避难所——历史领域驱逐出去,为人们研究社会历史提供了科学的世界观和方法论,使社会历史成为了科学。马克思运用唯物史观剖析资本主义生产方式,创立了剩余价值学说,从而揭示了资本主义剥削的秘密。正是由于唯物史观和剩余价值学说的创立,才使得社会主义由空想变成了科学。

(三)第三章的中心内容是阐明科学社会主义的基本原理

该章是全书的重点。恩格斯运用唯物史观的基本原理,深刻分析了资本主义社会的基本矛盾及其表现,揭示了资本主义必然灭亡和社会主义必然胜利的客观规律,论述了无产阶级革命的社会力量和道路以及社会主义和共产主义的基本特征。共36自然段。

1. 恩格斯运用唯物史观的基本原理,阐述了科学社会主义是资本主义矛盾和冲突在工人阶级头脑中的反映,资本主义的矛盾和冲突是科学社会主义产生的物质经济根源(第1—3段)。

2. 恩格斯论述了资本主义社会的基本矛盾,在于生产的社会化和生产资料的资本主义私人占有之间的矛盾(第4—16段)。

资本主义基本矛盾在阶级关系上表现为无产阶级和资产阶级的剥削与反剥削、压迫与反压迫的对立斗争;在生产上表现为个别工厂生产的组织性和整个社会生产的无政府状态之间的对立。而且随着资本主义的发展,矛盾和冲突愈来愈发展,愈来愈尖锐化。资本主义基本矛盾必然导致经济危机。资本主义生产的社会化和生产资料的资本主义私人占有之间是不可克服的矛盾。资本主义生产方式已经不适应生产力的发展,资本主义必然灭亡。

3. 阐明了资本主义垄断组织的形成与社会主义革命的关系(第17—21段)。

恩格斯指出,垄断组织的出现是资本主义社会的基本矛盾尖锐化的必然产物。垄断组织的形成并没有改变社会化的生产和资本主义私人占有之间的矛盾性质。垄断组织的出现和资产阶级的国有化,客观上为社会主义准备了充分的物质前提。

4. 恩格斯在深刻分析资本主义生产力和生产关系矛盾运动的基础上,阐述了资本主义必然灭亡和社会主义必然胜利的客观规律，并分析了社会主义革命的根本途径和依靠力量(第22—24段)。

5. 恩格斯生动地描绘了未来新社会(包括社会主义和共产主义两大历史阶段)的基本特征(第25—27段)。

第一，未来新社会是生产力高度发达的社会。

第二，未来新社会是消灭私有制、消灭阶级的社会，是国家消亡的社会。

第三，未来新社会实行生产资料社会占有和有计划的生产。

第四，未来新社会消除了商品生产和产品对生产者的统治。

第五，未来新社会，人们成了自然界和社会的真正主人，完全自觉地创造自己的历史，体力和智力获得充分而自由的发展，实现了从必然王国进入自由王国的飞跃。

6. 恩格斯对正文第三部分内容进行的高度概括与总结(第28—36段)。

再次强调了科学社会主义的任务：就是要使被压迫的无产阶级能够清醒地认识到自己解放的条件和性质，最终完成解放世界的神圣使命。

思考题：

1. 科学社会主义产生的经济根源和思想理论根源是什么？

2. 如何认识空想社会主义的历史功绩及其缺陷？

3. 如何理解唯物史观和剩余价值学说的两大发现使社会主义从空想变为科学？

4. 在当今资本主义出现新变化的形势下，如何正确地认识资本主义社会的基本矛盾？

(汤志华　广西师范大学)

恩 格 斯

家庭、私有制和国家的起源(节选)

就路易斯·亨·摩尔根的研究成果而作[1]

1884年第一版序言

以下各章,在某种程度上是实现遗愿。不是别人,正是卡尔·马克思曾打算联系他的——在某种限度内我可以说是我们两人的——唯物主义的历史研究所得出的结论来阐述摩尔根的研究成果,并且只是这样来阐明这些成果的全部意义。原来,摩尔根在美国,以他自己的方式,重新发现了40年前马克思所发现的唯物主义历史观,并且以此为指导,在把野蛮时代和文明时代加以对比的时候,在主要点上得出了与马克思相同的结果。正如德国的职业经济学家多年来热心地抄袭《资本论》同时又顽强地抹煞它一样,英国"史前史"科学的代表对摩尔根的《古代社会》[2],也用了同样的办法。我这本书,只能稍稍补偿我的亡友未能完成的工作。不过,我手中有他写在摩尔根一书的详细摘要[3]中的批语,这些批语我在本书中有关的地方就加以引用。

根据唯物主义观点,历史中的决定性因素,归根结蒂是直接生活的生产和再生产。但是,生产本身又有两种。一方面是生活资料即食物、衣服、住房以及为此所必需的工具的生产;另一方面是人自身的生产,即种的蕃衍。一定历史时代和一定地区内的人们生活于其下的社会制度,受着两种生产的制约:一方面受劳动的发展阶段的制约,另一方面受家庭的发展阶段的制约。劳动越不发展,劳动产品的数量、从而社会的财富越受限制,社会制度就越在较大程度上受血族关系的支配。然而,在以血族关系为基础的这种社会结构中，劳动生产率日益发展起来；与此同时，私有制和交换、财产差别、使用他人劳动力的可能性，从而阶级对立的基础等等新的社会成分，也日益发展起来；这些新的社会成分在几个世代中竭力使旧的社会制度适应新的条件，直到两者的不相容性最后导致一个彻底的变革为止。以血族团体为基础的旧社会，由于新形成的各社会阶级的冲突而被炸毁；代之而起的是组成为国家的新社会，而国家的基层单位已经不是血族团体，而是地区团体了。在这种社会中，家庭制度完全受所有制的支配，阶级对立和阶级斗争从此自由开展起来，这种阶级对立和阶级斗争构成了直到今日的全部**成文**史的内容。

摩尔根的伟大功绩，就在于他在主要特点上发现和恢复了我们成文史的这种史前的基础，并且在北美印第安人的血族团体中找到了一把解开希腊、罗马和德意志上古史上那些极为重要而至今尚未解决的哑谜的钥匙。而他的著作也并非一日之功。他研究自己所得的材料，到完全掌握为止，前后大约有 40 年。然而也正因为如此，他这本书才成为今日划时代的少数著作之一。

在后面的叙述中，读者大体上很容易辨别出来，哪些是属于摩尔根的，哪些是我补充的。在关于希腊和罗马历史的章节中，我没有局限于摩尔根的例证，而是补充了我所掌握的材料。关于克尔特人和德意志人的章节，基本上是属于我的；在这里，摩尔根所掌握的差不多只是第二手的材料，而关于德意志人的章节——除了塔西佗以外——还只是弗里曼先生的不高明的自由主义的赝品[4]。经济方面的论证，对摩尔根的目的来说已经很充分了，对我的目的来说就完全不够，所以我把它全部重新改写过了。最后，凡是没有明确引证摩尔根而作出的结论，当然都由我来负责。

写于 1884 年 3 月底—5 月 26 日

载于 1884 年在苏黎世出版的《家庭、私有制和国家的起源》一书

原文是德文

选自《马克思恩格斯选集》第 4 卷，人民出版社 1995 年版，第 1—3 页。

九
野蛮时代和文明时代

我们已经根据希腊人、罗马人和德意志人这三大实例,探讨了氏族制度的解体。最后,我们来研究一下那些在野蛮时代高级阶段已经破坏了氏族社会组织,而随着文明时代的到来又把它完全消灭的一般经济条件。在这里,马克思的《资本论》对我们来说是和摩尔根的著作同样必要的。

氏族在蒙昧时代中级阶段发生,在高级阶段继续发展起来,就我们现有的资料来判断,到了野蛮时代低级阶段,它便达到了全盛时代。所以现在我们就从这一阶段开始。

这一阶段应当以美洲红种人为例;在这一阶段上,我们发现氏族制度已经完全形成。一个部落分为几个氏族,通常是分为两个[5];随着人口的增加,这些最初的氏族每一个又分裂为几个女儿氏族,对这些女儿氏族来说,母亲氏族便是胞族;部落本身分裂成几个部落,在其中的每一个部落中,我们多半又可以遇到那些老氏族;部落联盟至少是在个别情况下把亲属部落联合在一起。这种简单的组织,是同它所由产生的社会状态完全适应的。它无非是这种社会状态所特有的、自然长成的结构;它能够处理在这样组织起来的社会内部一切可能发生的冲突。对外的冲突,则由战争来解决;这种战争可能以部落的消灭而告终,但从没能以它的被奴役而告终。氏族制度的伟大,但同时也是它的局限,就在于这里没有统治和奴役存在的余地。在氏族制度内部,还没有权利和义务的分别;参与公共事务,实行血族复仇或为此接受赎罪,究竟是权利还是义务这种问题,对印第安人来说是不存在的;在印第安人看来,这种问题正如吃饭、睡觉、打猎究竟是权利还是义务的问题一样荒谬。同样,部落和氏族分为不同的阶级也是不可能的。这就使我们不能不对这种状态的经济基础加以研究了。

人口是极其稀少的;只有在部落的居住地才比较稠密,在这种居住地的周围,首先是一片广大的狩猎地带,其次是把这个部落同其他部落隔离开来的中立的防护森林。分工是纯粹自然产生的;它只存在于两性之间。男子作战、打猎、捕鱼，获取食物的原料，并制作为此所必需的工具。妇女管家，制备衣食——做饭、纺织、缝纫。男女分别是自己活动领域的主人：男子是森林中的主人，妇女是家里的主人。男女分别是自己所制造的和所使用的工具的所有者：男子是武器、渔猎用具的所有者，妇女是家内用具的所有者。家户经济是共产制的，包括几个、往往是许多个家庭[6]。凡是共同制作和使用的东西，都是共同财产：如房屋、园圃、小船。所以，在这里，而且也只有在这里，才真正存在着文明社会的法学家和经济学家所捏造的“自己劳动所得的财产”——现代资本主义所有制还依恃着的最后一个虚伪的法律借口。

但是，人并不是到处都停留在这个阶段。在亚洲，他们发现了可以驯服和在驯服后可以繁殖的动物。野生的雌水牛，需要去猎取；但已经驯服的雌水牛，每年可生一头小牛，此外还可以挤奶。有些最先进的部落——雅利安人、闪米特人，也许还有图兰人，——其主要的劳动部门起初就是驯养牲畜，只是到后来才又有繁殖和看管牲畜。游牧部落从其余的野蛮人群中分离出来——这是**第一次社会大分工**。游牧部落生产的生活资料，不仅比其余的野蛮人多，而且也不相同。同其余的野蛮人比较，他们不仅有数量多得多的乳、乳制品和肉类，而且有兽皮、绵羊毛、山羊毛和随着原料增多而日益增加的纺织物。这就第一次使经常的交换成为可能。在更早的阶段上，只能有偶然的交换；制造武器和工具的特殊技能，可能导致暂时的分工。例如，在许多地方，都发现石器时代晚期的石器作坊的无可置疑的遗迹；在这种作坊中发展了自己技能的匠人，大概是靠全体和为全体工作，正如印度的氏族公社的终身手艺人至今仍然如此一样。在这个阶段上，除了部落内部发生的交换以外，决不可能有其他的交换，而且，即使是部落内部的交换，也仍然是一种例外的事件。相反地，自从游牧部落分离出来以后，我们就看到，各不同部落的成员之间进行交换以及它作为一种经常制度来发展和巩固的一切条件都具备了。起初是部落和部落之间通过各自的氏族酋长来进行交换；但是当畜群开始变为特殊财产[7]的时候，个人交换便越来越占优势，终于成为交换的惟一形式。不过，游牧部落用来同他们的邻人交换的主要物品是牲畜；牲畜变成了一切商品都用它来估价并且到处乐于同它交换的商品——一句话，牲畜获得了货币的职能，在这个阶段上就已经起货币作用了。在商品交换刚刚产生的时候，对货币商品的需求，就以这样的必然性和速度发展起来了。

园圃种植业大概是亚洲的低级阶段野蛮人所不知道的，但它在那里作为田野耕作的先驱而出现不迟于中级阶段。在图兰平原的气候条件下，在漫长而严寒的冬季，没有饲料储备，游牧生活是不可能的；因此，牧草栽培和谷物种植，在这里就成了必要条件。黑海以北的草原，也是如此。但谷物一旦作为家畜饲料而种植，它很快也成了人类的食物。耕地仍然是部落的财产，最初是交给氏族使用，后来由氏族交给家庭公社使用，最后[8]交给个人使用；他们对耕地或许有一定的占有权，但是没有更多的权利。

在这一阶段工业的成就中，特别重要的有两件。第一是织布机；第二是矿石冶炼和金属加工。铜、锡以及二者的合金——青铜是顶顶重要的金属；青铜可以制造有用的工具和武器，但是并不能排挤掉石器；这一点只有铁才能做到，而当时还不知道冶铁。金和银已开始用于首饰和装饰，其价值肯定已比铜和青铜高。

一切部门——畜牧业、农业、家庭手工业——中生产的增加，使人的劳动力能够生产出超过维持劳动力所必需的产品。同时，这也增加了氏族、家庭公社或个体家庭的每个成员所担负的每日的劳动量。吸收新的劳动力成为人们向往的事情了。战争提供了新的劳动力：俘虏变成了奴隶。第一次社会大分工，在使劳动生产率提高，从而使财富增加并且使生产领域扩大的同时，在既定的总的历史条件下，必然地带来了奴隶制。从第一次社会大分工中，也就产生了第一次社会大分裂，分裂为两个阶级：主人和奴隶、剥削者和被剥削者。

至于畜群怎样并且在什么时候从部落或氏族的共同占有变为各个家庭首长的财产，我们至今还不得而知。不过，基本上，这一过渡一定是在这个阶段上发生的。随着畜群和其他新的财富的出现，便发生了对家庭的革命。谋取生活资料总是男子的事情，谋取生活资料的工具是由男子制造的，并且是他们的财产。畜群是新的谋取生活资料的工具，最初对它们的驯养和以后对它们的照管都是男子的事情。因此，牲畜是属于他们的；用牲畜交换来的商品和奴隶，也是属于他们的。这时谋生所得的全部剩余都归了男子；妇女参加它的享用，但在财产中没有她们的份儿。“粗野的”战士和猎人，以在家中次于妇女而占第二位为满足，但“比较温和的”牧人，却依恃自己的财富挤上了首位，把妇女挤到了第二位。而妇女是不能抱怨的。家庭内的分工决定了男女之间的财产分配;这一分工仍然和以前一样,可是它现在却把迄今所存在的家庭关系完全颠倒了过来,这纯粹是因为家庭以外的分工已经不同了。从前保证妇女在家中占统治地位的同一原因——妇女只限于从事家务劳动,——现在却保证男子在家中占统治地位:妇女的家务劳动现在同男子谋取生活资料的劳动比较起来已经相形见绌;男子的劳动就是一切,妇女的劳动是无足轻重的附属品。在这里就已经表明,只要妇女仍然被排除于社会的生产劳动之外而只限于从事家庭的私人劳动,那么妇女的解放,妇女同男子的平等,现在和将来都是不可能的。妇女的解放,只有在妇女可以大量地、社会规模地参加生产,而家务劳动只占她们极少的工夫的时候,才有可能。而这只有依靠现代大工业才能办到,现代大工业不仅容许大量的妇女劳动,而且是真正要求这样的劳动,并且它还力求把私人的家务劳动逐渐融化在公共的事业中。

随着男子在家中的实际统治的确立,实行男子独裁的最后障碍便崩毁了。这种独裁,由于母权制的倾覆、父权制的实行、对偶婚制向专偶制的逐步过渡而被确认,并且永久化了。但是这样一来,在古代的氏族制度中就出现了一个裂口:个体家庭已经成为一种力量,并且以威胁的姿态起来与氏族对抗了。

下一步把我们引向野蛮时代高级阶段,一切文化民族都在这个时期经历了自己的英雄时代:铁剑时代,但同时也是铁犁和铁斧的时代。铁已在为人类服务,它是在历史上起过革命作用的各种原料中最后的和最重要的一种原料。所谓最后的,是指直到马铃薯的出现为止。铁使更大面积的田野耕作,广阔的森林地区的开垦,成为可能;它给手工业工人提供了一种其坚硬和锐利非石头或当时所知道的其他金属所能抵挡的工具。所有这些,都是逐渐实现的;最初的铁往往比青铜还软。所以,石制武器只是慢慢地消失的;不仅在《希尔德布兰德之歌》[9]中,而且在1066年的黑斯廷斯会战中[10]都还使用石斧。但是,进步现在是不可遏止地、更少间断地、更加迅速地进行着。用石墙、城楼、雉堞围绕着石造或砖造房屋的城市,已经成为部落或部落联盟的中心;这是建筑艺术上的巨大进步,同时也是危险增加和防卫需要增加的标志。财富在迅速增加,但这是个人的财富;织布业、金属加工业以及其他一切彼此日益分离的手工业,显示出生产的日益多样化和生产技术的日益改进;农业现在除了提供谷物、豆科植物和水果以外,也提供植物油和葡萄酒,这些东西人们已经学会了制造。如此多样的活动,已经不能由同一个人来进行了;于是发生了**第二次大分工**:手工业和农业分离了。生产的不断增长以及随之而来的劳动生产率的不断增长,提高了人的劳动力的价值;在前一阶段上刚刚产生并且是零散现象的奴隶制,现在成为社会制度的一个根本的组成部分;奴隶们不再是简单的助手了;他们被成批地赶到田野和工场去劳动。随着生产分为农业和手工业这两大主要部门,便出现了直接以交换为目的的生产,即商品生产;随之而来的是贸易,不仅有部落内部和部落边境的贸易,而且海外贸易也有了。然而,所有这一切都还很不发达;贵金属开始成为占优势的和普遍性的货币商品,但是还不是铸造的货币,只是不作加工按重量交换罢了。

除了自由民和奴隶的差别以外,又出现了富人和穷人的差别,——随着新的分工,社会又有了新的阶级划分。各个家庭首长之间的财产差别,炸毁了各地迄今一直保存着的旧的共产制家庭公社;同时也炸毁了为这种公社而实行的土地的共同耕作。耕地起初是暂时地、后来便永久地分配给各个家庭使用,它向完全的私有财产的过渡,是逐渐进行的,是与对偶婚制向专偶制的过渡平行地发生的。个体家庭开始成为社会的经济单位了。

住得日益稠密的居民,对内和对外都不得不更紧密地团结起来。亲属部落的联盟,到处都成为必要的了;不久,各亲属部落的融合,从而分开的各个部落领土融合为一个民族[Volk]的整个领土,也成为必要的了。民族的军事首长——勒克斯,巴赛勒斯,狄乌丹斯,——成了不可缺少的常设的公职人员。还不存在人民大会的地方,也出现了人民大会。军事首长、议事会和人民大会构成了继续发展为军事民主制的氏族社会的各机关。其所以称为“军事”,是因为战争以及进行战争的组织现在已经成为民族生活的正常功能。邻人的财富刺激了各民族的贪欲,在这些民族那里,获取财富已成为最重要的生活目的之一。他们是野蛮人:掠夺在他们看来比劳动获得更容易甚至更光荣。以前打仗只是为了对侵犯进行报复,或者是为了扩大已经感到不够的领土;现在打仗,则纯粹是为了掠夺,战争成了经常性的行当。在新的设防城市的周围屹立着高峻的墙壁并非无故:它们的深壕宽堑成了氏族制度的墓穴,而它们的城楼已经高耸入文明时代了。内部也发生了同样的情形。掠夺战争加强了最高军事首长以及下级军事首长的权力；习惯地由同一家庭选出他们的后继者的办法，特别是从父权制实行以来，就逐渐转变为世袭制，他们最初是耐心等待，后来是要求，最后便僭取这种世袭制了；世袭王权和世袭贵族的基础奠定下来了。于是，氏族制度的机关就逐渐挣脱了自己在民族中，在氏族、胞族和部落中的根子，而整个氏族制度就转化为自己的对立物：它从一个自由处理自己事务的部落组织转变为掠夺和压迫邻近部落的组织，而它的各机关也相应地从人民意志的工具转变为独立的、压迫和统治自己人民的机关了。但是，如果不是对财富的贪欲把氏族成员分裂成富人和穷人，如果不是"同一氏族内部的财产差别把利益的一致变为氏族成员之间的对抗"（马克思语）[11]，如果不是奴隶制的盛行已经开始使人认为用劳动获取生活资料是只有奴隶才配做的、比掠夺更可耻的活动，那么这种情况是决不会发生的。

这样，我们就走到文明时代的门槛了。它是由分工方面的一个新的进步开始的。在野蛮时代低级阶段，人们只是直接为了自身的消费而生产；间或发生的交换行为也是个别的，只限于偶然的剩余物。在野蛮时代中级阶段，我们看到游牧民族已经有牲畜作为财产，这种财产，到了畜群具有相当规模的时候，就可以经常提供超出自身消费的若干余剩；同时，我们也看到了游牧民族和没有畜群的落后部落之间的分工，从而看到了两个并存的不同的生产阶段，也就是看到了进行经常交换的条件。在野蛮时代高级阶段，进一步又发生了农业和手工业之间的分工，于是劳动产品中日益增加的一部分是直接为了交换而生产的，这就把单个生产者之间的交换提升为社会的生活必需。文明时代巩固并加强了所有这些已经发生的各次分工，特别是通过加剧城市和乡村的对立（或者是像古代那样，城市在经济上统治乡村，或者是像中世纪那样，乡村在经济上统治城市）而使之巩固和加强，此外它又加上了一个第三次的、它所特有的、有决定意义的重要分工：它创造了一个不再从事生产而只从事产品交换的阶级——**商人**。在此以前，阶级的形成的一切萌芽，还都只是与生产相联系的；它们把从事生产的人分成了领导者和执行者，或者分成了规模较大和较小的生产者。这里首次出现一个阶级，它根本不参与生产，但完全夺取了生产的领导权，并在经济上使生产者服从自己；它成了每两个生产者之间的不可缺少的中间人，并对他们双方都进行剥削。在可以使生产

者免除交换的辛劳和风险,可以使他们的产品的销路扩展到遥远的市场,而自己因此就成为一个居民的最有用的阶级的借口下,一个寄生阶级,真正的社会寄生虫阶级形成了,它从国内和国外的生产上榨取油水,作为对自己的非常有限的实际贡献的报酬,它很快就获得了大量的财富和相应的社会影响;正因为如此,它在文明时期便取得了越来越荣誉的地位和对生产的越来越大的统治权,直到最后它自己也生产出自己的产品——周期性的商业危机为止。

不过,在我们正在考察的这个发展阶段上,年轻的商人阶级还丝毫没有预感到它未来的伟大事业。但是这个阶级正在形成并且使自己成为必不可少的,而这就够了。随着它,出现了**金属货币**即铸币,随着金属货币就出现了非生产者统治生产者及其生产的新手段。商品的商品被发现了,这种商品以隐蔽的方式包含着其他一切商品,它是可以任意变为任何值得向往和被向往的东西的魔法手段。谁有了它,谁就统治了生产世界。但是谁首先有了它呢? 商人。对货币的崇拜掌握在他手中是万无一失的。他尽心竭力地叫人们知道,一切商品,从而一切商品生产者,都应该毕恭毕敬地匍匐在货币面前。他在实践上证明,在这种财富本身的化身面前,其他一切财富形式都不过是一个影子而已。以后货币的权力再也没有像在它的这个青年时代那样,以如此原始的粗野和横暴的形式表现出来。在使用货币购买商品之后,出现了货币借贷,随着货币借贷出现了利息和高利贷。后世的立法,没有一个像古雅典和古罗马的立法那样残酷无情地、无可挽救地把债务人投在高利贷债权人的脚下,——这两种立法都是作为习惯法而自发地产生的,都只有经济上的强制。

除了表现为商品和奴隶的财富以外,除了货币财富以外,这时还出现了表现为地产的财富。各个人对于原来由氏族或部落给予他们的小块土地的占有权,现在变得如此牢固,以致这些小块土地作为世袭财产而属于他们了。他们最近首先力求实现的,正是要摆脱氏族公社索取这些小块土地的权利,这种权利对他们已成为桎梏了。这种桎梏他们是摆脱了,但是不久他们也失去了新的土地所有权。完全的、自由的土地所有权,不仅意味着不折不扣和毫无限制地占有土地的可能性,而且也意味着把它出让的可能性。只要土地是氏族的财产,这种可能性就不存在。但是,当新的土地占有者彻底摆脱了氏族和部落的最高所有权这一桎梏的时候,他也就挣断了迄今把他同土地密不可分地连在一起的纽带。这意味着什么,和土地私有权同时被发明出来的货币,向他作了说明。土地现在可以成为出卖和抵押的商品了。土地所有权刚一确立,抵押就被发明出来了(见关于雅典的一章)。像淫游和卖淫紧紧跟着专偶制而来一样,如今抵押也紧紧跟着土地所有权而来了。你们曾希望有完全的、自由的、可以出售的土地所有权,那么好了,现在你们得到它了——这就是你所希望的,乔治·唐丹![12]

这样,随着贸易的扩大,随着货币和货币高利贷、土地所有权和抵押的产生,财富便迅速地积聚和集中到一个人数很少的阶级手中,与此同时,大众日益贫困化,贫民的人数也日益增长。新的财富贵族,只要从一开始就恰巧不是旧的部落显贵,便把部落显贵完全排挤到后面去了(在雅典,在罗马,以及在德意志人中间)。随着这种按照财富把自由民分成各个阶级的划分,奴隶的人数特别是在希腊便大大增加起来[13],奴隶的强制性劳动构成了整个社会的上层建筑所赖以建立的基础。

现在我们来看看,在这种社会变革中,氏族制度怎么样了。面对着没有它的参与而兴起的新因素,它显得软弱无力。氏族制度的前提,是一个氏族或部落的成员共同生活在纯粹由他们居住的同一地区中。这种情况早已不存在了。氏族和部落到处都杂居在一起,到处都有奴隶、被保护民和外地人在公民中间居住着。直到野蛮时代中级阶段末期才达到的定居状态,由于居住地受商业活动、职业变换和土地所有权转让的影响而变动不定,所以时常遭到破坏。氏族团体的成员再也不能集会来处理自己的共同事务了;只有不重要的事情,例如宗教节日,还勉强能够安排。除了氏族团体有责任并且能够予以保证的需要和利益以外,由于谋生条件的变革及其所引起的社会结构的变化,又产生了新的需要和利益,这些新的需要和利益不仅同旧的氏族制度格格不入,而且还千方百计在破坏它。由于分工而产生的手工业集团的利益,城市的对立于乡村的特殊需要,都要求有新的机构;但是,每一个这种集团都是由属于极不相同的氏族、胞族和部落的人们组成的,甚至还包括外地人在内;因此,这种机构必须在氏族制度以外,与它并列地形成,从而又是与它对立的。——同时,在每个氏族团体中,也表现出利益的冲突,这种冲突由于富人和穷人、高利贷者和债务人结合于同一氏族和同一部落中而达到最尖锐的地步。——此外,又加上了大批新的、外氏族公社的居民,他们在国内已经能够成为一种力量,像罗马的情况那样,同时他们人数太多,不可能被逐渐接纳到血缘亲属的血族和部落中来。氏族公社作为一种封闭的享有特权的团体对抗着这一批居民;原始的自然形成的民主制变成了可憎的贵族制。——最后,氏族制度是从那种没有任何内部对立的社会中生长出来的,而且只适合于这种社会。除了舆论以外,它没有任何强制手段。但是现在产生了这样一个社会,它由于自己的全部经济生活条件而必然分裂为自由民和奴隶,进行剥削的富人和被剥削的穷人,而这个社会不仅再也不能调和这种对立,反而必然使这些对立日益尖锐化。一个这样的社会,只能或者存在于这些阶级相互间连续不断的公开斗争中,或者存在于第三种力量的统治下,这第三种力量似乎站在相互斗争着的各阶级之上,压制它们的公开的冲突,顶多容许阶级斗争在经济领域内以所谓合法形式决出结果来。氏族制度已经过时了。它被分工及其后果即社会之分裂为阶级所炸毁。它被**国家**代替了。

———

前面我们已经分别考察了国家在氏族制度的废墟上兴起的三种主要形式。雅典是最纯粹、最典型的形式:在这里,国家是直接地和主要地从氏族社会本身内部发展起来的阶级对立中产生的。在罗马,氏族社会变成了封闭的贵族制,它的四周则是人数众多的、站在这一贵族制之外的、没有权利只有义务的平民;平民的胜利炸毁了旧的血族制度,并在它的废墟上面建立了国家,而氏族贵族和平民不久便完全融化在国家中了。最后,在战胜了罗马帝国的德意志人中间,国家是直接从征服广大外国领土中产生的,氏族制度不能提供任何手段来统治这样广阔的领土。但是,由于同这种征服相联系的,既不是跟旧有居民的严重斗争,也不是更加进步的分工;由于被征服者和征服者差不多处于同一经济发展阶段,从而社会的经济基础依然如故,所以,氏族制度能够以改变了的、地区的形式,即以马尔克制度的形式,继续存在几个世纪,甚至在以后的贵族血族和城市望族的血族中,甚至在农民的血族中,例如在迪特马申[14],还以削弱了的形式复兴了一个时期。

可见,国家决不是从外部强加于社会的一种力量。国家也不像黑格尔所断言的是"伦理观念的现实","理性的形象和现实"[15]。确切说,国家是社会在一定发展阶段上的产物；国家是承认：这个社会陷入了不可解决的自我矛盾，分裂为不可调和的对立面而又无力摆脱这些对立面。而为了使这些对立面，这些经济利益互相冲突的阶级，不致在无谓的斗争中把自己和社会消灭，就需要有一种表面上凌驾于社会之上的力量，这种力量应当缓和冲突，把冲突保持在“秩序”的范围以内；这种从社会中产生但又自居于社会之上并且日益同社会相异化的力量，就是国家。

国家和旧的氏族组织不同的地方，第一点就是它**按地区**来划分它的国民。正如我们所看到的，由血缘关系形成和联结起来的旧的氏族公社已经很不够了，这多半是因为它们是以氏族成员被束缚在一定地区为前提的，而这种束缚早已不复存在。地区依然，但人们已经是流动的了。因此，按地区来划分就被作为出发点，并允许公民在他们居住的地方实现他们的公共权利和义务，不管他们属于哪一氏族或哪一部落。这种按照居住地组织国民的办法是一切国家共同的。因此，我们才觉得这种办法很自然；但是我们已经看到，当它在雅典和罗马能够代替按血族来组织的旧办法以前，曾经需要进行多么顽强而长久的斗争。

第二个不同点，是**公共权力**的设立，这种公共权力已经不再直接就是自己组织为武装力量的居民了。这个特殊的公共权力之所以需要，是因为自从社会分裂为阶级以后，居民的自动的武装组织已经成为不可能了。奴隶也包括在居民以内；9 万雅典公民，对于 365 000 奴隶来说，只是一个特权阶级。雅典民主制的国民军，是一种贵族的、用来对付奴隶的公共权力，它控制奴隶使之服从；但是如前所述，为了也控制公民使之服从，宪兵队也成为必要了。这种公共权力在每一个国家里都存在。构成这种权力的，不仅有武装的人，而且还有物质的附属物，如监狱和各种强制设施，这些东西都是以前的氏族社会所没有的。在阶级对立还没有发展起来的社会和偏远的地区，这种公共权力可能极其微小，几乎是若有若无的，像有时在美利坚合众国的某些地方所看到的那样。但是，随着国内阶级对立的尖锐化，随着彼此相邻的各国的扩大和它们人口的增加，公共权力就日益加强。就拿我们今天的欧洲来看吧，在这里，阶级斗争和争相霸占已经把公共权力提升到大有吞食整个社会甚至吞食国家之势的高度。

为了维持这种公共权力，就需要公民缴纳费用——**捐税**。捐税是以前的氏族社会完全没有的。但是现在我们却十分熟悉它了。随着文明时代的向前进展,甚至捐税也不够了;国家就发行期票,借债,即发行**公债**。关于这点,老欧洲也已经屡见不鲜了。

官吏既然掌握着公共权力和征税权,他们就作为社会机关而凌驾于社会**之上**。从前人们对于氏族制度的机关的那种自由的、自愿的尊敬,即使他们能够获得,也不能使他们满足了;他们作为同社会相异化的力量的代表,必须用特别的法律来取得尊敬,凭借这种法律,他们享有了特殊神圣和不可侵犯的地位。文明国家的一个最微不足道的警察,都拥有比氏族社会的全部机构加在一起还要大的"权威";但是文明时代最有势力的王公和最伟大的国家要人或统帅,也可能要羡慕最平凡的氏族酋长所享有的,不是用强迫手段获得的,无可争辩的尊敬。后者是站在社会之中,而前者却不得不企图成为一种处于社会之外和社会之上的东西。

由于国家是从控制阶级对立的需要中产生的,由于它同时又是在这些阶级的冲突中产生的,所以,它照例是最强大的、在经济上占统治地位的阶级的国家,这个阶级借助于国家而在政治上也成为占统治地位的阶级,因而获得了镇压和剥削被压迫阶级的新手段。因此,古希腊罗马时代的国家首先是奴隶主用来镇压奴隶的国家,封建国家是贵族用来镇压农奴和依附农的机关,现代的代议制的国家是资本剥削雇佣劳动的工具。但也例外地有这样的时期,那时互相斗争的各阶级达到了这样势均力敌的地步,以致国家权力作为表面上的调停人而暂时得到了对于两个阶级的某种独立性。17 世纪和 18 世纪的专制君主制,就是这样,它使贵族和市民等级彼此保持平衡;法兰西第一帝国特别是第二帝国的波拿巴主义,也是这样,它唆使无产阶级去反对资产阶级,又唆使资产阶级来反对无产阶级。使统治者和被统治者都显得同样滑稽可笑的这方面的最新成就,就是俾斯麦国家的新的德意志帝国:在这里,资本家和工人彼此保持平衡,并为了破落的普鲁士土容克的利益而遭受同等的欺骗。

此外,在历史上的大多数国家中,公民的权利是按照财产状况分级规定的,这直接地宣告国家是有产阶级用来防御无产阶级的组织。在按照财产状况划分阶级的雅典和罗马,就已经是这样。在中世纪的封建国家中,也是这样,在那里,政治的权力地位是按照地产来排列的。现代的代议制的国家的选举资格，也是这样。但是，对财产差别的这种政治上的承认，决不是本质的东西。相反地，它标志着国家发展的低级阶段。国家的最高形式，民主共和国，在我们现代的社会条件下正日益成为一种不可避免的必然性，它是无产阶级和资产阶级之间的最后决定性斗争只能在其中进行到底的国家形式，——这种民主共和国已经不再正式讲什么财产差别了。在这种国家中，财富是间接地但也是更可靠地运用它的权力的。其形式一方面是直接收买官吏(美国是这方面的典型例子)，另一方面是政府和交易所结成联盟，而公债越增长，股份公司越是不仅把运输业而且把生产本身集中在自己手中，越是把交易所变成自己的中心，这一联盟就越容易实现。除了美国以外，最新的法兰西共和国，也是这方面的一个显著例证，甚至一本正经的瑞士，在这方面也作出了自己的成绩。不过，为了使政府和交易所结成这种兄弟般的联盟，并不一定要有民主共和国，除英国以外，新的德意志帝国也证明了这一点，在德国，很难说普选制究竟是把谁抬得更高，是把俾斯麦还是把布莱希勒德。最后，有产阶级是直接通过普选制来统治的。只要被压迫阶级——在我们这里就是无产阶级——还没有成熟到能够自己解放自己，这个阶级的大多数人就仍将承认现存的社会秩序是惟一可行的秩序，而在政治上成为资本家阶级的尾巴，构成它的极左翼。但是，随着被压迫阶级成熟到能够自己解放自己，它就作为独立的党派结合起来，选举自己的代表，而不是选举资本家的代表了。因此，普选制是测量工人阶级成熟性的标尺。在现今的国家里，普选制不能而且永远不会提供更多的东西；不过，这也就足够了。在普选制的温度计标示出工人的沸点的那一天，他们以及资本家同样都知道该怎么办了。

所以，国家并不是从来就有的。曾经有过不需要国家、而且根本不知国家和国家权力为何物的社会。在经济发展到一定阶段而必然使社会分裂为阶级时，国家就由于这种分裂而成为必要了。现在我们正在以迅速的步伐走向这样的生产发展阶段，在这个阶段上，这些阶级的存在不仅不再必要，而且成了生产的真正障碍。阶级不可避免地要消失，正如它们从前不可避免地产生一样。随着阶级的消失，国家也不可避免地要消失。在生产者自由平等的联合体的基础上按新方式来组织生产的社会，将把全部国家机器放到它应该去的地方，即放到古物陈列馆去，同纺车和青铜斧陈列在一起。

写于1884年3月底—5月26日

1884年以单行本形式在苏黎世出版

原文是德文

选自《马克思恩格斯选集》第4卷，人民出版社1995年版，第158—174页。

注　释：

［1］《家庭、私有制和国家的起源》是马克思主义的基本著作之一。这部著作科学地分析了人类早期的历史，揭示了原始社会制度解体和以私有制为基础的阶级社会形成的过程，阐明了阶级社会的一般特征，弄清了各个不同社会形态中家庭关系发展的特点，剖析了国家的起源和实质，证明了国家由阶级产生，随着阶级的消失，国家也必然消亡。

《家庭、私有制和国家的起源》一书是恩格斯在1884年3月底至5月底这两个月内写成的。恩格斯在整理马克思的手稿时，发现了马克思在1880年到1881年间对美国科学家路·亨·摩尔根的《古代社会》一书所作的详细摘要，其中包含有马克思的许多批语和马克思自己的论点，以及其他补充材料。恩格斯研究了这个摘要以后，确信摩尔根这本书证实了马克思和他两人所制定的唯物主义历史观和他们对原始社会的看法，因此，他认为有必要充分利用马克思的批语以及摩尔根这本书中的某些结论和实际材料，来写一部专门的著作。恩格斯在第1版序言中把这称作"在某种程度上是实现"马克思的"遗愿"，在写这本书的过程中，恩格斯充分利用了马克思的摘要和批语以及对摩尔根著作的结构的改造，而且以自己对希腊和罗马、古代爱尔兰、古代德意志人等等的研究成果(恩格斯的《马尔克》、《论日耳曼人的古代历史》和《法兰克时代》，见《马克思恩格斯全集》第19卷第351—369、478—538和539—599页)以及其他著作大大扩充了研究的范围。

起初恩格斯打算把自己的著作发表在德国社会民主党的公开理论刊物《新时代》杂志(见注3)上，但是后来考虑到当时德国正在实施反社会党人非常法，于是便又放弃了这个计划。1884年10月初，《家庭、私有制和国家的起源》在苏黎世问世。1886年和1889年在斯图加特出版的该书第2版和第3版，实际上是苏黎世社会民主党的出版社尚未售出的《起源》，狄茨把它们买到手以后对封面作了相应改动并加印了一张新的扉页，先注明1886年斯图加特第2版，后又注明1889年斯图加特第3版，然后拿到德国出售。本书的第一批外文译本（波兰文译本、罗马尼亚文译本和意大利文译本）于1885年出版，其中意大利文译本是经恩格斯亲自审定的。此后恩格斯还审定了1888年出版的丹麦文译本。第一个塞尔维亚文译本也于80年代末出版。

1890年，由于积累了有关原始社会史的新材料，恩格斯便着手准备出版本书的新版。在新版准备过程中，他研究了有关这个问题的全部最新文献，其中包括俄国科学家马·马·柯瓦列夫斯基的著作，对原文作了许多修改和订正，并且考虑到考古学和民族学的最新成就，特别对《家庭》这一章作了重要的补充。恩格斯经过修改和补充的《起源》第4版，于1891年底在斯图加特出版。在第4版中所作的最重要的改动，在本卷脚注中都作了说明。

恩格斯生前1892年和1894年《起源》还出版了第5版和第6版，它们都是第4版的翻印。

《起源》首次被译成法文（1893年，根据第4版译出的译文由劳拉·拉法格校订，并经恩格斯审阅）、保加利亚文（1893）、西班牙文（1894）和俄文（1894）；本书到1902年才用英文出版。——1。

[2] 路易斯·亨利·摩尔根《古代社会，或人类从蒙昧时代经过野蛮时代到文明时代的发展过程的研究》伦敦麦克米伦公司1877年版。该书在美国刊印，在伦敦极难买到。作者已于数年前去世。

[3] 马克思《摩尔根〈古代社会〉一书摘要》，见《马克思恩格斯全集》第45卷第328—571页。——编者注

[4] 爱·奥·弗里曼《比较政治》1873年伦敦版。——编者注

[5] “通常是分为两个”是恩格斯在1891年版上增补的。——编者注

[6] 特别是在美洲的西北沿岸，见班克罗夫特的著作。在夏洛特皇后群岛上的海达人部落中，还有700人聚居在一所房屋中的家户经济。在努特卡人那里，整个部落都聚居在一所房屋中生活。

[7] 在1884年版中不是“特殊财产”，而是“私有财产”。——编者注

[8] “交给家庭公社使用，最后”是恩格斯在1891年版上增补的。——编者注

[9] 《希尔德布兰德之歌》这部英雄史诗，是8世纪古代德意志叙事诗文献，保留下来的是一些片断。——136、163。

[10] 1066年10月14日侵入英国的诺曼底公爵威廉的军队在黑斯廷斯附近同盎格鲁撒

克逊人发生了战斗。盎格鲁撒克逊人的军队由于在自己的军事组织中还保持着公社制度的残余,使用的武器装备也是原始的,因此被击败了。盎格鲁撒克逊国王哈罗德战死,而威廉则成了英国国王,称威廉一世,史称征服者威廉一世。——163。

[11] 参看马克思《摩尔根〈古代社会〉一书摘要》(《马克思恩格斯全集》第45卷第522页)。——165。

[12] 莫里哀《乔治·唐丹》第1幕第9场。——编者注

[13] 雅典奴隶的人数见前第117页。在科林斯城全盛时代,奴隶的人数达46万人,在埃吉纳达47万人;在这两个地方奴隶的人数都等于自由民的十倍。

[14] 对于氏族的本质至少已有大致概念的第一个历史编纂学家是尼布尔,这应归功于他熟悉迪特马申(迪特马申是德国北部的一个地区,曾是自由民的一个要塞。自由民曾长期保留公社制度,反抗德国和丹麦封建主的征服。从12世纪中叶起迪特马申的居民逐渐取得独立。旧的地方贵族到13世纪事实上已经消失,在独立时期迪特马申仍是自治的农民公社的总和,这些农民公社的基础在许多地方都是旧有的农民氏族。到14世纪,迪特马申的最高权力属于全体土地自由占有者大会,后来转归三个选举产生的委员会。1559年丹麦国王弗雷德里克二世和荷尔斯泰因公爵约翰和阿道夫的军队摧毁了迪特马申居民的反抗,胜利者瓜分了这个地区。但是公社制度和部分自治在迪特马申一直保存到19世纪下半叶。——170。)的血族。但是他的错误也是直接由此而来的。

[15] 乔·威·弗·黑格尔《法哲学原理》第257和360节。该书第1版于1821年在柏林出版。——170。

《家庭、私有制和国家的起源》(节选)导读

一、时代背景及其意义

恩格斯的《家庭、私有制和国家的起源》(简称《起源》),于 1884 年 3 月至 5 月写成,同年 10 月在瑞士的苏黎世出版。1781 年巴黎公社革命后,国际工人运动有了很大发展,马克思主义得到广泛的传播,引起了资产阶级的极大恐惧,当时一些人专门攻击马克思的关于人类社会发展理论,为私有制、家庭、国家的统治秩序进行辩护,认为私有财产制度、家庭、国家古已有之,它们是自然的、永恒的。为了驳斥这一谬论,恩格斯写作了《起源》一书。

马克思、恩格斯一直都关注整个人类历史的研究,但较为集中地研究原始社会史是在 19 世纪 80 年代。当时许多的历史学家把原始社会排斥在人类社会史之外,否认原始社会是人类历史的一个阶段。马克思反对这一观念,反对用文明史来替代全部人类历史,但未来得及完成这项工作就逝世了。恩格斯在整理马克思手稿时,认为有必要广泛利用马克思关于《摩尔根〈古代社会〉一书摘要》中的批语以及摩尔根书中的某些结论和实际材料,来写一本专门的著作。恩格斯把完成这项工作,看做在某种程度上是执行马克思的“遗愿”。

其次,本书的写作是为了全面阐述唯物主义历史观。在《德意志意识形态》中,马克思第一次说明唯物史观时,就提出过物质资料的生产和“生命的生产”或家庭关系的生产的理论。但由于当时上古时代家庭状况还没有资料可以证明,他们的这种观点还是科学假说。摩尔根的人类学著作从物质资料生产方面把人类历史划分为三大时期以后,用大量的实证资料说明了上古时代的家庭状况以及它和社会制度的关系,可以说在人类自身生产方面,摩尔

根提供的第一手资料填补了唯物史观关于两种生产理论资料上的空白。

《起源》是一本研究个体家庭、私有制和国家起源的专著。它用历史唯物主义观点系统阐述了人类早期社会发展的历史，揭示了家庭、私有制、国家的起源与本质，阐明了人类从蒙昧、野蛮到文明的发展过程，科学地证明了人类走向更高级社会的历史必然性。这部著作填补了马克思主义关于原始社会史的空白，进一步丰富和发展了唯物史观的基本原理。但是，马克思晚年为什么转向人类学的研究，关于东方落后国家在特定历史环境中是否有可能跨越资本主义“卡夫丁峡谷”而进入社会主义等问题的研究，仍然是当代值得探索的一些问题。

二、内容简介

《起源》包括了第一、四版序言，正文共九章。第九章是该著作的总结部分。本书选取1884年第一版序言和第九章前27个自然段。

(一)1884年第一版序言

主要论述写作本书的原因和基本思想。共4个自然段，分三个部分。

1. 说明写作本书的原因是为了实现马克思的“遗愿”(第1段)。

2. 根据唯物主义观点，历史中的决定性因素归根结底是直接生活的生产和再生产。摩尔根《古代社会》的研究，用大量经验资料证明了马克思这一论述的正确性。恩格斯认为摩尔根的伟大功绩就在于发现了人类的“成文史的这种史前的基础”，为解开上古史的家庭发展等至今尚未解决的哑谜提供了钥匙(第2—3段)。

3. 写作本书的资料情况(第4段)。

(二)第九章　野蛮时代和文明时代

本章中心是从两种生产出发，论述了三次大分工及其后果和国家问题的基本理论。节选前27个自然段，可分两个部分。

1. 氏族制度的解体，私有制产生的条件和途径——三次大分工及其结果

(第1—18段)。

(1) 说明第九章研究的主旨及其重要性(第1段)。

(2) 氏族制度的主要特征及其经济基础(第2—4段)。

氏族公社就是我们通常的所说的原始社会。文明时代的第一阶段是奴隶社会。

(a)氏族社会的主要特征有:它有一套完整的氏族组织;它是自然长成的结构,内部冲突依靠传统和习惯调节,外部冲突由战争解决;没有阶级,人人平等,无高低贵贱之分;在那里,权利和义务完全统一。

(b)氏族制度的经济基础是:地广人稀,生产力不发达;分工是纯自然的,只存在两性的分工;家庭经济是共产制。

(3) 氏族制度的解体、私有制的形成。这是从野蛮时代的中期开始的。它是通过历史上的三次社会大分工逐渐实现的。重点是从两种生产出发,分析了三次大分工及其后果(第5—18段)。

(a)第一次大分工是畜牧业与农业分离。结果是偶然交换变成经常性的交换,占有剩余产品和剥削他人成为可能,社会开始分裂为主人和奴隶两个阶级;牲畜成为了个人和家庭的特殊财产;家庭发生了革命,原始母权制社会过渡到社会父权制。

(b)第二次大分工是手工业和农业分离。由于铁器工具的使用,引起了社会经济的迅速发展,奴隶使用成为普遍现象,出现了以交换为目的的商品生产;奴隶制进一步发展,阶级分化加剧;耕地逐渐变成私有财产,一夫一妻制的家庭开始成为社会的经济单位;氏族转化为自己的对立物,开始出现了一个独立的统治和压迫机关。

(c)第三次社会大分工是商业与生产部门脱离。推动人类社会跨入文明时代的最后动力是第三次大分工。结果是,商人阶级的出现,推动了商品交换;除了货币财富外,还出现了地产的财富;财富迅速积聚到一个人数很少的阶级手中;自由民按财富的多寡而划分为各个阶级,奴隶制的强制性劳动构成了整个社会的上层建筑赖以建立的基础。氏族制度的前提不存在了,氏族制度被摧毁,而由国家来代替。

2. 国家的起源、特征及其消亡的必然性(第19—27段)。

(1) 国家的起源(第19—20段)。

(a)叙述了国家产生的三种形式。

在本书的第五、六、八章,恩格斯对雅典、罗马和德意志等国家产生的形式已做了详细的研究,这里只是概括性地说明了国家产生的三种形式。

第一,雅典国家是在社会经济发展到阶级社会的条件下,直接从氏族结构中逐渐发展起来的,没有受到外力的干涉。这是国家产生的最纯粹最典型的形式。

第二,罗马国家是平民的胜利引起了平民与贵族融合在国家中。

第三,德意志国家是作为征服外国广大的领土的直接后果而产生的。

(b)国家的基本观点。

第一,国家是一个历史范畴,不论哪种形式,都是社会发展到一定阶段的产物,它不是暴力从外部强加于社会的一种力量,也不是"伦理观念的现实"。

第二,国家是阶级矛盾不可调和的产物。

第三,国家的主要作用是抑制和缓和阶级冲突。国家是产生于社会之中,而又凌驾于社会之上的一种力量。

(2) 国家的特征(第 21—24 段)。

(a)国家与氏族组织不同,它是按地区而不是按血缘关系来划分国民的。

(b)国家设有公共权力,氏族则没有。在这里,恩格斯把政府机关、军队、警察、宪兵、监狱等政治上层建筑称为"物质的附属物"。

(c)国家为了维持自己的公共权力,必须要向公民征收捐税,氏族制度则不知捐税为何物。

(d)国家为了维持自己的公共权力和征税权,他们有凌驾于社会之上的"权威"。而在氏族社会,人们对氏族机关的尊敬是自愿、自由的。

(3) 国家的本质(第 25—26 段)。

国家的本质是经济上占统治地位的阶级用来镇压和剥削被压迫阶级的工具。尽管国家表现这种本质的形式在不同历史阶段是发展的,但是,国家在本质上是一致的。它是经济上占统治地位的阶级借助于国家,而在政治上也成为占统治地位的阶级,因而获得镇压和剥削被压迫阶级的新手段。

(4) 国家的消失(第 27 段)。

国家是一种历史的现象。国家的消失是必然的。

思考题：

1. 恩格斯是如何从两种生产出发揭示氏族制度的解体、私有制产生的过程的？

2. 人类从野蛮时代进入到文明时代的决定性条件是什么？

3. 在《起源》第九章中，恩格斯论述了关于国家的哪些基本原理？

（尹红英　广西师范大学）

恩 格 斯

路德维希·费尔巴哈和德国古典哲学的终结*

一

我们面前的这部著作[1]使我们返回到一个时期，这个时期就时间来说离我们不过一代之久，但是它对德国现在的一代人却如此陌生，似乎已经整整一个世纪了。然而这终究是德国准备1848年革命的时期；那以后我国所发生的一切，仅仅是1848年的继续，仅仅是革命遗嘱的执行罢了。

正像在18世纪的法国一样，在19世纪的德国，哲学革命也作了政治崩溃的前导。但是这两个哲学革命看起来是多么不同啊！法国人同整个官方科学，同教会，常常也同国家进行公开的斗争；他们的著作在国外，在荷兰或英国印刷，而他们本人则随时都可能进巴士底狱[2]。相反，德国人是一些教授，一些由国家任命的青年的导师，他们的著作是公认的教科书，而全部发展的

---

* 恩格斯的著作《路德维希·费尔巴哈和德国古典哲学的终结》是马克思主义的基本著作之一。书中揭示了马克思主义对其哲学先驱——德国古典哲学的最杰出代表黑格尔和费尔巴哈的关系，并对辩证唯物主义和历史唯物主义原理作了系统的叙述。

这部著作写于1886年初，最初刊登在德国社会民主党的理论杂志《新时代》(见注3)1886年第4期和第5期。1888年又以单行本的形式在斯图加特出版。恩格斯专门为之写了序言，并在该书附录中第一次发表了马克思的《关于费尔巴哈的提纲》。

1889年圣彼得堡的杂志《北方通报》第3期和第4期刊登了恩格斯这部著作的俄译文，标题为《德国古典唯心主义哲学的危机》。1890年，这部著作被译成波兰文。1892年，日内瓦劳动解放社全文发表了格·普列汉诺夫翻译的俄译文，同年葡萄牙译文面世。1894年，在巴黎出版的法国社会主义月刊《新纪元》第4期和第5期上登载了劳·拉法格翻译并经恩格斯审阅的法译文。1903年，由美国凯尔出版社发表的英译文，标题为《社会主义哲学的根源》。

最终体系，即黑格尔的体系，甚至在某种程度上已经被推崇为普鲁士王国的国家哲学！在这些教授后面，在他们的迂腐晦涩的言词后面，在他们的笨拙枯燥的语句里面竟能隐藏着革命吗？那时被认为是革命代表人物的自由派，不正是最激烈地反对这种使头脑混乱的哲学吗？但是，不论政府或自由派都没有看到的东西，至少有一个人在1833年已经看到了，这个人就是亨利希·海涅[3]。

举个例子来说吧。不论哪一个哲学命题都没有像黑格尔的一个著名命题那样引起近视的政府的感激和同样近视的自由派的愤怒，这个命题就是：

“凡是现实的都是合乎理性的，凡是合乎理性的都是现实的。”[4]

这显然是把现存的一切神圣化，是在哲学上替专制制度、警察国家、专断司法、书报检查制度祝福。弗里德里希-威廉三世是这样认为的，他的臣民也是这样认为的。但是，在黑格尔看来，决不是一切现存的都无条件地也是现实的。在他看来，现实性这种属性仅仅属于那同时是必然的东西；

“现实性在其展开过程中表明为必然性”；

所以，他决不认为政府的任何一个措施——黑格尔本人举“某种税制”为例——都已经无条件地是现实的[5]。但是必然的东西归根到底会表明自己也是合乎理性的。因此，黑格尔的这个命题应用于当时的普鲁士国家，只是意味着：这个国家只在它是必然的时候是合乎理性的，是同理性相符合的。如果说它在我们看来终究是恶劣的，而它尽管恶劣却继续存在，那么，政府的恶劣可以从臣民的相应的恶劣中找到理由和解释。当时的普鲁士人有他们所应得的政府。

但是，根据黑格尔的意见，现实性决不是某种社会状态或政治状态在一切环境和一切时代所具有的属性。恰恰相反，罗马共和国是现实的，但是把它排斥掉的罗马帝国也是现实的。法国的君主制在1789年已经变得如此不现实，即如此丧失了任何必然性，如此不合理性，以致必须由大革命（黑格尔总是极其热情地谈论这次大革命）来把它消灭。所以，在这里，君主制是不现实的，革命是现实的。这样，在发展进程中，以前一切现实的东西都会成为不现实的，都会丧失自己的必然性、自己存在的权利、自己的合理性；一种新的、富有生命力的现实的东西就会代替正在衰亡的现实的东西，——如果旧的东西足够理智，不加抵抗即行死亡，那就和平地代替；如果旧的东西抗拒这种必然性，那就通过暴力来代替。这样一来，黑格尔的这个命题，由于黑格尔的辩证法本身，就转化为自己的反面：凡在人类历史领域中是现实的，随着时间的推移，都会成为不合理性的，就是说，注定是不合理性的，一开始就包含着不合理性；凡在人们头脑中是合乎理性的，都注定要成为现实的，不管它同现存的、表面的现实多么矛盾。按照黑格尔的思维方法的一切规则，凡是现实的都是合乎理性的这个命题，就变为另一个命题：凡是现存的，都一定要灭亡[6]。

但是，黑格尔哲学（我们在这里只限于考察这种作为从康德以来的整个运动的完成的哲学）的真实意义和革命性质，正是在于它彻底否定了关于人的思维和行动的一切结果具有最终性质的看法。哲学所应当认识的真理，在黑格尔看来，不再是一堆现成的、一经发现就只要熟读死记的教条了；现在，真理是在认识过程本身中，在科学的长期的历史发展中，而科学从认识的较低阶段向越来越高的阶段上升，但是永远不能通过所谓绝对真理的发现而达到这样一点，在这一点上它再也不能前进一步，除了袖手一旁惊愕地望着这个已经获得的绝对真理，就再也无事可做了。在哲学认识的领域是如此，在任何其他的认识领域以及在实践行动的领域也是如此。历史同认识一样，永远不会在人类的一种完美的理想状态中最终结束；完美的社会、完美的“国家”是只有在幻想中才能存在的东西；相反，一切依次更替的历史状态都只是人类社会由低级到高级的无穷发展进程中的暂时阶段。每一个阶段都是必然的，因此，对它发生的那个时代和那些条件说来，都有它存在的理由；但是对它自己内部逐渐发展起来的新的、更高的条件来说，它就变成过时的和没有存在的理由了；它不得不让位于更高的阶段，而这个更高的阶段也要走向衰落和灭亡。正如资产阶级依靠大工业、竞争和世界市场在实践中推翻了一切稳固的、历来受人尊崇的制度一样，这种辩证哲学推翻了一切关于最终的绝对真理和与之相应的绝对的人类状态的观念。在它面前，不存在任何最终的东西、绝对的东西、神圣的东西；它指出所有一切事物的暂时性；在它面前，除了生成和灭亡的不断过程、无止境地由低级上升到高级的不断过程，什么都不存在。它本身就是这个过程在思维着的头脑中的反映。诚然，它也有保守的方面：它承认认识和社会的一定阶段对它那个时代和那种环境来说都有存在的理由，但也不过如此而已。这种观察方法的保守性是相对的，它的革命性质是绝对的——这就是辩证哲学所承认的惟一绝对的东西。

我们在这里用不着去研究这种观察方法是否同自然科学的现状完全符合的问题，自然科学预言了地球本身存在的可能的末日和它适合居住状况的相当肯定的末日，从而承认，人类历史不仅有上升的过程，而且有下降的过程。无论如何，我们离社会历史开始下降的转折点还相当遥远，我们也不能要求黑格尔哲学去研究当时还根本没有被自然科学提到日程上来的问题。

但是这里确实必须指出一点：黑格尔并没有这样清楚地作出如上的阐述。这是他的方法必然要得出的结论，但是他本人从来没有这样明确地作出这个结论。原因很简单，因为他不得不去建立一个体系，而按照传统的要求，哲学体系是一定要以某种绝对真理来完成的。所以，黑格尔，特别是在《逻辑学》[7]中，尽管如此强调这种永恒真理不过是逻辑的或历史的过程本身，他还是觉得自己不得不给这个过程一个终点，因为他总得在某个地方结束他的体系。在《逻辑学》中，他可以再把这个终点作为起点，因为在这里，终点即绝对观念——它所以是绝对的，只是因为他关于这个观念绝对说不出什么来——“外化”也就是转化为自然界，然后在精神中，即在思维中和在历史中，再返回到自身。但是，要在全部哲学的终点上这样返回到起点，只有**一条**路可走。这就是把历史的终点设想成人类达到对这个绝对观念的认识，并宣布对绝对观念的这种认识已经在黑格尔的哲学中达到了。但是这样一来，黑格尔体系的全部教条内容就被宣布为绝对真理，这同他那消除一切教条东西的辩证方法是矛盾的；这样一来，革命的方面就被过分茂密的保守的方面所窒息。在哲学的认识上是这样，在历史的实践上也是这样。人类既然通过黑格尔这个人想出了绝对观念，那么在实践上也一定达到了能够在现实中实现这个绝对观念的地步。因此，绝对观念对同时代人的实践的政治的要求不可提得太高。因此，我们在《法哲学》的结尾发现，绝对观念应当在弗里德里希-威廉三世向他的臣民再三许诺而又不予兑现的那种等级君主制中得到实现，就是说，应当在有产阶级那种适应于当时德国小资产阶级关系的、有限的和温和的间接统治中得到实现；在这里还用思辨的方法向我们论证了贵族的必要性。

可见，单是体系的内部需要就足以说明，为什么彻底革命的思维方法竟产生了极其温和的政治结论。这个结论的特殊形式当然是由下列情况造成的：黑格尔是一个德国人，而且和他的同时代人歌德一样，拖着一根庸人的辫子。歌德和黑格尔在各自的领域中都是奥林波斯山上的宙斯，但是两人都没有完全摆脱德国庸人的习气。

但是，这一切并没有妨碍黑格尔的体系包括了以前任何体系所不可比拟的广大领域，而且没有妨碍它在这一领域中阐发了现在还令人惊奇的丰富思想。精神现象学（也可以叫作同精神胚胎学和精神古生物学类似的学问，是对个人意识各个发展阶段的阐述，这些阶段可以看作人类意识在历史上所经过的各个阶段的缩影）、逻辑学、自然哲学、精神哲学，而精神哲学又分成各个历史部门来研究，如历史哲学、法哲学、宗教哲学、哲学史、美学等等，——在所有这些不同的历史领域中，黑格尔都力求找出并指明贯穿这些领域的发展线索；同时，因为他不仅是一个富于创造性的天才，而且是一个百科全书式的学识渊博的人物，所以他在各个领域中都起了划时代的作用。当然，由于“体系”的需要，他在这里常常不得不求救于强制性的结构，对这些结构，直到现在他的渺小的敌人还发出如此可怕的喊叫。但是这些结构仅仅是他的建筑物的骨架和脚手架；人们只要不是无谓地停留在它们面前，而是深入到大厦里面去，那就会发现无数的珍宝，这些珍宝就是在今天也还保持充分的价值。在一切哲学家那里，正是“体系”是暂时性的东西，这恰恰因为“体系”产生于人类精神的永恒的需要，即克服一切矛盾的需要。但是，假定一切矛盾都一下子永远消除了，那么我们就达到了所谓绝对真理，世界历史就完结了，而世界历史虽然已经无事可做，却一定要继续发展下去——因而这是一个新的、不可解决的矛盾。一旦我们认识到（就获得这种认识来说，归根到底没有一个人比黑格尔本人对我们的帮助更大），这样给哲学提出的任务，无非就是要求一个哲学家完成那只有全人类在其前进的发展中才能完成的事情，那么以往那种意义上的全部哲学也就完结了。我们把沿着这个途径达不到而且任何单个人都无法达到的“绝对真理”撇在一边，而沿着实证科学和利用辩证思维对这些科学成果进行概括的途径去追求可以达到的相对真理。总之，哲学在黑格尔那里完成了，一方面，因为他在自己的体系中以最宏伟的方式概括了哲学的全部发展；另一方面，因为他（虽然是不自觉地）给我们指出了一条走出这些体系的迷宫而达到真正地切实地认识世界的道路。

可以理解,黑格尔的体系在德国的富有哲学味道的气氛中曾发生了多么巨大的影响。这是一次胜利进军,它延续了几十年,而且决没有随着黑格尔的逝世而停止。相反,正是从1830年到1840年,“黑格尔主义”取得了独占的统治,它甚至或多或少地感染了自己的敌手;正是在这个时期,黑格尔的观点自觉地或不自觉地大量渗入了各种科学,也渗透了通俗读物和日报,而普通的“有教养的意识”就是从这些通俗读物和日报中汲取自己的思想材料的。但是,这一全线胜利仅仅是一种内部斗争的序幕罢了。

黑格尔的整个学说,如我们所看到的,为容纳各种极不相同的实践的党派观点留下了广阔场所;而在当时的理论的德国,有实践意义的首先是两种东西:宗教和政治。特别重视黑格尔的**体系**的人,在两个领域中都可能是相当保守的;认为辩证**方法**是主要的东西的人,在政治上和宗教上都可能属于最极端的反对派。黑格尔本人,虽然在他的著作中相当频繁地爆发出革命的怒火,但是总的说来似乎更倾向于保守的方面;他在体系上所花费的“艰苦的思维劳动”倒比他在方法上所花费的要多得多。到30年代末,他的学派内的分裂越来越明显了。左翼,即所谓青年黑格尔派,在反对虔诚派的正统教徒和封建反动派的斗争中一点一点地放弃了在哲学上对当前的紧迫问题所采取的超然态度,由于这种态度,他们的学说在此之前曾经得到国家的容忍、甚至保护;到了1840年,正统教派的虔诚和封建专制的反动随着弗里德里希-威廉四世登上了王座,这时人们就不可避免地要公开站在这一派或那一派方面了。斗争依旧是用哲学的武器进行的,但已经不再是为了抽象的哲学目的;问题已经直接是要消灭传统的宗教和现存的国家了。如果说在《德国年鉴》[8]中实践的最终目的主要还是穿着哲学的外衣出场,那么,在1842年的《莱茵报》[9]上青年黑格尔学派已经直接作为努力向上的激进资产阶级的哲学出现,只是为了迷惑书报检查机关才用哲学伪装起来。

但是,政治在当时是一个荆棘丛生的领域,所以主要的斗争就转为反宗教的斗争;这一斗争,特别是从1840年起,间接地也是政治斗争。1835年出版的施特劳斯的《耶稣传》成了第一个推动力。后来,布鲁诺·鲍威尔反对该书中所阐述的福音神话发生说,证明许多福音故事都是作者自己虚构的。两人之间的争论是在“自我意识”对“实体”的斗争这一哲学幌子下进行的。神奇的福音故事是在宗教团体内部通过不自觉的、传统的创作神话的途径形成的呢，还是福音书作者自己虚构的，——这个问题竟扩展为这样一个问题：在世界历史中起决定作用的力量是“实体”呢，还是“自我意识”；最后，出现了施蒂纳，现代无政府主义的先知（巴枯宁从他那里抄袭了许多东西），他用他的至上的“惟一者”[10]压倒了至上的“自我意识”。

我们不打算更详细地考察黑格尔学派解体过程的这一方面。在我们看来，更重要的是：对现存宗教进行斗争的实践需要，把大批最坚决的青年黑格尔分子推回到英国和法国的唯物主义。他们在这里跟自己的学派的体系发生了冲突。唯物主义把自然界看作惟一现实的东西，而在黑格尔的体系中自然界只是绝对观念的“外化”，可以说是这个观念的下降；无论如何，思维及其思想产物即观念在这里是本原的，而自然界是派生的，只是由于观念的下降才存在。他们就在这个矛盾中彷徨，尽管程度各不相同。

这时，费尔巴哈的《基督教的本质》出版了。它直截了当地使唯物主义重新登上王座，这就一下子消除了这个矛盾。自然界是不依赖任何哲学而存在的；它是我们人类（本身就是自然界的产物）赖以生长的基础；在自然界和人以外不存在任何东西，我们的宗教幻想所创造出来的那些最高存在物只是我们自己的本质的虚幻反映。魔法被破除了；“体系”被炸开并被抛在一旁了，矛盾既然仅仅是存在于想象之中，也就解决了。——这部书的解放作用，只有亲身体验过的人才能想象得到。那时大家都很兴奋：我们一时都成为费尔巴哈派了。马克思曾经怎样热烈地欢迎这种新观点，而这种新观点又是如何强烈地影响了他（尽管还有种种批判性的保留意见），这可以从《神圣家族》中看出来。

甚至这部书的缺点也加强了它的一时的影响。美文学的、有时甚至是夸张的笔调赢得了广大的读者，无论如何，在抽象而费解的黑格尔主义的长期统治以后，使人们的耳目为之一新。对于爱的过度崇拜也是这样。这种崇拜，尽管不能认为有道理，在“纯粹思维”的已经变得不能容忍的至高统治下也是情有可原的。但是我们不应当忘记，从1844年起在德国的“有教养的”人们中间像瘟疫一样传播开来的“真正的社会主义”，正是同费尔巴哈的这两个弱点紧密相连的。它以美文学的词句代替了科学的认识，主张靠“爱”来实现人类的解放，而不主张用经济上改革生产的办法来实现无产阶级的解放，一句话，它沉溺在令人厌恶的美文学和泛爱的空谈中了。它的典型代表就是卡尔·格律恩先生。

还有一点不应当忘记：黑格尔学派虽然解体了，但是黑格尔哲学并没有被批判地克服。施特劳斯和鲍威尔各自抓住黑格尔哲学的一个方面，在论战中互相攻击。费尔巴哈打破了黑格尔的体系，简单地把它抛在一旁。但是简单地宣布一种哲学是错误的，还制服不了这种哲学。像对民族的精神发展有过如此巨大影响的黑格尔哲学这样的伟大创作，是不能用干脆置之不理的办法来消除的。必须从它的本来意义上"扬弃"它，就是说，要批判地消灭它的形式，但是要救出通过这个形式获得的新内容。下面可以看到，这一任务是怎样实现的。

但是这时，1848 年的革命毫不客气地把全部哲学都撇在一旁，正如费尔巴哈把他的黑格尔撇在一旁一样。这样一来，费尔巴哈本人也被挤到后台去了。

二

全部哲学，特别是近代哲学的重大的基本问题，是思维和存在的关系问题。在远古时代，人们还完全不知道自己身体的构造，并且受梦中景象的影响[11]，于是就产生一种观念：他们的思维和感觉不是他们身体的活动，而是一种独特的、寓于这个身体之中而在人死亡时就离开身体的灵魂的活动。从这个时候起，人们不得不思考这种灵魂对外部世界的关系。如果灵魂在人死时离开肉体而继续活着，那就没有理由去设想它本身还会死亡；这样就产生了灵魂不死的观念，这种观念在那个发展阶段出现决不是一种安慰，而是一种不可抗拒的命运，并且往往是一种真正的不幸，例如在希腊人那里就是这样。关于个人不死的无聊臆想之所以普遍产生，不是因为宗教上的安慰的需要，而是因为人们在普遍愚昧的情况下不知道对已经被认为存在的灵魂在肉体死后该怎么办。由于十分相似的原因，通过自然力的人格化，产生了最初的神。随着各种宗教的进一步发展，这些神越来越具有了超世界的形象，直到最后，通过智力发展中自然发生的抽象化过程——几乎可以说是蒸馏过程，在人们的头脑中，从或多或少有限的和互相限制的许多神中产生了一神教的惟一的神的观念。

因此，思维对存在、精神对自然界的关系问题，全部哲学的最高问题，像一切宗教一样，其根源在于蒙昧时代的愚昧无知的观念。但是，这个问题，只是在欧洲人从基督教中世纪的长期冬眠中觉醒以后，才被十分清楚地提了出来，才获得了它的完全的意义。思维对存在的地位问题，这个在中世纪的经院哲学中也起过巨大作用的问题：什么是本原的，是精神，还是自然界？——这个问题以尖锐的形式针对着教会提了出来：世界是神创造的呢，还是从来就有的？

哲学家依照他们如何回答这个问题而分成了两大阵营。凡是断定精神对自然界说来是本原的，从而归根到底承认某种创世说的人（而创世说在哲学家那里，例如在黑格尔那里，往往比在基督教那里还要繁杂和荒唐得多），组成唯心主义阵营。凡是认为自然界是本原的，则属于唯物主义的各种学派。

除此之外，唯心主义和唯物主义这两个用语本来没有任何别的意思，它们在这里也不是在别的意义上使用的。下面我们可以看到，如果给它们加上别的意义，就会造成怎样的混乱。

但是，思维和存在的关系问题还有另一个方面：我们关于我们周围世界的思想对这个世界本身的关系是怎样的？我们的思维能不能认识现实世界？我们能不能在我们关于现实世界的表象和概念中正确地反映现实？用哲学的语言来说，这个问题叫作思维和存在的同一性问题，绝大多数哲学家对这个问题都作了肯定的回答。例如在黑格尔那里，对这个问题的肯定回答是不言而喻的，因为我们在现实世界中所认识的，正是这个世界的思想内容，也就是那种使世界成为绝对观念的逐步实现的东西，这个绝对观念是从来就存在的，是不依赖于世界并且先于世界而在某处存在的；但是思维能够认识那一开始就已经是思想内容的内容，这是十分明显的。同样明显的是，在这里，要证明的东西已经默默地包含在前提里面了。但是，这决不妨碍黑格尔从他的思维和存在的同一性的论证中作出进一步的结论：他的哲学因为对他的思维来说是正确的，所以也就是惟一正确的；而思维和存在的同一性要得到证实，人类就要马上把他的哲学从理论转移到实践中去，并按照黑格尔的原则来改造整个世界。这是他和几乎所有的哲学家所共有的幻想。

但是，此外，还有其他一些哲学家否认认识世界的可能性，或者至少是否认彻底认识世界的可能性。在近代哲学家中，休谟和康德就属于这一类，而他们在哲学的发展上是起过很重要的作用的。对驳斥这一观点具有决定性的东西，凡是从唯心主义观点出发所能说的，黑格尔都已经说了；费尔巴哈所增加的唯物主义的东西，与其说是深刻的，不如说是机智的。对这些以及其他一切哲学上的怪论的最令人信服的驳斥是实践，即实验和工业。既然我们自己能够制造出某一自然过程，按照它的条件把它生产出来，并使它为我们的目的服务，从而证明我们对这一过程的理解是正确的，那么康德的不可捉摸的"自在之物"就完结了。动植物体内所产生的化学物质，在有机化学开始把它们一一制造出来以前，一直是这种"自在之物"；一旦把它们制造出来，"自在之物"就变成为我之物了，例如茜草的色素——茜素，我们已经不再从地里的茜草根中取得，而是用便宜得多、简单得多的方法从煤焦油里提炼出来了。哥白尼的太阳系学说有300年之久一直是一种假说，这个假说尽管有99％、99.9％、99.99％的可靠性，但毕竟是一种假说；而当勒维烈从这个太阳系学说所提供的数据，不仅推算出必定存在一个尚未知道的行星，而且还推算出这个行星在太空中的位置的时候，当后来加勒确实发现了这个行星的时候[12]，哥白尼的学说就被证实了。如果新康德主义者企图在德国复活康德的观点，而不可知论者企图在英国复活休谟的观点（在那里休谟的观点从来没有绝迹），那么，鉴于这两种观点在理论上和实践上早已被驳倒，这种企图在科学上就是开倒车，而在实践上只是一种暗中接受唯物主义而当众又加以拒绝的羞羞答答的做法。

但是，在从笛卡儿到黑格尔和从霍布斯到费尔巴哈这一长时期内，推动哲学家前进的，决不像他们所想象的那样，只是纯粹思想的力量。恰恰相反，真正推动他们前进的，主要是自然科学和工业的强大而日益迅猛的进步。在唯物主义者那里，这已经是一目了然的了，而唯心主义体系也越来越加进了唯物主义的内容，力图用泛神论来调和精神和物质的对立；因此，归根到底，黑格尔的体系只是一种就方法和内容来说唯心主义地倒置过来的唯物主义。

由此可以明白，为什么施达克在他对费尔巴哈的评述中，首先研究费尔巴哈对思维和存在的关系这个基本问题的立场。在简短的导言里，作者对以前的、特别是从康德以来的哲学家的见解，都是用不必要的晦涩难懂的哲学语言来阐述的，并且由于过分形式主义地拘泥于黑格尔著作中的个别词句而大大贬低了黑格尔。在这个导言以后，他详细地叙述了费尔巴哈的有关著作中相继表现出来的这位哲学家的“形而上学”本身的发展进程。这一部分叙述得很用心、很明白，不过像整本书一样，哲学用语堆砌得太多，而这决不是到处都不可避免的。作者越是不保持同一学派或者哪怕是费尔巴哈本人的用语，越是把各种流派、特别是现在流行的自封的哲学派别的用语混在一起，这种堆砌所造成的混乱就越大。

费尔巴哈的发展进程是一个黑格尔主义者（诚然，他从来不是完全正统的黑格尔主义者）走向唯物主义的发展进程，这一发展使他在一定阶段上同自己的这位先驱者的唯心主义体系完全决裂了。他势所必然地终于认识到，黑格尔的“绝对观念”之先于世界的存在，在世界之前就有的“逻辑范畴的预先存在”，不外是对世界之外的造物主的信仰的虚幻残余；我们自己所属的物质的、可以感知的世界，是惟一现实的；而我们的意识和思维，不论它看起来是多么超感觉的，总是物质的、肉体的器官即人脑的产物。物质不是精神的产物，而精神本身只是物质的最高产物。这自然是纯粹的唯物主义。但是费尔巴哈到这里就突然停止不前了。他不能克服通常的哲学偏见，即不反对事情本身而反对唯物主义这个名称的偏见。他说：

> “在我看来，唯物主义是人的本质和人类知识的大厦的基础；但是，我认为它不是生理学家、狭义的自然科学家如摩莱肖特所认为的而且从他们的观点和专业出发所必然认为的那种东西，即大厦本身。向后退时，我同唯物主义者完全一致；但是往前进时就不一致了。”[13]

费尔巴哈在这里把唯物主义这种建立在对物质和精神关系的特定理解上的一般世界观同这一世界观在特定的历史阶段即18世纪所表现的特殊形式混为一谈了。不仅如此，他还把唯物主义同它的一种肤浅的、庸俗化了的形式混为一谈，18世纪的唯物主义现在就以这种形式继续存在于自然科学家和医生的头脑中，并且被毕希纳、福格特和摩莱肖特在50年代拿着到处叫卖。但是，像唯心主义一样，唯物主义也经历了一系列的发展阶段。甚至随着自然科学领域中每一个划时代的发现，唯物主义也必然要改变自己的形式；而自从历史也得到唯物主义的解释以后，一条新的发展道路也在这里开辟出来了。

上一世纪的唯物主义主要是机械唯物主义，因为那时在所有自然科学中只有力学，而且只有固体（天上的和地上的）力学，简言之，即重力的力学，达到了某种完善的地步。化学刚刚处于幼稚的燃素说的形态中。生物学尚在襁褓中；对植物和动物的机体只作过粗浅的研究，并用纯粹机械的原因来解释；正如在笛卡儿看来动物是机器一样，在18世纪的唯物主义者看来，人是机器。仅仅运用力学的尺度来衡量化学性质的和有机性质的过程（在这些过程中，力学定律虽然也起作用，但是被其他较高的定律排挤到次要地位），这是法国古典唯物主义的一个特有的、但在当时不可避免的局限性。

这种唯物主义的第二个特有的局限性在于：它不能把世界理解为一种过程，理解为一种处在不断的历史发展中的物质。这是同当时的自然科学状况以及与此相联系的形而上学的即反辩证法的哲学思维方法相适应的。人们已经知道，自然界处在永恒的运动中。但是根据当时的想法，这种运动是永远绕着一个圆圈旋转，因而始终不会前进；它总是产生同一结果。这种想法在当时是不可避免的。康德的太阳系发生说刚刚提出，而且还只是被看作纯粹的奇谈。地球发展史，即地质学，还完全没有人知道，而关于现今的生物是由简单到复杂的长期发展过程的结果的看法，当时还根本不可能科学地提出来。因此，对自然界的非历史观点是不可避免的。根据这一点大可不必去责备18世纪的哲学家，因为连黑格尔也有这种观点。在黑格尔看来，自然界只是观念的"外化"，它不能在时间上发展，只能在空间扩展自己的多样性，因此，它把自己所包含的一切发展阶段同时地、并列地展示出来，并且注定永远重复始终是同一的过程。黑格尔把发展是在空间以内、但在时间（这是一切发展的基本条件）以外发生的这种谬论强加于自然界，恰恰是在地质学、胚胎学、植物和动物生理学以及有机化学都已经建立起来，并且在这些新科学的基础上到处都出现了对后来的进化论的天才预想（例如歌德和拉马克）的时候。但是，体系要求这样，于是，方法为了迎合体系就不得不背叛自己。

这种非历史观点也表现在历史领域中。在这里，反对中世纪残余的斗争限制了人们的视野。中世纪被看作是千年普遍野蛮状态造成的历史的简单中断；中世纪的巨大进步——欧洲文化领域的扩大，在那里一个挨着一个形成的富有生命力的大民族，以及14和15世纪的巨大的技术进步，这一切都没有被人看到。这样一来，对伟大历史联系的合理看法就不可能产生，而历史至多不过是一部供哲学家使用的例证和插图的汇集罢了。

50年代在德国把唯物主义庸俗化并到处兜售的小贩们，丝毫没有越出他们的老师们的这个范围。自然科学后来获得的一切进步，仅仅成了他们否认有世界创造主存在的新论据；而进一步发展理论，实际上他们根本不去做。如果说唯心主义当时已经智穷才竭，并且在 1848 年革命中受到了致命的打击，那么，它感到满足的是，唯物主义在这个时候更是江河日下。费尔巴哈拒绝为这种唯物主义负责是完全对的；只是他不应该把这些巡回传教士的学说同一般唯物主义混淆起来。

但是，这里应当注意两种情况。第一，费尔巴哈在世时，自然科学也还处在剧烈的酝酿过程中，这一过程只是在最近 15 年才达到了足以澄清问题的相对完成的地步；新的认识材料以空前的规模被提供出来，但是，只是到最近才有可能在纷纷涌来的这一大堆杂乱的发现中建立起联系，从而使它们有了条理。虽然这三个决定性的发现——细胞、能量转化和以达尔文命名的进化论的发现，费尔巴哈在世时全看到了，但是，这位在乡间过着孤寂生活的哲学家怎么能够对科学充分关注，给这些发现以足够的评价呢？何况对这些发现就连当时的自然科学家有的还持有异议，有的还不懂得充分利用。这里只能归咎于德国的可怜状况，由于这种状况，当时哲学讲座全被那些故弄玄虚的折衷主义的小识小见之徒所占据，而比这些家伙高明百倍的费尔巴哈，却不得不在穷乡僻壤中过着农民式的孤陋寡闻的生活。因而，现在已经成为可能的、排除了法国唯物主义的一切片面性的、历史的自然观，始终没有为费尔巴哈所了解，这就不是他的过错了。

第二，费尔巴哈说得完全正确：纯粹自然科学的唯物主义虽然

“是人类知识的大厦的基础，但不是大厦本身”。

因为，我们不仅生活在自然界中，而且生活在人类社会中，人类社会同自然界一样也有自己的发展史和自己的科学。因此，问题在于使关于社会的科学，即所谓历史科学和哲学科学的总和，同唯物主义的基础协调起来，并在这个基础上加以改造。但是，这一点费尔巴哈是做不到的。他虽然有“基础”，但是在这里仍然受到传统的唯心主义的束缚，这一点他自己也是承认的，他说：

“向后退时，我同唯物主义者是一致的；但是往前进时就不一致了。”

但是在这里，在社会领域内，正是费尔巴哈本人没有“前进”，没有超过自己在 1840 年或 1844 年的观点，这仍旧主要是由于他的孤寂生活，这种生活迫使这位比其他任何哲学家都更爱好社交的哲学家从他的孤寂的头脑中，而不是从同与他才智相当的人们的友好或敌对的接触中产生出自己的思想。费尔巴哈在这个领域内究竟在多大程度上仍然是唯心主义者，我们将在下面加以详细的考察。

这里还应当指出，施达克在找费尔巴哈的唯心主义时找错了地方。他说：

“费尔巴哈是唯心主义者，他相信人类的进步。”（第 19 页）“唯心主义仍旧是一切的基础，根基。在我们看来，实在论只是在我们追求自己的理想的意图时使我们不致误入迷途而已。难道同情、爱以及对真理和正义的热诚不是理想的力量吗？”（第 VIII 页）

第一，在这里无非是把对理想目的的追求叫作唯心主义。但这些目的至多同康德的唯心主义及其“绝对命令”有必然联系；然而康德自己把他的哲学叫作“先验的唯心主义”，决不是因为那里也讲到道德的理想，而完全是由于别的理由，这是施达克会记得的。有一种迷信，认为哲学唯心主义的中心就是对道德理想即对社会理想的信仰，这种迷信是在哲学之外产生的，是在那些把席勒诗歌中符合他们需要的少数哲学上的只言片语背得烂熟的德国庸人中产生的。没有一个人比恰恰是十足的唯心主义者黑格尔更尖锐地批评了康德的软弱无力的“绝对命令”（它之所以软弱无力，是因为它要求不可能的东西，因而永远达不到任何现实的东西），没有一个人比他更辛辣地嘲笑了席勒所传播的那种沉湎于不能实现的理想的庸人习气（见《现象学》[14]）。

第二，决不能避免这种情况：推动人去从事活动的一切，都要通过人的头脑，甚至吃喝也是由于通过头脑感觉到饥渴而开始，并且同样由于通过头脑感觉到饱足而停止。外部世界对人的影响表现在人的头脑中，反映在人的头脑中，成为感觉、思想、动机、意志，总之，成为“理想的意图”，并且以这种形态变成“理想的力量”。如果一个人只是由于他追求“理想的意图”并承认“理想的力量”对他的影响，就成了唯心主义者，那么任何一个发育稍稍正常的人都是天生的唯心主义者了，怎么还会有唯物主义者呢？

第三，关于人类（至少在现时）总的说来是沿着进步方向运动的这种信念，是同唯物主义和唯心主义的对立绝对不相干的。法国唯物主义者同自然神论者[15]伏尔泰和卢梭一样，几乎狂热地抱有这种信念，并且往往为它付出最大的个人牺牲。如果说有谁为了"对真理和正义的热诚"（就这句话的正面的意思说）而献出了整个生命，那么，例如狄德罗就是这样的人。由此可见，施达克把这一切说成是唯心主义，这只是证明：唯物主义这个名词以及两个派别的全部对立，在这里对他来说已经失去了任何意义。

事实上，施达克在这里向那种由于教士的多年诽谤而流传下来的对唯物主义这个名称的庸人偏见作了不可饶恕的让步，虽然这也许是不自觉的。庸人把唯物主义理解为贪吃、酗酒、娱目、肉欲、虚荣、爱财、吝啬、贪婪、牟利、投机，简言之，即他本人暗中迷恋着的一切龌龊行为；而把唯心主义理解为对美德、普遍的人类爱的信仰，总之，对"美好世界"的信仰，——他在别人面前夸耀这个"美好世界"，但是他自己至多只是在这样的时候才相信这个"美好世界"，这时，他由于自己习以为常的"唯物主义的"放纵而必然感到懊丧或遭到破产，并因此唱出了他心爱的歌：人是什么？一半是野兽，一半是天使。

在其他方面，施达克极力保护费尔巴哈，反对现今在德国以哲学家名义大吹大擂的大学教师们的攻击和学说。对关心德国古典哲学的这些不肖子孙的人们来说，这的确是很重要的；对施达克本人来说，这也许是必要的。不过我们就怜惜怜惜读者吧。

三

我们一接触到费尔巴哈的宗教哲学和伦理学，他的真正的唯心主义就显露出来了。费尔巴哈决不希望废除宗教，他希望使宗教完善化。哲学本身应当融化在宗教中。

> "人类的各个时期仅仅由于宗教的变迁而彼此区别开来。某一历史运动，只有在它深入人心的时候，才是根深蒂固的。心不是宗教的形式，因而不应当说宗教也存在于心中；心是宗教的本质。"[16]（引自施达克的书，第168页）

按照费尔巴哈的看法，宗教是人与人之间的感情的关系、心灵的关系，过去这种关系是在现实的虚幻映象中（借助于一个神或许多神，即人类特性的虚幻映象）寻找自己的真理，现在却直接地而不是间接地在我和你之间的爱中寻找自己的真理了。归根到底,在费尔巴哈那里,性爱即使不是他的新宗教借以实现的最高形式,也是最高形式之一。

人与人之间的、特别是两性之间的感情关系,是自从有人类以来就存在的。而性爱在最近800年间获得了这样的发展和地位,竟成了这个时期中一切诗歌必须环绕着旋转的轴心了。现存的通行的宗教只限于使国家对性爱的管理即婚姻立法神圣化;这些宗教也许明天就会完全消失,但是爱情和友谊的实践并不会发生丝毫变化。在法国,从1793年到1798年,基督教的确曾经消失到这种程度,连拿破仑去恢复它也不能不遇到抵抗和困难,但是在这一期间,并没有感觉到需要用费尔巴哈意义上的宗教去代替它。

在这里,费尔巴哈的唯心主义就在于:他不是抛开对某种在他看来也已成为过去的特殊宗教的回忆,直截了当地按照本来面貌看待人们彼此间以相互倾慕为基础的关系,即性爱、友谊、同情、舍己精神等等,而是断言这些关系只有在用宗教名义使之神圣化以后才会获得自己的完整的意义。在他看来,主要的并不是存在着这种纯粹人的关系,而是要把这些关系看作新的、真正的宗教。这些关系只是在盖上了宗教的印记以后才被认为是完满的。宗教一词是从religare一词来的,本来是联系的意思。因此,两个人之间的任何联系都是宗教。这种词源学上的把戏是唯心主义哲学的最后一着。这个词的意义,不是按照它的实际使用的历史发展来决定,而竟然按照来源来决定。因此,仅仅为了使宗教这个对唯心主义回忆很宝贵的名词不致从语言中消失,性爱和性关系竟被尊崇为"宗教"。在40年代,巴黎的路易·勃朗派改良主义者正是这样说的,他们也认为不信宗教的人只是一种怪物,并且对我们说:因此,无神论就是你们的宗教!费尔巴哈想以一种本质上是唯物主义的自然观为基础建立真正的宗教,这就等于把现代化学当作真正的炼金术。如果无神的宗教可以存在,那么没有哲人之石的炼金术也可以存在了。况且,炼金术和宗教之间是有很紧密的联系的。哲人之石有许多类似神的特性,公元头两世纪埃及和希腊的炼金术士在基督教学说的形成上也出了一份力量。柯普和拜特洛所提供的材料就证明了这一点。

费尔巴哈的下面这个论断是绝对错误的:

"人类的各个时期仅仅由于宗教的变迁而彼此区别开来。"

重大的历史转折点有宗教变迁**相伴随**，只是就迄今存在的三种世界宗教——佛教、基督教和伊斯兰教而言。古老的自发产生的部落宗教和民族宗教是不传布的，一旦部落或民族的独立遭到破坏，它们便失掉任何抵抗力；拿日耳曼人来说，甚至他们一接触正在崩溃的罗马世界帝国以及它刚刚采用的、适应于它的经济、政治、精神状态的世界基督教，这种情形就发生了。仅仅在这些多少是人工造成的世界宗教，特别是基督教和伊斯兰教那里，我们才发现比较一般的历史运动带有宗教的色彩，甚至在基督教传播的范围内，具有真正普遍意义的革命也只有在资产阶级解放斗争的最初阶段即从13世纪到17世纪，才带有这种宗教色彩；而且，这种色彩不能像费尔巴哈所想的那样，用人的心灵和人的宗教需要来解释，而要用以往的整个中世纪的历史来解释，中世纪的历史只知道一种形式的意识形态，即宗教和神学。但是到了18世纪，资产阶级已经强大得足以建立他们自己的、同他们的阶级地位相适应的意识形态了，这时他们才进行了他们的伟大而彻底的革命——法国革命，而且仅仅诉诸法律的和政治的观念，只是在宗教挡住他们的道路时，他们才理会宗教；但是他们没有想到要用某种新的宗教来代替旧的宗教；大家知道，罗伯斯比尔在这方面曾遭受了怎样的失败。

同他人交往时表现纯粹人类感情的可能性，今天已经被我们不得不生活于其中的、以阶级对立和阶级统治为基础的社会破坏得差不多了。我们没有理由把这种感情尊崇为宗教，从而更多地破坏这种可能性。同样，对历史上的重大的阶级斗争的理解，特别是在德国，已经被流行的历史编纂学弄得够模糊了，用不着我们去把这些斗争的历史变为教会史的单纯附属品，使这种理解成为完全不可能。由此可见，现在我们已经离开费尔巴哈多么远了。他那赞美新的爱的宗教的“最美丽的篇章”现在已经不值一读了。

费尔巴哈认真地研究过的惟一的宗教是基督教，即以一神教为基础的西方的世界宗教。他指出，基督教的神只是人的虚幻的反映、映象。但是，这个神本身是长期的抽象过程的产物，是以前的许多部落神和民族神集中起来的精华。与此相应，被反映为这个神的人也不是一个现实的人，而同样是许多现实的人的精华，是抽象的人，因而本身又是一个思想上的形象。费尔巴哈在每一页上都宣扬感性，宣扬专心研究具体的东西、研究现实，可是这同一个费尔巴哈，一谈到人们之间纯粹的性关系以外的某种关系，就变成完全抽象的了。

他在这种关系中仅仅看到一个方面——道德。在这里,同黑格尔比较起来,费尔巴哈的惊人的贫乏又使我们诧异。黑格尔的伦理学或关于伦理的学说就是法哲学,其中包括:(1)抽象的法,(2)道德,(3)伦理,其中又包括家庭、市民社会、国家。在这里,形式是唯心主义的,内容是实在论的。法、经济、政治的全部领域连同道德都包括进去了。在费尔巴哈那里情况恰恰相反。就形式讲,他是实在论的,他把人作为出发点;但是,关于这个人生活的世界却根本没有讲到,因而这个人始终是在宗教哲学中出现的那种抽象的人。这个人不是从娘胎里生出来的,他是从一神教的神羽化而来的,所以他也不是生活在现实的、历史地发生和历史地确定了的世界里面;虽然他同其他的人来往,但是任何一个其他的人也和他本人一样是抽象的。在宗教哲学里,我们终究还可以看到男人和女人,但是在伦理学里,连这最后一点差别也消失了。的确,在费尔巴哈那里间或也出现这样的命题:

"皇宫中的人所想的,和茅屋中的人所想的是不同的。"[17]——"如果你因为饥饿、贫困而身体内没有养料,那么你的头脑中、你的感觉中以及你的心中便没有供道德用的养料了。"[18]——"政治应当成为我们的宗教"[19],等等。

但是,费尔巴哈完全不知道用这些命题去干什么,它们始终是纯粹的空话,甚至施达克也不得不承认,政治对费尔巴哈是一个不可通过的区域,而

"关于社会的学说,即社会学,对他来说,是一个未知的领域"[20]。

在善恶对立的研究上,他同黑格尔比起来也是肤浅的。黑格尔指出:

"有人以为,当他说人本性是善的这句话时,是说出了一种很伟大的思想;但是他忘记了,当人们说人本性是恶的这句话时,是说出了一种更伟大得多的思想。"[21]

在黑格尔那里,恶是历史发展的动力的表现形式。这里有双重意思,一方面,每一种新的进步都必然表现为对某一神圣事物的亵渎,表现为对陈旧的、日渐衰亡的、但为习惯所崇奉的秩序的叛逆,另一方面,自从阶级对立产生以来,正是人的恶劣的情欲——贪欲和权势欲成了历史发展的杠杆,关于这方面,例如封建制度的和资产阶级的历史就是一个独一无二的持续不断的证明。但是,费尔巴哈就没有想到要研究道德上的恶所起的历史作用。历史

对他来说是一个不愉快的可怕的领域。他有句名言：

"当人最初从自然界产生的时候，他也只是一个纯粹的自然物，而不是人。人是人、文化、历史的产物。"[22]

甚至这句名言在他那里也是根本不结果实的。

从上述一切可以明白，关于道德，费尔巴哈所告诉我们的东西只能是极其贫乏的。追求幸福的欲望是人生来就有的，因而应当是一切道德的基础。但是，追求幸福的欲望受到双重的矫正。第一，受到我们的行为的自然后果的矫正：酒醉之后，必定头痛；放荡成习，必生疾病。第二，受到我们的行为的社会后果的矫正：要是我们不尊重他人同样的追求幸福的欲望，那么他们就会反抗，妨碍我们自己追求幸福的欲望。由此可见，我们要满足我们的这种欲望，就必须能够正确地估量我们的行为的后果，另一方面还必须承认他人有相应的欲望的平等权利。因此，对己以合理的自我节制，对人以爱（又是爱！），这就是费尔巴哈的道德的基本准则，其他一切准则都是从中引申出来的。无论费尔巴哈的妙语横生的议论或施达克的热烈无比的赞美，都不能掩盖这几个命题的贫乏和空泛。

如果一个人只同自己打交道，他追求幸福的欲望只有在非常罕见的情况下才能得到满足，而且决不会对己对人都有利。他的这种欲望要求同外部世界打交道，要求有得到满足的手段：食物、异性、书籍、娱乐、辩论、活动、消费和加工的对象。费尔巴哈的道德或者是以每一个人无疑地都有这些满足欲望的手段和对象为前提，或者只向每一个人提供无法应用的忠告，因而对于没有这些手段的人是一文不值的。这一点，费尔巴哈自己也说得很直截了当：

"皇宫中的人所想的，和茅屋中的人所想的是不同的。""如果你因为饥饿、贫困而身体内没有养料，那么你的头脑中、你的感觉中以及你的心中便没有供道德用的养料了。"

至于说到他人追求幸福的平等权利，情况是否好一些呢？费尔巴哈提出这种要求，认为这种要求是绝对的，是适合于任何时代和任何情况的。但是这种要求从什么时候起被认为是适合的呢？在古代的奴隶和奴隶主之间，在中世纪的农奴和领主之间，难道谈得上有追求幸福的平等权利吗？被压迫阶级追求幸福的欲望不是被冷酷无情地"依法"变成了统治阶级的这种欲望的牺牲品吗？——是的，这也是不道德的，但是现在平等权利被承认了。资产阶级在反对封建制度的斗争中和在发展资本主义生产的过程中不得不废除一切等级的即个人的特权，而且起初在私法方面、后来逐渐在公法方面实施了个人在法律上的平等权利，从那时以来并且由于那个缘故，平等权利在口头上是被承认了。但是，追求幸福的欲望只有极微小的一部分可以靠观念上的权利来满足，绝大部分却要靠物质的手段来实现，而由于资本主义生产所关心的，是使绝大多数权利平等的人仅有最必需的东西来勉强维持生活，所以资本主义对多数人追求幸福的平等权利所给予的尊重，即使有，也未必比奴隶制或农奴制所给予的多一些。至于说到幸福的精神手段、教育手段，情况是否好一些呢？就连“萨多瓦的教师”[23]不也是一个神话人物吗？

不仅如此。根据费尔巴哈的道德论，证券交易所就是最高的道德殿堂，只要人们的投机始终都是得当的。如果我的追求幸福的欲望把我引进了交易所，而且我在那里又善于正确地估量我的行为的后果，因而这些后果只使我感到愉快而不引起任何损失，就是说，如果我经常赚钱的话，那么费尔巴哈的指示就算执行了。我也并没有因此就妨碍另一个人的同样的追求幸福的欲望，因为另一个人和我一样，是自愿到交易所去的，他和我成立投机交易时是按照他追求幸福的欲望行事，正如我是按照我追求幸福的欲望行事一样。如果他赔了钱，那么这就证明他的行为是不道德的，因为他盘算错了，而且，我在对他执行应得的惩罚时，甚至可以摆出现代拉达曼的威风来。只要爱不纯粹是温情的空话，交易所也是由爱统治的，因为每个人都靠别人来满足自己追求幸福的欲望，而这就是爱应当做的事情，爱也在这里得到实现。如果我在那里正确地预见到我的行动的后果，因而赌赢了，那么我就执行了费尔巴哈道德的一切最严格的要求，而且还成了富翁。换句话说，费尔巴哈的道德是完全适合于现代资本主义社会的，不管他自己多么不愿意或想不到是这样。

可是爱啊！——真的，在费尔巴哈那里，爱随时随地都是一个创造奇迹的神，可以帮助克服实际生活中的一切困难，——而且这是在一个分裂为利益直接对立的阶级的社会里。这样一来，他的哲学中的最后一点革命性也消失了，留下的只是一个老调子：彼此相爱吧！不分性别、不分等级地互相拥抱吧！——大家都陶醉在和解中了！

简单扼要地说，费尔巴哈的道德论是和它的一切前驱者一样的。它是为一切时代、一切民族、一切情况而设计出来的；正因为如此，它在任何时候和任何地方都是不适用的，而在现实世界面前，是和康德的绝对命令一样软弱无力的。实际上，每一个阶级，甚至每一个行业，都各有各的道德，并且，只要它能破坏这种道德而不受惩罚，它就加以破坏。而本应把一切人都联合起来的爱，则表现在战争、争吵、诉讼、家庭纠纷、离婚以及一些人对另一些人的尽可能的剥削中。

但是，费尔巴哈所提供的强大推动力怎么能对他本人毫无结果呢？理由很简单，因为费尔巴哈不能找到从他自己所极端憎恶的抽象王国通向活生生的现实世界的道路。他紧紧地抓住自然界和人；但是，在他那里，自然界和人都只是空话。无论关于现实的自然界或关于现实的人，他都不能对我们说出任何确定的东西。但是，要从费尔巴哈的抽象的人转到现实的、活生生的人，就必须把这些人作为在历史中行动的人去考察。而费尔巴哈反对这样做，因此，他所不了解的 1848 年对他来说只意味着和现实世界最后分离，意味着退入孤寂的生活。在这方面，主要又要归咎于德国的状况，这种状况使他落得这种悲惨的结局。

但是，费尔巴哈没有走的一步，必定会有人走的。对抽象的人的崇拜，即费尔巴哈的新宗教的核心，必定会由关于现实的人及其历史发展的科学来代替。这个超出费尔巴哈而进一步发展费尔巴哈观点的工作，是由马克思于 1845 年在《神圣家族》中开始的。

四

施特劳斯、鲍威尔、施蒂纳、费尔巴哈，就他们没有离开哲学这块土地来说，都是黑格尔哲学的分支。施特劳斯写了《耶稣传》和《教义学》[24]以后，就只从事写作勒南式的哲学和教会史的美文学作品；鲍威尔只是在基督教起源史方面做了一些事情，虽然他在这里所做的也是重要的；施蒂纳甚至在巴枯宁把他同蒲鲁东混合起来并且把这个混合物命名为“无政府主义”以后，依然是一个怪物；唯有费尔巴哈是个杰出的哲学家。但是，不仅哲学这一似乎凌驾于一切专门科学之上并把它们包罗在内的科学的科学，对他来说，仍然是不可逾越的屏障，不可侵犯的圣物，而且作为一个哲学家，他也停留在半路上,他下半截是唯物主义者,上半截是唯心主义者;他没有批判地克服黑格尔,而是简单地把黑格尔当作无用的东西抛在一边,同时,与黑格尔体系的百科全书式的丰富内容相比,他本人除了矫揉造作的爱的宗教和贫乏无力的道德以外,拿不出什么积极的东西。

但是,从黑格尔学派的解体过程中还产生了另一个派别,惟一的真正结出果实的派别。这个派别主要是同马克思的名字联系在一起的[25]。

同黑格尔哲学的分离在这里也是由于返回到唯物主义观点而发生的。这就是说,人们决心在理解现实世界(自然界和历史)时按照它本身在每一个不以先入为主的唯心主义怪想来对待它的人面前所呈现的那样来理解;他们决心毫不怜惜地抛弃一切同事实(从事实本身的联系而不是从幻想的联系来把握的事实)不相符合的唯心主义怪想。除此以外,唯物主义并没有别的意义。不过在这里第一次对唯物主义世界观采取了真正严肃的态度,把这个世界观彻底地(至少在主要方面)运用到所研究的一切知识领域里去了。

黑格尔不是简单地被放在一边,恰恰相反,上面所阐述的他的革命方面即辩证方法被接过来了。但是这种方法在黑格尔的形式中是无用的。在黑格尔那里,辩证法是概念的自我发展。绝对概念不仅是从来就存在的(不知在哪里?),而且是整个现存世界的真正的活的灵魂。它通过在《逻辑学》中详细探讨过的并且完全包含在它自身中的一切预备阶段而向自身发展;然后它使自己"外化",转化为自然界,它在自然界中并没有意识到它自己,而是采取自然必然性的形式,经过新的发展,最后在人身上重新达到自我意识;这个自我意识,在历史中又从粗糙的形式中挣脱出来,直到绝对概念终于在黑格尔哲学中又完全地达到自身为止。因此,在自然界和历史中所显露出来的辩证的发展,即经过一切迂回曲折和暂时退步而由低级到高级的前进运动的因果联系,在黑格尔那里,只是概念的自己运动的翻版,而这种概念的自己运动是从来就有的(不知在什么地方),但无论如何是不依任何能思维的人脑为转移的。这种意识形态上的颠倒是应该消除的。我们重新唯物地把我们头脑中的概念看作现实事物的反映,而不是把现实事物看作绝对概念的某一阶段的反映。这样,辩证法就归结为关于外部世界和人类思维的运动的一般规律的科学,这两个系列的规律在本质上是同一的,但是在表现上是不同的,这是因为人的头脑可以自觉地应用这些规律,而在自然界中这些规律是不自觉地、以外部必然性的形式、在无穷无尽的表面的偶然性中实现的，而且到现在为止在人类历史上多半也是如此。这样，概念的辩证法本身就变成只是现实世界的辩证运动的自觉的反映，从而黑格尔的辩证法就被倒转过来了，或者宁可说，不是用头立地而是重新用脚立地了。而且值得注意的是，不仅我们发现了这个多年来已成为我们最好的工具和最锐利的武器的唯物主义辩证法，而且德国工人约瑟夫·狄慈根不依靠我们，甚至不依靠黑格尔也发现了它[26]。

而这样一来，黑格尔哲学的革命方面就恢复了，同时也摆脱了那些曾经在黑格尔那里阻碍它贯彻到底的唯心主义装饰。一个伟大的基本思想，即认为世界不是既成**事物**的集合体，而是**过程**的集合体，其中各个似乎稳定的事物同它们在我们头脑中的思想映象即概念一样都处在生成和灭亡的不断变化中，在这种变化中，尽管有种种表面的偶然性，尽管有种种暂时的倒退，前进的发展终究会实现，——这个伟大的基本思想，特别是从黑格尔以来，已经成了一般人的意识，以致它在这种一般形式中未必会遭到反对了。但是，口头上承认这个思想是一回事，实际上把这个思想分别运用于每一个研究领域，又是一回事。如果人们在研究工作中始终从这个观点出发，那么关于最终解决和永恒真理的要求就永远不会提出了；人们就始终会意识到他们所获得的一切知识必然具有的局限性，意识到他们在获得知识时所处的环境对这些知识的制约性；人们对于还在不断流行的旧形而上学所不能克服的对立，即真理和谬误、善和恶、同一和差别、必然和偶然之间的对立也不再敬畏了；人们知道，这些对立只有相对的意义，今天被认为是合乎真理的认识都有它隐蔽着的、以后会显露出来的错误的方面，同样，今天已经被认为是错误的认识也有它合乎真理的方面，因而它从前才能被认为是合乎真理的；被断定为必然的东西，是由纯粹的偶然性构成的，而所谓偶然的东西，是一种有必然性隐藏在里面的形式，如此等等。

旧的研究方法和思维方法，黑格尔称之为"形而上学的"方法，主要是把**事物**当作一成不变的东西去研究，它的残余还牢牢地盘踞在人们的头脑中，这种方法在当时是有重大的历史根据的。必须先研究事物，尔后才能研究过程。必须先知道一个事物是什么，尔后才能觉察这个事物中所发生的变化。自然科学中的情形正是这样。认为事物是既成的东西的旧形而上学，是从那种把非生物和生物当作既成事物来研究的自然科学中产生的。而当这种研究已经进展到可以向前迈出决定性的一步，即可以过渡到系统地研究这些事物在自然界本身中所发生的变化的时候，在哲学领域内也就响起了旧形而上学的丧钟。事实上，直到上一世纪末，自然科学主要是**搜集材料的**科学，关于既成事物的科学，但是在本世纪，自然科学本质上是**整理材料的**科学，是关于过程、关于这些事物的发生和发展以及关于联系——把这些自然过程结合为一个大的整体——的科学。研究植物机体和动物机体中的过程的生理学，研究单个机体从胚胎到成熟的发育过程的胚胎学，研究地壳逐渐形成过程的地质学，所有这些科学都是我们这个世纪的产儿。

但是，首先是三大发现使我们对自然过程的相互联系的认识大踏步地前进了：第一是发现了细胞，发现细胞是这样一种单位，整个植物体和动物体都是从它的繁殖和分化中发育起来的。这一发现，不仅使我们知道一切高等有机体都是按照一个共同规律发育和生长的，而且使我们通过细胞的变异能力看出有机体能改变自己的物种从而能完成比个体发育更高的发育的道路。——第二是能量转化，它向我们表明了一切首先在无机界中起作用的所谓力，即机械力及其补充，所谓位能、热、辐射（光或辐射热）、电、磁、化学能，都是普遍运动的各种表现形式，这些运动形式按照一定的度量关系由一种转变为另一种，因此，当一种形式的量消失时，就有另一种形式的一定的量代之出现，因此，自然界中的一切运动都可以归结为一种形式向另一种形式不断转化的过程。——最后，达尔文第一次从联系中证明，今天存在于我们周围的有机自然物，包括人在内，都是少数原始单细胞胚胎的长期发育过程的产物，而这些胚胎又是由那些通过化学途径产生的原生质或蛋白质形成的。

由于这三大发现和自然科学的其他巨大进步，我们现在不仅能够说明自然界中各个领域内的过程之间的联系，而且总的说来也能说明各个领域之间的联系了，这样，我们就能够依靠经验自然科学本身所提供的事实，以近乎系统的形式描绘出一幅自然界联系的清晰图画。描绘这样一幅总的图画，在以前是所谓自然哲学的任务。而自然哲学只能这样来描绘：用观念的、幻想的联系来代替尚未知道的现实的联系，用想象来补充缺少的事实，用纯粹的臆想来填补现实的空白。它在这样做的时候提出了一些天才的思想，预测到一些后来的发现，但是也发表了十分荒唐的见解，这在当时是不可能不这样的。

今天，当人们对自然研究的结果只要辩证地即从它们自身的联系进行考察，就可以制成一个在我们这个时代是令人满意的“自然体系”的时候，当这种联系的辩证性质，甚至违背自然研究者的意志，使他们受过形而上学训练的头脑不得不承认的时候，自然哲学就最终被排除了。任何使它复活的企图不仅是多余的，而且**是倒退**。

这样，自然界也被承认为历史发展过程了。而适用于自然界的，同样适用于社会历史的一切部门和研究人类的（和神的）事物的一切科学。在这里，历史哲学、法哲学、宗教哲学等等也都是以哲学家头脑中臆造的联系来代替应当在事变中去证实的现实的联系，把全部历史及其各个部分都看作观念的逐渐实现，而且当然始终只是哲学家本人所喜爱的那些观念的逐渐实现。这样看来，历史是不自觉地、但必然是为了实现某种预定的理想目的而努力，例如在黑格尔那里，是为了实现他的绝对观念而努力，而力求达到这个绝对观念的坚定不移的意向就构成了历史事变中的内在联系。这样，人们就用一种新的——不自觉的或逐渐自觉的——神秘的天意来代替现实的、尚未知道的联系。因此，在这里也完全像在自然领域里一样，应该通过发现现实的联系来清除这种臆造的人为的联系；这一任务，归根到底，就是要发现那些作为支配规律在人类社会的历史上起作用的一般运动规律。

但是，社会发展史却有一点是和自然发展史根本不相同的。在自然界中（如果我们把人对自然界的反作用撇开不谈）全是没有意识的、盲目的动力，这些动力彼此发生作用，而一般规律就表现在这些动力的相互作用中。在所发生的任何事情中，无论在外表上看得出的无数表面的偶然性中，或者在可以证实这些偶然性内部的规律性的最终结果中，都没有任何事情是作为预期的自觉的目的发生的。相反，在社会历史领域内进行活动的，是具有意识的、经过思虑或凭激情行动的、追求某种目的的人；任何事情的发生都不是没有自觉的意图，没有预期的目的的。但是，不管这个差别对历史研究，尤其是对各个时代和各个事变的历史研究如何重要，它丝毫不能改变这样一个事实：历史进程是受内在的一般规律支配的。因为在这一领域内，尽管各个人都有自觉预期的目的，总的说来在表面上好像也是偶然性在支配着。人们所预期的东西很少如愿以偿，许多预期的目的在大多数场合都互相干扰，彼此冲突，或者是这些目的本身一开始就是实现不了的，或者是缺乏实现的手段的。这样，无数的单个愿望和单个行动的冲突，在历史领域内造成了一种同没有意识的自然界中占统治地位的状况完全相似的状况。行动的目的是预期的，但是行动实际产生的结果并不是预期的，或者这种结果起初似乎还和预期的目的相符合，而到了最后却完全不是预期的结果。这样，历史事件似乎总的说来同样是由偶然性支配着的。但是，在表面上是偶然性在起作用的地方，这种偶然性始终是受内部的隐蔽着的规律支配的，而问题只是在于发现这些规律。

无论历史的结局如何，人们总是通过每一个人追求他自己的、自觉预期的目的来创造他们的历史，而这许多按不同方向活动的愿望及其对外部世界的各种各样作用的合力，就是历史。因此，问题也在于，这许多单个的人所预期的是什么。愿望是由激情或思虑来决定的。而直接决定激情或思虑的杠杆是各式各样的。有的可能是外界的事物，有的可能是精神方面的动机，如功名心、"对真理和正义的热忱"、个人的憎恶，或者甚至是各种纯粹个人的怪想。但是，一方面，我们已经看到，在历史上活动的许多单个愿望在大多数场合下所得到的完全不是预期的结果，往往是恰恰相反的结果，因而它们的动机对全部结果来说同样地只有从属的意义。另一方面，又产生了一个新的问题：在这些动机背后隐藏着的又是什么样的动力？在行动者的头脑中以这些动机的形式出现的历史原因又是什么？

旧唯物主义从来没有给自己提出过这样的问题。因此，它的历史观——如果它有某种历史观的话，——本质上也是实用主义的，它按照行动的动机来判断一切，把历史人物分为君子和小人，并且照例认为君子是受骗者，而小人是得胜者。旧唯物主义由此得出的结论是，在历史的研究中不能得到很多有教益的东西；而我们由此得出的结论是，旧唯物主义在历史领域内自己背叛了自己，因为它认为在历史领域中起作用的精神的动力是最终原因，而不去研究隐藏在这些动力后面的是什么，这些动力的动力是什么。不彻底的地方并不在于承认**精神的**动力，而在于不从这些动力进一步追溯到它的动因。相反，历史哲学，特别是黑格尔所代表的历史哲学，认为历史人物的表面动机和真实动机都决不是历史事变的最终原因，认为这些动机后面还有应当加以探究的别的动力；但是它不在历史本身中寻找这种动力，反而从外面，从哲学的意识形态把这种动力输入历史。例如黑格尔，他不从古希腊历史本身的内在联系去说明古希腊的历史，而只是简单地断言，古希腊的历史无非是“美好的个性形式”的制定，是“艺术作品”本身的实现。[27]在这里，黑格尔关于古希腊人作了许多精彩而深刻的论述，但是这并不妨碍我们今天对那些纯属空谈的说明表示不满。

因此，如果要去探究那些隐藏在——自觉地或不自觉地，而且往往是不自觉地——历史人物的动机背后并且构成历史的真正的最后动力的动力，那么问题涉及的，与其说是个别人物、即使是非常杰出的人物的动机，不如说是使广大群众、使整个整个的民族，并且在每一民族中间又是使整个整个阶级行动起来的动机；而且也不是短暂的爆发和转瞬即逝的火光，而是持久的、引起重大历史变迁的行动。探讨那些作为自觉的动机明显地或不明显地，直接地或以意识形态的形式、甚至以被神圣化的形式反映在行动着的群众及其领袖即所谓伟大人物的头脑中的动因，——这是能够引导我们去探索那些在整个历史中以及个别时期和个别国家的历史中起支配作用的规律的惟一途径。使人们行动起来的一切，都必然要经过他们的头脑；但是这一切在人们的头脑中采取什么形式，这在很大程度上是由各种情况决定的。现在工人不再像1848年在莱茵地区那样简单地捣毁机器，但是，这决不是说，他们已经容忍按照资本主义方式应用机器。

但是，在以前的各个时期，对历史的这些动因的探究几乎是不可能的，因为它们和自己的结果的联系是混乱而隐蔽的，在我们今天这个时期，这种联系已经简化了，以致人们有可能揭开这个谜了。从采用大工业以来，就是说，至少从1815年签订欧洲和约以来，在英国，谁都知道，土地贵族（landed aristocracy）和资产阶级（middle class）这两个阶级争夺统治的要求，是英国全部政治斗争的中心。在法国，随着波旁王室的返国，同样的事实也被人们意识到了；复辟时期的历史编纂学家，从梯叶里到基佐、米涅和梯也尔，总是指出这一事实是理解中世纪以来法国历史的钥匙。而从1830年起，在这两个国家里，工人阶级即无产阶级，已被承认是为争夺统治而斗争的第三个战士。当时关系已经非常简化，只有故意闭起眼睛的人才看不见，这三大阶级的斗争和它们的利益冲突是现代历史的动力，至少是这两个最先进国家的现代历史的动力。

但是，这些阶级是怎样产生的呢？初看起来，那种大的、曾经是封建的土地占有制的起源，还可以（至少首先）归于政治原因，归于暴力掠夺，但是对于资产阶级和无产阶级，这就说不通了。在这里，显而易见，这两大阶级的起源和发展是由于纯粹经济的原因。而同样明显的是，土地占有制和资产阶级之间的斗争，正如资产阶级和无产阶级之间的斗争一样，首先是为了经济利益而进行的，政治权力不过是用来实现经济利益的手段。资产阶级和无产阶级这两个阶级是由于经济关系发生变化，确切些说，是由于生产方式发生变化而产生的。最初是从行会手工业到工场手工业的过渡，随后又是从工场手工业到使用蒸汽和机器的大工业的过渡，使这两个阶级发展起来了。在一定阶段上，资产阶级推动的新的生产力——首先是分工和许多局部工人在一个综合性手工工场里的联合——以及通过生产力发展起来的交换条件和交换需要，同现存的、历史上继承下来的而且被法律神圣化的生产秩序不相容了，就是说，同封建社会制度的行会特权以及许多其他的个人特权和地方特权（这些特权对于非特权等级来说都是桎梏）不相容了。资产阶级所代表的生产力起来反抗封建土地占有者和行会师傅所代表的生产秩序了；结局是大家都知道的：封建桎梏被打碎了，在英国是逐渐打碎的，在法国是一下子打碎的，在德国还没有完全打碎。但是，正像工场手工业在一定发展阶段上曾经同封建的生产秩序发生冲突一样，大工业现在已经同代替封建生产秩序的资产阶级生产秩序相冲突了。被这种秩序、被资本主义生产方式的狭隘范围所束缚的大工业，一方面使全体广大人民群众越来越无产阶级化，另一方面生产出越来越多的没有销路的产品。生产过剩和大众的贫困，两者互为因果，这就是大工业所陷入的荒谬的矛盾，这个矛盾必然要求通过改变生产方式来使生产力摆脱桎梏。

因此，在现代历史中至少已经证明，一切政治斗争都是阶级斗争，而一切争取解放的阶级斗争，尽管它必然地具有政治的形式（因为一切阶级斗争都是政治斗争），归根到底都是围绕着**经济**解放进行的。因此，至少在这里，国家，政治制度是从属的东西，而市民社会，经济关系的领域是决定性的因素。从传统的观点看来（这种观点也是黑格尔所尊崇的），国家是决定的因素，市民社会是被国家决定的因素。表面现象是同这种看法相符合的。就单个人来说，他的行动的一切动力，都一定要通过他的头脑，一定要转变为他的意志的动机，才能使他行动起来，同样，市民社会的一切要求（不管当时是哪一个阶级统治着），也一定要通过国家的意志，才能以法律形式取得普遍效力。这是问题的形式方面，这方面是不言而喻的；不过要问一下，这个仅仅是形式上的意志（不论是单个人的或国家的）有什么内容呢？这一内容是从哪里来的呢？为什么人们所期望的正是这个而不是别的呢？在寻求这个问题的答案时，我们就发现，在现代历史中，国家的意志总的说来是由市民社会的不断变化的需要，是由某个阶级的优势地位，归根到底，是由生产力和交换关系的发展决定的。

但是，既然甚至在拥有巨量生产资料和交往手段的现代，国家都不是一个具有独立发展的独立领域，而它的存在和发展归根到底都应该从社会的经济生活条件中得到解释，那么，以前的一切时代就必然更是这样了，那时人们物质生活的生产还没有使用这样丰富的辅助手段来进行，因而这种生产的必要性必不可免地在更大程度上支配着人们。既然在今天这个大工业和铁路的时代，国家总的说来还只是以集中的形式反映了支配着生产的阶级的经济需要，那么，在以前的时代，国家就必然更加是这样了，那时每一代人都要比我们今天更多得多地耗费一生中的时间来满足自己的物质需要，因而要比我们今天更多地依赖于这种物质需要。对从前各个时代的历史的研究，只要在这方面是认真进行的，都会最充分地证实这一点；但是，在这里当然不能进行这种研究了。

如果说国家和公法是由经济关系决定的，那么不言而喻，私法也是这样，因为私法本质上只是确认单个人之间的现存的、在一定情况下是正常的经济关系。但是，这种确认所采取的形式可以是很不相同的。人们可以把旧的封建的法的形式大部分保存下来，并且赋予这种形式以资产阶级的内容，甚至直接给封建的名称加上资产阶级的含义，就像在英国与民族的全部发展相一致而发生的那样；但是人们也可以像在西欧大陆上那样，把商品生产者社会的第一个世界性法律即罗马法以及它对简单商品所有者的一切本质的法的关系（如买主和卖主、债权人和债务人、契约、债务等等）所作的无比明确的规定作为基础。这样做时，为了仍然是小资产阶级的和半封建的社会的利益，人们可以或者是简单地通过审判的实践贬低罗马法，使它适合于这个社会的状况（普通法），或者是依靠所谓开明的进行道德说教的法学家的帮助把它加工成一种适应于这种社会状况的特殊法典，这种法典，在这种情况下即使从法学观点看来也是不好的(普鲁士邦法);但是这样做时,人们也可以在资产阶级大革命以后,以同一个罗马法为基础,制定出像法兰西民法典这样典型的资产阶级社会的法典。因此,如果说民法准则只是以法的形式表现了社会的经济生活条件,那么这种准则就可以依情况的不同而把这些条件有时表现得好,有时表现得坏。

国家作为第一个支配人的意识形态力量出现在我们面前。社会创立一个机关来保护自己的共同利益,免遭内部和外部的侵犯。这种机关就是国家政权。它刚一产生,对社会来说就是独立的,而且它越是成为某个阶级的机关,越是直接地实现这一阶级的统治,它就越独立。被压迫阶级反对统治阶级的斗争必然要变成政治的斗争,变成首先是反对这一阶级的政治统治的斗争;对这一政治斗争同它的经济基础的联系的认识,就日益模糊起来,并且会完全消失。即使在斗争参加者那里情况不完全是这样,但是在历史编纂学家那里差不多总是这样的。在关于罗马共和国内部斗争的古代史料中,只有阿庇安一人清楚而明确地告诉我们,这一斗争归根到底是为什么进行的,即为土地所有权进行的。

但是,国家一旦成了对社会来说是独立的力量,马上就产生了另外的意识形态。这就是说,在职业政治家那里,在公法理论家和私法法学家那里,同经济事实的联系就完全消失了。因为经济事实要以法律的形式获得确认,必须在每一个别场合都采取法律动机的形式,而且,因为在这里,不言而喻地要考虑到现行的整个法的体系,所以,现在法律形式就是一切,而经济内容则什么也不是。公法和私法被看作两个独立的领域,它们各有自己的独立的历史发展,它们本身都可以系统地加以说明,并需要通过彻底根除一切内部矛盾来作出这种说明。

更高的即更远离物质经济基础的意识形态,采取了哲学和宗教的形式。在这里,观念同自己的物质存在条件的联系,越来越错综复杂,越来越被一些中间环节弄模糊了。但是这一联系是存在着的。从15世纪中叶起的整个文艺复兴时期,在本质上是城市的从而是市民阶级的产物,同样,从那时起重新觉醒的哲学也是如此。哲学的内容本质上仅仅是那些和中小市民阶级发展为大资产阶级的过程相适应的思想的哲学表现。在上一世纪的那些往往既是哲学家又是政治经济学家的英国人和法国人那里,这种情形是表现得很明显的，而在黑格尔学派那里，这一情况我们在上面已经说明了。

现在我们再简略地谈谈宗教，因为宗教离开物质生活最远，而且好像是同物质生活最不相干。宗教是在最原始的时代从人们关于他们本身和周围的外部自然界的错误的、最原始的观念中产生的。但是，任何意识形态一经产生，就同现有的观念材料相结合而发展起来，并对这些材料作进一步的加工；不然，它就不是意识形态了，就是说，它就不是把思想当作独立地发展的、仅仅服从自身规律的独立存在的东西来对待了。人们头脑中发生的这一思想过程，归根到底是由人们的物质生活条件决定的，这一事实，对这些人来说必然是没有意识到的，否则，全部意识形态就完结了。因此，大部分是每个有亲属关系的民族集团所共有的这些原始的宗教观念，在这些集团分裂以后，便在每个民族那里依各自遇到的生活条件而独特地发展起来，而这一过程对一系列民族集团来说，特别是对雅利安人（所谓印欧人）来说，已由比较神话学详细地证实了。这样在每一个民族中形成的神，都是民族的神，这些神的王国不越出它们所守护的民族领域，在这个界线以外，就无可争辩地由别的神统治了。只要这些民族存在，这些神也就继续活在人们的观念中；这些民族没落了，这些神也就随着灭亡。罗马世界帝国使得古老的民族没落了（关于罗马世界帝国产生的经济条件，我们没有必要在这里加以研究），古老的民族的神就灭亡了，甚至罗马的那些仅仅适合于罗马城这个狭小圈子的神也灭亡了；罗马曾企图除本地的神以外还承认和供奉一切多少受崇敬的异族的神，这就清楚地表明了有以一种世界宗教来充实世界帝国的需要。但是一种新的世界宗教是不能这样用皇帝的敕令创造出来的。新的世界宗教，即基督教，已经从普遍化了的东方神学，特别是犹太神学同庸俗化了的希腊哲学，特别是斯多亚派[28]哲学的混合中悄悄地产生了。我们必须重新进行艰苦的研究，才能够知道基督教最初是什么样子，因为它那流传到我们今天的官方形式仅仅是尼西亚宗教会议[29]为了使它成为国教而赋予它的那种形式。它在250年后已经变成国教这一事实，足以证明它是适应时势的宗教。在中世纪，随着封建制度的发展，基督教成为一种同它相适应的、具有相应的封建等级制的宗教。当市民阶级兴起的时候，新教异端首先在法国南部的阿尔比派[30]中间，在那里的城市最繁荣的时代，同封建的天主教相对抗而发展起来。中世纪把意识形态的其他一切形式——哲学、政治、法学，都合并到神学中,使它们成为神学中的科目。因此,当时任何社会运动和政治运动都不得不采取神学的形式;对于完全由宗教培育起来的群众感情说来,要掀起巨大的风暴,就必须让群众的切身利益披上宗教的外衣出现。市民阶级从最初起就给自己制造了一种由无财产的、不属于任何公认的等级的城市平民、短工和各种仆役所组成的附属品,即后来的无产阶级的前身,同样,宗教异端也早就分成了两派:市民温和派和甚至也为市民异教徒所憎恶的平民革命派。

新教异端的不可根绝是同正在兴起的市民阶级的不可战胜相适应的;当这个市民阶级已经充分强大的时候,他们从前同封建贵族进行的主要是地方性的斗争便开始采取全国性的规模了。第一次大规模的行动发生在德国,这就是所谓的宗教改革[31]。那时市民阶级既不够强大又不够发展,不足以把其他的反叛等级——城市平民、下级贵族和乡村农民——联合在自己的旗帜之下。贵族首先被击败;农民举行了起义,形成了这次整个革命运动的顶点;城市背弃了农民,革命被各邦君主的军队镇压下去了,这些君主攫取了革命的全部果实。从那时起,德国有整整三个世纪从那些能独立地干预历史的国家的行列中消失了。但是除德国人路德外,还出现了法国人加尔文,他以真正法国式的尖锐性突出了宗教改革的资产阶级性质,使教会共和化和民主化。当路德的宗教改革在德国已经蜕化并把德国引向灭亡的时候,加尔文的宗教改革却成了日内瓦、荷兰和苏格兰共和党人的旗帜,使荷兰摆脱了西班牙和德意志帝国的统治,并为英国发生的资产阶级革命的第二幕提供了意识形态的外衣。在这里,加尔文教显示出它是当时资产阶级利益的真正的宗教外衣,因此,在1689年革命[32]由于一部分贵族同资产阶级间的妥协而结束以后,它也没有得到完全的承认。英国的国教会恢复了,但不是恢复到它以前的形式,即由国王充任教皇的天主教,而是强烈地加尔文教化了。旧的国教会庆祝欢乐的天主教礼拜日,反对枯燥的加尔文派礼拜日。新的资产阶级化的国教会,则采用后一种礼拜日,这种礼拜日至今还在装饰着英国。

在法国,1685年加尔文教的少数派曾遭到镇压,被迫皈依天主教或者被驱逐出境[33]。但是这有什么用处呢?那时自由思想家皮埃尔·培尔已经在忙于从事活动,而1694年伏尔泰也诞生了。路易十四的暴力措施只是使法国的资产阶级更便于以惟一同已经发展起来的资产阶级相适应的、非宗教的、纯粹政治的形式进行自己的革命。出席国民议会的不是新教徒,而是自由思想家了。由此可见,基督教进入了它的最后阶段。此后,它已不能成为任何进步阶级的意向的意识形态外衣了;它越来越变成统治阶级专有的东西,统治阶级只把它当作使下层阶级就范的统治手段。同时,每个不同的阶级都利用它自己认为适合的宗教:占有土地的容克利用天主教的耶稣会派或新教的正统派,自由的和激进的资产者则利用理性主义,至于这些先生们自己相信还是不相信他们各自的宗教,这是完全无关紧要的。

这样,我们看到,宗教一旦形成,总要包含某些传统的材料,因为在一切意识形态领域内传统都是一种巨大的保守力量。但是,这些材料所发生的变化是由造成这种变化的人们的阶级关系即经济关系引起的。在这里只说这一点就够了。

上面的叙述只能是对马克思的历史观的一个概述,至多还加了一些例证。证明只能由历史本身提供;而在这里我可以说,在其他著作中证明已经提供得很充分了。但是,这种历史观结束了历史领域内的哲学,正如辩证的自然观使一切自然哲学都成为不必要的和不可能的一样。现在无论在哪一个领域,都不再要从头脑中想出联系,而要从事实中发现联系了。这样,对于已经从自然界和历史中被驱逐出去的哲学来说,要是还留下什么的话,那就只留下一个纯粹思想的领域:关于思维过程本身的规律的学说,即逻辑和辩证法。

随着1848年革命而来的是,"有教养的"德国抛弃了理论,转入了实践的领域。以手工劳动为基础的小手工业和工场手工业已经为真正的大工业所代替;德国重新出现在世界市场上;新的小德意志帝国[34]至少排除了由小邦割据、封建残余和官僚制度造成的阻碍这一发展的最显著的弊病。但是,思辨[35]在多大程度上离开哲学家的书房而在证券交易所筑起自己的殿堂,有教养的德国也就在多大程度上失去了在德国最深沉的政治屈辱时代曾经是德国的光荣的伟大理论兴趣——那种不管所得成果在实践上是否能实现,不管它是否违反警章都照样致力于纯粹科学研究的兴趣。诚然,德国的官方自然科学,特别是在专门研究的领域中仍然保持着时代的高度,但是,正如美国《科学》杂志已经公正地指出的,在研究单个事实之间的重大联系方面的决定性进步,即把这些联系概括为规律,现在更多地是出在英国,而不像从前那样

出在德国。而在包括哲学在内的历史科学的领域内，那种旧有的在理论上毫无顾忌的精神已随着古典哲学完全消失了；起而代之的是没有头脑的折衷主义，是对职位和收入的担忧，直到极其卑劣的向上爬的思想。这种科学的官方代表都变成毫无掩饰的资产阶级的和现存国家的玄想家，但这已经是在资产阶级和现存国家同工人阶级公开敌对的时代了。

德国人的理论兴趣，只是在工人阶级中还没有衰退，继续存在着。在这里，它是根除不了的。在这里，对职位、牟利，对上司的恩典，没有任何考虑。相反，科学越是毫无顾忌和大公无私，它就越符合工人的利益和愿望。在劳动发展史中找到了理解全部社会史的锁钥的新派别，一开始就主要是面向工人阶级的，并且从工人阶级那里得到了同情，这种同情，它在官方科学那里是既没有寻找也没有期望过的。德国的工人运动是德国古典哲学的继承者。

写于 1886 年初

载于 1886 年《新时代》杂志第 4 期和第 5 期，并于 1888 年以单行本形式在斯图加特出版

原文是德文

选自《马克思恩格斯选集》第 4 卷，人民出版社 1995 年版，第 211—258 页。

注　释：

［**1**］哲学博士卡·尼·施达克《路德维希·费尔巴哈》1885 年斯图加特，斐·恩克版。

［**2**］巴士底狱是 14—18 世纪巴黎的城堡和国家监狱。从 16 世纪起，主要用来囚禁政治犯。——214。

［**3**］恩格斯指海涅关于德国哲学革命的言论，这些言论包含在海涅的著作《论德国宗教和哲学的历史》中。这部著作发表于 1834 年，它是对德国精神生活中所发生的事件进行评论(一部分发表于 1833 年)的继续。海涅的这些言论贯彻了这样的思想：当时由黑格尔哲学总其成的德国哲学革命，是德国即将到来的民主革命的序幕。——215。

［**4**］恩格斯在这里套用黑格尔《法哲学原理》序言中的话。该书第 1 版于 1821 年在柏

林出版。——215。

[5] 见乔·威·弗·黑格尔《哲学全书缩写本。第一部。逻辑》第147节;第142节附释。该书第1版于1817年在海德堡出版。——215。

[6] 这里套用了歌德《浮士德》第1部第3场(《浮士德的书斋》)里的靡菲斯特斐勒司的话。——216。

[7] 乔·威·弗·黑格尔《逻辑学》1812—1816年纽伦堡版。这部著作共分三册:《客观逻辑,存在论》(1812)、《客观逻辑,本质论》(1813)和《主观逻辑或概念论》(1816)。——218、573。

[8] 《德国年鉴》是青年黑格尔派的文学哲学杂志《德国科学和艺术年鉴》的简称,该杂志以日报形式在莱比锡出版。1841年7月—1843年1月,杂志用上述名称出版;以前(1838—1841年)曾以《德国科学和艺术哈雷年鉴》的名称出版;1841年6月以前,杂志由阿·卢格和泰·艾希特迈耶尔在哈雷负责编辑,1841年7月起由阿·卢格在德累斯顿负责编辑。由于《哈雷年鉴》在普鲁士境内遭到停刊的威胁,编辑部从普鲁士的哈雷城迁往萨克森,并更改了杂志的名称。但是,即使用了新的名称,杂志也没有出版多久。1843年1月3日被萨克森政府查禁,并经联邦议会决定在全国查禁。——221。

[9] 《莱茵政治、商业和工业日报》是德国的一家日报,青年黑格尔派的喉舌,1842年1月1日至1843年3月31日在科隆出版。该报是莱茵省一些反对普鲁士专制政体的资产阶级人士创办的,曾吸收几个青年黑格尔分子撰稿。1842年4月马克思开始为该报撰稿,同年10月起成为该报编辑部成员。《莱茵报》也发表过许多恩格斯的文章。在马克思担任编辑期间,该报日益具有明显的革命民主主义性质,政府对该报进行了特别严格的检查,1843年4月1日把它封闭了。——221。

[10] 指麦·施蒂纳《惟一者及其所有物》1845年莱比锡版。——编者注

[11] 在蒙昧人和低级野蛮人中间,现在还流行着这样一种观念:梦中出现的人的形象是暂时离开肉体的灵魂;因而现实的人要对自己出现于他人梦中时针对做梦者而采取的行为负责。例如伊姆·特恩于1884年在圭亚那的印第安人中就发现了这种情形。(关于梦中出现的人的形象是暂时离开肉体的灵魂等描写,见埃·斐·伊姆·特恩的著作《在圭亚那的印第安人中间》1883年伦敦版第344—346页。——223。)

[12] 德国天文学家约翰·加勒于1846年9月23日发现了海王星。——226。

[13] 这段引文在施达克的《路德维希·费尔巴哈》1885年斯图加特版第166页上引用过。引文摘自卡·格律恩《路德维希·费尔巴哈的书简、遗稿及其哲学特征的阐

述》1874 年莱比锡—海德堡版第 2 卷第 308 页。——227。

[14] 即乔·威·弗·黑格尔《精神现象学》。——编者注

[15] 自然神论者是一种宗教哲学学说的拥护者。这种学说认为神是非人格的、有理性的世界始因，但是神不干预自然现象和社会生活。在封建教会世界观统治的条件下，自然神论往往站在唯理论的立场上批判中世纪的神学世界观，揭露僧侣们的寄生生活和招摇撞骗的行为。——232、703。

[16] 这段引文摘自费尔巴哈的著作《哲学原理、变化的必然性》，见卡·格律恩《路德维希·费尔巴哈的书简、遗稿及其哲学特征的阐述》1874 年莱比锡—海德堡版第 1 卷第 407 页。——233。

[17] 这段引文摘自费尔巴哈的著作《驳躯体和灵魂、肉体和精神的二元论》，见《费尔巴哈全集》1846 年莱比锡版第 2 卷第 363 页。——237。

[18] 这段引文在施达克《路德维希·费尔巴哈》1885 年斯图加特版第 254 页上引用过。引文摘自费尔巴哈的著作《贫穷操纵并取消所有法律》，见卡·格律恩《路德维希·费尔巴哈的书简、遗稿及其哲学特征的阐述》1874 年莱比锡—海德堡版第 2 卷第 285—286 页。——237。

[19] 这段引文在施达克《路德维希·费尔巴哈》1885 年斯图加特版第 280 页上引用过。引文摘自费尔巴哈的著作《哲学原理。变化的必然性》，见卡·格律恩《路德维希·费尔巴哈的书简、遗稿及其哲学特征的阐述》1874 年莱比锡—海德堡版第 1 卷第 409 页。——237。

[20] 见施达克《路德维希·费尔巴哈》1885 年斯图加特版第 280 页。——237。

[21] 黑格尔关于恶是历史发展动力的思想见他的著作《法哲学原理》第 18、139 节以及《宗教哲学讲演录》第 3 部第 2 篇第 3 章。后面这本著作的第 1 版于 1832 年在柏林出版。——237。

[22] 这句话摘自路·费尔巴哈的著作《我的哲学经历的特征描述片断》，见《费尔巴哈全集》1846 年莱比锡版第 2 卷第 411 页。——238。

[23] 普军在 1866 年奥普战争中萨多瓦一役获胜后，德国资产阶级政论中的流行用语，意思是说普鲁士的胜利似乎是由于普鲁士国民教育制度的优越。这一用语源出《外国》杂志的编辑奥·佩舍尔，他在该杂志 1866 年 7 月 17 日第 29 期上的一篇文章《最近的战争历史的教训》中用了这个用语。——239。

[24] 指大·弗·施特劳斯的著作《基督教教理的历史发展及其和现代科学的斗争》1840—1841 年蒂宾根—斯图加特版第 1—2 卷，该书第二部的标题是《基督教教理的物质内容(教义学)》。——241。

[25] 请允许我在这里作一点个人的说明。近来人们不止一次地提到我参加了制定这一理论的工作，因此，我在这里不得不说几句话，把这个问题澄清。我不能否认，我和马克思共同工作40年，在这以前和这个期间，我在一定程度上独立地参加了这一理论的创立，特别是对这一理论的阐发。但是，绝大部分基本指导思想（特别是在经济和历史领域内），尤其是对这些指导思想的最后的明确的表述，都是属于马克思的。我所提供的，马克思没有我也能够做到，至多有几个专门的领域除外。至于马克思所做到的，我却做不到。马克思比我们大家都站得高些，看得远些，观察得多些和快些。马克思是天才，我们至多是能手。没有马克思，我们的理论远不会是现在这个样子。所以，这个理论用他的名字命名是理所当然的。

[26] 见《人脑活动的实质。一个手艺人的描述》汉堡迈斯纳出版社版。（恩格斯指的是约·狄慈根的著作《人脑活动的实质。一个手艺人的描述，纯粹的和实践的理性的再批判》1869年汉堡版。——243。）

[27] 见乔·威·弗·黑格尔《历史哲学讲演录》第2部第2篇。该书第1版于1837年在柏林出版。——249。

[28] 斯多亚主义是公元前4—3世纪产生于古希腊的一个哲学派别，因其创始人芝诺通常在雅典集市的画廊讲学，又称画廊学派（画廊的希腊文是“Stoa”）。

斯多亚派哲学分为逻辑学、物理学和伦理学，以伦理学为中心，逻辑学和物理学只是为伦理学提供基础。这个学派主要宣扬服从命运并带有浓厚宗教色彩的泛神论思想，其中既有唯物主义倾向，又有唯心主义思想。早期斯多亚派认为认识来源于对外界事物的感觉，但又承认关于神、善恶、正义等的先天观念。他们把赫拉克利特的火和逻各斯看成一个东西，认为宇宙实体既是物质性的，同时又是创造一切并统治万物的世界理性，也是神、天命和命运，或称自然。人是自然的一部分，也受天命支配，人应该顺应自然的规律而生活，即遵照理性和道德而生活。合乎理性的行为就是德行，只有德行才能使人幸福。人要有德行，成为善人，就必须用理性克制情欲，达到清心寡欲以至无情无欲的境界。中期斯多亚派强调社会责任、道德义务，加强了道德生活中的禁欲主义倾向。晚期斯多亚派宣扬安于命运，服从命运，认为人的一生注定是有罪的、痛苦的，只有忍耐和克制欲望，才能摆脱痛苦和罪恶，得到精神的安宁和幸福。晚期斯多亚派的伦理思想为基督教的兴起准备了思想条件。——255、464。

[29] 尼西亚宗教会议是第一次基督教会世界性主教会议。这次会议是325年罗马皇帝君士坦丁一世在小亚细亚的尼西亚城召开的，约300名主教或代表主教的长老出席。会议针对当时教会存在的“三位一体”派和阿里乌派的信仰分歧，通过了一切

基督徒必须遵守“三位一体”的信条(正统基督教教义的基本原则),不承认信条以叛国罪论。会议还制定教会法规,以加强主教权力,实为加强皇帝权力,因主教是由皇帝任免的,从此基督教变成了罗马帝国国教。——255、467。

[30] 阿尔比派是基督教的一个教派,12至13世纪广泛传播于法国南部和意大利北部的城市中。它的主要发源地是法国南部阿尔比城。阿尔比派反对天主教的豪华仪式和教阶制度,它以宗教的形式反映了城市商业和手工业居民对封建制度的抗议。法国南部的部分贵族也加入了阿尔比派,他们企图剥夺教会的土地。1209年教皇英诺森三世曾组织十字军征伐阿尔比派。经过二十年战争和残酷的镇压,阿尔比派运动终于失败。——255。

[31] 指16世纪德国马丁·路德领导的宗教改革运动。参看恩格斯《德国农民战争》第2章(见《马克思恩格斯全集》第7卷第399—419页)。——255、558、696。

[32] 指1688年英国政变(又称“光荣革命”)。由于这次政变,在英国推翻了斯图亚特王朝,确立了建立在土地贵族和大资产阶级妥协基础上的、以奥伦治的威廉(从1689年起)为首的君主立宪制。——256、703。

[33] 鉴于17世纪20年代起对胡格诺教徒(加尔文派新教徒)所施加的政治迫害和宗教迫害加剧了,路易十四于1685年取消亨利四世1598年颁布的南特敕令。这个敕令曾给予胡格诺教徒以信教和敬神的自由;由于南特敕令的取消,数十万胡格诺教徒离开了法国。——256。

[34] 小德意志帝国指1871年1月在普鲁士领导下建立的不包括奥地利在内的德意志帝国。——257。

[35] 德文“Spekulation”既有“思辨”的意思,也有“投机”的意思。——编者注

《路德维希·费尔巴哈和德国古典哲学的终结》导读

一、时代背景及其意义

《路德维希·费尔巴哈和德国古典哲学的终结》(以下简称《费尔巴哈论》)是恩格斯所写的一部重要著作。它写作于1886年,1888年修改后以单行本出版。在这本著作中,恩格斯论述了马克思主义哲学和德国古典哲学的关系,全面阐述了辩证唯物主义和历史唯物主义的基本原理,是一部马克思主义哲学的纲要。

19世纪60年代以后,马克思主义在文明世界得到广泛传播,成为无产阶级的锐利思想武器,共产主义运动因此而蓬勃发展。对此,资产阶级除了从政治上镇压外,还从思想上抵制马克思主义的传播。他们把德国古典哲学乔装打扮后,以"新"的面孔登台。以李普曼、文德尔班为代表的新康德主义,高喊"回到康德去"的口号,宣扬唯心主义先验论、不可知论,并给它穿上现代自然科学的外衣,对抗马克思主义,污蔑马克思主义是对黑格尔辩证法、费尔巴哈唯物主义的抄袭,混淆无产阶级世界观和资产阶级世界观的界限,贬低马克思主义哲学的意义。

阐明马克思主义哲学和德国古典哲学的关系,阐述辩证唯物主义和历史唯物主义基本原理,是马克思和恩格斯在创立马克思主义哲学时就有的心愿。1845年至1846年,在他们合著的《德意志意识形态》一书中,马克思和恩格斯曾第一次比较系统地阐述了历史唯物主义的基本原理,但是,由于反动当局的阻挠,这本书在他们生前没有能够出版。1885年丹麦哲学家施达克发表了《路德维希·费尔巴哈》一书,对费尔巴哈及其哲学进行评价,并反击德国哲学界对费尔巴哈的攻击,但其观点有误。而这时《新时代》杂志编辑部邀请恩格斯为施达克的书写评论,恩格斯便欣然同意,借此机会,一方面批判施达克的错误,一方面清理马克思主义和黑格尔、费尔巴哈以及整个德国古典哲学的联系与区别,阐明马克思主义哲学的基本观点和它在哲学史上所实现的革命变革。

二、内容简介

《费尔巴哈论》正文共有四章和一个结束语。

(一)第一章,叙述了黑格尔哲学产生的背景和阶级实质,揭示了黑格尔哲学的合理内核,阐发了辩证法的基本思想;阐述其方法和体系的矛盾,最后分析了黑格尔哲学解体的过程(共20自然段,分四个问题)

1. 德国古典哲学产生的背景以及黑格尔哲学的阶级实质(第1—2段)。

在德国和法国的资产阶级革命中,哲学都做了政治变革的先导。

2. 黑格尔哲学的合理内核及革命性(第3—9段)。

黑格尔哲学是资产阶级哲学。但是,黑格尔哲学包含革命性的内容。黑格尔在《法哲学原理》的《序言》中说过这样一个命题:"凡是现实的都是合乎理性的,凡是合乎理性的都是现实的。"表面上,这是把现存的一切神圣化。但是,在黑格尔那里,现存不等于现实。现实性在其展开过程中表明为必然性。同时,黑格尔还认为,现实性决不是某种社会制度或政治制度在一切环境和一切时代所固有的属性,随着社会历史条件的变化,由现实性变为失去现实性。这样,黑格尔的辩证法就论证了,一切事物都是发展变化的思想,新陈代谢是宇宙间不可抗拒的规律。根据黑格尔的辩证法,他的命题就可以转化成自己的反面:凡是现存的,都是一定要灭亡的。

黑格尔哲学的革命性质和意义在于,它彻底地否定了关于人的思维和行动的一切结果具有最终性质的看法。恩格斯分别从人类的认识和人类社会历史发展两个方面说明黑格尔哲学的革命性。

恩格斯阐述了辩证法的基本思想及其方法论意义。"这种辩证哲学推翻了一切关于最终的绝对真理和与之相应的绝对的人类状态的观念。在它面前,不存在任何最终的东西、绝对的东西、神圣的东西;它指出所有一切事物的暂时性;在它面前,除了生成和灭亡的不断过程、无止境地由低级上升到高级的不断过程,什么都不存在。它本身就是这个过程在思维着的头脑中的反映。”

3. 黑格尔哲学体系和方法的矛盾(第 10—12 段)。

黑格尔哲学中存在体系和方法之间的矛盾,它是德国资产阶级的软弱性和妥协性的反映。

4. 黑格尔哲学的解体,重申对待黑格尔哲学应有的态度(第 13—20 段)。

费尔巴哈对待黑格尔哲学的态度是抛弃。恩格斯指出,黑格尔哲学解体了,但是必须要扬弃它,消灭其形式,获得其内容。

(二)第二章,阐述了哲学的基本问题,评述了费尔巴哈哲学的基本内核,分析了马克思主义哲学产生之前的唯物主义(包括费尔巴哈唯物主义)的局限性(共 28 自然段,分四个问题)

1. 哲学基本问题的内容和意义(第 1—7 段)。

恩格斯总结人类认识的历史,认为:“全部哲学,特别是近代哲学的重大的基本问题,是思维和存在的关系问题。”哲学基本问题包含两个方面:即思维和存在何者为第一性的问题与思维和存在是否有统一性的问题。前者是划分唯物主义和唯心主义标准,后者则是划分可知论和不可知论的标准。恩格斯谈论了应该如何正确理解这两个方面内容以及唯物主义和唯心主义在什么意义上使用等问题。恩格斯还认为,对不可知论的最好的驳斥是实践,即实验和工业。

2. 费尔巴哈哲学的基本内核(第 8—11 段)。

费尔巴哈恢复了唯物主义的权威,其哲学的基本内核是唯物主义的,他认为“物质不是精神的产物,而精神本身只是物质的最高产物”。但是,费尔巴哈的唯物主义并不彻底,他对唯物主义的理解和认识也存在着错误。首先,他把唯物主义和唯物主义的特定表现形式(庸俗唯物主义)等同起来。其次,他在自然观方面是唯物的,但历史观方面仍然是唯心的。

3. 旧唯物主义局限性及其原因(第 12—21 段)。

恩格斯分析了18世纪机械唯物主义的三个局限性，即机械性、形而上学性和唯心史观。费尔巴哈未能克服旧唯物主义缺点的原因是：第一，自然科学还没有发展到一定的水平；第二，没有把唯物主义贯穿到历史领域；第三，生活迫使他远离现实，过着孤寂的生活。

4. 施达克对费尔巴哈的评价是错误的，其原因在于他没有弄清划分唯物主义和唯心主义的标准（第22—28自然段）。

（三）第三章，恩格斯分析和批判费尔巴哈的唯心主义历史观及其根源，主要分析他的宗教观和伦理观中的唯心主义错误（共27自然段，分三个问题）

1. 恩格斯分析和批判费尔巴哈的宗教观（第1—10段）。

费尔巴哈宗教观的基本观点是：①“心是宗教的本质”，这里的“心”即宗教感情；②宗教的变迁决定了历史的变迁。

恩格斯从三个方面对费尔巴哈的宗教观进行了批判：

首先，关于宗教的本质，从以下三点进行驳斥。（1）人与人之间的感情、特别是两性之间的感情是与人类共始终的。而性爱这种感情则有历史性，它只是在近八百年间才获得了重要的地位和意义。（2）宗教有产生、发展和灭亡的历史，它和感情的历史不能等同。（3）费尔巴哈从语源学上论证感情和宗教的关系，这是唯心主义的最后一招。

其次，关于宗教的作用，恩格斯也从三方面进行了驳斥。（1）历史的变迁确实有宗教相伴随，但不是宗教决定历史的变迁，而是历史变迁决定了宗教的变迁。（2）历史中的宗教色彩问题。革命有时会以宗教的形式进行，当革命的力量足以强大时，它就会脱去宗教的外衣，例如法国革命。（3）从历史事实看，人们交往时纯粹的人类感情已经被破坏得差不多了，取而代之的是阶级斗争。费尔巴哈脱离阶级对立的现实，以纯粹自然的人作为他宗教观的基础，必然导致历史唯心主义。

2. 恩格斯分析批判费尔巴哈的伦理学（第11—25段）。

恩格斯把费尔巴哈和黑格尔的伦理学做了一个比较。黑格尔的伦理学在形式上是唯心的，因为他从绝对观念出发。但是，在内容上是丰富而深刻的。黑格尔谈伦理学时是和经济、政治、法律相联系的，所以是现实的。而费尔巴哈的伦理学在形式上是唯物的，他想要谈论现实的人。但是，在内容上则空洞无物。他谈论的人是抽象的，在现实中是不存在的。人在费尔巴哈的宗教哲学中，还有男女之区别，而在其伦理学中，连这一点差别也消失了。

恩格斯对费尔巴哈伦理学的分析和批判，是从以下几点进行的：

首先，善恶问题。恩格斯把费尔巴哈和黑格尔的观点进行了比较。一般人(包括费尔巴哈)认为善比恶更能推动历史发展，把善看做人的本性。而黑格尔却认为恶是人的本性，恶是历史发展动力借以表现出来的形式：第一，每一种进步必然表现为对旧的、神圣事物的亵渎；第二，在阶级社会中，人的恶劣的情欲成了历史发展的杠杆。恩格斯认为这是一个更加伟大的思想。

其次，分析和批判了费尔巴哈的道德基础和基本准则。费尔巴哈认为，追求幸福的欲望是人生来就有的，因而应当是一切道德的基础。至于道德的基本准则，费尔巴哈认为是：对己以合理的自我节制，对人以爱。

恩格斯对费尔巴哈道德准则和道德基础进行了分析和批判：(1)追求幸福的平等权利的实现，在现实中是离不开一定的物质条件的。在阶级社会中，对抗阶级之间根本就不可能有什么追求幸福的平等权利。(2)至于道德准则，在当时现实社会中，也只能为资产阶级服务。恩格斯用证券交易所的例子来说明，按照费尔巴哈的理论，在交易所里，如果投机成功就是道德的，投机失败就是不道德的。那么，证券交易所就成了“最高的道德殿堂”。可见，费尔巴哈的道德是完全适应于现代资本主义社会的。

在对费尔巴哈伦理学进行批判的同时，恩格斯正面阐述了马克思主义关于道德的一些基本观点：(1)道德有历史性；(2)道德有阶级性。

3. 恩格斯分析费尔巴哈唯心史观的根源(第26—27自然段)。

费尔巴哈恢复了唯物主义的权威，但是，这一切并没让他变成历史唯物主义者。恩格斯认为费尔巴哈唯心史观的根源有两个：(1)认识方面的。他抓住了自然界和人，但是，他那里的自然界和人是抽象的，不是现实中的。(2)社会历史方面的。他没有从社会实践中去理解人和自然。他受到当局的迫害，在乡下过着孤寂的生活，远离了实践，远离了政治。

(四) 第四章，分析了马克思主义哲学和德国古典哲学的关系以及马克思主义哲学产生的自然科学基础，系统论述了历史唯物主义的基本原理(共26自然段，分四个问题)

1. 马克思主义哲学对德国古典哲学的批判和继承(第 1—5 段)。

(1) 马克思主义哲学批判和继承了费尔巴哈哲学的基本内核,创立了彻底的唯物主义。

费尔巴哈恢复了唯物主义的权威,但是,“他下半截是唯物主义者,上半截是唯心主义者”。从这一点看,费尔巴哈哲学仍是黑格尔哲学的分支。马克思主义哲学批判和继承了费尔巴哈哲学的基本内核,创立了彻底的唯物主义。

(2) 马克思主义哲学批判和继承了黑格尔哲学的合理内核,创立了唯物辩证法。

黑格尔哲学不能被简单抛在一边,他的哲学的辩证法应该被当做出发点。黑格尔虽然创立了辩证法,但在他那里,辩证法是概念的自我发展。恩格斯认为,客观世界的辩证法是第一性的,而概念的辩证法或主观的辩证法只不过是对客观辩证法的反映。辩证法是关于外部世界和人类思维的运动的一般规律的科学。

恩格斯把黑格尔的“头足倒置”的辩证法重新扭转了过来,并进而阐述了唯物辩证法的基本思想:“世界不是既成事物的集合体,而是过程的集合体,其中各个似乎稳定的事物同它们在我们头脑中的思想映象即概念一样都处在生成和灭亡的不断变化中,在这种变化中,尽管有种种表面的偶然性,尽管有种种暂时的倒退,前进的发展终究会实现”。需要注意的是,认识到这个革命思想和把这个革命的思想落实在实践中,并不是一回事。辩证法既是世界观,又是方法论。

2. 马克思主义哲学产生的自然科学基础(第 6—8 段)。

19 世纪自然科学的发展不仅推动了人类认识的发展,也为马克思主义哲学产生奠定了自然科学的基础,其中细胞学说、能量转化定律、达尔文进化论尤为重要。

3. 恩格斯阐述了历史唯物主义主要的基本原理(第 9—25 段)。

(1) 唯物史观的根本任务就是——发现历史中的客观规律,一般运动规律(第 9 段)。

(2) 社会历史发展规律的客观性(第 10 段)。

社会发展的历史和自然的发展历史有不同之处,社会历史是有意识的、离不开人。但是,这并不说明,社会历史规律不是客观的。恩格斯从目的和结果的关系、偶然和必然的关系上,说明社会历史进程受一般规律支配。

(3) 社会发展的动力是动机后面的物质动因(第11—12段)。

旧唯物主义在历史观里背叛了自己,认为精神动力是最终原因。黑格尔的历史观没有停留在表面的动机上,而去寻找它背后的更深的动因,这一点,他比旧唯物主义深刻。但是,他的错误是:他不是在历史本身中去寻找这种动力,而是从外面,即把哲学的意识形态作为动力引入历史,把绝对精神当做动力。

(4) 人民群众是历史的创造者(第13段)。

只关注个人的动机,不可能找到历史发展的真正原因。恩格斯认为,思路应该是这样的:"与其说是个别人物、即使是非常杰出的人物的动机,不如说是使广大群众、使整个整个的民族,并且在每一个民族中间又是使整个整个阶级行动起来的动机;而且也不是短暂的爆发和转瞬即逝的火光,而是持久的、引起重大历史变迁的行动。"

(5) 阶级斗争是阶级社会发展的动力(第14段)。

以往的人们不容易看清楚阶级斗争在历史中的作用。大工业以后,生产力的发展让社会关系简单化了,这使得人们能够认识到,土地贵族、资产阶级、无产阶级这三大阶级的存在以及他们之间的斗争,认识到这阶级斗争成为历史发展的直接动力。

(6) 生产方式是社会发展的最终原因(第15段)。

在阶级起源问题上,有观点认为阶级产生于暴力,恩格斯认为,在封建社会,这种观点似乎有点根据,好像是政治原因导致了阶级的产生。但是对资本主义社会来说,这种观点就是说不通的了。因为无产阶级和资产阶级都起源于经济的原因。政治只不过是实现经济利益的手段。生产方式发生了变化,这导致了这两个阶级的产生。阶级和阶级斗争根源于生产方式的矛盾运动,阶级斗争的作用也是通过生产方式的内部矛盾的运动来实现的,生产方式才是社会发展的最终原因。

(7) 经济基础决定上层建筑(第16—25段)。

上层建筑分为政治上层建筑和思想上层建筑两个部分。恩格斯认为,国家、法律等政治制度这些上层建筑的东西,都是由经济基础决定的。传统的唯心主义把政治权力即国家视为决定性因素,这是错误的。他们认为,法律形式就是一切,而忽视了决定法律形式的经济关系的内容。

哲学、宗教这些思想上层建筑虽然离经济基础较远,但从宗教的产生、变化上来看,都是由经济基础决定的。

4. 马克思主义哲学的产生的伟大意义(第26段和结束语)。

马克思主义的唯物史观不是从头脑中的理想出发,而是从事实出发得出来的。这样,它的唯物史观结束了旧的历史领域中的哲学。马克思主义是代表无产阶级利益的理论,它融阶级性、革命性、科学性于一体。德国古典哲学的继承者是德国的工人运动和无产阶级。

思考题:

1. 恩格斯是怎样分析黑格尔辩证法的"合理内核",阐述唯物辩证法的基本思想的?

2. 恩格斯如何论述哲学基本问题及分析费尔巴哈唯物主义的"基本内核"的?

3. 恩格斯是如何评价费尔巴哈社会历史哲学的?

4. 马克思主义唯物辩证法创立的理论前提和自然科学前提是什么?

5. 恩格斯在《费尔巴哈论》中论述了哪些历史唯物主义的基本原理?

(魏玉梅　南京晓庄学院)

列　宁

唯物主义和经验批判主义(节选)

对一种反动哲学的批判(节选)[1]

(1908年2—10月)

第一章
经验批判主义的认识论和辩证唯物主义的认识论(一)

1.感觉和感觉的复合

马赫和阿芬那留斯在他们的早斯哲学著作中,直言不讳地、简单明了地叙述了他们的认识论的基本前提。我们现在就来看看这些著作,至于这些著作家后来所作的修正和删改,则留到以后论述时再去分析。

马赫在1872年写道:“科学的任务只能是:(1)研究表象之间的联系的规律(心理学);(2)揭示感觉之间的联系的规律(物理学);(3)阐明感觉和表象之间的联系的规律(心理物理学)。”[2]这是十分清楚的。

物理学的对象是感觉之间的联系,而不是物或物体(我们的感觉就是它们的映象)之间的联系。1883年,马赫在他的《力学》[3]一书中重复同样的思想:“感觉不是‘物的符号’,而‘物’倒是具有相对稳定性的感觉复合的思想符号。世界的真正**要素**不是物(物体),而是颜色、声音、压力、空间、时间(即我们通常称为感觉的东西)。”[4]

关于“要素”这个名词,这个经过12年“思考”的成果,我们在下面再讲。

现在我们要指出的是：马赫在这里直截了当地承认物或物体是感觉的复合，十分明确地把自己的哲学观点同一种相反的、认为感觉是物的“符号”（确切些说，物的映象或反映）的理论对立起来。这后一种理论就是**哲学唯物主义**。例如，唯物主义者弗里德里希·恩格斯，马克思的这位有名的合作者和马克思主义的奠基人，就经常毫无例外地在自己的著作中谈到物及其在思想上的模写或反映（Gedanken-Abbilder），不言而喻，这些思想上的模写不是由别的，而是由感觉产生的。看起来，凡谈论“马克思主义哲学”的人，尤其是**以**这种哲学的**名义**著书立说的人，都应当知道“马克思主义哲学”的这个基本观点。但是，我们的马赫主义者却造成了异乎寻常的混乱，因此我们不得不把众所周知的东西再重复一下。翻开《反杜林论》第1节，我们就可以读到：“……事物及其在思想上的反映……”[5]或者翻开哲学编第1节，那里写道：“思维从什么地方获得这些原则〈指一切认识的基本原则〉呢？从自身中吗？不……

思维永远不能从自身中，而只能从外部世界中汲取和引出存在的形式。…… 原则不是研究的出发点〈而在想作一个唯物主义者可又不能彻底贯彻唯物主义的杜林那里则相反〉，而是它的最终结果；这些原则不是被应用于自然界和人类历史，而是从它们中抽象出来的；不是自然界和人类去适应原则，而是原则只有在适合于自然界和历史的情况下才是正确的。这是对事物的惟一唯物主义的观点，而杜林的相反的观点是唯心主义的观点，它把现实的相互关系头足倒置了，从思想中……来构造现实世界……”（同上，第21页）[6]我们再重复一遍：恩格斯到处都毫无例外地贯彻这个“惟一唯物主义的观点”，只要看到杜林稍微从唯物主义退向唯心主义，就毫不留情地加以抨击。任何人只要略为留心地读一读《反杜林论》和《路德维希·费尔巴哈》，就会看到许许多多的例子，其中恩格斯讲到物及其在人的头脑中，在我们的意识、思维中的模写等等。恩格斯并没有说感觉或表象是物的“符号”，因为彻底的唯物主义在这里应该用“映象”、画像或反映来代替“符号”，关于这点我们将在适当的地方加以详尽的说明。我们现在谈的完全不是唯物主义的这种或那种说法，而是唯物主义和唯心主义的对立，哲学上两条基本**路线**的区别。从物到感觉和思想呢，还是从思想和感觉到物？恩格斯坚持第一条路线，即唯物主义的路线。马赫坚持第二条路线，即唯心主义的路线。任何狡辩、任何诡辩（我们还会遇到许许多多这样的狡辩和诡辩）都不能抹杀一个明显的无可争辩的事实：恩·马赫关于物即感觉的复合的学说，是主观唯心主义，是贝克莱主义的简单的重复。如果物体像马赫所说的是“感觉的复合”，或者像贝克莱所说的是“感觉的组合”，那么由此必然会得出一个结论：整个世界只不过是我的表象而已。从这个前提出发，除了自己以外，就不能承认别人的存在，这是最纯粹的唯我论。不管马赫、阿芬那留斯、彼得楚尔特之流怎样宣布他们同唯我论无关，但事实上，如果他们不陷入惊人的逻辑谬误，就不可能摆脱唯我论。为了更清楚地说明马赫主义哲学的这个基本要素，我们再从马赫的著作中作一些引证。下面就是引自《感觉的分析》(科特利亚尔的俄译本，1907 年莫斯科斯基尔蒙特出版社版)的一个例证：

“我们面前有一个具有尖端 S 的物体。当我们碰到尖端，使它和我们的身体接触的时候，我们就感到刺痛。我们可以看见尖端，而不感觉刺痛。但是当我们感觉刺痛时，我们就会发现尖端。因此，看得见的尖端是一个恒定的核心，而刺痛是一种偶然现象，视情况不同，它可能和核心联系着，也可能不和核心联系着。由于类似现象的经常重复，最后人们习惯于把物体的**一切**特性看作是从这些恒定的核心中发出并通过我们身体的中介而传给**自我**的‘作用’；我们就把这些‘作用’叫作‘**感觉**’……”(第 20 页)

换句话说，人们“习惯于”坚持唯物主义的观点，把感觉看作物体、物、自然界作用于我们感官的结果。这个“习惯”对哲学唯心主义者是有害的(然而是整个人类和全部自然科学所具有的！)，马赫非常讨厌它，于是就去摧毁它：

“……但是，这些核心因此便失去它们的全部感性内容，成为赤裸裸的抽象符号了……”

最可敬的教授先生，这是陈词滥调啊！这是在逐字逐句地重复贝克莱所说的物质是赤裸裸的抽象符号这句话啊！实际上，赤裸裸的正是恩斯特·马赫，因为，他既然不承认客观的、不依赖于我们而存在的实在是“感性内容”，那么在他那里就只剩下一个“赤裸裸的抽象的”**自我**，一个必须大写并加上着重标记的**自我**，也就是“一架发了疯的、以为世界上只有自己才存在的钢琴”。既然外部世界不是我们感觉的“感性内容”，那么除了这个发表空洞“哲学”怪论的赤裸裸的**自我**以外，就什么也没有了。真是一个愚蠢的毫无结果的勾当！

“……因而，说世界仅仅由我们的感觉构成，这是正确的。但这样一来，我们所知道的也就**仅仅**是我们的感觉了，而关于那些核心以及它们之间的相互作用（这种相互作用的产物只是感觉）的假定，就是完全没有意义的和多余的了。这样的观点仅仅对**不彻底的**实在论或**不彻底的**批判主义来说才是好的。”

我们把马赫的“反形而上学的意见”的第 6 节全部抄下来了。这些话完全是从贝克莱那里剽窃来的。除“我们感觉到的仅仅是自己的感觉”这一点以外，没有丝毫创见，没有一点思想的闪光。从这里只能得出一个结论：“世界仅仅由**我的**感觉构成。”马赫用“我们的”这个字眼来代替“我的”这个字眼，是不合理的。就在这一个字眼上，马赫暴露出了他所谴责别人的那种“不彻底性”。因为，如果关于外部世界的“假定”，关于针不依赖于我而存在以及我的身体和针尖之间发生相互作用的假定是“没有意义的”，如果所有这些假定的确都是“没有意义的和多余的”，那么关于别人是存在着的这一“假定”就首先是没有意义的和多余的了。存在的只是**自我**，而其余的一切人，也和整个外部世界一样，都属于没有意义的“核心”之列。从这个观点出发，就不能说“**我们的**”感觉了，可是马赫却这样说了，这只是表明他的惊人的不彻底性。这只是证明：他的哲学是连他本人也不相信的没有意义的空话。

下面的例子特别明显地说明马赫的不彻底性和思想混乱。就在《感觉的分析》的第 11 章第 6 节里，我们读到：“假使正当我感觉着什么东西的时候，我自己或别的什么人能用一切物理的和化学的方法来观察我的头脑，那就可以确定一定种类的感觉和有机体中所发生的哪些过程有联系……”（第 197 页）

好极了！这不是说我们的感觉和整个有机体中、特别是我们头脑中所发生的一定过程有联系吗？是的，马赫十分肯定地作出了这种“假定”，因为从自然科学的观点出发，不作出这种“假定”是困难的。但是对不起，这正是我们这位哲学家宣布为多余的和没有意义的关于“核心以及它们之间的相互作用”的“假定”！经验批判主义者对我们说，物体是感觉的复合；马赫硬要我们相信，如果超出这一点，认为感觉是物体作用于我们感官的结果，那就是形而上学，就是没有意义的多余的假定等等，这和贝克莱如出一辙。但头脑是物体。就是说，头脑也不过是感觉的复合。结果是，我（**我**也无非是感觉的复合）依靠感觉的复合去感觉感觉的复合。多妙的哲学！先宣布感觉是“世界的真正要素”，并在这上面建立“独出心裁的”贝克莱主义，然后又偷运相反的观点，说感觉是和有机体中的一定过程有联系的。这些“过程”是否跟“有机体"和外部世界之间的物质交换有联系呢?如果某一有机体的感觉不向该有机体提供关于这个外部世界的客观正确的表象,这种物质交换能够发生吗?

马赫没有给自己提出这些麻烦的问题,而是机械地把贝克莱主义的一些片断言论和自发地站在唯物主义认识论立场上的自然科学的见解掺杂在一起……　马赫在同一节里写道:"有时候人们也提出'物质'(无机的)是否也有感觉的问题……"　这不是说**有机**物质具有感觉是不成问题了吗?这不是说感觉并非什么第一性的东西,而是物质的一种特性吗?马赫越过了贝克莱主义的一切荒谬之处!……他说:"从普通的、广泛流行的物理学观念出发,这个问题是十分自然的,因为按照这种物理学观念,物质是**直接的**、无疑地存在着的**实在的东西**,一切有机物和无机物都是由它构成的……"我们要好好记住马赫的这个确实有价值的自供:普通的、广泛流行的**物理学**观念认为物质是直接的实在,而且只有这种实在的一个变种(有机物质)才具有明显表现出来的感觉特性……　马赫继续写道:"那么在这样的场合下,感觉应当是在物质所构成的大厦中不知怎么地突然产生的,或者应当是存在于所谓这个大厦的基础本身中。从**我们的**观点看来,这个问题根本是荒谬的。对我们来说,物质不是第一性的东西。这种第一性的东西只是**要素**(要素在某种确定的意义上叫作感觉)……"

这样说来,感觉是第一性的东西了,尽管它只和有机物质中的一定过程有"联系"!当马赫说这种荒唐话时,仿佛是在责难唯物主义("普通的、广泛流行的物理学观念"),说它没有解决感觉是从哪里"产生出来"的问题。这是信仰主义者及其娄罗们"驳斥"唯物主义的例证。难道有什么其他哲学观点能够在解决问题所需的材料还没有充分收集起来的时候就"解决"问题吗?马赫自己在同一节中不是也说过这样的话吗?他说:"当这个任务〈即解决"感觉在有机界里扩展的范围究竟有多大"的问题〉在任何一个特殊场合下都还没有得到解决时,要解决这个问题是不可能的。"

由此可见,唯物主义和"马赫主义"的区别,在这个问题上可以归结如下:唯物主义和自然科学完全一致,认为物质是第一性的东西,意识、思维、感觉是第二性的东西,因为以明显形式表现出来的感觉只和物质的高级形式(有机物质)有联系,而"在物质大厦本身的基础中"只能假定有一种和感觉相似的能力。例如,著名的德国自然科学家恩斯特·海克尔、英国生物学家劳埃德·摩根等人的假定就是这样，至于我们上面所讲的狄德罗的猜测就更不用说了。马赫主义坚持相反的、唯心主义的观点，于是就马上陷入荒谬之中。因为，第一，它不顾感觉只和按一定方式组成的物质的一定过程相联系这一事实，把感觉当作第一性的东西；第二，除了那个大写的**自我**之外，它假定存在着其他生物和其他"复合"，这就破坏了物体是感觉的复合这一基本前提。

"要素"这个字眼被许多天真的人看成(我们以后会看到)一种新东西、一种发现，其实"要素"是一个什么也不能说明的术语，它只是把问题弄糊涂，只是造成一种假象，似乎问题已经解决或者向前推进了一步。这种假象所以虚妄，是因为：对于那种看来完全没有感觉的物质，跟那种由同样原子(或电子)构成但却具有明显表现出来的感觉能力的物质如何发生联系的问题，我们还需要研究再研究。唯物主义明确地把这个尚未解决的问题提出来，从而促进这一问题的解决，推动人们去作进一步的实验研究。马赫主义，即一种混乱的唯心主义，却用"要素"这个空洞的狡辩的辞令把问题弄糊涂，使它离开正确的途径。

下面的一段话引自马赫的最后一部带有综合性和结论性的哲学著作，这段话表明了这种唯心主义怪论的全部虚伪性。在《认识和谬误》中，我们读到："用感觉即**心理**要素构成(aufzubauen)**任何物理**要素，是没有任何困难的，但不能设想(ist keine Möglichkeit abzusehen)，任何**心理**体验怎么可以由现代物理学所使用的要素即质量和运动(处在仅仅对这门特殊科学有用的那种僵化状态——Starrheit——的要素)构成(darstellen)。"[7]

关于许多现代自然科学家的概念的僵化，关于他们的形而上学的(按马克思主义对这个词的理解，即反辩证法的)观点，恩格斯曾经不止一次十分明确地讲到过。我们在下面就会看到，马赫正是在这点上走入了歧途，因为他不懂得或者不知道相对主义和辩证法之间的关系。但是现在所说的不是这个问题。对于我们说来，重要的是要在这里指出：尽管马赫使用了混乱的、似乎是新的术语，但他的**唯心主义**表现得非常明显。你们看，由感觉即心理要素构成任何物理要素，是没有任何困难的！是的，这样的构成当然是没有困难的，因为这是纯粹字面上的构成，是偷运信仰主义的空洞的经院哲学。因此，马赫把他的著作献给内在论者，而最反动的哲学唯心主义的信徒内在论者又来拥抱马赫，这就不足为奇了。恩斯特·马赫的"最新实证论"只是迟了约 200 年,因为贝克莱早已充分地表明:"由感觉即心理要素"所能"构成"的不是别的,只是**唯我论**。至于说到唯物主义(马赫虽然没有直截了当和明确地把它叫作"敌人",然而在这里也把自己的观点和它对立起来),我们从狄德罗的例子中就已经看到唯物主义者的真正观点了。这种观点不在于从物质的运动中引出感觉或者把感觉归结为物质的运动,而在于承认感觉是运动着的物质的一种特性。恩格斯在这个问题上坚持狄德罗的观点。顺便提一下,恩格斯所以和"庸俗"唯物主义者福格特、毕希纳、摩莱肖特划清界限,就是因为他们迷惑于这样一种观点,似乎大脑分泌思想**正如**肝脏分泌胆汁一样。而经常把自己的观点和唯物主义对立起来的马赫,当然也会完全像其他一切御用哲学的御用教授一样,无视一切伟大的唯物主义者——狄德罗、费尔巴哈、马克思和恩格斯。

为了说明阿芬那留斯的最初的和基本的观点,我们要谈一谈 1876 年出版的他的第一部独立的哲学著作:《哲学——按照费力最小的原则对世界的思维》(《纯粹经验批判绪论》)。波格丹诺夫在他的《经验一元论》(1905 年第 2 版第 1 卷第 9 页注释)中说道:"在马赫的观点的发展中,哲学唯心主义是出发点,而阿芬那留斯的特点则在于他一开始就有实在论的色彩。"波格丹诺夫所以这样说,是因为他信了马赫的话,见《感觉的分析》俄译本第 288 页。但是波格丹诺夫枉然相信了马赫,他的论断也就完全违反了事实的真相。相反地,阿芬那留斯的唯心主义在上述 1876 年的著作中表现得非常明显,连阿芬那留斯本人在 1891 年也不得不承认这点。阿芬那留斯在《人的世界概念》的序言中说:"谁读了我的第一部有系统的著作《哲学——按照费力最小的原则对世界的思维》,谁马上就会推测到:我是企图首先从唯心主义的观点去阐明《纯粹经验批判》一书中的问题的"(《人的世界概念》1891 年版序言第 IX 页),但是"哲学唯心主义的无效",使我"怀疑我以前所走的道路的正确性"(第 X 页)。在哲学文献中,阿芬那留斯的这个唯心主义出发点是大家所公认的。从法国著作家中,我可以举出科韦拉尔特,他说阿芬那留斯在《绪论》[8]中的哲学观点是"一元论唯心主义"[9];从德国著作家中,我可以举出阿芬那留斯的学生鲁道夫·维利,他说:"阿芬那留斯在青年时代,特别是在他的 1876 年的著作中,完全处在所谓认识论唯心主义的影响之下(ganz im Banne)。"[10]

如果否认阿芬那留斯的《绪论》中的唯心主义,那的确是可笑的,因为他在那里直言不讳地说:**“只有感觉才能被设想为存在着的东西。”**(德文第2版第10页和第65页,引文中的黑体都是我用的)阿芬那留斯自己就是这样来叙述他的著作第116节的内容的。这一节的全文如下:“存在着的东西(das Seiende)被认为是有感觉能力的实体;实体消失了〈你们看,设想“实体”不存在,设想什么外部世界都不存在,是“更经济些”,“费力更小些”!〉……而感觉依然存在。因此我们应当把存在着的东西设想为感觉,在它的基础中没有感觉以外的任何东西(nichts Empfindungsloses)。”

于是,感觉可以不要“实体”而存在,也就是说,思想可以不要头脑而存在!难道真的会有替这种无头脑的哲学作辩护的哲学家吗?有的,理查·阿芬那留斯教授就是其中的一个。关于这样的辩护,尽管正常的人很难认真地去对待它,但我们却不能不稍微谈一谈。下面就是阿芬那留斯在同书第89—90节中的议论:

“……运动引起感觉这个论点,仅仅是以一种假象的经验为根据的。这种包括知觉这一行为在内的经验似乎就在于:感觉是由于传来的运动(刺激)并在其他物质条件(例如血液)的协助下而在某种实体(大脑)中产生的。尽管这个产生过程从来也没有人直接(selbst)体验过,但是为了使设想的经验成为各部分都是真实的经验,至少必须用经验的证据来证明:那种似乎由传来的运动在某一实体中所引起的感觉,不是早就以某种形式存在于这个实体中的;因此,只能把感觉的出现理解为传来的运动的一种创造作用。于是,只有证明在现在出现感觉的地方以前没有任何感觉,甚至没有最低级的感觉,才能确定这样一个事实,这个事实表示某种创造作用,因而同其余的全部经验相矛盾,并且根本改变其余的全部自然观(Naturanschauung)。但是任何经验都没有提供这样的证明,而且任何经验都不能提供这样的证明;相反地,实体在具有感觉之前的那种根本没有感觉的状态,只不过是一种假说而已。这样的假说不是使我们的认识简单明白,而是使我们的认识复杂模糊。

如果这种所谓的经验(即感觉似乎是通过传来的运动而在实体中**产生**的,而实体从这时起才开始具有感觉)在仔细的考察下原来只是假象的经验,那么,或许在残存的经验内容中还有足够的材料可以肯定感觉至少相对地起源于运动的条件,就是说,可以肯定现有的然而是潜伏的、或者最低级的、或者因其他原因而没有被我们意识到的感觉,由于传来的运动而解放出来了,或者上升了,或者被意识到了。然而,这一点残存的经验内容也只是一种假象。假使我们用一种理想的观察方法去探究从运动着的实体A中发出并经过一系列媒介中心而传达到有感觉能力的实体B的运动,那么我们至多能发现实体B中的感觉在接受传达到的运动的同时便发展或上升起来,但是我们不会发现这是**由于**运动而产生的……"

我们特意把阿芬那留斯驳斥唯物主义的这段话全部摘录下来,使读者可以看到"最新的"经验批判主义哲学在玩弄着多么可怜的诡辩。我们现在把唯心主义者阿芬那留斯的议论和波格丹诺夫的**唯物主义的**议论……比较一下,就算是对波格丹诺夫背叛唯物主义的一个惩罚吧!

在很久很久以前,整整9年以前,当波格丹诺夫一半是"自然科学的唯物主义者"(即绝大多数现代自然科学家自发地主张的唯物主义认识论的拥护者),只有一半被糊涂人奥斯特瓦尔德弄得糊里糊涂的时候,他写道:"从古代到现在,记述心理学一直把意识的事实分为三类:感觉和表象的领域、情感的领域以及冲动的领域……　属于第一类的是外部世界或内部世界的现象在意识中如实出现的**映象**……　这样的映象,如果是直接由与它相符合的外部现象经过外部感觉器官引起的,就叫作'感觉'。"[11] 稍后几页写道:"感觉……在意识中的产生,是通过外部感觉器官传来的外部环境的某种刺激的结果。"(第222页)又写道:"感觉是意识生活的基础,是意识和外部世界的直接联系。"(第240页)"在感觉过程的每一步上,都发生着外部刺激力向意识事实的转化。"(第133页)甚至在1905年,当波格丹诺夫在奥斯特瓦尔德和马赫的善意的协助下,在哲学上已经从唯物主义观点转到唯心主义观点时,他(由于健忘!)还在《经验一元论》中写道:"大家知道,外部刺激力在神经末梢器官中变为'电报'形式的神经流,这种形式的神经流虽然还没有得到充分的研究,但丝毫没有神秘性。这样的刺激力首先到达分布在神经节、脊髓、皮质下神经中枢等所谓'低级'中枢里面的神经原。"(1905年第2版第1卷第118页)

任何一个没有被教授哲学弄糊涂的自然科学家,也和任何一个唯物主义者一样,都认为感觉的确是意识和外部世界的直接联系,是外部刺激力向意识事实的转化。这种转化每个人都看到过千百万次,而且的确到处都可以看得到。唯心主义哲学的诡辩就在于:它把感觉不是看作意识和外部世界的联系,而是看作隔离意识和外部世界的屏障、墙壁;不是看作同感觉相符合的外部现象的映象，而是看作“惟一存在的东西”。阿芬那留斯只是把这种早已被贝克莱主教用滥了的旧诡辩在形式上略微改变了一下。既然我们还不知道我们每分钟所看到的感觉和按一定方式组成的物质之间的联系的一切条件，因此我们承认只有感觉才是存在着的，阿芬那留斯的诡辩就是如此。

为了结束对经验批判主义的基本的唯心主义前提的评述，我们简略地提一下这一哲学流派在英国和法国的代表。关于英国人卡尔·毕尔生，马赫直言不讳地说：“我和他的认识论的(erkenntniskritischen)观点在一切主要点上是一致的。”(《力学》上引版本第 IX 页)卡·毕尔生也表示他和马赫是一致的[12]。在毕尔生看来，“实物”就是“感性知觉”(sense impressions)。他宣称，凡是承认在感性知觉之外有物的存在的，都是形而上学。毕尔生最坚决地攻击唯物主义(尽管他既不知道费尔巴哈，也不知道马克思和恩格斯)；他的论据与上面所分析过的没有什么差别。但是，毕尔生却一点也不想冒充唯物主义者(这是俄国马赫主义者的特长)，他如此地……不谨慎，竟不替自己的哲学想出“新的”称号，而直截了当地宣布他和马赫的观点都是“**唯心主义的**”(上引版本第 326 页)！毕尔生认为自己的家谱是直接从贝克莱和休谟那里续来的。我们在下文中将不止一次地看到，毕尔生的哲学按其完整性和思考的周密性来说，大大地超过了马赫的哲学。

马赫特地表示自己是同法国物理学家皮·杜恒和昂利·彭加勒一致的[13]。关于这些著作家的特别混乱的和不彻底的哲学观点，我们在论新物理学的那一章中再讲。这里我们只须指出：彭加勒认为物是“感觉群”[14]，而杜恒也顺便说过类似的观点[15]。

现在我们来研究马赫和阿芬那留斯在承认他们的最初观点的唯心主义性质之后，又怎样在以后的著作中**修改**这些观点。

2.“世界要素的发现”

苏黎世大学的讲师弗里德里希·阿德勒曾用这个标题写了一篇关于马赫的文章；他几乎是德国惟一想用马赫主义来补充马克思的著作家[16]。我们应当为这位天真的讲师说句公道话，他本想好心好意地帮马赫主义的忙，结果反而弄巧成拙。问题至少是提得明确而尖锐的：马赫是真的“发现了世界要素"吗？如果是真的，那么，当然只有十分落后和无知的人才会直到现在还要当唯物主义者。或者，这个发现只是马赫对旧的哲学谬误的重复吗？

我们知道，1872年的马赫和1876年的阿芬那留斯都抱着纯粹唯心主义的观点，在他们看来，世界就是我们的感觉。1883年，马赫的《力学》出版了，他在第一版的序言中恰好引证了阿芬那留斯的《绪论》，对那些和自己的哲学"非常接近的"(sehr verwandte)思想表示欢迎。下面就是这本《力学》中关于要素的议论："全部自然科学只能描写(nachbilden und vorbilden)我们通常称为**感觉**的那些**要素**的复合。这里所说的是这些要素的联系。A(热)和B(火光)的联系属于**物理学**，A和N(神经)的联系属于生理学。这两种联系不是**单独**存在的，而是一起存在的。我们只能暂时撇开这种或那种联系。因此，连那些看来是纯粹力学的过程也总是生理学的过程。"(上引书德文版第499页)在《感觉的分析》里也有同样的议论："……凡是把'感觉'、'感觉的复合'这两个名词和'要素'、'要素的复合'这两个名词同时并用，或是用前者来代替后者的地方，必须经常注意：**只有**在这种**联系**上〈即在A、B、C同K、L、M的联系上，也就是说，在"通常称为物体的复合"同"我们称为我们身体的复合"的联系上〉，在这种关系上，在这种函数的依存关系上，要素才是**感觉**。在另一种函数的依存关系上，它们同时又是物理对象。"(俄译本第23页和第17页)"例如，当我们注意到颜色对照明颜色的光源(其他颜色、热、空间等)的依存关系时，颜色就是物理对象。但是，当我们注意到颜色对**视网膜**(要素K、L、M……)**的依存关系**时，它就是**心理**对象、**感觉**。"(同上，第24页)

这样一来，世界要素的发现就在于：

(1)把一切存在的东西都说成是感觉；

(2)把感觉叫作要素；

(3)把要素分为物理的东西和心理的东西，后者依赖于人的神经，一般说依赖于人的机体，而前者不依赖于它们；

(4)把物理要素的联系和心理要素的联系说成不是彼此单独存在的；它们只是一起存在的；

(5)只能把这种或那种联系暂时撇开；

(6)把"新"理论说成是没有"片面性"的[17]。

这里的确没有片面性，然而却有彼此对立的哲学观点的杂乱混合。既然你们**只是**从感觉出发，那么你们用“要素”这个字眼就无法克服你们的唯心主义的“片面性”，而只是把问题弄糊涂，胆怯地躲开你们自己的理论。你们口头上在消除物理的东西和心理的东西之间的对立[18]、唯物主义（它认为自然界、物质是第一性的）和唯心主义（它认为精神、意识、感觉是第一性的）之间的对立，你们实际上又马上放弃自己的基本前提，重新恢复这种对立，偷偷地恢复这种对立！因为，如果要素是感觉，那么你们连一秒钟也没有权利认为“要素”是**不依赖于**我的神经、我的意识而存在的。既然你们承认这种不依赖于我的神经、我的感觉的物理对象，这种只是通过对我的视网膜的作用而产生感觉的物理对象，那么，你们就是可耻地离开你们的“片面的”唯心主义而转到“片面的”唯物主义的观点上来了！如果颜色仅仅在依存于视网膜时才是感觉（如自然科学迫使你们承认的那样），那么，这就是说，光线落到视网膜上才引起颜色的感觉；这就是说，在我们之外，不依赖于我们和我们的意识而存在着物质的运动，例如，存在着一定长度和一定速度的以太波，它们作用于视网膜，使人产生这种或那种颜色的感觉。自然科学也正是这样看的。它用存在于人的视网膜之外的、在人之外和不依赖于人的光波的不同长度来说明这种或那种颜色的不同感觉。这也就是唯物主义：物质作用于我们的感官而引起感觉。感觉依赖于大脑、神经、视网膜等等，也就是说，依赖于按一定方式组成的物质。物质的存在不依赖于感觉。物质是第一性的。感觉、思想、意识是按特殊方式组成的物质的高级产物。这就是一般唯物主义的观点，特别是马克思和恩格斯的观点。马赫和阿芬那留斯通过“要素”这个字眼**悄悄地**偷运唯物主义；这个字眼**似乎**可以把他们的理论从主观唯心主义的“片面性”中解脱出来，**似乎**可以容许他们承认心理的东西依赖于视网膜、神经等等，而物理的东西则不依赖于人的机体。事实上，玩弄“要素”这个字眼，当然是一种最可怜的诡辩，因为唯物主义者在读马赫和阿芬那留斯的著作时，马上就会提出一个问题：“要素”是什么呢？以为造出一个新字眼就可以躲开哲学上的基本派别，那真是童稚之见。或者像一切经验批判主义者，如马赫、阿芬那留斯、彼得楚尔特[19]等等所说的那样，“要素”是**感觉**，那么，先生们，你们的哲学就是妄图用一个比较“客观的”术语来掩饰唯我论真面目的**唯心主义**。或者“要素”不是感觉，那么你们的这个“新”字眼就**根本没有什么意思**，这不过是讲些无聊的空话，装腔作势而已。

例如,拿彼得楚尔特来说吧,按俄国第一个也是最大的一个经验批判主义者弗·列谢维奇的评价,他是经验批判主义的权威[20]。他把要素规定为感觉,并在上述著作第2卷里说道:"在'感觉是世界要素'这个命题中,必须防止把'感觉'这个词看作仅仅是指一种主观的、因而是虚无缥缈的、把通常的世界图景变为幻影(verflüchtigendes)的东西。"[21]

谁害什么病,谁就老谈这种病!彼得楚尔特感觉到:假使认为感觉是世界要素,那么世界就会"消散"(verflüchtigt sich),或者变成幻影。好心肠的彼得楚尔特以为只要附带声明一下,不要把感觉看作只是主观的东西,这样就可以解决问题了!难道这不是可笑的诡辩吗?难道事情会因为我们把感觉"看作"感觉或者竭力扩大这个词的含义而有所改变吗?难道人的感觉同具有正常机能的神经、视网膜、大脑等等相联系的事实,外部世界不依赖于我们感觉而存在的事实就会因此消失吗?如果你们不想用一些狡辩来支吾搪塞,如果你们真想"防止"主观主义和唯我论,那么你们首先应该防止你们哲学的唯心主义的基本前提;应该用唯物主义路线(从外部世界到感觉)来代替你们哲学的唯心主义路线(从感觉到外部世界);应该抛弃"要素"这个空洞的、混乱的饰词,而干脆说颜色是物理对象作用于视网膜的结果,也就是说,感觉是物质作用于我们的感官的结果。

我们再拿阿芬那留斯来说吧。在"要素"的问题上,他的最后的(而且对于理解他的哲学大概也是最重要的)一本著作《关于心理学对象的概念的考察》[22]提供了最有价值的材料。作者在这里还列了一个非常"醒目的"图表(第18卷第410页),我们把它的主要部分抄录如下:

"要素、要素的复合:

一、物或属于物的东西 ………………………………………… 有形物。

二、思想或属于思想的东西

(Gedankenhaftes) ………………………………… 无形物、记忆和幻想。"

请把这个表同马赫在对"要素"作了一切说明之后所说的(《感觉的分析》第33页)"不是物体引起感觉,而是要素的复合(感觉的复合)构成物体"这句话对照一下。你们看,这就是克服了唯心主义和唯物主义的片面性的"世界要素的发现"!起初他们硬要我们相信:"要素"是一种新东西,它同时既是物理的又是心理的东西，可是后来他们又偷偷地作了一点修正：用“最新实证论”关于物的要素和思想的要素的学说来代替粗陋的唯物主义对物质（物体、物）与心理的东西（感觉、记忆、幻想）的区分。阿德勒（弗里茨）并没有从“世界要素的发现”中得到多少好处！

1906 年波格丹诺夫在反驳普列汉诺夫时写道：“……我不能承认自己在哲学上是一个马赫主义者。在总的哲学观点上，我从马赫那里采纳的只有一点，即关于经验要素对‘物理的东西’和‘心理的东西’的中立性的观念、关于这两种特性仅仅依赖于经验的**联系**的观念。”（《经验一元论》1906 年圣彼得堡版第 3 卷第 XLI 页）这正如一个信教的人说：我不能承认自己是一个教徒，因为我从教徒那里采纳的“只有一点”，即信仰上帝。波格丹诺夫从马赫那里采纳的“只有一点”，而这一点也就是马赫主义的**基本错误**，就是整个这种哲学的基本错误。波格丹诺夫自以为他和经验批判主义的差异有很重要的意义，但事实上这种差异完全是次要的，它没有超出马赫所赞成的以及赞成马赫的各个经验批判主义者之间的细小的、局部的、个别的差异的范围（关于这点下面再详细地谈）。因此，当波格丹诺夫看到别人把他同马赫主义者混为一谈而愤愤不平的时候，只是暴露出他不了解唯物主义同他自己和其他一切马赫主义者的共同点之间的**根本**差别。重要的不是波格丹诺夫如何发展或修改了马赫主义，或者把马赫主义如何弄糟了。重要的是他抛弃了唯物主义的观点，因而使自己不可避免地陷于混乱，走上唯心主义的歧途。

我们看到，波格丹诺夫在 1899 年的观点是正确的，当时他写道：“我直接看到的、在我面前的人的形象，就是感觉。”[23]波格丹诺夫没有花费精力去批判自己的这个旧观点。他盲目地相信马赫的话，并且跟着他重复说：经验的“要素”对于物理的东西和心理的东西是中立的。波格丹诺夫在《经验一元论》第 1 卷（第 2 版第 90 页）里写道：“正如最新实证哲学所阐明的那样，心理经验的要素和任何经验的要素都是同一的，因为它们是和物理经验的要素同一的。”又如他在 1906 年写道（第 3 卷第 XX 页）：“至于说到‘唯心主义’，难道仅仅根据承认‘物理经验’的要素跟‘心理经验’的要素或基本感觉是同一的这一点（这简直是一个无庸置疑的事实），就可以说这是唯心主义吗？”

波格丹诺夫在哲学上的一切厄运的真正根源，他和一切马赫主义者的共同的根源，就在这里。当他们承认“物理经验的要素”（即物理的东西、外部世界、物质)和感觉是同一的时候,我们可以而且应该说这是唯心主义,因为这无非是贝克莱主义。这里连一点最新哲学、实证哲学或无庸置疑的事实的影子也没有,这里只有陈旧不堪的唯心主义的诡辩。假使问一问波格丹诺夫,他怎样能够证明物理的东西和感觉同一这个"无庸置疑的事实",那么你们连一个论据也听不到,你们只能听到唯心主义者的老调:我感觉到的仅仅是自己的感觉;"自我意识的陈述"(die Aussage des Selbst-bewuβtseins——阿芬那留斯的《绪论》德文第2版第93节第56页);或者"在我们的经验中〈这个经验表明"我们是有感觉的实体"〉,感觉比实体性更为可靠"(同上,第91节第55页);如此等等。波格丹诺夫(相信了马赫)把反动的哲学谬论当作"无庸置疑的事实",因为在实际上他没有举出而且也举不出一个事实来驳倒感觉是外部世界的映象的观点,即波格丹诺夫1899年所同意的并且至今仍为自然科学所同意的观点。物理学家马赫在他的哲学的谬误中完全离开了"现代自然科学",波格丹诺夫所没有注意到的这一重要情况,我们在以后还要详细地谈到。

促使波格丹诺夫如此迅速地从自然科学家的唯物主义跳到马赫的混乱的唯心主义去的情况之一,就是阿芬那留斯关于经验的依存系列和独立系列的学说(奥斯特瓦尔德的影响不算在内)。波格丹诺夫自己在《经验一元论》第1卷里这样叙述这个问题:"只要经验材料**依存于某个神经系统的状态**,它们就构成某个人的**心理世界**;只要经验材料**超出这种依存关系**,我们面前就出现**物理世界**。因此,阿芬那留斯称呼经验的这两个领域为经验的**依存系列**和**独立系列**。"(第18页)

糟糕的是,这种关于**独立**(即不依赖于人的感觉的)"系列"的学说,就是偷运唯物主义,从主张物体是感觉的复合,感觉和物理"要素""同一"的哲学观点看来,这种偷运是非法的、放肆的、折中主义的。因为,你们既然承认光源和光波**不依赖于**人和人的意识而存在,承认颜色依赖于这些光波对视网膜的作用,那么你们实际上就持有唯物主义观点了,并且把唯心主义的一切"无庸置疑的事实"连同一切"感觉的复合"、最新实证论所发现的要素以及诸如此类的胡说,**都彻底摧毁了**。

糟糕的是,波格丹诺夫(和所有的俄国马赫主义者一起)没有深刻研究马赫和阿芬那留斯的最初的唯心主义观点,没有认清他们的基本的唯心主义前提，因而也就忽略了他们后来想偷运唯物主义这一企图的非法性和折中性。但是，正如马赫和阿芬那留斯的最初的唯心主义在哲学文献中为大家所公认一样，后来经验批判主义力图转向唯物主义，也为大家所公认。我们上面引证过的法国著作家科韦拉尔特，在阿芬那留斯的《绪论》里看到"一元论唯心主义"，在《纯粹经验批判》(1888—1890)里看到"绝对实在论"，而在《人的世界概念》(1891)里看到"说明"这种转变的企图。应当指出：在这里，实在论这个术语是在与唯心主义相反的意义上使用的。我照恩格斯那样，在这个意义上**只**使用唯物主义这个词，并且认为这是唯一正确的术语，这特别是因为"实在论"这个词已经被实证论者和其他动摇于唯物主义和唯心主义之间的糊涂人玷污了。这里只要指出一点就够了，即科韦拉尔特所指的是下面这个无庸置疑的事实：在《绪论》(1876)中，阿芬那留斯认为感觉是惟一的存在物，而把"实体"(按照"思维经济"的原则！)取消了；在《纯粹经验批判》中，物理的东西被看作是**独立系列**，而心理的东西(因而也包括感觉)被看作是依存系列。

阿芬那留斯的门徒鲁道夫·维利同样承认：阿芬那留斯在1876年"完全"是一个唯心主义者，后来他把这个学说同"素朴实在论""调和"(Ausgleich)起来(上引著作，同上)，也就是说，同人类认为外部世界不依赖于我们意识而存在的这种自发的、不自觉的唯物主义观点"调和"起来。

《经验批判主义的创始人阿芬那留斯》一书的作者奥斯卡尔·艾瓦德说：这种哲学把互相矛盾的唯心主义的和"实在论的"(应当说：唯物主义的)要素(不是马赫主义者所说的要素，而是一般人所说的要素)结合于自身。例如："绝对的〈考察〉会使素朴实在论永世长存；相对的〈考察〉会宣称绝无仅有的唯心主义永恒不变。"[24]阿芬那留斯所谓的绝对的考察，相当于马赫所说的我们身体之外的"要素"的联系，而相对的考察则相当于马赫所说的依存于我们身体的"要素"的联系。

但是在这方面使我们特别感到兴趣的是冯特的意见，他自己也像上述的大多数著作家一样，抱着混乱的唯心主义观点，可是他几乎比谁都更仔细地研究了经验批判主义。关于这点，帕·尤什凯维奇说了这样的话："有趣的是，冯特认为经验批判主义是最新型的唯物主义的最科学形式"[25]，也就是说，是那类认为精神是肉体过程的机能的唯物主义者(再补充一句，即冯特称之为站在斯宾诺莎主义[26]和绝对唯物主义之间的人们[27])的学说的最科学形式。

说威·冯特的意见非常有趣是对的,但在这里最“有趣的”还是尤什凯维奇先生对他所论述的哲学书籍和哲学论文的态度。这是我们的马赫主义者对待问题的态度的一个典型例子。果戈理小说中的彼特鲁什卡[28]常常读书,发现字母总会拼成词这一点是有趣的。尤什凯维奇先生读了冯特的书,发现冯特谴责阿芬那留斯搞唯物主义这一点是“有趣的”。如果冯特错了,为什么不驳斥呢?如果他没有错,为什么不说明唯物主义和经验批判主义的对立呢?尤什凯维奇先生发现唯心主义者冯特所说的话是“有趣的”,可是这位马赫主义者认为把问题搞清楚则完全是浪费精力(大概是由于“思维经济”的原则)……

问题在于,尤什凯维奇只向读者说冯特谴责阿芬那留斯搞唯物主义,而闭口不谈冯特认为经验批判主义的一些方面是唯物主义,另一些方面是唯心主义,而二者之间的联系则是人为的,这样他就**完全歪曲了事实**。这位绅士或者是根本不懂得他所读的东西,或者是一心想通过冯特把自己吹嘘一番:瞧,连御用的教授们也认为我们不是什么糊涂人,而是唯物主义者。

冯特的上述论文是一本厚书(共300多页),它首先对内在论学派,然后对经验批判主义者作了极详尽的分析。为什么冯特把这两个学派联结在一起呢?因为他认为这两个学派是**近亲**,我们在下面将会看到,这个看法无疑是公正的,马赫、阿芬那留斯、彼得楚尔特和内在论者都赞同这个看法。冯特在上述论文第一部分里指出:内在论者是唯心主义者、主观主义者、信仰主义的信徒。这个看法,我们在下面会看到,也是完全公正的,不过冯特在说明这一看法时不必要地卖弄教授的博学,用了无用的微词妙语并加上多余的保留条件,这是因为冯特本人也是一个唯心主义者和信仰主义者。他责难内在论者,不是因为他们是唯心主义者和信仰主义的信徒,而是因为在他看来他们不正确地推论出这些大原则。往下,在论文的第二部分和第三部分里,冯特专门探讨经验批判主义。他在这里十分明确地指出:经验批判主义的一些非常重要的理论原理(对“经验”的理解和“原则同格”,关于后者我们在下面再谈)和内在论者的主张是**一致的**(经验批判主义哲学和内在论哲学是一致的,冯特的论文第382页)。阿芬那留斯的其他理论原理是从唯物主义那里剽窃来的,所以整个讲来,经验批判主义是一种“**五花八门的混合物**”(bunte Mischung,上述论文第 57 页),其中"不同的组成部分是**彼此完全没有联系的**"(an sich einander völlig heterogen sind,第 56 页)。

冯特主要是把阿芬那留斯的"**独立的生命系列**"学说当作阿芬那留斯和马赫的混合物中的唯物主义成分。他说(上述论文第 64 页):如果你们从"C 系统"(极喜欢学究式地玩弄新名词的阿芬那留斯以此称呼人脑或整个神经系统)出发,如果你们认为心理的东西是大脑的机能,那么这个"C 系统"就是"形而上学的实体",而你们的学说就是唯物主义。必须指出,许多唯心主义者和一切不可知论者(康德主义者和休谟主义者包括在内)都骂唯物主义者是形而上学者,因为在他们看来,承认外部世界不依赖于人的意识而存在,就是超出经验的范围。关于形而上学这个术语以及为什么从马克思主义观点来看这个术语是完全错误的,我们将在适当的地方加以论述。现在我们认为重要的是指出:阿芬那留斯关于"独立"系列的主张(马赫也有同样的主张,不过用的字眼不同而已),根据哲学上不同党派即不同派别的哲学家的一致公认,恰恰是**从唯物主义那里剽窃来的**。如果你们从一切存在着的东西都是感觉或者物体是感觉的复合这点出发,那么你们不破坏你们的一切基本前提、"你们的"全部哲学,就不能得出以下的结论:**物理的东西不依赖于**我们的意识而存在,感觉是按一定方式组成的物质的**机能**。马赫和阿芬那留斯在他们的哲学中所以把唯心主义的基本前提和唯物主义的个别结论混在一起,这正是因为他们的理论是恩格斯以应有的鄙视称之为"折中主义残羹剩汁"[29]的典型[30]。

在马赫的最后一部哲学著作《认识和谬误》(1906 年第 2 版)中,这种折中主义特别触目。我们已经看到,马赫在那里宣称:"用感觉即心理要素构成任何物理要素,是没有任何困难的。"而在同书中我们又读到:"在 U〈=Umgrenzung,即"我们肉体的空间界限",第 8 页〉之外的依存关系,是最广义的物理学。"(第 4 节第 323 页)"要纯粹地获得(rein erhalten)这种依存关系,就必须尽可能地排除观察者的影响,即 U 之内的要素的影响。"(同上)是的,是的。起初山雀扬言要把大海烧干[31],就是说,要用心理要素构成物理要素,而后来却说物理要素处在"我们肉体之内的"心理要素的界限之外!多妙的哲学!

还有一个例子:"理想(vollkommenes)气体、理想液体、理想弹性体是不存在的。物理学家知道他的假说只是近似地符合事实,随意地把事实简单

化;物理学家知道这个不能消除的偏差。”(第 30 节第 418 页)

这里所说的是什么样的偏差(Abweichung)呢?是什么离开什么的偏差呢?是思想(物理学理论)离开事实的偏差。那么思想、观念是什么呢?观念是“感觉的痕迹”(第 9 页)。而事实是什么呢?事实是“感觉的复合”。这样说来,感觉的痕迹离开感觉的复合的偏差是不能消除的。

这是什么意思呢?这就是说,马赫**忘记了**他自己的理论,他在开始谈论物理学的各种问题时,谈得干脆,不要唯心主义花招,就是说,唯物地谈论。一切“感觉的复合”和这全部贝克莱主义的奥秘都飞到九霄云外去了。物理学家的理论原来是在我们之外和不依赖于我们而存在的物体、液体、气体的反映,而且这个反映当然是近似的,可是把这种近似或简单化叫作“随意的”,那是不正确的。在这里,**实际上**马赫对感觉的看法,恰恰和没有被贝克莱和休谟的弟子们“清洗过的”全部自然科学一样,也就是说,把感觉看作**外部世界的映象**。马赫自己的理论是主观唯心主义,可是当他需要客观性的因素时,就毫不客气地把相反的即唯物主义的认识论的前提放到自己的议论中去。哲学上的彻底的唯心主义者和彻底的反动分子爱德华·哈特曼,**同情马赫的反对唯物主义的斗争**,在说到马赫的哲学立场是“素朴实在论和绝对幻想主义的混合物(Nichtunterscheidung)”[32]时,他很接近真理。这个说法是正确的。关于物体是感觉的复合等等的学说,是绝对幻想主义,也就是唯我论,因为从这个观点出发,整个世界只不过是我的幻想。而我们在上面所引证的马赫的议论,也和他的其他许多片断的议论一样,是所谓的“素朴实在论”,即不自觉地自发地从自然科学家那里接受过来的唯物主义认识论。

阿芬那留斯和追随他的教授们,企图用“原则同格”的理论来掩饰这种混合。我们马上就要考察这个理论,但我们先得把责难阿芬那留斯搞唯物主义的问题了结一下。尤什凯维奇先生只觉得他所不了解的冯特的意见非常有趣,但却没有兴趣亲自去弄清楚或者不屑于告诉读者:阿芬那留斯的最亲近的弟子和继承者是怎样对待这个责难的。但是,如果我们关心马克思的哲学即唯物主义哲学如何对待经验批判主义的哲学,这一点对于弄清问题是必要的。此外,如果说马赫主义是一团糟的东西,是唯物主义和唯心主义的混合物,那么重要的是要知道,当御用的唯心主义者由于这个思潮对唯物主义作了让步而把它推开的时候,这个思潮究竟流向(如果可以这样说的话)什么地方。

阿芬那留斯的两个最道地的正统的弟子约·彼得楚尔特和弗·卡斯坦宁答复了冯特。彼得楚尔特高傲而愤懑地驳斥了那种诬蔑这位德国教授搞唯物主义的责难，并且引证了……你们猜，他引证了什么？……引证了阿芬那留斯的那部据说把实体概念消灭了的著作——《绪论》！多么方便的理论，既可以把纯粹唯心主义的著作同它联系起来，也可以把任意拿来的唯物主义前提同它联系起来！彼得楚尔特写道：阿芬那留斯的《纯粹经验批判》，当然和这个学说（即唯物主义）不矛盾，可是它和截然相反的、唯灵论的学说也不矛盾[33]。绝妙的辩护！这正是恩格斯所说的折中主义残羹剩汁。波格丹诺夫不肯承认自己是马赫主义者，而要别人承认他（**在哲学上**）是马克思主义者，却步了彼得楚尔特的后尘。他认为："经验批判主义……无论和唯物主义，无论和唯灵论，无论和任何形而上学都没有关系"[34]，"真理……不在两个冲突着的派别〈唯物主义和唯灵论〉间的'中庸之道'中，而在二者之外"[35]。其实，波格丹诺夫认为是真理的东西，是一团糟的东西，是在唯物主义和唯心主义之间的动摇。

卡斯坦宁在反驳冯特时写道：他根本反对"塞进（Unterschiebung）唯物主义因素"，"这一因素是与纯粹经验批判完全不相容的"[36]。"经验批判主义，在对概念的内容的关系上，主要是（χατ'ἐξοχήν）怀疑论。"这种对马赫主义的中立性的强调多少包含有一点真理：马赫和阿芬那留斯对他们最初的唯心主义的修正，完全可以归结为他们对唯物主义作了不彻底的让步。贝克莱的彻底的观点有时候被休谟的观点代替了。贝克莱认为外部世界就是我的感觉，休谟则把我的感觉之外是否有什么东西存在的问题取消了。而这个不可知论的观点注定要动摇于唯物主义和唯心主义之间。

3. 原则同格和"素朴实在论"

阿芬那留斯的原则同格说，是在他的《人的世界概念》和《考察》[37]这两本书中阐述的。后一著作写得较晚，阿芬那留斯在这部著作中强调指出：这里的讲法的确有些不同，但跟《纯粹经验批判》和《人的世界概念》里讲的没有什么不同，都是**一样的**（《考察》，载于1894年上引杂志第137页）。这个学说的本质,就是关于“**我们的自我**(des Ich)**和环境的不可分割的**(unauflösliche)**同格**”(即相互关联)的原理(第146页)。阿芬那留斯在这里又说:“用哲学的话来讲,可以说是‘**自我和非我**’”。前者和后者,我们的**自我**和环境,“**总是**被我们一起发现的(immer ein Zusammen-Vorgefundenes)”。“对见到的东西〈或我们所发现的东西:des Vorgefundenen〉的任何完全的描述,都不能只包括‘环境’而没有某个**自我**(ohne ein Ich)(这个环境就是这个**自我**的环境),至少不能没有那个描述我们所发现的东西〈或见到的东西:das Vorgefundene〉的**自我**。”(第146页)这里**自我**叫作同格的**中心项**,环境叫作同格的**对立项**(Gegenglied)。(见《人的世界概念》1905年第2版第83—84页,第148节及以下各节)

阿芬那留斯妄想用这个学说来表示他承认所谓**素朴实在论**的全部价值,即一切不去思考自己以及环境、外部世界是否存在的人们的那种普通的、非哲学的、素朴的观点的全部价值。马赫表示自己和阿芬那留斯是一致的,同时又竭力把自己装扮成“素朴实在论”的保护人(《感觉的分析》第39页)。俄国的马赫主义者,没有一个例外,都相信马赫和阿芬那留斯,以为他们真的在保护“素朴实在论”:承认**自我**,承认环境,你们还要什么呢?

为了弄清楚最高度的真实的**素朴性**究竟在谁一边,我们稍为讲得远一些。下面是某哲学家和一个读者的通俗对话:

“**读者**:物的体系应该是存在着的〈根据普通哲学的见解〉,意识应该是由物产生的。”

“**哲学家**:现在你是在随着职业哲学家说话……而不是根据普通常识和现实意识说话……

告诉我,并且在回答之前好好地想一想:是否有某个物不跟你对该物的意识在一起,或者说不通过对该物的意识而出现在你的心里或面前呢?……”

“**读者**:如果我好好地想一想,我应该同意你的意见。”

“**哲学家**:现在你是说自己的话了,说自己的实话和真心话了。切不可超出你自己的范围,切不可超出你所能理解〈或把握〉的东西。你所能理解的就是意识**和**〈黑体是哲学家用的〉物,物**和**意识;或者说得更确切些,不是二者中的哪一个,而是那种后来才分解为这二者的东西,那种绝对的主体-客体和客体-主体。”

这就是经验批判主义的原则同格的全部实质，就是最新实证论对“素朴实在论”的最新式的保护的全部实质！“不可分割的”同格的思想在这里叙述得十分清楚，并且正是从这样一种看法出发来叙述的：仿佛这是真正保护没有被“职业哲学家”卖弄聪明所歪曲的普通人的观点。但这段对话是从**1801年出版的主观唯心主义**的古典代表约翰·戈特利布·**费希特**的著作中引来的[38]。

在我们所考察的马赫和阿芬那留斯的学说中，除了重弹主观唯心主义的老调外，没有任何别的东西。他们妄想凌驾于唯物主义和唯心主义之上，取消从物**到**意识和从意识**到**物这两种观点之间的对立，这是换了新装的费希特主义的痴心妄想。费希特也以为：他把“自我”和“环境”、意识和物“不可分割地”联系起来了；他用人不能超出自己的范围这种说法把问题“解决了”。换句话说，这是在重复贝克莱的论据：我感觉到的仅仅是自己的感觉，我没有权利假定在我的感觉之外有“自在客体”。贝克莱在1710年，费希特在1801年，阿芬那留斯在1891—1894年所使用的不同表达方式，丝毫没有改变问题的本质，即主观唯心主义的基本哲学路线。世界是我的感觉；非**我**是由我们的**自我**来“设定”（创造、产生）的；物和意识是不可分割地联系着的；我们的**自我**和环境的不可分割的同格是经验批判主义的原则同格，——所有这一切都是同一个论点，都是同样的破烂货色，只不过挂上了略加粉饰或重新油漆过的招牌而已。

援用那种似乎受到这类哲学保护的“素朴实在论”，是最不值钱的**诡辩**。任何没有进过疯人院或向唯心主义哲学家领教过的正常人的“素朴实在论”，都承认物、环境、世界是**不依赖于**我们的感觉、我们的意识、我们的**自我**和任何人而存在着。正是这个**经验**（不是马赫主义所理解的，而是一般人所理解的经验）使我们坚信，**不依赖于**我们而存在着的是其他的人，而不是我的高、低、黄、硬等等感觉的单纯复合。正是这个**经验**使我们深信，物、世界、环境是不依赖于我们而存在的。我们的感觉、我们的意识只是外部世界的**映象**；不言而喻，没有被反映者，就不能有反映，但是被反映者是不依赖于反映者而存在的。唯物主义**自觉地**把人类的“素朴的”信念作为自己的认识论的基础。

这样地评价“原则同格”，是不是由于唯物主义对马赫主义怀有偏见呢？完全不是。有一些哲学专家，他们对唯物主义没有任何偏袒，甚至还憎恨唯物主义和信奉某种唯心主义体系，但都一致认为阿芬那留斯之流的原则同格是主观唯心主义。例如，冯特（他的有趣的意见是为尤什凯维奇先生所不了解的）直截了当地说：根据阿芬那留斯的理论，似乎没有某个**自我**、观察者或描述者，就不可能有对我们见到的或发现的东西的完全的描述，这种理论就是"错误地把现实经验的内容和对这种内容的反思混为一谈"。冯特说，自然科学完全舍弃任何观察者。"这种舍弃所以可能，只是因为，关于必须在每一经验内容中看出〈hinzudenken，直译为：设想出〉感受着经验的个人这一观点，完全是没有经验根据的假定，是由于错误地把现实经验的内容和对这种内容的反思混为一谈而得出来的假定，而经验批判主义哲学和内在论哲学是一致地同意这个观点的。"（上引论文第 382 页）因为对阿芬那留斯表示热烈赞许（我们将在下面看到）的内在论者（舒佩、雷姆克、勒克列尔、舒伯特-索尔登），**恰恰**是从主体和客体有"不可分割的"联系这一思想出发的。而威·冯特在分析阿芬那留斯之前详细地指出：内在论哲学只不过是贝克莱主义的"变形"；不管内在论者怎样否认和贝克莱的关系，但字面的差别实际上掩盖不了"哲学学说的更深刻的内容"，即贝克莱主义或费希特主义[39]。

英国著作家诺曼·斯密斯在分析阿芬那留斯的《纯粹经验哲学》的时候，以更直率得多、更果断得多的方式说明了这个结论：

"大多数读过阿芬那留斯的《人的世界概念》一书的人，大概都会同意：不管他的批判〈对唯心主义的批判〉有多大的说服力，但他的实证成果却完全是虚幻的。如果我们试将阿芬那留斯的经验理论按照人们所要介绍的那样解释成真正实在论的（genuinely realistic）理论，那么这种理论就不能获得任何明确的说明：它的全部意义只在于否定那据说是它所反驳的主观主义。但是，当我们把阿芬那留斯的术语翻译成比较普通的话时，我们就会发现这套把戏的真正根源在什么地方。阿芬那留斯着重攻击那个对他本人的理论来说是致命的弱点〈即唯心主义的弱点〉，从而使人们不去注意他的立场的弱点。"[40]"在阿芬那留斯的全部议论中，'经验'（experience）这个术语的含糊不清很好地帮了他的忙。这个术语有时候指经验着的人[41]，有时候指被经验的东西；当说到我们的**自我**（of the self）的本性的时候，强调的是后一种含义。'经验'这个术语的这两种含义实际上是和他的绝对考察和相对考察的重要划分〈我在上面已经指出阿芬那留斯的这种划分的意义〉一致的；在他的哲学中，就是这两种观点事实上也没有调和起来。因为当他假定经验在观念上被思想所补充〈对环境的完全的描述在观念上被关于观察着的**自我**的思想所补充〉这一前提是合理的时候，他就不能把这一假定和他自己关于离开对我们的**自我**(to the self)的关系什么都不存在的论断结合起来。在观念上补充这种实在——这是我们在把物质的物体分解为我们感觉不到的要素时所得到的实在〈这里的要素是指自然科学所发现的物质的要素，如原子、电子等，而不是指马赫和阿芬那留斯所臆造的要素〉，或者是从关于人类出现以前的地球的描述中所得到的实在——严格说来，这不是补充经验，而是补充我们所经验的东西。这只是补充阿芬那留斯所认为是不可分割的同格的两项中的一项。这不仅把我们引向从来没有经验过的〈不曾是经验的对象的，has not been experienced〉东西，而且还把我们引向我们这样的生物永远也不能经验到的东西。但是'经验'这个术语的含糊不清，在这里正好帮了阿芬那留斯的忙。阿芬那留斯说，思想就像感性知觉一样是真正的(genuine)经验形态，这样他就回到了主观唯心主义的陈旧不堪的(time-worn)论据上，即思想和实在是不可分割的，因为实在只有在思想中才能被感知，而思想则以思想者的存在为前提。因此，阿芬那留斯的实证议论的最终结果，并不是什么独创地、精辟地恢复实在论，而只是以最粗陋的(crudest)形式恢复主观唯心主义。”(第 29 页)

完全重复着费希特错误的阿芬那留斯所耍的把戏，在这里被精彩地揭穿了。只要我们一开始研究一定的具体问题，如关于地球**先于**人、**先于**任何有感觉的生物而存在的问题时，立刻就会发现：用“经验”这个字眼来消除唯物主义(斯密斯把它叫作实在论是枉然的)和唯心主义之间的对立的那种滥调，完全是神话。关于这一点我们马上就要加以详细的讨论。现在我们要指出：撕破阿芬那留斯及其伪“实在论”的假面具的，不仅有他的理论上的对手诺·斯密斯，而且还有曾经热烈欢迎《人的世界概念》的出版并认为它是**素朴实在论的确证**的内在论者威·舒佩[42]。问题在于：威·舒佩**完全**赞同**这样的**“实在论”，即阿芬那留斯所伪造的唯物主义。他在给阿芬那留斯的信中写道，我一直希望和您 hochverehrter Herr College(最尊敬的同行先生)有同样的权利主张这样的“实在论”，因为有人诬蔑我这个内在论者，似乎我是主观唯心主义者。“最尊敬的同行先生，我的思维概念……与您的‘纯粹经验的理论’是非常合拍的(verträgt sich vortrefflich)。”(第384页)实际上只有我们的**自我**(das Ich,即抽象的、费希特的自我意识,离开头脑的思想)才给予“同格的两项以联系和不可分割性”。舒佩在给阿芬那留斯的信中写道:“您默默地把您想要排除的东西定为前提。”(第388页)很难说是谁在更有力地撕破卖弄玄虚的阿芬那留斯的假面具,——是直率地明确地反驳他的斯密斯呢,还是热烈赞扬他的最后一部著作的舒佩?哲学上威廉·舒佩的接吻,并不比政治上彼得·司徒卢威或缅施科夫先生的接吻好一些。

称赞马赫没有向唯物主义屈服的奥·艾瓦德,也以同样的方式讲到原则同格:“如果宣称中心项与对立项的相互关连是不能回避的认识论的必然性,那么,不管用怎样醒目的大字在招牌上标着‘经验批判主义’,这仍意味着抱有与绝对唯心主义毫无差别的观点〈绝对唯心主义这个术语是不正确的,应当说是主观唯心主义,因为,黑格尔的绝对唯心主义和没有人的地球、自然界、物理世界的存在是相容的,它认为自然界只是绝对观念的“异在”〉。相反地,如果不一贯坚持这个同格而承认对立项的独立性,那么,一切形而上学的可能性,特别是倒向超越的实在论一边的可能性就会立刻显现出来。”(上引著作第56—57页)

以艾瓦德为笔名的弗里德兰德先生把**唯物主义**叫作形而上学和超越的实在论。他本人拥护唯心主义的一个变种,因而完全赞同马赫主义者和康德主义者,认为唯物主义是形而上学,“是最粗野的彻头彻尾的形而上学”(第134页)。讲到唯物主义的“超越”和形而上学性,他和巴扎罗夫以及我们的一切马赫主义者的观点是一致的,关于这点我们以后还要专门论述。这里重要的是要再一次指出:这个想凌驾于唯心主义和唯物主义之上的伪学者的奢望**实际上**是怎样幻灭的,以及问题是怎样尖锐地不可调和地提出来的。“承认对立项的独立性”,就意味着(如果把喜欢装腔作势的阿芬那留斯的矫揉造作的语言翻译成普通人的语言)承认自然界、外部世界是不依赖于人的意识和感觉的,而这就是唯物主义。把认识论建立在客体和人的感觉有不可分割的联系这一前提上(“感觉的复合”=物体;“世界要素”在心理和物理方面是同一的;阿芬那留斯的原则同格等等),就必然会陷入唯心主义。这是一个简单的必然的真理,只要我们稍加注意,就容易透过阿芬那留斯、舒佩、艾瓦德和其他人的成堆晦涩难懂的、故意把问题弄模糊并使广大读者畏避哲学的、伪学者的术语，而发现这个真理。

阿芬那留斯的理论与“素朴实在论”的“调和”，最后甚至引起了他的弟子们的怀疑。例如，鲁·维利说：对于所谓阿芬那留斯达到了“素朴实在论”这个流行的说法，我们必须有保留地去理解。“素朴实在论作为教条来说，无非是对存在于人之外的（außerpersönliche）、可感触的自在之物的信仰。”[43] 换句话说，在维利看来，真正同“素朴实在论”有着真实而非虚构的一致性的惟一的认识论，就是唯物主义！当然，维利是反对唯物主义的。但是他不得不承认：阿芬那留斯在《人的世界概念》一书中，“用了一系列复杂的和部分是十分牵强的辅助概念和中介概念”（第171页）去恢复“经验”的统一、“自我”和环境的统一。《人的世界概念》这本著作是对阿芬那留斯的最初的唯心主义的一种反动，它“完全带有在合乎常识的素朴实在论和学院哲学的认识论唯心主义之间搞**调和**（eines Ausgleiches）的性质。但是，说到这样的调和能够恢复经验〈维利把它叫作 Grunderfahrung，即根本经验，又是一个新名词！〉的统一和完整，那我不敢断言”（第170页）。

真是一个有价值的自供！阿芬那留斯的“经验”不能调和唯心主义和唯物主义。看来，维利否定经验的**学院哲学**，是为了用加倍混乱的“根本”经验的哲学来代替它……

第 二 章
经验批判主义的认识论和辩证唯物主义的认识论（二）

1. “自在之物”或维·切尔诺夫对弗·恩格斯的驳斥

关于“自在之物”，我们的马赫主义者写了好多东西，如果把它们收集在一起，真是堆积如山。“自在之物”对于波格丹诺夫和瓦连廷诺夫，巴扎罗夫和切尔诺夫，别尔曼和尤什凯维奇来说，真是个怪物。他们对“自在之物”用尽了“恶言秽语”，使尽了冷嘲热讽。为了这个倒霉的“自在之物”，他们究竟同谁战斗呢？在这里,俄国的马赫主义哲学家就按政党分化了。一切想当马克思主义者的马赫主义者都攻击**普列汉诺夫的**“自在之物”,谴责他糊涂和陷入康德主义,谴责他背弃恩格斯(关于前一个谴责,我们把它放到第四章里去讲;关于后一个谴责,我们就在这里谈)。民粹派分子、马克思主义的死敌、马赫主义者维·切尔诺夫先生,为了“自在之物”直接攻击**恩格斯**。

这一次,由于维克多·切尔诺夫先生公开地仇视马克思主义,因而他同在党派上是我们的同志而在哲学上是我们的反对派的那些人比较起来,是**较有原则的论敌**[44],承认这一点令人羞愧,可是隐瞒它却是罪过。因为只有**不干净的心地**(也许再加上对唯物主义的无知?)才会使那些想当马克思主义者的马赫主义者圆滑地撇开恩格斯,根本不理费尔巴哈,而专门围着普列汉诺夫兜圈子。这正是纠缠,正是无聊而又琐碎的吵闹,正是对恩格斯的学生吹毛求疵,而对老师的见解却胆怯地避免作直接分析。由于我们这个简略评述的任务是要指出马赫主义的反动性以及马克思和恩格斯的唯物主义的正确性,因此我们不谈那些想当马克思主义者的马赫主义者同普列汉诺夫的吵闹,而直接谈论经验批判主义者维·切尔诺夫先生所驳斥的恩格斯。在切尔诺夫的《哲学和社会学论文集》(1907 年莫斯科版,这本论文集中的文章除少数几篇之外,都是在 1900 年以前写的)里,有一篇题为《马克思主义和先验哲学》的文章,它一开始就企图把马克思和恩格斯对立起来,谴责恩格斯的学说是“素朴的独断的唯物主义”,是“最粗陋的唯物的独断主义”(第 29、32 页)。维·切尔诺夫先生说,恩格斯反对康德的自在之物和休谟的哲学路线的议论就是“充分的”例证。我们就从这个议论谈起吧。

恩格斯在他的《路德维希·费尔巴哈》中宣布唯物主义和唯心主义是哲学上的基本派别。唯物主义认为自然界是第一性的,精神是第二性的,它把存在放在第一位,把思维放在第二位。唯心主义却相反。恩格斯把唯心主义和唯物主义的“各种学派”的哲学家所分成的“两大阵营”之间的这一根本区别提到首要地位,并且直截了当地谴责在别的意义上使用唯心主义和唯物主义这两个名词的那些人的“混乱”。

恩格斯说:“全部哲学的最高问题”,“全部哲学,特别是近代哲学的重大的基本问题”是“思维对存在、精神对自然界的关系问题”。恩格斯根据这个基本问题把哲学家划分为“两大阵营”,接着他又指出,哲学的基本问题“还有另一个方面”，这就是：“我们关于我们周围世界的思想对这个世界本身的关系是怎样的？我们的思维能不能认识现实世界？我们能不能在我们关于现实世界的表象和概念中正确地反映现实？”[45]

恩格斯说：“绝大多数哲学家对这个问题都作了肯定的回答”，他在这里所指的不仅是所有的唯物主义者，而且也包括最彻底的唯心主义者，例如，绝对唯心主义者黑格尔。黑格尔认为现实世界是某种永恒的“绝对观念”的体现，而且人类精神在正确地认识现实世界的时候，就在现实世界中并通过现实世界认识“绝对观念”。

“但是，此外〈即除了唯物主义者和彻底的唯心主义者之外〉，还有其他一些哲学家否认认识世界的可能性，或者至少是否认彻底认识世界的可能性。在近代哲学家中，休谟和康德就属于这一类，而他们在哲学的发展上是起过很重要的作用的……”[46]

维·切尔诺夫先生在引了恩格斯的这些话之后，就拼命加以攻击。他给“康德”这个名词作了以下的注释：

“在 1888 年，把康德、特别是休谟这样的哲学家叫作‘近代’哲学家，是相当奇怪的。在那个时候，听到柯亨、朗格、黎尔、拉斯、李普曼、戈林等人的名字更自然一些。看来，恩格斯在‘近代’哲学方面不怎么行。”(第 33 页注释 2)

维·切尔诺夫先生是始终如一的。不论在经济问题上还是在哲学问题上，他都跟屠格涅夫小说里的伏罗希洛夫[47]一样，简单地抬出一些“学者的”名字，一会儿用来消灭不学无术的考茨基[48]，一会儿用来消灭无知的恩格斯！但不幸的是，所有这些被切尔诺夫先生提到的权威，就是恩格斯**在**《路·费尔巴哈》的**同一页上**讲到的那些**新康德主义者**，恩格斯把他们看作是企图使早已被驳倒的康德和休谟学说的僵尸重新复活的理论上的**反动分子**。好样儿的切尔诺夫先生不懂得，恩格斯在自己的议论中所要驳斥的正是这些(在马赫主义看来是)权威的糊涂教授们！

恩格斯指出，黑格尔已经提出了反对休谟和康德的“决定性的”论据，费尔巴哈在这些论据上补充了一些与其说深刻不如说机智的见解，接着恩格斯继续说道：

“对这些以及其他一切哲学上的怪论〈或谬论，Schrullen〉的最令人信服的驳斥是实践，即实验和工业。既然我们自己能够制造出某一自然过程，按照它的条件把它生产出来,并使它为我们的目的服务,从而证明我们对这一过程的理解是正确的,那么康德的不可捉摸的〈或不可理解的,unfaßbaren——这个重要的词在普列汉诺夫的译文里和维·切尔诺夫先生的译文里都漏掉了〉'自在之物'就完结了。动植物体内所产生的化学物质,在有机化学开始把它们一一制造出来以前,一直是这种'自在之物';一旦把它们制造出来,'自在之物'就变成'为我之物'了,例如茜草的色素——茜素,我们已经不再从地里的茜草根中取得,而是用便宜得多、简单得多的方法从煤焦油里提炼出来了。"(上引书第16页)[49]

维·切尔诺夫先生引完这段议论,就完全控制不住自己了,他要彻底消灭可怜的恩格斯。请听:"可以'用便宜得多、简单得多的方法'从煤焦油里提炼出茜素[50],这当然是任何新康德主义者都不会觉得奇怪的。但是,在提炼茜素的同时可以用同样便宜的方法从同样的煤焦油里提炼出对'自在之物'的驳斥,这真是个了不起的闻所未闻的发现,当然,这样看的不仅是新康德主义者。"

"显然,恩格斯知道了康德认为'自在之物'是不可认识的,于是他就把这个定理改成逆定理,断言一切未被认识的东西都是自在之物……"(第33页)

马赫主义者先生,请你听着,胡扯也要有个限度!你是在大庭广众面前歪曲上面引证的恩格斯的那段话,甚至你不懂得这儿说的是什么,就想去"捣毁"它!

第一,说恩格斯"提炼出对自在之物的驳斥",这是不对的。恩格斯曾经直截了当地明确地说过:他驳斥**康德的不可捉摸的**(或不可认识的)自在之物。切尔诺夫先生把恩格斯关于物不依赖于我们的意识而存在的唯物主义观点搞乱了。第二,如果康德的定理说自在之物是不可认识的,那么"**逆**"定理应当说**不可认识的东西**是自在之物。切尔诺夫先生却用**未被认识的代替了**不可认识的,他不理解由于这样一代替,他又把恩格斯的唯物主义观点搞乱和歪曲了!

维·切尔诺夫先生被他自己所奉为指导者的那些御用哲学的反动分子弄得糊里糊涂,他**根本不了解**自己所引用的例子便大叫大嚷地反对恩格斯。我们不妨向这位马赫主义的代表说清楚,问题究竟在什么地方。

恩格斯直截了当地明确地说,他既反对休谟,又反对康德。但是休谟根本不谈什么“不可认识的自在之物”。那么这两个哲学家有什么共同之点呢？共同之点就是：他们**都把**“现象”和显现者、感觉和被感觉者、为我之物和“自在之物”**根本分开**。但是，休谟根本不愿意承认“自在之物”，他认为关于“自在之物”的思想本身在哲学上就是不可容许的，是“形而上学”（像休谟主义者和康德主义者所说的那样）。而康德则承认“自在之物”的存在，不过宣称它是“不可认识的”，它和现象有原则区别，它属于另一个根本不同的领域，即属于知识不能达到而信仰却能发现的“彼岸”(Jenseits)领域。

恩格斯的反驳的实质是什么呢？昨天我们不知道煤焦油里有茜素，今天我们知道了[51]。试问，昨天煤焦油里有没有茜素呢？

当然有。对这点表示任何怀疑，就是嘲弄现代自然科学。

既然这样，那么由此就可以得出三个重要的认识论的结论：

(1)物是不依赖于我们的意识，不依赖于我们的感觉而在我们之外存在着的。因为，茜素昨天就存在于煤焦油中，这是无可怀疑的；同样，我们昨天关于这个存在还一无所知，我们还没有从这茜素方面得到任何感觉，这也是无可怀疑的。

(2)在现象和自在之物之间决没有而且也不可能有任何原则的差别。差别仅仅存在于已经认识的东西和尚未认识的东西之间。所谓二者之间有着特殊界限，所谓自在之物在现象的“彼岸”（康德），或者说可以而且应该用一种哲学屏障把我们同关于某一部分尚未认识但存在于我们之外的世界的问题隔离开来（休谟），——所有这些哲学的臆说都是废话、怪论（Schrulle）、狡辩、捏造。

(3)在认识论上和在科学的其他一切领域中一样，我们应该辩证地思考，也就是说，不要以为我们的认识是一成不变的，而要去分析怎样从**不知**到**知**，怎样从不完全的不确切的知到比较完全比较确切的知。

只要你们抱着人的认识是由不知发展起来的这一观点，你们就会看到：千百万个类似在煤焦油中发现茜素那样简单的例子，千百万次从科学技术史中以及从所有人和每个人的日常生活中得来的观察，都在向人表明“自在之物”转化为“为我之物”；都在表明，当我们的感官受到来自外部的某些对象的刺激时，“现象”就产生，当某种障碍物使得我们所明明知道是存在着的对象不可能对我们的感官发生作用时，“现象”就消失。由此可以得出惟一的和不可避免的结论:对象、物、物体是在我们之外、不依赖于我们而存在着的,我们的感觉是外部世界的映象。这个结论是由一切人在生动的人类实践中作出来的,唯物主义自觉地把这个结论作为自己认识论的基础。与此相反的马赫的理论(物体是感觉的复合)是可鄙的唯心主义胡说。而切尔诺夫先生在他对恩格斯的"分析"中再一次暴露出他的伏罗希洛夫式的品质:恩格斯举的简单例子在他看来竟是"奇怪而又幼稚的"!他认为只有学究的臆说才是哲学,他不能区别教授的折中主义和彻底的唯物主义认识论。

至于切尔诺夫先生往后的全部议论,我们没有可能,也没有必要去分析它们,因为它们都是同样狂妄的胡说(譬如他说:原子在唯物主义者看来是自在之物!)。我们只须指出一个和我们题目有关的(并且看来迷惑了某些人的)对马克思的议论:马克思似乎跟恩格斯不同。这里讲的是马克思关于费尔巴哈的提纲**第 2 条**以及普列汉诺夫对此岸性(Diesseitigkeit)这个词的译法。

下面就是提纲第 2 条:

"人的思维是否具有对象的真理性,这并不是一个理论的问题,而是一个实践的问题。人应该在实践中证明自己思维的真理性,即自己思维的现实性和力量,亦即自己思维的此岸性。关于离开实践的思维是否具有现实性的争论,是一个纯粹经院哲学的问题。"[52]

普列汉诺夫不是译成"证明思维的此岸性"(直译),而是译成证明思维"不是停留在现象的此岸"。于是维·切尔诺夫先生就大叫大嚷地说:"恩格斯和马克思的矛盾被异常简单地排除了","结果马克思似乎和恩格斯一样,也肯定了自在之物的可知性和思维的彼岸性了"(上述著作第 34 页注释)。

请同这位每说一句话就增加好多糊涂思想的伏罗希洛夫打一次交道吧!维克多·切尔诺夫先生,如果你不知道一切唯物主义者都承认自在之物的可知性,这就是无知。维克多·切尔诺夫先生,如果你跳过这一条的**第一句**话,不想一想思维的"对象的真理性"(gegenständliche Wahrheit)**无非是**指思维所**真实**反映的对象(="自在之物")的**存在**,这就是无知或极端的马虎。维克多·切尔诺夫先生,如果你断言似乎可以从普列汉诺夫的转述(普列汉诺夫只是转述而不是翻译)中"得出结论说",马克思拥护思维的**彼岸性**,这也是无知。因为只有休谟主义者和康德主义者才使人的思维停留在"现象的此岸"。

一切唯物主义者，其中包括贝克莱主教所攻击的17世纪的唯物主义者(见《代绪论》)，都认为“现象”是“为我之物”，或者是“自在客体”的**复写**。当然，那些想知道马克思的原文的人是不一定需要普列汉诺夫的自由转述的，但是必须细心推敲马克思的言论，而不应该伏罗希洛夫式地卖弄聪明。

有一种情况指出来是有意思的：我们发现一些自称社会主义者的人不愿意或不能够细心推敲马克思的《提纲》，而一些资产阶级著作家、哲学专家，有时候倒比较认真。我知道这样一个著作家，他研究费尔巴哈的哲学并且为此还探讨了马克思的《提纲》。这个著作家就是阿尔伯·莱维，他在自己写的有关费尔巴哈的著作的第2部分第3章里专门研究了费尔巴哈对马克思的影响[53]。我们不谈莱维是否在每一个地方都正确地解释费尔巴哈以及他如何用通常的资产阶级观点去批判马克思，我们只举出他对马克思的著名《提纲》的哲学内容的评价。关于提纲的第1条，阿·莱维说道：“一方面，马克思和一切以往的唯物主义以及费尔巴哈都承认，同我们关于物的表象相符合的是我们之外的实在的单独的(独立的，distincts)客体……”

读者可以看到，阿尔伯·莱维一下子就清楚了：承认我们表象与之“相符合的”我们之外的实在的客体，不仅是马克思主义的唯物主义的基本立场，而且是**任何**唯物主义、**“一切以往的”**唯物主义的基本立场。这种关于**整个**唯物主义的起码知识，只有俄国的马赫主义者才不知道。莱维继续说道：

“……另一方面，马克思认为遗憾的是：唯物主义曾经让唯心主义去评价能动力〈即人的实践〉的作用。”“马克思认为：应该把这些能动力从唯心主义手中夺过来，也把它们引入唯物主义的体系，但是，当然必须把唯心主义不能承认的那种实在的和感性的特性给予这些能动力。所以马克思的思想是这样的：正像同我们表象相符合的是我们之外的实在的客体一样，同我们的现象的活动相符合的是我们之外的实在的活动、物的活动。从这个意义上来讲，人类不仅是通过理论认识而且还通过实践活动参加到绝对物中去；这样，整个人类活动就获得了一种使它可以同理论并驾齐驱的价值和尊严。革命的活动从此就获得形而上学的意义……”

阿·莱维是一个教授。而一个循规蹈矩的教授不会不骂唯物主义者是形而上学者。在唯心主义、休谟主义和康德主义的教授们看来，任何唯物主义都是“形而上学”，因为它在现象(为我之物)之外还看到我们之外的实在；

因此，当阿·莱维说马克思认为同人类的"现象的活动"相符合的是"物的活动"，即人类的实践不仅具有（休谟主义和康德主义所谓的）现象的意义而且还具有客观实在的意义的时候，他的话在本质上是正确的。实践标准在马赫和马克思那里有着完全不同的意义，我们在适当地方（第 6 节）将详细地加以说明。"人类参加到绝对物中去"，这就是说：人的认识反映绝对真理（见下面第 5 节），人类的实践检验我们的表象，确证其中与绝对真理相符合的东西。阿·莱维继续说道：

"……马克思谈到这点时，自然会遭到批驳。他承认自在之物是存在的，而我们的理论是人对自在之物的翻译。他就不能避开通常的反驳：究竟什么东西向你保证这种翻译是正确的呢？什么东西证明人的思想给你提供客观真理呢？对于这种反驳，马克思在提纲第 2 条中作了答复。"（第 291 页）

读者可以看到，阿·莱维一分钟也没有怀疑马克思承认自在之物的存在！

4. 有没有客观真理？

波格丹诺夫宣称："在我看来，马克思主义包括对任何真理的绝对客观性的否定，对任何永恒真理的否定。"（《经验一元论》第 3 卷第 IV—V 页）什么叫**绝对**客观性呢？波格丹诺夫在同一个地方说，"永恒真理"就是"具有绝对意义的客观真理"，他只同意承认"仅仅在某一时代范围内的客观真理"。

在这里显然是把下面两个问题搞混了：（1）有没有客观真理？就是说，在人的表象中能否有不依赖于主体、不依赖于人、不依赖于人类的内容？（2）如果有客观真理，那么表现客观真理的人的表象能否立即地、完全地、无条件地、绝对地表现它，或者只能近似地、相对地表现它？这第二个问题是关于绝对真理和相对真理的相互关系问题。

波格丹诺夫明确地、直截了当地回答了第二个问题，他根本否认绝对真理，并且因恩格斯承认绝对真理而非难恩格斯搞**折中主义**。关于亚·波格丹诺夫发现恩格斯搞折中主义这一点，我们在后面另行论述。现在我们来谈谈第一个问题。关于这个问题，波格丹诺夫虽然没有直接说到，但回答也是否定的。因为，否定人的某些表象中的相对性因素，可以不否定客观真理；但是否定绝对真理，就不可能不否定客观真理的存在。

稍后，波格丹诺夫在第 IX 页上写道："……别尔托夫所理解的客观真理的标准是没有的；真理是思想形式——人类经验的组织形式……"

这里和"别尔托夫的理解"毫无关系，因为这里谈的是哲学的基本问题中的一个问题，而根本不涉及别尔托夫。这和真理的**标准**也毫无关系，关于真理的标准要另行论述，不应该把这个问题和**有没有**客观真理的问题混为一谈。波格丹诺夫对后一问题的否定的回答是明显的：如果真理**只是**思想形式，那就是说，不会有不依赖于主体、不依赖于人类的真理了，因为除了人类的思想以外，我们和波格丹诺夫都不知道别的什么思想。从波格丹诺夫的后半句话来看，他的否定的回答就更加明显了：如果真理是人类经验的形式，那就是说，不会有不依赖于人类的真理，不会有客观真理了。

波格丹诺夫对客观真理的否定，就是不可知论和主观主义。这种否定的荒谬，即使从前面所举的一个自然科学真理的例子来看，也是显而易见的。自然科学关于地球存在于人类之前的论断是真理，对于这一点，自然科学是不容许怀疑的。这一点和唯物主义的认识论是完全符合的：被反映者不依赖于反映者而存在（外部世界不依赖于意识而存在）是唯物主义的基本前提。自然科学关于地球存在于人类之前的论断，是客观真理。自然科学的这个原理同马赫主义者的哲学以及他们的真理学说，是不可调和的：如果真理是人类经验的组织形式，那么地球存在于任何人类经验**之外**的论断就不可能是真理了。

但是不仅如此。如果真理只是人类经验的组织形式，那么天主教的教义也可以说是真理了。因为，天主教毫无疑问地是"人类经验的组织形式"。波格丹诺夫本人也感觉到了他的理论的这种惊人的谬误，我们来看看他怎样企图从他所陷入的泥坑中爬出来，倒是非常有趣的。

我们在《经验一元论》第 1 卷里读到："客观性的基础应该是在集体经验的范围内。我们称之为客观的，是这样一些经验材料，它们对于我们和别人都具有同样的切身意义，不仅我们可以根据它们来毫无矛盾地组织自己的活动，而且我们深信，别人为了不陷于矛盾也应该以它们为根据。物理世界的客观性就在于：它不是对我一个人，而是对所有的人说来都是存在的〈不对！它是**不依赖于**"所有的人"而存在的〉，并且我深信，它对于所有的人，就像对于我一样，具有同样确定的意义。物理系列的客观性就是它的**普遍意义**。"

(第25页,黑体是波格丹诺夫用的)"我们在自己的经验中所遇见的那些物理物体的客观性,归根到底是确立在不同人的意见的相互检证和一致的基础上的。总之,物理世界是社会地一致起来的、社会地协调起来的经验,一句话,**是社会地组织起来的经验**。"(第36页,黑体是波格丹诺夫用的)

这是根本错误的唯心主义的定义;物理世界是不依赖于人类和人类经验而存在的;在不可能有人类经验的任何"社会性"和任何"组织"的时候,物理世界就已经存在了,等等。关于这些我们不再重复了。现在我们从另一方面来揭穿马赫主义哲学:它给客观性下这样的定义,就会使宗教教义也适合这个定义了,因为宗教教义无疑地也具有"普遍意义"等等。再听一听波格丹诺夫往下说吧!"我们再一次提醒读者:'客观'经验决不是'社会'经验……社会经验远非都是社会地组织起来的,它总包含着各种各样的矛盾,因而它的某些部分和其他一些部分是不一致的。鬼神可以存在于某个民族或民族中某个集团(例如农民)的社会经验范围之内,但还不能因此就把它们包括在社会地组织起来的或客观的经验之内,因为它们和其余的集体经验不协调,并且不能列入这种经验的组织形式中,例如,因果性的链条中。"(第45页)

波格丹诺夫自己"不把"关于鬼神等等的社会经验"包括"在客观经验之内,我们当然是很高兴的。但是,以否定信仰主义的精神来作出的这种善意修正,丝毫没有改正波格丹诺夫的整个立场的根本错误。波格丹诺夫给客观性和物理世界所下的定义无疑是站不住脚的,因为宗教教义比科学学说具有更大的"普遍意义",人类的大部分至今还信奉宗教教义。天主教由于许多世纪的发展已经是"社会地组织起来、协调起来和一致起来的";它无可争辩地可以"**列入**""因果性的链条"中,因为宗教的产生不是无缘无故的,在现代条件下宗教得到人民群众的信奉,决不是偶然的,而哲学教授们迎合宗教的意旨,也是完全"合乎规律的"。如果说这种无疑具有普遍意义的和无疑高度组织起来的社会宗教的经验与科学的"经验""不协调",那么就是说,二者之间存在着原则的根本的差别,而波格丹诺夫在否认客观真理时却把这种差别抹杀了。无论波格丹诺夫怎样"修正",说信仰主义或僧侣主义是和科学不协调的,然而有一个事实毕竟是无可怀疑的,即波格丹诺夫对客观真理的否定是和信仰主义完全"协调"的。现代信仰主义决不否认科学;它只否认科学的"过分的奢望",即对客观真理的奢望。如果客观真理存在着(如唯物主义者所认为的那样)，如果只有那在人类“经验”中反映外部世界的自然科学才能给我们提供客观真理，那么一切信仰主义就无条件地被否定了。如果没有客观真理，真理(也包括科学真理)只是人类经验的组织形式，那么，这就是承认僧侣主义的基本前提，替僧侣主义大开方便之门，为宗教经验的“组织形式”开拓地盘。

试问：这种对客观真理的否定，是出自不肯承认自己是马赫主义者的波格丹诺夫本人呢，还是出自马赫和阿芬那留斯的学说的基本原理？对这个问题的回答只能是后者。如果世界上只存在着感觉(1876 年阿芬那留斯是这样说的)，如果物体是感觉的复合(马赫在《感觉的分析》中是这样说的)，那么就很明显，在我们面前的就是哲学主观主义，它不可避免地会导致对客观真理的否定。如果把感觉叫作“要素”，这种“要素”在一种联系上构成物理的东西，在另一种联系上构成心理的东西，那么正如我们所看到的那样，经验批判主义的基本出发点并没有因此被否定，而只是被搞乱。阿芬那留斯和马赫都承认感觉是我们知识的泉源。因此，他们都抱着经验论(一切知识来自经验)或感觉论(一切知识来自感觉)的观点。但是，这种观点只会导致唯心主义和唯物主义这两个基本哲学派别之间的差别，而不会排除它们之间的差别，不管你们给这种观点套上什么“新”字眼(“要素”)的服饰。无论唯我论者即主观唯心主义者还是唯物主义者，都可以承认感觉是我们知识的泉源。贝克莱和狄德罗都渊源于洛克。认识论的第一个前提无疑地就是：感觉是我们知识的惟一泉源。马赫承认了第一个前提，但是搞乱了第二个重要前提：人通过感觉感知的是客观实在，或者说客观实在是人的感觉的泉源。从感觉出发，可以沿着主观主义的路线走向唯我论(“物体是感觉的复合或组合”)，也可以沿着客观主义的路线走向唯物主义(感觉是物体、外部世界的映象)。在第一种观点(不可知论，或者更进一步说，主观唯心主义)看来，客观真理是不会有的。在第二种观点(唯物主义)看来，承认客观真理是最要紧的。这个哲学上的老问题，即关于两种倾向的问题，或者说得更确切些，关于从经验论和感觉论的前提中得出两种可能的结论的问题，马赫并没有解决，也没有排除或超越，他只是玩弄“要素”这类名词，把问题搞乱。波格丹诺夫否定客观真理，这是整个马赫主义的必然结果，而不是离开马赫主义。

恩格斯在他的《路·费尔巴哈》中，把休谟和康德叫作“否认认识世界的可能性,或者至少是否认彻底认识世界的可能性"的哲学家。因而恩格斯提到首要地位的是休谟和康德的共同点,而不是他们的分歧点。同时他又指出:"对驳斥这一〈休谟的和康德的〉观点具有决定性的东西,已经由黑格尔说过了。"(德文第 4 版第 15—16 页)[54]因此,指出黑格尔讲的下面一段话,在我看来不是没有意思的。黑格尔在宣称**唯物主义**是"彻底的经验论体系"时写道:"在经验论看来,外部东西(das Äußerliche)总是真实的;即使经验论容许某种超感觉的东西,那也否认这种超感觉的东西的可知性(soll doch eine Erkenntnis desselben(d. h. des Übersinnlichen) nicht statt finden können),经验论认为必须完全遵循属于知觉的东西(das der Wahrnehmung Angehörige)。而这个基本前提经过彻底的发展(Durchführung),便产生了后来所谓的**唯物主义**。在这种唯物主义看来,物质本身是真实的客观的东西(das wahrhaft Objektive)。"[55]

一切知识来自经验、感觉、知觉。这是对的。但试问:"属于知觉"的,也就是说,作为知觉的泉源的是**客观实在**吗?如果你回答说是,那你就是唯物主义者。如果你回答说不是,那你就是不彻底的,你不可避免地会陷入主观主义,陷入不可知论;不论你是否认自在之物的可知性和时间、空间、因果性的客观性(像康德那样),还是不容许关于自在之物的思想(像休谟那样),反正都一样。在这种情况下,你的经验论、经验哲学的不彻底性就在于:你否定经验中的客观内容,否定经验认识中的客观真理。

康德和休谟路线的维护者(马赫和阿芬那留斯包括在休谟路线的维护者之内,因为他们不是纯粹的贝克莱主义者)把我们唯物主义者叫作"形而上学者",因为我们承认我们在经验中感知的客观实在,承认我们感觉的客观的、不依赖于人的泉源。我们唯物主义者,继恩格斯之后,把康德主义者和休谟主义者叫作**不可知论者**,因为他们否定客观实在是我们感觉的泉源。不可知论者这个词来自希腊文:在希腊文里 α 是**不**的意思,**gnosis** 是**知**的意思。不可知论者说:**我不知道**是否有我们的感觉所反映、模写的客观实在;我宣布,要知道这点是不可能的(见上面恩格斯关于不可知论者的立场的叙述)。因此,不可知论者就否定客观真理,并且小市民式地、庸俗地、卑怯地容忍有关鬼神、天主教圣徒以及诸如此类东西的教义。马赫和阿芬那留斯自命不凡地提出"新"术语、所谓"新"观点,实际上却是糊涂地混乱地重复不可知论者的回答:一方面,物体是感觉的复合(纯粹的主观主义、纯粹的贝克莱主义),另一方面,如果把感觉改名为要素,那就可以设想它们是不依赖于我们的感官而存在的!

马赫主义者喜欢唱这样一种高调:他们是完全相信我们感官的提示的哲学家,他们认为世界确实像显现在我们面前的那样,是充满着声音、颜色等等的,而唯物主义者认为世界是死的,世界没有声音和颜色,它本身和它的显现不同,等等。例如,约·彼得楚尔特在他的《纯粹经验哲学引论》和《从实证论观点来看世界问题》(1906)里面唱的都是这类高调。维克多·切尔诺夫先生对这一"新"思想称赞不已,他跟着彼得楚尔特喋喋不休地重复这种论调。其实,马赫主义者是主观主义者和不可知论者,因为他们**不充分**相信我们感官的提示,不彻底贯彻感觉论。他们不承认客观的、不依赖于人的实在是我们感觉的泉源。他们不把感觉看作是这个客观实在的正确摄影,因而直接和自然科学发生矛盾,为信仰主义大开方便之门。相反地,唯物主义者认为世界比它的显现更丰富、更生动、更多样化,因为科学每向前发展一步,就会发现它的新的方面。唯物主义者认为我们的感觉是惟一的和最终的客观实在的映象,所谓最终的,并不是说客观实在已经被彻底认识了,而是说除了它,没有而且也不能有别的客观实在。这种观点不仅坚决地堵塞了通向一切信仰主义的大门,而且也堵塞了通向教授的经院哲学的大门。这种经院哲学不是把客观实在看作我们感觉的泉源,而是用成套臆造的字眼来"推演出"客观的这一概念,认为客观的就是具有普遍意义的、社会地组织起来的,等等,它不能够而且也往往不愿意把客观真理和关于鬼神的教义分开。

马赫主义者对"独断主义者"即唯物主义者的"陈腐"观点轻蔑地耸耸肩膀,因为唯物主义者坚持着似乎已被"最新科学"和"最新实证论"驳倒了的**物质**概念。关于物质构造的新物理学理论,我们将另行论述。但是,像马赫主义者那样把关于物质的某种构造的理论和认识论的范畴混淆起来,把关于物质的新类型(例如电子)的新特性问题和认识论的老问题,即关于我们知识的泉源、客观真理的存在等等问题混淆起来,这是完全不能容许的。有人对我们说,马赫"发现了世界要素":红、绿、硬、软、响、长等等。我们要问:当人看见红,感觉到硬等等的时候,人感知的是不是客观实在呢?这个老而又老的哲学问题被马赫搞乱了。如果你们认为人感知的不是客观实在,那么你们就必然和马赫一起陷入主观主义和不可知论,你们就理所当然地受到内在论者即哲学上的缅施科夫式人物的拥抱。如果你们认为人感知的是客观实在,那么就需要有一个关于这种客观实在的哲学概念,而这个概念很早很早以前就制定出来了,这个概念就是**物质**。物质是标志客观实在的哲学范畴,这种客观实在是人通过感觉感知的,它不依赖于我们的感觉而存在,为我们的感觉所复写、摄影、反映。因此,如果说这个概念会"陈腐",就是**小孩子的糊涂话**,就是无聊地重复时髦的**反动**哲学的论据。在两千年的哲学发展过程中,唯心主义和唯物主义的斗争难道会陈腐吗?哲学上柏拉图的和德谟克利特的倾向或路线的斗争难道会陈腐吗?宗教和科学的斗争难道会陈腐吗?否定客观真理和承认客观真理的斗争难道会陈腐吗?超感觉知识的维护者和反对者的斗争难道会陈腐吗?

接受或抛弃物质概念这一问题,是人对他的感官的提示是否相信的问题,是关于我们认识的泉源的问题。这一问题从一开始有哲学起就被提出来讨论了,教授小丑们可以千方百计地把这个问题改头换面,但是它正如视觉、触觉、听觉和嗅觉是否是人的认识的泉源这个问题一样,是不会陈腐的。认为我们的感觉是外部世界的映象;承认客观真理;坚持唯物主义认识论的观点,——这都是一回事。为了说明这一点,我只引证费尔巴哈以及两本哲学入门书里的话,以便读者可以看清楚,这是一个多么起码的问题。

路·费尔巴哈写道:"否认感觉是客观救世主的福音、通告(Verkündung),这多么无聊。"[56]你们可以看到,这是稀奇古怪的术语,然而却是一条十分鲜明的哲学路线:感觉给人揭示客观真理。"我的感觉是主观的,可是它的基础〈或原因,Grund〉是客观的。"(第195页)请把这句话同上面引证过的那段话比较一下,在那段话里费尔巴哈说过,唯物主义是从感性世界,即最终的(ausgemachte)客观真理出发的。

在弗兰克的《哲学辞典》[57]中,我们读到这样的话:感觉论是"把认识归于感觉,从感觉的经验中"引出我们的一切观念的学说。感觉论分为主观的感觉论(怀疑论[58]和贝克莱主义)、道德的感觉论(伊壁鸠鲁主义[59])和客观的感觉论。"客观的感觉论是唯物主义,因为在唯物主义者看来,物质或物体是能够作用于我们感官(atteindre nos sens)的惟一客体。"

施韦格勒在他的《哲学史》中说:"既然感觉论断言只有依靠感官才能感

知真理或存在物，那么只要〈指18世纪末的法国哲学〉客观地表述这个原理，我们就可以得出一个唯物主义的论点：只有感性的东西是存在着的；除了物质的存在，没有别的存在。”[60]

这就是写进教科书的一些起码的真理，而我们的马赫主义者却把它们忘记了。

5. 绝对真理和相对真理，或论亚·波格丹诺夫所发现的恩格斯的折中主义

波格丹诺夫的这一发现写在1906年《经验一元论》第3卷的序言中。波格丹诺夫写道：“恩格斯在《反杜林论》里所说的意思，同我刚才所说明的真理相对性的意思**差不多**”（第V页），就是指否定一切永恒真理，“否定任何真理的绝对客观性”。“恩格斯的错误就在于不坚决果断，就在于他透过自己的全部讥讽言论，流露出对某些尽管是可怜的‘永恒真理’的承认。”（第VIII页）“在这里，只有不彻底性才会容许像恩格斯所作的那些折中主义的保留……”（第IX页）现在我们来举出波格丹诺夫如何反驳恩格斯的折中主义的一个例子。为了向杜林说明，凡是奢望在历史科学中发现永恒真理的人会局限于哪些东西，会满足于哪些“陈词滥调”（Plattheiten），恩格斯在《反杜林论》（论“永恒真理”这一章）里说到“拿破仑死于1821年5月5日”。于是波格丹诺夫反驳恩格斯说：“这是什么‘真理’啊？它有什么‘永恒的’呢？确证对于我们这一代大概已经没有任何现实意义的个别关系，这不能作为任何活动的出发点，而且也不会引导我们到达任何地方。”（第IX页）他在第VIII页上还说：“难道‘陈词滥调’可以叫作‘真理’吗？难道‘陈词滥调’是真理吗？真理就是经验的生动的组织形式。它在我们的活动中引导我们到达某个地方，它在生活斗争中提供支撑点。”

从这两段引文中可以很明显地看出：波格丹诺夫不是在反驳恩格斯，而是在**唱高调**。如果你不能断定“拿破仑死于1821年5月5日”这个命题是错误的或是不确切的，那么你就得承认它是真理。如果你不能断定它在将来会被推翻，那么你就得承认这个真理是永恒的。把真理是“经验的生动的组织形式”这类词句叫作反驳，这就是用**一堆无聊的话**来冒充哲学。地球具有地

质学所叙述的历史呢，还是在七天内被创造出来的[61]呢？难道能够用“引导”我们到达某个地方的“生动的”（这是什么意思？）真理等等词句来回避这个问题吗？难道关于地球历史和人类历史的知识“没有现实意义”吗？这只是波格丹诺夫用来掩饰他**退却**的冠冕堂皇的胡言乱语。因为，他在证明恩格斯对永恒真理的承认就是折中主义的时候，既没有推翻拿破仑确实死于1821年5月5日的事实，也没有驳倒那个认为这一**真理**将来会被推翻的见解是个荒谬见解的论点，而只是用响亮的词句来回避问题，这样的做法就是一种退却。

恩格斯所举的这个例子是非常浅显的，关于这类永恒的、绝对的、只有疯子才会怀疑的**真理**（正像恩格斯在举“巴黎在法国”这个例子时所说的），任何人都能轻而易举地想出几十个例子。为什么恩格斯在这里要讲到这些“陈词滥调”呢？因为他是要驳斥和嘲笑不会在绝对真理和相对真理的关系问题上应用辩证法的、独断的、形而上学的唯物主义者杜林。当一个唯物主义者，就要承认感官给我们揭示的客观真理。承认客观的即不依赖于人和人类的真理，也就是这样或那样地承认绝对真理。正是这个“这样或那样”，就把形而上学唯物主义者杜林同辩证唯物主义者恩格斯区别开来了。在一般科学、特别是历史科学的最复杂的问题上，杜林到处滥用最后真理、终极真理、永恒真理这些字眼。恩格斯嘲笑了他，回答说：当然，永恒真理是有的，但是在简单的事物上用大字眼（gewaltige Worte）是不聪明的。为了向前推进唯物主义，必须停止对“永恒真理”这个字眼的庸俗的玩弄，必须善于辩证地提出和解决绝对真理和相对真理的关系问题。正是由于这个缘故，30年前在杜林和恩格斯之间展开了斗争。而波格丹诺夫却假装“**没有看到**”恩格斯**在同一章中**对绝对真理和相对真理的问题所作的说明，波格丹诺夫由于恩格斯承认了对**一切**唯物主义来说都是最起码的论点，就想尽办法非难恩格斯搞“折中主义”。他这样做，只是再一次暴露了他无论对唯物主义还是对辩证法都绝对无知。

恩格斯在《反杜林论》中上述那章（第1编第9章）的开头写道：“我们却遇到了这样一个问题：人的认识的产物究竟能否具有至上的意义和无条件的真理权（Anspruch），如果能，那么是哪些产物能这样。”（德文第5版第79页）恩格斯对这个问题的解答如下：

“思维的至上性是在一系列非常不至上地思维着的人们中实现的；拥有

无条件的真理权的那种认识是在一系列相对的谬误中实现的；二者〈绝对真理的认识和至上的思维〉都只有通过人类生活的无限延续才能完全实现。

在这里，我们又遇到在上面已经遇到过的矛盾：一方面，人的思维的性质必然被看作是绝对的，另一方面，人的思维又是在完全有限地思维着的个人中实现的。这个矛盾只有在至少对我们说来实际上是无止境的人类世代更迭中才能得到解决。从这个意义来说，人的思维是至上的，同样又是不至上的，它的认识能力是无限的，同样又是有限的。按它的本性〈或构造，Anlage〉、使命、可能和历史的终极目的来说，是至上的和无限的；按它的个别实现和每次的现实来说，又是不至上的和有限的。"(第 81 页)[62]

恩格斯继续说道："永恒真理的情况也是一样。"[63]

这个论断，对于一切马赫主义者所强调的**相对主义**问题，即我们知识的相对性原则的问题，是极端重要的。马赫主义者**都**坚决认为他们是相对主义者，但是，俄国马赫主义者在重复德国人的话的时候，却害怕或不能直截了当地明白地提出相对主义和辩证法的关系问题。在波格丹诺夫(以及一切马赫主义者)看来，承认我们知识的相对性，就是根本**不**承认绝对真理。在恩格斯看来，绝对真理是由相对真理构成的。波格丹诺夫是相对主义者。恩格斯是辩证论者。下面是恩格斯在《反杜林论》同一章中讲的另一段同样重要的话：

"真理和谬误，正如一切在两极对立中运动的逻辑范畴一样，只是在非常有限的领域内才具有绝对的意义；这一点我们刚才已经看到了，即使是杜林先生，只要他稍微知道一点正是说明一切两极对立的不充分性的辩证法的初步知识〈辩证法的基本前提〉，他也会知道这一点的。只要我们在上面指出的狭窄的领域之外应用真理和谬误的对立，这种对立就变成相对的，因而对精确的科学的表达方式来说就是无用的；但是，如果我们企图在这一领域之外把这种对立当作绝对有效的东西来应用，那我们就会完全遭到失败；对立的两极都向自己的对立面转化，就是说，真理变成谬误，谬误变成真理。"(第 86 页)[64]接着恩格斯举了波义耳定律(气体的体积同它所受的压力成反比)作为例子。这个定律所包含的"一粟真理"只有在一定界限内才是绝对真理。这个定律"只是近似的"真理。

因此，人类思维按其本性是能够给我们提供并且正在提供由相对真理的总和所构成的绝对真理的。科学发展的每一阶段，都在给绝对真理这一总和增添新的一粟,可是每一科学原理的真理的界限都是相对的,它随着知识的增加时而扩张、时而缩小。约·狄慈根在《漫游》[65]中说:"我们可以看到、听到、嗅到、触到绝对真理,无疑地也可以**认识**绝对真理,但它并不全部进入(geht nicht auf)认识中。"(第195页)"不言而喻,图像不能穷尽对象,画家落后于他的模特儿……　图像怎么能够和它的模特儿'一致'呢?只是近似地一致。"(第197页)"我们只能相对地认识自然界和它的各个部分;因为每一个部分,虽然只是自然界的一个相对的部分,然而却具有绝对物的本性,具有认识所不可穷尽的自在的自然整体(des Naturganzen an sich)的本性……　我们究竟怎样知道在自然现象背后,在相对真理背后,存在着不完全显露在人面前的普遍的、无限的、绝对的自然呢?……这种知识是从哪儿来的呢?它是天赋的,是同意识一起为我们所秉赋的。"(第198页)最后这句话是狄慈根的不确切的说法之一,这些不确切的说法使得马克思在给库格曼的一封信中指出:狄慈根的观点中存在着混乱[66]。只有抓住这类不正确的地方,才能谈论不同于辩证唯物主义的狄慈根的特殊哲学。但是狄慈根自己在**同一页上**就改正了,他说:"虽然我说,关于无限的、绝对的真理的知识是天赋的,它是独一无二的惟一的先于经验的知识,但是这种天赋知识还是由经验证实的。"(第198页)

从恩格斯和狄慈根的所有这些言论中可以清楚地看出:在辩证唯物主义看来,相对真理和绝对真理之间没有不可逾越的鸿沟。波格丹诺夫完全不懂得这点,他竟然说出了这样的话:"它〈旧唯物主义的世界观〉希望成为对于**事物本质的**绝对**客观的认识**〈黑体是波格丹诺夫用的〉,因而同任何思想体系的历史条件的制约性不能相容。"(《经验一元论》第3卷第IV页)从现代唯物主义即马克思主义的观点来看,我们的知识向客观的、绝对的真理接近的**界限**是受历史条件制约的,但是这个真理的存在**是无条件的**,我们向这个真理的接近也是无条件的。图画的轮廓是受历史条件制约的,而这幅图画描绘客观地存在着的模特儿,这是无条件的。在我们认识事物本质的过程中,我们什么时候和在什么条件下进到发现煤焦油中的茜素或发现原子中的电子,这是受历史条件制约的;然而,每一个这样的发现都意味着"绝对客观的认识"前进一步,这是无条件的。一句话,任何思想体系都是受历史条件制约的,可是,任何科学的思想体系(例如不同于宗教的思想体系)都和客观真理、绝对自然相符合，这是无条件的。你们会说：相对真理和绝对真理的这种区分是不确定的。我告诉你们：这种区分正是这样"不确定"，以便阻止科学变为恶劣的教条，变为某种僵死的凝固不变的东西；但同时它又是这样"确定"，以便最坚决果断地同信仰主义和不可知论划清界限，同哲学唯心主义以及休谟和康德的信徒们的诡辩划清界限。这里是有你们所没有看到的界限，而且由于你们没有看到这个界限，你们滚入了反动哲学的泥坑。这就是辩证唯物主义和相对主义的界限。

马赫、阿芬那留斯和彼得楚尔特宣称：我们是相对主义者。切尔诺夫先生和一些想当马克思主义者的俄国马赫主义者也随声附和地说：我们是相对主义者。是的，切尔诺夫先生和马赫主义者同志们，你们的错误正在这里。因为，把相对主义作为认识论的基础，就必然使自己不是陷入绝对怀疑论、不可知论和诡辩，就是陷入主观主义。作为认识论基础的相对主义，不仅承认我们知识的相对性，并且还否定任何为我们的相对认识所逐渐接近的、不依赖于人类而存在的、客观的准绳或模特儿。从赤裸裸的相对主义的观点出发，可以证明任何诡辩都是正确的，可以认为拿破仑是否死于 1821 年 5 月 5 日这件事是"有条件的"，可以纯粹为了人或人类的"方便"，在承认科学思想体系（它在一方面是"方便"的）的同时，又承认宗教思想体系（它在另一方面也是很"方便"的），等等。

辩证法，正如黑格尔早已说明的那样，**包含着**相对主义、否定、怀疑论的因素，可是它**并不归结为**相对主义。马克思和恩格斯的唯物主义辩证法无疑地包含着相对主义，可是它并不归结为相对主义，这就是说，它不是在否定客观真理的意义上，而是在我们的知识向客观真理接近的界限受历史条件制约的意义上，承认我们一切知识的相对性。

波格丹诺夫加上着重标记写道："**彻底的马克思主义不承认**"像永恒真理"**这样的独断主义和静力学**"（《经验一元论》第 3 卷第 IX 页）。这是一句糊涂话。如果世界是永恒地运动着和发展着的物质（像马克思主义者所认为的那样），这种物质为不断发展着的人的意识所反映，那么这同"静力学"有什么关系呢？这里谈的根本不是物的不变的本质，也不是不变的意识，而是反映自然界的意识和意识所反映的自然界之间的**符合**。在这个问题上，而且仅仅在这个问题上，"独断主义"这个术语具有特殊的、独特的哲学风味，它是唯心主义者和不可知论者在**反对**唯物主义者时所爱用的字眼,这一点我们从相当"老的"唯物主义者费尔巴哈举的例子中已经看到过了。总之,从臭名昭彰的"最新实证论"的观点出发对唯物主义所进行的一切反驳,都是陈词滥调。

6. 认识论中的实践标准

我们已经看到,马克思在 1845 年,恩格斯在 1888 年和 1892 年,都把实践标准作为唯物主义认识论的基础[67]。马克思在关于费尔巴哈的提纲第 2 条里说:离开实践提出"人的思维是否具有对象的〈即客观的〉真理性"的问题,是经院哲学。恩格斯重复说:对康德和休谟的不可知论以及其他哲学怪论(Schrullen)的最有力的驳斥就是实践。他反驳不可知论者说:"我们的行动的成功证明我们的知觉是和知觉到的事物的对象〈客观〉本性相符合的(Übereinstimmung)。"[68]

请把马赫关于实践标准的言论和上面的言论对比一下。"在日常的思维和谈话中,通常把**假象**、**错觉**同**现实**对立起来。把一支铅笔举在我们面前的空气中,我们看见它是直的;把它斜放在水里,我们看见它是弯的。在后一种情况下,人们说:'铅笔**好像是弯的**,**但实际上**是直的。'可是我们有什么理由把**一个**事实说成是现实,而把**另一个**事实贬斥为错觉呢?……当我们犯着在非常情况下仍然期待通常现象的到来这种自然错误时,那么我们的期待当然是会落空的。但事实在这点上是没有过失的。在这种情况下谈**错觉**,从实践的观点看来是有意义的,从科学的观点看来却是毫无意义的。世界是否真的存在着或者它只是我们的像梦一样的错觉,这个常常引起争论的问题,从科学的观点看来同样是毫无意义的。但是,就连最荒唐的梦也是一个事实,它同任何其他事实比较起来并不逊色。"(《感觉的分析》第 18—19 页)

真的,不仅荒唐的梦是事实,而且荒唐的哲学也是事实。只要知道了恩斯特·马赫的哲学,对这点就不可能有什么怀疑。马赫是一个登峰造极的诡辩论者,他把对人们的谬误、人类的种种"荒唐的梦"(如相信鬼神之类)的科学史的和心理学的研究,同真理和"荒唐"在认识论上的区分混淆起来了。这正好像一位经济学家说:西尼耳所谓资本家的全部利润是由工人的"最后一小时"的劳动所创造的理论[69]和马克思的理论同样都是事实,至于哪一种理论反映客观真理以及哪一种理论表现资产阶级的偏见和资产阶级教授们的卖身求荣的问题，从科学的观点看来是没有意义的。制革匠约·狄慈根认为科学的即唯物主义的认识论是“反对宗教信仰的万能武器”（《短篇哲学著作集》[70]第55页），而正教授恩斯特·马赫却认为，唯物主义认识论和主观唯心主义认识论的差别，“从科学的观点看来是没有意义的”！科学在唯物主义反对唯心主义和宗教的斗争中是无党性的，这不仅是马赫一个人所喜爱的思想，而且是现代所有的资产阶级教授们所喜爱的思想，这些教授，按照约·狄慈根的公正的说法，就是“用生造的唯心主义来愚弄人民的有学位的奴仆”（同上，第53页）。

恩·马赫把每个人用来区别错觉和现实的实践标准置于科学的界限、认识论的界限之外，这正是这种生造的教授唯心主义。马克思和恩格斯都说过，人类的实践证明唯物主义认识论的正确性，并且把那些想离开实践来解决认识论的基本问题的尝试称为“经院哲学”和“哲学怪论”。但马赫认为，实践是一回事，而认识论完全是另外一回事；人们可以把它们并列在一起，不用前者来制约后者。马赫在他的最后一本著作《认识和谬误》中说：“认识是生物学上有用的（förderndes）心理体验。”（德文第2版第115页）“只有成功才能把认识和谬误区别开来。”（第116页）“概念是物理学的作业假说。”（第143页）我们俄国的那些想当马克思主义者的马赫主义者，天真到了惊人的地步，他们竟把马赫的这些话当作他**接近**马克思主义的证明。但是，马赫在这里接近马克思主义，就像俾斯麦接近工人运动或叶夫洛吉主教接近民主主义一样。在马赫那里，这些论点**是**和他的唯心主义的认识论**并列在一起的**，但是它们并不决定在认识论上选择哪一条确定的路线。认识只有在它反映不以人为转移的客观真理时，才能成为生物学上有用的认识，成为对人的实践、生命的保存、种的保存有用的认识。在唯物主义者看来，人类实践的“成功”证明着我们的表象同我们所感知的事物的客观本性相符合。在唯我论者看来，“成功”是**我在实践中**所需要的一切，而实践是可以同认识论分开来考察的。马克思主义者说：如果把实践标准作为认识论的基础，那么我们就必然得出唯物主义。马赫说：就算实践是唯物主义的，但理论却完全是另外一回事。

马赫在《感觉的分析》中写道：“在实践方面，我们在从事某种活动时不能缺少**自我**这个观念，正如我们在伸手拿一个东西时不能缺少物体这个观念一样。在生理学方面,我们经常是一个利己主义者和唯物主义者,正如我们经常看到日出一样。但是在理论方面,我们决不应该坚持这种看法。”(第284—285页)

这里说到利己主义,真是牛头不对马嘴,因为它根本不是认识论的范畴。这里和表面看到的太阳环绕地球的运行也毫不相干,因为,我们用来作为认识论的标准的实践应当也包括天文学上的观察、发现等等的实践。剩下来的只是马赫的有价值的供状:人们在自己的实践中完全地惟一地以唯物主义的认识论为指导。至于在“理论方面”逃避唯物主义认识论的尝试,只不过是表现着马赫的学究式的经院哲学的倾向和生造的唯心主义的倾向罢了。

为了给不可知论和唯心主义扫清地盘,竭力想把实践作为一种在认识论上不值得研究的东西加以排除,这毫不新鲜,我们可以从下面一个德国古典哲学史上的例子看出。在康德与费希特之间有一个戈·恩·舒尔采(在哲学史上叫作舒尔采-埃奈西德穆)。他公开拥护哲学上的怀疑论路线,自称为休谟(以及古代哲学家皮浪和塞克斯都)的追随者。他坚决否认任何自在之物和客观认识的可能性,坚决要求我们不要超出“经验”、感觉之外,同时他也预见到了来自另一阵营的反驳:“既然怀疑论者在参加实际生活时承认客观对象的真实性是无可怀疑的,并且依据这点进行活动和承认真理的标准,那么他自己的这种行为就是对他的怀疑论的最好的和最明白的驳斥。”[71]舒尔采愤慨地回答说:“这类论据只是对于小民百姓(Pöbel)才是有用的”(第254页),因为“我的怀疑论并不涉及到日常生活的事情,而只是停留在哲学的范围之内”(第255页)。

主观唯心主义者费希特,同样也希望在唯心主义哲学的范围内给这样一种实在论留个地盘,“这种实在论是我们每个人、甚至最坚决的唯心主义者在行动时都不能回避的(sich aufdringt),也就是承认对象是完全不依赖于我们,在我们之外存在的”(《费希特全集》第1卷第455页)。

马赫的最新实证论并不比舒尔采和费希特高明多少!作为一个笑柄,我们要指出:在这个问题上,巴扎罗夫还是以为除普列汉诺夫以外世界上再没有别人了,再没有比猫更凶的野兽了。巴扎罗夫嘲笑“普列汉诺夫的获生的跳跃的哲学”(《论丛》第69页)[72],的确,普列汉诺夫曾经写过这样拙劣的词句,说什么“信仰”外部世界的存在就是“哲学的不可避免的获生的跳跃(salto vitale)"(《〈路·费尔巴哈〉注释》第111页)。"信仰"这个字眼,是重复休谟的,虽然加上了引号,但暴露了普列汉诺夫用语的混乱,这是毫无疑问的。可是为什么要找普列汉诺夫呢?? 为什么巴扎罗夫不举其他的唯物主义者,哪怕是费尔巴哈呢? 仅仅是因为他不知道费尔巴哈吗? 但无知并不是论据。费尔巴哈和马克思、恩格斯一样,在认识论的基本问题上也向实践作了在舒尔采、费希特和马赫看来是不能容许的"跳跃"。在批判唯心主义的时候,费尔巴哈引证了费希特的一段典型的话来说明唯心主义的实质,这段话绝妙地击中了整个马赫主义的要害。费希特写道:"你所以认为物是现实的,是存在于你之外的,只是因为你看到它们、听到它们、触到它们。但是视、触、听都只是感觉…… 你感觉的不是对象,而只是你自己的感觉。"(《费尔巴哈全集》第10卷第185页)费尔巴哈反驳说:人不是抽象的**自我**,他不是男人,就是女人,可以把世界是否是感觉的问题同别人是我的感觉还是像我们在实践中的关系所证明的那样不是我的感觉这一问题同等看待。"唯心主义的根本错误就在于:它只是从理论的角度提出并解决世界的客观性或主观性、现实性或非现实性的问题。"(同上,第189页)费尔巴哈把人类实践的总和当作认识论的基础。他说:当然唯心主义者在实践中也承认我们的**自我**和他人的**你**的实在性。不过在唯心主义者看来,"这是一种只适合于生活而不适合于思辨的观点。但是,这种和生活矛盾的思辨,把死的观点、脱离了肉体的灵魂的观点当作真理的观点的思辨,是僵死的、虚伪的思辨"(第192页)。我们要**感觉**,首先就得呼吸;没有空气,没有食物和饮料,我们就不能生存。

"愤怒的唯心主义者大叫大嚷地说:这样说来,在研究世界的观念性或实在性的问题时要讨论饮食问题吗? 多么卑下! 在哲学和神学的讲坛上竭力谩骂科学的唯物主义,而在公共餐桌上却醉心于最粗俗的唯物主义,这多么有失体统啊!"(第195页)费尔巴哈大声说:把主观感觉和客观世界同等看待,"就等于把遗精和生孩子同等看待"(第198页)。

这种评语虽然不十分文雅,却击中了宣称感性表象也就是存在于我们之外的现实的那些哲学家的要害。

生活、实践的观点,应该是认识论的首要的和基本的观点。这种观点必然会导致唯物主义,而把教授的经院哲学的无数臆说一脚踢开。当然,在这里不要忘记:实践标准实质上决不能**完全地**证实或驳倒人类的任何表象。这个标准也是这样的“不确定”,以便不让人的知识变成“绝对”,同时它又是这样的确定,以便同唯心主义和不可知论的一切变种进行无情的斗争。如果我们的实践所证实的是惟一的、最终的、客观的真理,那么,因此就得承认:坚持唯物主义观点的科学的道路是走向这种真理的惟一的道路。例如,波格丹诺夫同意承认马克思的货币流通理论只是在“我们的时代”才具有客观真理性,而把那种认为这个理论具有“超历史的客观的”真理性的见解叫作“独断主义”(《经验一元论》第3卷第VII页)。这又是一个糊涂观点。这个理论和实践的符合,是不能被将来任何情况所改变的,原因很简单,正如拿破仑死于1821年5月5日这个真理**是永恒的**一样。但是,实践标准即**一切**资本主义国家近几十年来的发展进程所证明为客观真理的,是马克思的**整个**社会经济理论,而不是其中的某一部分、某一表述等等,因此很明显,在这里说什么马克思主义者的“独断主义”,就是向资产阶级经济学作不可宽恕的让步。从马克思的理论是客观真理这一为马克思主义者所同意的见解出发,所能得出的唯一结论就是:**沿着**马克思的理论的**道路**前进,我们将愈来愈接近客观真理(但决不会穷尽它);而**沿着任何其他的道路**前进,除了混乱和谬误之外,我们什么也得不到。

第 三 章
辩证唯物主义的认识论和经验批判主义的认识论(三)

6.自 由 和 必 然

阿·卢那察尔斯基在《论丛》第140—141页上引证了恩格斯在《反杜林论》里有关这个问题的论述,并且完全同意恩格斯在这部著作的“惊人的一页”[73]中对这个问题所作的“异常明晰确切的”评述。

这里的确有很多惊人的地方。而最“惊人的”是:无论阿·卢那察尔斯基,或者其他一群想当马克思主义者的马赫主义者,都“没有看出”恩格斯关于自由和必然的论述在认识论上的意义。他们读也读过,抄也抄过,可是什么都不了解。

恩格斯说:"黑格尔第一个正确地叙述了自由和必然之间的关系。在他看来,自由是对必然的认识。'必然只是**在它没有被了解的时候才是盲目的**。'自由不在于幻想中摆脱自然规律而独立,而在于认识这些规律,从而能够有计划地使自然规律为一定的目的服务。这无论对外部自然界的规律,或对支配人本身的肉体存在和精神存在的规律来说,都是一样的。这两类规律,我们最多只能在观念中而不能在现实中把它们互相分开。因此,意志自由只是借助于对事物的认识来作出决定的那种能力。因此,人对一定问题的判断愈是**自由**,这个判断的内容所具有的**必然性**就愈大…… 自由是在于根据对自然界的必然性(Naturnotwendigkeiten)的认识来支配我们自己和外部自然界……"(德文第5版第112—113页)[74]

我们来分析一下这一整段论述是以哪些认识论的前提为根据的。

第一,恩格斯在他的论述中一开始就承认自然规律、外部自然界的规律、自然界的必然性,就是说,承认马赫、阿芬那留斯、彼得楚尔特之流叫作"形而上学"的一切东西。如果卢那察尔斯基愿意好好地想一想恩格斯的"惊人的"论述,就不可能不看到唯物主义认识论同不可知论和唯心主义之间的基本区别,后二者否认自然界的规律性或者宣称它只是"逻辑的"等等。

第二,恩格斯没有生造自由和必然的"定义",即反动教授(如阿芬那留斯)和他们的门徒(如波格丹诺夫)所最感兴趣的那些经院式的定义。恩格斯一方面考察人的认识和意志,另一方面也考察自然界的必然性,他没有提出任何规定、任何定义,只是说,自然界的必然性是第一性的,而人的意志和意识是第二性的。后者不可避免地、必然地要适应前者;恩格斯认为这是不言而喻的,他无须多费唇舌来说明自己的观点。只有俄国的马赫主义者才会**埋怨恩格斯**给唯物主义所下的一般定义(自然界是第一性的,意识是第二性的;请回想波格丹诺夫在这一点上的"困惑莫解"!),同时又认为恩格斯对这个一般的基本的定义的**一次个别应用**是"惊人的",是"异常确切的"!

第三,恩格斯并不怀疑有"盲目的必然性"。他承认存在**尚未被人认识的**必然性。这从上面所引的那段话里可以看得再清楚不过了。但是从马赫主义者的观点看来,人怎么能够**知道**他所**不知道**的东西是存在的呢?怎么能够知道尚未被认识的必然性是存在的呢?这难道不是"神秘主义",不是"形而上学”,不是承认“物神”和“偶像”,不是“康德主义的不可认识的自在之物”吗?如果马赫主义者细想一下,他们就不会看不出,恩格斯关于物的客观本性的可知性和关于“自在之物”转化为“为我之物”的论点,同他关于盲目的、尚未被认识的必然性的论点是**完全一致**的。每一个个别人的意识的发展和全人类的集体知识的发展在每一步上都向我们表明:尚未被认识的“自在之物”在转化为已被认识的“为我之物”,盲目的、尚未被认识的必然性、“自在的必然性”在转化为已被认识的“为我的必然性”。从认识论上说,这两种转化完全没有什么差别,因为在这两种情况下,基本观点是一个,都是唯物主义观点,都承认外部世界的客观实在性和外部自然界的规律,并且认为这个世界和这些规律对人来说是完全可以认识的,但又是永远认识**不完**的。我们不知道气象中的自然界的必然性,所以就不可避免地成为气候的奴隶。但是,虽然**我们不知道**这个必然性,**我们却知道**它是存在的。这种知识是从什么地方得来的呢?它同物存在于我们的意识之外并且不以我们的意识为转移这种知识同出一源,就是说,从我们知识的发展中得来的。我们知识的发展千百万次地告诉每一个人,当对象作用于我们感官的时候,不知就变为知,相反地,当这种作用的可能性消失的时候,知就变为不知。

第四,在上面所引的论述中,恩格斯显然运用了哲学上“获生的跳跃”方法,就是说,作了从理论到实践的**跳跃**。我们的马赫主义者所追随的那些博学的(又是愚蠢的)哲学教授中间,从来没有一个人会容许自己作出这种对“纯科学”的代表说来是可耻的跳跃。对他们说来,要想尽办法狡猾地用文字来捏造“定义”的认识论是一回事,而实践却完全是另外一回事。对恩格斯说来,整个活生生的人类实践是深入到认识论本身之中的,它提供真理的**客观**标准。当我们不知道自然规律的时候,自然规律是在我们的认识之外独立地存在着并起着作用,使我们成为“盲目的必然性”的奴隶。一经我们认识了这种**不依赖于**我们的意志和我们的意识而起着作用的(如马克思千百次反复说过的那样)规律,我们就成为自然界的主人。在人类实践中表现出来的对自然界的统治是自然现象和自然过程在人脑中客观正确的反映的结果,它证明这一反映(在实践向我们表明的范围内)是客观的、绝对的、永恒的真理。

我们得出的结论是什么呢?在恩格斯的论述中,每一步,几乎每一句话、每一个论点,都完全是而且纯粹是建立在辩证唯物主义的认识论上的,建立在正面驳斥马赫主义关于物体是感觉的复合、关于“要素”、关于“感性表象和存在于我们之外的现实一致”等等全部胡说的那些前提上的。马赫主义者对这些满不在乎，他们抛弃唯物主义，重复着(像别尔曼那样)关于辩证法的陈腐的混话，同时又热烈地欢迎辩证唯物主义的**一次**应用！他们从折中主义残羹剩汁里获得自己的哲学，并且继续用这种东西款待读者。他们从马赫那里取出一点不可知论和唯心主义，再从马克思那里取出一点辩证唯物主义，把它们拼凑起来，于是含含糊糊地说这种杂烩是马克思主义的**发展**。他们认为，如果马赫、阿芬那留斯、彼得楚尔特以及他们的其他一切权威对黑格尔和马克思怎样解决这个问题(关于自由和必然)丝毫不了解，那纯粹是偶然的事情，那不过是他们没有读过某一本书的某一页罢了，决不是因为这些“权威”过去和现在对19世纪哲学的**真正的**进步完全无知，决不是因为他们过去和现在都是哲学上的蒙昧主义者。

请看这种蒙昧主义者之一、维也纳大学最正式的哲学教授恩斯特·马赫的论述：

“决定论的立场正确还是非决定论的立场正确，这是无法证明的。只有至善至美的科学或者证明其不可能有的科学才能解决这个问题。这里的问题是：我们在考察事物时使用(man heranbringt)什么样的前提，要看我们究竟把多大的主观成分(subjektives Gewicht)归于以往研究的成败。但是在进行研究时，每个思想家在理论上必然是一个决定论者。”(《认识和谬误》德文第2版第282—283页)

用心地把纯粹的理论同实践割裂开来，这难道不是蒙昧主义吗？把决定论局限于“研究”的领域，而在道德、社会活动的领域中，在除开“研究”以外的其他一切领域中，问题则由“主观的”评定来解决，这难道不是蒙昧主义吗？这位博学的学究说，我在书房里是一个决定论者；可是，关于哲学家要关心建立在决定论上的、包括理论和实践在内的完整的世界观这一点，却根本不谈。马赫之所以胡说，是因为他在理论上完全不明白自由和必然的关系问题。

“……任何一个新发现都暴露了我们知识的不足，都显示出至今尚未被看出的依赖性残余……”(第283页) 妙极了！这个“残余”就是我们的认识日益深刻反映的“自在之物”吗？完全不是这样：“……由此可见，在理论上维护极端的决定论的人，在实践上必定仍旧是一个非决定论者……”(第283页)

瞧,分配得多好[75]:理论是教授们的事,实践是神学家们的事!或者:理论上是客观主义(即"羞羞答答的"唯物主义),实践上是"社会学中的主观方法"[76]。俄国的小市民思想家,民粹派,从列谢维奇到切尔诺夫,都同情这种庸俗的哲学,这是不足为奇的。至于那些想当马克思主义者的人竟迷恋这类胡说,羞羞答答地掩饰马赫的特别荒谬的结论,这就是十分可悲的了。

但是在意志问题上,马赫没有停留在糊涂思想和不彻底的不可知论上,而是走得远多了…… 我们在《力学》一书中读到:"我们的饥饿感觉同硫酸对锌的亲和力本质上没有差别,我们的意志同石头对它的垫基的压力也没有多大差别。""这样〈就是说,抱这种观点〉就发现我们更接近自然界,而不需要把人分解成一堆不可理解的云雾似的原子,或者使世界成为精神结合物的体系。"(法译本第434页)这样一来,就不需要唯物主义("云雾似的原子"或电子,即承认物质世界的客观实在性)了,也不需要那种承认世界是精神的"异在"的唯心主义了。但是承认世界就是**意志**的唯心主义还是可以有的!我们不仅超出唯物主义,而且超出"某一位"黑格尔的唯心主义,但是我们可以向叔本华式的唯心主义打情骂俏!只要有人一提到马赫接近哲学唯心主义,我们的马赫主义者就装出一副无辜受辱的样子,可是又认为对这个棘手的问题最好来个默不作声。但实际上,在哲学文献中,很难找到一篇叙述马赫观点的文章不指出他倾向于意志的形而上学(Willensmetaphysik),即倾向于唯意志论的唯心主义。尤·鲍曼指出了这一点[77],而对鲍曼进行驳斥的马赫主义者汉·克莱因佩特也没有反驳这一点,反而说,马赫当然"接近康德和贝克莱甚于接近在自然科学中占统治地位的形而上学经验论"(即自发的唯物主义;同上,第6卷第87页)。埃·贝歇尔也指出了这一点。他说,如果马赫在一些地方承认唯意志论的形而上学,在另一些地方又否认它,这只是证明他用语随便;事实上马赫无疑是接近于唯意志论的形而上学的[78]。路加也承认有这种形而上学(即唯心主义)和"现象学"(即不可知论)的混合物[79]。威·冯特也指出了这一点[80]。宇伯威格—海因策的近代哲学史教程也断定,马赫是一位"并非同唯意志论的唯心主义无关的"现象论者[81]。

总而言之,除了俄国马赫主义者,谁都很清楚马赫的折中主义和他的唯心主义倾向。

选自《列宁选集》第 2 卷，人民出版社 1995 年版，第 35—105、150—156 页。

注　释：

[1]《唯物主义和经验批判主义（对一种反动哲学的批判）》一书是列宁 1908 年 2—10 月在日内瓦和伦敦写的，1909 年 5 月由莫斯科环节出版社出版，署名弗拉·伊林。这部著作的手稿和准备材料，至今没有找到。

本书是针对当时俄国知识界出现的一股修正马克思主义哲学的思潮而写的。早在 1906 年秋，列宁读了亚·亚·波格丹诺夫的《经验一元论》第 3 卷以后，就曾写了一封长达三个笔记本的关于哲学问题的信，并打算用《一个普通马克思主义者的哲学札记》为标题把它刊印出来（此信至今没有被发现）。1908 年初，俄国马赫主义者出版了一批书，特别是出版了《关于马克思主义哲学的论丛》一书，对辩证唯物主义公开进行修正。列宁读后异常愤慨，决定写一批文章或专门的小册子来批评这些新休谟主义和新贝克莱主义的修正主义者（参看列宁 1908 年 2 月 12 日（25 日）给高尔基的信和《马克思主义和修正主义》一文，见《列宁全集》第 2 版第 45 卷第 178—185 页和本卷第 11—19 页）。尽管列宁当时忙于《无产者报》的出版和其他党的工作，但他仍以巨大精力投入哲学的研究，并着手《唯物主义和经验批判主义》一书的写作。列宁主要是在日内瓦各图书馆从事研究和写作，而为了详细了解当代哲学和自然科学文献，还于 1908 年 5 月前往伦敦，在英国博物馆工作了一个月。1908 年 9 月底，《唯物主义和经验批判主义》一书基本完稿，只有《第四章第 1 节的补充。尼·加·车尔尼雪夫斯基是从哪一边批判康德主义的？》和一条关于埃里希·贝歇尔的《精密自然科学的哲学前提》的脚注（见《列宁全集》第 2 版第 18 卷第 376—379 页和第 304 页）是在以后补写的。《唯物主义和经验批判主义》一书是巨大研究工作的结晶，据查考，书中引用的不同作者的著作达 300 多种，其中一部分还是散见于各种杂志上的文章。

这部书的手稿迄今下落不明，但据克鲁姆比尤格尔回忆，该书初版对手稿几乎未作改动。该书是在阿·谢·苏沃林印刷厂排印的，列宁的姐姐安·伊·乌里扬诺娃-叶利扎罗娃担任校对，斯克沃尔佐夫-斯捷潘诺夫也参加了校对。列宁亲自看了这本书的校样。1909年5月,《唯物主义和经验批判主义》一书出版,印数为2000册。

《唯物主义和经验批判主义》一书出版后,受到马克思主义者的积极评价。1909年10月8日《新时代》杂志刊登了这本书出版的消息。1909年12月斯大林在给《无产者报》编辑部的信中把这本书称作是"一部独特的马克思主义哲学(认识论)原理集成"。1909年6月瓦·瓦·沃罗夫斯基在《敖德萨评论报》上发表的一篇短评中指出,这部著作"对俄国来说具有特别的价值"。至于格·瓦·普列汉诺夫,据弗·菲·哥林说,他"对这本书反应很好,尽管他在书中被狠狠地刺了一下"。

十月革命后,《唯物主义和经验批判主义》一书于1920年在俄国首次再版,印数为3万册。列宁的这部著作后来在全世界传播很广。我国于20世纪30年代初出版了它的第一个中文译本,以后又相继出版了多种中文译本。——12。

[2] **恩·马赫**《功的守恒定律的历史和根源》(1871年11月15日在波希米亚皇家科学学会上的讲演)1872年布拉格版第57—58页。

[3] 即《力学发展的历史评述》。——编者注

[4] **恩·马赫**《力学发展的历史评述》1897年莱比锡第3版第473页。

[5] **弗·恩格斯**《欧根·杜林先生在科学中实行的变革》1904年斯图加特第5版第6页(见《马克思恩格斯选集》第3卷第63页。——编者注)。

[6] 见《马克思恩格斯选集》第3卷第73—74页。——编者注

[7] **恩·马赫**《认识和谬误》1906年第2版第12页注释。

[8] 即《纯粹经验批判绪论》。——编者注

[9] **弗·万科韦拉尔特**《经验批判主义》,载于1907年2月《新经院哲学评论》杂志(《新经院哲学评论》杂志(《Revue Néo-Scolastique》)是一种神学哲学刊物,1894年由比利时天主教的高等哲学学院在卢万创办,首任编辑是枢机主教德·约·梅西耶。1946年起改称《卢万哲学评论》。——44。)第51页。

[10] **鲁道夫·维利**《反对学院智慧。哲学批判》1905年慕尼黑版第170页。

[11] **亚·波格丹诺夫**《自然史观的基本要素》1899年圣彼得堡版第216页。

[12] **卡尔·毕尔生**《科学入门》1900年伦敦第2版第326页。

[13] 《感觉的分析》第4页。参看《认识和谬误》第2版序言。

[14] **昂利·彭加勒**《科学的价值》1905年巴黎版,有俄译本,散见各处。

[15] 参看**皮·杜恒**《物理学理论及其对象和构造》1906年巴黎版第6、10页。

[16] **弗里德里希·W.阿德勒**《世界要素的发现(为庆祝恩·马赫七十寿辰而作)》,载于1908年2月《斗争》杂志(《斗争》杂志(«Der Kampf»)是奥地利社会民主党的机关

刊物(月刊),1907—1934年在维也纳出版。该杂志持机会主义的中派立场。担任过该杂志编辑的有:奥·鲍威尔、阿·布劳恩、卡·伦纳、弗·阿德勒等。——48。)第5期,英译文载于1908年4月《国际社会主义评论》杂志(《国际社会主义评论》杂志(«The International Socialist Review»)是美国的一种刊物(月刊),1900—1918年在芝加哥出版。——48。)第10期。这位阿德勒的一篇文章(指弗·阿德勒的《辩证唯物主义和经验批判主义。(弗里德里希·恩格斯)》一文。该文载于《历史唯物主义》文集(1908年圣彼得堡版)。——48。)译成俄文,载于《历史唯物主义》文集。

[17] 马赫在《感觉的分析》一书中说:"人们通常把要素叫作感觉。但由于在感觉这个名称下已经有着一种片面的理论,所以我们宁肯简单地讲要素。"(第27—28页)

[18] "自我与世界的对立、感觉或现象与物的对立消失了,一切只归结为要素的结合。"(《感觉的分析》第21页)

[19] **约瑟夫·彼得楚尔特**《纯粹经验哲学引论》1900年莱比锡版第1卷第113页:"所谓要素,就是感觉,即通常所谓的简单的不能再分解的知觉(Wahrnehmungen)。"

[20] **弗·列谢维奇**《什么是科学的〈应读作时髦的、教授的、折中主义的〉哲学?》1891年圣彼得堡版第229页和第247页。

[21] **彼得楚尔特**的书1904年莱比锡版第2卷第329页。

[22] **理·阿芬那留斯**《关于心理学对象的概念的考察》,载于《科学的哲学季刊》(《科学的哲学季刊》(«Vierteljahrsschrift für wissenschaftliche Philosophie»)是经验批判主义者(马赫主义者)的杂志,1876—1916年在莱比锡出版(1902年起改名为《科学的哲学和社会学季刊》)。理·阿芬那留斯是该杂志的创办者和编辑。1896年阿芬那留斯逝世后,由恩·马赫协助出版。杂志的撰稿人有威·冯特、阿·黎尔、威·舒佩等。——53。)第18卷(1894年)和第19卷(1895年)。

[23]《自然史观的基本要素》第216页,参看上面的引文。

[24] **奥斯卡尔·艾瓦德**《经验批判主义的创始人理查·阿芬那留斯》1905年柏林版第66页。

[25] **帕·尤什凯维奇**《唯物主义和批判实在论》1908年圣彼得堡版第15页。

[26] 斯宾诺莎主义是17世纪荷兰唯物主义哲学家巴·斯宾诺莎的理论体系。斯宾诺莎认为,世上万物都是统一的无所不包的实体的表现(样态)。这种实体在时间上是永恒的,在空间上是无限的。它是自身原因,等同于"神或自然界"。实体的本质通过无数的质即属性表现出来,其中最重要的属性是广延性和思维。因果性是自然界各个现象相互联系的形式,是各个物体的直接相互作用,而各个物体的始因是实体。实体的一切样态,包括人在内,其活动完全是必然的。由于思维是普遍实体的属性之一,因此观念的联系和秩序同事物的联系和秩序在原则上是相同的,人认识世界

的可能性是无限的。他认为认识有三种形式,即感性认识、知性认识和理性直觉认识,其中最可靠的是理性直觉认识。他还认为人的自由就在于对自然界的必然性和自己心灵的激情的认识。

斯宾诺莎主义不仅是唯物主义的也是无神论的一种形式。但是它把自然界等同于神,从而对神学作出了让步。它的唯物主义带有机械论的性质。斯宾诺莎主义的局限性是由当时的知识水平和荷兰资产阶级的局限性所决定的。后来,围绕着斯宾诺莎的哲学遗产展开了激烈的思想斗争,这一斗争延续到今天。唯心主义哲学力图歪曲斯宾诺莎主义的唯物主义实质。——58。

[27] **威·冯特**《论素朴实在论和批判实在论》,载于1897年《哲学研究》杂志(《哲学研究》杂志(«Philosophische Studien»)是德国唯心主义派别的杂志,主要研究心理学问题。1881—1903年由威·麦·冯特在莱比锡出版。1905年起改名为《心理学研究》杂志。——58。)第13卷第334页。

[28] 彼特鲁什卡是俄国作家尼·瓦·果戈理的小说《死魂灵》中的主角乞乞科夫的跟丁。他爱看书,但不想了解书的内容,只对字母总会拼出字来感兴趣。——58。

[29] 见《马克思恩格斯选集》第4卷第208页。——编者注

[30] 见1888年2月写的《路德维希·费尔巴哈》序言。恩格斯的这些话是针对整个德国教授哲学讲的。那些想当马克思主义者的马赫主义者,不能了解恩格斯的这一思想的意义和内容,他们有时用一种可怜的借口来掩饰自己,说"恩格斯还不知道马赫"(弗里茨·阿德勒的论文,见《**历史唯物主义**》**文集**第370页)。这种意见的根据是什么呢?是根据恩格斯没有引证马赫和阿芬那留斯的话吗?别的根据是没有的,而这个根据是毫无用处的。因为恩格斯在这里没有提到**任何一个**折中主义者的姓名,至于从1876年起就编辑出版"科学的"哲学季刊的阿芬那留斯,恩格斯未必不知道。

[31] 出自俄国作家伊·安·克雷洛夫的寓言《山雀》。寓言说,山雀飞到海边,扬言要把大海烧干。山雀的吹牛,惹得满城风雨;大家纷纷来到海边,眼巴巴地看大海怎样燃烧起来。但是结果什么也没有发生。——60。

[32] **爱德华·冯·哈特曼**《现代物理学的世界观》1902年莱比锡版第219页。

[33] **约·彼得楚尔特**《纯粹经验哲学引论》第1卷第351、352页。

[34] 《经验一元论》第2版第1卷第21页。

[35] 同上书,第2版第1卷第93页。

[36] **弗·卡斯坦宁**《经验批判主义——兼答威·冯特的论文》,载于《科学的哲学季刊》第22年卷(1898)第73页和第213页。

[37] 即《关于心理学对象的概念的考察》。——编者注

[38] **约翰·戈特利布·费希特**《向广大读者所作的有关最新哲学真正本质的明白报

道——强使读者了解的一个尝试》1801 年柏林版第 178—180 页。

[39] 上引论文 C 节:《内在论哲学和贝克莱的唯心主义》第 373、375 页,参看第 386 页和第 407 页。关于从这一观点出发必然会陷入唯我论这点,见第 381 页。

[40] **诺曼·斯密斯**《阿芬那留斯的纯粹经验哲学》,载于 1906 年《思想》杂志(《思想》杂志(«Mind»)是英国的唯心主义派别的刊物(月刊),研究哲学和心理学问题,1876 年起先后在伦敦和爱丁堡出版。该杂志的第一任编辑是罗伯逊教授。——67。)第 15 卷第 27—28 页。

[41] 此处俄译文与英文有出入,英文为:Sometimes it means experiencing。英文 experiencing 不是指"经验着的人",而是指"经验"、"体验"这种行为。——编者注

[42] 见威·舒佩致理·阿芬那留斯的公开信,载于 1893 年《科学的哲学季刊》第 17 卷第 364—388 页。

[43] **鲁·维利**《反对学院智慧》(即《反对学院智慧。哲学批判》。——编者注)第 170 页。

[44] 根据列宁书信可以证明,手稿上是"**较**诚实的论敌"。在《唯物主义和经验批判主义》第 1 版准备付印时,安·伊·乌里扬诺娃-叶利扎罗娃把这几个字改作"**较**有原则的论敌"。列宁不赞成这样改,他在 1909 年 2 月 27 日(3 月 12 日)写信给姐姐说:"凡是斥责波格丹诺夫、**卢那察尔斯基**一伙的地方,**请丝毫**也不要缓和。缓和是不行的。很遗憾,你把切尔诺夫同他们比起来是一个'较诚实的'论敌这句话勾掉了。这样语气就变了,同我的谴责的整个精神不符。关键问题在于:我们的马赫主义者都是马克思主义哲学方面的**不诚实的**、卑怯的敌人。"(见《列宁全集》第 2 版第 53 卷第 342 页)——72。

[45] **弗·恩格斯**《路·费尔巴哈》德文第 4 版第 15 页(见《马克思恩格斯选集》第 4 卷第 219—220 页。——编者注)。1905 年日内瓦俄译本第 12—13 页。维·切尔诺夫先生把 Spiegelbild 译作"镜中的反映",责怪普列汉诺夫"**以十分无力的方式**"表达恩格斯的理论,因为在他的俄译本里只说"反映",而不说"镜中的反映"。这是吹毛求疵。Spiegelbild 这个词在德文里也只是当作 Abbild(反映、模写、映象。——编者注)来使用的。

[46] 见《马克思恩格斯选集》第 4 卷第 221 页。——编者注

[47] 伏罗希洛夫是俄国作家伊·谢·屠格涅夫的长篇小说《烟》中的人物,是自诩渊博的书呆子和空谈家的典型。列宁在《土地问题和"马克思的批评家"》一文里也曾用这个形象来嘲笑维·米·切尔诺夫。他说:"大家还记得《烟》里面那位曾到国外游历过的年轻的俄国大学讲师吗?他平时总是一声不吭,但有时心血来潮,又滔滔不绝地一连说出几十个、几百个大大小小的学者和名流的名字。我们这位博学多识的切尔诺夫先生同伏罗希洛夫一模一样,他把不学无术的考茨基彻底消灭掉了。"(见《列

宁全集》第 2 版第 5 卷第 129—130 页)——74。

[48] **弗·伊林**《土地问题》1908 年圣彼得堡版第 1 册第 195 页(见《列宁全集》第 2 版第 5 卷第 130 页。——编者注)。

[49] 见《马克思恩格斯选集》第 4 卷第 221—222 页。——编者注

[50] 茜素是一种红色有机染料,原先是从茜草根中提取的。1868 年,德国化学家卡·格雷贝和卡·泰·李卜曼用化学方法取得了茜素。1869 年 1 月 11 日,他们在德国化学学会会议上宣读了人工合成茜素的报告。人工合成茜素的原料是蒽醌。蒽醌由蒽经硝酸、铬酸或空气氧化而成。蒽含于煤焦油中,在 270°—400℃的温度下可以分解出来。——76。

[51] 《科学的哲学季刊》(«Vierteljahrsschrift für wissenschaftliche Philosophie»)是经验批判主义者(马赫主义者)的杂志,1876—1916 年在莱比锡出版(1902 年起改名为《科学的哲学和社会学季刊》)。理·阿芬那留斯是该杂志的创办者和编辑。1896 年阿芬那留斯逝世后,由恩·马赫协助出版。杂志的撰稿人有威·冯特、阿·黎尔、威·舒佩等。——53。

[52] 见《马克思恩格斯选集》第 1 卷第 16 页。——编者注

[53] **阿尔伯·莱维**《费尔巴哈的哲学及其对德国著作界的影响》1904 年巴黎版第 249—338 页(费尔巴哈对马克思的影响);第 290—298 页(对《提纲》的分析)。

[54] 见《马克思恩格斯选集》第 4 卷第 221 页。——编者注

[55] **黑格尔**《哲学全书缩写本》,《黑格尔全集》1843 年版第 6 卷第 83 页,参看第 122 页。

[56] 《费尔巴哈全集》1866 年版第 10 卷第 194—195 页。

[57] 《哲学辞典》1875 年巴黎版。

[58] 怀疑论是对客观世界和客观真理是否存在和能否认识表示怀疑的唯心主义哲学派别,产生于公元前 4—3 世纪古希腊奴隶制发生危机的时代,其创始人是皮浪,最著名的代表是埃奈西德穆和塞克斯都-恩披里柯。古代怀疑论者从感觉论的前提出发,得出不可知论的结论。他们把感觉的主观性绝对化,认为人不能超出他自己的感觉范围,不能确定哪一种感觉是真的。他们宣称,对每一事物都可以有两种互相排斥的意见,即肯定和否定,因而我们关于事物的知识是不可靠的。他们要人们拒绝认识,对事物漠不关心,说这样就可以从怀疑中解脱出来,而达到心灵恬静即"无感"的境界。

在文艺复兴时代,法国哲学家米·蒙台涅、皮·沙朗和皮·培尔曾利用怀疑论来反对中世纪的经院哲学和教会。照马克思的说法,培尔"用怀疑论摧毁了形而上学,从而为在法国掌握唯物主义和健全理智的哲学打下了基础",并宣告"**无神论社会**的来临"(见《马克思恩格斯全集》第 2 卷第 162 页)。相反,法国哲学家和数学家

布·帕斯卡却用怀疑论反对理性认识，维护基督教。

18 世纪，怀疑论在大卫·休谟和伊·康德的不可知论中得到复活，戈·恩·舒尔采则试图使古代怀疑论现代化。新怀疑论十分明确地声称达到科学认识是不可能的。马赫主义者、新康德主义者和 19 世纪中至 20 世纪初的其他唯心主义哲学流派都利用怀疑论的论据。——90、557。

[59] *伊壁鸠鲁主义*是公元前 4—3 世纪古希腊唯物主义哲学家伊壁鸠鲁及其门徒的学说。伊壁鸠鲁把哲学分为物理学、准则学(关于认识的学说)和伦理学。物理学的出发点是承认世界的物质统一性。伊壁鸠鲁发展了德谟克利特的原子说，认为自然界中只存在原子和虚空。原子不仅在大小和形状上有差异，而且在重量上也不相同。原子由于自身的重量而产生运动。原子在虚空中的运动形式是直线下降，但由于自身内部的原因而发生偏斜，因而发生原子的互相碰撞和粘附，这就是物质形成的开端。伊壁鸠鲁曾提出灵魂物质性的学说，认为灵魂是“散布在整个机体上的极薄的物体”。

伊壁鸠鲁在认识论上是唯物主义感觉论者。他继承和发展了德谟克利特的影象说，认为发自物体的极其细微的影象通过感觉器官而进入人的心灵，“一切感官都是真理的报道者”；“概念依赖于感性知觉”，是感觉多次重复的结果。他还认为感性知觉本身就是真理的标准，而谬误的根源则在于个别感觉的偶然性，或者过于匆忙地下判断。

伊壁鸠鲁认为哲学的目的是追求人的幸福，使人摆脱痛苦，得到快乐。但所谓快乐并不是指“放荡者的快乐或肉体享受的快乐”，而是指“身体的无痛苦和灵魂的无纷扰”。他用原子论唯物主义的原理证明，人不应当对神和死亡恐惧。这种思想带有无神论的性质。——90。

[60] **阿尔伯特·施韦格勒博士**《哲学史纲要》第 15 版第 194 页。

[61] 这里说的是上帝创造世界的神话，见圣经《旧约全书。创世记》第 1—2 章。——92。

[62] 参看**维·切尔诺夫**的话，上引著作第 64 页及以下几页。马赫主义者切尔诺夫先生完全站在不愿意承认自己是马赫主义者的波格丹诺夫的立场上。他们的不同之处在于：波格丹诺夫竭力**掩饰**他和恩格斯的分歧，认为这是偶然的，等等；而切尔诺夫则觉得，这是既同唯物主义又同辩证法进行斗争的问题。

[63] 见《马克思恩格斯选集》第 3 卷第 125—126 页。——编者注

[64] 见《马克思恩格斯选集》第 3 卷第 134 页。——编者注

[65] 即《一个社会主义者在认识论领域中的漫游》。——编者注

[66] 参看《马克思恩格斯全集》第 32 卷第 567 页。——编者注

[67] 指马克思的《关于费尔巴哈的提纲》(1845 年)，恩格斯的《路德维希·费尔巴哈和德

国古典哲学的终结》(1888 年)和《〈社会主义从空想到科学的发展〉英文版导言》(1892 年)(见《马克思恩格斯全集》第 3 卷第 3—6 页、第 21 卷第 301—353 页和第 22 卷第 334—361 页)。——98。

[68] 参看《马克思恩格斯选集》第 1 卷第 16 页;第 4 卷第 221 页;第 3 卷第 387 页。——编者注

[69] 指英国庸俗经济学家纳·威·西尼耳为反对缩短工作日而编造的"理论"。他在《关于工厂法对棉纺织业的影响的书信》(1837 年伦敦版)这本小册子中声称,工厂的全部纯利润是由最后一小时提供的;劳动时间每天缩短 1 小时,纯利润就会消失。马克思在《资本论》中批判了西尼耳的这种谬论(见《马克思恩格斯全集》第 23 卷第 251—256 页)。——99。

[70] 《短篇哲学著作集》　于 1903 年由狄茨出版社在斯图加特出版,共收入约·狄慈根 1870—1878 年发表在德国《人民国家报》和《前进报》上的 7 篇文章,还收入了他在 1887 年出版的一本小册子《一个社会主义者在认识论领域中的漫游》。

列宁在《短篇哲学著作集》一书上作了许多批注,其中很大一部分是在写作《唯物主义和经验批判主义》期间作的(见《列宁全集》第 2 版第 55 卷)。——99。

[71] 戈·恩·舒尔采《埃奈西德穆或关于耶拿的赖因霍尔德教授先生提出的基础哲学的原理》1792 年版第 253 页。

[72] 指弗·亚·巴扎罗夫在《现代的神秘主义和实在论》一文中提出的论点:"马赫、阿芬那留斯和其他许多人用来作为认识论基础的'费力最小'原则……无疑是认识论中的'马克思主义'倾向。在这点上,完全不是马克思主义者的马赫和阿芬那留斯比真正的马克思主义者格·瓦·普列汉诺夫的获生的跳跃的认识论更靠近马克思。"(见《关于马克思主义哲学的论丛》1908 年俄文版第 69 页)——101。

[73] 卢那察尔斯基说:"……宗教经济学的惊人的一页。我这样说,不免会引起不信教的读者的微笑。"卢那察尔斯基同志,不管你的用意多么好,你对宗教的谄媚所引起的不是微笑,而是憎恶[在《唯物主义和经验批判主义》第 1 版里,此处印的是:"引起的不只是微笑。"列宁在 1909 年 3 月 21 日给姐姐安·伊·乌里扬诺娃-叶利扎罗娃的信中指出此处应为:引起的"不是微笑,而是憎恶",并要求务必把这一点列入勘误表(见《列宁全集》第 2 版第 53 卷第 185 号文献)。此书第 1 版所附的《重要勘误表》包括了这一更正。——150。]

[74] 见《马克思恩格斯选集》第 3 卷第 153—154 页。——编者注

[75] 马赫在《力学》中说道:"人们的宗教见解**纯属私人的事情**,只要他们不想强迫别人相信它们,不想把它们应用到属于其他领域的问题上去。"(法译本第 434 页)

[76] "社会学中的主观方法"是一种反科学的唯心主义的历史研究方法。这种方法否定

社会发展的客观规律性，把历史归结为“杰出人物”的任意活动。19 世纪 30—40 年代，社会学中的主观主义学派的代表人物是德国青年黑格尔派的布·鲍威尔、戴·施特劳斯、麦·施蒂纳等人。他们把人民说成是“没有批判能力的群氓”，只能盲目追随“有批判头脑的个人”。马克思和恩格斯在《神圣家族》、《德意志意识形态》等著作中深刻而全面地批判了青年黑格尔派的观点。在 19 世纪下半叶的俄国，社会学中的主观方法的代表是彼·拉·拉甫罗夫和自由主义民粹派尼·康·米海洛夫斯基等人。列宁在《什么是“人民之友”以及他们如何攻击社会民主党人?》一文(见本版选集第 1 卷第 1—66 页)中批判了民粹派的主观社会学。——154。

[77] 1898 年《系统哲学文库》(《系统哲学文库》(«Archiv für systematische Philosophie»)是德国的唯心主义派别的杂志《哲学文库》的两个独立的分刊之一，1895—1931 年在柏林出版，第一任编辑是保·格·纳托尔普。1925 年起改名为《系统哲学和社会学文库》。该杂志用德文、法文、英文和意大利文刊载各国哲学思想代表人物的文章。——155。)第 4 卷第 2 期第 63 页，关于马赫的哲学观点的论文。

[78] **埃里希·贝歇尔**《恩·马赫的哲学观点》，载于 1905 年《哲学评论》杂志第 14 卷第 5 期第 536、546、547、548 页。

[79] **埃·路加**《认识问题和马赫的〈感觉的分析〉》，载于 1903 年《康德研究》杂志第 8 卷第 400 页。

[80] 《系统哲学》1907 年莱比锡版第 131 页。

[81] 《哲学史概论》1903 年柏林第 9 版第 4 卷第 250 页。

《唯物主义和经验批判主义》(节选)导读

一、时代背景及其意义

列宁1909年5月出版的《唯物主义和经验批判主义》(以下简称《唯批》),是一部从哲学上反对以马赫主义为代表的实证主义和党内开展反对机会主义斗争的论战性著作。

首先,《唯批》的写作是直接同俄国当时的政治和思想斗争密切相关的。1905年俄国爆发的第一次资产阶级民主革命因各种原因失败了,资产阶级的立宪民主党人等用马赫主义这个唯心主义的变种来批判唯物主义。在党内波格丹诺夫等人企图用马赫主义来修正马克思主义的理论基础,他们叫嚷马克思的唯物主义"过时了",批评辩证法是"神秘主义",吹捧马赫主义是20世纪自然科学领域最进步的哲学。面对严峻的政治与思想斗争形势,列宁从1908年2月至10月写作了《唯批》,开始了对关系俄国革命事业发展大局的重大哲学问题进行"清理"的工作。

其次,《唯批》是19世纪末20世纪初国际哲学斗争的产物。从19世纪70年代开始,产生了以马赫等为代表的经验批判主义(即马赫主义),这是第二代实证主义。它们在哲学上的特点在于标榜反对形而上学,强调实证的经验事实是知识的惟一来源,但实际上实证主义不过是贝克莱主义、休谟主义和康德主义的混杂。要坚持和发展马克思主义哲学,就必须批判实证主义等哲学思潮,从理论上划清马克思主义同马赫主义的界限。

最后,《唯批》也是从哲学上概括自然科学发展新成就的需要。19世纪末20世纪初,自然科学特别是物理学取得了一系列重大成就,出现了"物理学危机",这对马克思主义哲学提出了挑战。一部分自然科学家由于不懂辩证法而陷入了唯心主义，并企图修正马克思主义哲学。因此，从哲学上科学地总结和概括自然科学发展的新成果，批判马赫主义，丰富和发展辩证唯物主义，是马克思主义者面临的一个重要任务。

《唯批》根据马克思主义者评价经验批判主义的四个原则，以哲学基本问题为依据，论述了认识论上的两条基本路线，第一次给哲学"物质"范畴下了经典性定义，全面阐述了辩证唯物主义关于反映论的基本思想，得出了辩证唯物主义认识论的三个重要结论，阐明了认识对象的客观性、世界的可知性、认识的辩证性，提出生活、实践的观点是认识论的首要的和基本的观点。

《唯批》是一部十分重要的马克思主义哲学经典著作。本书从哲学的党派性出发，批判了各种资产阶级思想流派对马克思主义的歪曲和攻击，厘清了理论是非，巩固了党的思想路线的理论基础，重新确定了辩证唯物主义的权威，是马克思主义发展过程中的一个重要文献。

《唯批》一书出版后，西方马克思主义者如卢卡奇、柯尔施、施密特、阿多诺、梅诺—庞蒂等人在阐述自己认识论观点时，大多把列宁的观点作为一种对立面加以抨击。有的攻击列宁的反映论是一种机械的、直观的反映论，还有的攻击列宁的唯物主义返回到了18世纪唯物主义的粗劣的形式等等，这是片面的。

实质上，列宁的思想是与马克思、恩格斯一脉相承的。当然，由于《唯批》一书本身的论战性，有些观点提出来需要进一步研究是正常的。

二、内容简介

第一章　经验批判主义的认识论和辩证唯物主义的认识论(一)

本章从哲学基本问题出发，阐明了认识论中两条路线的根本对立，批判了马赫的唯心主义认识论的基本前提，论述了辩证唯物主义物质第一性的基本原理。

(一)感觉和感觉的复合

这节的中心是批判了马赫主义认识论的基本前提——物是感觉的复合，阐明了感觉内容来源于客观物质世界的观点，揭示了哲学上存在的两条路线的对立。共有 29 个自然段,可分三个问题。

1. 两条对立的哲学路线(第 1—18 段)。

(1) 批判马赫关于"物是感觉的复合"的观点(第 1—4 段)。

在认识论上存在着两条相互对立的哲学路线,即从物到感觉和思想的唯物主义路线和从思想和感觉到物的唯心主义路线。马赫主义认识论的基本前提——"物是感觉的复合",它是贝克莱主观唯心主义的简单重复。

(2) 揭露马赫主义是一种混乱的唯心主义(第 5—16 段)。

马赫既把"物是感觉的复合"看做其认识论的前提,又不得不"假定"感觉是和头脑中的生理过程有联系的。因此,他把贝克莱的一些主观唯心主义言论和自然科学的一些自发的唯物主义见解机械地拼凑在一起。列宁指出,马赫主义和自然科学是对立的,唯物主义和自然科学是完全一致的,都认为物质是第一性的,感觉是第二性的。

(3) 批判马赫关于用心理要素构成物理要素的议论,揭露其唯心主义狡辩的全部虚伪性(第 17—18 段)。

马赫不懂得相对主义和辩证法之间的关系,利用自然科学理论的相对性来否认自然科学内容的客观性,从而走上相对主义。马赫用感觉即心理要素构成物理要素的谬论是贝克莱主义的重复。马赫并且用混淆辩证唯物主义和庸俗唯物主义的诡辩手法来反对唯物主义。实际上,唯物主义不是从物质的运动中引出感觉或者把感觉归结为物质的运动,而是承认感觉是运动着的物质的特性之一。

2. 阿芬那留斯早期对认识论基本前提的论述及其主观唯心主义的性质(第 19—26 段)。

(1) 列宁指出,阿芬那留斯提到的"只有感觉才能被设想为存在着的东西",实质上是宣称思想可以不要头脑存在,这是"无头脑的哲学"。

(2)揭露阿芬那留斯把感觉看做惟一的存在的"可怜的诡辩",阐明了两种感觉论的根本分歧。唯物主义感觉论认为,感觉是有客观源泉的,感觉是意识和外部世界的直接联系,是外部刺激力向意识事实的转化;而唯心主义则不同,它把感觉看做是隔离意识和外部世界的屏障。唯物主义认为,感觉是外部世界的映象,感觉不是离开物质而存在的独立实体;而唯心主义则相反,把感觉看做是"惟一的存在"。

3. 经验批判主义在英法的代表人物对认识论基本前提的论述及其主观唯心主义性质(第 27—29 段)。列宁简略地评述了英国的毕尔生、法国的杜恒和彭加勒等人认识论前提的主观唯心主义性质。

(二)“世界要素的发现”

这一节的中心,是分析了经验批判主义者“要素说”的唯我论的唯心主义实质。共有 34 自然段,可分 5 个问题。

1.“要素说”是用比较“客观的”术语掩饰起来的主观唯心主义(第 1—10 段)。

列宁把马赫的“要素说”概括为六点并逐一进行了批判。列宁指出第一点是“要素说”的基本前提,其实质是唯心主义的,第二、三点是“要素说”的折中主义手法,第四、五点是“要素说”玩弄的诡辩,第六点是“要素说”的目的。

列宁阐述了马克思主义关于感觉问题的基本观点。认为,物质作用于我们的感觉器官而引起感觉;感觉不是独立存在的,感觉依赖于大脑、神经、眼网膜等等,即依赖于按一定方式组成的物质;物质是第一性的,感觉是物质发展到一定阶段的产物。

2. 驳斥了彼得楚尔特关于“要素”的诡辩(第 11—12 段)。

3. 对阿芬那留斯关于“要素”图表的批判(第 13—14 段)。

阿芬那留斯的图表是企图用“有形物”和“无形物”的区别来代替物与思想的区别,从而幻想超越唯物主义和唯心主义的对立的观点,不过是用一些混乱的术语把二者明显的对立弄得模糊了。实际上,阿芬那留斯的图表与马赫的观点是完全一致的。

4. 对波格丹诺夫成为经验批判主义者的原因分析(第 15—19 段)。

(1)波格丹诺夫采纳了马赫要素中立性的观点是马赫主义的基本错误,其哲学是把物质和感觉等同。这是波格丹诺夫和一切马赫主义者陷入唯心主义的共同根源。

(2)波格丹诺夫接受了阿芬那留斯关于经验的依存系列和独立系列的学说。但波格丹诺夫没有看清阿芬那留斯偷运唯物主义来掩盖其唯心主义的实质,因而就跳到马赫的混乱的唯心主义中去了。

5. 马赫主义是“折中主义残羹剩汁”的典型(第 20—34 段)。

列宁通过引证了当时七位哲学家的论述,对马赫主义这种“折中主义的残羹剩汁”做了深刻分析,指出马赫和阿芬那留斯在他们的哲学中搞折中主义并没有调和或超越唯物主义和唯心主义的对立,在其混合物中起主导作用的仍然是主观唯心主义。

(三)原则同格和“素朴实在论”

这一节主要说明,阿芬那留斯的“原则同格说”,不过是费希特和贝克莱主观唯心主义的翻版,它与正常人的自发的唯物主义观点即素朴实在论是根本对立的。共有19自然段,可分为两个问题。

1. 列宁对“原则同格说”的分析批判(第1—11段)。

(1)“原则同格说”的要害是主张环境不能离开自我而独立存在,否认不依赖于人的意识而独立存在的物质世界,其实质是费希特的“主体——客体”的主观唯心主义哲学的翻版,也是贝克莱的“存在就是被感知”的老调重弹。

(2)“原则同格说”不是保护,而是诱使人们放弃“素朴实在论”,它根本否认人们的自发的唯物主义观点。列宁论述了以素朴实在论为基础的唯物主义反映论的基本观点,即“我们的感觉、我们的意识只是外部世界的映象;不言而喻,没有被反映者,就不能有反映,但是被反映者是不依赖于反映者而存在的”。

2. 哲学界公认“原则同格论”是主观唯心主义(第12—19段)。

列宁同时列举了五位不同哲学派别的哲学家对“原则同格说”的看法,旁证了“原则同格说”不过是挂上了略加粉饰或重新油漆过的主观唯心主义招牌而已。唯物主义和“原则同格说”分歧的关键是,即“承认自然界、外部世界是不依赖于人的意识和感觉的,而这就是唯物主义。把认识论建立在客体和人的感觉有不可分割的联系这一前提上(‘感觉的复合’=物体;‘世界要素’在心理和物理方面是同一的;阿芬那留斯的原则同格等等),就必然会陷入唯心主义”。

第二章　经验批判主义的认识论和辩证唯物主义认识论(二)

在这一章中,列宁着重从哲学基本问题的第二个方面来分析和批判马赫主义的主观唯心主义与不可知论,阐述了认识论的辩证法。本章共六节,节选第1、4、5、6四节。

(一)“自在之物”或维·切尔诺夫对弗·恩格斯的驳斥

在这一节中，列宁批判了切尔诺夫对恩格斯的歪曲，论述了自在之物的客观性、可知性，得出了辩证唯物主义认识论的三个重要结论。共35自然段，可分为三个问题。

1. 分析和批判了切尔诺夫在“自在之物”上对恩格斯的直接攻击(第1—19段)。

“自在之物”原是康德的哲学术语，它在我们感觉之外存在，但又是不可认识的。马克思、恩格斯和列宁借用了“自在之物”的提法，但赋予了新的含义，与康德的“自在之物”有着本质区别：一是指物质，具有客观性和可知性；二是指尚未认识的事物，与“为我之物”相对应。

列宁阐述了恩格斯对康德和休谟不可知论的批判，认为恩格斯批判康德是批判他的“自在之物”不可捉摸的神秘性，而不是批判他对自在之物客观性的承认。恩格斯批判休谟，则不仅是批判他的不可知论，而且批判他根本不容许“自在之物”思想的存在。康德和休谟虽然观点有区别，但都是不可知论，都把现象与本质、感觉和被感觉的物质世界割裂开来，不承认“自在之物”可以转化为“为我之物”。

2. 列宁从恩格斯对康德和休谟不可知论的批判中，得出了辩证唯物主义认识论的三个重要结论(第20—24段)。

第一个结论：“物是不依赖于我们的意识，不依赖于我们的感觉而在我们之外存在着的。”

第二个结论：“在现象和自在之物之间决没有而且也不可能有任何原则的差别。差别仅仅存在于已经认识的东西和尚未认识的东西之间。”

第三个结论：“在认识论上和在科学的其他一切领域中一样，我们应该辩证地思考，也就是说，不要以为我们的认识是一成不变的，而要去分析怎样从不知到知，怎样从不完全的不确切的知到比较完全比较确切的知”。

列宁的这三个重要结论，从哲学基本问题的高度界定了辩证唯物主义认识论同非马克思主义认识论的区别，第一个结论划清了唯物主义认识论同唯心主义认识论的界限，第二个结论划清了可知论与不可知论的界限，第三个结论划清了辩证唯物主义的能动的革命的反映论与机械唯物主义形而上学反映论的界限。这三个结论形成了一个比较完整的马克思主义认识论体系，有着重要的理论意义。

3. 马克思的认识论是能动的反映论(第25—35段)。

(1) 切尔诺夫说马克思关于人应该在实践中“证明思维的此岸性”的观点,是主张“自在之物”不可知,同恩格斯关于“自在之物”是可以认识的观点相矛盾。列宁首先阐明一切唯物主义者都承认自在之物的可知性,指出恩格斯和马克思在“自在之物”可知性问题上有矛盾完全是一种捏造。

(2) 马克思所说的思维的“对象的真理性”,无非是指思维所真实反映的对象即“自在之物”的存在。

(3) 马克思所说的“思维的此岸性”是与休谟、康德所主张的思维只能停留在“现象的此岸”截然不同的。马克思讲的思维的“此岸性”是指思维能正确地反映客观的物质,在实践中证明自己思维的真理性,即自己思维的现实性和力量。

(4) 法国哲学家莱维并没有怀疑马克思对“自在之物”存在的承认。认为,马克思和一切唯物主义哲学的共同点和基本立场是承认同我们关于事物的表象相应存在的是在我们之外的实在客体。莱维的话在“本质上是正确的”。

(二)有没有客观真理?

在这一节中,列宁指出了真理问题上两条哲学路线的对立,阐述了辩证唯物主义的客观真理观。共21自然段,可分为四个问题。

1. 真理论中的两个不同的问题(第1—3段)。

波格丹诺夫混淆了真理的两个问题:第一个问题是有没有客观真理,即人们的表象中能否有不依赖于主体的客观内容;第二个问题是关于绝对真理和相对真理的辩证关系,即人们能否立即地、完全地、无条件地、绝对地认识客观真理。波格丹诺夫根本否认绝对真理,这就决定了他不可能不否定客观真理的存在。因为,否定人的某些表象中的相对性因素,可以不否定客观真理,但是否定绝对真理,就不可能不否定客观真理的存在。

2. 列宁对波格丹诺夫主观真理论的批判(第4—10段)。

首先,列宁阐明了波格丹诺夫的真理定义(“真理是思想形式——人类经验的组织形式”)是对客观真理的否定,就是不可知论和主观主义。

其次,波格丹诺夫的这个定义是同自然科学相矛盾的。自然科学关于地球存在于人类之前的论断是真理,这和唯物主义的认识论是完全符合的。唯物主义的基本前提就是被反映者不依赖于反映者而存在，外部世界不依赖于意识而存在。

第三，如果真理只是人类经验的组织形式，那么天主教的教义也可以说是真理了。因此，否定客观真理，必然要导致信仰主义。

第四，波格丹诺夫用所谓的"集体经验"、"普遍意义"、"社会地组织起来的"等等字眼来解释真理的客观性，是替僧侣主义大开方便之门。

3. 波格丹诺夫否定客观真理是整个马赫主义路线的必然结果(第 11—15 段)。

首先，波格丹诺夫对客观真理的否定是出自其老师马赫和阿芬那留斯学说的基本前提：即物是感觉的复合。

其次，列宁指出认识论有两个前提：一个前提是感觉是知识的惟一源泉；另一个前提是人通过感觉感知的是客观实在，或者说客观实在是人的感觉的源泉。对前一个前提，马赫主义等唯心主义也承认。但唯物主义和唯心主义在后一个前提上的回答却迥然不同。从感觉出发存在两条不同的哲学路线：一条是沿着主观主义路线走向唯我论，断定物是感觉的复合；一条是沿着客观主义走向唯物主义，肯定感觉是物的映象。表现在真理观上，主观唯心主义者不承认客观真理，而唯物主义则认为对客观真理的承认是最要紧的。波格丹诺夫否定客观真理是整个马赫主义的必然结果。

再次，列宁进一步引述恩格斯对休谟和康德的批判，说明一切知识来自经验、感觉、知觉，这个认识论论据的第一个前提是对的。但更重要的是感觉和经验是从哪里来的？如果认为感觉的源泉是客观实在，就是唯物主义；如果认为感觉的源泉不是客观实在，那么就不可避免地陷入主观主义和不可知论。

4. 唯物主义的物质观与客观真理的一致性(第 16—21 段)。

列宁认为，物质的某种构造的理论和哲学上的物质并不是一回事。列宁在此对哲学物质范畴下了一个经典的定义，即"物质是标志客观实在的哲学范畴，这种客观实在是人通过感觉感知的，它不依赖于我们的感觉而存在，为我们的感觉所复写、摄影、反映。"接受或摒弃物质概念这一问题，是人对他的感官的提示是否相信的问题，是关于我们认识的泉源问题。唯物主义认识论的基本前提就是承认客观世界的存在及其在头脑中的反映。坚持这个前提，就是承认认识中包含有不依赖于人类的客观内容,也就是承认了客观真理。这是人所共知的起码的真理,但马赫主义者却忘记了。

(三)绝对真理和相对真理,或论亚·波格丹诺夫所发现的恩格斯的折中主义

在这一节中,列宁批判了波格丹诺夫对绝对真理的否认,论述了绝对真理和相对真理的辩证关系。共有14自然段,可分为三个问题。

1. 批判了波格丹诺夫诬蔑恩格斯搞折中主义的谬论(第1—3段)。

2. 列宁对恩格斯关于绝对真理和相对真理的辩证关系的论述的阐发(第4—11段)。

为了驳斥波格丹诺夫对恩格斯的攻击,揭露马赫主义者在绝对真理和相对真理关系问题上的无知,列宁引证了恩格斯和狄慈根的有关论述,并进行了进一步的发挥。

第一,人的思维具有至上性和非至上性,是至上性与非至上性的统一。

第二,绝对真理和相对真理的关系同思维的至上性和非至上性的关系在本质上是一致的。人类思维是至上的,所以能够把握绝对真理。个人的思维是非至上的,所以具体的认识是相对真理。相对真理的总和构成绝对真理,绝对真理存在于相对真理之中。在波格丹诺夫以及一切马赫主义者看来,承认我们知识的相对性,就是根本不承认绝对真理。

第三,真理和谬误的对立只是在非常有限的领域内才具有绝对的意义。恩格斯批判了杜林把真理和谬误的对立绝对化的形而上学错误,论证了真理和谬误的辩证关系。

第四,相对真理和绝对真理之间没有不可逾越的鸿沟,绝对真理和相对真理的区分既是确定的,又是不确定的。所谓"不确定",是指绝对真理也具有相对性,不了解这一点,就会把真理变成僵死的教条,陷入绝对主义;所谓"确定",是指绝对真理是存在的,它不同于相对真理,不了解这一点,就会否认认识世界的可能性,陷入相对主义。

3. 列宁批判了马赫主义的相对主义,阐明了辩证法和相对主义的关系(第12—14段)。

马赫主义者都宣称他们是相对主义者,列宁指出其错误正在于此。

第一,把相对主义作为认识论的基础,就必然陷入绝对怀疑论、不可知论

和主观主义。

第二，从赤裸裸的相对主义的观点出发，可以证明任何诡辩都是正确的。

第三，辩证法包含着相对主义、否定、怀疑论的因素，可是它并不归结为相对主义。唯物主义辩证法不是在否定客观真理的意义上，而是在我们的知识向客观真理接近受历史条件制约的意义上，承认一切知识的相对性。对于相对主义来说，相对只是相对的，是排斥绝对的；对于辩证法来说，相对中有绝对，相对和绝对的差别也是相对的。

(四)认识论中的实践标准

这一节，批判了马赫主义者把实践排除在科学和认识论之外的错误，指出了实践在辩证唯物主义认识论中的地位和作用。共有 12 自然段，可分为三个问题。

1. 在实践标准问题上辩证唯物主义与经验批判主义的根本对立(第 1—8 段)。

马克思把实践标准作为唯物主义认识论的基础。马赫主义者反对用实践检验认识的真伪，把“有用”和“成功”看做是区分真理和谬误的标准。这是一种唯心主义的唯我论观点。

2. 费尔巴哈把认识和实践联系起来是正确的(第 9—11 段)。

费尔巴哈在批判费希特时指出，唯心主义的根本错误就在于：它只是从理论的角度提出并解决世界的客观性或主观性、现实性或非现实性的问题，而不是从生活中来提出和解决问题，因而它只能是僵死的、虚伪的思辨。列宁认为，费尔巴哈肯定实践在认识中的地位和作用的论述，击中了唯心主义的要害。

3. 辩证唯物主义实践观(第 12 段)。

第一，生活、实践的观点是认识论的首要的和基本的观点。把实践作为认识论的基础，必然导致唯物主义。

第二，实践作为检验真理的标准既是确定的，又是不确定的，这是实践标准的唯物主义和辩证法的统一。

第三，列宁阐述了马克思理论本身作为客观真理也是随着实践的发展而不断发展的原理。马克思并没有结束真理，它是绝对与相对的统一，如果我们沿着马克思的理论道路前进，将愈来愈接近客观真理，但不会穷尽它。

第三章　辩证唯物主义的认识论和经验批判主义的认识论(三)

本章在前两章基础上，考察了辩证唯物主义和经验批判主义在世界的本质、规律、时间和空间以及自由和必然问题上的对立。本书节选其中第6节。

(一)自由和必然

这一节，分析了恩格斯关于自由和必然关系的论述在认识论上的重要意义，批判了马赫主义者否认客观必然的唯意志论。共有15自然段，可分为两个问题。

1. 论述了恩格斯关于自由和必然之间关系的论点及其在认识论上的意义，揭露了俄国马赫主义者对恩格斯观点的歪曲(第1—9段)。

第一，列宁引述了恩格斯在《反杜林论》中阐明的自由和必然之间辩证关系的论点。恩格斯指出，黑格尔第一个正确地叙述了自由和必然之间的关系。自由不在于幻想中摆脱自然规律而独立，而在于认识这些规律，从而能够有计划地使自然规律为一定的目的服务。

第二，列宁指出恩格斯关于自由和必然关系的论述在认识论上的重要意义。首先，恩格斯从唯物主义的基本前提出发，认为承认自然规律、自然界的必然性是获得自由的前提。而唯心主义和不可知论否认自然界的规律性。这是唯物主义和唯心主义的根本分歧所在。其次，恩格斯强调了自然界的必然性是第一性的，而人的意志和意识是第二性的。人的意志自由必须要以客观规律、必然性为依据。再次，恩格斯从辩证唯物主义反映论出发，阐明了“盲目的必然性”转化为“为我的必然性”的中心环节是实践。在实践的发展过程中，前者不断地向后者转化。恩格斯所说的“盲目的必然性”是指能够被认识但现在尚未被认识的必然性，并不是康德所说的不可认识的“自在之物”。最后，恩格斯强调了由必然转化为自由的基础和决定力量是社会实践，自由是对必然的认识和改造。

2. 批判马赫主义的唯意志论(第10—15段)。唯物主义和唯心主义在自由和必然关系问题上的对立，就是唯物主义的决定论和唯心主义的非决定论的对立。马赫在意志问题上完全抛弃了决定论，陷入了叔本华式的唯意志论。

思考题：

1. 简述列宁的物质定义及其意义。

2. 如何理解列宁所说的“否定人的某些表象中的相对性因素，可以不否定客观真理；但是否定绝对真理，就不可能不否定客观真理的存在”？

3. 在感觉问题上，列宁是如何阐明辩证唯物主义与马赫主义的对立的？

4. 为什么“生活、实践的观点，应该是认识论的首要的和基本的观点”？

5. 论述列宁关于辩证唯物主义认识论的三个重要结论及其重要意义。

6. 如何认识列宁关于哲学党性原则的思想及其在当代的意义。

7. 列宁怎样分析恩格斯关于自由和必然的论述在认识论上的意义？

（李庆钧　扬州大学）

列　宁

谈谈辩证法问题*

（1915 年）

统一物之分为两个部分以及对它的矛盾着的部分的认识（参看拉萨尔的《赫拉克利特》一书第 3 篇（《论认识》）开头所引的斐洛关于赫拉克利特的一段话[1]），是辩证法的**实质**（是辩证法的“本质”之一，是它的基本的特点或特征之一，甚至可说是它的基本的特点或特征）。黑格尔也正是这样提问题的（亚里士多德在其著作《形而上学》中经常为此**绞尽脑汁**，并跟赫拉克利特即跟赫拉克利特的思想**作斗争**[2]）。

辩证法内容的这一方面的正确性必须由科学史来检验。对于辩证法的这一方面，通常（例如在普列汉诺夫那里）没有予以足够的注意：对立面的同一被当作**实例**的总和[“例如种子”；“例如原始共产主义”。恩格斯也这样做过。但这是“为了通俗化”……]，而不是当作**认识的规律**（**以及**客观世界的规律）。

在数学中，＋和－，微分和积分。

在力学中，作用和反作用。

在物理学中，正电和负电。

在化学中，原子的化合和分解。

---

* 《谈谈辩证法问题》一文写在《哲学》笔记本中，在《拉萨尔〈赫拉克利特的哲学〉一书摘要》和《亚里士多德〈形而上学〉一书摘要》之间，由于其中有引自《形而上学》的引文，所以有理由认为它是在列宁读过亚里士多德的这一著作以后写的。因此，《谈谈辩证法问题》是 1914—1915 年列宁研究哲学问题的独特总结。

列宁在这篇文章中分析了对立面的统一和斗争的辩证规律，形而上学的和辩证的发展观；分析了绝对和相对，抽象和具体，一般、特殊和个别，逻辑和历史等等范畴；揭示了认识过程的辩证性质；指出了唯心主义的认识论根源和阶级根源。

在社会科学中,阶级斗争。

对立面的同一(它们的"统一",也许这样说更正确些?虽然同一和统一这两个术语的差别在这里并不特别重要。在一定意义上二者都是正确的),就是承认(发现)自然界的(也**包括**精神的和社会的)**一切**现象和过程具有矛盾着的、**相互排斥的**、对立的倾向。要认识在"**自己运动**"中、自生发展中和蓬勃生活中的世界一切过程,就要把这些过程当作对立面的统一来认识。发展是对立面的"斗争"。有两种基本的(或两种可能的?或两种在历史上常见的?)发展(进化)观点:认为发展是减少和增加,是重复;**以及**认为发展是对立面的统一(统一物之分为两个互相排斥的对立面以及它们之间的相互关系)。

按第一种运动观点,**自己**运动,它的**动**力、它的泉源、它的动因都被忽视了(或者这个泉源被移到**外部**——移到上帝、主体等等那里去了);按第二种观点,主要的注意力正是放在认识"**自己**"运动的**泉源**上。

第一种观点是僵死的、平庸的、枯燥的。第二种观点是活生生的。**只有**第二种观点才提供理解一切现存事物的"自己运动"的钥匙,才提供理解"飞跃"、"渐进过程的中断"、"向对立面的转化"、旧东西的消灭和新东西的产生的钥匙。

对立面的统一(一致、同一、均势)是有条件的、暂时的、易逝的、相对的。相互排斥的对立面的斗争是绝对的,正如发展、运动是绝对的一样。

注意:顺便说一下,主观主义(怀疑论[3]和诡辩论等等)和辩证法的区别在于:在(客观)辩证法中,相对和绝对的差别也是相对的。对于客观辩证法说来,相对中有绝对。对于主观主义和诡辩论说来,相对只是相对,因而排斥绝对。

马克思在《资本论》中首先分析资产阶级社会(商品社会)里最简单、最普通、最基本、最常见、最平凡、碰到过亿万次的**关系**:商品交换。这一分析从这个最简单的现象中(从资产阶级社会的这个"细胞"中)揭示出现代社会的**一切**矛盾(或**一切**矛盾的萌芽)。往后的叙述向我们表明这些矛盾和这个社会——在这个社会的各个部分的总和中、从这个社会的开始到终结——的发展(**既是**生长**又是**运动)。

一般辩证法的阐述(以及研究)方法也应当如此(因为资产阶级社会的辩证法在马克思看来只是辩证法的局部情况)。从最简单、最普通、最常见的等等东西开始;从**任何一个命题**开始,如树叶是绿的,伊万是人,茹奇卡是狗[4]

等等。在这里(正如黑格尔天才地指出过的)就已经有**辩证法:个别就是一般**(参看亚里士多德《形而上学》,施韦格勒译,第 2 卷第 40 页,第 3 篇第 4 章第 8—9 节:"因为当然不能设想:在个别的房屋之外还存在着一般房屋。"——"οὐ γὰρ ἄν θείημεν εἶναί τινα οἰκίαν παρὰ τὰς τινὰς οἰκίας.")。这就是说,对立面(个别跟一般相对立)是同一的:个别一定与一般相联而存在。一般只能在个别中存在,只能通过个别而存在。任何个别(不论怎样)都是一般。任何一般都是个别的(一部分,或一方面,或本质)。任何一般只是大致地包括一切个别事物。任何个别都不能完全地包括在一般之中,如此等等。任何个别经过千万次的过渡而与另一**类**的个别(事物、现象、过程)相联系,如此等等。**这里已经**有自然界的**必然性**、客观联系等概念的因素、胚芽了。这里已经有偶然和必然、现象和本质,因为我们在说伊万是人,茹奇卡是狗,**这**是树叶等等时,就把许多特征作为**偶然的东西抛掉**,把本质和现象分开,并把二者对立起来。

可见,在**任何**一个命题中,很像在一个"单位"("细胞")中一样,都可以(而且应当)发现辩证法**一切**要素的胚芽,这就表明辩证法本来是人类的全部认识所固有的。而自然科学则向我们揭明(这又是要用**任何**极简单的实例来揭明)客观自然界也具有同样的性质,揭明个别向一般的转变,偶然向必然的转变,对立面的过渡、转化、相互联系。辩证法**也就是**(黑格尔和)马克思主义的认识论:正是问题的这一"方面"(这不是问题的一个"方面",而是问题的**实质**)普列汉诺夫没有注意到,至于其他的马克思主义者就更不用说了。

*　　　*　　　*

不论是黑格尔(见《逻辑学》),不论是自然科学中现代的"认识论者"、折中主义者、黑格尔主义的敌人(他不懂黑格尔主义!)保尔·福尔克曼(参看他的《认识论原理》第……页[5])都把认识看作一串圆圈。

> 哲学上的"圆圈":[是否一定要以**人物**的年代先后为顺序呢?
>
> 不!]
>
> 古代:从德谟克利特到柏拉图以及赫拉克利特的辩证法。
>
> 文艺复兴时代:　笛卡儿对伽桑狄(斯宾诺莎?)。
>
> 近代:霍尔巴赫——黑格尔(经过贝克莱、休谟、康德)
>
> 　　　黑格尔——费尔巴哈——马克思。

辩证法是**活生生的**、多方面的(方面的数目永远增加着的)认识,其中包含着无数的各式各样观察现实、接近现实的成分(包含着从每个成分发展成整体的哲学体系),——这就是它比起“形而上学的”唯物主义来所具有的无比丰富的内容,而形而上学的唯物主义的根本**缺陷**就是不能把辩证法应用于反映论,应用于认识的过程和发展。

从粗陋的、简单的、形而上学的唯物主义的观点看来,哲学唯心主义**不过是**胡说。相反地,从**辩证**唯物主义的观点看来,哲学唯心主义是把认识的某一特征、某一方面、某一侧面,**片面地**、夸大地、überschwengliches(狄慈根)[6]发展(膨胀、扩大)为**脱离了**物质、**脱离了**自然的、神化了的绝对。唯心主义就是僧侣主义。这是对的。但(“**更确切些**”和“**除此而外**”)哲学唯心主义是**经过**人的无限复杂的(辩证的)**认识的一个成分**而通向僧侣主义的**道路**。

人的认识不是直线(也就是说,不是沿着直线进行的),而是无限地近似于一串圆圈、近似于螺旋的曲线。这一曲线的任何一个片断、碎片、小段都能被变成(被片面地变成)独立的完整的直线,而这条直线能把人们(如果只见树木不见森林的话)引到泥坑里去,引到僧侣主义那里去(在那里统治阶级的阶级利益就会把它**巩固起来**)。直线性和片面性,死板和僵化,主观主义和主观盲目性就是唯心主义的认识论根源。而僧侣主义(=哲学唯心主义)当然有**认识论的**根源,它不是没有根基的,它无疑是一朵**无实花**,然而却是生长在活生生的、结果实的、真实的、强大的、全能的、客观的、绝对的人类认识这棵活树上的一朵无实花。

载于1925年《布尔什维克》杂志第5—6期合刊

选自《列宁选集》第2卷,人民出版社1995年版,第556—560页。

注　释:

[1] 见《列宁全集》第2版第55卷第300页。——编者注

[2] 见列宁《亚里士多德〈形而上学〉一书摘要》(同上,第313页)。——编者注

[3] 怀疑论是对客观世界和客观真理是否存在和能否认识表示怀疑的唯心主义哲学派别,产生于公元前4—3世纪古希腊奴隶制发生危机的时代,其创始人是皮浪,最著名的代表是埃奈西德穆和塞克斯都-恩披里柯。古代怀疑论者从感觉论的前提出发,得出不可知论的结论。他们把感觉的主观性绝对化,认为人不能超出他自己的感觉范围,不能确定哪一种感觉是真的。他们宣称,对每一事物都可以有两种互相排斥的意见,即肯定和否定,因而我们关于事物的知识是不可靠的。他们要人们拒绝认识,对事物漠不关心,说这样就可以从怀疑中解脱出来,而达到心灵恬静即"无感"的境界。

在文艺复兴时代,法国哲学家米·蒙台涅、皮·沙朗和皮·培尔曾利用怀疑论来反对中世纪的经院哲学和教会。照马克思的说法,培尔"用怀疑论摧毁了形而上学,从而为在法国掌握唯物主义和健全理智的哲学打下了基础",并宣告"**无神论社会**的来临"(见《马克思恩格斯全集》第2卷第162页)。相反,法国哲学家和数学家布·帕斯卡却用怀疑论反对理性认识,维护基督教。

18世纪,怀疑论在大卫·休谟和伊·康德的不可知论中得到复活,戈·恩·舒尔采则试图使古代怀疑论现代化。新怀疑论十分明确地声称达到科学认识是不可能的。马赫主义者、新康德主义者和19世纪中至20世纪初的其他唯心主义哲学流派都利用怀疑论的论据。——90、557。

[4] *伊万*是俄国最常见的人名。*茹奇卡*是俄语中看家狗的常用名字。——558。

[5] 此处见保·福尔克曼的《自然科学的认识论原理及其与当代精神生活的联系》一书第2版第35页。列宁关于该书的札记,见《列宁全集》第2版第55卷第343—344页。列宁在作黑格尔《哲学史讲演录》摘要时,也指出了类似的地方(同上,第207页和第219—220页)。——559。

[6] überschwenglich可译为"过分的"、"过度的"、"无限的"、"过火"等等。这个词是约·狄慈根在分析绝对真理和相对真理、物质和精神等等之间的关系时使用的一个字眼(例如,见《列宁全集》第2版第55卷第419—420、423页)。列宁也在自己的一些著作中使用它来揭示对概念的辩证法的唯物主义的理解。例如,在《唯物主义和经验批判主义》中,列宁发展了恩格斯对哲学基本问题所作的表述,他写道:"狄慈根在《漫游》中重复说,物质这个概念也应当包括思想。这是胡涂思想。因为这样一来,狄慈根自己所坚持的那种物质和精神、唯物主义和唯心主义在认识论上的对立就会失去意义。至于说到这种对立不应当是'无限的'、夸大的、形而上学的,这是不容争辩的(强调这一点是**辩证**唯物主义者狄慈根的巨大功绩)。这种相

对对立的绝对必要性和绝对真理性的界限，正是确定认识论研究的**方向**的界限。如果在这些界限之外，把物质和精神即物理的东西和心理的东西的对立当作绝对的对立，那就是极大的错误。”（见《列宁全集》第2版第18卷第257页）列宁在《共产主义运动中的“左派”幼稚病》中也谈到真理的辩证性质（同上书，第39卷第42页）。——560。

《谈谈辩证法问题》导读

一、时代背景及其意义

《谈谈辩证法问题》(简称《问题》)是列宁论述辩证法思想的一篇精辟的笔记性短文。该文写于列宁侨居瑞士伯尔尼时期的1915年。它既是阐发马克思主义唯物辩证法的理论要求,也是当时俄国革命运动的实践需要。马克思和恩格斯虽然奠定了辩证法的唯物主义基础,但并没有完成系统阐述辩证法理论的夙愿。列宁通过对一系列哲学著作特别是黑格尔哲学的研读,准确地把握了古希腊朴素辩证法、黑格尔唯心辩证法以及马克思、恩格斯唯物辩证法的实质;在此基础上,对辩证法进行了深刻而系统的阐述。该文就是这一理论努力的成果之一。列宁研究和阐发辩证法更重要的目的是指导当时尖锐复杂的革命实践。第一次世界大战爆发后,第二国际的部分领导人先后堕落为社会沙文主义,支持本国政府进行帝国主义战争。为了替自己政治上的堕落辩解,他们在哲学上用庸俗进化论和诡辩论篡改唯物辩证法以混淆是非。为了从理论上纯化、捍卫和发展马克思主义,制定无产阶级革命的战略和策略,列宁加紧了对马克思主义理论特别是辩证法的研究,《问题》就是其中的理论成果之一。

《问题》是列宁研究辩证法问题一些成果的概括,集中体现了列宁对辩证法问题研究的广度和深度。它与《黑格尔〈逻辑学〉一书摘要》、《辩证法的要素》等著作一起构成列宁唯物辩证法体系的雏形,并为毛泽东和邓小平辩证法思想的创新与运用提供了理论基础,因而在马克思主义思想体系中具有重要的地位。在新的历史时期,这篇重要文献对于我们理解和贯彻辩证法,克服对认识上的直观性、片面性和表面性,改善工作方法和领导方法并推进社会主义现代化建设，无疑具有重要的指导意义。但一分为二是否具有普遍性的争鸣成为哲学研究中一个值得进一步探索的问题。

二、内容简介

《问题》共20个自然段，可分四个问题。

（一）对立统一是唯物辩证法的实质与核心（第1—12段）

1. 统一物之分为两个部分以及对它的矛盾着的部分的认识是辩证法的实质(第1段)。这里既包括统一物分解为对立面的客观法则，又包括反映这些矛盾的认识法则。强调客观意义的辩证法实质上同时也就是马克思主义的认识论。在哲学史上，赫拉克利特、亚里士多德和黑格尔都曾论及对立统一问题。

2. 对立统一规律不是"实例的总和"，而是客观世界的规律和认识的规律(第2—7段)。列宁批评普列汉诺夫把对立的统一看成是"实例的总和"的错误，并举例说明对立统一规律存在的普遍性。列宁认为，为了通俗化而举例说明是必要的，像恩格斯在《反杜林论》中所做的那样，但不能像普列汉诺夫那样举一堆例子来代替论证，甚至以举例来代替对规律的揭示。

3. 对立统一的内涵即统一的过程或现象具有两个相互排斥的对立面，正是这两个方面的统一和斗争才导致事物的发展；两种发展观的对立：是否承认矛盾两个方面的既对立又统一的关系是事物自己运动的源泉和动力，是唯物辩证的发展观和形而上学的发展观的根本区别(第8—10段)。

4. 统一的相对性和斗争的绝对性(第11—12段)。辩证法认为相对和绝对的区别也是相对的(相对中有绝对)，诡辩论则只承认相对而排斥绝对。由此引申的理论问题是：辩证法与相对主义、诡辩论的划界等问题。矛盾两方面统一性的相对性、斗争性的绝对性就构成了运动的绝对性和静止的相对性。

列宁系统地论述了对立统一规律的内容，并把此规律概括为辩证法的实质和核心。这是列宁对辩证法理论的贡献。它不同于黑格尔把否定之否定规律作为辩证法核心的思想。

（二）辩证法也就是马克思主义的认识论（第13—15段）

辩证法是客观世界发展的逻辑也是人类认识发展的逻辑，辩证法与认识论是一致的。

1. 列宁以马克思的《资本论》为例，说明马克思以商品的内在矛盾的发展为核心，采用从抽象到具体的方法构建的《资本论》的逻辑，既揭示了资本主义辩证转化的规律，也反映了人类对资本主义认识的辩证发展规律。因而，作为客观意义的辩证法也就是马克思主义的认识论（第13段）。

2. 列宁以最简单的命题中包含着一般与个别的辩证法为例，说明对立统一规律既是客观事物所固有的，又是人们认识事物的规律和方法（第14—15段）。

在这里，列宁实际上表述辩证法、认识论和逻辑学三者同一的思想。

（三）认识过程的辩证法（第16—18段）

1. 整个认识过程是近似于一串圆圈或螺旋的曲线；列宁提出哲学史发展过程中的四个圆圈（第16—17段）。

2. 列宁指出由于把辩证法引入认识论，从而使认识获得了由低级到高级、由简单到复杂、由单调到丰富的发展；形而上学唯物主义认识论的缺陷在于没有在实践的基础上将辩证法引入认识论（第18段）。

（四）唯心主义产生的根源（第19—20段）

列宁指出，将唯心主义简单地斥之为胡说，并不能真正驳倒它。而要达到上述目的，就要分析其产生的根源。唯心主义产生的认识论根源在于：直线性和片面性，死板和僵化，主观主义和主观盲目性，把认识的某一特征、某一方面、某一侧面夸大为脱离物质的神话了的绝对。因此，唯心主义与僧侣主义是相通的，都是生长在人类认识之树上的不结果实的花。唯心主义产生的阶级根源在于：唯心主义是对现实世界的歪曲反映，在阶级社会里，它适应统治阶级的需要而得到统治阶级的支持和利用。

思考题：

1. 如何正确理解对立统一规律是唯物辩证法的实质与核心？
2. 简述唯物辩证的发展观和形而上学发展观的区别。
3. 如何正确理解和运用马克思主义的矛盾分析方法？
4. 为什么说辩证法也就是马克思主义的认识论？
5. 简述唯心主义产生的根源。

（吕世荣 戈士国　河南大学）

列　宁

论　粮　食　税（节选）

（新政策的意义及其条件）*

（1921 年 4 月 21 日）

代　引　言

粮食税问题在现时引起了特别多的注意、讨论和争论。这是完全可以理解的，因为它确实是当前情况下我们政策的主要问题之一。

讨论稍微有些混乱。由于极其明显的原因，我们都犯有这种毛病。所以，如果不从这个问题的“眼前最惹人注目的”方面，而从它的一般原则方面来加以考察，那将更为有益。换句话说：就是要看一看我们现时正在勾画当前政策中某些实际措施的那幅图画的整个基本背景。

为了作这样的尝试，我想从我那本《当前的主要任务。论“左派”幼稚性和小资产阶级性》[1]的小册子中，摘引一大段话。这本小册子在 1918 年曾由彼得格勒苏维埃出版过，内容包括：第一，登在 1918 年 3 月 11 日报上的谈布列斯特和约[2]的文章，第二，1918 年 5 月 5 日登载的与当时左派共产主义

---

* 《论粮食税（新政策的意义及其条件）》这本小册子是在俄共（布）第十次代表大会闭幕后不久于 1921 年 3 月底开始写的，4 月 21 日完稿。小册子于 5 月初由国家出版社刊印，接着又发表于 6 月出版的《红色处女地》杂志第 1 期。苏俄各地出版社随后相继翻印，中央和地方的报刊也都全文或摘要转载。同年，小册子被译成德文、法文和英文，刊载于《共产国际》杂志第 17 期。

俄共（布）中央曾专门作出决定，要求各级党委按照列宁《论粮食税》的基本精神向劳动人民解释新经济政策的实质和意义。

者[3]集团论战的文章。论战部分现在已用不着，所以我把它删掉，只留下了有关"国家资本主义"和从资本主义向社会主义过渡的我国现时经济的基本成分的论断。

当时我这样写道：

关于俄国现时经济

（摘自1918年出版的小册子）

"……国家资本主义较之我们苏维埃共和国目前的情况，将是一个进步。如果国家资本主义在半年左右能在我国建立起来，那将是一个很大的胜利，那将极其可靠地保证社会主义一年以后在我国最终地巩固起来而立于不败之地。

我可以想象，有人将怎样义愤填膺，怒斥这些话……　怎么？在苏维埃社会主义共和国内，向国家**资本主义**过渡竟会是一个进步？……这岂不是背叛社会主义吗？

对于这一点，我们应该比较详细地谈一谈。

第一，应当弄清楚，这个使我们有权利和有根据自称为苏维埃社会主义共和国的、从资本主义到社会主义的**过渡**，究竟是怎样的。

第二，应当揭露那些看不到小资产阶级经济条件和小资产阶级自发势力是我国社会主义的**主要**敌人的人的错误。

第三，应当很好地了解**苏维埃**国家在经济上与资产阶级国家迥然不同的意义。

我们来研究一下这三点。

看来，还没有一个专心研究俄国经济问题的人否认过这种经济的过渡性质。看来，也没有一个共产主义者否认过'社会主义苏维埃共和国'这个名称是表明苏维埃政权有决心实现向社会主义的过渡，而决不是表明现在的经济制度就是社会主义制度。

那么过渡这个词到底是什么意思呢？它用在经济上是不是说，在这个制度内有资本主义的和社会主义的成分、部分和因素呢？谁都承认是这样的。

但并不是所有承认这点的人都考虑到:俄国现有各种社会经济结构成分究竟是怎样的。问题的全部关键就在这里。

现在我们把这些成分列举如下:

(1)宗法式的,即在很大程度上属于自然经济的农民经济;

(2)小商品生产(这里包括大多数出卖粮食的农民);

(3)私人资本主义;

(4)国家资本主义;

(5)社会主义。

俄国幅员如此辽阔,情况如此复杂,社会经济结构中的所有这些不同的类型都互相错综地交织在一起。特点就在这里。

试问,占优势的是哪些成分呢?显然,在一个小农国家内,占优势而且不能不占优势的是小资产阶级自发势力,因为大多数甚至绝大多数耕作者都是小商品生产者。在我国,**投机商**时此时彼地破坏国家资本主义的外壳(粮食垄断,受监督的企业主和商人,资产阶级合作社工作者),而投机活动的主要对象是**粮食**。

主要的斗争正是在这方面展开。如果用'国家资本主义'等这些经济范畴的术语来说,究竟是谁和谁进行这一斗争呢?按我刚才列举的次序,是第四种成分和第五种成分作斗争吗?当然不是。在这里不是国家资本主义同社会主义作斗争,而是小资产阶级和私人资本主义合在一起,既同国家资本主义又同社会主义作斗争。小资产阶级抗拒**任何的**国家干涉、计算与监督,不论它是国家资本主义的还是国家社会主义的。这是丝毫不容争辩的事实,许多经济问题上的错误的根源就在于不了解这一事实。投机商、奸商、垄断制破坏者就是我国'内部的'主要敌人,即反对苏维埃政权的经济措施的敌人。如果说在125年以前,法国小资产者这些最热情、最真诚的革命家想通过处死个别几个'要犯'和颁布大批文告来战胜投机商的愿望在当时还情有可原的话,那么,现在某些左派社会革命党人[4]用纯法国式的态度来对待这个问题,就只能引起每个觉悟的革命者的憎恶或厌弃了。我们非常明白,投机活动的经济基础,就是在俄国人数特别众多的小私有者阶层,以及以每一个小资产者作为自己代理人的私人资本主义。我们知道,这种小资产阶级九头蛇的千百万触角,时此时彼地缠住了工人中的个别阶层,投机活动正在取代国家垄断而渗入我国社会经济生活的每个毛孔。

谁要是看不到这一点，那他就恰恰由于盲目无知而暴露出自己做了小资产阶级偏见的俘虏……

小资产者手头拥有在战时用'正当'办法，特别是用不正当办法积攒起来的几千几千的小款项。这就是作为投机活动和私人资本主义的基础的典型经济形式。货币是取得社会财富的凭证，千百万小私有者紧紧地握住这种凭证，把它瞒过'国家'的耳目，不相信任何社会主义和共产主义，一心想'躲过'无产阶级的风暴。或者是我们使这些小资产者服从我们的监督和计算（只有把贫民即多数居民或者说半无产者组织在觉悟的无产阶级先锋队的周围，我们才能做到这一点），或者是这些小资产者必然地、不可避免地推翻我们的工人政权，就像那些正是在这种小私有者土壤上生长起来的拿破仑们和卡芬雅克们推翻了革命一样。问题就是如此。问题也只能是如此……

存有几千小款项的小资产者是国家资本主义的敌人，他们希望一定要为自己使用这几千小款项，反对贫民，反对任何的国家监督，而这几千几千的小款项加起来就是好多个亿，它们成为破坏我国社会主义建设的投机活动的基础。假定说，一定数目的工人在几天内创造出为数1 000的价值。又假定说，由于小投机活动，由于各种盗窃行为，由于小私有者逃避苏维埃的法令和条例，这个总数中的200消失了。每一个觉悟的工人都会说：假如我从这1 000中拿出300来就能建立起更好的秩序和组织，那我乐意拿出300，而不是200，因为在苏维埃政权下，既然秩序和组织会整顿好，既然小私有者对国家各种垄断的破坏会被彻底粉碎，那么以后减少这种'贡赋'，比如说减到100或50，就会是轻而易举的事。

这个用简单数字来表示的例子（为了使说明通俗起见，我故意把它尽量简化）说明了当前国家资本主义和社会主义的相互关系，工人掌握着国家政权，他们在法律上有最充分的可能把1 000统统'拿到手'，就是说，不让一个戈比落在非社会主义用途上。这种由于政权实际已转到工人手中而产生的法律上的可能性，就是社会主义的因素。但小私有者的和私人资本主义的自发势力却通过很多渠道来破坏法律上的规定，暗中投机，破坏苏维埃法令的执行。国家资本主义将是一个巨大的进步，**哪怕**（我故意用这样的数字作例子，是为了更明显地说明这点）我们付出的代价要比现在**大**，因为'为了学习'

是值得付出代价的，因为这对工人有好处，因为消除无秩序、经济破坏和松懈现象比什么都重要，因为让小私有者的无政府状态继续下去就是最大、最严重的危险，它**无疑**会葬送我们(如果我们不战胜它的话)，而付给国家资本主义较多的贡赋，不仅不会葬送我们，反会使我们通过最可靠的道路走向社会主义。工人阶级一经学会了怎样保卫国家秩序来反对小私有者的无政府性，一经学会了怎样根据国家资本主义原则来整顿好全国性的大生产组织，那时就会掌握全副王牌(恕我如此来形容)，社会主义的巩固就有了保证。

国家资本主义**在经济上**大大高于我国现时的经济，这是第一。

第二，国家资本主义中没有任何使苏维埃政权感到可怕的东西，因为苏维埃国家是工人和贫民的权力得到保障的国家……

*　　　*　　　*

为了把问题说得更清楚，我们首先来举一个最具体的国家资本主义的例子。大家都知道，这个例子就是德国。那里有达到'最新成就'的现代大资本主义技术和**服从于容克资产阶级帝国主义的**有计划的组织。如果把这些黑体字删掉，不要军阀的、容克的、资产阶级的、帝国主义的国家，同样用国家，然而是另一种社会类型、另一种阶级内容的国家，苏维埃国家，即无产阶级国家来代替，那你们就会得到实现社会主义所需要的全部条件。

没有建筑在现代科学最新成就基础上的大资本主义技术，没有一个使千百万人在产品的生产和分配中严格遵守统一标准的有计划的国家组织，社会主义就无从设想。我们马克思主义者从来都是这么说的，而对那些甚至连这点都不了解的人(无政府主义者和至少半数的左派社会革命党人)是不值得多费唇舌的。

同时，无产阶级若不在国家内占统治地位，社会主义也是无从设想的，这也是一个起码的常识。历史(除了孟什维克这类头号蠢人，没有人期待历史会顺利、平静、轻易、简单地产生出'完整的'社会主义来)发展得如此奇特，到1918年竟产生出分成了两半的社会主义，两者紧挨着，正如在国际帝国主义一个蛋壳中两只未来的鸡雏。德国和俄国在1918年最明显地分别体现了具体实现社会主义的两方面的条件：一方面是经济、生产、社会经济条件，另一方面是政治条件。

如果德国无产阶级革命获得胜利，那它就能轻而易举地一下子击破任何帝国主义的蛋壳(可惜这种蛋壳是由最好的钢材制成的,因此不是任何鸡雏的力量所能啄破的),就一定能不经过困难或只经过极小的困难而实现世界社会主义的胜利,当然这里是指全世界历史范围的'困难',而不是指平常小范围的'困难'。

如果德国革命迟迟不'诞生',我们的任务就是要**学习**德国人的国家资本主义,**全力**仿效这种国家资本主义,要不惜采用独裁的方法,不惜用野蛮的斗争手段对付野蛮,以促使野蛮的俄罗斯加紧仿效西欧文化。如果无政府主义者和左派社会革命党人中有人(我不由得想起了卡列林和格耶在中央执行委员会上的发言)竟像卡列林那样地议论说,向德帝国主义'学习'不是我们革命家干的事,那么我们只需这样回答:要是认真听信这帮人的意见,革命早就会遭到无可挽救的(也是理所当然的)失败了。

在俄国目前占优势的正是小资产阶级资本主义,从这种资本主义无论走向国家大资本主义或者走向社会主义,都是经过**同一条道路**,都是**经过同一个**中间站,即我们所说的'对产品的生产和分配实行全民的计算和监督'。谁不懂得这一点,谁就会犯不可饶恕的经济错误,他们或者是不了解具体事实,看不到实际存在的事物,不能正视现实,或者是只把'资本主义'和'社会主义'抽象地对立起来,而不研究目前我国这种过渡的具体形式和步骤。

顺便说一下,这就是把《新生活报》[5]和《前进报》[6]营垒中的优秀人物弄糊涂的同一个理论错误。这个营垒中最差的和中等的人物,由于秉性愚钝,毫无气节,已被资产阶级吓倒,做了他们的尾巴;而其优秀人物也不了解,社会主义的导师们之所以说从资本主义到社会主义要有一整个过渡时期并不是没有原因的,他们强调新社会诞生时的那种'长久的阵痛'[7]也不是没有缘故的,并且这新社会还是一种抽象的东西,它只有经过一系列建立这个或那个社会主义国家的各种各样的、不尽完善的具体尝试才会成为现实。

不经过国家资本主义和社会主义所**共有的**东西(全民的计算和监督),就不能从俄国现时的经济情况前进,正因为如此,用'**向**国家资本主义**方向**演变'来吓唬别人也吓唬自己,在理论上是荒谬透顶的。这恰恰意味着在思想上'偏离了方向',离开了'演变'的真正道路,不懂得这条道路;而在实践上,这等于是向小私有者的资本主义**倒退**。

我绝不只是现在,而是早**在**布尔什维克取得政权**以前**,就对国家资本主义作过'高度的'评价;为了让读者相信这一点,我想从我在 1917 年 9 月所写的《大难临头,出路何在?》这本小册子中摘引几段:

'……试一试用革命民主国家,即用采取革命手段摧毁一切特权、不怕以革命手段实现最完备的民主制度的国家来代替容克资本家的国家,代替地主资本家的国家,那又会怎样呢?那你就会看到,真正革命民主国家中的国家垄断资本主义,必然会是走向社会主义的一个或一些步骤。

……因为社会主义无非是从国家资本主义垄断再向前跨进一步。

……国家垄断资本主义是社会主义的最充分的物质准备,是社会主义的前阶,是历史阶梯上的一级,在这一级和叫作社会主义的那一级之间,没有任何中间级。'(第 27 页和第 28 页)[8]

请注意,这几段话是在克伦斯基执政时期写的,这里所谈的**不是**无产阶级专政,**不是**社会主义国家,而是'革命民主'国家。我们由这一政治阶梯往上登得**愈高**,我们在苏维埃内把社会主义国家和无产阶级专政体现得**愈充分**,我们就应该**愈不**惧怕'国家资本主义',这难道还不清楚吗?从**物质**、经济、生产意义上说,我们还没有到达社会主义的'前阶',而不通过我们尚未到达的这个'前阶',就不能走进社会主义的大门,这难道还不清楚吗?……

*　　*　　*

下面这个情况也是极有教益的。

当我们在中央执行委员会和布哈林同志争论时[9],他还谈到一个意见:在给专家以高额薪金的问题上,'我们''比列宁要右一些',因为我们看不出这里有任何违背原则的地方,我们记得马克思说过,在一定条件下,对工人阶级说来,最适当的是'用赎买摆脱这个匪帮'[10](指资本家匪帮,也就是说,从资产阶级手里**赎买**土地、工厂及其他生产资料)。

这个非常值得注意的意见……

……让我们深入思考一下马克思的思想吧。

他指的是上一世纪 70 年代的英国,是垄断前的资本主义的极盛时代,是当时军阀机构和官僚机构最少的国家,是当时最有可能'和平地'即通过工人向资产阶级'赎买'的办法取得社会主义胜利的国家。所以马克思说:在一定条件下,工人决不拒绝向资产阶级赎买。至于变革的形式、方法和手段,马克思没有束缚自己的手脚,也没有束缚未来的社会主义革命活动家的手脚,他非常懂得在变革时会有怎样多的新问题发生，在变革进程中整个情况会怎样变化，在变革进程中情况会怎样频繁而剧烈地变化。

在苏维埃俄国，**在**无产阶级取得政权**以后**，**在**剥削者的军事反抗和怠工反抗被镇压下去**以后**，已经形成**某些**类似半世纪前在英国可以形成的条件（如果英国当时开始和平地向社会主义过渡的话），这难道还不明显吗？当时英国有下列种种情况可以保证资本家屈服于工人：(1)工人即无产者在人口中占绝对优势，因为已经没有农民（在70年代的英国已经有一些征象，可以指望社会主义在农业工人中非常迅速地得到成功）；(2)加入工会的无产阶级具有很高的组织程度（当时英国在这方面居世界第一位）；(3)在长期的政治自由发展中受到严格训练的无产阶级具有比较高的文明程度；(4)组织得极好的英国资本家——当时他们是世界各国中最有组织的资本家（现在这个领先地位已经转到德国）——长时期惯于用妥协的方法解决政治和经济问题。就因为这些情况，当时才会产生有可能使英国资本家**和平地**屈服于英国工人的想法。

在我国，目前已有某些具体前提（10月的胜利和从10月到今年2月对资本家军事反抗和怠工反抗的镇压）使这种屈服得到保证。在我国，工人即无产者**没有**在人口中占绝对优势，**没有**很高的组织程度，胜利的因素是最贫苦的、迅速破产的农民对无产者的支持。最后，在我国，既没有高度的文明，也没有妥协的习惯。如果考虑一下这些具体条件，那就很清楚，我们现在能够而且应该把两种办法**结合起来**，一方面对不文明的资本家，对那些既不肯接受任何'国家资本主义'，也不想实行任何妥协，继续以投机和收买贫民等方法来破坏苏维埃措施的资本家，无情地加以惩治；另一方面对文明的资本家，对那些肯接受并能实施'国家资本主义'，能精明干练地组织真正以产品供应千百万人的大企业而对无产阶级有益的资本家**谋求妥协**或向他们实行赎买。

布哈林是一位学识卓越的马克思主义经济学家。因此他想起马克思曾经十分正确地教导工人说：正是为了易于过渡到社会主义，保存大生产的组织是很重要的；如果（作为一种例外，当时英国是一种例外）将来种种情况迫使资本家和平屈服，在赎买的条件下文明地有组织地转到社会主义，那就**给资本家付相当多的钱**，向他们赎买，这种思想是完全可以容许的。

但是，布哈林错了，因为他没有考虑到俄国目前的具体特点。我们目前正处在一种特殊的情况下,就是说,我们俄国无产阶级在政治制度方面,在工人政权的力量方面,比不管什么英国或德国都要**先进**,但在组织像样的国家资本主义方面,在文明程度方面,在从物质和生产上'实施'社会主义的准备程度方面,却比西欧最落后的国家还要**落后**。正是由于这种特殊情况,工人们目前有必要对那些最文明、最有才干、最有组织能力、愿意为苏维埃政权服务并且诚心诚意地帮助搞好大的和最大的'国家'生产的资本家实行特殊的'赎买',这难道还不明白吗?在这种特殊情况下,我们应该竭力避免两种都是小资产阶级性质的错误,这难道还不明白吗?一方面,如果说我们既然承认我国经济'力量'和政治力量不相称,'因而'就不应该夺取政权,那就犯了不可救药的错误。所谓的'套中人'[11]就是这样推论的,他们忘记了,'相称'是永远不会有的,在自然界的发展中,也和在社会的发展中一样,这样的相称都是不可能有的,只有经过多次的尝试——其中每次单独的尝试都会是片面的,都会有某种不相称的毛病——才能从**一切**国家无产者的革命合作中建立起胜利的社会主义。

另一方面,纵容那些空喊家和清谈家,显然也是错误的,这些人一味陶醉于'鲜明的'革命性,但要从事坚韧不拔、深思熟虑、周密审慎并考虑到各种十分困难的转变的革命工作,他们却无能为力。

幸而一些革命政党的发展史以及布尔什维主义与它们作斗争的历史给我们留下了各种鲜明的典型,其中左派社会革命党人及无政府主义者充分表现出自己是一种不大好的革命者典型。现在他们歇斯底里地叫嚣,上气不接下气,高喊反对'右派布尔什维克'的'妥协'。但是他们没有能力深入地思考一下,过去那种'妥协'究竟坏在**哪里**,它**为什么**理所当然地受到历史和革命进程的谴责。

克伦斯基时代的妥协把政权交给了帝国主义资产阶级,而政权问题是一切革命的根本问题。1917 年 10 月和 11 月间一部分布尔什维克主张妥协或者是由于害怕无产阶级取得政权,或者是想不仅同左派社会革命党人之类的'不可靠的同路人',而且同切尔诺夫分子和孟什维克这些敌人来平等地**分掌**政权,而这些敌人在驱散立宪会议[12]、无情地消灭鲍加耶夫斯基之流、普遍实行苏维埃制度和进行每一次没收等基本问题上是必然会妨碍我们的。

现在政权已经由一个政党,由无产阶级政党夺取到手,保持下来,巩固下来，甚至没有'不可靠的同路人'参加。现在已不存在而且也根本不可能存在分掌**政权**和放弃无产者对资产阶级的专政问题，这时候再来说什么妥协，那就等于是鹦鹉学舌，只是简单重复一些背得烂熟但毫不了解其意义的词句。现在，当我们能够而且应该管理国家的时候，我们不吝惜金钱，竭力把那些受过资本主义训练的最文明的人吸引过来，利用他们来对付小私有者的瓦解作用。如果把这说成是'妥协'，那就是根本不理解社会主义建设的经济任务。"[13]

论粮食税、贸易自由、租让制

上面所引的1918年的论断，在估计期限方面有许多错误。实际期限比当时估计的要长。这是毫不足怪的。可是我国经济的基本成分仍然和从前一样。农民中的"贫民"（无产者和半无产者）在很多场合下变成了中农。因此，小私有者的、小资产阶级的"自发势力"加强了。而1918年至1920年的国内战争，特别加剧了我国的经济破坏，阻碍了我国生产力的恢复，其中受害最深的就是无产阶级。加之，1920年的歉收，饲料缺乏，牲畜死亡，这就更严重地阻碍了运输业和工业的恢复，例如农民用马匹运输我们的主要燃料木柴的工作就受到了影响。

结果，1921年春天形成了这样的政治形势：要求必须立刻采取迅速的、最坚决的、最紧急的办法来改善农民的生活状况和提高他们的生产力。

为什么不是改善工人的生活状况，而是改善农民的生活状况呢？

因为要改善工人的生活状况，就需要有粮食和燃料。从整个国家经济的角度来看，现在最大的"阻碍"正是这方面引起的。要增加粮食的生产和收成，增加燃料的收购和运输，非得改善农民的生活状况，提高他们的生产力不可。应该从农民方面开始。谁若不明白这一点，谁若认为把农民提到第一位就等于"放弃"或者类似放弃无产阶级专政，那他简直是不动脑筋，只会空谈。无产阶级专政就是无产阶级对政治的领导。无产阶级作为一个领导阶级、统治阶级，应当善于指导政治，以便首先去解决最迫切而又最"棘手的"任务。现在最迫切的就是采取那种能够立刻提高农民经济生产力的办法。只有**经**

过这种办法才能做到既改善工人生活状况，又巩固工农联盟，巩固无产阶级专政。那些想**不经过这种办法**来改善工人生活状况的无产者或无产阶级代表，**实际上**只会成为白卫分子和资本家的帮凶。这是因为不经过这种办法，就无异是把工人的行会利益置于阶级利益之上，就无异是为了工人眼前的暂时的局部的利益，而牺牲整个工人阶级的利益，牺牲工人阶级专政的利益，牺牲工农为反对地主、资本家而结成的联盟的利益，牺牲工人阶级在争取劳动摆脱资本桎梏的斗争中的领导作用的利益。

总之，首先必须采取紧急的、认真的措施来提高农民的生产力。

要做到这点，就非认真改变粮食政策不可。这种改变就是用粮食税来代替余粮收集制，而这种代替是与交完粮食税之后的贸易自由，至少是与地方经济流转中的贸易自由相联系的。

用粮食税来代替余粮收集制这一政策的实质何在呢？

关于这点，现在非常广泛地流行着一些不正确的观念。这些观念所以不正确，大部分是由于人们不深入研究过渡的实质，不自问一下，究竟这一过渡是从什么过渡到什么。照他们看来，这似乎是从共产主义过渡到资产阶级制度。为了批驳这种错误看法，我不得不引用我在1918年5月说过的话。

粮食税，是从极度贫困、经济破坏和战争迫使我们所实行的特殊的“战时共产主义”向正常的社会主义的产品交换过渡的一种形式。而正常的社会主义的产品交换，又是从带有小农占人口多数所造成的种种特点的社会主义向共产主义过渡的一种形式。

特殊的“战时共产主义”就是：我们实际上从农民手里拿来了全部余粮，甚至有时不仅是余粮，而是农民的一部分必需的粮食，我们拿来这些粮食，为的是供给军队和养活工人。其中大部分，我们是借来的，付的都是纸币。我们当时不这样做就不能在一个经济遭到破坏的小农国家里战胜地主和资本家。我们取得了胜利(尽管世界上一些最强大的国家都支持我国的剥削者)这一事实不仅表明，工人和农民在谋求自身解放的斗争中能创造出什么样的英勇奇迹。这一事实也表明，当孟什维克、社会革命党人、考茨基之流说我们实行这种“战时共产主义”是一种**过错**时，他们实际上起了资产阶级走狗的作用。应当说我们实行“战时共产主义”是一种功劳。

但同样必须知道这个功劳的真正限度。“战时共产主义”是战争和经济破坏迫使我们实行的。它不是而且也不能是一项适应无产阶级经济任务的政策。它是一种临时的办法。在小农国家内实现本阶级专政的无产阶级，其正确政策是要用农民所必需的工业品去换取粮食。只有这样的粮食政策才能适应无产阶级的任务，只有这样的粮食政策才能巩固社会主义的基础，才能使社会主义取得完全的胜利。

粮食税就是向这种粮食政策的过渡。我国的经济破坏至今还十分严重，战争(昨天已经进行过，由于资本家的贪婪和恶毒，明天还可能爆发)所造成的负担还把我们压得喘不过气来，以致我们还拿不出工业品向农民换取我们所必需的**全部**粮食。我们了解到这一点，所以才实行粮食税，即把最必需(对军队和工人来说)的粮食作为税收征来，其余的粮食我们将用工业品去交换。

同时还不应该忘记下面这一点：贫困和经济破坏到了这种程度，竟使我们不能**立刻**恢复大规模的社会主义的国营工厂的生产。要做到这一点，就必须在各大工业中心有大量粮食和燃料的储备，必须以新机器代替破旧机器，等等。根据经验，我们深信不能马上做到这一点，同时我们也知道，经过这场破坏性的帝国主义战争之后，甚至连最富裕和最先进的国家，也要在一定的、相当长的年限内才能完成这个任务。可见，在一定程度上帮助恢复**小**工业是必要的，因为它不需要机器，不需要国家的和大批的原料、燃料和粮食的储备，却能够立刻给农民经济以相当帮助并提高其生产力。

这样，结果又会怎样呢？

结果小资产阶级和资本主义就会在一定的(即使只是地方性的)贸易自由基础上复活。这是毫无疑问的。无视这样的事实便太可笑了。

试问，有必要这样做吗？能够证明这样做是对的吗？这样做不危险吗？

类似的问题还可以提出很多，但这些问题多半只能暴露出提这些问题的人的幼稚无知(说得轻一点)。

请看我在1918年5月是怎样确定我国经济现有的各种社会经济结构的成分(组成部分)的。从宗法式的即半野蛮的直到社会主义的这五种结构、五个层次(或者说组成部分)都是存在的，这一点谁也否认不了。在一个小农国家内，不言而喻是小农"结构"，即部分是宗法式的、部分是小资产阶级的"结构"占着优势。既然有交换，那么，小经济的发展就是小资产阶级的发展，就是资本主义的发展；这是无可争辩的真理，这是政治经济学的初步原理，而且被日常经验甚至是普通百姓的观察所证实。

社会主义的无产阶级面对着这样的经济现实,能采取什么样的政策呢?是从社会主义大工厂的生产中拿出小农所需要的**全部**产品来向小农交换粮食和原料吗?这是一个最理想的最“正确的”政策,这种政策我们已开始实行了。但是,我们现在不可能,根本不可能拿出所需要的**全部**产品,而且也不可能很快就拿出来,至少在全国电气化第一批工程完成之前是拿不出来的。那该怎么办呢?或者是试图完全禁止、堵塞一切私人的非国营的交换的发展,即商业的发展,即资本主义的发展,而这种发展在有千百万小生产者存在的条件下是不可避免的。一个政党要是试行这样的政策,那它就是在干蠢事,就是自杀。说它在干蠢事,是因为这种政策在经济上行不通;说它在自杀,是因为试行这类政策的政党,必然会遭到失败。老实说,有些共产党员执行的正是**这样的**政策,所以在“思想、言论和行动”上犯了错误。我们要努力纠正这些错误。一定要纠正这些错误,否则后果将不堪设想。

或者是(这是最后一种**可行的**和惟一合理的政策)不去试图禁止或堵塞资本主义的发展,而努力把这一发展纳入**国家资本主义**的轨道。这在经济上是可行的,因为凡是有自由贸易成分以至任何资本主义成分的地方,都已经有了——这种或那种形式、这种或那种程度的——国家资本主义。

苏维埃国家即无产阶级专政能不能同国家资本主义结合、联合和并存呢?

当然能够。我在1918年5月就反复论证过这一点,并且我相信在1918年5月就已经证明了这一点。此外,当时我还证明说,与小私有者的(小宗法式的和小资产阶级的)自发势力比较,国家资本主义是一个进步。现在有些人犯了很多错误,就是因为他们只把国家资本主义同社会主义相对照或相比较,而在当前的政治经济情况下,也应该把国家资本主义同小资产阶级生产作一番比较。

全部问题,无论是理论上的还是实践上的问题,在于找出正确的方法,即应当怎样把不可避免的(在一定程度上和在一定期限内不可避免的)资本主义的发展纳入国家资本主义的轨道,靠什么条件来做成这件事,怎样保证在不久的将来把国家资本主义变成社会主义。

为了解决这个问题,首先应当尽可能明确地想到,在我们苏维埃体系内,在我们苏维埃国家范围内,国家资本主义实际上将是怎样的,而且可能是怎样的。

苏维埃政权怎样把资本主义的发展纳入国家资本主义的轨道,苏维埃政权怎样"培植"国家资本主义,可以说明这一点的最简单的事例,就是租让。现在我们这里,大家都一致认为租让是必要的,但并不是所有的人都考虑过租让有什么意义。就各种社会经济结构及其相互关系来看,苏维埃制度下的租让是什么呢?这就是苏维埃政权、即无产阶级的国家政权为反对小私有者的(宗法式的和小资产阶级的)自发势力而和国家资本主义订立的一种合同、同盟或联盟。承租人就是资本家。他按资本主义方式经营,是为了获得利润,他同意和无产阶级政权订立合同,是为了获得高于一般利润的额外利润,或者是为了获得用别的办法得不到或极难得到的原料。苏维埃政权获得的利益,就是发展生产力,就是立刻或在最短期间增加产品数量。譬如说,我们有100个油田、矿山和林区。我们不能全部开发,因为我们的机器、粮食和运输工具都不够。由于同样原因,已经开发的产区我们工作得也不好。正由于大企业的开发工作做得不好、不充分,因此小私有者的自发势力在各方面都猖獗起来:附近的(以至整个的)农民经济遭到削弱,它的生产力受到破坏,农民对苏维埃政权愈来愈不信任,盗窃公共财物的现象时常发生,小规模的(但是最危险的)投机倒把活动大量出现,等等。苏维埃政权"培植"租让制这种国家资本主义,就是加强大生产来反对小生产,加强先进生产来反对落后生产,加强机器生产来反对手工生产,增加可由自己支配的大工业产品的数量(即提成),加强由国家调整的经济关系来对抗小资产阶级无政府状态的经济关系。租让政策执行得恰当而谨慎,无疑能帮助我们迅速(在某种不大的程度上)改进生产状况,改善工人和农民的生活,——当然要以某些牺牲作代价,要以把千百万普特最宝贵的产品交给资本家作代价。租让在什么程度上和什么条件下对我们有利而无害,这要取决于力量的对比,取决于斗争,因为租让也是一种斗争形式,是阶级斗争在另一种形式下的继续,而决不是用阶级和平来代替阶级斗争。至于斗争的方式如何,将由实践来表明。

租让制这种国家资本主义,和苏维埃体系内其他形式的国家资本主义比较起来,大概是最简单、明显、清楚和一目了然的形式。在这里,我们和最文明先进的西欧资本主义直接订立正式的书面合同。我们确切知道自己的得失、自己的权利和义务,我们确切知道租让的期限,如果合同规定有提前赎回的权利,我们也确切知道提前赎回的条件。我们给世界资本主义一定的"贡赋",在某些方面向他们"赎买",从而立刻在某种程度上使苏维埃政权的地位得到加强,使我们经营的条件得到改善。在租让方面,任务的全部困难就在于,当订立租让合同时,一切都要经过深思熟虑,反复权衡,而订立之后还要善于监督该合同的执行。这方面困难无疑是有的,而错误在初期大概也是不可避免的,但这些困难,与社会革命的其他任务比较,尤其是与发展、推行、培植国家资本主义的其他形式比较,还是极其微小的。

由于要实行粮食税,党和苏维埃机关全体工作人员的最重要任务,就是要把"租让"(即和"租让制的"国家资本主义相类似的)政策的原则和原理运用到自由贸易及地方流转等等的其他资本主义形式上去。

拿合作社来说吧。粮食税法令[14]立即引起了对合作社条例的修改和合作社"自由"与权利的一定的扩大,并不是没有原因的。合作社也是国家资本主义的一种形式,但它却不那样简单,不那样明显和一目了然,而比较复杂,因此它使我国政权在实践上遇到的困难更多。小商品生产者合作社(这里所说的不是工人合作社,而是在小农国家中占优势的典型的小商品生产者合作社)必然会产生出小资产阶级的、资本主义的关系,促进这种关系的发展,把小资本家提到首位,给他们以最大的利益。既然小业主占优势,既然有交换的可能和必要,那么事情也只能是这样。在俄国目前情况下,合作社有自由,有权利,就等于资本主义有自由,有权利。无视这一明显的真理,便是干蠢事或犯罪。

但在苏维埃政权下,"合作制"资本主义和私人资本主义不同,是国家资本主义的一个变种,正因为如此,所以目前它对我们是有利的,有好处的,当然这只是在一定程度上。既然粮食税意味着可以自由出卖剩下的(纳税以后的)余粮,那么我们就必须竭力设法把资本主义的**这种**发展(因为买卖自由、贸易自由**就是**资本主义的发展)纳入合作制资本主义的轨道。从便于计算、监督、监察以及便于推行国家(这里指苏维埃国家)和资本家之间的合同关系说来,合作制资本主义和国家资本主义相类似。合作社这一商业形式比私营商业有利,有好处,不仅是由于上述一些原因,而且是由于合作社便于把千百万居民以至全体居民联合起来,组织起来,而这种情况,从国家资本主义进一步过渡到社会主义的观点来看,又是一大优点。

我们把国家资本主义的两种形式——租让和合作社比较一下。租让的基础是大机器工业，合作社的基础则是手工的、部分甚至是宗法式的小生产。租让在每一份租让合同中，只关系到一个资本家，或者一个公司，一个辛迪加，一个卡特尔，一个托拉斯。合作社则包括成千上万、甚至千百万个小业主。租让容许有、甚至要求有确切的合同和确切的期限。合作社则既不能有十分确切的合同，也不能有十分确切的期限。撤销合作社法令，要比解除租让合同容易得多，但中断租让合同就意味着一下子干脆地立即与资本家断绝在经济上的联盟或“共居”的实际关系，而撤销合作社法令也好，颁布任何法令也好，都不仅不能一下子就中断苏维埃政权与小资本家的实际“共居”关系，而且根本不能断绝实际的经济关系。“监视”承租人容易，“监视”合作社工作者困难。由租让向社会主义过渡，是由一种大生产形式向另一种大生产形式过渡。由小业主合作社向社会主义过渡，则是由小生产向大生产过渡，就是说，是比较复杂的过渡，但是它一旦获得成功，却能包括比较广大的居民群众，却能把根深蒂固的旧的关系，社会主义以前的，甚至资本主义以前的即最顽固地反抗一切“革新”的那些关系彻底铲除。租让政策一旦获得成功，就会使我们获得为数不多、但却具有现代先进资本主义水平的模范的——和我们的相比较——大企业；经过几十年以后，这些企业就会完全归我们所有。合作制政策一旦获得成功，就会使我们把小经济发展起来，并使小经济比较容易在相当期间内，在自愿联合的基础上过渡到大生产。

再拿国家资本主义的第三种形式来说。国家把作为商人的资本家吸引过来，付给他们一定的佣金，由他们来销售国家的产品和收购小生产者的产品。第四种形式就是：国家把国有的企业或油田、林区、土地等租给企业资本家，而且租借合同与租让合同极为相似。对于国家资本主义这后两种形式，我们根本没有人谈过，根本没有人想过，根本没有人注意过。这种情况的产生，倒不是由于我们又强又聪明，而是由于我们又弱又愚蠢。我们害怕正视“卑微的真理”，往往受“令人鼓舞的谎言”[15]所摆布。我们经常爱谈论“我们”是从资本主义向社会主义过渡，却没有明确地想到这个“我们”究竟是指谁。我在1918年5月5日的文章中列举的我国经济中社会经济的一切——一切，绝无例外——组成部分，一切不同的结构，必须予以重视，务必使这一清楚的概念不致被遗忘。“我们”，无产阶级的先锋队，无产阶级的先进部队，正直接向社会主义过渡,但先进部队只是整个无产阶级中的一小部分,而无产阶级又只是全体居民群众中的一小部分。所以为了使"我们"能顺利地完成我们直接向社会主义过渡的任务,就必须懂得,需要经过哪些**中间的**途径、方法、手段和辅助办法,才能使**资本主义以前的**各种关系过渡到社会主义。关键就在这里。

看一下俄罗斯联邦的地图吧。在沃洛格达以北、顿河畔罗斯托夫及萨拉托夫东南、奥伦堡和鄂木斯克以南、托木斯克以北有一片片一望无际的空旷地带,可以容下几十个文明大国。然而主宰这一片片空旷地带的却是宗法制度、半野蛮状态和十足的野蛮状态。那么在俄国所有其余的穷乡僻壤又是怎样的呢?乡村同铁路,即同那连结文明、连结资本主义、连结大工业、连结大城市的物质脉络往往相隔几十俄里,而只有羊肠小道可通,确切些说,是无路可通。到处都是这样。这些地方不也是到处都是宗法制度、奥勃洛摩夫精神[16]和半野蛮状态占优势吗?

试问能不能由这种在俄国占优势的状态,直接过渡到社会主义去呢?是的,在某种程度上是可能的,但必须有一个条件,现在我们有了一部业已完成的科学巨著[17],知道这个条件是什么。这个条件就是电气化。如果我们能建立起几十座区域电站(现在我们知道:这些电站可以而且应该在哪里建立以及如何建立),如果我们能把电力从这些电站送到每个村子,如果我们能得到足够数量的电动机及其他机器,那么从宗法制度到社会主义就不需要或者几乎不需要过渡阶段和中间环节了。我们很清楚,实现这"一个"条件,单是完成第一批工程,就至少要花上十年工夫,至于缩短这一期限,那只有等到无产阶级革命在英、德、美这些国家中获得胜利的时候才有可能。

在最近这几年,必须善于考虑那些便于从宗法制度、从小生产过渡到社会主义的中间环节。"我们"直到现在还常常爱这样议论:"资本主义是祸害,社会主义是幸福。"但这种议论是不正确的,因为它忘记了现存的各种社会经济结构的总和,而只从中抽出了两种结构来看。

同社会主义比较,资本主义是祸害。但同中世纪制度、同小生产、同小生产者涣散性引起的官僚主义比较,资本主义则是幸福。既然我们还不能实现从小生产到社会主义的直接过渡,所以作为小生产和交换的自发产物的资本主义,在一定程度上是不可避免的,所以我们应该利用资本主义(特别是要把它纳入国家资本主义的轨道)作为小生产和社会主义之间的中间环节,作为提高生产力的手段、途径、方法和方式。

拿官僚主义问题来说,从经济方面来看一看这个问题吧。在1918年5月5日,官僚主义还没有引起我们注意。十月革命才过了半年,我们自上而下地摧毁旧官僚机构才过了半年,我们还没有感觉到这个祸害。

又过了一年。在1919年3月18日至23日举行的俄国共产党第八次代表大会[18]上,通过了新党纲,在这个党纲中,我们讲得很直率,我们不怕承认祸害,而愿意暴露它,揭穿它,使人人唾弃它,唤起同祸害作斗争的想法、意志、毅力和行动,我们说,**"官僚主义就在苏维埃制度内部部分地复活起来"**[19]。

又过了两年。1921年春,即在苏维埃第八次代表大会[20](1920年12月)讨论了官僚主义问题以后,在俄国共产党第十次代表大会(1921年3月)[21]总结了同分析官僚主义有极密切关系的争论以后,我们把**这个**祸害看得更清楚,更明确,更严重了。官僚主义的经济根源是什么呢?这种根源主要有两个方面:一方面是已发展起来的资产阶级正是为了反对工人的(部分地也是为了反对农民的)革命运动而需要官僚机构,首先是军事的、其次是法庭等等的官僚机构。这种现象我们这里是没有的。我们的法庭是反资产阶级的阶级法庭,我们的军队是反资产阶级的阶级军队。官僚主义并不在军队里面,而是在为军队服务的机关里面。我们这里官僚主义的经济根源是另外一种:小生产者的分散性和涣散性,他们的贫困、不开化,交通的闭塞,文盲现象的存在,缺乏农工业之间的**流转**,缺乏两者之间的联系和协作。这在很大程度上是国内战争的结果。那时我们四面被封锁,被包围,与全世界隔绝,以后又与南方产粮区、与西伯利亚、与产煤区隔绝,我们无法恢复工业。那时我们不得不果断地实行"战时共产主义",不畏最大的艰险:我们宁可忍受半饥饿、甚至比半饥饿更坏的生活,也无论如何要捍卫住工农政权;尽管经济破坏空前严重,流转停顿,我们也要把它捍卫住。把社会革命党人和孟什维克吓坏了的情况(他们实际上往往是出于恐惧,出于害怕,才去追随资产阶级的)并没有把我们吓倒。我们的做法在一个被封锁的国家中,在一个被包围的要塞内曾是取得胜利的条件,然而正是到了1921年春,在最后一批白卫军彻底被驱逐出俄罗斯联邦领土以后,却暴露出它的坏的一面。在一个被包围的要塞内,可以而且只能"堵塞"一切流转;由于群众发扬了非凡的英勇精神,这种情况可以忍受三年之久。此后,小生产者的破产更厉害了。大工业的恢复又往后拖,往后推了。于是,官僚主义作为"包围状态"的后果,作为小生产者涣散性和受压制状态的上层建筑,就充分暴露了出来。

应当大胆承认这一祸害,以便更坚决地同它作斗争,以便一次又一次地从头做起——在我国的一切建设部门中,我们还不得不多次反复地从头做起,改正没有做好的事,选择各种完成任务的途径。既然大工业的恢复要推迟,既然工业和农业之间流转"被堵塞"的情况已经到了不堪忍受的地步,那就是说,我们应该致力于较容易做到的事情,即恢复小工业。从这方面来帮助我们的事业,把被战争和封锁弄得摇摇欲坠的建筑物的这一边先支撑起来。要用一切办法坚决发展流转,不要害怕资本主义,因为在我国(经济上剥夺了地主和资产阶级,政治上有工农政权)给予资本主义活动的范围,是相当狭小而"适度"的。这就是粮食税的基本精神,这就是粮食税的经济意义。

党和苏维埃机关的所有工作人员,必须全力以赴、全神贯注地培养和唤起各地方在经济建设事业中较大的主动性——省里的要大;县里的更大;乡和村里的还要大——其目的就是要迅速地振兴农民经济(即使是使用"小笔"资金在小范围里这样做也好),靠发展附近的小工业来帮助农民经济。全国统一的经济计划要求把这件事作为注意和关怀的中心,作为各项"突击"工作的中心。在这里,也就是在最接近极广泛极深厚的"基础"的地方所取得的某种改善,能使我们在最短时间内更积极更顺利地把大工业恢复起来。

粮食工作者过去只知道一个基本指令:收集100%的余粮。现在则是另一个指令了,这就是要在最短期间内征收100%的粮食税,尔后再用大工业和小工业的产品换取100%的余粮。一个征收了75%的粮食税、又用大小工业的产品换取了75%(指第二个百分数内的)的余粮的人,同另一个征收了100%的粮食税和换取了55%(指第二个百分数内的)的余粮的人相比,前者做的事情对国家更有利。粮食工作者的任务愈来愈复杂了。一方面,这是国库的任务。征收粮食税要尽量快,要尽量合理。另一方面,这又是总的经济任务。要努力循着扩大和巩固农业和工业间的流转这一方向来指导合作社,来帮助小工业,来发挥地方的主动性和创造性。我们还很不善于做这件事;官僚主义就是一个证明。我们应当大胆承认,在这方面还有很多东西可以而

且应当向资本家学习。我们要一个个省、一个个县、一个个乡、一个个村地来比较实际经验的总结:在某个地方,私人资本家和小资本家取得了什么什么成绩。他们得到的利润大概有多少。这就是我们"为了学习"而付出的费用或酬金。为了学习要不惜破费,只要能学到东西就行。而在邻近的地方,采用办合作社的办法取得了什么什么成绩。合作社的利润有多少。至于第三个地方,则用纯粹国营的、纯粹共产主义的方式取得了什么什么成绩(这第三种情况在目前是罕见的例外)。

任务就在于每个区域的经济中心,每个省执行委员会所属的经济会议[22],应把交纳粮食税后余粮如何"流转"的各种试验或办法立即安排好,并把这一工作提到首位。几个月之后,就应当有一些实际结果,以便加以比较和研究。本地盐或外来盐;从中部地区运来的煤油;手工木材加工业;靠当地原料生产一些虽不很重要、但对农民却有用的必需品的手工业;"绿煤"(利用当地小水力来发电),等等——这一切全都应当利用起来,目的是想方设法活跃工业和农业间的流转。谁能在这方面取得最大的成绩,即使是用私人资本主义的办法,甚至没有经过合作社,没有把这种资本主义直接变为国家资本主义,那他给全俄社会主义建设事业带来的益处,也比那些只是"关心"共产主义纯洁性,只是为国家资本主义和合作社起草规章、条文、细则,而实际上却不去推动流转的人,要多得多。

有人可能会认为这是奇谈怪论:私人资本主义能成为社会主义的帮手吗?

但这一点也不是奇谈怪论,而是经济上完全无可争辩的事实。既然这个小农国家,经历了战争和封锁,在运输业方面遭到严重破坏,而在政治上是由掌握运输业和大工业的无产阶级领导的,那么根据这些前提必然得出这样的结论:第一,地方流转在目前具有头等意义,第二,有可能通过私人资本主义(更不用说国家资本主义)来促进社会主义。

少争论些字眼吧。直到现在,我们在这方面的毛病还非常大。多积累一些各种各样的实际经验吧,多研究研究这些经验吧。常常有这样的情况:模范的地方工作,哪怕是很小范围内的地方工作,往往比中央许多部门的国家工作具有更重要的全国性意义。我国目前在农民经济方面,特别在用工业品交换剩余农产品方面的情况恰恰就是这样。在上述方面,即使只是一个乡的模范工作,也比"模范地"改善某个人民委员部的中央机关具有更大的全国性意义。这是因为我们的中央机关在三年半来竟已沾染了某些有害的因循习气;我们还不能大大地迅速地改善这种机关,我们还不知道应该怎么办。要帮助中央机关作比较彻底的改善,帮助它增加大批新生力量,帮助它有成效地与官僚主义作斗争,帮助它克服有害的因循习气,这种帮助应当来自地方,来自下层,来自一个不大的"整体的"模范工作,这里需要的正是"整体",即不是一种经济,不是一个经济部门,不是一个企业,而是**全部**经济关系的**总和**,是**整个**经济流转——哪怕是在不大的地方范围内——的**总和**。

我们中间一切必须留在中央机关工作的人,将要——即使是在有限的、力所能及的范围内——继续改善机关工作和清除其中的官僚主义。但在这方面,主要的帮助来自地方,今后也一定来自地方。据我看来,我们在地方上的情况一般比中央要好,这也是可以理解的,因为官僚主义这一祸害,自然是集中在中央;在这方面,莫斯科不能不是一个糟糕的城市,而且算得上是全国最糟糕的"地方"。在地方上有两种倾向;坏倾向比好倾向要少。坏倾向就是:混到共产党里来的旧官吏、地主、资产者以及其他败类滥用职权,他们有时做出违法乱纪、欺压农民等恶劣行为。这就需要用恐怖手段进行清洗:就地审判,立即枪决。让马尔托夫之流、切尔诺夫之流以及诸如此类的非党市侩去捶胸大叫:"感谢上帝,我不像'他们',向来不赞成恐怖手段。"这些傻瓜是"不赞成恐怖手段"的,因为他们为自己挑了这样的角色,即充当帮助白卫分子愚弄工人和农民的奴才。社会革命党人和孟什维克是"不赞成恐怖手段"的,因为他们所扮演的角色,就是打着"社会主义"旗帜**带领**群众去**受白卫分子的恐怖统治**。俄罗斯的克伦斯基执政时期和科尔尼洛夫叛乱[23],西伯利亚的高尔察克叛乱,格鲁吉亚的孟什维主义都证明了这一点,芬兰、匈牙利、奥地利、德国、意大利、英国及其他国家的第二国际和"第二半"国际[24]的英雄们也证明了这一点。让那些帮助白卫分子使用恐怖手段的奴才们去自吹自擂,说他们否定任何恐怖手段吧。而我们还是要说出一个严酷而不容置疑的真理:在那些经历了1914—1918年帝国主义战争后的空前危机、旧的联系中断、阶级斗争激烈的国家里(世界各国都是如此),和伪君子及空谈家说的正相反,没有恐怖手段是绝对不行的。或者是美国式、英国式(爱尔兰)、意大利式(法西斯分子)、德国式、匈牙利式以及其他形式的白卫分子的、资产阶级的恐怖手段,或者是红色的、无产阶级的恐怖手段。中间道路是没有的,没有也不可能有“第三条道路”。

好倾向就是：有成效地与官僚主义作斗争，非常注意工人和农民的需要，非常关心经济的振兴，提高劳动生产率，发展地方上农业和工业间的流转。这种好倾向虽然比坏倾向多，但毕竟还嫌太少。可是这些好倾向是有的。各地都在培养那些经受过国内战争和艰苦生活考验的新的年轻的有朝气的共产主义力量。至于经常不断地把这种力量从下面提拔上来，我们做得还很不够很不够。这一点可以而且必须更广泛更坚决地做下去。某些工作人员可以而且应当调离中央机关到地方上去工作：他们以县和**乡**的领导者身份，在那里**模范地**做好**整个**经济工作，就会有很大的贡献，就能比有的中央机构做出更重要的**有全国意义的**事业。这是因为模范工作是培养工作人员的园地，是可供仿效的榜样，有了榜样，仿效就会比较容易了，何况我们还能从中央给以帮助，使各地都来广泛地“仿效”这种榜样。

利用交清粮食税后的余粮和利用小工业主要是手工业来发展农业和工业之间的“流转”问题，实质上就是要求**地方上**发挥独立的、熟悉情况的、巧妙的**首创精神**，所以，从全国观点看来，一个模范县和一个模范乡的工作在目前具有非常重要的意义。例如，在军事上，在最近的对波战争期间，我们就没有害怕违背官僚主义的等级制，没有害怕“降低官衔”，没有害怕把共和国革命军事委员会[25]委员（仍保留他们在中央机关的高级职务）调到下面去工作。为什么现在不可以把全俄中央执行委员会某些委员，或者某些部务委员，或者其他身任要职的同志们，调到下面去工作，甚至是担任县的、乡的工作呢？我们确实还没有“官僚化”到这样的程度，还不至于因为下调就“感到难堪”。而且我们这里可以找到几十个乐意担负这种工作的中央工作人员。我们这样做了，全共和国的经济建设事业就会得到非常大的好处，模范乡或模范县将起到不仅是巨大的，而且简直是有决定意义的历史作用。

顺便说说，必须指出在与投机倒把活动作斗争这一问题的原则提法上所作的必要的改变，这虽是小问题，但却是很有意义的。凡是不逃避国家的监督的“正当”贸易，我们都应当加以支持，发展这种贸易对我们是有利的。投机倒把活动，如果从政治经济学意义上来理解，那它和“正当”贸易就区分**不**开来。贸易自由就是资本主义，资本主义就是投机倒把，无视这一点是很可笑的。

怎么办呢？难道宣布投机倒把活动可以不受制裁吗？

不。应当重新审查和修改关于投机倒把活动的一切法令，宣布一切**盗窃公共财物行为**，一切直接或间接、公开或秘密地**逃避国家监督、监察和计算的行为**，都要受到制裁(事实上要比从前更严厉三倍地加以惩办)。正是要这样来提出问题(人民委员会已经开始这样做，就是说，人民委员会已下令开始重新审查关于投机倒把活动的法令)，才能做到把某种程度上不可避免的、而且为我们所必需的资本主义发展纳入**国家**资本主义的轨道。

1921 年 4 月 21 日

1921 年 5 月由国家出版社在莫斯科印成单行本

选自《列宁选集》第 4 卷，人民出版社 1995 年版，第 488—517 页。

注　释：

[1] 见本版选集第 3 卷第 511—540 页。——编者注

[2] 布列斯特和约是 1918 年 3 月 3 日苏维埃俄国在布列斯特-里托夫斯克同德国、奥匈帝国、保加利亚和土耳其签订的条约，3 月 15 日经全俄苏维埃第四次(非常)代表大会批准。和约共 14 条，另有一些附件。根据和约，苏维埃共和国同四国同盟之间停止战争状态。波兰、立陶宛全部、白俄罗斯和拉脱维亚部分地区脱离俄国。苏维埃俄国应从拉脱维亚和爱沙尼亚撤军，由德军进驻。德国保有里加湾和蒙海峡群岛。苏维埃军队撤离乌克兰、芬兰和奥兰群岛，并把阿尔达汉、卡尔斯和巴统各地区让与土耳其。苏维埃俄国总共丧失 100 万平方公里土地(含乌克兰)。此外，苏维埃俄国必须复员全部军队，承认乌克兰中央拉达同德国及其盟国缔结的和约，并须同中央拉达签订和约和确定俄国同乌克兰的边界。布列斯特和约恢复了对苏维埃俄国极其不利而对德国有利的 1904 年的关税税率。1918 年 8 月 27 日在柏林签订了俄德财政协定，规定俄国必须以各种形式向德国交付 60 亿马克的赔款。布列斯特条约是当时刚建立的苏维埃政权为了摆脱帝国主义战争，集中力量巩固十

月革命取得的胜利而实行的一种革命的妥协。这个和约的签订，虽然使苏维埃俄国受到割地赔款的巨大损失，但是没有触动十月革命的根本成果，并为年轻的苏维埃共和国赢得了和平喘息时机去巩固无产阶级专政，整顿国家经济和建立正规红军，为后来击溃白卫军和帝国主义的武装干涉创造了条件。1918 年德国十一月革命推翻了威廉二世的政权。1918 年 11 月 13 日，全俄中央执行委员会宣布废除布列斯特和约。——74、125、145、217、265、312、346、488、552、567、574、597、613、778。

[**3**] *“左派共产主义者”* 是俄共(布)党内的一个左倾机会主义集团，产生于 1918 年 1 月。核心人物是尼·伊·布哈林、安·谢·布勃诺夫、阿·洛莫夫、瓦·瓦·奥博连斯基、叶·阿·普列奥布拉任斯基、卡·伯·拉狄克、格·列·皮达可夫等。“左派共产主义者”极力反对列宁在 1918 年初提出的尽快同德国媾和的建议，认为同帝国主义国家媾和在原则上是不允许的，力主当时还没有军队的年轻的苏维埃共和国继续同德国作战。他们把德国革命将会爆发设想为在最近某个短时期内就要爆发，认为德国政府很快会被德国革命所推翻。列宁在批判“左派共产主义者”的冒险主张时多次指出，相信德国革命成熟和宣布德国革命已经成熟，这是完全不同的两回事。列宁说：“我们把一切希望寄托在欧洲社会主义的胜利上”，这是我们的伟大的口号。但是如果我们同帝国主义斗争的策略“基于这样的希望，希望李卜克内西在最近几个星期以内一定取得胜利，那我们就只配遭到嘲笑。那我们就把当代最伟大的革命口号变成了革命空谈”(见《列宁全集》第 2 版第 33 卷第 410、411 页)。

1918 年 4 月，以尼·伊·布哈林为首的“左派共产主义者”发表《目前形势的提纲》来对抗列宁的《关于苏维埃政权的当前任务的提纲》。他们否认过渡时期的必要性，主张用“对资本实行骑兵突击”、颁布相应的法令和“生活公社化”的办法立即“实行”社会主义，反对利用国家资本主义，反对使用资产阶级专家，建议完全摧毁银行信贷机构，加速废除货币，等等。列宁在《论“左派”幼稚性和小资产阶级性》一文中批评了他们的错误观点(见本版选集第 3 卷第 511—540 页)。1918 年夏末，“左派共产主义者”公开承认了自己的错误。——146、488、661、771。

[**4**] *左派社会革命党人*是俄国小资产阶级政党社会革命党的左翼，于 1917 年 12 月 2 日(15 日)组成了独立的政党，其领袖人物是玛·亚·斯皮里多诺娃、波·达·卡姆柯夫和马·安·纳坦松。

左派社会革命党人这一派别在第一次世界大战中形成，1917 年七月事变后迅速发展，在十月革命中加入了军事革命委员会，参加了武装起义。在全俄苏维埃第二次代表大会上,左派社会革命党人在社会革命党党团中是多数派。当右派社会革命党人遵照社会革命党中央的指示退出代表大会时,他们仍然留在代表大会中,并且在议程的最重要的问题上和布尔什维克一起投票。但是在参加政府的问题上,他们拒绝了布尔什维克的建议,而同孟什维克国际主义派一起要求建立有社会革命党、孟什维克和布尔什维克参加的所谓“清一色的社会党人政府”。左派社会革命党人在长期犹豫之后,为了保持他们在农民中的影响,决定参加苏维埃政府。经过布尔什维克和左派社会革命党人的谈判,1917 年底有 7 名左派社会革命党人加入了人民委员会,而左派社会革命党人也保证在自己的活动中实行人民委员会的总政策。

左派社会革命党人虽然走上和布尔什维克合作的道路,但是反对无产阶级专政,在建设社会主义的一些根本问题上同布尔什维克有分歧。1918 年初,左派社会革命党人反对签订布列斯特和约,在同年 3 月苏维埃第四次(非常)代表大会批准布列斯特和约后退出了人民委员会,但仍留在中央执行委员会和其他苏维埃机关中。左派社会革命党人也反对苏维埃政权关于在企业和铁路部门中建立一长制和加强劳动纪律的措施。1918 年夏天,随着社会主义革命在农村中的展开和贫苦农民委员会的建立,左派社会革命党人中的反苏维埃情绪开始增长。1918 年 6 月 24 日,左派社会革命党中央通过决议,提出用一切可行的手段来“纠正苏维埃政策的路线”。接着,左派社会革命党人于 1918 年 7 月 6 日在莫斯科发动了武装叛乱。这次叛乱被粉碎之后,全俄苏维埃第五次代表大会通过决议,把那些赞同其上层领导路线的左派社会革命党人从苏维埃开除出去。左派社会革命党的很大一部分普通党员甚至领导人并不支持其领导机构的冒险主义行动。1918 年 9 月,一部分采取同布尔什维克合作立场的左派社会革命党人组成了民粹派共产党和革命共产党。这两个党的大部分党员后来参加了俄共(布)。20 年代初,左派社会革命党不复存在。——181、491。

[**5**]《新生活报》(«Новая Жизнь»)是俄国报纸(日报),由一批孟什维克国际主义者和聚集在《年鉴》杂志周围的作家创办,1917 年 4 月 18 日(5 月 1 日)起在彼得格勒出版,1918 年 6 月 1 日起增出莫斯科版。出版人是阿·谢列布罗夫(阿·尼·吉洪诺夫),编辑部成员有马·高尔基、谢列布罗夫、瓦·阿·杰斯尼茨基、尼·苏汉诺夫,撰稿人有弗·亚·巴扎罗夫、波·瓦·阿维洛夫、亚·亚·波格丹诺夫等。在 1917 年 9 月 2—8 日(15—21 日)被克伦斯基政府查封期间,曾用《自由生活报》的名称出版。十月革命以前,该报的政治立场是动摇的,时而反对临时政府,时而反对布尔什维克。该报对十月革命和建立苏维埃政权抱敌对态度。1918 年 7 月被

查封。——494。

[6]《前进报》(«Вперёд»)是俄国孟什维克报纸(日报),1917年3月起在莫斯科出版。该报最初是孟什维克莫斯科组织的机关报,后来是俄国社会民主工党(孟什维克)莫斯科组织委员会和中部区域委员会的机关报。从1918年4月2日起,是孟什维克中央委员会的机关报,尔·马尔托夫、费·伊·唐恩和亚·马尔丁诺夫都参加了该报编辑部。1918年5月10日,根据全俄肃反委员会的决定,该报被查封,领导人被送交法庭审判。5月14日,该报改称《永远前进报》,出了一号。1919年1月22日—2月25日继续出版。1919年2月,根据全俄中央执行委员会的决定被最终查封(决定草案是列宁写的,见《列宁全集》第2版第35卷第475—476页)。——494。

[7] 见《马克思恩格斯选集》第3卷第12页。——编者注

[8] 见本版选集第3卷第265页和第266页。——编者注

[9]《列宁全集》第2版第34卷第252—253页。——编者注

[10]《马克思恩格斯选集》第4卷第315页。——编者注

[11] 套中人是俄国作家安·巴·契诃夫的同名小说的主人公别利科夫的绰号,是因循守旧、害怕变革的典型。——498。

[12] 俄国的立宪会议是议会式机关。召开立宪会议的要求是十二月党人最早提出的,以后在反对沙皇专制制度的斗争中得到了广泛的传播。俄国社会民主工党1903年纲领也列入了这项要求。

1917年二月革命后,一方面,小资产阶级和资产阶级政党用召开立宪会议的诺言诱使群众放弃革命斗争,断言立宪会议能通过立法方法解决一切经济和政治问题,而另一方面,资产阶级临时政府害怕比社会革命党左的农民将在立宪会议中占多数,又阻挠立宪会议的召开。布尔什维克党在不否定召开立宪会议的主张的同时,号召群众进行革命斗争,指出在资产阶级民主革命向社会主义革命发展的条件下,现实生活和革命本身将把立宪会议推到后台。

十月革命后,布尔什维克党采取让小资产阶级群众通过自身经验来消除资产阶级立宪幻想的方针。1917年10月27日(11月9日),人民委员会认可了上述立宪会议选举日期。选举于11—12月举行,在某些边远地区于1918年1月举行。社会革命党在选举中得到了多数席位,但这并不反映当时真正的政治力量对比。反革命势力提出了"全部政权归立宪会议!"的口号来反对苏维埃政权。虽然如此,布尔什维克党仍决定召开立宪会议。1918年1月5日(18日),立宪会议在彼得格勒塔夫利达宫开幕。以维·米·切尔诺夫为首的社会革命党中派在会上占优势。

立宪会议的反革命多数派拒绝讨论全俄中央执行委员会提出的《被剥削劳动人民权利宣言》,不承认全俄工兵代表苏维埃第二次代表大会通过的苏维埃政权的法令。布尔什维克党团当即退出了会议。随后,左派社会革命党人和一部分穆斯林代表也退出了会议。全俄中央执行委员会于1918年1月6日(19日)通过法令,解散了立宪会议。——499、602。

[13] 见《列宁全集》第2版第34卷第274—286页。——编者注

[14] 粮食税法令即《关于以实物税代替余粮、原料收集制的决定》,是1921年3月21日全俄中央执行委员会根据俄共(布)第十次代表大会的决议通过的,公布于3月23日。为执行这一决定,人民委员会于3月28日批准、29日颁布了《关于1921—1922年实物税税额的决定》和《关于在已完成收集余粮任务的各省实行粮食、饲料、马铃薯和干草自由交换的法令》。自4月21日起,人民委员会又陆续通过了确定粮食、马铃薯、油料和其他农产品的实物税税额的决定。——506。

[15] 引自俄国诗人亚·谢·普希金的抒情诗《英雄》。这首诗采取"诗人"和"友人"对话的形式,诗中的"诗人"认为:拿破仑冒着生命危险去传染病院同患黑死病的士兵握手表示慰问一事,虽经历史学家考证并非事实,但一句"令人鼓舞的谎言",要比千万个"卑微的真理"更加可贵。此处列宁是反普希金诗原意引用的。——508。

[16] 奥勃洛摩夫精神意为因循守旧、懒散懈怠。奥勃洛摩夫是俄国作家伊·亚·冈察洛夫的长篇小说《奥勃洛摩夫》的主人公,他是一个怠惰成性、害怕变动、终日耽于幻想、对生活抱消极态度的地主。——509、633、676。

[17] 指俄罗斯电气化计划。该计划是根据列宁提出的任务并在他的指导下由俄罗斯国家电气化委员会制定的,是一部600多页的巨著。计划规定,除恢复和改建现有的电站外,在10—15年内建设30座区域电站,包括20座火电站和10座水电站,总装机容量为175万千瓦;总的年发电量达到88亿度,而1913年俄国的年发电量为19亿度。根据计划,工业品产量将比1913年的产量增加80%—100%,比1920年增加许多倍。——479、509。

[18] 俄共(布)第八次代表大会于1919年3月18—23日在莫斯科举行。参加代表大会的有301名有表决权的代表和102名有发言权的代表,共代表313 766名党员。列入大会议程的问题是:中央委员会的总结报告;俄共(布)纲领;共产国际的建立;军事状况和军事政策;农村工作;组织工作;选举中央委员会。

列宁主持了大会,作了俄共(布)中央委员会的工作报告、关于党纲和农村工作的报告,并就军事问题发了言。

代表大会的中心问题是讨论并通过新党纲。第七次代表大会选出的纲领委员

会已经通过了列宁的党纲草案，但是鉴于委员会内存在分歧，在第八次代表大会上就党纲问题作报告的除代表多数派的列宁外，还有代表少数派的尼·伊·布哈林。布哈林提议把关于资本主义和小商品生产的条文从纲领中删去，而只限于论述纯粹的帝国主义。他认为帝国主义是特殊的社会经济形态。布哈林和格·列·皮达可夫还提议把民族自决权的条文从党纲中删去。列宁批判了他们的这些错误观点。代表大会先基本通过党纲草案，然后在纲领委员会对草案作了最后审订后于3月22日予以批准。

代表大会解决的另一个重要问题是对中农的态度问题。列宁论证了党对中农的新政策，即在依靠贫苦农民，对富农斗争并保持无产阶级的领导作用的条件下从中立中农的政策转到工人阶级与中农建立牢固的联盟的政策。早在1918年11月底列宁就提出了这个口号。代表大会通过了列宁起草的《关于对中农的态度的决议》。

在代表大会的工作中，关于军事状况问题、关于党的军事政策问题、关于红军的建设问题占了相当重要的地位。在大会上，所谓的“军事反对派”反对中央委员会的提纲。他们维护游击主义残余，否认吸收旧的军事专家的必要性，反对在军队中建立铁的纪律。在会上发言的大多数代表谴责了“军事反对派”，同时也对共和国革命军事委员会主席列·达·托洛茨基轻视军队中党的领导的行为以及他的老爷作风和独裁者派头提出了尖锐的批评，代表大会批准了根据列宁的论点制定的军事问题决议。

代表大会在关于组织问题的决议中反击了萨普龙诺夫-奥新斯基集团，这个集团否认党在苏维埃中的领导作用，主张把人民委员会和全俄中央执行委员会主席团合并起来。代表大会否决了联邦制建党原则，认为必须建立一个集中统一的共产党和领导党的全部工作的统一的中央委员会。代表大会规定了中央委员会的内部组织机构，即中央设政治局、组织局和书记处。代表大会选出了由19名委员和8名候补委员组成的中央委员会。——510。

[**19**] 见《列宁全集》第2版第36卷第408页。——编者注

[**20**] 这里选收了列宁有关全俄苏维埃第八次代表大会的一件文献。

全俄苏维埃第八次代表大会于1920年12月22—29日在莫斯科举行。出席大会的代表有2 537名，其中有表决权的代表1 728名，有发言权的代表809名。按党派区分，代表中有共产党员2 284名，党的同情者67名，无党派人士98名，孟什维克8名，崩得分子8名，左派社会革命党人2名，另外还有一些其他党派的成员。

这次代表大会是在国内战争胜利结束、经济战线成为主要战线的时候召开的。大会议程是：全俄中央执行委员会和人民委员会关于对外对内政策的报告；俄罗斯

电气化;恢复工业和运输业;发展农业生产和帮助农民经济;改善苏维埃机关工作和同官僚主义作斗争;选举全俄中央执行委员会。议程上的主要问题预先在俄共(布)党团会议上进行讨论。

大会的工作是在列宁的直接领导下进行的。代表大会根据列宁所作的全俄中央执行委员会和人民委员会关于对外对内政策的报告,以压倒多数票通过了完全赞同政府工作的决议。大会通过了在列宁倡议下制定的国家电气化计划和列宁起草的关于电气化报告的决议(见《列宁全集》第2版第40卷第192—193页)。大会审议了人民委员会1920年12月14日通过的关于加强和发展农民农业经济的措施的法案,并一致通过了这一法案。大会通过了一个关于苏维埃建设的详尽决定。这个决定对中央和地方政权机关和经济管理机关的相互关系作了调整。大会还批准了劳动国防委员会的新条例,选举了由300名委员和100名候补委员组成的新的全俄中央执行委员会。——338、381、392、435、510、527、542。

[**21**] 这里选收了列宁有关俄共(布)第十次代表大会的五件文献。

俄共(布)第十次代表大会于1921年3月8—16日在莫斯科举行。参加代表大会的有717名有表决权的代表和418名有发言权的代表,共代表732 521名党员。列入代表大会议程的问题是:中央委员会的政治报告;中央委员会的组织报告;监察委员会的报告;政治教育总委员会和党的宣传鼓动工作;党在民族问题方面的当前任务;党的建设;工会及其在国家经济生活中的作用;关于以实物税代替余粮收集制;社会主义共和国在资本主义包围中;俄共(布)驻共产国际代表的报告;关于党的统一和无政府工团主义倾向;选举党的领导机关。此外,代表大会还听取了党史委员会的报告并在秘密会议上讨论了军事问题。这次代表大会通过了有关国家政治生活和经济生活的根本性问题的一些决定,规定了俄国从资本主义向社会主义过渡的具体途径。

列宁领导了代表大会的工作。他就大会议程上的主要问题——关于俄共(布)中央委员会的政治工作、关于以实物税代替余粮收集制、关于党的统一和无政府工团主义倾向——作了报告,并起草了大会的最重要的决议草案。大会根据列宁的报告通过了关于以实物税代替余粮收集制这一从战时共产主义转向新经济政策的具有历史意义的决议。代表大会特别重视党的统一问题。大会通过了列宁起草的《关于党的统一的决议》(见本卷第469—472页),要求立即解散削弱党、破坏党的统一的一切派别集团,并授权中央委员会对进行派别活动的中央委员采取直到开除出党的极端措施。大会还通过了列宁起草的《关于我们党内的工团主义和无政府主义倾向的决议》(同上,第473—476页),指出工人反对派的观点是小资产阶级无政府主义动摇性的表现。在党的建设方面,代表大会通过了扩大党内民主、改善党员素质的决定，并向中央委员会发出进行清党的指示。代表大会还通过了监察委员会条例，规定设立中央监察委员会和各省监察委员会，这对于巩固党和改善国家机关有重要意义。

代表大会总结了工会问题的争论，以绝大多数票通过了《关于工会的作用和任务的决议》。这个决议重申了工会是共产主义的学校的论点，规定了工会的作用和任务，并提出了扩大工会民主的措施。代表大会还通过了《党在民族问题方面的当前任务的决议》，要求彻底消除从前的被压迫民族的事实上的不平等现象，并谴责了大国沙文主义和地方民族主义这两种在民族问题上的错误倾向。代表大会选出了由25名委员和15名候补委员组成的新的中央委员会。——444、511。

［**22**］省经济会议是劳动国防委员会的地方机关，根据全俄苏维埃第八次代表大会(1920年12月)《关于地方经济管理机构的决议》成立，隶属于省苏维埃执行委员会。成立省经济会议是为了协调经济系统各人民委员部(最高国民经济委员会、农业人民委员部、粮食人民委员部、劳动人民委员部和财政人民委员部)所属地方机关的工作。省经济会议由省国民经济委员会主席、粮食委员、劳动局长、财政局长、土地局长和省工会理事会主席组成，省执行委员会主席兼任省经济会议主席。——513、588。

［**23**］指科尔尼洛夫叛乱。

科尔尼洛夫叛乱是发生在1917年8月的一次俄国资产阶级和地主的反革命叛乱。叛乱的头子是俄军最高总司令、沙皇将军拉·格·科尔尼洛夫。叛乱的目的是要消灭革命力量，解散苏维埃，在国内建立反动的军事独裁，为恢复君主制作准备。立宪民主党在这一反革命阴谋中起了主要作用。临时政府首脑亚·费·克伦斯基是叛乱的同谋者，但是在叛乱发动后，他既害怕科尔尼洛夫在镇压布尔什维克党的同时也镇压小资产阶级政党，又担心人民群众在扫除科尔尼洛夫的同时也把他扫除掉，因此就同科尔尼洛夫断绝了关系，宣布其为反对临时政府的叛乱分子。

叛乱于8月25日(9月7日)开始。科尔尼洛夫调动第3骑兵军扑向彼得格勒，彼得格勒市内的反革命组织也准备起事。布尔什维克党是反对科尔尼洛夫叛乱斗争的领导者和组织者。按照列宁的要求，布尔什维克党在反对科尔尼洛夫的同时，并不停止对临时政府及其社会革命党、孟什维克仆从的揭露。彼得格勒工人、革命士兵和水兵响应布尔什维克党中央的号召，奋起同叛乱分子斗争，三天内有15 000名工人参加赤卫队。叛军推进处处受阻，内部开始瓦解。8月31日(9月13日)，叛乱正式宣告平息。在群众压力下，临时政府被迫下令逮捕科尔尼洛夫及其同伙，交付法庭审判。——201、515。

［**24**］指在革命群众压力下退出了伯尔尼国际的各国中派社会党正在筹建的国际组织。这一组织在1921年2月22—27日举行的维也纳代表会议上成立，通称第二半国际

或维也纳国际,正式名称是国际社会党联合会。参加这一组织的有英国独立工党、德国独立社会民主党等10多个中派社会党以及俄国的孟什维克和社会革命党。奥地利社会民主党的弗·阿德勒任总书记。成立第二半国际的真正目的是阻碍广大群众转向共产国际。第二半国际的领袖们(阿德勒、奥·鲍威尔、罗·格里姆、阿·克里斯平、让·龙格、尔·马尔托夫、维·米·切尔诺夫等)口头上批评第二国际,实际上在无产阶级运动的一切主要问题上都执行机会主义的中派路线。1923年5月,在革命浪潮开始低落的形势下,第二半国际同伯尔尼国际合并为社会主义工人国际。——264、515、537、551、566、610、629、639、657。

[**25**] **共和国革命军事委员会**(1923年8月28日起改称苏联革命军事委员会)1918—1934年是全国最高军事当局的集体管理制关机。根据1918年9月2日全俄中央执行委员会的决定而成立。共和国革命军事委员会的主席是陆海军人民委员,由全俄中央执行委员会批准任命。共和国革命军事委员会的委员是由人民委员会批准任命的。共和国革命军事委员会统一指导所有军事主管部门和军事机关的工作,领导苏联武装力量的建设,制定苏维埃国家国防方面的基本的战略性作战任务。军事主管部门的所有机关和负责人员均隶属于它。共和国革命军事委员会根据俄共(布)中央的指示进行工作,并受俄共(布)中央的直接监督。——516。

《论粮食税》(节选)导读

一、时代背景及其意义

列宁的《论粮食税〈新政策的意义及其条件〉》写于1921年3—4月,同年5月由国家出版社刊印。

十月革命胜利以后,俄国遭受到国内外反革命武力进攻,为了挫败国外帝国主义的武装干涉,战胜国内白卫军的叛乱,保卫和巩固十月革命的成果,苏维埃俄国实行了以粮食贸易垄断和余粮征集制为主要内容的"战时共产主义"政策。"战时共产主义"政策的实施,保卫了苏维埃政权的革命成果,保障了战争的胜利。然而,农民为了保家卫国,忍受了余粮征集制的沉重负担。战争结束后,农民对余粮征集制的不满开始通过各种方式表现出来。农民暴动、工人罢工、水兵发动叛乱等,引发了政治危机;工农业生产衰退、通货膨胀、物资匮乏导致了经济危机,"战时共产主义"政策遭受了严重的挫折。

"现实生活说明我们犯了错误"。列宁经过反思认识到,在一个小农经济占优势的国家里,直接过渡的道路行不通,只能采取迂回过渡的办法。应允许农民在交纳粮食税后将余粮到市场上自由周转,通过实行商品交换、货币流通和一定限度的自由贸易来活跃经济;要培植国家资本主义,把它作为中间环节向社会主义过渡;要根据自愿互利原则改造小农经济,引导农民先办比较低级的劳动组合和共耕社,逐步由低级向高级发展。1921年3月,俄共(布)第十次代表大会根据列宁的报告通过了《关于以实物税代替余粮征集制的决议》,提出以"新经济政策"来取代"战时共产主义"。俄共(布)第十次代表大会闭幕不久,列宁开始写作《论粮食税》,其基本精神是向俄国人民解释

"新经济政策"的实质和意义,明确提出了把现代大工业同小农经济结合起来的新的社会主义建设思路。

《论粮食税》是一部重要的社会主义理论文献。在这部著作中,列宁从俄国的实际情况出发,第一次初步探索了无产阶级在经济落后国家夺取政权后,如何实现从资本主义向社会主义过渡的问题。今天,重读这部著作,对于我们坚定不移地坚持经济改革和扩大对外开放,具有现实的和深远的指导意义。

二、内容简介

本文的中心是论述实行以粮食税为核心的"新经济政策"的实质和意义。全文共五章,节选第一、二、三章。

(一) 代引言(略)

(二)关于俄国现时经济

主要阐明苏维埃俄国由资本主义向社会主义过渡的经济特征,说明俄国社会经济结构的特点。共 47 自然段。可分三个问题。

1. 俄国现有的社会经济结构是五种经济成分并存(第 1—16 段)。这五种经济成分是:(1)宗法式的,即在很大程度上属于自然经济的农民经济;(2)小商品生产(这里包括大多数出卖粮食的农民);(3)私人资本主义;(4)国家资本主义;(5)社会主义。在一个小农国家里,占优势的是小资产阶级自发势力,"小资产阶级和私人资本主义合在一起,既同国家资本主义又同社会主义作斗争"。

2. 只有利用商品货币关系才能实现向社会主义的过渡(第 17—21 段)。俄国社会经济结构的特点决定了无产阶级先锋队面临两种选择:"或者是我们使这些小资产者服从我们的监督和计算","或者是这些小资产者必然地、不可避免地推翻我们的工人政权"。由于"货币是取得社会财富的凭证,千百万小私有者紧紧地握住这种凭证",所以俄国只有利用商品货币关系才能实现向社会主义的过渡。

3. 国家资本主义是俄国向社会主义过渡可以利用而且应该利用的中间环节(第 22—47 段)。国家资本主义是由现代科学技术的最新成就装备起来的资本主义经济同国家政权相结合的有计划的国家组织。国家政权的性质不同,国家资本主义的作用就不同。在德国,国家资本主义的现代科学技术服从于容克资产阶级帝国主义。如果容克资产阶级帝国主义的国家用无产阶级国家来代替,那就会得到实现社会主义所需要的全部条件。

实现社会主义必须具备两方面的条件:一方面是经济、生产、社会经济条件,“没有建筑在现代科学最新成就基础上的大资本主义技术,没有一个使千百万人在产品的生产和分配中严格遵守统一标准的有计划的国家组织,社会主义就无从设想”。另一方面是政治条件,“无产阶级若不在国家内占统治地位,社会主义也是无从设想的”。俄国已经具备了政治条件,而社会经济条件却严重不足。所以,“不要害怕资本主义”,应当利用资本主义,发展社会主义。

(三)论粮食税、贸易自由、租让制

主要论述实行“新经济政策”的实质和意义。共 51 个自然段,可分三个问题。

1. 实行“新经济政策”,才能把农民组织在无产阶级先锋队的周围,才能使小资产者服从工人政权(第 1—22 段)。

(1) “新经济政策”的核心是用粮食税代替余粮征集制(第 1—12 段)。余粮征集制是适应当时国内外战争形势需要的一项临时性的政策,尽管在一个经济遭到破坏的小农国家里为战胜地主和资本家而被迫实行这一政策是一种“功劳”,但“战时共产主义”不是而且也不可能是一项适应无产阶级经济任务的政策。“在小农国家内实现本阶级专政的无产阶级,其正确政策是要用农民所必需的工业品去换取粮食。只有这样的粮食政策才能适应无产阶级的任务,只有这样的粮食政策才能巩固社会主义的基础,才能使社会主义取得完全的胜利”。

(2) 实行以粮食税为核心的“新经济政策”,其实质是从“战时共产主义”

政策向正常的社会主义产品交换过渡的一种形式,而正常的社会主义的产品交换,又是从带有小农占人口多数所造成的种种特点的社会主义向共产主义过渡的一种形式。其实际意义在于,“找到了我们花很大力量所建立的新经济同农民经济的结合”(第13—22段)。

2. 根据俄国新经济政策时期经济关系的特点,探讨了国家资本主义向社会主义过渡的具体形式(第23—31段)。

(1) 租让制。苏维埃政权下的租让制是“无产阶级的国家政权为反对小私有者的(宗法式的和小资产阶级的)自发势力而和国家资本主义订立的一种合同、同盟或联盟”。资本家作为承租人,按照资本主义方式经营,追逐高额利润。而苏维埃政权培植租让制的目的在于加强大生产来反对小生产,加强先进生产来反对落后生产,加强机器生产来反对手工生产,增加可由自己支配的大工业产品的数量,加强由国家调整的经济关系来反对小资产阶级无政府状态的经济关系。

(2) 合作社制。新经济政策时期的合作制是小商品生产者合作社。在无产阶级国家政权下,合作制资本主义与私人资本主义不同,是国家资本主义的一个“变种”,是无产阶级与千百万小农结成联盟、引导农民向社会主义过渡的一种形式。

(3) 代购代销制。代购代销制是国家把资本家作为商人吸引过来,付给他们一定的佣金,由它们来推销国家的产品和收购小商品生产者的产品。在俄国商品经济还不很发达的情况下,利用国家资本主义的代购代销形式,可以加速工农业产品的流转,把农村和城市连接起来,为恢复和发展大工业创造有利条件,弥补苏维埃大商业的不足。

(4) 租借制。租借制是国家把国有企业、矿山、林区、土地等在签订租借合同的基础上租借给国内的一些企业资本家经营,国家收取租金,到期收回。

采用上述国家资本主义的经济形式,既可以利用资本主义的资本和技术设备来发展社会主义工业,也可以发展小农经济,使小农经济在一定时期内,在自愿联合的基础上过渡到大生产。只有做到这些,才能将资本主义以前的各种经济关系过渡到社会主义。

3. 在无产阶级专政条件下,把资本主义的发展纳入国家资本主义的轨道，然后把国家资本主义变成社会主义（第32—51段）。

（1）充分肯定国家资本主义的进步作用（第32—33段）。国家资本主义同中世纪制度、同小生产、同小生产者涣散性引起的官僚主义相比，是一个巨大的进步。在俄国，小商品生产和私人资本主义生产都不是社会化大生产，处于无政府的涣散状态，而且是破坏社会主义建设的投机活动的基础。而国家资本主义是社会化大生产，在经济上大大高于小生产和私人资本主义。通过国家资本主义可以消除无秩序、经济破坏和松懈的现象。

（2）国家资本主义是从小生产过渡到社会主义的中间环节（第34—35段）。在俄国不能实现从小生产到社会主义的直接过渡，作为小生产和交换的资本主义，在一定程度上是不可避免的。如果利用资本主义，把资本主义纳入国家资本主义，国家资本主义就成为一种能够被无产阶级国家加以限制并规定其活动范围的资本主义。"应该利用资本主义（特别是要把它纳入国家资本主义的轨道）作为小生产和社会主义之间的中间环节，作为提高生产力的手段、途径、方法和方式。"从这一意义上说，国家资本主义不仅不会葬送无产阶级政权，"反而会使我们通过最可靠的道路走向社会主义"。国家资本主义是社会主义的最充分的物质准备，是社会主义的前阶，是历史阶梯上的一级。国家资本主义再向前跨进一步，就是社会主义。

（3）共产党人要敢于和善于向资产阶级专家和资本家学习（第36—51段）。在组织经济建设方面"还有很多东西可以而且应当向资本家学习"。至于向资本家学习需要交"学费"，这是必需的。"为了学习要不惜破费，只要能学到东西就行。"学习成绩则要靠实践经验来检查，要比自己身旁的资产阶级专家做得好，要会用各种方法振兴农业，振兴工业，发展农业和工业间的流转。

此外，列宁在这部著作中还结合实际，深入阐述了反对官僚主义，克服小资产阶级政治动摇性等问题。

思考题：

1. 苏联为什么要由"战时共产主义"转而实行"新经济政策"？

2.“新经济政策”的内容和实质是什么?

3. 为什么要利用商品经济和资本主义来发展社会主义?

4. 过渡时期应该如何认识和对待国家资本主义?

5.《论粮食税》的理论意义和现实意义是什么?

(董正平　首都师范大学)

毛　泽　东

实　践　论*

论认识和实践的关系——知和行的关系

（1937年7月）

马克思以前的唯物论，离开人的社会性，离开人的历史发展，去观察认识问题，因此不能了解认识对社会实践的依赖关系，即认识对生产和阶级斗争的依赖关系。

首先，马克思主义者认为人类的生产活动是最基本的实践活动，是决定其他一切活动的东西。人的认识，主要地依赖于物质的生产活动，逐渐地了解自然的现象、自然的性质、自然的规律性、人和自然的关系；而且经过生产活动，也在各种不同程度上逐渐地认识了人和人的一定的相互关系。一切这些知识，离开生产活动是不能得到的。在没有阶级的社会中，每个人以社会一员的资格，同其他社会成员协力，结成一定的生产关系，从事生产活动，以解决人类物质生活问题。在各种阶级的社会中，各阶级的社会成员，则又以各种不同的方式，结成一定的生产关系，从事生产活动，以解决人类物质生活

---

* 在中国共产党内，曾经有一部分教条主义的同志长期拒绝中国革命的经验，否认“马克思主义不是教条而是行动的指南”这个真理，而只生吞活剥马克思主义书籍中的只言片语，去吓唬人们。还有另一部分经验主义的同志长期拘守于自身的片断经验，不了解理论对于革命实践的重要性，看不见革命的全局，虽然也是辛苦地——但却是盲目地在工作。这两类同志的错误思想，特别是教条主义思想，曾经在1931年至1934年使得中国革命受了极大的损失，而教条主义者却是披着马克思主义的外衣迷惑了广大的同志。毛泽东的《实践论》，是为着用马克思主义的认识论观点去揭露党内的教条主义和经验主义——特别是教条主义这些主观主义的错误而写的。因为重点是揭露看轻实践的教条主义这种主观主义，故题为《实践论》。毛泽东曾以这篇论文的观点在延安的抗日军事政治大学作过讲演。

问题。这是人的认识发展的基本来源。

人的社会实践,不限于生产活动一种形式,还有多种其他的形式,阶级斗争,政治生活,科学和艺术的活动,总之社会实际生活的一切领域都是社会的人所参加的。因此,人的认识,在物质生活以外,还从政治生活文化生活中(与物质生活密切联系),在各种不同程度上,知道人和人的各种关系。其中,尤以各种形式的阶级斗争,给予人的认识发展以深刻的影响。在阶级社会中,每一个人都在一定的阶级地位中生活,各种思想无不打上阶级的烙印。

马克思主义者认为人类社会的生产活动,是一步又一步地由低级向高级发展,因此,人们的认识,不论对于自然界方面,对于社会方面,也都是一步又一步地由低级向高级发展,即由浅入深,由片面到更多的方面。在很长的历史时期内,大家对于社会的历史只能限于片面的了解,这一方面是由于剥削阶级的偏见经常歪曲社会的历史,另方面,则由于生产规模的狭小,限制了人们的眼界。人们能够对于社会历史的发展作全面的历史的了解,把对于社会的认识变成了科学,这只是到了伴随巨大生产力——大工业而出现近代无产阶级的时候,这就是马克思主义的科学。

马克思主义者认为,只有人们的社会实践,才是人们对于外界认识的真理性的标准。实际的情形是这样的,只有在社会实践过程中(物质生产过程中,阶级斗争过程中,科学实验过程中),人们达到了思想中所预想的结果时,人们的认识才被证实了。人们要想得到工作的胜利即得到预想的结果,一定要使自己的思想合于客观外界的规律性,如果不合,就会在实践中失败。人们经过失败之后,也就从失败取得教训,改正自己的思想使之适合于外界的规律性,人们就能变失败为胜利,所谓“失败者成功之母”,“吃一堑长一智”,就是这个道理。辩证唯物论的认识论把实践提到第一的地位,认为人的认识一点也不能离开实践,排斥一切否认实践重要性、使认识离开实践的错误理论。列宁这样说过:“实践高于(理论的)认识,因为它不但有普遍性的品格,而且还有直接现实性的品格。”[1]马克思主义的哲学辩证唯物论有两个最显著的特点:一个是它的阶级性,公然申明辩证唯物论是为无产阶级服务的;再一个是它的实践性,强调理论对于实践的依赖关系,理论的基础是实践,又转过来为实践服务。判定认识或理论之是否真理,不是依主观上觉得如何而定,而是依客观上社会实践的结果如何而定。真理的标准只能是社会的实践。实践的观点是辩证唯物论的认识论之第一的和基本的观点[2]。

然而人的认识究竟怎样从实践发生，而又服务于实践呢？这只要看一看认识的发展过程就会明了的。

原来人在实践过程中，开始只是看到过程中各个事物的现象方面，看到各个事物的片面，看到各个事物之间的外部联系。例如有些外面的人们到延安来考察，头一二天，他们看到了延安的地形、街道、屋宇，接触了许多的人，参加了宴会、晚会和群众大会，听到了各种说话，看到了各种文件，这些就是事物的现象，事物的各个片面以及这些事物的外部联系。这叫做认识的感性阶段，就是感觉和印象的阶段。也就是延安这些各别的事物作用于考察团先生们的感官，引起了他们的感觉，在他们的脑子中生起了许多的印象，以及这些印象间的大概的外部的联系，这是认识的第一个阶段。在这个阶段中，人们还不能造成深刻的概念，作出合乎论理（即合乎逻辑）的结论。

社会实践的继续，使人们在实践中引起感觉和印象的东西反复了多次，于是在人们的脑子里生起了一个认识过程中的突变（即飞跃），产生了概念。概念这种东西已经不是事物的现象，不是事物的各个片面，不是它们的外部联系，而是抓着了事物的本质，事物的全体，事物的内部联系了。概念同感觉，不但是数量上的差别，而且有了性质上的差别。循此继进，使用判断和推理的方法，就可产生出合乎论理的结论来。《三国演义》上所谓"眉头一皱计上心来"，我们普通说话所谓"让我想一想"，就是人在脑子中运用概念以作判断和推理的工夫。这是认识的第二个阶段。外来的考察团先生们在他们集合了各种材料，加上他们"想了一想"之后，他们就能够作出"共产党的抗日民族统一战线的政策是彻底的、诚恳的和真实的"这样一个判断了。在他们作出这个判断之后，如果他们对于团结救国也是真实的话，那么他们就能够进一步作出这样的结论："抗日民族统一战线是能够成功的。"这个概念、判断和推理的阶段，在人们对于一个事物的整个认识过程中是更重要的阶段，也就是理性认识的阶段。认识的真正任务在于经过感觉而到达于思维，到达于逐步了解客观事物的内部矛盾，了解它的规律性，了解这一过程和那一过程间的内部联系，即到达于论理的认识。重复地说，论理的认识所以和感性的认识不同，是因为感性的认识是属于事物之片面的、现象的、外部联系的东西，论理的认识则推进了一大步，到达了事物的全体的、本质的、内部联系的东西，到达了暴露周围世界的内在的矛盾，因而能在周围世界的总体上，在周围世界一切方面的内部联系上去把握周围世界的发展。

这种基于实践的由浅入深的辩证唯物论的关于认识发展过程的理论，在马克思主义以前，是没有一个人这样解决过的。马克思主义的唯物论，第一次正确地解决了这个问题，唯物地而且辩证地指出了认识的深化的运动，指出了社会的人在他们的生产和阶级斗争的复杂的、经常反复的实践中，由感性认识到论理认识的推移的运动。列宁说过："物质的抽象，自然规律的抽象，价值的抽象以及其他等等，一句话，一切科学的（正确的、郑重的、非瞎说的）抽象，都更深刻、更正确、更完全地反映着自然。"[3] 马克思列宁主义认为：认识过程中两个阶段的特性，在低级阶段，认识表现为感性的，在高级阶段，认识表现为论理的，但任何阶段，都是统一的认识过程中的阶段。感性和理性二者的性质不同，但又不是互相分离的，它们在实践的基础上统一起来了。我们的实践证明：感觉到了的东西，我们不能立刻理解它，只有理解了的东西才更深刻地感觉它。感觉只解决现象问题，理论才解决本质问题。这些问题的解决，一点也不能离开实践。无论何人要认识什么事物，除了同那个事物接触，即生活于（实践于）那个事物的环境中，是没有法子解决的。不能在封建社会就预先认识资本主义社会的规律，因为资本主义还未出现，还无这种实践。马克思主义只能是资本主义社会的产物。马克思不能在自由资本主义时代就预先具体地认识帝国主义时代的某些特异的规律，因为帝国主义这个资本主义最后阶段还未到来，还无这种实践，只有列宁和斯大林才能担当此项任务。马克思、恩格斯、列宁、斯大林之所以能够作出他们的理论，除了他们的天才条件之外，主要地是他们亲自参加了当时的阶级斗争和科学实验的实践，没有这后一个条件，任何天才也是不能成功的。"秀才不出门，全知天下事"，在技术不发达的古代只是一句空话，在技术发达的现代虽然可以实现这句话，然而真正亲知的是天下实践着的人，那些人在他们的实践中间取得了"知"，经过文字和技术的传达而到达于"秀才"之手，秀才乃能间接地"知天下事"。如果要直接地认识某种或某些事物，便只有亲身参加于变革现实、变革某种或某些事物的实践的斗争中，才能触到那种或那些事物的现象，也只有在亲身参加变革现实的实践的斗争中，才能暴露那种或那些事物的本质而理解它们。这是任何人实际上走着的认识路程，不过有些人故意歪曲地说些反对的话罢了。世上最可笑的是那些“知识里手”[4]，有了道听途说的一知半解，便自封为“天下第一”，适足见其不自量而已。知识的问题是一个科学问题，来不得半点的虚伪和骄傲，决定地需要的倒是其反面——诚实和谦逊的态度。你要有知识，你就得参加变革现实的实践。你要知道梨子的滋味，你就得变革梨子，亲口吃一吃。你要知道原子的组织同性质，你就得实行物理学和化学的实验，变革原子的情况。你要知道革命的理论和方法，你就得参加革命。一切真知都是从直接经验发源的。但人不能事事直接经验，事实上多数的知识都是间接经验的东西，这就是一切古代的和外域的知识。这些知识在古人在外人是直接经验的东西，如果在古人外人直接经验时是符合于列宁所说的条件“科学的抽象”，是科学地反映了客观的事物，那么这些知识是可靠的，否则就是不可靠的。所以，一个人的知识，不外直接经验的和间接经验的两部分。而且在我为间接经验者，在人则仍为直接经验。因此，就知识的总体说来，无论何种知识都是不能离开直接经验的。任何知识的来源，在于人的肉体感官对客观外界的感觉，否认了这个感觉，否认了直接经验，否认亲自参加变革现实的实践，他就不是唯物论者。“知识里手”之所以可笑，原因就是在这个地方。中国人有一句老话：“不入虎穴，焉得虎子。”这句话对于人们的实践是真理，对于认识论也是真理。离开实践的认识是不可能的。

为了明了基于变革现实的实践而产生的辩证唯物论的认识运动——认识的逐渐深化的运动，下面再举出几个具体的例子。

无产阶级对于资本主义社会的认识，在其实践的初期——破坏机器和自发斗争时期，他们还只在感性认识的阶段，只认识资本主义各个现象的片面及其外部的联系。这时，他们还是一个所谓“自在的阶级”。但是到了他们实践的第二个时期——有意识有组织的经济斗争和政治斗争的时期，由于实践，由于长期斗争的经验，经过马克思、恩格斯用科学的方法把这种种经验总结起来，产生了马克思主义的理论，用以教育无产阶级，这样就使无产阶级理解了资本主义社会的本质，理解了社会阶级的剥削关系，理解了无产阶级的历史任务，这时他们就变成了一个“自为的阶级”。

中国人民对于帝国主义的认识也是这样。第一阶段是表面的感性的认识阶段，表现在太平天国运动和义和团运动等笼统的排外主义的斗争上[5]。第二阶段才进到理性的认识阶段，看出了帝国主义内部和外部的各种矛盾，并看出了帝国主义联合中国买办阶级和封建阶级以压榨中国人民大众的实质,这种认识是从一九一九年五四运动[6]前后才开始的。

我们再来看战争。战争的领导者,如果他们是一些没有战争经验的人,对于一个具体的战争(例如我们过去十年的土地革命战争)的深刻的指导规律,在开始阶段是不了解的。他们在开始阶段只是身历了许多作战的经验,而且败仗是打得很多的。然而由于这些经验(胜仗,特别是败仗的经验),使他们能够理解贯串整个战争的内部的东西,即那个具体战争的规律性,懂得了战略和战术,因而能够有把握地去指导战争。此时,如果改换一个无经验的人去指导,又会要在吃了一些败仗之后(有了经验之后)才能理会战争的正确的规律。

常常听到一些同志在不能勇敢接受工作任务时说出来的一句话:没有把握。为什么没有把握呢?因为他对于这项工作的内容和环境没有规律性的了解,或者他从来就没有接触过这类工作,或者接触得不多,因而无从谈到这类工作的规律性。及至把工作的情况和环境给以详细分析之后,他就觉得比较地有了把握,愿意去做这项工作。如果这个人在这项工作中经过了一个时期,他有了这项工作的经验了,而他又是一个肯虚心体察情况的人,不是一个主观地、片面地、表面地看问题的人,他就能够自己做出应该怎样进行工作的结论,他的工作勇气也就可以大大地提高了。只有那些主观地、片面地和表面地看问题的人,跑到一个地方,不问环境的情况,不看事情的全体(事情的历史和全部现状),也不触到事情的本质(事情的性质及此一事情和其他事情的内部联系),就自以为是地发号施令起来,这样的人是没有不跌跤子的。

由此看来,认识的过程,第一步,是开始接触外界事情,属于感觉的阶段。第二步,是综合感觉的材料加以整理和改造,属于概念、判断和推理的阶段。只有感觉的材料十分丰富(不是零碎不全)和合于实际(不是错觉),才能根据这样的材料造出正确的概念和论理来。

这里有两个要点必须着重指明。第一个,在前面已经说过的,这里再重复说一说,就是理性认识依赖于感性认识的问题。如果以为理性认识可以不从感性认识得来,他就是一个唯心论者。哲学史上有所谓"唯理论"一派,就是只承认理性的实在性,不承认经验的实在性,以为只有理性靠得住,而感觉的经验是靠不住的,这一派的错误在于颠倒了事实。理性的东西所以靠得住，正是由于它来源于感性，否则理性的东西就成了无源之水，无本之木，而只是主观自生的靠不住的东西了。从认识过程的秩序说来，感觉经验是第一的东西，我们强调社会实践在认识过程中的意义，就在于只有社会实践才能使人的认识开始发生，开始从客观外界得到感觉经验。一个闭目塞听、同客观外界根本绝缘的人，是无所谓认识的。认识开始于经验——这就是认识论的唯物论。

第二是认识有待于深化，认识的感性阶段有待于发展到理性阶段——这就是认识论的辩证法[7]。如果以为认识可以停顿在低级的感性阶段，以为只有感性认识可靠，而理性认识是靠不住的，这便是重复了历史上的"经验论"的错误。这种理论的错误，在于不知道感觉材料固然是客观外界某些真实性的反映（我这里不来说经验只是所谓内省体验的那种唯心的经验论），但它们仅是片面的和表面的东西，这种反映是不完全的，是没有反映事物本质的。要完全地反映整个的事物，反映事物的本质，反映事物的内部规律性，就必须经过思考作用，将丰富的感觉材料加以去粗取精、去伪存真、由此及彼、由表及里的改造制作工夫，造成概念和理论的系统，就必须从感性认识跃进到理性认识。这种改造过的认识，不是更空虚了更不可靠了的认识，相反，只要是在认识过程中根据于实践基础而科学地改造过的东西，正如列宁所说乃是更深刻、更正确、更完全地反映客观事物的东西。庸俗的事务主义家不是这样，他们尊重经验而看轻理论，因而不能通观客观过程的全体，缺乏明确的方针，没有远大的前途，沾沾自喜于一得之功和一孔之见。这种人如果指导革命，就会引导革命走上碰壁的地步。

理性认识依赖于感性认识，感性认识有待于发展到理性认识，这就是辩证唯物论的认识论。哲学上的"唯理论"和"经验论"都不懂得认识的历史性或辩证性，虽然各有片面的真理（对于唯物的唯理论和经验论而言，非指唯心的唯理论和经验论），但在认识论的全体上则都是错误的。由感性到理性之辩证唯物论的认识运动，对于一个小的认识过程（例如对于一个事物或一件工作的认识）是如此，对于一个大的认识过程（例如对于一个社会或一个革命的认识）也是如此。

然而认识运动至此还没有完结。辩证唯物论的认识运动，如果只到理性认识为止，那么还只说到问题的一半。而且对于马克思主义的哲学说来，还只说到非十分重要的那一半。马克思主义的哲学认为十分重要的问题，不在于懂得了客观世界的规律性，因而能够解释世界，而在于拿了这种对于客观规律性的认识去能动地改造世界。在马克思主义看来，理论是重要的，它的重要性充分地表现在列宁说过的一句话："没有革命的理论，就不会有革命的运动。"[8]然而马克思主义看重理论，正是，也仅仅是，因为它能够指导行动。如果有了正确的理论，只是把它空谈一阵，束之高阁，并不实行，那么，这种理论再好也是没有意义的。认识从实践始，经过实践得到了理论的认识，还须再回到实践去。认识的能动作用，不但表现于从感性的认识到理性的认识之能动的飞跃，更重要的还须表现于从理性的认识到革命的实践这一个飞跃。抓着了世界的规律性的认识，必须把它再回到改造世界的实践中去，再用到生产的实践、革命的阶级斗争和民族斗争的实践以及科学实验的实践中去。这就是检验理论和发展理论的过程，是整个认识过程的继续。理论的东西之是否符合于客观真理性这个问题，在前面说的由感性到理性之认识运动中是没有完全解决的，也不能完全解决的。要完全地解决这个问题，只有把理性的认识再回到社会实践中去，应用理论于实践，看它是否能够达到预想的目的。许多自然科学理论之所以被称为真理，不但在于自然科学家们创立这些学说的时候，而且在于为尔后的科学实践所证实的时候。马克思列宁主义之所以被称为真理，也不但在于马克思、恩格斯、列宁、斯大林等人科学地构成这些学说的时候，而且在于为尔后革命的阶级斗争和民族斗争的实践所证实的时候。辩证唯物论之所以为普遍真理，在于经过无论什么人的实践都不能逃出它的范围。人类认识的历史告诉我们，许多理论的真理性是不完全的，经过实践的检验而纠正了它们的不完全性。许多理论是错误的，经过实践的检验而纠正其错误。所谓实践是真理的标准，所谓"生活、实践底观点，应该是认识论底首先的和基本的观点"[9]，理由就在这个地方。斯大林说得好："理论若不和革命实践联系起来，就会变成无对象的理论，同样，实践若不以革命理论为指南，就会变成盲目的实践。"[10]

说到这里，认识运动就算完成了吗？我们的答复是完成了，又没有完成。社会的人们投身于变革在某一发展阶段内的某一客观过程的实践中（不论是关于变革某一自然过程的实践，或变革某一社会过程的实践），由于客观过程的反映和主观能动性的作用，使得人们的认识由感性的推移到了理性的，造成了大体上相应于该客观过程的法则性的思想、理论、计划或方案，然后再应用这种思想、理论、计划或方案于该同一客观过程的实践，如果能够实现预想的目的，即将预定的思想、理论、计划、方案在该同一过程的实践中变为事实，或者大体上变为事实，那么，对于这一具体过程的认识运动算是完成了。例如，在变革自然的过程中，某一工程计划的实现，某一科学假想的证实，某一器物的制成，某一农产的收获，在变革社会过程中某一罢工的胜利，某一战争的胜利，某一教育计划的实现，都算实现了预想的目的。然而一般地说来，不论在变革自然或变革社会的实践中，人们原定的思想、理论、计划、方案，毫无改变地实现出来的事，是很少的。这是因为从事变革现实的人们，常常受着许多的限制，不但常常受着科学条件和技术条件的限制，而且也受着客观过程的发展及其表现程度的限制（客观过程的方面及本质尚未充分暴露）。在这种情形之下，由于实践中发现前所未料的情况，因而部分地改变思想、理论、计划、方案的事是常有的，全部地改变的事也是有的。即是说，原定的思想、理论、计划、方案，部分地或全部地不合于实际，部分错了或全部错了的事，都是有的。许多时候须反复失败过多次，才能纠正错误的认识，才能到达于和客观过程的规律性相符合，因而才能够变主观的东西为客观的东西，即在实践中得到预想的结果。但是不管怎样，到了这种时候，人们对于在某一发展阶段内的某一客观过程的认识运动，算是完成了。

然而对于过程的推移而言，人们的认识运动是没有完成的。任何过程，不论是属于自然界的和属于社会的，由于内部的矛盾和斗争，都是向前推移向前发展的，人们的认识运动也应跟着推移和发展。依社会运动来说，真正的革命的指导者，不但在于当自己的思想、理论、计划、方案有错误时须得善于改正，如同上面已经说到的，而且在于当某一客观过程已经从某一发展阶段向另一发展阶段推移转变的时候，须得善于使自己和参加革命的一切人员在主观认识上也跟着推移转变，即是要使新的革命任务和新的工作方案的提出，适合于新的情况的变化。革命时期情况的变化是很急速的，如果革命党人的认识不能随之而急速变化，就不能引导革命走向胜利。

然而思想落后于实际的事是常有的，这是因为人的认识受了许多社会条件的限制的缘故。我们反对革命队伍中的顽固派，他们的思想不能随变化了的客观情况而前进，在历史上表现为右倾机会主义。这些人看不出矛盾的斗争已将客观过程推向前进了，而他们的认识仍然停止在旧阶段。一切顽固党的思想都有这样的特征。他们的思想离开了社会的实践，他们不能站在社会车轮的前头充任向导的工作，他们只知跟在车子后面怨恨车子走得太快了，企图把它向后拉，开倒车。

我们也反对"左"翼空谈主义。他们的思想超过客观过程的一定发展阶段，有些把幻想看作真理，有些则把仅在将来有现实可能性的理想，勉强地放在现时来做，离开了当前大多数人的实践，离开了当前的现实性，在行动上表现为冒险主义。

唯心论和机械唯物论，机会主义和冒险主义，都是以主观和客观相分裂，以认识和实践相脱离为特征的。以科学的社会实践为特征的马克思列宁主义的认识论，不能不坚决反对这些错误思想。马克思主义者承认，在绝对的总的宇宙发展过程中，各个具体过程的发展都是相对的，因而在绝对真理的长河中，人们对于在各个一定发展阶段上的具体过程的认识只具有相对的真理性。无数相对的真理之总和，就是绝对的真理[11]。客观过程的发展是充满着矛盾和斗争的发展，人的认识运动的发展也是充满着矛盾和斗争的发展。一切客观世界的辩证法的运动，都或先或后地能够反映到人的认识中来。社会实践中的发生、发展和消灭的过程是无穷的，人的认识的发生、发展和消灭的过程也是无穷的。根据于一定的思想、理论、计划、方案以从事于变革客观现实的实践，一次又一次地向前，人们对于客观现实的认识也就一次又一次地深化。客观现实世界的变化运动永远没有完结，人们在实践中对于真理的认识也就永远没有完结。马克思列宁主义并没有结束真理，而是在实践中不断地开辟认识真理的道路。我们的结论是主观和客观、理论和实践、知和行的具体的历史的统一，反对一切离开具体历史的"左"的或右的错误思想。

社会的发展到了今天的时代，正确地认识世界和改造世界的责任，已经历史地落在无产阶级及其政党的肩上。这种根据科学认识而定下来的改造世界的实践过程，在世界、在中国均已到达了一个历史的时节——自有历史以来未曾有过的重大时节，这就是整个儿地推翻世界和中国的黑暗面，把它们转变过来成为前所未有的光明世界。无产阶级和革命人民改造世界的斗争，包括实现下述的任务：改造客观世界，也改造自己的主观世界——改造自己的认识能力，改造主观世界同客观世界的关系。地球上已经有一部分实行了这种改造，这就是苏联。他们还正在促进这种改造过程。中国人民和世界人民也都正在或将要通过这样的改造过程。所谓被改造的客观世界，其中包括了一切反对改造的人们，他们的被改造，须要通过强迫的阶段，然后才能进入自觉的阶段。世界到了全人类都自觉地改造自己和改造世界的时候，那就是世界的共产主义时代。

通过实践而发现真理，又通过实践而证实真理和发展真理。从感性认识而能动地发展到理性认识，又从理性认识而能动地指导革命实践，改造主观世界和客观世界。实践、认识、再实践、再认识，这种形式，循环往复以至无穷，而实践和认识之每一循环的内容，都比较地进到了高一级的程度。这就是辩证唯物论的全部认识论，这就是辩证唯物论的知行统一观。

选自《毛泽东选集》第一卷，人民出版社 1991 年版，第 282—297 页。

注　　释：

[1] 见列宁《黑格尔〈逻辑学〉一书摘要》。新的译文是："实践高于（理论的）认识，因为它不仅具有普遍性的品格，而且还具有直接现实性的品格。"（《列宁全集》第 55 卷，人民出版社 1990 年版，第 183 页）

[2] 参见马克思《关于费尔巴哈的提纲》（《马克思恩格斯选集》第 1 卷，人民出版社 1972 年版，第 16—19 页）和列宁《唯物主义和经验批判主义》第二章第六节（《列宁全集》第 18 卷，人民出版社 1988 年版，第 144 页）。

[3] 见列宁《黑格尔〈逻辑学〉一书摘要》（《列宁全集》第 55 卷，人民出版社 1990 年版，第 142 页）。

[4] 里手，湖南方言，内行的意思。

[5] 1951 年 3 月 27 日，毛泽东在致李达的信中说："《实践论》中将太平天国放在排外主义一起说不妥，出选集时拟加修改，此处暂仍照原。"

[6] 五四运动是 1919 年 5 月 4 日发生的反帝反封建的爱国运动。当时，第一次世界大

战刚刚结束，英、美、法、日、意等战胜国在巴黎召开对德和会，决定由日本继承德国在中国山东的特权。中国是参加对德宣战的战胜国之一，但北洋军阀政府却准备接受这个决定。5 月 4 日，北京学生游行示威，反对帝国主义的这一无理决定和北洋军阀政府的妥协。这次运动迅速地获得了全国人民的响应，到 6 月 3 日以后，发展成为有工人阶级、城市小资产阶级和民族资产阶级参加的广大群众性的反帝反封建的爱国运动。五四运动也是反对封建文化的新文化运动。以 1915 年《青年杂志》(后改名《新青年》)创刊为起点的新文化运动，竖起"民主"和"科学"的旗帜，反对旧道德，提倡新道德，反对旧文学，提倡新文学。五四运动中的先进分子接受了马克思主义，使新文化运动发展成为马克思主义思想运动，他们致力于马克思主义同中国工人运动相结合，在思想上和干部上准备了中国共产党的成立。

[7] 参见列宁《黑格尔〈逻辑学〉一书摘要》:"要理解，就必须从经验开始理解、研究，从经验上升到一般。"(《列宁全集》第 55 卷，人民出版社 1990 年版，第 175 页)

[8] 见列宁《俄国社会民主党人的任务》(《列宁全集》第 2 卷，人民出版社 1984 年版，第 443 页)；并见列宁《怎么办?》第一章第四节(《列宁全集》第 6 卷，人民出版社 1986 年版，第 23 页)。

[9] 见列宁《唯物主义和经验批判主义》第二章第六节(《列宁全集》第 18 卷，人民出版社 1988 年版，第 144 页)。

[10] 见斯大林《论列宁主义基础》第三部分《理论》。新的译文是:"离开革命实践的理论是空洞的理论，而不以革命理论为指南的实践是盲目的实践。"(《斯大林选集》上卷，人民出版社 1979 年版，第 199—200 页)

[11] 参见列宁《唯物主义和经验批判主义》第二章第五节。原文是:"人类思维按其本性是能够给我们提供并且正在提供由相对真理的总和所构成的绝对真理的。"(《列宁全集》第 18 卷，人民出版社 1988 年版，第 135 页)

《实践论》导读

一、时代背景及其意义

毛泽东这篇文章是1937年7月在延安写作的。1950年12月29日首次正式公开发表在《人民日报》上，后来，被编入《毛泽东选集》第1卷。《实践论》写作的年代正值抗日战争时期的开端。中国革命经受了第一、二次国内革命战争的洗礼。在第二次国内战争中，党内的主要错误倾向是教条主义和经验主义，尤其是以王明为代表的教条主义，给中国革命造成了极大损失。为了总结中国革命经验教训，毛泽东写作了《实践论》。

《实践论》主要批判教条主义和经验主义，论述了实践的观点是辩证唯物主义的认识之第一的和基本的观点，并以认识和实践辩证关系为原理，阐述了人类认识发展的总过程和总规律。

在抗日战争时期，毛泽东把《实践论》的观点在延安抗日军政大学作过讲演。这篇著作，在当时大大地提高了全党的理论水平，为1942年开展的整风运动奠定了理论基础。它还为抗日战争和解放战争的胜利，为社会主义革命和建设提供了思想武器。《实践论》是马克思主义哲学中国化的一篇重要文献。在当代，实践唯物主义的问题、实践与马克思主义哲学关系的问题、实践检验与逻辑证明的关系问题等，仍然是值得研究和探索的问题。

二、内容简介

《实践论》的中心，就是批判教条主义，论述了实践的辩证法及其意义。

全文共 26 自然段，可分三个问题。

（一）实践的观点是辩证唯物论的认识论之第一的和基本的观点（第 1—5 段）

马克思主义的一个基本特征，就是坚持以实践为基础的观点。认为，实践是认识的来源，实践是认识发展的动力，实践是检验认识真理性的标准，实践是认识的目的。

（二）认识是一个辩证的发展过程（第 6—24 段）

1. 认识过程的两个飞跃（第 6—18 段）。

认识是一个辩证发展过程。在实践的基础上，由感性认识上升为理性认识，这是认识过程的第一次飞跃。认识过程的第二次飞跃：由理性认识到实践的飞跃。

认识过程的两个阶段虽然有性质的不同，但二者密切联系，它们在实践的基础上统一起来。一方面，理性认识依赖感性认识，这是认识的唯物论。唯理论片面强调理性的重要性，否认感性认识的作用，这是错误的。另一方面，感性认识必须上升到理性认识，这是认识中的辩证法。经验论认为只有感性认识可靠，否认理性认识的作用，也是片面的。

2. 理性认识回到实践的重要性（第 19 段）。

理性认识是十分重要的，没有革命的理论，就不会有革命的行动。但认识如果只停留在理性阶段，那么只说到问题的一半。因为，① 认识的目的在于用理论来指导实践，任何理论，如果只空谈一阵，束之高阁，那么这种理论再好也没有什么意义；② 通过实践，才能检验真理和发展真理。

3. 认识不是一次完成的（第 20—21 段）。

对于一个具体过程的认识，经过两次飞跃，如果达到了预期的目的，认识运动算是完成了。但是，认识又没有完成。由于人们所面临的主客观条件的暴露有一个过程，所以，即使是一个具体过程的认识，也往往要经历多次的反复，才能够实现主观和客观相符合，在实践中取得预期的结果。

4. 理论与实践的统一是历史的具体的（第 22—24 段）。

如果思想落后于实际，那就会出现右倾保守主义；如果思想超越了客观过程的一定发展阶段，那就会出现"左"的路线。唯心论和机械唯物论、机会主义和冒险主义都是以主观和客观相分裂，以认识和实践相脱离为特征的。毛泽东指出，我们的结论是主观和客观、理论和实践、知和行的具体的历史的统一，反对一切离开具体历史的"左"的或右的错误思想。

（三）人类认识发展的总过程和总规律（第25—26段）

中国人民要履行认识世界和改造世界伟大历史使命，就要自觉地实现理论和实践、主观和客观的统一。这就要掌握人类认识发展的总过程和总规律，这个总过程和总规律就是："通过实践而发现真理，又通过实践而证实真理和发展真理。从感性认识而能动地发展到理性认识，又从理性认识而能动地指导革命实践，改造主观世界和客观世界。实践、认识、再实践、再认识，这种形式，循环往复以至无穷，而实践和认识之每一循环的内容，都比较地进到了高一级的程度。这就是辩证唯物论的全部认识论，这就是辩证唯物论的知行统一观"。①

思考题：

1. 如何理解实践的观点是辩证唯物主义认识论之第一的和基本的观点？

2. 如何理解认识发展的辩证过程？如何实现"主观和客观、理论和实践、知和行的具体的历史的统一"？

3.《实践论》所揭示的人类认识发展的总过程和总规律是什么？它在当代有何现实意义？

（谭培文　广西师范大学）

① 《毛泽东选集》第1卷，人民出版社1991年版，第296—297页。

毛　泽　东

矛　盾　论*

（1937 年 8 月）

事物的矛盾法则，即对立统一的法则，是唯物辩证法的最根本的法则。列宁说："就本来的意义讲，辩证法是研究对象的本质自身中的矛盾。"[1]列宁常称这个法则为辩证法的本质，又称之为辩证法的核心[2]。因此，我们在研究这个法则时，不得不涉及广泛的方面，不得不涉及许多的哲学问题。如果我们将这些问题都弄清楚了，我们就在根本上懂得了唯物辩证法。这些问题是：两种宇宙观；矛盾的普遍性；矛盾的特殊性；主要的矛盾和主要的矛盾方面；矛盾诸方面的同一性和斗争性；对抗在矛盾中的地位。

苏联哲学界在最近数年中批判了德波林学派[3]的唯心论，这件事引起了我们的极大的兴趣。德波林的唯心论在中国共产党内发生了极坏的影响，我们党内的教条主义思想不能说和这个学派的作风没有关系。因此，我们现在的哲学研究工作，应当以扫除教条主义思想为主要的目标。

一　两种宇宙观

在人类的认识史中，从来就有关于宇宙发展法则的两种见解，一种是形而上学的见解，一种是辩证法的见解，形成了互相对立的两种宇宙观。列宁

---

* 这篇哲学论文，是毛泽东继《实践论》之后，为了同一的目的，即为了克服存在于中国共产党内的严重的教条主义思想而写的，曾在延安的抗日军事政治大学作过讲演。在收入本书第一版的时候，作者作了部分的补充、删节和修改。

说:“对于发展(进化)所持的两种基本的(或两种可能的?或两种在历史上常见的?)观点是:(一)认为发展是减少和增加,是重复;(二)认为发展是对立的统一(统一物分成为两个互相排斥的对立,而两个对立又互相关联着)。”[4]列宁说的就是这两种不同的宇宙观。

形而上学,亦称玄学。这种思想,无论在中国,在欧洲,在一个很长的历史时间内,是属于唯心论的宇宙观,并在人们的思想中占了统治的地位。在欧洲,资产阶级初期的唯物论,也是形而上学的。由于欧洲许多国家的社会经济情况进到了资本主义高度发展的阶段,生产力、阶级斗争和科学均发展到了历史上未有过的水平,工业无产阶级成为历史发展的最伟大的动力,因而产生了马克思主义的唯物辩证法的宇宙观。于是,在资产阶级那里,除了公开的极端露骨的反动的唯心论之外,还出现了庸俗的进化论,出来对抗唯物辩证法。

所谓形而上学的或庸俗进化论的宇宙观,就是用孤立的、静止的和片面的观点去看世界。这种宇宙观把世界一切事物,一切事物的形态和种类,都看成是永远彼此孤立和永远不变化的。如果说有变化,也只是数量的增减和场所的变更。而这种增减和变更的原因,不在事物的内部而在事物的外部,即是由于外力的推动。形而上学家认为,世界上各种不同事物和事物的特性,从它们一开始存在的时候就是如此。后来的变化,不过是数量上的扩大或缩小。他们认为一种事物永远只能反复地产生为同样的事物,而不能变化为另一种不同的事物。在形而上学家看来,资本主义的剥削,资本主义的竞争,资本主义社会的个人主义思想等,就是在古代的奴隶社会里,甚至在原始社会里,都可以找得出来,而且会要永远不变地存在下去。说到社会发展的原因,他们就用社会外部的地理、气候等条件去说明。他们简单地从事物外部去找发展的原因,否认唯物辩证法所主张的事物因内部矛盾引起发展的学说。因此,他们不能解释事物的质的多样性,不能解释一种质变为他种质的现象。这种思想,在欧洲,在17世纪和18世纪是机械唯物论,在19世纪末和20世纪初则有庸俗进化论。在中国,则有所谓“天不变,道亦不变”[5]的形而上学的思想,曾经长期地为腐朽了的封建统治阶级所拥护。近百年来输入了欧洲的机械唯物论和庸俗进化论,则为资产阶级所拥护。

和形而上学的宇宙观相反,唯物辩证法的宇宙观主张从事物的内部、从一事物对他事物的关系去研究事物的发展，即把事物的发展看做是事物内部的必然的自己的运动，而每一事物的运动都和它的周围其他事物互相联系着和互相影响着。事物发展的根本原因，不是在事物的外部而是在事物的内部，在于事物内部的矛盾性。任何事物内部都有这种矛盾性，因此引起了事物的运动和发展。事物内部的这种矛盾性是事物发展的根本原因，一事物和他事物的互相联系和互相影响则是事物发展的第二位的原因。这样，唯物辩证法就有力地反对了形而上学的机械唯物论和庸俗进化论的外因论或被动论。这是清楚的，单纯的外部原因只能引起事物的机构的运动，即范围的大小，数量的增减，不能说明事物何以有性质上的千差万别及其互相变化。事实上，即使是外力推动的机械运动，也要通过事物内部的矛盾性。植物和动物的单纯的增长，数量的发展，主要地也是由于内部矛盾所引起的。同样，社会的发展，主要地不是由于外因而是由于内因。许多国家在差不多一样的地理和气候的条件下，它们发展的差异性和不平衡性，非常之大。同一个国家吧，在地理和气候并没有变化的情形下，社会的变化却是很大的。帝国主义的俄国变为社会主义的苏联，封建的闭关锁国的日本变为帝国主义的日本，这些国家的地理和气候并没有变化。长期地被封建制度统治的中国，近百年来发生了很大的变化，现在正在变化到一个自由解放的新中国的方向去，中国的地理和气候并没有变化。整个地球及地球各部分的地理和气候也是变化着的，但以它们的变化和社会的变化相比较，则显得很微小，前者是以若干万年为单位而显现其变化的，后者则在几千年、几百年、几十年、甚至几年或几个月(在革命时期)内就显现其变化了。按照唯物辩证法的观点，自然界的变化，主要地是由于自然界内部矛盾的发展。社会的变化，主要地是由于社会内部矛盾的发展，即生产力和生产关系的矛盾，阶级之间的矛盾，新旧之间的矛盾，由于这些矛盾的发展，推动了社会的前进，推动了新旧社会的代谢。唯物辩证法是否排除外部的原因呢？并不排除。唯物辩证法认为外因是变化的条件，内因是变化的根据，外因通过内因而起作用。鸡蛋因得适当的温度而变化为鸡子，但温度不能使石头变为鸡子，因为二者的根据是不同的。各国人民之间的互相影响是时常存在的。在资本主义时代，特别是在帝国主义和无产阶级革命的时代，各国在政治上、经济上和文化上的互相影响和互相激动，是极其巨大的。十月社会主义革命不只是开创了俄国历史的新纪元，而且开创了世界历史的新纪元，影响到世界各国内部的变化，同样地而且还特别深刻地影响到中国内部的变化，但是这种变化是通过了各国内部和中国内部自己的规律性而起的。两军相争，一胜一败，所以胜败，皆决于内因。胜者或因其强，或因其指挥无误，败者或因其弱，或因其指挥失宜，外因通过内因而引起作用。1927 年中国大资产阶级战败了无产阶级，是通过中国无产阶级内部的（中国共产党内部的）机会主义而起作用的。当着我们清算了这种机会主义的时候，中国革命就重新发展了。后来，中国革命又受了敌人的严重的打击，是因为我们党内产生了冒险主义。当着我们清算了这种冒险主义的时候，我们的事业就又重新发展了。由此看来，一个政党要引导革命到胜利，必须依靠自己政治路线的正确和组织上的巩固。

辩证法的宇宙观，不论在中国，在欧洲，在古代就产生了。但是古代的辩证法带着自发的朴素的性质，根据当时的社会历史条件，还不可能有完备的理论，因而不能完全解释宇宙，后来就被形而上学所代替。生活在 18 世纪末和 19 世纪初期的德国著名哲学家黑格尔，对于辩证法曾经给了很重要的贡献，但是他的辩证法却是唯心的辩证法。直到无产阶级运动的伟大的活动家马克思和恩格斯综合了人类认识史的积极的成果，特别是批判地吸取了黑格尔的辩证法的合理的部分，创造了辩证唯物论和历史唯物论这个伟大的理论，才在人类认识史上起了一个空前的大革命。后来，经过列宁和斯大林，又发展了这个伟大的理论。这个理论一经传到中国来，就在中国思想界引起了极大的变化。

这个辩证法的宇宙观，主要地就是教导人们要善于去观察和分析各种事物的矛盾的运动，并根据这种分析，指出解决矛盾的方法。因此，具体地了解事物矛盾这一个法则，对于我们是非常重要的。

二　矛盾的普遍性

为了叙述的便利起见，我在这里先说矛盾的普遍性，再说矛盾的特殊性。这是因为马克思主义的伟大的创造者和继承者马克思、恩格斯、列宁、斯大林他们发现了唯物辩证法的宇宙观，已经把唯物辩证法应用在人类历史的分析和自然历史的分析的许多方面，应用在社会的变革和自然的变革（例如在苏联）的许多方面，获得了极其伟大的成功，矛盾的普遍性已经被很多人所承认，因此，关于这个问题只需要很少的话就可以说明白；而关于矛盾的特殊性的问题，则还有很多的同志，特别是教条主义者，弄不清楚。他们不了解矛盾的普遍性即寓于矛盾的特殊性之中。他们也不了解研究当前具体事物的矛盾的特殊性，对于我们指导革命实践的发展有何等重要的意义。因此，关于矛盾的特殊性的问题应当着重地加以研究，并用足够的篇幅加以说明。为了这个缘故，当着我们分析事物矛盾的法则的时候，我们就先来分析矛盾的普遍性的问题，然后再着重地分析矛盾的特殊性的问题，最后仍归到矛盾的普遍性的问题。

矛盾的普遍性或绝对性这个问题有两方面的意义。其一是说，矛盾存在于一切事物的发展过程中；其二是说，每一事物的发展过程中存在着自始至终的矛盾运动。

恩格斯说："运动本身就是矛盾。"[6]列宁对于对立统一法则所下的定义，说它就是"承认（发现）自然界（精神和社会两者也在内）的一切现象和过程都含有互相矛盾、互相排斥、互相对立的趋向"[7]。这些意见是对的吗？是对的。一切事物中包含的矛盾方面的相互依赖和相互斗争，决定一切事物的生命，推动一切事物的发展。没有什么事物是不包含矛盾的，没有矛盾就没有世界。

矛盾是简单的运动形式（例如机械性的运动）的基础，更是复杂的运动形式的基础。

恩格斯这样说明过矛盾的普遍性："如果简单的机械的移动本身包含着矛盾，那么，物质的更高的运动形式，特别是有机生命及其发展，就更加包含着矛盾。……生命首先就在于：生物在每一个瞬间是它自身，但却又是别的什么。所以，生命也是存在于物体和过程本身中的不断地自行产生并自行解决的矛盾；这一矛盾一停止，生命亦即停止，于是死就来到。同样，我们看到了，在思维的范围以内我们也不能避免矛盾，并且我们看到了，例如，人的内部无限的认识能力与此种认识能力仅在外部被局限的而且认识上也被局限的个别人们身上的实际的实现二者之间的矛盾，是在人类世代的无穷的——至少对于我们，实际上是无穷的——连续系列之中，是在无穷的前进运动之中解决的。”

“高等数学的主要基础之一，就是矛盾……”

“就是初等数学，也充满着矛盾。……”[8]

列宁也这样说明过矛盾的普遍性：“在数学中，正和负，微分和积分。

在力学中，作用和反作用。

在物理学中，阳电和阴电。

在化学中，原子的化合和分解。

在社会科学中，阶级斗争。”[9]

战争中的攻守，进退，胜败，都是矛盾着的现象。失去一方，他方就不存在。双方斗争而又联结，组成了战争的总体，推动了战争的发展，解决了战争的问题。

人的概念的每一差异，都应把它看作是客观矛盾的反映。客观矛盾反映人主观的思想，组成了概念的矛盾运动，推动了思想的发展，不断地解决了人们的思想问题。

党内不同思想的对立和斗争是经常发生的，这是社会的阶级矛盾和新旧事物的矛盾在党内的反映。党内如果没有矛盾和解决矛盾的思想斗争，党的生命也就停止了。

由此看来，不论是简单的运动形式，或复杂的运动形式，不论是客观现象，或思想现象，矛盾是普遍地存在着，矛盾存在于一切过程中，这一点已经弄清楚了。但是每一过程的开始阶段，是否也有矛盾存在呢？是否每一事物的发展过程具有自始至终的矛盾运动呢？

从苏联哲学界批判德波林学派的文章中看出，德波林学派有这样一种见解，他们认为矛盾不是一开始就在过程中出现，须待过程发展到一定的阶段才出现。那么，在那一时间以前，过程发展的原因不是由于内部的原因，而是由于外部的原因了。这样，德波林回到形而上学的外因论和机械论去了。拿这种见解去分析具体的问题，他们就看见在苏联条件下富农和一般农民之间只有差异，并无矛盾，完全同意了布哈林的意见。在分析法国革命时，他们就认为在革命前，工农资产阶级合组的第三等级中，也只有差异，并无矛盾。德波林学派这类见解是反马克思主义的。他们不知道世界上的每一差异中就已经包含着矛盾，差异就是矛盾。劳资之间，从两阶级发生的时候起，就是互相矛盾的，仅仅还没有激化而已。工农之间，即使在苏联的社会条件下，也有差异，它们的差异就是矛盾，仅仅不会激化成为对抗，不取阶级斗争的形态，不同于劳资间的矛盾；它们在社会主义建设中形成巩固的联盟，并在由社会主义走向共产主义的发展过程中逐渐地解决这个矛盾。这是矛盾的差别性的问题，不是矛盾的有无的问题。矛盾是普遍的、绝对的，存在于事物发展的一切过程中，又贯串于一切过程的始终。

新过程的发生是什么呢？这是旧的统一和组成此统一的对立成分让位于新的统一和组成此统一的对立成分，于是新过程就代替旧过程而发生。旧过程完结了，新过程发生了。新过程又包含着新矛盾，开始它自己的矛盾发展史。

事物发展过程的自始至终的矛盾运动，列宁指出马克思在《资本论》中模范地作了这样的分析。这是研究任何事物发展过程所必须应用的方法。列宁自己也正确地应用了它，贯彻于他的全部著作中。

“马克思在《资本论》中，首先分析的是资产阶级社会（商品社会）里最简单的、最普通的、最基本的、最常见的、最平常的、碰到亿万次的关系——商品交换。这一分析在这个最简单的现象之中（资产阶级社会的这个‘细胞’之中）暴露了现代社会的一切矛盾（以及一切矛盾的胚芽）。往后的叙述又向我们表明了这些矛盾和这个社会各个部分总和的自始至终的发展（增长与运动两者）。”

列宁说了上面的话之后，接着说道：“这应该是一般辩证法的……叙述（以及研究）方法。”[10]

中国共产党人必须学会这个方法，才能正确地分析中国革命的历史和现状，并推断革命的将来。

三 矛盾的特殊性

矛盾存在于一切事物发展的过程中，矛盾贯串于每一事物发展过程的始终，这是矛盾的普遍性和绝对性，前面已经说过了。现在来说矛盾的特殊性和相对性。

这个问题,应从几种情形中去研究。

首先是各种物质运动形式中的矛盾,都带特殊性。人的认识物质,就是认识物质的运动形式,因为除了运动的物质以外,世界上什么也没有,而物质的运动则必取一定的形式。对于物质的每一种运动形式,必须注意它和其他各种运动形式的共同点。但是,尤其重要的,成为我们认识事物的基础的东西,则是必须注意它的特殊点,就是说,注意它和其他运动形式的质的区别。只有注意了这一点,才有可能区别事物。任何运动形式,其内部都包含着本身特殊的矛盾。这种特殊的矛盾,就构成一事物区别于他事物的特殊的本质。这就是世界上诸种事物所以有千差万别的内在的原因,或者叫做根据。自然界存在着许多的运动形式,机械运动、发声、发光、发热、电流、化分、化合等等都是。所有这些物质的运动形式,都是互相依存的,又是本质上互相区别的。每一物质的运动形式所具有的特殊的本质,为它自己的特殊的矛盾所规定。这种情形,不但在自然界中存在着,在社会现象和思想现象中也是同样地存在着。每一种社会形式和思想形式,都有它的特殊的矛盾和特殊的本质。

科学研究的区分,就是根据科学对象所具有的特殊的矛盾性。因此,对于某一现象的领域所特有的某一种矛盾的研究,就构成某一门科学的对象。例如,数学中的正数和负数,机械学中的作用和反作用,物理学中的阴电和阳电,化学中的化分和化合,社会科学中的生产力和生产关系、阶级和阶级的互相斗争,军事学中的攻击和防御,哲学中的唯心论和唯物论、形而上学观和辩证法观等等,都是因为具有特殊的矛盾和特殊的本质,才构成了不同的科学研究的对象。固然,如果不认识矛盾的普遍性,就无从发现事物运动发展的普遍的原因或普遍的根据;但是,如果不研究矛盾的特殊性,就无从确定一事物不同于他事物的特殊的本质,就无从发现事物运动发展的特殊的原因,或特殊的根据,也就无从辨别事物,无从区分科学研究的领域。

就人类认识运动的秩序说来,总是由认识个别的和特殊的事物,逐步地扩大到认识一般的事物。人们总是首先认识了许多不同事物的特殊的本质,然后才有可能更进一步地进行概括工作,认识诸种事物的共同的本质。当着人们已经认识了这种共同的本质以后,就以这种共同的认识为指导,继续地向着尚未研究过的或者尚未深入地研究过的各种具体的事物进行研究,找出其特殊的本质，这样才可以补充、丰富和发展这种共同的本质的认识，而使这种共同的本质的认识不致变成枯槁的和僵死的东西。这是两个认识的过程：一个是由特殊到一般，一个是由一般到特殊。人类的认识总是这样循环往复地进行的，而每一次的循环（只要是严格地按照科学的方法）都可能使人类的认识提高一步，使人类的认识不断地深化。我们的教条主义者在这个问题上的错误，就是，一方面，不懂得必须研究矛盾的特殊性，认识各别事物的特殊的本质，才有可能充分地认识矛盾的普遍性，充分地认识诸种事物的共同的本质；另一方面，不懂得在我们认识了事物的共同的本质以后，还必须继续研究那些尚未深入地研究过的或者新冒出来的具体的事物。我们的教条主义者是懒汉，他们拒绝对于具体事物做任何艰苦的研究工作，他们把一般真理看成是凭空出现的东西，把它变成为人们所不能够捉摸的纯粹抽象的公式，完全否认了并且颠倒了这个人类认识真理的正常秩序。他们也不懂得人类认识的两个过程的互相联结——由特殊到一般，又由一般到特殊，他们完全不懂得马克思主义的认识论。

不但要研究每一个大系统的物质运动形式的特殊的矛盾性及其所规定的本质，而且要研究每一个物质运动形式在其发展长途中的每一个过程的特殊的矛盾及其本质。一切运动形式的每一个实在的非臆造的发展过程内，都是不同质的。我们的研究工作必须着重这一点，而且必须从这一点开始。

不同质的矛盾，只有用不同质的方法才能解决。例如，无产阶级和资产阶级的矛盾，用社会主义革命的方法去解决；人民大众和封建制度的矛盾，用民主革命的方法去解决；殖民地和帝国主义的矛盾，用民族革命战争的方法去解决；在社会主义社会中工人阶级和农民阶级的矛盾，用农业集体化和农业机械化的方法去解决；共产党内的矛盾，用批评和自我批评的方法去解决；社会和自然的矛盾，用发展生产力的方法去解决。过程变化，旧过程和旧矛盾消灭，新过程和新矛盾发生，解决矛盾的方法也因之而不同。俄国的二月革命和十月革命所解决的矛盾及其所用以解决矛盾的方法是根本上不相同的。用不同的方法去解决不同的矛盾，这是马克思列宁主义者必须严格地遵守的一个原则。教条主义者不遵守这个原则，他们不了解诸种革命情况的区别，因而也不了解应当用不同的方法去解决不同的矛盾，而只是千篇一律地使用一种自以为不可改变的公式到处硬套，这就只能使革命遭受挫折，或者将本来做得好的事情弄得很坏。

为要暴露事物发展过程中的矛盾在其总体上、在其相互联结上的特殊性，就是说暴露事物发展过程的本质，就必须暴露过程中矛盾各方面的特殊性，否则暴露过程的本质成为不可能，这也是我们作研究工作时必须十分注意的。

一个大的事物，在其发展过程中，包含着许多的矛盾。例如，在中国资产阶级民主革命过程中，有中国社会各被压迫阶级和帝国主义的矛盾，有人民大众和封建制度的矛盾，有无产阶级和资产阶级的矛盾，有农民及城市小资产阶级和资产阶级的矛盾，有各个反动的统治集团之间的矛盾等等，情形是非常复杂的。这些矛盾，不但各各有其特殊性，不能一律看待，而且每一矛盾的两方面，又各各有其特点，也是不能一律看待的。我们从事中国革命的人，不但要在各个矛盾的总体上，即矛盾的相互联结上，了解其特殊性，而且只有从矛盾的各个方面着手研究，才有可能了解其总体。所谓了解矛盾的各个方面，就是了解它们每一方面各占何等特定的地位，各用何种具体形式和对方发生互相依存又互相矛盾的关系，在互相依存又互相矛盾中，以及依存破裂后，又各用何种具体的方法和对方作斗争。研究这些问题，是十分重要的事情。列宁说：马克思主义的最本质的东西，马克思主义的活的灵魂，就在于具体地分析具体的情况[11]。就是说的这个意思。我们的教条主义者违背列宁的指示，从来不用脑筋具体地分析任何事物，做起文章或演说来，总是空洞无物的八股调，在我们党内造成了一种极坏的作风。

研究问题，忌带主观性、片面性和表面性。所谓主观性，就是不知道客观地看问题，也就是不知道用唯物的观点去看问题。这一点，我在《实践论》一文中已经说过了。所谓片面性，就是不知道全面地看问题。例如：只了解中国一方、不了解日本一方，只了解共产党一方、不了解国民党一方，只了解无产阶级一方、不了解资产阶级一方，只了解农民一方、不了解地主一方，只了解顺利情形一方、不了解困难情形一方，只了解过去一方、不了解将来一方，只了解个体一方、不了解总体一方，只了解缺点一方、不了解成绩一方，只了解原告一方、不了解被告一方，只了解革命的秘密工作一方、不了解革命的公开工作一方，如此等等。一句话，不了解矛盾各方的特点。这就叫做片面地看问题。或者叫做只看见局部，不看见全体，只看见树木，不看见森林。这样，是不能找出解决矛盾的方法的，是不能完成革命任务的，是不能做好所任工作的，是不能正确地发展党内的思想斗争的。孙子论军事说："知彼知己，百战不殆。"[12]他说的是作战的双方。唐朝人魏徵说过："兼听则明，偏信则暗。"[13]也懂得片面性不对。可是我们的同志看问题，往往带片面性，这样的人就往往碰钉子。《水浒传》上宋江三打祝家庄[14]，两次都因情况不明，方法不对，打了败仗。后来改变方法，从调查情形入手，于是熟悉了盘陀路，拆散了李家庄、扈家庄和祝家庄的联盟，并且布置了藏在敌人营盘里的伏兵，用了和外国故事中所说木马计[15]相像的方法，第三次就打了胜仗。《水浒传》上有很多唯物辩证法的事例，这个三打祝家庄，算是最好的一个。列宁说："要真正地认识对象，就必须把握和研究它的一切方面、一切联系和'媒介'。我们决不会完全地作到这一点，可是要求全面性，将使我们防止错误，防止僵化。"[16]我们应该记得他的话。表面性，是对矛盾总体和矛盾各方的特点都不去看，否认深入事物里面精细地研究矛盾特点的必要，仅仅站在那里远远地望一望，粗枝大叶地看到一点矛盾的形相，就想动手去解决矛盾（答复问题、解决纠纷、处理工作、指挥战争）。这样的做法，没有不出乱子的。中国的教条主义和经验主义的同志们所以犯错误，就是因为他们看事物的方法是主观的、片面的和表面的。片面性、表面性也是主观性，因为一切客观事物本来是互相联系的和具有内部规律的，人们不去如实地反映这些情况，而只是片面地或表面地去看它们，不认识事物的互相联系，不认识事物的内部规律，所以这种方法是主观主义的。

不但事物发展的全过程中的矛盾运动，在其相互联结上，在其各方情况上，我们必须注意其特点，而且在过程发展的各个阶段中，也有其特点，也必须注意。

事物发展过程的根本矛盾及为此根本矛盾所规定的过程的本质，非到过程完结之日，是不会消灭的；但是事物发展的长过程中的各个发展的阶段，情形又往往互相区别。这是因为事物发展过程的根本矛盾的性质和过程的本质虽然没有变化，但是根本矛盾在长过程中的各个发展阶段上采取了逐渐激化的形式。并且，被根本矛盾所规定或影响的许多大小矛盾中，有些是激化了，有些是暂时地或局部地解决了，或者缓和了，又有些是发生了，因此，过程就显出阶段性来。如果人们不去注意事物发展过程中的阶段性，人们就不能适当地处理事物的矛盾。

例如，自由竞争时代的资本主义发展为帝国主义，这时，无产阶级和资产阶级这两个根本矛盾着的阶级的性质和这个社会的资本主义的本质，并没有变化；但是，两阶级的矛盾激化了，独占资本和自由资本之间的矛盾发生了，宗主国和殖民地的矛盾激化了，各资本主义国家间的矛盾即由各国发展不平衡的状态而引起的矛盾特别尖锐地表现出来了，因此形成了资本主义的特殊阶段，形成了帝国主义阶段。列宁主义之所以成为帝国主义和无产阶级革命时代的马克思主义，就是因为列宁和斯大林正确地说明了这些矛盾，并正确地作出了解决这些矛盾的无产阶级革命的理论和策略。

拿从辛亥革命[17]开始的中国资产阶级民主革命过程的情形来看，也有了若干特殊阶段。特别是在资产阶级领导时期的革命和在无产阶级领导时期的革命，区别为两个很大不同的历史阶段。这就是：由于无产阶级的领导，根本地改变了革命的面貌，引出了阶级关系的新调度，农民革命的大发动，反帝国主义和反封建主义的革命彻底性，由民主革命转变到社会主义革命的可能性，等等。所有这些，都是在资产阶级领导革命时期不可能出现的。虽然整个过程中根本矛盾的性质，过程之反帝反封建的民主革命的性质（其反面是半殖民地半封建的性质），并没有变化，但是，在这长时间中，经过了辛亥革命失败和北洋军阀统治，第一次民族统一战线的建立和 1924 年至 1927 年的革命，统一战线破裂和资产阶级转入反革命，新的军阀战争，土地革命战争，第二次民族统一战线建立和抗日战争等等大事变，二十多年间经过了几个发展阶段。在这些阶段中，包含着有些矛盾激化了（例如土地革命战争和日本侵入东北四省[18]），有些矛盾部分地或暂时地解决了（例如北洋军阀的被消灭，我们没收了地主的土地），有些矛盾重新发生了（例如新军阀之间的斗争，南方各革命根据地丧失后地主又重新收回土地）等等特殊的情形。

研究事物发展过程中的各个发展阶段上的矛盾的特殊性，不但必须在其联结上、在其总体上去看，而且必须从各个阶段中矛盾的各个方面去看。

例如国共两党。国民党方面，在第一次统一战线时期，因为它实行了孙中山的联俄、联共、援助工农的三大政策，所以它是革命的、有朝气的，它是各阶级的民主革命的联盟。1927 年以后，国民党变到了与此相反的方面，成了地主和大资产阶级的反动集团。1936 年 12 月西安事变[19]后又开始向停止内战、联合共产党共同反对日本帝国主义这个方面转变。这就是国民党在三个阶段上的特点。形成这些特点，当然有种种的原因。中国共产党方面，在第一次统一战线时期，它是幼年的党，它英勇地领导了1924年至1927年的革命；但在对于革命的性质、任务和方法的认识方面，却表现了它的幼年性，因此在这次革命的后期所发生的陈独秀主义[20]能够起作用，使这次革命遭受了失败。1927年以后，它又英勇地领导了土地革命战争，创立了革命的军队和革命的根据地，但是它也犯过冒险主义的错误，使军队和根据地都受了很大的损失。1935年以后，它又纠正了冒险主义的错误，领导了新的抗日的统一战线，这个伟大的斗争现在正在发展。在这个阶段上，共产党是一个经过了两次革命的考验、有了丰富的经验的党。这些就是中国共产党在三个阶段上的特点。形成这些特点也有种种的原因。不研究这些特点，就不能了解两党在各个发展阶段上的特殊的相互关系：统一战线的建立，统一战线的破裂，再一个统一战线的建立。而要研究两党的种种特点，更根本的就必须研究这两党的阶级基础以及因此在各个时期所形成的它们和其他方面的矛盾的对立。例如，国民党在它第一次联合共产党的时期，一方面有和国外帝国主义的矛盾，因而它反对帝国主义；另一方面有和国内人民大众的矛盾，它在口头上虽然允许给予劳动人民以许多的利益，但在实际上则只给予很少的利益，或者简直什么也不给。在它进行反共战争的时期，则和帝国主义、封建主义合作反对人民大众，一笔勾销了人民大众原来在革命中所争得的一切利益，激化了它和人民大众的矛盾。现在抗日时期，国民党和日本帝国主义有矛盾，它一面要联合共产党，同时它对共产党和国内人民并不放松其斗争和压迫。共产党则无论在哪一时期，均和人民大众站在一道，反对帝国主义和封建主义；但在现在的抗日时期，由于国民党表示抗日，它对国民党和国内封建势力，也就采取了缓和的政策。由于这些情况，所以或者造成了两党的联合，或者造成了两党的斗争，而且即使在两党联合的时期也有又联合又斗争的复杂的情况。如果我们不去研究这些矛盾方面的特点，我们就不但不能了解这两个党各各和其他方面的关系，也不能了解两党之间的相互关系。

由此看来，不论研究何种矛盾的特性——各个物质运动形式的矛盾，各个运动形式在各个发展过程中的矛盾，各个发展过程的矛盾的各方面，各个发展过程在其各个发展阶段上的矛盾以及各个发展阶段上的矛盾的各方面，研究所有这些矛盾的特性，都不能带主观随意性，必须对它们实行具体的分析。离开具体的分析，就不能认识任何矛盾的特性。我们必须时刻记得列宁的话：对于具体的事物作具体的分析。

这种具体的分析，马克思、恩格斯首先给了我们以很好的模范。

当马克思、恩格斯把这事物矛盾的法则应用到社会历史过程的研究的时候，他们看出生产力和生产关系之间的矛盾，看出剥削阶级和被剥削阶级之间的矛盾以及由于这些矛盾所产生的经济基础和政治及思想等上层建筑之间的矛盾，而这些矛盾如何不可避免地会在各种不同的阶级社会中，引出各种不同的社会革命。

马克思把这一法则应用到资本主义社会经济结构的研究的时候，他看出这一社会的基本矛盾在于生产的社会性和占有制的私人性之间的矛盾。这个矛盾表现于在各别企业中的生产的有组织性和在全社会中的生产的无组织性之间的矛盾。这个矛盾的阶级表现则是资产阶级和无产阶级之间的矛盾。

由于事物范围的极其广大，发展的无限性，所以，在一定场合为普遍性的东西，而在另一一定场合则变为特殊性。反之，在一定场合为特殊性的东西，而在另一一定场合则变为普遍性。资本主义制度所包含的生产社会化和生产资料私人占有制的矛盾，是所有有资本主义的存在和发展的各国所共有的东西，对于资本主义说来，这是矛盾的普遍性。但是资本主义的这种矛盾，乃是一般阶级社会发展在一定历史阶段上的东西，对于一般阶级社会中的生产力和生产关系的矛盾说来，这是矛盾的特殊性。然而，当着马克思把资本主义社会这一切矛盾的特殊性解剖出来之后，同时也就更进一步地、更充分地、更完全地把一般阶级社会中这个生产力和生产关系的矛盾的普遍性阐发出来了。

由于特殊的事物是和普遍的事物联结的，由于每一个事物内部不但包含了矛盾的特殊性，而且包含了矛盾的普遍性，普遍性即存在于特殊性之中，所以，当着我们研究一定事物的时候，就应当去发现这两方面及其互相联结，发现一事物内部的特殊性和普遍性的两方面及其互相联结，发现一事物和它以外的许多事物的互相联结。斯大林在他的名著《论列宁主义基础》一书中说明列宁主义的历史根源的时候，他分析了列宁主义所由产生的国际环境，分析了在帝国主义条件下已经发展到极点的资本主义的诸矛盾，以及这些矛盾使无产阶级革命成为直接实践的问题，并造成了直接冲击资本主义的良好的条件。不但如此，他又分析了为什么俄国成为列宁主义的策源地，分析了沙皇俄国当时是帝国主义一切矛盾的集合点以及俄国无产阶级所以能够成为国际的革命无产阶级的先锋队的原因。这样，斯大林分析了帝国主义的矛盾的普遍性，说明列宁主义是帝国主义和无产阶级革命时代的马克思主义；又分析了沙俄帝国主义在这一般矛盾中所具有的特殊性，说明俄国成了无产阶级革命理论和策略的故乡，而在这种特殊性中间就包含了矛盾的普遍性。斯大林的这种分析，给我们提供了认识矛盾的特殊性和普遍性及其互相联结的模范。

马克思和恩格斯，同样地列宁和斯大林，他们对于应用辩证法到客观现象的研究的时候，总是指导人们不要带上任何的主观随意性，而必须从客观的实际运动所包含的具体的条件，去看出这些现象中的具体的矛盾、矛盾各方面的具体的地位以及矛盾的具体的相互关系。我们的教条主义者因为没有这种研究态度，所以弄得一无是处。我们必须以教条主义的失败为鉴戒，学会这种研究态度，舍此没有第二种研究法。

矛盾的普遍性和矛盾的特殊性的关系，就是矛盾的共性和个性的关系。其共性是矛盾存在于一切过程中，并贯串于一切过程的始终，矛盾即是运动，即是事物，即是过程，也即是思想。否认事物的矛盾就是否认了一切。这是共通的道理，古今中外，概莫能外。所以它是共性，是绝对性。然而这种共性，即包含于一切个性之中，无个性即无共性。假如除去一切个性，还有什么共性呢？因为矛盾的各各特殊，所以造成了个性。一切个性都是有条件地暂时地存在的，所以是相对的。

这一共性个性、绝对相对的道理，是关于事物矛盾的问题的精髓，不懂得它，就等于抛弃了辩证法。

四　主要的矛盾和主要的矛盾方面

在矛盾特殊性的问题中，还有两种情形必须特别地提出来加以分析，这就是主要的矛盾和主要的矛盾方面。

在复杂的事物的发展过程中，有许多的矛盾存在，其中必有一种是主要的矛盾，由于它的存在和发展规定或影响着其他矛盾的存在和发展。

例如在资本主义社会中，无产阶级和资产阶级这两个矛盾着的力量是主要的矛盾；其他的矛盾力量，例如，残存的封建阶级和资产阶级的矛盾，农民小资产者和资产阶级的矛盾，无产阶级和农民小资产者的矛盾，自由资产阶级和垄断资产阶级的矛盾，资产阶级的民主主义和资产阶级的法西斯主义的矛盾，资本主义国家相互间的矛盾，帝国主义和殖民地的矛盾，以及其他的矛盾，都为这个主要的矛盾力量所规定、所影响。

半殖民地的国家如中国，其主要矛盾和非主要矛盾的关系呈现着复杂的情况。

当着帝国主义向这种国家举行侵略战争的时候，这种国家的内部各阶级，除开一些叛国分子以外，能够暂时地团结起来举行民族战争去反对帝国主义。这时，帝国主义和这种国家之间的矛盾成为主要的矛盾，而这种国家内部各阶级的一切矛盾（包括封建制度和人民大众之间这个主要矛盾在内），便都暂时地降到次要和服从的地位。中国 1840 年的鸦片战争[21]，1894 年的中日战争[22]，1900 年的义和团战争[23]和目前的中日战争，都有这种情形。

然而在另一种情形之下，则矛盾的地位起了变化。当着帝国主义不是用战争压迫而是用政治、经济、文化等比较温和的形式进行压迫的时候，半殖民地国家的统治阶级就会向帝国主义投降，二者结成同盟，共同压迫人民大众。这种时候，人民大众往往采取国内战争的形式，去反对帝国主义和封建阶级的同盟，而帝国主义则往往采取间接的方式去援助半殖民地国家的反动派压迫人民，而不采取直接行动，显出了内部矛盾的特别尖锐性。中国的辛亥革命战争，1924 年至 1927 年的革命战争，1927 年以后的十年土地革命战争，都有这种情形。还有半殖民地国家各个反动的统治集团之间的内战，例如在中国的军阀战争，也属于这一类。

当着国内革命战争发展到从根本上威胁帝国主义及其走狗国内反动派的存在的时候，帝国主义就往往采取上述方法以外的方法，企图维持其统治：或者分化革命阵线的内部，或者直接出兵援助国内反动派。这时，外国帝国主义和国内反动派完全公开地站在一个极端，人民大众则站在另一极端，成为一个主要矛盾，而规定或影响其他矛盾的发展状态。十月革命后各资本主义国家援助俄国反动派，是武装干涉的例子。1927 年的蒋介石的叛变，是分化革命阵线的例子。

然而不管怎样，过程发展的各个阶段中，只有一种主要的矛盾起着领导的作用，是完全没有疑义的。

由此可知，任何过程如果有多数矛盾存在的话，其中必定有一种是主要的，起着领导的、决定的作用，其他则处于次要和服从的地位。因此，研究任何过程，如果是存在着两个以上矛盾的复杂过程的话，就要用全力找出它的主要矛盾。捉住了这个主要矛盾，一切问题就迎刃而解了。这是马克思研究资本主义社会告诉我们的方法。列宁和斯大林研究帝国主义和资本主义总危机的时候，列宁和斯大林研究苏联经济的时候，也告诉了这种方法。万千的学问家和实行家，不懂得这种方法，结果如堕烟海，找不到中心，也就找不到解决矛盾的方法。

不能把过程中所有的矛盾平均看待，必须把它们区别为主要的和次要的两类，着重于捉住主要的矛盾，已如上述。但是在各种矛盾之中，不论是主要的或次要的，矛盾着的两个方面，又是否可以平均看待呢？也是不可以的。无论什么矛盾，矛盾的诸方面，其发展是不平衡的。有时候似乎势均力敌，然而这只是暂时的和相对的情形，基本的形态则是不平衡。矛盾着的两方面中，必有一方面是主要的，他方面是次要的。其主要的方面，即所谓矛盾起主导作用的方面。事物的性质，主要地是由取得支配地位的矛盾的主要方面所规定的。

然而这种情形不是固定的，矛盾的主要和非主要的方面互相转化着，事物的性质也就随着起变化。在矛盾发展的一定过程或一定阶段上，主要方面属于甲方，非主要方面属于乙方；到了另一发展阶段或另一发展过程时，就互易其位置，这是依靠事物发展中矛盾双方斗争的力量的增减程度来决定的。

我们常常说“新陈代谢”这句话。新陈代谢是宇宙间普遍的永远不可抵抗的规律。依事物本身的性质和条件，经过不同的飞跃形式，一事物转化为他事物，就是新陈代谢的过程。任何事物的内部都有其新旧两个方面的矛盾，形成为一系列的曲折的斗争。斗争的结果，新的方面由小变大，上升为支配的东西；旧的方面则由大变小，变成逐步归于灭亡的东西。而一当新的方面对于旧的方面取得支配地位的时候，旧事物的性质就变化为新事物的性质。由此可见，事物的性质主要地是由取得支配地位的矛盾的主要方面所规定的。取得支配地位的矛盾的主要方面起了变化，事物的性质也就随着起变化。

在资本主义社会中，资本主义已从旧的封建主义社会时代的附庸地位，转化成了取得支配地位的力量，社会的性质也就由封建主义的变为资本主义的。在新的资本主义社会时代，封建势力则由原来处在支配地位的力量转化为附庸的力量，随着也就逐步地归于消灭了，例如英法诸国就是如此。随着生产力的发展，资产阶级由新的起进步作用的阶级，转化为旧的起反动作用的阶级，以至于最后被无产阶级所推翻，而转化为私有的生产资料被剥夺和失去权力的阶级，这个阶级也就要逐步归于消灭了。人数比资产阶级多得多、并和资产阶级同时生长、但被资产阶级统治着的无产阶级，是一个新的力量，它由初期的附属于资产阶级的地位，逐步地壮大起来，成为独立的和在历史上起主导作用的阶级，以至最后夺取政权成为统治阶级。这时，社会的性质，就由旧的资本主义的社会转化成了新的社会主义的社会。这就是苏联已经走过和一切其他国家必然要走的道路。

就中国的情形来说，帝国主义处在形成半殖民地这种矛盾的主要地位，压迫中国人民，中国则由独立国变为半殖民地。然而事情必然会变化，在双方斗争的局势中，中国人民在无产阶级领导之下所生长起来的力量必然会把中国由半殖民地变为独立国，而帝国主义则将被打倒，旧中国必然要变为新中国。

旧中国变为新中国，还包含着国内旧的封建势力和新的人民势力之间的情况的变化。旧的封建地主阶级将被打倒，由统治者变为被统治者，这个阶级也就会要逐步归于消灭。人民则将在无产阶级领导之下，由被统治者变为统治者。这时，中国社会的性质就会起变化，由旧的半殖民地和半封建的社会变为新的民主的社会。

这种互相转化的事情，过去已有经验。统治中国将近三百年的清朝帝国，曾在辛亥革命时期被打倒；而孙中山领导的革命同盟会，则曾经一度取得了胜利。在 1924 年至 1927 年的革命战争中，共产党和国民党联合的南方革命势力，曾经由弱小的力量变得强大起来，取得了北伐的胜利；而称雄一时的北洋军阀则被打倒了。1927 年，共产党领导的人民力量，受了国民党反动势力的打击，变得很小了；但因肃清了自己内部的机会主义，就又逐步地壮大起来。在共产党领导的革命根据地内，农民由被统治者转化为统治者，地主则作了相反的转化。世界上总是这样以新的代替旧的，总是这样新陈代谢、除旧布新或推陈出新的。

革命斗争中的某些时候，困难条件超过顺利条件，在这种时候，困难是矛盾的主要方面，顺利是其次要方面。然而由于革命党人的努力，能够逐步地克服困难，开展顺利的新局面，困难的局面让位于顺利的局面。1927 年中国革命失败后的情形，中国红军在长征[24]中的情形，都是如此。现在的中日战争，中国又处在困难地位，但是我们能够改变这种情况，使中日双方的情况发生根本的变化。在相反的情形之下，顺利也能转化为困难，如果是革命党人犯了错误的话。1924 年至 1927 年的革命的胜利，变为失败了。1927 年以后在南方各省发展起来的革命根据地，至 1934 年都失败了。

研究学问的时候，由不知到知的矛盾也是如此。当着我们刚才开始研究马克思主义的时候，对于马克思主义的无知或知之不多的情况，和马克思主义的知识之间，互相矛盾着。然而由于努力学习，可以由无知转化为有知，由知之不多转化为知之甚多，由对于马克思主义的盲目性改变为能够自由运用马克思主义。

有人觉得有些矛盾并不是这样。例如，生产力和生产关系的矛盾，生产力是主要的；理论和实践的矛盾，实践是主要的；经济基础和上层建筑的矛盾，经济基础是主要的：它们的地位并不互相转化。这是机械唯物论的见解，不是辩证唯物论的见解。诚然，生产力、实践、经济基础，一般地表现为主要的决定的作用，谁不承认这一点，谁就不是唯物论者。然而，生产关系、理论、上层建筑这些方面，在一定条件之下，又转过来表现其为主要的决定的作用，这也是必须承认的。当着不变更生产关系，生产力就不能发展的时候，生产关系的变更就起了主要的决定的作用。当着如同列宁所说“没有革命的理论，就不会有革命的运动”[25]的时候，革命理论的创立和提倡就起了主要的决定的作用。当着某一件事情（任何事情都是一样）要做，但是还没有方针、方法、计划或政策的时候，确定方针、方法、计划或政策，也就是主要的决定的东西。当着政治文化等等上层建筑阻碍着经济基础的发展的时候，对于政治上和文化上的革新就成为主要的决定的东西了。我们这样说，是否违反了唯物论呢？没有。因为我们承认总的历史发展中是物质的东西决定精神的东西，是社会的存在决定社会的意识；但是同时又承认而且必须承认精神的东西的反作用，社会意识对于社会存在的反作用，上层建筑对于经济基础的反作用。这不是违反唯物论，正是避免了机械唯物论，坚持了辩证唯物论。

在研究矛盾特殊性的问题中，如果不研究过程中主要的矛盾和非主要的矛盾以及矛盾之主要的方面和非主要的方面这两种情形，也就是说不研究这两种矛盾情况的差别性，那就将陷入抽象的研究，不能具体地懂得矛盾的情况，因而也就不能找出解决矛盾的正确的方法。这两种矛盾情况的差别性或特殊性，都是矛盾力量的不平衡性。世界上没有绝对地平衡发展的东西，我们必须反对平衡论，或均衡论。同时，这种具体的矛盾状况，以及矛盾的主要方面和非主要方面在发展过程中的变化，正是表现出新事物代替旧事物的力量。对于矛盾的各种不平衡情况的研究，对于主要的矛盾和非主要的矛盾、主要的矛盾方面和非主要的矛盾方面的研究，成为革命政党正确地决定其政治上和军事上的战略战术方针的重要方法之一，是一切共产党人都应当注意的。

五　矛盾诸方面的同一性和斗争性

在懂得了矛盾的普遍性和特殊性的问题之后，我们必须进而研究矛盾诸方面的同一性和斗争性的问题。

同一性、统一性、一致性、互相渗透、互相贯通、互相依赖（或依存）、互相联结或互相合作，这些不同的名词都是一个意思，说的是如下两种情形：第一、事物发展过程中的每一种矛盾的两个方面，各以和它对立着的方面为自己存在的前提，双方共处于一个统一体中；第二、矛盾着的双方，依据一定的条件，各向着其相反的方面转化。这些就是所谓同一性。

列宁说："辩证法是这样的一种学说：它研究对立怎样能够是同一的，又怎样成为同一的（怎样变成同一的），——在怎样的条件之下它们互相转化，成为同一的，——为什么人的头脑不应当把这些对立看作死的、凝固的东西，而应当看作生动的、有条件的、可变动的、互相转化的东西。”[26]

列宁这段话是什么意思呢？

一切过程中矛盾着的各方面，本来是互相排斥、互相斗争、互相对立的。世界上一切事物的过程里和人们的思想里，都包含着这样带矛盾性的方面，无一例外。单纯的过程只有一对矛盾，复杂的过程则有一对以上的矛盾。各对矛盾之间，又互相成为矛盾。这样地组成客观世界的一切事物和人们的思想，并推使它们发生运动。

如此说来，只是极不同一，极不统一，怎样又说是同一或统一呢？

原来矛盾着的各方面，不能孤立地存在。假如没有和它作对的矛盾的一方，它自己这一方就失去了存在的条件。试想一切矛盾着的事物或人们心中矛盾着的概念，任何一方面能够独立地存在吗？没有生，死就不见；没有死，生也不见。没有上，无所谓下；没有下，也无所谓上。没有祸，无所谓福；没有福，也无所谓祸。没有顺利，无所谓困难；没有困难，也无所谓顺利。没有地主，就没有佃农；没有佃农，也就没有地主。没有资产阶级，就没有无产阶级；没有无产阶级，也就没有资产阶级。没有帝国主义的民族压迫，就没有殖民地和半殖民地；没有殖民地和半殖民地，也就没有帝国主义的民族压迫。一切对立的成分都是这样，因一定的条件，一面互相对立，一面又互相联结、互相贯通、互相渗透、互相依赖，这种性质，叫做同一性。一切矛盾着的方面都因一定条件具备着不同一性，所以称为矛盾。然而又具备着同一性，所以互相联结。列宁所谓辩证法研究“对立怎样能够是同一的”，就是说的这种情形。怎样能够呢？因为互为存在的条件。这是同一性的第一种意义。

然而单说了矛盾双方互为存在的条件，双方之间有同一性，因而能够共处于一个统一体中，这样就够了吗？还不够。事情不是矛盾双方互相依存就完了，更重要的，还在于矛盾着的事物的互相转化。这就是说，事物内部矛盾着的两方面，因为一定的条件而各向着和自己相反的方面转化了去，向着它的对立方面所处的地位转化了去。这就是矛盾的同一性的第二种意义。

为什么这里也有同一性呢？你们看，被统治的无产阶级经过革命转化为统治者，原来是统治者的资产阶级却转化为被统治者，转化到对方原来所占的地位。苏联已经是这样做了，全世界也将要这样做。试问其间没有在一定条件之下的联系和同一性，如何能够发生这样的变化呢？

曾在中国近代历史的一定阶段上起过某种积极作用的国民党，因为它的固有的阶级性和帝国主义的引诱（这些就是条件），在1927年以后转化为反革命，又由于中日矛盾的尖锐化和共产党的统一战线政策（这些就是条件），而被迫着赞成抗日。矛盾着的东西这一个变到那一个，其间包含了一定的同一性。

我们实行过的土地革命，已经是并且还将是这样的过程，拥有土地的地主阶级转化为失掉土地的阶级，而曾经是失掉土地的农民却转化为取得土地的小私有者。有无、得失之间，因一定条件而互相联结，二者具有同一性。在社会主义条件之下，农民的私有制又将转化为社会主义农业的公有制，苏联已经这样做了，全世界将来也会这样做。私产和公产之间有一条由此达彼的桥梁，哲学上名之曰同一性，即指或互相转化、互相渗透。

巩固无产阶级的专政或人民的专政，正是准备着取消这种专政，走到消灭任何国家制度的更高阶段去的条件。建立和发展共产党，正是准备着消灭共产党和一切政党制度的条件。建立共产党领导的革命军，进行革命战争，正是准备着永远消灭战争的条件。这许多相反的东西，同时却是相成的东西。

大家知道，战争与和平是互相转化的。战争转化为和平，例如第一次世界大战转化为战后的和平，中国的内战现在也停止了，出现了国内的和平。和平转化为战争，例如1927年的国共合作转化为战争，现在的世界和平局面也可能转化为第二次世界大战。为什么是这样？因为在阶级社会中战争与和平这样矛盾着的事物，在一定条件下具备着同一性。

一切矛盾着的东西，互相联系着，不但在一定条件之下共处于一个统一体中，而且在一定条件之下互相转化，这就是矛盾的同一性的全部意义。列宁所谓"怎样成为同一的（怎样变成同一的），——在怎样的条件之下它们互相转化，成为同一的"，就是这个意思。

"为什么人的头脑不应当把这些对立看作死的、凝固的东西，而应当看作生动的、有条件的、可变动的、互相转化的东西"呢？因为客观事物本来是如此的。客观事物中矛盾着的诸方面的统一或同一性，本来不是死的、凝固的，而是生动的、有条件的、可变动的、暂时的、相对的东西，一切矛盾都依一定条件向它们的反面转化着。这种情况，反映在人们的思想里，就成了马克思主义的唯物辩证法的宇宙观。只有现在的和历史上的反动的统治阶级以及为他们服务的形而上学，不是把对立的事物当作生动的、有条件的、可变动的、互相转化的东西去看，而是当作死的、凝固的东西去看，并且把这种错误的看法到处宣传，迷惑人民群众，以达其继续统治的目的。共产党人的任务就在于揭露反动派和形而上学的错误思想，宣传事物的本来的辩证法，促成事物的转化，达到革命的目的。

所谓矛盾在一定条件下的同一性，就是说，我们所说的矛盾乃是现实的矛盾，具体的矛盾，而矛盾的互相转化也是现实的、具体的。神话中的许多变化，例如《山海经》中所说的"夸父追日"[27]，《淮南子》中所说的"羿射九日"[28]，《西游记》中所说的孙悟空七十二变[29]和《聊斋志异》[30]中的许多鬼狐变人的故事等等，这种神话中所说的矛盾的互相变化，乃是无数复杂的现实矛盾的互相变化对于人们所引起的一种幼稚的、想象的、主观幻想的变化，并不是具体的矛盾所表现出来的具体的变化。马克思说："任何神话都是用想象和借助想象以征服自然力，支配自然力，把自然力加以形象化；因而，随着这些自然力之实际上被支配，神话也就消失了。"[31]这种神话中的（还有童话中的）千变万化的故事，虽然因为它们想象出人们征服自然力等等，而能够吸引人们的喜欢，并且最好的神话具有"永久的魅力"[32]（马克思），但神话并不是根据具体的矛盾之一定的条件而构成的，所以它们并不是现实之科学的反映。这就是说，神话或童话中矛盾构成的诸方面，并不是具体的同一性，只是幻想的同一性。科学地反映现实变化的同一性的，就是马克思主义的辩证法。

为什么鸡蛋能够转化为鸡子，而石头不能够转化为鸡子呢？为什么战争与和平有同一性，而战争与石头却没有同一性呢？为什么人能生人不能生出其他的东西呢？没有别的，就是因为矛盾的同一性要在一定的必要的条件之下。缺乏一定的必要的条件，就没有任何的同一性。

为什么俄国在1917年2月的资产阶级民主革命和同年十月的无产阶级社会主义革命直接地联系着，而法国资产阶级革命没有直接地联系于社会主义的革命，1871年的巴黎公社终于失败了呢？为什么蒙古和中亚细亚的游牧制度又直接地和社会主义联系了呢？为什么中国的革命可以避免资本主义的前途，可以和社会主义直接联系起来，不要再走西方国家的历史老路，不要经过一个资产阶级专政的时期呢？没有别的，都是由于当时的具体条件。一定的必要的条件具备了，事物发展的过程就发生一定的矛盾，而且这种或这些矛盾互相依存，又互相转化，否则，一切都不可能。

同一性的问题如此。那么，什么是斗争性呢？同一性和斗争性的关系是怎样的呢？

列宁说："对立的统一（一致、同一、合一），是有条件的、一时的、暂存的、相对的。互相排斥的对立的斗争则是绝对的，正如发展、运动是绝对的一样。"[33]

列宁这段话是什么意思呢？

一切过程都有始有终，一切过程都转化为它们的对立物。一切过程的常住性是相对的，但是一种过程转化为他种过程的这种变动性则是绝对的。

无论什么事物的运动都采取两种状态，相对地静止的状态和显著地变动的状态。两种状态的运动都是由事物内部包含的两个矛盾着的因素互相斗争所引起的。当着事物的运动在第一种状态的时候，它只有数量的变化，没有性质的变化，所以显出好似静止的面貌。当着事物的运动在第二种状态的时候，它已由第一种状态中的数量的变化达到了某一个最高点，引起了统一物的分解，发生了性质的变化，所以显出显著地变化的面貌。我们在日常生活中所看见的统一、团结、联合、调和、均势、相持、僵局、静止、有常、平衡、凝聚、吸引等等，都是事物处在量变状态中所显现的面貌。而统一物的分解，团结、联合、调和、均势、相持、僵局、静止、有常、平衡、凝聚、吸引等等状态的破坏，变到相反的状态，便都是事物在质变状态中、在一种过程过渡到他种过程的变化中所显现的面貌。事物总是不断地由第一种状态转化为第二种状态，而矛盾的斗争则存在于两种状态中，并经过第二种状态而达到矛盾的解决。所以说，对立的统一是有条件的、暂时的、相对的，而对立的互相排除的斗争则是绝对的。

前面我们曾经说，两个相反的东西中间有同一性，所以二者能够共处于一个统一体中，又能够互相转化，这是说的条件性，即是说在一定条件之下，矛盾的东西能够统一起来，又能够互相转化；无此一定条件，就不能成为矛盾，不能共居，也不能转化。由于一定的条件才构成了矛盾的同一性，所以说同一性是有条件的、相对的。这里我们又说，矛盾的斗争贯串于过程的始终，并使一过程向着他过程转化，矛盾的斗争无所不在，所以说矛盾的斗争性是无条件的、绝对的。

有条件的相对的同一性和无条件的绝对的斗争性相结合，构成了一切事物的矛盾运动。

我们中国人常说："相反相成。"[34]就是说相反的东西有同一性。这句话是辩证法的，是违反形而上学的。"相反"就是说两个矛盾方面的互相排斥，或互相斗争。"相成"就是说在一定条件之下两个矛盾方面互相联结起来，获得了同一性。而斗争性即寓于同一性之中，没有斗争性就没有同一性。

在同一性中存在着斗争性，在特殊性中存在着普遍性，在个性中存在着共性。拿列宁的话来说，叫做"在相对的东西里面有着绝对的东西"[35]。

六　对抗在矛盾中的地位

在矛盾的斗争性的问题中，包含着对抗是什么的问题。我们回答道：对抗是矛盾斗争的一种形式，而不是矛盾斗争的一切形式。

在人类历史中，存在着阶级的对抗，这是矛盾斗争的一种特殊的表现。剥削阶级和被剥削阶级之间的矛盾，无论在奴隶社会也好，封建社会也好，资本主义社会也好，互相矛盾着的两阶级，长期地并存于一个社会中，它们互相斗争着，但要待两阶级的矛盾发展到了一定的阶段的时候，双方才取外部对抗的形式，发展为革命。阶级社会中，由和平向战争的转化，也是如此。

炸弹在未爆炸的时候，是矛盾物因一定条件共居于一个统一体中的时候。待至新的条件（发火）出现，才发生了爆炸。自然界中一切到了最后要采取外部冲突形式去解决旧矛盾产生新事物的现象，都有与此相仿佛的情形。

认识这种情形，极为重要。它使我们懂得，在阶级社会中，革命和革命战争是不可避免的，舍此不能完成社会发展的飞跃，不能推翻反动的统治阶级，而使人民获得政权。共产党人必须揭露反动派所谓社会革命是不必要的和不可能的等等欺骗的宣传，坚持马克思列宁主义的社会革命论，使人民懂得，这不但是完全必要的，而且是完全可能的，整个人类的历史和苏联的胜利，都证明了这个科学的真理。

但是我们必须具体地研究各种矛盾斗争的情况，不应当将上面所说的公式不适当地套在一切事物的身上。矛盾和斗争是普遍的、绝对的，但是解决矛盾的方法，即斗争的形式，则因矛盾的性质不同而不相同。有些矛盾具有公开的对抗性，有些矛盾则不是这样。根据事物的具体发展，有些矛盾是由原来还非对抗性的，而发展成为对抗性的；也有些矛盾则由原来是对抗性的，而发展成为非对抗性的。

共产党内正确思想和错误思想的矛盾，如前所说，在阶级存在的时候，这是阶级矛盾对于党内的反映。这种矛盾，在开始的时候，或在个别的问题上，并不一定马上表现为对抗性的。但随着阶级斗争的发展，这种矛盾也就可能发展为对抗性的。苏联共产党的历史告诉我们：列宁、斯大林的正确思想和托洛茨基、布哈林等人的错误思想的矛盾，在开始的时候还没有表现为对抗的形式，但随后就发展为对抗的了。中国共产党的历史也有过这样的情形。我们党内许多同志的正确思想和陈独秀、张国焘[36]等人的错误思想的矛盾，在开始的时候也没有表现为对抗的形式，但随后就发展为对抗的了。目前我们党内的正确思想和错误思想的矛盾，没有表现为对抗的形式，如果犯错误的同志能够改正自己的错误，那就不会发展为对抗性的东西。因此，党一方面必须对于错误思想进行严肃的斗争，另方面又必须充分地给犯错误的同志留有自己觉悟的机会。在这样的情况下，过火的斗争，显然是不适当的。但如果犯错误的人坚持错误，并扩大下去，这种矛盾也就存在着发展为对抗性的东西的可能性。

经济上城市和乡村的矛盾，在资本主义社会里面（那里资产阶级统治的城市残酷地掠夺乡村），在中国的国民党统治区域里面（那里外国帝国主义和本国买办大资产阶级所统治的城市极野蛮地掠夺乡村），那是极其对抗的矛盾。但在社会主义国家里面，在我们的革命根据地里面，这种对抗的矛盾就变为非对抗的矛盾，而当到达共产主义社会的时候，这种矛盾就会消灭。

列宁说："对抗和矛盾断然不同。在社会主义下，对抗消灭了，矛盾存在着。"[37]这就是说，对抗只是矛盾斗争的一种形式，而不是它的一切形式，不能到处套用这个公式。

七　结　论

说到这里，我们可以总起来说几句。事物矛盾的法则，即对立统一的法则，是自然和社会的根本法则，因而也是思维的根本法则。它是和形而上学的宇宙观相反的。它对于人类的认识史是一个大革命。按照辩证唯物论的观点看来，矛盾存在于一切客观事物和主观思维的过程中，矛盾贯串于一切过程的始终，这是矛盾的普遍性和绝对性。矛盾着的事物及其每一个侧面各有其特点，这是矛盾的特殊性和相对性。矛盾着的事物依一定的条件有同一性，因此能够共居于一个统一体中，又能够互相转化到相反的方面去，这又是矛盾的特殊性和相对性。然而矛盾的斗争则是不断的，不管在它们共居的时候，或者在它们互相转化的时候，都有斗争的存在，尤其是在它们互相转化的时候，斗争的表现更为显著，这又是矛盾的普遍性和绝对性。当着我们研究矛盾的特殊性和相对性的时候，要注意矛盾和矛盾方面的主要的和非主要的区别；当着我们研究矛盾的普遍性和斗争性的时候，要注意矛盾的各种不同的斗争形式的区别。否则就要犯错误。如果我们经过研究真正懂得了上述这些要点，我们就能够击破违反马克思列宁主义基本原则的不利于我们的革命事业的那些教条主义的思想；也能够使有经验的同志们整理自己的经验，使之带上原则性，而避免重复经验主义的错误。这些，就是我们研究矛盾法则的一些简单的结论。

选自《毛泽东选集》第一卷，人民出版社 1991 年版，第 299—337 页。

注　　释：

［1］见列宁《黑格尔〈哲学史讲演录〉一书摘要》(《列宁全集》第 55 卷，人民出版社 1990

年版，第 213 页）。

[2] 参见列宁《谈谈辩证法问题》："统一物之分为两个部分以及对它的矛盾着的部分的认识……，是辩证法的实质（是辩证法的'本质'之一，是它的基本的特点或特征之一，甚至可说是它的基本的特点或特征）。"并参见《黑格尔〈逻辑学〉一书摘要》中关于"辩证法的要素"部分："可以把辩证法简要地规定为关于对立面的统一的学说。这样就会抓住辩证法的核心，可是这需要说明和发挥。"（《列宁全集》第 55 卷，人民出版社 1990 年版，第 305、192 页）

[3] 德波林（1881—1963），苏联哲学家。1929 年当选为苏联科学院院士。30 年代初，苏联哲学界发动对德波林学派的批判，认为他们犯了理论脱离实践、哲学脱离政治等唯心主义性质的错误。

[4] 见列宁《谈谈辩证法问题》。新的译文是："有两种基本的（或两种可能的？或两种在历史上常见的？）发展（进化）观点：认为发展是减少和增加，是重复；以及认为发展是对立面的统一（统一物之分为两个互相排斥的对立面以及它们之间的相互关系）。"（《列宁全集》第 55 卷，人民出版社 1990 年版，第 306 页）

[5] 见《汉书·董仲舒传》。董仲舒（公元前 179—前 104）是孔子学派在西汉的主要代表，他曾经对汉武帝说："道之大原出于天，天不变，道亦不变。""道"是中国古代哲学家的通用语，它的意义是"道路"或"道理"，可作"法则"或"规律"解说。

[6] 见恩格斯《反杜林论》第一编第十二节《辩证法。量和质》（《马克思恩格斯选集》第 3 卷，人民出版社 1972 年版，第 160 页）。

[7] 见列宁《谈谈辩证法问题》。新的译文是："承认（发现）自然界的（也包括精神的和社会的）一切现象和过程具有矛盾着的、相互排斥的、对立的倾向。"（《列宁全集》第 55 卷，人民出版社 1990 年版，第 306 页）

[8] 以上所引恩格斯的三段话，均见恩格斯《反杜林论》第一编第十二节《辩证法。量和质》。其中第二段"高等数学的主要基础之一，就是矛盾……"，《反杜林论》中的原文是："我们已经提到，高等数学的主要基础之一是这样一个矛盾：在一定条件下直线和曲线应当是一回事。高等数学还有另一个矛盾：在我们眼前相交的线，只要离开交点五六厘米，就应当认为是平行的、即使无限延长也不会相交的线。可是，高等数学利用这些和其他一些更加尖锐的矛盾获得了不仅是正确的、而且是初等数学所完全不能达到的成果。"（《马克思恩格斯选集》第 3 卷，人民出版社 1972 年版，第 160—161 页）

[9] 见列宁《谈谈辩证法问题》（《列宁全集》第 55 卷，人民出版社 1990 年版，第 305—306 页）。

[10] 见列宁《谈谈辩证法问题》(《列宁全集》第 55 卷,人民出版社 1990 年版,第 307 页)。

[11] 参见本卷《中国革命战争的战略问题》注[11]。

[12] 见《孙子·谋攻》。

[13] 魏徵(580—643),唐代初期的政治活动家和历史学家。本文引语见《资治通鉴》卷一百九十二。

[14]《水浒传》是中国描写农民战争的著名小说。宋江是这部小说中农民武装的主要领袖。祝家庄在农民武装根据地梁山泊的附近,这个庄的统治者祝朝奉,是一个大恶霸地主。

[15] 木马计是希腊神话中的一个著名故事。据传说,古希腊人攻打特洛伊城,很久打不下来。后来,他们伪装撤退,在城下营房中留下了一匹腹内藏有一批勇士的大木马。特洛伊人不知道这是敌人的计策,把木马作为战利品拉进城去。深夜,勇士们走出木马,利用特洛伊人毫无戒备的时机,配合城外的军队,迅速地夺取了特洛伊城。

[16] 见列宁《再论工会、目前局势及托洛茨基同志和布哈林同志的错误》。新的译文是:"要真正地认识事物,就必须把握住、研究清楚它的一切方面、一切联系和'中介'。我们永远也不会完全做到这一点,但是,全面性这一要求可以使我们防止犯错误和防止僵化。"(《列宁全集》第 40 卷,人民出版社 1986 年版,第 291 页)

[17] 见本卷《湖南农民运动考察报告》注[3]。

[18] 见本卷《论反对日本帝国主义的策略》注[5]。

[19] 参见本卷《关于蒋介石声明的声明》注[1]。

[20] 见本卷《中国革命战争的战略问题》注[4]。

[21] 见本卷《论反对日本帝国主义的策略》注[35]。

[22] 1894 年(甲午年)发生的中日战争,也称甲午战争。这次战争是日本军国主义者蓄意挑起的。日本军队先向朝鲜发动侵略并对中国的陆海军进行挑衅,继即大举侵入中国的东北。在战争中,中国军队曾经英勇作战,但是由于清朝政府的腐败以及缺乏坚决反对侵略的准备,中国方面遭到了失败。1895 年,清朝政府和日本订立了可耻的马关条约,这个条约的主要内容是:中国割让台湾全岛及所有附属各岛屿、澎湖列岛和辽东半岛(后来在俄、德、法三国干涉下,日本同意由清政府偿付白银三千万两"赎还"该半岛),赔偿军费银二万万两,允许日本人在中国通商口岸开设工厂,开辟沙市、重庆、苏州、杭州等地为商埠。

[23] 见本卷《论反对日本帝国主义的策略》注[37]。

[24] 参见本卷《论反对日本帝国主义的策略》注[22]。

[25] 见列宁《俄国社会民主党人的任务》(《列宁全集》第2卷,人民出版社1984年版,第443页);并见列宁《怎么办?》第一章第四节(《列宁全集》第6卷,人民出版社1986年版,第23页)。

[26] 见列宁《黑格尔〈逻辑学〉一书摘要》。新的译文是:"辩证法是一种学说,它研究对立面怎样才能够同一,是怎样(怎样成为)同一的——在什么条件下它们是相互转化而同一的,——为什么人的头脑不应该把这些对立面看作僵死的、凝固的东西,而应该看作活生生的、有条件的、活动的、彼此转化的东西。"(《列宁全集》第55卷,人民出版社1990年版,第90页)

[27]《山海经》是一部中国古代地理著作,其中记载了不少远古的神话传说。夸父是《山海经·海外北经》上记载的一个神人。据说:"夸父与日逐走。入日,渴欲得饮,饮于河渭。河渭不足,北饮大泽。未至,道渴而死。弃其杖,化为邓林。"

[28] 羿是中国古代传说中的英雄,"射日"是关于他善射的著名故事。据西汉淮南王刘安(公元前二世纪人)及其门客所著《淮南子》一书说:"尧之时,十日并出,焦禾稼,杀草木,而民无所食。猰貐、凿齿、九婴、大风、封豨、修蛇,皆为民害。尧乃使羿……上射十日而下杀猰貐。……万民皆喜。"东汉著作家王逸(公元二世纪人)关于屈原诗篇《天问》的注释说:"淮南言,尧时十日并出,草木焦枯。尧命羿仰射十日,中其九日……留其一日。"

[29]《西游记》是明代作家吴承恩著的一部神话小说。孙悟空是书中的主角。他是一个神猴,有七十二变的法术,能够随意变成各式各样的鸟兽虫鱼草木器物或者人形。

[30]《聊斋志异》是清代文学家蒲松龄著的短篇小说集,大部分是叙述神仙狐鬼的故事。

[31] 见马克思《〈政治经济学批判〉导言》(《马克思恩格斯选集》第2卷,人民出版社1972年版,第113页)。

[32] 见马克思《〈政治经济学批判〉导言》(《马克思恩格斯选集》第2卷,人民出版社1972年版,第114页)。

[33] 见列宁《谈谈辩证法问题》。新的译文是:"对立面的统一(一致、同一、均势)是有条件的、暂时的、易逝的、相对的。相互排斥的对立面的斗争是绝对的,正如发展、运动是绝对的一样。"(《列宁全集》第55卷,人民出版社1990年版,第306页)

[34] 见东汉著名史学家班固(32——92)所著《汉书·艺文志》,原文是:"诸子十家,其可观者,九家而已。皆起于王道既微,诸侯力政,时君世主,好恶殊方。是以九家之术,蜂出并作,各引一端,崇其所善,以此驰说,取合诸侯。其言虽殊,辟犹水火,相灭亦相生也。仁之与义,敬之与和,相反而皆相成也。"

[**35**] 见列宁《谈谈辩证法问题》。新的译文是:“相对中有绝对。”(《列宁全集》第55卷,人民出版社1990年版,第307页)

[**36**] 见本卷《论反对日本帝国主义的策略》注[24]。

[**37**] 见列宁《在尼·布哈林〈过渡时期经济学〉一书上作的批注和评论》。新的译文是:“对抗和矛盾完全不是一回事。在社会主义下,对抗将会消失,矛盾仍将存在。”(《列宁全集》第60卷,人民出版社1990年版,第281—282页)。

《矛盾论》导读

一、时代背景及其意义

为了克服党内教条主义思想,继《实践论》以后,毛泽东 1937 年 8 月在延安又写作了《矛盾论》。这篇著作,毛泽东曾在延安抗日军政大学作过讲演。1951 年出版《毛泽东选集》第一版时,毛泽东对《矛盾论》的部分内容作了修改、删节和补充。

《矛盾论》对唯物辩证法的核心规律——对立统一的规律进行了论述。尤其是《矛盾论》在论述了矛盾的普遍性和特殊性的关系之后,认为"这一共性个性、绝对相对的道理,是关于事物矛盾问题的精髓,不懂得它,就等于抛弃了辩证法"。它是马克思主义普遍原理指导中国具体革命实践的哲学理论基础。

《矛盾论》是马克思主义哲学中国化的产物,它不仅从哲学上批判了教条主义等错误,而且它是毛泽东哲学思想成熟化和理论化的标志。《矛盾论》为中国人民分析国内外各种矛盾,争取革命和建设的胜利提供了理论武器。

当然,有些问题,由于社会历史条件的变化,也出现了学术研究中如何理解的问题,如对立统一的观点、矛盾的诸方面的同一性和斗争性、对抗在矛盾中地位的有关论述等。

二、内容简介

本文的中心,是继承和发展了马列主义的辩证法思想,论述了对立统一规律与矛盾的普遍性和特殊性相统一的原理。正文包括一个前言，七个部分，可分为五个问题。

（一）两种宇宙观

“前言”论述了事物的矛盾法则，即对立统一的法则是唯物辩证法的根本法则。

第一部分，论述了两种宇宙发展观：一种是形而上学的或庸俗进化论的宇宙观，就是用孤立的、静止的和片面的观点去看世界；一种是唯物辩证法的宇宙观，主张从事物的内部矛盾运动，从一事物对他事物的相互联系、相互影响去研究事物的发展。

事物的内部矛盾运动是事物发展的根本原因，即内因。而一事物与他事物的联系和影响，这是事物发展变化的外因，即第二位的原因。内因是根据，外因是条件，外因通过内因而起作用。

（二）矛盾的普遍性和矛盾的特殊性

第二、三部分，论述了矛盾的普遍性和特殊性的内涵及其相互之间的辩证关系。

1. 矛盾的普遍性。矛盾的普遍性有两方面的意义。其一是说，矛盾存在于一切事物的发展过程中。这就是说，“矛盾无处不在”。其二是说，每一事物的发展过程中存在着自始至终的矛盾运动，即“矛盾无时不有”。

2. 矛盾的特殊性。矛盾的特殊性是指矛盾着的事物及其发展过程的每一个侧面各有其特点。具体表现为：

(1) 各种物质运动形式中的矛盾都带有特殊性。这种特殊矛盾，构成一事物区别于他事物的特殊的本质。这就是世界上诸种事物之所以有千差万别的内在的原因或根据。

(2) 事物各种运动形式在其发展的过程中都存在着特殊的矛盾和本质。

(3) 在事物发展的每一过程中，其矛盾的各个方面都存在着特殊性。

(4) 在事物发展的各个过程中的各个阶段上的矛盾存在着特殊性。

(5) 在事物发展过程中的不同阶段上矛盾的各个方面具有特殊性。

人类认识运动秩序，总是由认识个别和特殊的事物，逐步扩大到认识一般的事物。因而，认识事物矛盾的特殊性是认识事物的基础。教条主义，一方面认为一般是凭空出现的，不了解认识是由特殊到一般，再由一般到特殊的过程；另一方面不了解不同质的矛盾要用不同质的方法去解决，而是用千篇一律的公式到处硬套。因而，研究矛盾的特殊性，忌带主观随意性，必须具体情况具体分析。

3. 普遍性和特殊性，矛盾共性和个性的原理是事物矛盾问题的精髓。

矛盾的普遍性和特殊性之间相互转化。由于事物范围的极其广大，发展的无限性，所以在一定场合为普遍性的东西，而在另一场合则变为特殊性。反之，在一定场合为特殊性的东西，而在另一场合则变为普遍性。

矛盾的普遍性和特殊性之间相互联结。普遍性存在于特殊性之中，共性存在于个性之中，没有个性就没有共性。这一共性与个性、绝对与相对的道理，是关于事物矛盾问题的精髓。

（三）主要的矛盾和主要的矛盾方面

第四部分，毛泽东在研究矛盾的特殊性时，还特别分析了矛盾发展的不平衡性，即主要的矛盾和主要的矛盾方面。它是矛盾特殊性的重要表现。

1. 主要的矛盾。在复杂的事物的发展过程中，有许多的矛盾存在，其中必有一种是主要的矛盾，由于它的存在和发展规定和影响着其他矛盾的存在和发展。因此，研究任何过程，如果存在着两个以上的矛盾的复杂过程的话，就要用全力找出它的主要矛盾。抓住这个主要矛盾，一切问题就迎刃而解了。

2. 主要的矛盾方面。矛盾着的两个方面，其发展是不平衡的，其中必有一方面是主要的，另一方面是次要的。其主要的方面，即所谓矛盾起主导作用的方面。事物的性质主要地是由取得支配地位的主要矛盾规定的。

矛盾的主要方面和非主要方面相互转化着，事物的性质也就随着起变化。这是由事物发展中矛盾双方斗争的力量的增减程度来决定的。

（四）矛盾诸方面的同一性和斗争性、对抗在矛盾中的地位

第五、六部分，论述矛盾诸方面的同一性和斗争性与对抗在矛盾中的地

位。同一性和斗争性是同一矛盾的两种基本属性。它们的相互作用，构成事物的矛盾运动，推动事物的发展。

1. 矛盾的同一性，说的是如下两种情形：① 事物发展过程中的每一种矛盾的两个方面，各以和它对立着的方面为自己存在的前提，双方共处于一个统一体中；② 矛盾着的双方，依据一定的条件，各自向着其相反的方面转化。

2. 矛盾的斗争性是指矛盾双方相互排斥、相互否定的对立关系。

3. 矛盾的同一性是相对的，矛盾的互相排斥的对立的斗争是绝对的，正如发展运动是绝对的一样。无论什么事物的运动都采取两种状态，即相对静止的状态和显著地变动的状态。两种状态的运动都是由事物内部包含的两个矛盾的因素互相斗争所引起的，并且贯穿过程的始终。事物总是不断地由第一种状态转化为第二种状态，而矛盾的斗争则存在于两种状态中，并经过第二种状态而达到矛盾的解决。所以，对立的统一、同一性是相对的，而对立的互相排斥的斗争性则是绝对的。这种有条件的相对的同一性和无条件的绝对的斗争性相结合，构成了一切事物的矛盾运动。

4. 对抗在矛盾中的地位。对抗是矛盾的斗争的一种形式，而不是矛盾斗争的一切形式，不能到处套用这个公式。

（五）结 论

毛泽东认为，学好《矛盾论》，我们就能够击破违反马列主义基本原则的不利于革命事业的那些教条主义的思想，也能够使有经验的同志们整理自己的经验，使之带上原则性，而避免重复经验论的错误。这些，就是我们研究矛盾法则的一些简单结论。

思考题：

1. 为什么说对立统一规律是唯物辩证法的实质和核心？

2. 什么是矛盾的普遍性？什么是矛盾的特殊性？如何理解普遍性和特殊性、共性和个性的道理是矛盾问题的精髓，不懂得它就等于抛弃了辩证法？

3. 如何理解矛盾的同一性和斗争性及其辩证关系？

4. 学习《矛盾论》，在当代有何理论价值和现实意义？

（谭培文　广西师范大学）

毛　泽　东

论十大关系[*]

（1956年4月25日）

最近几个月，中央政治局听了中央工业、农业、运输业、商业、财政等三十四个部门的工作汇报，从中看到一些有关社会主义建设和社会主义改造的问题。综合起来，一共有十个问题，也就是十大关系。

提出这十个问题，都是围绕着一个基本方针，就是要把国内外一切积极因素调动起来，为社会主义事业服务。过去为了结束帝国主义、封建主义和官僚资本主义的统治，为了人民民主革命的胜利，我们就实行了调动一切积极因素的方针。现在为了进行社会主义革命，建设社会主义国家，同样也实行这个方针。但是，我们工作中间还有些问题需要谈一谈。特别值得注意的是，最近苏联方面暴露了他们在建设社会主义过程中的一些缺点和错误，他们走过的弯路，你还想走？过去我们就是鉴于他们的经验教训，少走了一些弯路，现在当然更要引以为戒。

什么是国内外的积极因素？在国内，工人和农民是基本力量。中间势力是可以争取的力量。反动势力虽是一种消极因素，但是我们仍然要作好工作，尽量争取化消极因素为积极因素。在国际上，一切可以团结的力量都要团结，不中立的可以争取为中立，反动的也可以分化和利用。总之，我们要调

---

* 这是毛泽东在中共中央政治局扩大会议上的讲话。这次会议于1956年4月25日至28日在北京召开，各省、市、自治区党委书记也参加了会议。这篇讲话，以苏联的经验为鉴戒，总结了中国的经验，提出了调动一切积极因素为社会主义事业服务的基本方针，对适合中国情况的社会主义建设道路进行了初步的探索。中央政治局扩大会议讨论了这个讲话，4月28日毛泽东就讨论情况作总结讲话。他在总结讲话中提出："艺术问题上的百花齐放，学术问题上的百家争鸣，我看应该成为我们的方针。"

动一切直接的和间接的力量，为把我国建设成为一个强大的社会主义国家而奋斗。

下面我讲十个问题。

一　重工业和轻工业、农业的关系

重工业是我国建设的重点。必须优先发展生产资料的生产，这是已经定了的。但是决不可以因此忽视生活资料尤其是粮食的生产。如果没有足够的粮食和其他生活必需品，首先就不能养活工人，还谈什么发展重工业？所以，重工业和轻工业、农业的关系，必须处理好。

在处理重工业和轻工业、农业的关系上，我们没有犯原则性的错误。我们比苏联和一些东欧国家作得好些。像苏联的粮食产量长期达不到革命前最高水平的问题，像一些东欧国家由于轻重工业发展太不平衡而产生的严重问题，我们这里是不存在的。他们片面地注重重工业，忽视农业和轻工业，因而市场上的货物不够，货币不稳定。我们对于农业、轻工业是比较注重的。我们一直抓了农业，发展了农业，相当地保证了发展工业所需要的粮食和原料。我们的民生日用商品比较丰富，物价和货币是稳定的。

我们现在的问题，就是还要适当地调整重工业和农业、轻工业的投资比例，更多地发展农业、轻工业。这样，重工业是不是不为主了？它还是为主，还是投资的重点。但是，农业、轻工业投资的比例要加重一点。

加重的结果怎么样？加重的结果，一可以更好地供给人民生活的需要，二可以更快地增加资金的积累，因而可以更多更好地发展重工业。重工业也可以积累，但是，在我们现有的经济条件下，轻工业、农业积累得更多更快些。

这里就发生一个问题，你对发展重工业究竟是真想还是假想，想得厉害一点，还是差一点？你如果是假想，或者想得差一点，那就打击农业、轻工业，对它们少投点资。你如果是真想，或者想得厉害，那你就要注重农业、轻工业，使粮食和轻工业原料更多些，积累更多些，投到重工业方面的资金将来也会更多些。

我们现在发展重工业可以有两种办法，一种是少发展一些农业、轻工业，一种是多发展一些农业、轻工业。从长远观点来看，前一种办法会使重工业发展得少些和慢些，至少基础不那么稳固，几十年后算总账是划不来的。后一种办法会使重工业发展得多些和快些，而且由于保障了人民生活的需要，会使它发展的基础更加稳固。

二　沿海工业和内地工业的关系

我国的工业过去集中在沿海。所谓沿海，是指辽宁、河北、北京、天津、河南东部、山东、安徽、江苏、上海、浙江、福建、广东、广西。我国全部轻工业和重工业，都有约百分之七十在沿海，只有百分之三十在内地。这是历史上形成的一种不合理的状况。沿海的工业基地必须充分利用，但是，为了平衡工业发展的布局，内地工业必须大力发展。在这两者的关系问题上，我们也没有犯大的错误，只是最近几年，对于沿海工业有些估计不足，对它的发展不那么十分注重了。这要改变一下。

过去朝鲜还在打仗，国际形势还很紧张，不能不影响我们对沿海工业的看法。现在，新的侵华战争和新的世界大战，估计短时期内打不起来，可能有十年或者更长一点的和平时期。这样，如果还不充分利用沿海工业的设备能力和技术力量，那就不对了。不说十年，就算五年，我们也应当在沿海好好地办四年的工业，等第五年打起来再搬家。从现有材料看来，轻工业工厂的建设和积累一般都很快，全部投产以后，四年之内，除了收回本厂的投资以外，还可以赚回三个厂，两个厂，一个厂，至少半个厂。这样好的事情为什么不做？认为原子弹已经在我们头上，几秒钟就要掉下来，这种形势估计是不合乎事实的，由此而对沿海工业采取消极态度是不对的。

这不是说新的工厂都建在沿海。新的工业大部分应当摆在内地，使工业布局逐步平衡，并且利于备战，这是毫无疑义的。但是沿海也可以建立一些新的厂矿，有些也可以是大型的。至于沿海原有的轻重工业的扩建和改建，过去已经作了一些，以后还要大大发展。

好好地利用和发展沿海的工业老底子，可以使我们更有力量来发展和支持内地工业。如果采取消极态度，就会妨碍内地工业的迅速发展。所以这也是一个对于发展内地工业是真想还是假想的问题。如果是真想，不是假想，就必须更多地利用和发展沿海工业，特别是轻工业。

三　经济建设和国防建设的关系

国防不可不有。现在，我们有了一定的国防力量。经过抗美援朝[1]和几年的整训，我们的军队加强了，比第二次世界大战前的苏联红军要更强些，装备也有所改进。我们的国防工业正在建立。自从盘古开天辟地以来，我们不晓得造飞机，造汽车，现在开始能造了。

我们现在还没有原子弹。但是，过去我们也没有飞机和大炮，我们是用小米加步枪打败了日本帝国主义和蒋介石的。我们现在已经比过去强，以后还要比现在强，不但要有更多的飞机和大炮，而且还要有原子弹。在今天的世界上，我们要不受人家欺负，就不能没有这个东西。怎么办呢？可靠的办法就是把军政费用降到一个适当的比例，增加经济建设费用。只有经济建设发展得更快了，国防建设才能够有更大的进步。

1950年，我们在党的七届三中全会上，已经提出精简国家机构、减少军政费用的问题，认为这是争取我国财政经济情况根本好转的三个条件之一。第一个五年计划[2]期间，军政费用占国家预算全部支出的百分之三十。这个比重太大了。第二个五年计划[3]期间，要使它降到百分之二十左右，以便抽出更多的资金，多开些工厂，多造些机器。经过一段时间，我们就不但会有很多的飞机和大炮，而且还可能有自己的原子弹。

这里也发生这么一个问题，你对原子弹是真正想要、十分想要，还是只有几分想，没有十分想呢？你是真正想要、十分想要，你就降低军政费用的比重，多搞经济建设。你不是真正想要、十分想要，你就还是按老章程办事。这是战略方针的问题，希望军委讨论一下。

现在我们把兵统统裁掉好不好？那不好。因为还有敌人，我们还受敌人欺负和包围嘛！我们一定要加强国防，因此，一定要首先加强经济建设。

四　国家、生产单位和生产者个人的关系

国家和工厂、合作社的关系，工厂、合作社和生产者个人的关系，这两种关系都要处理好。为此，就不能只顾一头，必须兼顾国家、集体和个人三个方面，也就是我们过去常说的“军民兼顾”、“公私兼顾”。鉴于苏联和我们自己的经验，今后务必更好地解决这个问题。

拿工人讲，工人的劳动生产率提高了，他们的劳动条件和集体福利就需要逐步有所改进。我们历来提倡艰苦奋斗，反对把个人物质利益看得高于一切，同时我们也历来提倡关心群众生活，反对不关心群众痛痒的官僚主义。随着整个国民经济的发展，工资也需要适当调整。关于工资，最近决定增加一些，主要加在下面，加在工人方面，以便缩小上下两方面的距离。我们的工资一般还不高，但是因为就业的人多了，因为物价低和稳，加上其他种种条件，工人的生活比过去还是有了很大改善。在无产阶级政权下面，工人的政治觉悟和劳动积极性一直很高。去年年底中央号召反右倾保守，工人群众热烈拥护，奋战三个月，破例地超额完成了今年第一季度的计划。我们需要大力发扬他们这种艰苦奋斗的精神，也需要更多地注意解决他们在劳动和生活中的迫切问题。

这里还要谈一下工厂在统一领导下的独立性问题。把什么东西统统都集中在中央或省市，不给工厂一点权力，一点机动的余地，一点利益，恐怕不妥。中央、省市和工厂的权益究竟应当各有多大才适当，我们经验不多，还要研究。从原则上说，统一性和独立性是对立的统一，要有统一性，也要有独立性。比如我们现在开会是统一性，散会以后有人散步，有人读书，有人吃饭，就是独立性。如果我们不给每个人散会后的独立性，一直把会无休止地开下去，不是所有的人都要死光吗？个人是这样，工厂和其他生产单位也是这样。各个生产单位都要有一个与统一性相联系的独立性，才会发展得更加活泼。

再讲农民。我们同农民的关系历来都是好的，但是在粮食问题上曾经犯过一个错误。1954 年我国部分地区因水灾减产，我们却多购了七十亿斤粮食。这样一减一多，闹得去年春季许多地方几乎人人谈粮食，户户谈统销。

农民有意见，党内外也有许多意见。尽管不少人是故意夸大，乘机攻击，但是不能说我们没有缺点。调查不够，摸不清底，多购了七十亿斤，这就是缺点。我们发现了缺点，1955 年就少购了七十亿斤，又搞了一个“三定”，就是定产定购定销，加上丰收，一少一增，使农民手里多了二百多亿斤粮食。这样，过去有意见的农民也说“共产党真是好”了。这个教训，全党必须记住。

苏联的办法把农民挖得很苦。他们采取所谓义务交售制[4]等项办法，把农民生产的东西拿走太多，给的代价又极低。他们这样来积累资金，使农民的生产积极性受到极大的损害。你要母鸡多生蛋，又不给它米吃，又要马儿跑得好，又要马儿不吃草。世界上哪有这样的道理！

我们对农民的政策不是苏联的那种政策，而是兼顾国家和农民的利益。我们的农业税历来比较轻。工农业品的交换，我们是采取缩小剪刀差，等价交换或者近乎等价交换的政策。我们统购农产品是按照正常的价格，农民并不吃亏，而且收购的价格还逐步有所增长。我们在向农民供应工业品方面，采取薄利多销、稳定物价或适当降价的政策，在向缺粮区农民供应粮食方面，一般略有补贴。但是就是这样，如果粗心大意，也还是会犯这种或那种错误。鉴于苏联在这个问题上犯了严重错误，我们必须更多地注意处理好国家同农民的关系。

合作社同农民的关系也要处理好。在合作社的收入中，国家拿多少，合作社拿多少，农民拿多少，以及怎样拿法，都要规定得适当。合作社所拿的部分，都是直接为农民服务的。生产费不必说，管理费也是必要的，公积金是为了扩大再生产，公益金是为了农民的福利。但是，这几项各占多少，应当同农民研究出一个合理的比例。生产费管理费都要力求节约。公积金公益金也要有个控制，不能希望一年把好事都做完。

除了遇到特大自然灾害以外，我们必须在增加农业生产的基础上，争取百分之九十的社员每年的收入比前一年有所增加，百分之十的社员的收入能够不增不减，如有减少，也要及早想办法加以解决。

总之，国家和工厂，国家和工人，工厂和工人，国家和合作社，国家和农民，合作社和农民，都必须兼顾，不能只顾一头。无论只顾哪一头，都是不利于社会主义，不利于无产阶级专政的。这是一个关系到 6 亿人民的大问题，必须在全党和全国人民中间反复进行教育。

五　中央和地方的关系

中央和地方的关系也是一个矛盾。解决这个矛盾，目前要注意的是，应当在巩固中央统一领导的前提下，扩大一点地方的权力，给地方更多的独立性，让地方办更多的事情。这对我们建设强大的社会主义国家比较有利。我们的国家这样大，人口这样多，情况这样复杂，有中央和地方两个积极性，比只有一个积极性好得多。我们不能像苏联那样，把什么都集中到中央，把地方卡得死死的，一点机动权也没有。

中央要发展工业，地方也要发展工业。就是中央直属的工业，也还是要靠地方协助。至于农业和商业，更需要依靠地方。总之，要发展社会主义建设，就必须发挥地方的积极性。中央要巩固，就要注意地方的利益。

现在几十只手插到地方，使地方的事情不好办。立了一个部就要革命，要革命就要下命令。各部不好向省委、省人民委员会下命令，就同省、市的厅局联成一线，天天给厅局下命令。这些命令虽然党中央不知道，国务院不知道，但都说是中央来的，给地方压力很大。表报之多，闹得泛滥成灾。这种情况，必须纠正。

我们要提倡同地方商量办事的作风。党中央办事，总是同地方商量，不同地方商量从来不冒下命令。在这方面，希望中央各部好好注意，凡是同地方有关的事情，都要先同地方商量，商量好了再下命令。

中央的部门可以分成两类。有一类，它们的领导可以一直管到企业，它们设在地方的管理机构和企业由地方进行监督；有一类，它们的任务是提出指导方针，制定工作规划，事情要靠地方办，要由地方去处理。

处理好中央和地方的关系，这对于我们这样的大国大党是一个十分重要的问题。这个问题，有些资本主义国家也是很注意的。它们的制度和我们的制度根本不同，但是它们发展的经验，还是值得我们研究。拿我们自己的经验说，我们建国初期实行的那种大区制度[5]，当时有必要，但是也有缺点，后来的高饶反党联盟[6]，就多少利用了这个缺点。以后决定取消大区，各省直属中央，这是正确的。但是由此走到取消地方的必要的独立性，结果也不那么好。我们的宪法规定，立法权集中在中央。但是在不违背中央方针的条件下，按照情况和工作需要，地方可以搞章程、条例、办法，宪法并没有约束。我们要统一，也要特殊。为了建设一个强大的社会主义国家，必须有中央的强有力的统一领导，必须有全国的统一计划和统一纪律，破坏这种必要的统一，是不允许的。同时，又必须充分发挥地方的积极性，各地都要有适合当地情况的特殊。这种特殊不是高岗的那种特殊，而是为了整体利益，为了加强全国统一所必要的特殊。

还有一个地方和地方的关系问题，这里说的主要是地方的上下级关系问题。省市对中央部门有意见，地、县、区、乡对省市就没有意见吗？中央要注意发挥省市的积极性，省市也要注意发挥地、县、区、乡的积极性，都不能够框得太死。当然，也要告诉下面的同志哪些事必须统一，不能乱来。总之，可以和应当统一的，必须统一，不可以和不应当统一的，不能强求统一。正当的独立性，正当的权利，省、市、地、县、区、乡都应当有，都应当争。这种从全国整体利益出发的争权，不是从本位利益出发的争权，不能叫做地方主义，不能叫做闹独立性。

省市和省市之间的关系，也是一种地方和地方的关系，也要处理得好。我们历来的原则，就是提倡顾全大局，互助互让。

在解决中央和地方、地方和地方的关系问题上，我们的经验还不多，还不成熟，希望你们好好研究讨论，并且每过一个时期就要总结经验，发扬成绩，克服缺点。

六　汉族和少数民族的关系

对于汉族和少数民族的关系，我们的政策是比较稳当的，是比较得到少数民族赞成的。我们着重反对大汉族主义。地方民族主义也要反对，但是那一般地不是重点。

我国少数民族人数少，占的地方大。论人口，汉族占百分之九十四，是压倒优势。如果汉人搞大汉族主义，歧视少数民族，那就很不好。而土地谁多呢？土地是少数民族多，占百分之五十到六十。我们说中国地大物博，人口众多，实际上是汉族“人口众多”，少数民族“地大物博”，至少地下资源很可能是少数民族“物博”。

各个少数民族对中国的历史都作过贡献。汉族人口多,也是长时期内许多民族混血形成的。历史上的反动统治者,主要是汉族的反动统治者,曾经在我们各民族中间制造种种隔阂,欺负少数民族。这种情况所造成的影响,就在劳动人民中间也不容易很快消除。所以我们无论对干部和人民群众,都要广泛地持久地进行无产阶级的民族政策教育,并且要对汉族和少数民族的关系经常注意检查。早两年已经作过一次检查,现在应当再来一次。如果关系不正常,就必须认真处理,不要只口里讲。

在少数民族地区,经济管理体制和财政体制,究竟怎样才适合,要好好研究一下。

我们要诚心诚意地积极帮助少数民族发展经济建设和文化建设。在苏联,俄罗斯民族同少数民族的关系很不正常,我们应当接受这个教训。天上的空气,地上的森林,地下的宝藏,都是建设社会主义所需要的重要因素,而一切物质因素只有通过人的因素,才能加以开发利用。我们必须搞好汉族和少数民族的关系,巩固各民族的团结,来共同努力于建设伟大的社会主义祖国。

七　党和非党的关系

究竟是一个党好,还是几个党好?现在看来,恐怕是几个党好。不但过去如此,而且将来也可以如此,就是长期共存,互相监督。

在我们国内,在抗日反蒋斗争中形成的以民族资产阶级及其知识分子为主的许多民主党派,现在还继续存在。在这一点上,我们和苏联不同。我们有意识地留下民主党派,让他们有发表意见的机会,对他们采取又团结又斗争的方针。一切善意地向我们提意见的民主人士,我们都要团结。像卫立煌、翁文灏[7]这样的有爱国心的国民党军政人员,我们应当继续调动他们的积极性。就是那些骂我们的,像龙云、梁漱溟、彭一湖[8]之类,我们也要养起来,让他们骂,骂得无理,我们反驳,骂得有理,我们接受。这对党,对人民,对社会主义比较有利。

中国现在既然还有阶级和阶级斗争,就不会没有各种形式的反对派。所有民主党派和无党派民主人士虽然都表示接受中国共产党的领导，但是他们中的许多人，实际上就是程度不同的反对派。在“把革命进行到底”、抗美援朝、土地改革[9]等等问题上，他们都是又反对又不反对。对于镇压反革命[10]，他们一直到现在还有意见。他们说《共同纲领》[11]好得不得了，不想搞社会主义类型的宪法，但是宪法起草出来了，他们又全都举手赞成。事物常常走到自己的反面，民主党派对许多问题的态度也是这样。他们是反对派，又不是反对派，常常由反对走到不反对。

共产党和民主党派都是历史上发生的。凡是历史上发生的东西，都要在历史上消灭。因此，共产党总有一天要消灭，民主党派也总有一天要消灭。消灭就是那么不舒服？我看很舒服。共产党，无产阶级专政，哪一天不要了，我看实在好。我们的任务就是要促使它们消灭得早一点。这个道理，过去我们已经说过多次了。

但是，无产阶级政党和无产阶级专政，现在非有不可，而且非继续加强不可。否则，不能镇压反革命，不能抵抗帝国主义，不能建设社会主义，建设起来也不能巩固。列宁关于无产阶级政党和无产阶级专政的理论，决没有像有些人说的那样“已经过时”。无产阶级专政不能没有很大的强制性。但是，必须反对官僚主义，反对机构庞大。在一不死人二不废事的条件下，我建议党政机构进行大精简，砍掉它三分之二。

话说回来，党政机构要精简，不是说不要民主党派。希望你们抓一下统一战线工作，使他们和我们的关系得到改善，尽可能把他们的积极性调动起来为社会主义服务。

八　革命和反革命的关系

反革命是什么因素？是消极因素，破坏因素，是积极因素的反对力量。反革命可不可以转变？当然，有些死心塌地的反革命不会转变。但是，在我国的条件下，他们中间的大多数将来会有不同程度的转变。由于我们采取了正确的政策，现在就有不少反革命被改造成不反革命了，有些人还做了一些有益的事。

有几点应当肯定：

第一点，应当肯定，1951年和1952年那一次镇压反革命是必须的。有这么一种意见，认为那一次镇压反革命也可以不搞。这种意见是错误的。

对待反革命分子的办法是：杀、关、管、放。杀，大家都知道是什么一回事。关，就是关起来劳动改造。管，就是放在社会上由群众监督改造。放，就是可捉可不捉的一般不捉，或者捉起来以后表现好的，把他放掉。按照不同情况，给反革命分子不同的处理，是必要的。

现在只说杀。那一次镇压反革命杀了一批人，那是些什么人呢？是老百姓非常仇恨的、血债累累的反革命分子。六亿人民的大革命，不杀掉那些"东霸天"、"西霸天"，人民是不能起来的。如果没有那次镇压，今天我们采取宽大政策，老百姓就不可能赞成。现在有人听到说斯大林杀错了一些人，就说我们杀的那批反革命也杀错了，这是不对的。肯定过去根本上杀得对，在目前有实际意义。

第二点，应当肯定，还有反革命，但是已经大为减少。在胡风[12]问题出来以后，清查反革命是必要的。有些没有清查出来的，还要继续清查。要肯定现在还有少数反革命分子，他们还在进行各种反革命破坏活动，比如把牛弄死，把粮食烧掉，破坏工厂，盗窃情报，贴反动标语，等等。所以，说反革命已经肃清了，可以高枕无忧了，是不对的。只要中国和世界上还有阶级斗争，就永远不可以放松警惕。但是，说现在还有很多反革命，也是不对的。

第三点，今后社会上的镇反，要少捉少杀。社会上的反革命因为是老百姓的直接冤头，老百姓恨透了，所以少数人还是要杀。他们中的多数，要交给农业合作社去管制生产，劳动改造。但是，我们还不能宣布一个不杀，不能废除死刑。

第四点，机关、学校、部队里面清查反革命，要坚持在延安开始的一条，就是一个不杀，大部不捉。真凭实据的反革命，由机关清查，但是公安局不捉，检察机关不起诉，法院也不审判。一百个反革命里面，九十几个这样处理。这就是所谓大部不捉。至于杀呢，就是一个不杀。

什么样的人不杀呢？胡风、潘汉年、饶漱石[13]这样的人不杀，连被俘的战犯宣统皇帝、康泽[14]这样的人也不杀。不杀他们，不是没有可杀之罪，而是杀了不利。这样的人杀了一个，第二个第三个就要来比，许多人头就要落地。这是第一条。第二条,可以杀错人。一颗脑袋落地,历史证明是接不起来的,也不像韭菜那样,割了一次还可以长起来,割错了,想改正错误也没有办法。第三条,消灭证据。镇压反革命要有证据。这个反革命常常就是那个反革命的活证据,有官司可以请教他。你把他消灭了,可能就再找不到证据了。这就只有利于反革命,而不利于革命。第四条,杀了他们,一不能增加生产,二不能提高科学水平,三不能帮助除四害,四不能强大国防,五不能收复台湾。杀了他们,你得一个杀俘虏的名声,杀俘虏历来是名声不好的。还有一条,机关里的反革命跟社会上的反革命不同。社会上的反革命爬在人民的头上,而机关里的反革命跟人民隔得远些,他们有普遍的冤头,但是直接的冤头不多。这些人一个不杀有什么害处呢?能劳动改造的去劳动改造,不能劳动改造的就养一批。反革命是废物,是害虫,可是抓到手以后,却可以让他们给人民办点事情。

但是,要不要立条法律,讲机关里的反革命一个不杀呢?这是我们的内部政策,不用宣布,实际上尽量做到就是了。假使有人丢个炸弹,把这个屋子里的人都炸死了,或者一半,或者三分之一,你说杀不杀?那就一定要杀。

机关肃反实行一个不杀的方针,不妨碍我们对反革命分子采取严肃态度。但是,可以保证不犯无法挽回的错误,犯了错误也有改正的机会,可以稳定很多人,可以避免党内同志之间互不信任。不杀头,就要给饭吃。对一切反革命分子,都应当给以生活出路,使他们有自新的机会。这样做,对人民事业,对国际影响,都有好处。

镇压反革命还要作艰苦的工作,大家不能松懈。今后,除社会上的反革命还要继续镇压以外,必须把混在机关、学校、部队中的一切反革命分子继续清查出来。一定要分清敌我。如果让敌人混进我们的队伍,甚至混进我们的领导机关,那会对社会主义事业和无产阶级专政造成多么严重的危险,这是大家都清楚的。

九　是非关系

党内党外都要分清是非。如何对待犯了错误的人,这是一个重要的问题。正确的态度应当是，对于犯错误的同志，采取“惩前毖后，治病救人”的方针，帮助他们改正错误，允许他们继续革命。过去，在以王明[15]为首的教条主义者当权的时候，我们党在这个问题上犯了错误，学了斯大林作风中不好的一面。他们在社会上不要中间势力，在党内不允许人家改正错误，不准革命。

《阿Q正传》是一篇好小说，我劝看过的同志再看一遍，没看过的同志好好地看看。鲁迅在这篇小说里面，主要是写一个落后的不觉悟的农民。他专门写了“不准革命”一章，说假洋鬼子不准阿Q革命。其实，阿Q当时的所谓革命，不过是想跟别人一样拿点东西而已。可是，这样的革命假洋鬼子也还是不准。我看在这点上，有些人很有点像假洋鬼子。他们不准犯错误的人革命，不分犯错误和反革命的界限，甚至把一些犯错误的人杀掉了。我们要记住这个教训。无论在社会上不准人家革命，还是在党内不准犯错误的同志改正错误，都是不好的。

对于犯了错误的同志，有人说要看他们改不改。我说单是看还不行，还要帮助他们改。这就是说，一要看，二要帮。人是要帮助的，没有犯错误的人要帮助，犯了错误的人更要帮助。人大概是没有不犯错误的，多多少少要犯错误，犯了错误就要帮助。只看，是消极的，要设立各种条件帮助他改。是非一定要搞清楚，因为党内的原则争论，是社会上阶级斗争在党内的反映，是不允许含糊的。按照情况，对于犯错误的同志采取恰如其分的合乎实际的批评，甚至必要的斗争，这是正常的，是为了帮助他们改正错误。对犯错误的同志不给帮助，反而幸灾乐祸，这就是宗派主义。

对于革命来说，总是多一点人好。犯错误的人，除了极少数坚持错误、屡教不改的以外，大多数是可以改正的。正如得过伤寒病的可以免疫一样，犯过错误的人，只要善于从错误中取得教训，也可以少犯错误。倒是没有犯过错误的人容易犯错误，因为他容易把尾巴翘得高。我们要注意，对犯错误的人整得过分，常常整到自己身上。高岗本来是想搬石头打人的，结果却打倒了自己。好意对待犯错误的人，可以得人心，可以团结人。对待犯错误的同志，究竟是采取帮助态度还是采取敌视态度，这是区别一个人是好心还是坏心的一个标准。

“惩前毖后，治病救人”的方针，是团结全党的方针，我们必须坚持这个方针。

十　中国和外国的关系

我们提出向外国学习的口号，我想是提得对的。现在有些国家的领导人就不愿意提，甚至不敢提这个口号。这是要有一点勇气的，就是要把戏台上的那个架子放下来。

应当承认，每个民族都有它的长处，不然它为什么能存在？为什么能发展？同时，每个民族也都有它的短处。有人以为社会主义就了不起，一点缺点也没有了。哪有这个事？应当承认，总是有优点和缺点这两点。我们党的支部书记，部队的连排长，都晓得在小本本上写着，今天总结经验有两点，一是优点，一是缺点。他们都晓得有两点，为什么我们只提一点？一万年都有两点。将来有将来的两点，现在有现在的两点，各人有各人的两点。总之，是两点而不是一点。说只有一点，叫知其一不知其二。

我们的方针是，一切民族、一切国家的长处都要学，政治、经济、科学、技术、文学、艺术的一切真正好的东西都要学。但是，必须有分析有批判地学，不能盲目地学，不能一切照抄，机械搬用。他们的短处、缺点，当然不要学。

对于苏联和其他社会主义国家的经验，也应当采取这样的态度。过去我们一些人不清楚，人家的短处也去学。当着学到以为了不起的时候，人家那里已经不要了，结果栽了个斤斗，像孙悟空一样，翻过来了。比如，过去有人因为苏联是设电影部、文化局，我们是设文化部、电影局，就说我们犯了原则错误。他们没有料到，苏联不久也改设文化部，和我们一样。有些人对任何事物都不加分析，完全以“风”为准。今天刮北风，他是北风派，明天刮西风，他是西风派，后来又刮北风，他又是北风派。自己毫无主见，往往由一个极端走到另一个极端。

苏联过去把斯大林捧得一万丈高的人，现在一下子把他贬到地下九千丈。我们国内也有人跟着转。中央认为斯大林是三分错误，七分成绩，总起来还是一个伟大的马克思主义者，按照这个分寸，写了《关于无产阶级专政的历史经验》[16]。三七开的评价比较合适。斯大林对中国作了一些错事。第二次国内革命战争后期的王明“左”倾冒险主义[17]，抗日战争初期的王明右倾机会主义[18]，都是从斯大林那里来的。解放战争时期，先是不准革命，说是如果打内战，中华民族有毁灭的危险。仗打起来，对我们半信半疑。仗打胜了，又怀疑我们是铁托[19]式的胜利，1949、1950 两年对我们的压力很大。可是，我们还认为他是三分错误，七分成绩。这是公正的。

社会科学，马克思列宁主义，斯大林讲得对的那些方面，我们一定要继续努力学习。我们要学的是属于普遍真理的东西，并且学习一定要与中国实际相结合。如果每句话，包括马克思的话，都要照搬，那就不得了。我们的理论，是马克思列宁主义的普遍真理同中国革命的具体实践相结合。党内一些人有一个时期搞过教条主义，那时我们批评了这个东西。但是现在也还是有。学术界也好，经济界也好，都还有教条主义。

自然科学方面，我们比较落后，特别要努力向外国学习。但是也要有批判地学，不可盲目地学。在技术方面，我看大部分先要照办，因为那些我们现在还没有，还不懂，学了比较有利。但是，已经清楚的那一部分，就不要事事照办了。

外国资产阶级的一切腐败制度和思想作风，我们要坚决抵制和批判。但是，这并不妨碍我们去学习资本主义国家的先进的科学技术和企业管理方法中合乎科学的方面。工业发达国家的企业，用人少，效率高，会做生意，这些都应当有原则地好好学过来，以利于改进我们的工作。现在，学英文的也不研究英文了，学术论文也不译成英文、法文、德文、日文同人家交换了。这也是一种迷信。对外国的科学、技术和文化，不加分析地一概排斥，和前面所说的对外国东西不加分析地一概照搬，都不是马克思主义的态度，都对我们的事业不利。

我认为，中国有两条缺点，同时又是两条优点。

第一，我国过去是殖民地、半殖民地，不是帝国主义，历来受人欺负。工农业不发达，科学技术水平低，除了地大物博，人口众多，历史悠久，以及在文学上有部《红楼梦》等等以外，很多地方不如人家，骄傲不起来。但是，有些人做奴隶做久了，感觉事事不如人，在外国人面前伸不直腰，像《法门寺》里的贾桂[20]一样，人家让他坐，他说站惯了，不想坐。在这方面要鼓点劲，要把民族自信心提高起来，把抗美援朝中提倡的“藐视美帝国主义”的精神发展起来。

第二，我们的革命是后进的。虽然辛亥革命[21]打倒皇帝比俄国早，但是那时没有共产党，那次革命也失败了。人民革命的胜利是在1949年，比苏联的十月革命晚了三十几年。在这点上，也轮不到我们来骄傲。苏联和我们不同，一、沙皇俄国是帝国主义，二、后来又有了一个十月革命。所以许多苏联人很骄傲，尾巴翘得很高。

我们这两条缺点，也是优点。我曾经说过，我们一为“穷”，二为“白”。“穷”，就是没有多少工业，农业也不发达。“白”，就是一张白纸，文化水平、科学水平都不高。从发展的观点看，这并不坏。穷就要革命，富的革命就困难。科学技术水平高的国家，就骄傲得很。我们是一张白纸，正好写字。

因此，这两条对我们都有好处。将来我们国家富强了，我们一定还要坚持革命立场，还要谦虚谨慎，还要向人家学习，不要把尾巴翘起来。不但在第一个五年计划期间要向人家学习，就是在几十个五年计划之后，还应当向人家学习。一万年都要学习嘛！这有什么不好呢？

一共讲了十点。这十种关系，都是矛盾。世界是由矛盾组成的。没有矛盾就没有世界。我们的任务，是要正确处理这些矛盾。这些矛盾在实践中是否能完全处理好，也要准备两种可能性，而且在处理这些矛盾的过程中，一定还会遇到新的矛盾，新的问题。但是，像我们常说的那样，道路总是曲折的，前途总是光明的。我们一定要努力把党内党外、国内国外的一切积极的因素，直接的、间接的积极因素，全部调动起来，把我国建设成为一个强大的社会主义国家。

根据1976年12月26日《人民日报》刊印。

选自《毛泽东文集》第七卷，人民出版社1999年版，第23—44页。

注　释：

[1] 1950年6月25日朝鲜内战爆发后，美国随即出兵入侵朝鲜，同时派军队侵略我国领土台湾。9月15日又打着联合国军的旗号，派兵在朝鲜西海岸仁川登陆，随后越过朝鲜南北两方临时分界线“三八线”大举北犯，并且轰炸、扫射中国东北边境城市和村庄，严重威胁中国的安全。为了援助朝鲜人民的抗美救国战争，保卫刚刚诞生的新中国，中国人民响应毛泽东主席发出的抗美援朝、保家卫国的号召，组织以彭德怀为司令员兼政治委员的中国人民志愿军，开赴朝鲜前线，同朝鲜人民军并肩作战，抗击美国侵略军。11月4日，中国共产党和各民主党派发表联合宣言，坚决支持志愿军的正义行动。全国人民以增产节约、报名参加志愿军、捐献武器等各种方式全力支援朝鲜前线的作战。在中朝人民军队的沉重打击下，美国侵略军连遭失败，被迫于1953年7月27日在朝鲜停战协定上签字。至此，朝鲜停战实现，中国人民的抗美援朝战争胜利结束。

[2] 第一个五年计划，见本卷第3页注[3]。

[3] 第二个五年计划，是1958年至1962年中华人民共和国发展国民经济的第二个五年计划的简称。1956年9月27日，中国共产党第八次全国代表大会通过了关于这个计划的建议。

[4] 义务交售制，是苏联1933年至1957年实行的国家收购农产品的一项主要办法。集体农庄和个体农户每年必须按照国家规定的义务交售的数量和价格向国家提供农产品。

[5] 建国初期，全国划分为东北、华北、华东、中南、西北、西南六大行政区。各大区设有中共中央的代表机关中央局，除华北外，其他五个大行政区都设有大区一级行政机构，东北称人民政府，华东、中南、西北、西南称军政委员会。1952年11月，中央人民政府决定各大区行政机构一律改为行政委员会，作为中央人民政府的派出机关，不再是一级地方政府。华北也成立了行政委员会。1954年4月，中共中央政治局扩大会议决定撤销大区一级党政机构。

[6] 高，指高岗(1905——1954)，陕西横山人，曾任中共中央政治局委员、中央人民政府副主席、中共中央东北局书记、东北行政委员会主席、国家计划委员会主席。饶，指饶漱石(1903——1975)，江西临川人，曾任中共中央委员、中央人民政府委员、中共中央华东局第一书记、华东行政委员会主席、中共中央组织部部长。1953年，他们阴谋分裂党，篡夺党和国家最高权力。1954年2月，中共七届四中全会对他们进

行了揭发和批判。1955 年 3 月,中国共产党全国代表会议总结了这一重大斗争,通过决议开除他们的党籍。

[7] 卫立煌(1897—1960),安徽合肥人,原国民党军高级将领,当时任政协全国委员会常务委员、中国国民党革命委员会中央常务委员。翁文灏(1889—1971),浙江鄞县人,地质学家,曾任国民党政府行政院院长、资源委员会主任委员,当时任政协全国委员会委员、中国国民党革命委员会中央常务委员。

[8] 龙云(1884—1962),云南昭通人,曾任国民党云南省政府主席,当时任全国人大常委会委员、国防委员会副主席、政协全国委员会常务委员、中国国民党革命委员会中央副主席。梁漱溟(1893—1988),广西桂林人,曾参与发起组织中国民主政团同盟(1944 年改名中国民主同盟),当时任政协全国委员会委员。彭一湖(1887—1958),湖南岳阳人,中国民主建国会发起人之一,当时任政协全国委员会委员、民建中央常务委员。

[9] 土地改革,见本卷第 3 页注[2]。

[10] 镇压反革命,指 1950 年至 1953 年在全国开展的镇压反革命运动。中华人民共和国成立初期,全国各地残存着大量的土匪、恶霸、特务、反动党团骨干和反动会道门头子等反革命分子。他们进行各种破坏活动,危害人民的革命和建设事业。根据中共中央《关于镇压反革命活动的指示》和中央人民政府公布的《中华人民共和国惩治反革命条例》,全国开展了镇压反革命运动。这次运动沉重打击了反革命残余势力,巩固了人民民主专政。

[11] 《共同纲领》,即《中国人民政治协商会议共同纲领》,1949 年 9 月 29 日由中国人民政治协商会议第一届全体会议通过。1954 年《中华人民共和国宪法》颁布以前,它起了临时宪法的作用。

[12] 胡风(1902—1985),湖北蕲春人,文艺理论家和诗人。曾任中国左翼作家联盟宣传部部长、行政书记,中国作家协会理事,中国文联全国委员会委员等职。1955 年在所谓"胡风反革命集团"一案中被错定为反革命分子,1965 年被判刑。1980 年 9 月,经过法律程序并由中共中央发出通知,为"胡风反革命集团"和胡风本人平反。1981 年后,任政协全国委员会常务委员、中国作家协会顾问等职。

[13] 潘汉年(1906—1977),江苏宜兴人。1925 年加入中国共产党。1936 和 1937 年,曾任中国共产党同国民党谈判的代表。抗日战争和解放战争时期,在上海等地领导对敌隐蔽斗争和开展统一战线工作。1949 年夏至 1955 年春,先后任中共中央华东局和上海市委的社会部部长、统战部部长,上海市委第三书记、副市长等职。1955 年因所谓"内奸"问题被关押审查,1963 年被错定为"内奸分子",并被判刑。

1982 年 8 月,经过法律程序并由中共中央发出通知,对潘汉年被错定为内奸平反昭雪。饶漱石,1925 年加入中国共产党。抗日战争和解放战争时期,曾任新四军政治部主任和华东军区政治委员。上海解放后,任中共中央华东局第一书记和上海市委第一书记。在这期间,他直接领导潘汉年等在反特方面的工作。由于潘汉年被错定为“内奸分子”,饶漱石主持反特工作中的一些活动被错定为内奸活动,因而被认为犯有反革命罪,并被判刑。

[**14**] 宣统皇帝,即爱新觉罗·溥仪(1906—1967),北京人,清朝末代皇帝。1912 年中华民国建立后被迫退位。1932 年在日本帝国主义策划下出任伪满洲国“执政”,1934 年改称“满洲帝国皇帝”。1945 年日本投降后被苏军俘虏,1950 年 8 月被移交给中华人民共和国政府。1959 年 12 月被特赦释放。1964 年后任政协全国委员会委员。康泽(1904—1967),四川安岳人,原国民党特务头子。1947 年任国民党军第十五绥靖区司令官。1948 年 7 月在襄樊战役中被中国人民解放军俘虏。1963 年 4 月被特赦释放,后任政协全国委员会文史资料研究委员会专员。

[**15**] 王明,即陈绍禹(1904—1974),安徽六安金家寨(今属金寨县)人。在 1931 年 1 月中共六届四中全会上被补选为中央委员,并被选为中央政治局委员,是第三次“左”倾路线的主要代表。1931 年 11 月到莫斯科,担任中共驻共产国际代表。1937 年 11 月回国,随后任中共中央长江局书记。在抗日战争初期,他提出许多右倾投降主义的主张。他长期拒绝党的批评和帮助。1956 年以后一直滞留苏联。

[**16**]《关于无产阶级专政的历史经验》,是 1956 年 4 月 5 日发表的《人民日报》编辑部文章。这篇文章是根据中共中央政治局扩大会议讨论的意见写成的。

[**17**] 1931 年 1 月,在中共六届四中全会上,王明等人在共产国际及其代表米夫的支持下,取得了在党中央的领导地位。他们在政治上混淆民主革命和社会主义革命的界限,把反资产阶级和反帝反封建并列;否认九一八事变后国内阶级关系的明显变化,把中间势力当成“最危险的敌人”;继续推行“城市中心论”,主张红军夺取中心城市以实现一省数省首先胜利而形成全国的胜利。在军事上,先是推行冒险主义,后来又变为保守主义和逃跑主义。在组织上,实行宗派主义,对不同意他们错误主张的人,进行“残酷斗争,无情打击”。王明“左”倾冒险主义在党内统治达四年之久,给党和革命事业造成了重大的损失。1935 年 1 月,中共中央政治局召开遵义会议,确立了以毛泽东为代表的新的中央的正确领导,从而结束了王明“左”倾冒险主义在党中央的统治。

[**18**] 1937 年 12 月,刚从苏联回国的王明在中共中央政治局会议上作《如何继续全国抗战和争取抗战胜利呢?》的报告,提出了许多右倾投降主义的主张。随后在任中共

中央长江局书记期间，又发表了一些包括右倾错误的宣言、决议和文章。他相信国民党超过相信共产党，不敢放手发动群众斗争，不敢放手发展人民军队，不敢在日本占领地区扩大解放区，主张“一切经过统一战线”，将抗日战争的领导权送给国民党。由于毛泽东为代表的正确路线已经在全党占统治地位，王明的这些错误只在局部地区一度产生过影响。在 1938 年 9 月至 11 月中共中央扩大的六届六中全会上，批判了王明的右倾投降主义错误，确立了全党独立自主地领导抗日武装斗争的方针和政策。

[**19**] 铁托(1892—1980)，前南斯拉夫主要领导人和国际共产主义运动著名活动家，不结盟运动创始人之一。第二次世界大战中，曾领导南斯拉夫各族人民进行反法西斯民族解放战争。1945 年创建南斯拉夫联邦人民共和国(1963 年后改称南斯拉夫社会主义联邦共和国)。1948 年 6 月 28 日，由保、罗、匈、波、苏、法、捷、意八国共产党和工人党代表参加的情报局会议，通过《关于南斯拉夫共产党状况的决议》，对南共进行公开的指责，并把南共开除出情报局。决议说：“以前用伪装形式存在的民族主义分子，在过去五六个月中，在南斯拉夫共产党的领导机关中取得了统治地位，因此，南斯拉夫共产党的领导机关就背离了南斯拉夫共产党的国际主义传统，走上了民族主义的道路。”

[**20**]《法门寺》是一出京剧，描写明武宗时专权的宦官刘瑾随皇太后去法门寺拈香，在那里审理一宗案件的过程。贾桂是这出戏中刘瑾的亲信奴才。戏中有这样一个情节：郿坞县县令赵廉向贾桂行贿，贾桂就在刘瑾面前为赵廉说情开脱。当赵廉去见刘瑾时，刘瑾叫赵廉坐，赵廉请贾桂也坐，贾桂回答说：“您倒甭让，我站惯了。”

[**21**] 辛亥革命，是以孙中山为首的资产阶级政党同盟会所领导的推翻清朝专制王朝的革命。1911 年(辛亥年)10 月 10 日，革命党人发动新军在湖北武昌举行起义，接着各省热烈响应，外国帝国主义所支持的清朝反动统治迅速瓦解。1912 年 1 月在南京成立了中华民国临时政府，孙中山就任临时大总统。两千多年的中国封建帝制从此结束，民主共和国的观念从此深入人心。但是资产阶级革命派力量很弱，并具有妥协性，没有能力发动广大人民的力量比较彻底地进行反帝反封建的革命。辛亥革命的成果迅即被北洋军阀袁世凯篡夺，中国仍然没有摆脱半殖民地、半封建社会的状态。

《论十大关系》导读

一、时代背景及其意义

《论十大关系》是毛泽东1956年4月25日在中共中央政治局扩大会议上的讲话。经过党内多次讨论和整理，由毛泽东最后在1975年审定，于1976年12月26日首次在《人民日报》公开发表。

《论十大关系》是在国际国内形势发展出现重大变化的时候写成的。1953年，斯大林逝世之后，赫鲁晓夫掌握了政权。1956年初苏共二十大，披露了他们在社会主义建设中存在的缺点和挫折，尤其是过分强调重工业发展和忽视农业和轻工业发展的教训，以及斯大林时期苏联社会主义建设中出现的严重错误和对他的个人崇拜所造成的后果。在国内，1956年初，我国对农业、手工业和资本主义工商业在所有制方面的社会主义改造取得胜利，社会主义制度基本确立。社会主义革命和社会主义建设初步积累了一些成功的经验，同时对于苏联经济建设中的一些经验和教训逐步有所了解，并开始借鉴。但是，如何调动国内外一切积极的因素，多、快、好、省地走适合中国国情的经济发展道路，已成为摆在全党和全国人民面前的重大课题。

1956年春天，毛泽东用了一个半月的时间听取了各个经济部门的详细汇报。汇报的内容涉及到工业、农业、商业、财政等方面。中共中央政治局的一些领导同志参加了这些汇报会。经过中央政治局多次讨论，毛泽东坚持矛盾分析法，提倡按辩证法办事，集中了全党的智慧，初步总结了我国社会主义建设的经验，集中概括为正确处理十大关系。

《论十大关系》总结了国内外社会主义革命和建设的经验；提出了探索适合我国国情的社会主义建设道路的任务；阐述了我国社会主义建设的基本原

则和正确方针；奠定了当代中国改革开放和建设中国特色社会主义事业的最初理论和政策基础，对我国的社会主义现代化建设有重要的指导意义。

二、内容简介

该文一开头就提出了"把国内外一切积极因素调动起来，为社会主义事业服务"的基本方针。这是十大关系的基本思想。

该文提出的十大方针，可以归结为经济、政治、对外关系等三个方面。

（一）第一条至第五条，集中分析了中国经济生活中五个方面的关系问题，总结了从1953年执行第一个五年计划的实践经验，以苏联经济建设走过的弯路为借鉴，制定了不同于苏联的在中国建设社会主义的基本方针

第一条，重工业和轻工业、农业的关系。中国的产业结构问题，是进行经济建设首先要考虑的。毛泽东提出了工农业并举的重要思想，使农、轻、重发展之间保持适当的比例关系。但其中应以重工业为建设的重点，同时，不能忽视农业和轻工业。要用多发展一些农业和轻工业的办法来发展重工业，由于保障了人民生活的需要，它会使重工业发展的基础更加稳固。

第二条，沿海工业和内地工业的关系。毛泽东指出，既要重视发展内地工业，改变工业布局不合理的状况，同时又要充分利用和发展沿海的工业基地，以此为基础，加强和发展内地工业。

第三条，经济建设和国防建设的关系，是更深层次的产业结构问题。这二者的关系充满着辩证法。毛泽东指出我们这样一个经济发展落后的大国，建设强大的国防十分重要，但是，一定要有首先加强经济建设的思想。因此，最可行的办法是用增强经济建设的力量来增强国防建设，否则只能削弱国防建设。

第四条，国家、生产单位和生产者个人的关系。这里分析了社会生产力和生产关系的矛盾。具体有如下三个关系：即国家和工人的关系；国家和农民的关系；合作社同农民的关系。正确地处理这三者之间的关系，是社会主义建设顺利发展的必要条件。这些关系，在经济方面，集中表现为积累和消费的关系，它关系着人们的长远利益和眼前利益，只有兼顾两头，才符合经济规律的要求，才有利于调动一切积极因素为社会主义服务。

第五条，中央和地方的关系。毛泽东指出，应在巩固中央统一领导的前提下，适当扩大地方的权力，给地方更多的独立性，让地方办更多的事情。这里已开始触及到经济体制问题。具体应采取的措施：一是要提倡同地方商量办事的作风；二是要把某些企业或管理权下放，事情靠地方办，由地方去处理。

（二）第六条至第九条，集中提出了关于社会主义政治生活领域的一系列方针的政策

第六条，汉族和少数民族的关系。毛泽东指出要反对地方民族主义，但着重是要反对大汉族主义，诚心诚意地帮助少数民族发展经济建设和文化建设，巩固各民族之间的团结，共同努力来建设社会主义祖国。

第七条，党和非党的关系。毛泽东提出了和民主党派“长期共存，互相监督”和对民主党派、无党派民主人士采取“又团结又斗争”的方针，改善他们与我们的关系，尽可能把他们的积极性调动起来为社会主义服务。

第八条，革命和反革命的关系。毛泽东提出了“一定要分清敌我”，“机关肃反一个不杀”，给其生活出路，使其有自新的机会等有关方针和政策，化消极因素为积极因素。同时毛泽东强调指出：“说反革命已经肃清了，可以高枕无忧了，是不对的。只要中国和世界上还有阶级斗争，就永远不可以放松警惕。”

第九条，是非关系。毛泽东指出了“惩前毖后，治病救人”的方针。其主要内容是：首先，要分清是非，对于人民内部的种种错误思想，不良倾向，党内的原则争论，一定要搞清楚，不准含糊。对于犯了错误的同志，要进行必要的批评、帮助，甚至必要的斗争。其次，这种批评和斗争应从团结的愿望出发，按照“团结—批评—团结”的公式去处理问题，不能搞“残酷斗争，无情打击”。总之，在处理人民内部矛盾时，既要讲团结，又要讲斗争。二者缺一不可。

（三）第十条，正确处理中国同外国的关系，提出向一切国家学习的方针

毛泽东指出，每个民族、每个国家都有它的长处，同时都有它的短处。在社会主义建设中，我们必须学习外国的长处，借鉴外国的短处，调动国外的积极因素。外国的政治、经济科学、技术、文学、艺术的一切真正好的东西都要学。学习要与中国的实际相结合，反对教条主义，生搬硬套，包括马列主义的基本原理的学习和运用，如果每句话，包括马克思的话，都要照搬，那就不得了。同时，毛泽东强调指出：中国一定要谦虚，一万年以后也要向外国学习。要提高民族自尊心和自信心。

思考题：

1. 毛泽东关于经济发展中解决农、轻、重关系的战略方针是什么？

2. 联系毛泽东关于沿海与内地关系的方针，谈谈党中央提出向中西部转移的经济战略的重大意义。

3.《论十大关系》的基本方针是什么？

4. 毛泽东关于向外国学习的思想的现实意义是什么？

5. 为什么说，《论十大关系》是我国人民探索适合中国国情的社会主义建设道路的开始？

（郭亚杰　哈尔滨学院）

邓　小　平

解放思想，实事求是，团结一致向前看*

（1978年12月13日）

同志们：

这次会议开了一个多月了，就要结束了。中央提出了把全党工作的重心转到实现四个现代化上来的根本指导方针，解决了过去遗留下来的一系列重大问题，必将使全党、全军和全国各族人民提高斗志，增强信心，加强团结。现在，我们可以有把握地说，全党、全军和全国各族人民在党中央的正确领导下，在新的长征中，一定会不断取得新的胜利。

这次会议开得很好，很成功，在党的历史上有重要意义。我们党多年以来没有开过这样的会了，这一次恢复和发扬了党的民主传统，开得生动活泼。我们要把这种风气扩大到全党、全军和全国各族人民中去。

这次会议讨论和解决了许多有关党和国家命运的重大问题。大家敞开思想，畅所欲言，敢于讲心里话，讲实在话。大家能够积极地开展批评，包括对中央工作的批评，把意见摆在桌面上。一些同志也程度不同地进行了自我批评。这些都是党内生活的伟大进步，对于党和人民的事业将起巨大的促进作用。

今天，我主要讲一个问题，就是解放思想，开动脑筋，实事求是，团结一致向前看。

---

* 这是邓小平同志在中共中央工作会议闭幕会上的讲话。这次中央工作会议为随即召开的中共十一届三中全会作了充分准备。邓小平同志的这个讲话实际上是三中全会的主题报告。

一　解放思想是当前的一个重大政治问题

解放思想，开动脑筋，实事求是，团结一致向前看，首先是解放思想。只有思想解放了，我们才能正确地以马列主义、毛泽东思想为指导，解决过去遗留的问题，解决新出现的一系列问题，正确地改革同生产力迅速发展不相适应的生产关系和上层建筑，根据我国的实际情况，确定实现四个现代化的具体道路、方针、方法和措施。

在我们的干部特别是领导干部中间，解放思想这个问题并没有完全解决。不少同志的思想还很不解放，脑筋还没有开动起来，也可以说，还处在僵化或半僵化的状态。这并不是因为他们不是好同志。这种状态是在一定历史条件下形成的。

一是因为十多年来，林彪、"四人帮"大搞禁区、禁令，制造迷信，把人们的思想封闭在他们假马克思主义的禁锢圈内，不准越雷池一步。否则，就要追查，就要扣帽子、打棍子。在这种情况下，一些人就只好不去开动脑筋，不去想问题了。

二是因为民主集中制受到破坏，党内确实存在权力过分集中的官僚主义。这种官僚主义常常以"党的领导"、"党的指示"、"党的利益"、"党的纪律"的面貌出现，这是真正的管、卡、压。许多重大问题往往是一两个人说了算，别人只能奉命行事。这样，大家就什么问题都用不着思考了。

三是因为是非功过不清，赏罚不明，干和不干一个样，甚至干得好的反而受打击，什么事不干的，四平八稳的，却成了"不倒翁"。在这种不成文法底下，人们就不愿意去动脑筋了。

四是因为小生产的习惯势力还在影响着人们。这种习惯势力的一个显著特点，就是因循守旧，安于现状，不求发展，不求进步，不愿接受新事物。

思想不解放，思想僵化，很多的怪现象就产生了。

思想一僵化，条条、框框就多起来了。比如说，加强党的领导，变成了党去包办一切、干预一切；实行一元化领导，变成了党政不分、以党代政；坚持中央的统一领导，变成了"一切统一口径"。违反中央政策根本原则的"土政策"

要反对，但是也有的“土政策”确是从实际出发的，是得到群众拥护的。这些正确政策现在往往也受到指责，因为它“不合统一口径”。

思想一僵化，随风倒的现象就多起来了。不讲党性，不讲原则，说话做事看来头、看风向，满以为这样不会犯错误。其实随风倒本身就是一个违反共产党员党性的大错误。独立思考，敢想、敢说、敢做，固然也难免犯错误，但那是错在明处，容易纠正。

思想一僵化，不从实际出发的本本主义也就严重起来了。书上没有的，文件上没有的，领导人没有讲过的，就不敢多说一句话，多做一件事，一切照抄照搬照转。把对上级负责和对人民负责对立起来。

不打破思想僵化，不大大解放干部和群众的思想，四个现代化就没有希望。

目前进行的关于实践是检验真理的唯一标准问题的讨论，实际上也是要不要解放思想的争论。大家认为进行这个争论很有必要，意义很大。从争论的情况来看，越看越重要。一个党，一个国家，一个民族，如果一切从本本出发，思想僵化，迷信盛行，那它就不能前进，它的生机就停止了，就要亡党亡国。这是毛泽东同志在整风运动中反复讲过的。只有解放思想，坚持实事求是，一切从实际出发，理论联系实际，我们的社会主义现代化建设才能顺利进行，我们党的马列主义、毛泽东思想的理论也才能顺利发展。从这个意义上说，关于真理标准问题的争论，的确是个思想路线问题，是个政治问题，是个关系到党和国家的前途和命运的问题。

实事求是，是无产阶级世界观的基础，是马克思主义的思想基础。过去我们搞革命所取得的一切胜利，是靠实事求是；现在我们要实现四个现代化，同样要靠实事求是。不但中央、省委、地委、县委、公社党委，就是一个工厂、一个机关、一个学校、一个商店、一个生产队，也都要实事求是，都要解放思想，开动脑筋想问题、办事情。

在党内和人民群众中，肯动脑筋、肯想问题的人愈多，对我们的事业就愈有利。干革命、搞建设，都要有一批勇于思考、勇于探索、勇于创新的闯将。没有这样一大批闯将，我们就无法摆脱贫穷落后的状况，就无法赶上更谈不到超过国际先进水平。我们希望各级党委和每个党支部，都来鼓励、支持党员和群众勇于思考、勇于探索、勇于创新，都来做促进群众解放思想、开动脑筋的工作。

二 民主是解放思想的重要条件

解放思想，开动脑筋，一个十分重要的条件就是要真正实行无产阶级的民主集中制。我们需要集中统一的领导，但是必须有充分的民主，才能做到正确的集中。

当前这个时期，特别需要强调民主。因为在过去一个相当长的时间内，民主集中制没有真正实行，离开民主讲集中，民主太少。现在敢出来说话的，还是少数先进分子。我们这次会议先进分子多一点，但就全党、全国来看，许多人还不是那么敢讲话。好的意见不那么敢讲，对坏人坏事不那么敢反对，这种状况不改变，怎么能叫大家解放思想，开动脑筋？四个现代化怎么化法？

我们要创造民主的条件，要重申“三不主义”：不抓辫子，不扣帽子，不打棍子。在党内和人民内部的政治生活中，只能采取民主手段，不能采取压制、打击的手段。宪法和党章规定的公民权利、党员权利、党委委员的权利，必须坚决保障，任何人不得侵犯。

前几天对天安门事件[1]进行了平反，全国各族人民欢欣鼓舞，大大激发了人民群众的社会主义积极性。群众提了些意见应该允许，即使有个别心怀不满的人，想利用民主闹一点事，也没有什么可怕。要处理得当，要相信绝大多数群众有判断是非的能力。一个革命政党，就怕听不到人民的声音，最可怕的是鸦雀无声。现在党内外小道消息很多，真真假假，这是对长期缺乏政治民主的一种惩罚。有了又有集中又有民主，又有纪律又有自由，又有统一意志、又有个人心情舒畅、生动活泼的政治局面，小道消息就少了，无政府主义就比较容易克服。我们相信，我们的人民是顾大局、识大体、守纪律的。我们各级领导干部，特别是高级干部，也要注意严格遵守党的纪律，保守党的秘密，不要搞那些小道消息和手抄本之类的东西。

人民群众提出的意见，当然有对的，也有不对的，要进行分析。党的领导就是要善于集中人民群众的正确意见，对不正确的意见给以适当解释。

对于思想问题，无论如何不能用压服的办法，要真正实行“双百”方针[2]。一听到群众有一点议论，尤其是尖锐一点的议论，就要追查所谓“政治背景”、所谓“政治谣言”，就要立案，进行打击压制，这种恶劣作风必须坚决制止。毛泽东同志历来说，这种状况实际上是软弱的表现，是神经衰弱的表现。我们的各级领导，无论如何不要造成同群众对立的局面。这是一个必须坚持的原则。我们的国家还有极少数的反革命分子，当然不能对他们丧失警惕。

我想着重讲讲发扬经济民主的问题。现在我国的经济管理体制权力过于集中，应该有计划地大胆下放，否则不利于充分发挥国家、地方、企业和劳动者个人四个方面的积极性，也不利于实行现代化的经济管理和提高劳动生产率。应该让地方和企业、生产队有更多的经营管理的自主权。我国有这么多省、市、自治区，一个中等的省相当于欧洲的一个大国，有必要在统一认识、统一政策、统一计划、统一指挥、统一行动之下，在经济计划和财政、外贸等方面给予更多的自主权。

当前最迫切的是扩大厂矿企业和生产队的自主权，使每一个工厂和生产队能够千方百计地发挥主动创造精神。一个生产队有了经营自主权，一小块地没有种上东西，一小片水面没有利用起来搞养殖业，社员和干部就要睡不着觉，就要开动脑筋想办法。全国几十万个企业，几百万个生产队都开动脑筋，能够增加多少财富啊！为国家创造财富多，个人的收入就应该多一些，集体福利就应该搞得好一些。不讲多劳多得，不重视物质利益，对少数先进分子可以，对广大群众不行，一段时间可以，长期不行。革命精神是非常宝贵的，没有革命精神就没有革命行动。但是，革命是在物质利益的基础上产生的，如果只讲牺牲精神，不讲物质利益，那就是唯心论。

同样，要切实保障工人农民个人的民主权利，包括民主选举、民主管理和民主监督。不但应该使每个车间主任、生产队长对生产负责任、想办法，而且一定要使每个工人农民都对生产负责任、想办法。

为了保障人民民主，必须加强法制。必须使民主制度化、法律化，使这种制度和法律不因领导人的改变而改变，不因领导人的看法和注意力的改变而改变。现在的问题是法律很不完备，很多法律还没有制定出来。往往把领导人说的话当做“法”，不赞成领导人说的话就叫做“违法”，领导人的话改变了，

“法”也就跟着改变。所以，应该集中力量制定刑法、民法、诉讼法和其他各种必要的法律，例如工厂法、人民公社法、森林法、草原法、环境保护法、劳动法、外国人投资法等等，经过一定的民主程序讨论通过，并且加强检察机关和司法机关，做到有法可依，有法必依，执法必严，违法必究。国家和企业、企业和企业、企业和个人等等之间的关系，也要用法律的形式来确定；它们之间的矛盾，也有不少要通过法律来解决。现在立法的工作量很大，人力很不够，因此法律条文开始可以粗一点，逐步完善。有的法规地方可以先试搞，然后经过总结提高，制定全国通行的法律。修改补充法律，成熟一条就修改补充一条，不要等待“成套设备”。总之，有比没有好，快搞比慢搞好。此外，我们还要大力加强对国际法的研究。

国要有国法，党要有党规党法。党章是最根本的党规党法。没有党规党法，国法就很难保障。各级纪律检查委员会和组织部门的任务不只是处理案件，更重要的是维护党规党法，切实把我们的党风搞好。对于违反党纪的，不管是什么人，都要执行纪律，做到功过分明，赏罚分明，伸张正气，打击邪气。

三　处理遗留问题为的是向前看

这次会议，解决了一些过去遗留下来的问题，分清了一些人的功过，纠正了一批重大的冤案、错案、假案。这是解放思想的需要，也是安定团结的需要。目的正是为了向前看，正是为了顺利实现全党工作重心的转变。

我们的原则是“有错必纠”。凡是过去搞错了的东西，统统应该改正。有的问题不能够一下子解决，要放到会后去继续解决。但是要尽快实事求是地解决，干脆利落地解决，不要拖泥带水。对过去遗留的问题，应当解决好。不解决不好，犯错误的同志不做自我批评不好，对他们不作适当的处理不好。但是，不可能也不应该要求解决得十分完满。要大处着眼，可以粗一点，每个细节都弄清不可能，也不必要。

安定团结十分重要。加强全国各族人民的团结，首先要加强全党的团结，特别是要加强党的领导核心的团结。我们党的团结，是建立在马列主义、毛泽东思想基础上的团结。党内要分清理论是非、路线是非，要开展批评和自我批评，互相帮助，互相监督，克服各种错误思想。

对于犯错误的同志，要促进他们自己总结经验教训，认识和改正错误。要给他们考虑思索的时间。在大是大非问题上有了认识，检讨了，就要表示欢迎。对于人的处理要十分慎重。对过去的错误，处理可宽可严的，可以从宽；对今后发生的问题，要严些。对一般党员处理要宽些，对领导干部要严些，特别是对高级干部要更严些。

今后选拔干部要严格。对于那些搞打砸抢的、帮派思想严重的、出卖灵魂陷害同志的、连党的最关紧要的利益都不顾的人，决不能重用。对于看风使舵、找靠山、不讲党的原则的人，也不能轻易信任，要警惕，要教育，要促使他们改造世界观。

最近国际国内都很关心我们对毛泽东同志和对文化大革命的评价问题。毛泽东同志在长期革命斗争中立下的伟大功勋是永远不可磨灭的。回想在1927年革命失败以后，如果没有毛泽东同志的卓越领导，中国革命有极大的可能到现在还没有胜利，那样，中国各族人民就还处在帝国主义、封建主义、官僚资本主义的反动统治之下，我们党就还在黑暗中苦斗。所以说没有毛主席就没有新中国，这丝毫不是什么夸张。毛泽东思想培育了我们整整一代人。我们在座的同志，可以说都是毛泽东思想教导出来的。没有毛泽东思想，就没有今天的中国共产党，这也丝毫不是什么夸张。毛泽东思想永远是我们全党、全军、全国各族人民的最宝贵的精神财富。我们要完整地准确地理解和掌握毛泽东思想的科学原理，并在新的历史条件下加以发展。当然，毛泽东同志不是没有缺点、错误的，要求一个革命领袖没有缺点、错误，那不是马克思主义。我们要领导和教育全体党员、全军指战员、全国各族人民科学地历史地认识毛泽东同志的伟大功绩。

关于文化大革命，也应该科学地历史地来看。毛泽东同志发动这样一次大革命，主要是从反修防修的要求出发的。至于在实际过程中发生的缺点、错误，适当的时候作为经验教训总结一下，这对统一全党的认识，是需要的。文化大革命已经成为我国社会主义历史发展中的一个阶段，总要总结，但是不必匆忙去做。要对这样一个历史阶段做出科学的评价，需要做认真的研究工作，有些事要经过更长一点的时间才能充分理解和作出评价，那时再来说明这一段历史，可能会比我们今天说得更好。

四　研究新情况，解决新问题

要向前看，就要及时地研究新情况和解决新问题，否则我们就不可能顺利前进。各方面的新情况都要研究，各方面的新问题都要解决，尤其要注意研究和解决管理方法、管理制度、经济政策这三方面的问题。

在管理方法上，当前要特别注意克服官僚主义。

官僚主义是小生产的产物，同社会化的大生产是根本不相容的。要搞四个现代化，把社会主义经济全面地转到大生产的技术基础上来，非克服官僚主义这个祸害不可。现在，我们的经济管理工作，机构臃肿，层次重叠，手续繁杂，效率极低。政治的空谈往往淹没一切。这并不是哪一些同志的责任，责任在于我们过去没有及时提出改革。但是如果现在再不实行改革，我们的现代化事业和社会主义事业就会被葬送。

我们要学会用经济方法管理经济。自己不懂就要向懂行的人学习，向外国的先进管理方法学习。不仅新引进的企业要按人家的先进方法去办，原有企业的改造也要采用先进的方法。在全国的统一方案拿出来以前，可以先从局部做起，从一个地区、一个行业做起，逐步推开。中央各部门要允许和鼓励它们进行这种试验。试验中间会出现各种矛盾，我们要及时发现和克服这些矛盾。这样我们才能进步得比较快。

今后，政治路线已经解决了，看一个经济部门的党委善不善于领导，领导得好不好，应该主要看这个经济部门实行了先进的管理方法没有，技术革新进行得怎么样，劳动生产率提高了多少，利润增长了多少，劳动者的个人收入和集体福利增加了多少。各条战线的各级党委的领导，也都要用类似这样的标准来衡量。这就是今后主要的政治。离开这个主要的内容，政治就变成空头政治，就离开了党和人民的最大利益。

在管理制度上，当前要特别注意加强责任制。

现在，各地的企业事业单位中，党和国家的各级机关中，一个很大的问题就是无人负责。名曰集体负责，实际上等于无人负责。一项工作布置之后，落实了没有，无人过问，结果好坏，谁也不管。所以急需建立严格的责任制。列宁说过："借口集体领导而无人负责，是最危险的祸害"，"这种祸害无论如何要不顾一切地尽量迅速地予以根除"[3]。

任何一项任务、一个建设项目，都要实行定任务、定人员、定数量、定质量、定时间等几定制度。例如，引进技术设备，引进什么项目，从哪里引进，引进到什么地方，什么人参加工作，都要具体定下来。引进项目要有几定，原有企业也要有几定。现在打屁股只能打计委、党委，这不解决问题，还必须打到具体人的身上才行。同样，奖励也必须奖到具体的集体和个人才行。我们在实行党委领导下的厂长负责制的时候，要切实做到职责分明。

要使责任制真正发挥作用，必须采取以下几方面的措施：

一要扩大管理人员的权限。责任到人就要权力到人。当厂长的、当工程师的、当技术员的、当会计出纳的，各有各的责任，也各有各的权力，别人不能侵犯。只交责任，不交权力，责任制非落空不可。

二要善于选用人员，量才授予职责。要发现专家，培养专家，重用专家，提高各种专家的政治地位和物质待遇。用人的政治标准是什么？为人民造福，为发展生产力、为社会主义事业作出积极贡献，这就是主要的政治标准。

三要严格考核，赏罚分明。所有的企业、学校、研究单位、机关，都要有对工作的评比和考核，要有学术职称、技术职称和荣誉称号。要根据工作成绩的大小、好坏，有赏有罚，有升有降。而且，这种赏罚、升降必须同物质利益联系起来。

总之，要通过加强责任制，通过赏罚严明，在各条战线上形成你追我赶、争当先进、奋发向上的风气。

在经济政策上，我认为要允许一部分地区、一部分企业、一部分工人农民，由于辛勤努力成绩大而收入先多一些，生活先好起来。一部分人生活先好起来，就必然产生极大的示范力量，影响左邻右舍，带动其他地区、其他单位的人们向他们学习。这样，就会使整个国民经济不断地波浪式地向前发展，使全国各族人民都能比较快地富裕起来。

当然，在西北、西南和其他一些地区，那里的生产和群众生活还很困难，国家应当从各方面给以帮助，特别要从物质上给以有力的支持。

这是一个大政策，一个能够影响和带动整个国民经济的政策，建议同志们认真加以考虑和研究。

在实现四个现代化的进程中，必然会出现许多我们不熟悉的、预想不到的新情况和新问题。尤其是生产关系和上层建筑的改革，不会是一帆风顺的，它涉及的面很广，涉及一大批人的切身利益，一定会出现各种各样的复杂情况和问题，一定会遇到重重障碍。例如，企业的改组，就会发生人员的去留问题；国家机关的改革，相当一部分工作人员要转做别的工作，有些人就会有意见，等等。这些问题很快就要出现，对此我们必须有足够的思想准备。要教育党员和群众以大局为重，以党和国家的整体利益为重。我们应当充满信心。只要我们信任群众，走群众路线，把情况和问题向群众讲明白，任何问题都可以解决，任何障碍都可以排除。随着经济的发展，路子会越走越宽，人们会各得其所。这是毫无疑义的。

实现四个现代化是一场深刻的伟大的革命。在这场伟大的革命中，我们是在不断地解决新的矛盾中前进的。因此，全党同志一定要善于学习，善于重新学习。

全国胜利前夕，毛泽东同志号召全党重新学习。那一次我们学得不坏，进城以后，很快恢复了经济，成功地完成了社会主义改造。这些年来，应当承认学得不好。主要的精力放到政治运动上去了，建设的本领没有学好，建设没有上去，政治也发生了严重的曲折。现在要搞现代化建设，就更加不懂了。所以全党必须再重新进行一次学习。

学习什么？根本的是要学习马列主义、毛泽东思想，要努力把马克思主义的普遍原则同我国实现四个现代化的具体实践结合起来。当前大多数干部还要着重抓紧三个方面的学习：一个是学经济学，一个是学科学技术，一个是学管理。学习好，才可能领导好高速度、高水平的社会主义现代化建设。从实践中学，从书本上学，从自己和人家的经验教训中学。要克服保守主义和本本主义。几百个中央委员，几千个中央和地方的高级干部，要带头钻研现代化经济建设。

只要我们大家团结一致，同心同德，解放思想，开动脑筋，学会原来不懂的东西，我们就一定能够加快新长征的步伐。让我们在党中央和国务院的领导下，为改变我国的落后面貌，把我国建成现代化的社会主义强国而奋勇前进！

选自《邓小平文选》第二卷，人民出版社 1994 年版，第 140—153 页。

注　　释：

［1］这是针对当时中共中央主席华国锋 1977 年 3 月在中央工作会议上的讲话中坚持“两个凡是”的错误而提出的批评。1975 年，邓小平在毛泽东支持下主持中央工作，着手对许多方面的工作进行整顿，使国内形势有了明显好转。但是毛泽东不能容忍邓小平系统地纠正“文化大革命”的错误，在这一年年底发动了所谓“批邓、反击右倾翻案风”运动。1976 年 1 月周恩来逝世，清明节（4 月 4 日）前后，在北京和其他许多城市爆发了悼念周恩来、反对“四人帮”、不同意批判邓小平的群众运动。“四人帮”极力压制群众的革命活动。4 月 5 日，北京天安门广场上广大群众采取了抗议行动。当时，中央政治局和毛泽东对天安门广场发生的事件作出了错误的判断，认为是反革命事件，并且撤销了邓小平党内外一切职务。粉碎“四人帮”以后，党内外广大群众强烈要求为邓小平平反，为天安门事件平反。1977 年 3 月，华国锋在中央工作会议上的讲话中坚持“两个凡是”的方针，认为“批邓、反击右倾翻案风，是伟大领袖毛主席决定的，批是必要的”，认为“确有极少数反革命分子”，“制造了天安门广场反革命事件”。但是，他又不得不说，要“在适当的时机让邓小平同志出来工作”，“群众在清明节到天安门去表示自己对周总理的悼念之情，是合乎情理的”。这里，邓小平指出了华国锋讲话中的矛盾，批评了“两个凡是”的错误。1977 年 7 月，中共十届三中全会通过决议，恢复了邓小平党内外的一切职务。1978 年 12 月，中共十一届三中全会批判了“两个凡是”的错误，决定撤销中共中央发出的有关“反击右倾翻案风”运动和天安门事件的错误文件，郑重宣布为邓小平平反、为天安门事件平反。

［2］“双百”方针　即毛泽东提出的“百花齐放、百家争鸣”的方针。1956 年 4 月 28 日，毛泽东在中共中央政治局扩大会议上说：“‘百花齐放、百家争鸣’，我看这应该成为我们的方针。艺术问题上百花齐放，学术问题上百家争鸣。”从此，它成为促进我国艺

术发展和科学进步，繁荣社会主义文化的一项基本方针。

[3] 见列宁《大家都去同邓尼金作斗争！》。新的译文是："借口集体管理而无人负责，是最危险的祸害"，"应不顾一切尽快根除这一祸害"（《列宁全集》第 37 卷，人民出版社 1986 年版，第 42、41 页）。

《解放思想，实事求是，团结一致向前看》导读

（1978 年 12 月 13 日）

一、时代背景及其意义

这是邓小平 1978 年 12 月 13 日在中共中央工作闭幕会上的讲话（简称《讲话》）。这次中央工作会议为随即召开的中共十一届三中全会作了充分准备。《讲话》实际上是三中全会的主题报告。

由于“文化大革命”和“左”的思想的影响，中国的社会主义事业在经济上、政治上都受到很大的挫折，人们急切地盼望着从困境中摆脱出来。但是，由于长期教条主义和个人崇拜的束缚，加上当时“两个凡是”方针的推行，纠正“左”的错误路线的工作碰到了强大的阻力。为了改变这种情况，在中央工作会议上，许多老同志强烈要求解放思想，纠正“文化大革命”中的错误，解决历史遗留问题，平反冤假错案，把党和国家的工作重点转移到四个现代化建设上来，实现指导思想上的拨乱反正。《讲话》是对这次会议的总结，并提出了党的十一届三中全会的指导思想。

《讲话》既深刻地阐述了许多重要的理论观点，同时又提出了改革的总体思路。在当时的历史条件下，对打破人们的精神枷锁，破除长期形成的思想僵化和封闭保守状态起到了非常重要的作用，为我们党重新确立马克思主义的思想路线，扫除了思想障碍，为党的十一届三中全会确立了主题，明确了方向，为以后党的各方面决策提供了理论依据。《讲话》是在“文化大革命”结束以后，中国面临向何处去的重大历史关头，冲破“两个凡是”的禁锢，开辟新时期新道路，改革开放，开创建设有中国特色社会主义新理论的宣言书。它是邓小平理论创立的历史起点和思想起点。在中国改革开放历史上，在邓小平

理论发展史上和马克思主义学说史上都具有重要的理论意义和历史意义。

二、内容简介

全文共分四个部分,分三个问题。

(一)解放思想是当前的一个重大政治问题(第一部分)

粉碎“四人帮”两年多来,我们的干部特别是一些领导干部,解放思想问题并没有完全解决,还处在僵化和半僵化的状态。邓小平认为有四个方面的原因:(1)林彪、“四人帮”十多年来大搞禁区、禁令,制造迷信,把人们的思想封闭在他们的假马克思主义的禁锢圈内,不准越雷池一步。(2)民主集中制受到严重破坏,权力过分集中。(3)是非功过不清,赏罚不明。(4)中国社会小生产的习惯势力还在深刻地影响着人们。由于思想不解放,思想僵化,出现了很多怪现象:(1)条条框框多。(2)随风倒的现象比较多。(3)本本主义严重泛滥,一切照抄照搬照转。总之,不打破思想僵化,不解放思想,四个现代化就没有希望。因而,解放思想,实事求是,确立一个正确的思想路线是个政治问题。

(二)民主是解放思想的重要条件(第二、三部分)

解放思想的重要条件,在当时的条件下,就是要真正实行党的民主。好的意见不敢讲,对坏人坏事不敢反对,这种状况不改变,怎么能叫大家解放思想。因而,(1)要创造民主的条件,实行“三不主义”。(2)为了保障人民民主,必须加强法制,必须使民主制度化、法律化。(3)发扬民主,特别强调发扬经济民主。应该让地方和企业、生产队有更多的经营管理的自主权,要动脑筋,想办法,减政放权,发挥各个地方的积极性,如果只讲牺牲精神,不讲物质利益,那就是唯心论。(4)本着“有错必纠”的原则,处理历史遗留问题,要实事求是,目的是为了向前看。

(三)研究新情况,解决新问题(主要是第四部分,也涉及第三部分)

总的思路是要正确地改革同生产力发展不相适应的生产关系和上层建

筑，根据我国的实际情况，确定实现四个现代化的具体道路、方针、方法和措施。

具体地讲，有这样几个方面：

(1)解放思想，实事求是。实事求是是无产阶级世界观的基础，是马克思主义的思想基础。(2)科学地历史地评价和认识毛泽东思想和“文化大革命”。毛泽东思想永远是我们最宝贵的精神财富，我们要完整地准确地理解和掌握毛泽东思想的科学原理，并在新的历史条件下加以发展。(3)要严格地选拔干部。(4)要善于学习。最根本的是要学习马列主义、毛泽东思想，要努力把马克思主义的普遍原则同我国的具体实践结合起来。倡导在当时的情形下，要着重抓紧三个方面的学习：一个是学经济，一个是学科学技术，一个是学管理。(5)要着力研究和解决管理方法、管理制度、经济政策这三个方面的问题。在管理方法上，要克服官僚主义，要用经济方法管理经济。在管理制度上，特别强调加强责任制：一是要做到责任到人，权力到人；二是要善于选用人员，量才授予职责；三是严格考核，赏罚分明。在经济政策上，要允许一部分地区、一部分企业、一部分工人农民，由于辛勤努力成绩大而收入先多一些，生活先好起来。改革必然会涉及到一大批人的切身利益，一定会出现各种各样的复杂的情况和问题，一定会遇到重重障碍，对此我们必须有足够的思想准备。但改革关系到社会主义的前途和命运，具有极端的重要性。

思考题：

1. 简述解放思想与实事求是的辩证关系。

2. 为什么说民主是解放思想的重要条件？

3. 为什么说邓小平的这篇讲话是开创有中国特色社会主义理论的宣言书？

(李春生　信阳师范学院)

邓　小　平

在武昌、深圳、珠海、上海等地的谈话要点

（1992年1月18日——2月21日）

一

1984年我来过广东。当时，农村改革搞了几年，城市改革刚开始，经济特区[1]才起步。八年过去了，这次来看，深圳、珠海特区和其他一些地方，发展得这么快，我没有想到。看了以后，信心增加了。

革命是解放生产力，改革也是解放生产力。推翻帝国主义、封建主义、官僚资本主义的反动统治，使中国人民的生产力获得解放，这是革命，所以革命是解放生产力。社会主义基本制度确立以后，还要从根本上改变束缚生产力发展的经济体制，建立起充满生机和活力的社会主义经济体制，促进生产力的发展，这是改革，所以改革也是解放生产力。过去，只讲在社会主义条件下发展生产力，没有讲还要通过改革解放生产力，不完全。应该把解放生产力和发展生产力两个讲全了。

要坚持党的十一届三中全会以来的路线、方针、政策，关键是坚持“一个中心、两个基本点”。不坚持社会主义，不改革开放，不发展经济，不改善人民生活，只能是死路一条。基本路线要管一百年，动摇不得。只有坚持这条路线，人民才会相信你，拥护你。谁要改变三中全会以来的路线、方针、政策，老百姓不答应，谁就会被打倒。这一点，我讲过几次。如果没有改革开放的成果，“六·四”[2]这个关我们闯不过，闯不过就乱，乱就打内战，“文化大革命”

就是内战。为什么“六·四”以后我们的国家能够很稳定？就是因为我们搞了改革开放，促进了经济发展，人民生活得到了改善。所以，军队、国家政权，都要维护这条道路、这个制度、这些政策。

在这短短的十几年内，我们国家发展得这么快，使人民高兴，世界瞩目，这就足以证明三中全会以来路线、方针、政策的正确性，谁想变也变不了。说过去说过来，就是一句话，坚持这个路线、方针、政策不变。改革开放以来，我们立的章程并不少，而且是全方位的。经济、政治、科技、教育、文化、军事、外交等各个方面都有明确的方针和政策，而且有准确的表述语言。这次十三届八中全会[3]开得好，肯定农村家庭联产承包责任制不变。一变就人心不安，人们就会说中央的政策变了。农村改革初期，安徽出了个“傻子瓜子”[4]问题。当时许多人不舒服，说他赚了一百万，主张动他。我说不能动，一动人们就会说政策变了，得不偿失。像这一类的问题还有不少，如果处理不当，就很容易动摇我们的方针，影响改革的全局。城乡改革的基本政策，一定要长期保持稳定。当然，随着实践的发展，该完善的完善，该修补的修补，但总的要坚定不移。即使没有新的主意也可以，就是不要变，不要使人们感到政策变了。有了这一条，中国就大有希望。

二

改革开放胆子要大一些，敢于试验，不能像小脚女人一样。看准了的，就大胆地试，大胆地闯。深圳的重要经验就是敢闯。没有一点闯的精神，没有一点“冒”的精神，没有一股气呀、劲呀，就走不出一条好路，走不出一条新路，就干不出新的事业。不冒点风险，办什么事情都有百分之百的把握，万无一失，谁敢说这样的话？一开始就自以为是，认为百分之百正确，没那么回事，我就从来没有那么认为。每年领导层都要总结经验，对的就坚持，不对的赶快改，新问题出来抓紧解决。恐怕再有三十年的时间，我们才会在各方面形成一整套更加成熟、更加定型的制度。在这个制度下的方针、政策，也将更加定型化。现在建设中国式的社会主义，经验一天比一天丰富。经验很多，从各省的报刊材料看，都有自己的特色。这样好嘛，就是要有创造性。

改革开放迈不开步子，不敢闯，说来说去就是怕资本主义的东西多了，走了资本主义道路。要害是姓“资”还是姓“社”的问题。判断的标准，应该主要看是否有利于发展社会主义社会的生产力，是否有利于增强社会主义国家的综合国力，是否有利于提高人民的生活水平。对办特区，从一开始就有不同意见，担心是不是搞资本主义。深圳的建设成就，明确回答了那些有这样那样担心的人。特区姓“社”不姓“资”。从深圳的情况看，公有制是主体，外商投资只占四分之一，就是外资部分，我们还可以从税收、劳务等方面得到益处嘛！多搞点“三资”企业[5]，不要怕。只要我们头脑清醒，就不怕。我们有优势，有国营大中型企业，有乡镇企业，更重要的是政权在我们手里。有的人认为，多一分外资，就多一分资本主义，“三资”企业多了，就是资本主义的东西多了，就是发展了资本主义。这些人连基本常识都没有。我国现阶段的“三资”企业，按照现行的法规政策，外商总是要赚一些钱。但是，国家还要拿回税收，工人还要拿回工资，我们还可以学习技术和管理，还可以得到信息、打开市场。因此，“三资”企业受到我国整个政治、经济条件的制约，是社会主义经济的有益补充，归根到底是有利于社会主义的。

计划多一点还是市场多一点，不是社会主义与资本主义的本质区别。计划经济不等于社会主义，资本主义也有计划；市场经济不等于资本主义，社会主义也有市场。计划和市场都是经济手段。社会主义的本质，是解放生产力，发展生产力，消灭剥削，消除两极分化，最终达到共同富裕。就是要对大家讲这个道理。证券、股市，这些东西究竟好不好，有没有危险，是不是资本主义独有的东西，社会主义能不能用？允许看，但要坚决地试。看对了，搞一两年对了，放开；错了，纠正，关了就是了。关，也可以快关，也可以慢关，也可以留一点尾巴。怕什么，坚持这种态度就不要紧，就不会犯大错误。总之，社会主义要赢得与资本主义相比较的优势，就必须大胆吸收和借鉴人类社会创造的一切文明成果，吸收和借鉴当今世界各国包括资本主义发达国家的一切反映现代社会化生产规律的先进经营方式、管理方法。

走社会主义道路，就是要逐步实现共同富裕。共同富裕的构想是这样提出的：一部分地区有条件先发展起来，一部分地区发展慢点，先发展起来的地区带动后发展的地区，最终达到共同富裕。如果富的愈来愈富，穷的愈来愈穷，两极分化就会产生，而社会主义制度就应该而且能够避免两极分化。解决的办法之一，就是先富起来的地区多交点利税，支持贫困地区的发展。当然，太早这样办也不行，现在不能削弱发达地区的活力，也不能鼓励吃“大锅饭”。什么时候突出地提出和解决这个问题，在什么基础上提出和解决这个问题，要研究。可以设想，在本世纪末达到小康水平的时候，就要突出地提出和解决这个问题。到那个时候，发达地区要继续发展，并通过多交利税和技术转让等方式大力支持不发达地区。不发达地区又大都是拥有丰富资源的地区，发展潜力是很大的。总之，就全国范围来说，我们一定能够逐步顺利解决沿海同内地贫富差距的问题。

对改革开放，一开始就有不同意见，这是正常的。不只是经济特区问题，更大的问题是农村改革，搞农村家庭联产承包，废除人民公社[6]制度。开始的时候只有三分之一的省干起来，第二年超过三分之二，第三年才差不多全部跟上，这是就全国范围讲的。开始搞并不踊跃呀，好多人在看。我们的政策就是允许看。允许看，比强制好得多。我们推行三中全会以来的路线、方针、政策，不搞强迫，不搞运动，愿意干就干，干多少是多少，这样慢慢就跟上来了。不搞争论，是我的一个发明。不争论，是为了争取时间干。一争论就复杂了，把时间都争掉了，什么也干不成。不争论，大胆地试，大胆地闯。农村改革是如此，城市改革也应如此。

现在，有右的东西影响我们，也有“左”的东西影响我们，但根深蒂固的还是“左”的东西。有些理论家、政治家，拿大帽子吓唬人的，不是右，而是“左”。“左”带有革命的色彩，好像越“左”越革命。“左”的东西在我们党的历史上可怕呀！一个好好的东西，一下子被他搞掉了。右可以葬送社会主义，“左”也可以葬送社会主义。中国要警惕右，但主要是防止“左”。右的东西有，动乱就是右的！“左”的东西也有。把改革开放说成是引进和发展资本主义，认为和平演变的主要危险来自经济领域，这些就是“左”。我们必须保持清醒的头脑，这样就不会犯大错误，出现问题也容易纠正和改正。

三

抓住时机，发展自己，关键是发展经济。现在，周边一些国家和地区经济发展比我们快，如果我们不发展或发展得太慢，老百姓一比较就有问题了。所以，能发展就不要阻挡，有条件的地方要尽可能搞快点，只要是讲效益，讲质量，搞外向型经济，就没有什么可以担心的。低速度就等于停步，甚至等于后退。要抓住机会，现在就是好机会。我就担心丧失机会。不抓呀，看到的机会就丢掉了，时间一晃就过去了。

我国的经济发展，总要力争隔几年上一个台阶。当然，不是鼓励不切实际的高速度，还是要扎扎实实，讲求效益，稳步协调地发展。比如广东，要上几个台阶，力争用二十年的时间赶上亚洲"四小龙"[7]。比如江苏等发展比较好的地区，就应该比全国平均速度快。又比如上海，目前完全有条件搞得更快一点。上海在人才、技术和管理方面都有明显的优势，辐射面宽。回过头看，我的一个大失误就是搞四个经济特区时没有加上上海。要不然，现在长江三角洲，整个长江流域，乃至全国改革开放的局面，都会不一样。

从我们自己这些年的经验来看，经济发展隔几年上一个台阶，是能够办得到的。我们真正干起来是1980年。1981、1982、1983这三年，改革主要在农村进行。1984年重点转入城市改革。经济发展比较快的是1984年至1988年。这五年，首先是农村改革带来许多新的变化，农作物大幅度增产，农民收入大幅度增加，乡镇企业异军突起。广大农民购买力增加了，不仅盖了大批新房子，而且自行车、缝纫机、收音机、手表"四大件"和一些高档消费品进入普通农民家庭。农副产品的增加，农村市场的扩大，农村剩余劳动力的转移，又强有力地推动了工业的发展。这五年，共创造工业总产值六万多亿元，平均每年增长百分之二十一点七。吃、穿、住、行、用等各方面的工业品，包括彩电、冰箱、洗衣机，都大幅度增长。钢材、水泥等生产资料也大幅度增长。农业和工业，农村和城市，就是这样相互影响、相互促进。这是一个非常生动、非常有说服力的发展过程。可以说，这个期间我国财富有了巨额增加，整个国民经济上了一个新的台阶。1989年开始治理整顿。治理整顿，我是赞成的，而且确实需要。经济"过热"，确实带来一些问题。比如，票子发得多了一点，物价波动大了一点，重复建设比较严重，造成了一些浪费。但是，怎样全面地来看那五年的加速发展？那五年的加速发展，也可以称作一种飞跃，但与"大跃进"[8]不同，没有伤害整个发展的机体、机制。那五年的加速发展功劳不小，这是我的评价。治理整顿有成绩，但评价功劳，只算稳的功劳，还是那五年加速发展也算一功?或者至少算是一个方面的功?如果不是那几年跳跃一下,整个经济上了一个台阶,后来三年治理整顿不可能顺利进行。看起来我们的发展,总是要在某一个阶段,抓住时机,加速搞几年,发现问题及时加以治理,尔后继续前进。从根本上说,手头东西多了,我们在处理各种矛盾和问题时就立于主动地位。对于我们这样发展中的大国来说,经济要发展得快一点,不可能总是那么平平静静、稳稳当当。要注意经济稳定、协调地发展,但稳定和协调也是相对的,不是绝对的。发展才是硬道理。这个问题要搞清楚。如果分析不当,造成误解,就会变得谨小慎微,不敢解放思想,不敢放开手脚,结果是丧失时机,犹如逆水行舟,不进则退。

从国际经验来看,一些国家在发展过程中,都曾经有过高速发展时期,或若干高速发展阶段。日本、南朝鲜、东南亚一些国家和地区,就是如此。现在,我们国内条件具备,国际环境有利,再加上发挥社会主义制度能够集中力量办大事的优势,在今后的现代化建设长过程中,出现若干个发展速度比较快、效益比较好的阶段,是必要的,也是能够办到的。我们就是要有这个雄心壮志!

经济发展得快一点,必须依靠科技和教育。我说科学技术是第一生产力。近一二十年来,世界科学技术发展得多快啊!高科技领域的一个突破,带动一批产业的发展。我们自己这几年,离开科学技术能增长得这么快吗?要提倡科学,靠科学才有希望。近十几年来我国科技进步不小,希望在九十年代,进步得更快。每一行都树立一个明确的战略目标,一定要打赢。高科技领域,中国也要在世界占有一席之地。我是个外行,但我要感谢科技工作者为国家作出的贡献和争得的荣誉。大家要记住那个年代,钱学森[9]、李四光[10]、钱三强[11]那一批老科学家,在那么困难的条件下,把两弹一星和好多高科技搞起来。应该说,现在的科学家更幸福,因此对他们的要求会更多。我说过,知识分子是工人阶级的一部分。老科学家、中年科学家很重要,青年科学家也很重要。希望所有出国学习的人回来。不管他们过去的政治态度怎么样,都可以回来,回来后妥善安排。这个政策不能变。告诉他们,要做出贡献,还是回国好。希望大家通力合作,为加快发展我国科技和教育事业多做实事。搞科技,越高越好,越新越好。越高越新,我们也就越高兴。不只我们高兴,人民高兴,国家高兴。对我们的国家要爱,要让我们的国家发达起来。

四

要坚持两手抓，一手抓改革开放，一手抓打击各种犯罪活动。这两只手都要硬。打击各种犯罪活动，扫除各种丑恶现象，手软不得。广东二十年赶上亚洲“四小龙”，不仅经济要上去，社会秩序、社会风气也要搞好，两个文明建设都要超过他们，这才是有中国特色的社会主义。新加坡的社会秩序算是好的，他们管得严，我们应当借鉴他们的经验，而且比他们管得更好。开放以后，一些腐朽的东西也跟着进来了，中国的一些地方也出现了丑恶的现象，如吸毒、嫖娼、经济犯罪等。要注意很好地抓，坚决取缔和打击，决不能任其发展。新中国成立以后，只花了三年时间，这些东西就一扫而光。吸鸦片烟、吃白面，世界上谁能消灭得了？国民党办不到，资本主义办不到。事实证明，共产党能够消灭丑恶的东西。在整个改革开放过程中都要反对腐败。对干部和共产党员来说，廉政建设要作为大事来抓。还是要靠法制，搞法制靠得住些。总之，只要我们的生产力发展，保持一定的经济增长速度，坚持两手抓，社会主义精神文明建设就可以搞上去。

在整个改革开放的过程中，必须始终注意坚持四项基本原则。十二届六中全会[12]我提出反对资产阶级自由化还要搞二十年，现在看起来还不止二十年。资产阶级自由化泛滥，后果极其严重。特区搞建设，花了十几年时间才有这个样子，垮起来可是一夜之间啊。垮起来容易，建设就很难。在苗头出现时不注意，就会出事。

依靠无产阶级专政保卫社会主义制度，这是马克思主义的一个基本观点。马克思说过，阶级斗争学说不是他的发明，真正的发明是关于无产阶级专政的理论。历史经验证明，刚刚掌握政权的新兴阶级，一般来说，总是弱于敌对阶级的力量，因此要用专政的手段来巩固政权。对人民实行民主，对敌人实行专政，这就是人民民主专政。运用人民民主专政的力量，巩固人民的政权，是正义的事情，没有什么输理的地方。我们搞社会主义才几十年，还处在初级阶段。巩固和发展社会主义制度，还需要一个很长的历史阶段，需要我们几代人、十几代人，甚至几十代人坚持不懈地努力奋斗，决不能掉以轻心。

五

正确的政治路线要靠正确的组织路线来保证。中国的事情能不能办好，社会主义和改革开放能不能坚持，经济能不能快一点发展起来，国家能不能长治久安，从一定意义上说，关键在人。

帝国主义搞和平演变，把希望寄托在我们以后的几代人身上。江泽民同志他们这一代可以算是第三代，还有第四代、第五代。我们这些老一辈的人在，有分量，敌对势力知道变不了。但我们这些老人呜呼哀哉后，谁来保险？所以，要把我们的军队教育好，把我们的专政机构教育好，把共产党员教育好，把人民和青年教育好。中国要出问题，还是出在共产党内部。对这个问题要清醒，要注意培养人，要按照"革命化、年轻化、知识化、专业化"的标准，选拔德才兼备的人进班子。我们说党的基本路线要管一百年，要长治久安，就要靠这一条。真正关系到大局的是这个事。这是眼前的一个问题，并不是已经顺利解决了，希望解决得好。"文化大革命"结束，我出来后，就注意这个问题。我们发现靠我们这老一代解决不了长治久安的问题，于是我们推荐别的人，真正要找第三代。但是没有解决问题，两个人都失败了，而且不是在经济上出问题，都是在反对资产阶级自由化的问题上栽跟头。这就不能让了。我在 1989 年 5 月底还说过，现在就是要选人民公认是坚持改革开放路线并有政绩的人，大胆地放进新的领导机构里，使人民感到我们真心诚意搞改革开放。人民，是看实践。人民一看，还是社会主义好，还是改革开放好，我们的事业就会万古长青！

要进一步找年轻人进班子。现在中央这个班子年龄还是大了点，六十过一点的就算年轻的了。这些人过十年还可以，再过二十年，就八十多岁了，像我今天这样聊聊天还可以，做工作精力就不够了。现在中央的班子干得不错嘛！问题当然还有很多，什么时候问题都不会少。我们这些老人关键是不管事，让新上来的人放手干，看着现在的同志成熟起来。老年人自觉让位，在旁边可以帮助一下，但不要作障碍人的事。对于办得不妥当的事，也要好心好意地帮，要注意下一代接班人的培养。我坚持退下来，就是不要在老年的时候犯错误。老年人有长处，但也有很大的弱点，老年人容易固执，因此老年人也要有点自觉性。越老越不要最后犯错误，越老越要谦虚一点。现在还要继续选人，选更年轻的同志，帮助培养。不要迷信。我二十几岁就做大官了，不比你们现在懂得多，不是也照样干？要选人，人选好了，帮助培养，让更多的年轻人成长起来。他们成长起来，我们就放心了。现在还不放心啊！说到底，关键是我们共产党内部要搞好，不出事，就可以放心睡大觉。十一届三中全会确立的这条中国的发展路线，是否能够坚持得住，要靠大家努力，特别是要教育后代。

现在有一个问题，就是形式主义多。电视一打开，尽是会议。会议多，文章太长，讲话也太长，而且内容重复，新的语言并不很多。重复的话要讲，但要精简。形式主义也是官僚主义。要腾出时间来多办实事，多做少说。毛主席不开长会，文章短而精，讲话也很精练。周总理四届人大的报告，毛主席指定我负责起草，要求不得超过五千字，我完成了任务。五千字，不是也很管用吗？我建议抓一下这个问题。

学马列要精，要管用的。长篇的东西是少数搞专业的人读的，群众怎么读？要求都读大本子，那是形式主义的，办不到。我的入门老师是《共产党宣言》和《共产主义 ABC》。最近，有的外国人议论，马克思主义是打不倒的。打不倒，并不是因为大本子多，而是因为马克思主义的真理颠扑不破。实事求是是马克思主义的精髓。要提倡这个，不要提倡本本。我们改革开放的成功，不是靠本本，而是靠实践，靠实事求是。农村搞家庭联产承包，这个发明权是农民的。农村改革中的好多东西，都是基层创造出来，我们把它拿来加工提高作为全国的指导。实践是检验真理的唯一标准。我读的书并不多，就是一条，相信毛主席讲的实事求是。过去我们打仗靠这个，现在搞建设、搞改革也靠这个。我们讲了一辈子马克思主义，其实马克思主义并不玄奥。马克思主义是很朴实的东西，很朴实的道理。

六

我坚信，世界上赞成马克思主义的人会多起来的，因为马克思主义是科学。它运用历史唯物主义揭示了人类社会发展的规律。封建社会代替奴隶社会，资本主义代替封建主义，社会主义经历一个长过程发展后必然代替资本主义。这是社会历史发展不可逆转的总趋势，但道路是曲折的。资本主义代替封建主义的几百年间，发生过多少次王朝复辟？所以，从一定意义上说，某种暂时复辟也是难以完全避免的规律性现象。一些国家出现严重曲折，社会主义好像被削弱了，但人民经受锻炼，从中吸收教训，将促使社会主义向着更加健康的方向发展。因此，不要惊慌失措，不要认为马克思主义就消失了，没用了，失败了。哪有这回事！

世界和平与发展这两大问题，至今一个也没有解决。社会主义中国应该用实践向世界表明，中国反对霸权主义、强权政治，永不称霸。中国是维护世界和平的坚定力量。

我们要在建设有中国特色的社会主义道路上继续前进。资本主义发展几百年了，我们干社会主义才多长时间！何况我们自己还耽误了二十年。如果从建国起，用一百年时间把我国建设成中等水平的发达国家，那就很了不起！从现在起到下世纪中叶，将是很要紧的时期，我们要埋头苦干。我们肩膀上的担子重，责任大啊！

选自《邓小平文选》第三卷，人民出版社 1993 年版，第 370—383 页。

注　释：

[1] 1979 年 7 月，中共中央、国务院同意在广东省的深圳、珠海、汕头三市和福建省的厦门市试办出口特区。1980 年 5 月，中共中央和国务院决定将深圳、珠海、汕头和厦门这四个出口特区改称为经济特区。当年 8 月，第五届全国人民代表大会常务委员会第十五次会议批准《广东省经济特区条例》，这些经济特区相继兴建。1984 年邓小平考察了深圳、珠海、厦门三个经济特区。经济特区实行特殊的经济政策和经济管理体制，建设上以吸收利用外资为主，经济所有制实行以社会主义公有制为

主导的多元化结构；经济活动在国家宏观经济指导调控下，以市场调节为主；对外商投资予以优惠和方便；特区拥有较大的经济管理权限。1985年以前，四个经济特区主要进行以创建投资环境为重点的基础设施建设，从1986年起，致力于发展以工业为主、工贸结合、农牧渔和旅游业并举的外向型经济。1988年4月，第七届全国人民代表大会第一次会议通过决议，批准海南岛为海南经济特区，实行更加灵活开放的经济政策。我国现有的五个经济特区，在社会主义现代化建设中发挥着对外开放的窗口作用和经济体制改革的试验作用。

[2] 1989年4月15日胡耀邦逝世，广大人民群众以各种形式表达自己的哀思。在悼念活动期间，极少数别有用心的人借机制造谣言，蛊惑人心，利用大小字报诬蔑、谩骂、攻击党和国家领导人，鼓动反对共产党的领导和社会主义制度。4月26日，《人民日报》发表题为《必须旗帜鲜明地反对动乱》的社论。由于当时任中共中央总书记的赵紫阳对动乱采取纵容和支持的态度，助长了动乱的发展。从5月13日起，北京非法学生组织“高自联”煽动一些人进行绝食，长期占据天安门广场。为保证社会安定，恢复正常秩序，国务院决定自5月20日起，在北京部分地区实行戒严。但是动乱的组织者和策划者利用政府和戒严部队采取的克制态度，继续占据天安门广场，组织各种非法活动，最终发展成为反革命暴乱。6月4日，党和政府依靠人民，采取果断措施，平息了反革命暴乱。

[3] 十三届八中全会即1991年11月25日至29日在北京举行的中国共产党第十三届中央委员会第八次全体会议。全会审议并通过了《中共中央关于进一步加强农业和农村工作的决定》。全会充分肯定十一届三中全会以来党在农村的各项基本政策及农村改革取得的巨大成就，强调继续稳定以家庭联产承包为主的责任制，不断完善统分结合的双层经营体制，坚定不移地深化农村改革。全会还审议并通过了《关于召开中国共产党第十四次全国代表大会的决议》。

[4] 这里指安徽省芜湖市的一家个体户，他雇工经营，制作和销售瓜子，称为“傻子瓜子”，得以致富。

[5] “三资”企业指中外合资企业、中外合作企业和外方独资企业。

[6] 1958年3月成都会议后，农村中出现把小型农业合作社并为大社的热潮，受到毛泽东的肯定和支持，并于8月被定名为人民公社。同月，中共中央在北戴河举行的政治局扩大会议作出《关于在农村建立人民公社问题的决议》，人民公社未经试验就迅速在全国普遍建立起来。人民公社以“一大二公”为特点，实行政社合一、工农商学兵相结合的原则，一般为一乡一社，个别的一县一社。公社内部实行高度集中统一管理，贫富拉平，平均分配，无代价上调下属生产队以至社员的个人财产，导致

"共产风"严重泛滥。1958年冬以后,特别是1961年春以后,中共中央和毛泽东曾经为人民公社制定了一系列政策界限,陆续纠正了一些错误,但未能从根本上解决人民公社所存在的过分集中与平均主义的问题,农民积极性和农村生产力仍然受到束缚。中共十一届三中全会后,人民公社原有的体制在农村经济体制改革中逐步改变。1983年10月,中共中央、国务院根据《中华人民共和国宪法》中设立乡政府的规定,发出《关于实行政社分开建立乡政府的通知》。至1984年底全国基本完成这项工作。至此,农村人民公社制度已不复存在。

[7] 指亚洲新兴工业化国家和地区新加坡、香港、台湾、韩国。它们自60年代以来,经济高速增长,被称为亚洲"四小龙"。

[8] 1958年5月,中国共产党第八次全国代表大会第二次会议,正式通过"鼓足干劲、力争上游、多快好省地建设社会主义"的总路线。在提出总路线的同时,党轻率地发动了"大跃进"运动。先是在农业生产上片面追求高指标,报刊不断宣传"高产卫星"。在这种虚报浮夸的气氛中,8月中共中央政治局在北戴河举行扩大会议,提出1958年钢的产量要比1957年翻一番,达到1070万吨。会后立即掀起了一个空前规模的"全民大炼钢铁运动"。与此同时,其他工业、交通、邮电、教育、文化、卫生等事业也都开展"全民大办"。这种"以钢为纲"所带起的一系列大办,把"大跃进"运动推向了高潮,使以高指标、瞎指挥、浮夸风等为主要标志的"左"的错误严重地泛滥开来,打乱了正常的经济建设秩序,浪费了巨大的人力和资源,造成国民经济比例的严重失调。

[9] 钱学森,1911年生。浙江杭州人。1935年赴美留学。1955年回国。1958年加入中国共产党。曾任中国科学院力学研究所所长,第七机械工业部副部长,国防科工委副主任,中国科学技术协会主席等职,是中共第九届至第十二届候补中央委员。他直接参与组织领导了中国运载火箭、导弹、卫星的研制攻关和试验工作,为发展中国的航天事业做出了卓越贡献。

[10] 李四光(1889——1971),湖北黄冈人。早年留学日本、英国。曾任大学教授,中央研究院院士。1948年赴欧洲。1949年回国。1958年加入中国共产党。曾任中国科学院古生物研究所所长,中国科学院副院长,地质部部长,中国科学技术协会主席等职,是中共第九届中央委员。毕生从事古生物学、冰川学、地震学和地质力学的研究和教学,是地质力学的创始人,为发展中国的石油勘探做出了卓越贡献。

[11] 钱三强(1913——1992),原籍浙江吴兴(今湖州),生于绍兴。1937年赴法国留学。1948年回国。1954年加入中国共产党。曾任中国科学院近代物理研究所所长,第二机械工业部副部长,中国科学院副院长,中国科学技术协会名誉主席等职。为中

国原子能科学事业的创立和组织“两弹”研制做出了卓越贡献。

［**12**］六中全会指 1986 年 9 月 28 日在北京举行的中国共产党第十二届中央委员会第六次全体会议。全会通过了《中共中央关于社会主义精神文明建设指导方针的决议》。在讨论这个决议草案时，邓小平作了关于反对资产阶级自由化的重要讲话，见本书《在党的十二届六中全会上的讲话》。

《在武昌、深圳、珠海、上海等地的谈话要点》导读

一、时代背景及其意义

20世纪80年代末90年代初，国际形势发生急剧变化，处在重要的转折时期。东欧剧变和苏联解体，原因是多方面的，从外因来说，是西方国家和平演变政策的结果，从内因来说，在于苏联、东欧国家的社会主义模式扭曲、背离了科学社会主义的基本原则。在国内，当时正是我国改革开放和现代化建设的关键时刻。从经济发展而言，我国四化建设的第一步战略目标已经实现，正进入实现第二步战略目标的阶段。1978—1988年我国经济保持了高速增长，但1989—1991年经济出现滑坡，增长明显减缓。改革开放，面临"左"的思潮的干扰和束缚。

在上述国内外复杂的时代背景下，中国又一次面临着向何处去的问题：是走回头路，还是坚持党的十一届三中全会以来的正确路线？在重大的历史关头，邓小平1992年1月18日至2月21日在武昌、深圳、珠海、上海等地视察期间，就我国改革开放和现代化建设的一系列重大理论和实际问题发表了重要谈话（简称《南方谈话》）。指出，要坚持党的基本路线一百年不动摇，坚定社会主义信念，要在建设有中国特色的社会主义道路上继续前进。

《南方谈话》是把我国改革开放和现代化建设推进到新阶段的宣言书。它进一步坚定了中国人民改革开放的信心，标志着又一次思想解放高潮的到来。《南方谈话》是《邓小平文选》的终卷之作，也是邓小平理论的经典之作。邓小平理论不仅创立了建设有中国特色的社会主义道路，而且对世界范围内的社会主义运动也做出了贡献。

二、内容简介

全文共分六个部分。

第一部分，主要论述坚持党的基本路线一百年不动摇。有两个重点：

1. 革命是解放生产力，改革也是解放生产力。邓小平指出："过去，只讲在社会主义条件下发展生产力，没有讲还要通过改革解放生产力，不完全。应该把解放生产力和发展生产力两个讲全了。"邓小平提出的社会主义条件下有解放生产力的任务，明确了在社会主义制度下还存在着束缚生产力发展的因素，改革作为第二次革命，则是进一步解除由社会主义具体体制上的问题而形成的束缚社会生产力的障碍，使生产力更快地发展。他的这一观点进一步深化了对于社会主义基本矛盾的认识，发展了马列主义、毛泽东思想的社会主义发展动力理论。

2. 坚持党的基本路线一百年不动摇。要坚持党的十一届三中全会以来的路线、方针、政策，关键是坚持"一个中心、两个基本点"。不坚持社会主义，不改革开放，不改善人民生活，只能是死路一条。基本路线要管一百年，动摇不得。

第二部分，主要揭示了社会主义本质，提出了"三个有利于"是判断姓"社"姓"资"的标准。在这一部分，邓小平第一次揭示了社会主义的本质，指出："社会主义的本质，是解放生产力，发展生产力，消灭剥削，消除两极分化，最终达到共同富裕。""社会主义本质论"重新定义了社会主义，实现了对传统社会主义观念的突破，把对社会主义的认识提高到新的科学水平。邓小平指出："改革开放胆子要大一些，敢于试验"，"看准了的，就大胆地试，大胆地闯"。为了加快改革开放的步伐，在理论和政策上要解决四个问题：

1. 姓"社"和姓"资"的问题。

邓小平针对有人对改革开放的具体举措动不动都拿姓"社"姓"资"去套的问题，指出："改革开放迈不开步子，不敢闯，说来说去就是怕资本主义的东西多了，走了资本主义道路。要害是姓'资'还是姓'社'的问题。"并且指出"判断的标准，应该主要看是否有利于发展社会主义的生产力，是否有利于增强社会主义国家的综合国力,是否有利于提高人民的生活水平。""三个有利于"标准是实践标准和生产力标准理论的深化和发展,是真理和价值相统一的标准。

2. 计划和市场的问题。

长期以来,人们总认为,计划经济是社会主义,市场经济是资本主义。针对传统观念,邓小平指出"计划和市场都是经济手段","不是社会主义与资本主义的本质区别","资本主义也有计划","社会主义也有市场"。社会主义市场经济论从根本上解除了把计划经济和市场经济看做属于社会基本制度范畴的思想束缚,解除了由于对马克思主义创始人关于计划经济的误解而长期被束缚的框框,使我们在计划和市场关系问题上的认识有了新的重大突破,是改革开放以来的"点睛"之笔,标志着建设有中国特色社会主义理论跃入一个新阶段。

3."先富"和"共富"的问题。

邓小平针对长期存在的分配上的平均主义和防止在改革开放中产生两极分化的问题,指出:"走社会主义道路,就是要逐步实现共同富裕"。但共同富裕不等于同步富裕,要允许和鼓励一部分地区、一部分人靠诚实劳动和守法经营先富起来,然后先富起来的地区带动后富起来的地区,最终达到共同富裕。

4. 防"左"和反右的问题。

邓小平针对以往总认为"'左'比右好"、"越'左'越革命"的错误观念,指出:"右可以葬送社会主义,'左'也可以葬送社会主义。"并根据中国的实际状况指出:"中国要警惕右,但主要是防止'左'。"

邓小平在这一部分所谈的四个主要理论问题,都是围绕着"什么是社会主义,怎样建设社会主义"这个根本问题从理论上做出的新回答。它是对马克思主义的科学社会主义理论的新发展。

第三部分,主要讲加快经济发展,必须依靠科技和教育。有三个要点:

1. 抓住时机,发展自己,关键是发展经济。经济发展要快一些,力争隔几年上一个台阶。

2. 对于经济发展速度和稳定发展的关系,认为经济发展快点,不是鼓励不切实际的高速度,而是要扎扎实实,讲求效益,使经济稳定、协调地发展,但稳定和协调也是相对的，发展才是硬道理。

3. 发展经济必须依靠科技和教育。

第四部分，提出了两手抓，两手都要硬的思想。

邓小平认为，要坚持两手抓，一手抓改革开放，一手抓打击各种犯罪活动。这两只手都要硬。在整个改革开放的过程中，不仅要保持一定的经济增长速度，还要把精神文明搞上去。要坚持四项基本原则，反对资产阶级自由化。要依靠无产阶级专政保卫社会主义制度。

第五部分，论述了培养好接班人的重要性。有四个要点：

1. 培养接班人的重要性。正确的政治路线要靠正确的组织路线来保证。首先要选好接班人。中国的事情能不能办好，社会主义和改革开放能不能坚持，经济能不能快一点发展起来，国家能不能长治久安，从一定的意义上说，关键在人。

2. 培养选拔接班人的方针和原则，提出了新的人才观。认为，要注意培养接班人，要按照"四化"的标准，选拔德才兼备的人进入领导班子，要选人民公认的坚持改革开放路线并有政绩的人进入新的领导机构。

3. 要反对形式主义和官僚主义。

4. 学马列要精，要管用。实事求是是马克思主义的精髓，要提倡实事求是，不要提倡本本。

第六部分，明确时代主题，坚定社会主义信念，要坚信人类历史发展的规律和总趋势。和平和发展仍是当代世界的两大主题。我们要在建设有中国特色的社会主义道路上继续前进。我们要埋头苦干，用一百年时间把我国建设成中等水平的发达国家。

思考题：

1. 如何辩证地理解和正确看待邓小平南方谈话中所提出的姓"资"和姓"社"、计划和市场、"先富"和"共富"以及防"左"和反右这四个重大理论问题？

2. 邓小平提出的社会主义本质论在哪些方面实现了对传统社会主义观念的突破？

3. 为什么说"三个有利于"标准是真理和价值相统一的标准？

4. 论社会主义市场经济与社会主义精神文明建设的关系。

5. 简析邓小平南方谈话的哲学蕴涵。

（李春生　信阳师范学院）

江 泽 民

在庆祝中国共产党成立八十周年大会上的讲话(节选)

(2001 年 7 月 1 日)

二、正确认识和全面贯彻“三个代表”要求

在新的世纪,继续推进现代化建设,完成祖国统一大业,维护世界和平与促进共同发展,是我们党肩负的重大历史任务。面对国内外形势的深刻变化,我们党要紧跟世界进步的潮流,团结和带领全国各族人民抓住机遇、迎接挑战,胜利完成这三大历史任务,必须坚定不移地贯彻落实“三个代表”要求。“三个代表”要求,是我们党的立党之本、执政之基、力量之源,也是我们在新世纪全面推进党的建设,不断推进理论创新、制度创新和科技创新,不断夺取建设有中国特色社会主义事业新胜利的根本要求。

我们党要始终代表中国先进生产力的发展要求,就是党的理论、路线、纲领、方针、政策和各项工作,必须努力符合生产力发展的规律,体现不断推动社会生产力的解放和发展的要求,尤其要体现推动先进生产力发展的要求,通过发展生产力不断提高人民群众的生活水平。

生产力是最活跃最革命的因素,是社会发展的最终决定力量。生产力与生产关系、经济基础与上层建筑的矛盾,构成社会的基本矛盾。这个基本矛盾的运动,决定着社会性质的变化和社会经济政治文化的发展方向。社会主

义与资本主义的根本区别，就在于它们的生产关系和上层建筑是不同的。社会主义制度的建立和不断完善，为我国社会生产力的解放和发展打开了广阔的道路。无论什么样的生产关系和上层建筑，都要随着生产力的发展而发展。如果它们不能适应生产力发展的要求，而成为生产力发展和社会进步的障碍，那就必然要发生调整和变革。

敏锐地把握我国社会生产力的发展趋势和要求，坚持以经济建设为中心，通过制定和实施正确的路线方针政策，采取切实的工作步骤，不断促进先进生产力的发展，这是我们党始终站在时代前列，保持先进性的根本体现和根本要求。

我们党作为工人阶级的先锋队，建立时就是以中国先进生产力的代表走上历史舞台的。我们党领导的新民主主义革命，目的是取消帝国主义在中国的特权，消灭地主阶级和官僚资产阶级的剥削和压迫，改变买办的封建的生产关系，以及改变建立在这种经济基础之上的腐朽的政治上层建筑，确立人民民主专政为核心的新的政治上层建筑，从根本上解放被束缚的生产力。新中国成立以后，我们对农业、手工业和资本主义工商业进行社会主义改造，是为了确立社会主义生产关系，并在这种经济基础上进一步健全社会主义上层建筑，以继续解放和发展生产力。党的十一届三中全会以来，我们进行改革开放，调整和改革社会主义生产关系中不适应生产力发展要求的部分，调整和改革社会主义上层建筑中不适应经济基础的部分，也是为了进一步解放和发展生产力。二十多年来，我们大胆探索，勇于实践，不断推进经济体制改革、政治体制改革和其他方面的改革，极大地解放和发展了我国社会生产力，推动我国经济发展和社会进步发生了巨大变化。

社会主义的根本任务是发展生产力，增强社会主义国家的综合国力，使人民的生活日益改善，不断体现社会主义优于资本主义的特点。在社会主义社会的各个历史阶段，都需要根据经济社会发展的要求，适时地通过改革不断推进社会主义制度自我完善和发展，这样才能使社会主义制度充满生机和活力。全党同志必须牢固树立社会主义改革和发展的基本观点和自觉性。

人类社会的发展，就是先进生产力不断取代落后生产力的历史进程。社会主义现代化必须建立在发达生产力的基础之上。我们为实现现代化而奋斗，最根本的就是要通过改革和发展，使我国形成发达的生产力。全党同志无论在什么岗位上,都要对自己所从事的工作经常加以检查和总结,看看是不是符合先进生产力的发展要求,符合的就毫不动摇地坚持,不符合的就实事求是地纠正。这样,才能充分体现共产党人的先进性和时代精神。

人是生产力中最具有决定性的力量。包括知识分子在内的我国工人阶级,是推动我国先进生产力发展的基本力量。我国农民阶级和其他劳动群众,同工人阶级紧密团结,是推动我国社会生产力发展的重要力量。不断提高工人、农民、知识分子和其他劳动群众以及全体人民的思想道德素质和科学文化素质,不断提高他们的劳动技能和创造才能,充分发挥他们的积极性主动性创造性,始终是我们党代表中国先进生产力发展要求必须履行的第一要务。

科学技术是第一生产力,而且是先进生产力的集中体现和主要标志。科学技术的突飞猛进,给世界生产力和人类经济社会的发展带来了极大的推动。未来的科技发展还将产生新的重大飞跃。我们必须敏锐地把握这个客观趋势,始终注意把发挥我国社会主义制度的优越性,同掌握、运用和发展先进的科学技术紧密地结合起来,大力推动科技进步和创新,不断用先进科技改造和提高国民经济,努力实现我国生产力发展的跨越。这是我们党代表中国先进生产力发展要求必须履行的重要职责。

我国社会主义现代化建设取得了巨大成就,但我国还处在社会主义初级阶段,人口多、底子薄,经济文化发展很不平衡,生产力不发达的情况总体上还没有改变。不断解放和发展生产力,依然是我们长期的中心任务。我们必须坚持不懈地发展先进的生产力。对于仍然存在的不适应先进生产力和时代发展要求的一些落后的生产方式,既不能脱离实际地简单化地加以排斥,也不能采取安于现状、保护落后的态度,而要立足实际,创造条件加以改造、改进和提高,通过长期努力,逐步使它们向先进适用的生产方式转变。

我们要在党的基本理论、基本路线、基本纲领的指引下,继续坚持和完善公有制为主体、多种所有制经济共同发展的基本经济制度,坚持和完善社会主义市场经济体制,坚持和完善按劳分配为主体的多种分配方式,坚持和完善对外开放;坚持和完善工人阶级领导的、以工农联盟为基础的人民民主专政,坚持和完善人民代表大会制度和共产党领导的多党合作、政治协商以及民族区域自治制度,积极稳妥地推进政治体制改革,进一步扩大社会主义民主，依法治国，建设社会主义法治国家。通过坚持不懈的努力，不断完善社会主义的生产关系和上层建筑，不断为生产力的解放和发展打开更广阔的通途。

我们党要始终代表中国先进文化的前进方向，就是党的理论、路线、纲领、方针、政策和各项工作，必须努力体现发展面向现代化、面向世界、面向未来的，民族的科学的大众的社会主义文化的要求，促进全民族思想道德素质和科学文化素质的不断提高，为我国经济发展和社会进步提供精神动力和智力支持。

社会主义社会是全面发展、全面进步的社会。社会主义现代化事业是物质文明和精神文明相辅相成、协调发展的事业。全党同志必须全面把握两个文明建设的辩证关系，在推进物质文明建设的同时，努力推进社会主义精神文明建设。在当代中国，发展先进文化，就是发展有中国特色社会主义的文化，就是建设社会主义精神文明。

牢牢把握中国先进文化的发展趋势和要求，坚持以马克思列宁主义、毛泽东思想、邓小平理论为指导，立足于建设有中国特色社会主义的实践，着眼于世界科学文化发展的前沿，不断发展健康向上、丰富多彩的，具有中国风格、中国特色的社会主义文化，满足人民群众日益增长的精神文化需求，引导广大人民群众从思想上精神上正确武装和不断提高起来。这也是我们党始终站在时代前列，保持先进性的根本体现和根本要求。

坚持什么样的文化方向，推动建设什么样的文化，是一个政党在思想上精神上的一面旗帜。八十年来，我们党高举中国先进文化的前进旗帜，努力建设和弘扬反映革命、建设和改革要求的新文化，荡涤旧社会遗留下来的和国外渗透进来的腐朽没落的旧文化，从思想上精神上极大地解放和激励了广大干部群众，在全党和全国人民中形成了凝聚人心、统一意志的正确指导思想和共同理想。

发展社会主义文化的根本任务，是培养一代又一代有理想、有道德、有文化、有纪律的公民。要坚持以科学的理论武装人，以正确的舆论引导人，以高尚的精神塑造人，以优秀的作品鼓舞人。坚持和巩固马克思主义的指导地位，帮助人们树立正确的世界观、人生观和价值观，坚定对马克思主义的信仰、坚定对社会主义的信念、增强对改革开放和现代化建设的信心、增强对党和政府的信任，增强自立意识、竞争意识、效率意识、民主法制意识和开拓创新精神。坚持实施科教兴国战略,进一步普及教育,提高教育素质和全社会的教育水平;大力发展科学文化事业。加强科学知识、科学方法、科学思想、科学精神的宣传教育。唱响社会主义文化的主旋律,坚持为人民服务、为社会主义服务,实行百花齐放、百家争鸣,是发展先进文化必须贯彻的重要方针。要努力掌握和发展各种现代传播手段,积极推动先进文化的传播。

加强社会主义思想道德建设,是发展先进文化的重要内容和中心环节。必须认识到,如果只讲物质利益,只讲金钱,不讲理想,不讲道德,人们就会失去共同的奋斗目标,失去行为的正确规范。要把依法治国同以德治国结合起来,为社会保持良好的秩序和风尚营造高尚的思想道德基础。要在全社会倡导爱国主义、集体主义、社会主义思想,反对和抵制拜金主义、享乐主义、极端个人主义等腐朽思想,增强全国人民的民族自尊心、自信心、自豪感,激励他们为振兴中华而不懈奋斗。

社会主义文化在我国已经居于主导地位。但是,由于历史和现实的原因,社会上还存在一些带有迷信、愚昧、颓废、庸俗等色彩的落后文化,甚至还存在一些腐蚀人们精神世界、危害社会主义事业的腐朽文化。要通过完善政策和制度,加强教育和管理,移风易俗,努力改造落后的文化,努力防止和坚决抵制腐朽文化和各种错误思想观点对人们的侵蚀,逐步缩小和剔除它们借以滋生的土壤。

发展社会主义文化,必须继承和发扬一切优秀的文化,必须充分体现时代精神和创造精神,必须具有世界眼光,增强感召力。中华民族的优秀文化传统,党和人民从五四运动以来形成的革命文化传统,人类社会创造的一切先进文明成果,我们都要积极继承和发扬。我国几千年历史留下了丰富的文化遗产,我们应该取其精华、去其糟粕,结合时代精神加以继承和发展,做到古为今用。同时必须结合新的实践和时代的要求,结合人民群众精神文化生活的需要,积极进行文化创新,努力繁荣先进文化,把亿万人民紧紧吸引在有中国特色社会主义文化的伟大旗帜下。

我们党要始终代表中国最广大人民的根本利益,就是党的理论、路线、纲领、方针、政策和各项工作,必须坚持把人民的根本利益作为出发点和归宿,充分发挥人民群众的积极性主动性创造性,在社会不断发展进步的基础上,使人民群众不断获得切实的经济、政治、文化利益。

全心全意为人民服务，立党为公，执政为民，是我们党同一切剥削阶级政党的根本区别。任何时候我们都必须坚持尊重社会发展规律与尊重人民历史主体地位的一致性，坚持为崇高理想奋斗与为最广大人民谋利益的一致性，坚持完成党的各项工作与实现人民利益的一致性。

八十年来我们党进行的一切奋斗，归根到底都是为了最广大人民的利益。在革命战争年代，党号召全党同志不怕牺牲、前赴后继地为革命的胜利而英勇斗争。新中国成立后，党告诫全党同志谦虚谨慎，戒骄戒躁，永远保持艰苦奋斗的革命精神。在新的历史时期，党要求全党同志必须经得起改革开放和执政的考验，带领人民群众为实现社会主义现代化而勤奋工作。所有这些，都是为了不断实现好、维护好和发展好最广大人民的利益，始终保持党同人民群众的血肉联系。

人民群众的整体利益总是由各方面的具体利益构成的。我们所有的政策措施和工作，都应该正确反映并有利于妥善处理各种利益关系，都应认真考虑和兼顾不同阶层、不同方面群众的利益。但是，最重要的是必须首先考虑并满足最大多数人的利益要求，这始终关系党的执政的全局，关系国家经济政治文化发展的全局，关系全国各族人民的团结和社会安定的全局。最大多数人的利益是最紧要和最具有决定性的因素。这是马克思主义的基本观点，各级领导机关和领导干部必须充分认识和认真实践。

我们党始终坚持人民的利益高于一切。党除了最广大人民的利益，没有自己特殊的利益。党的一切工作，必须以最广大人民的根本利益为最高标准。全党同志要始终坚持一切为了群众、一切依靠群众的根本观点，坚持党的群众路线，深入群众，深入基层，倾听群众呼声，反映群众意愿，集中群众智慧，使各项决策和工作符合实际和群众要求。所有党员干部必须真正代表人民掌好权、用好权，而绝不允许以权谋私，绝不允许形成既得利益集团。在逐步实现全国人民共同富裕的过程中，党员干部必须正确处理好先富与后富、个人富裕与共同富裕的关系。所有党员领导干部，都应该先天下之忧而忧、后天下之乐而乐，吃苦在前、享受在后，首先要支持和帮助群众富起来，而不能只考虑自己如何富，更不能利用手中的权力谋取不正当的利益。各级领导干部时刻都要把人民群众的安危冷暖放在心上，关心群众疾苦，努力为群众办实事、办好事。各级领导机关和领导干部，要特别关心那些工作和生活上暂时遇到困难的群众,把他们的事情摆上重要议事日程,重点考虑,重点解决,切实安排好他们的就业和生活。只有把关心群众、服务群众的工作切实做好了,我们才能始终保持与人民群众的血肉联系,才能无往而不胜。

代表中国先进生产力的发展要求,代表中国先进文化的前进方向,代表中国最广大人民的根本利益,是统一的整体,相互联系,相互促进。发展先进的生产力,是发展先进文化,实现最广大人民根本利益的基础条件。人民群众是先进生产力和先进文化的创造主体,也是实现自身利益的根本力量。不断发展先进生产力和先进文化,归根到底都是为了满足人民群众日益增长的物质文化生活需要,不断实现最广大人民的根本利益。

"三个代表"要求,是我们党保持先进性、始终成为建设有中国特色社会主义坚强领导核心的基本要求,与坚持马克思列宁主义、毛泽东思想、邓小平理论,坚持党的工人阶级先锋队性质和全心全意为人民服务的宗旨是一致的。全党同志一定要坚持把全面落实"三个代表"要求,统一于党的建设的各个方面,统一于党领导人民进行改革开放和社会主义现代化建设的全过程。

选自《在庆祝中国共产党成立八十周年大会上的讲话》单行本,人民出版社2001年版,第12—25页。

《在庆祝中国共产党成立八十周年大会上的讲话》(节选)导读

一、时代背景及意义

这是江泽民在庆祝中国共产党建党八十周年大会上的讲话(简称《讲话》)。《讲话》单行本于2001年7月由人民出版社出版,并于2001年8月以英、法、西等七种文字出版。讲话分四个部分:一、中国共产党八十年的奋斗业绩和基本经验;二、正确认识和全面贯彻“三个代表”要求;三、按照“三个代表”要求加强和改进党的建设;四、继续为实现党的基本路线和历史任务而奋斗。《讲话》的第二部分,科学阐述了“三个代表”重要思想的理论内涵,构成了讲话的核心内容,是统领全文的总纲。

《讲话》具有重要的理论意义和现实意义。首先,“三个代表”重要思想与马列主义、毛泽东思想、邓小平理论一脉相承,是在新的历史条件下结合中国现代化建设实际对社会主义建设理论创新的重大成果,是马克思主义理论创新的光辉典范。其次,“三个代表”重要思想作为对党的性质、宗旨、根本任务的重新表述,成为新阶段党的理论旗帜和党的建设的伟大纲领,同时也是指导中国特色社会主义建设的强大思想武器。党的“十六大”将“三个代表”重要思想写入党章,并确立为党的指导思想,体现了党的与时俱进的理论品质和富于创新的光辉形象。“三个代表”重要思想正在全面地贯彻于党的建设的伟大工程和全面建设小康社会的伟大实践之中。

二、内容简介

本书节选《讲话》的第二部分。共26个自然段,分三个问题。

(一)践行"三个代表"重要思想是党在新世纪完成三大历史任务的根本要求,因为"三个代表"是中国共产党的立党之本、执政之基、力量之源(第1段)

(二)"三个代表"的科学内涵(第2—24段)

1. 党要始终代表中国先进生产力的发展要求(第2—11段)。

首先,党要代表先进生产力发展要求的基本内涵,就是党的理论、路线必须符合生产力发展的要求(第2段)。

其次,党为什么要代表先进生产力要求(第3段)? 因为社会基本矛盾的原理说明,生产力是社会发展的决定力量。党不断促进生产力的发展,这是党保持先进生产力的根本体现和具体要求(第4段)。党是先进生产力的代表。社会主义社会的根本任务就是发展生产力(第5—7段)。

最后,人是生产力中的决定力量,提高人的素质,发挥人的积极性和创造性,是党代表先进生产力必须履行的第一要务。科学技术是第一生产力,进行科技创新,推动科技进步是党必须履行的重要职责(第8—9段)。继续深化改革,完善经济、政治体制等,不断为生产力发展打开更广阔的通途(第10—11段)。

2. 党要始终代表中国先进文化的前进方向(第12—19段)。

首先,党要代表先进文化前进方向的基本内涵(第12段)。

其次,发展先进文化是社会主义物质文明和精神文明全面发展的需要。文化作为精神领域的文明成果,是社会发展的重要推动力。发展先进文化,满足人民群众日益增长的精神文化的需求,是党的先进性的根本体现(第13—14段)。坚持先进文化方向,是党在思想上和精神上的一面旗帜(第15段)。

最后，发展先进文化的根本任务和重要内容：就是要培养“四有”新人，加强社会主义思想道德建设，批判一切危害社会主义的腐朽文化，继承和发展一切优秀的文化(第 16—19 段)。

3. 党要始终代表中国最广大人民的根本利益(第 20—24 段)。

党要始终代表中国最广大人民的根本利益的基本内涵(第 20 段)。为什么？党的宗旨始终是全心全意为人民服务。八十年来我们党进行的一切，都是为了最广大人民的利益(第 21—22 段)。因此，党必须以最广大人民根本利益为首要因素和最高标准来妥善处理各种利益关系；坚持群众路线；反对以权谋私；努力为群众办实事、办好事(第 23—24 段)。

(三)“三个代表”重要思想的科学体系的内在关系(第 25—26 段)

“三个代表”是相互联系、辩证统一的整体。三者之间相互联系、相互促进、互为条件。始终代表生产力的发展要求是基础；始终代表中国先进文化的前进方向是灵魂；始终代表中国最广大人民的根本利益是落脚点。“三个代表”要求，是新时期党始终成为领导核心的基本要求。全党一定要坚持把落实“三个代表”要求，统一于党的建设的各个方面，统一于社会主义现代化建设的全过程。

思考题：

1. 如何理解“三个代表”是我们党的立党之本、执政之基、力量之源？

2.“三个代表”重要思想的科学内涵是什么？

3. 如何认识“三个代表”重要思想与唯物史观的关系？

4. 为什么说“三个代表”重要思想是马克思主义理论在当代中国的新发展？

(郭亚杰　哈尔滨学院)

责任编辑:方国根
装帧设计:刘林林
版式设计:顾杰珍
责任校对:周祖邦　周　昕

图书在版编目(CIP)数据

马克思主义经典著作选编与导读/谭培文　陈新夏　吕世荣主编. —北京:
　人民出版社,2005.8(2022.8 重印)
ISBN 978-7-01-005097-3

Ⅰ.①马…　Ⅱ.①谭…②陈…③吕…　Ⅲ.①马列著作研究-师范大学-教学
　参考资料　Ⅳ.①A85

中国版本图书馆 CIP 数据核字(2005)第 085808 号

马克思主义经典著作选编与导读
MAKESI ZHUYI JINGDIAN ZHUZUO XUANBIAN YU DAODU

谭培文　陈新夏　吕世荣　主编

人民出版社 出版发行
(100706　北京市东城区隆福寺街 99 号)

天津文林印务有限公司印刷　新华书店经销

2005 年 8 月第 1 版　2022 年 8 月北京第 10 次印刷
开本:787 毫米×960 毫米 1/16　印张:46
字数:710 千字　印数:32,001-37,000 册

ISBN 978-7-01-005097-3　定价:89.00 元

邮购地址 100706　北京市东城区隆福寺街 99 号
人民东方图书销售中心　电话 (010)65250042　84095083